平湖年鉴

2024

平湖市档案馆（史志研究室） 编

方志出版社
Publishing House of Local Records

图书在版编目（CIP）数据

平湖年鉴．2024 / 平湖市档案馆（史志研究室）编．
北京 ：方志出版社，2024．10．-- ISBN 978-7-5144-6382-8

Ⅰ．Z525.54

中国国家版本馆 CIP 数据核字第 2024YP2200 号

责任编辑：刘方圆
责任校对：张玉霞
责任印制：梅中英
出 版 者：方志出版社
地　　址：北京市朝阳区潘家园东里 9 号（国家方志馆 4 层）
邮　　编：100021
网　　址：http://www.zgfzcb.cn
发　　行：方志出版社图书营销中心（010-67110500）
印　　刷：云南美嘉美印刷包装有限公司
开　　本：889 毫米 ×1194 毫米　1/16
印　　张：34.75
字　　数：1038 千字
版　　次：2024 年 10 月第 1 版
印　　次：2024 年 10 月第 1 次印刷
定　　价：168.00 元

《平湖年鉴（2024）》编辑部

编辑说明

一、《平湖年鉴》是中共平湖市委员会、平湖市人民政府主办，平湖市档案馆（史志研究室）编纂的地方综合年鉴，是具有政府公报性质的大型资料性文献。

二、《平湖年鉴》以马克思列宁主义、毛泽东思想、邓小平理论、“三个代表”重要思想、科学发展观、习近平新时代中国特色社会主义思想为指导，坚持辩证唯物主义和历史唯物主义的立场、观点和方法，逐年记述各行各业的新变化、新成就、新问题，客观地反映社会主义物质文明、精神文明、政治文明、生态文明建设的历史进程，使年鉴既能为现实服务，又能为后人提供借鉴。

三、《平湖年鉴（2024）》记载时限为2023年1月1日至12月31日。全书分类目、分目、条目三个层次，除特载、专记、大事记、附录不设条目外，其余类目均采用条目体。类目之首一般设“综述”，分目之首一般设“概况”，记述各行各业的总体情况。全书前有目录，后有索引。索引使用方法详见说明。

四、《平湖年鉴（2024）》的文稿，由各镇（街道）、部门（单位）落实专人撰写，文后署作者姓名或单位名称，并经各单位领导审阅。由于来源、口径等不同，数据使用时以市统计部门提供的全市经济社会主要指标为准，统计部门未提供的以相关主管部门提供的为准。部分数据因四舍五入等因素，总计和分项之间存在合理范围内的误差。

五、数字用法、标点符号用法分别采用国家标准《出版物上数字用法》（GB/T 15835—2011）、《标点符号用法》（GB/T 15834—2011），计量单位采用国家技术监督局1993年12月发布的《量和单位》系列国家标准。因考虑地域特点，土地面积计量单位仍沿用“公顷”，蘑菇栽培面积用“平方尺”。

六、市级和镇（街道）机构及负责人名单集中在“人物·名录”篇，由市委组织部提供。收录范围为市四套班子领导成员，一级局正副职，二级局正职，镇（街道）党委、人大、政府（办事处）正副职（均不含协理员）。凡在2023年职务有变动的，姓名后加括号注明任、免职时间。

会议活动

2月1—3日，平湖市第十六届人民代表大会第二次会议在市行政中心召开　　（王　强　摄）

1月31日至2月3日，中国人民政治协商会议第十四届平湖市委员会第二次会议在市行政中心召开

（王　强　摄）

1月29日，全市三级干部大会暨“创新奋进年”动员大会在市行政中心召开

（王　强　摄）

7月27日，全市警示教育大会暨清廉平湖建设推进会召开　（市纪委、监委　供稿）

6月26日，平湖市村志编纂工作启动大会召开　（市档案馆　供稿）

3月17日，强村共富公司揭牌仪式在长三角“田园五镇”合作峰会上举行　　（市发改局　供稿）

3月20日，平湖市涉企矛盾纠纷多元化解服务机制正式启动　　（市工商联　供稿）

6月13日，新时代金平湖工匠培育政策发布暨平湖市高技能人才之家启用仪式举行

（市人力社保局　供稿）

7月4日，全市“‘八八战略’在身边”理论宣讲大赛决赛暨“平湖后生”理论宣讲团巡讲启动仪式举行

（市委宣传部　供稿）

7月21日，2023年浙江省各族青少年交流计划启动仪式暨“红船引领　逐梦青春”嘉阿青少年联欢晚会举办

（市发改局　供稿）

7月25日，“亚运有我　幸福同行”走基层系列活动暨平湖市“争当有礼市民　代言文明亚运”倡议活动举行

（市委宣传部　供稿）

8月16日，“平商安”为企服务中心启用仪式在平湖市经济技术开发区智创园举行

（市公安局　供稿）

10月13日，平湖市举办机关干部集体荣誉退休仪式暨“退休第一课”　　（市老干部局　供稿）

11月12日，2023浙沪乡村半程马拉松赛在农开区（广陈镇）“田美”开跑　　（广陈镇　供稿）

12月15日，浙江平湖全球科创项目路演——智能制造专场暨2023年平湖“深根计划”重大项目发布与签约活动举办
（市科技局　供稿）

12月19日，市委党校与北京大学合作共建思想政治实践课教育基地签约揭牌仪式举行
（市委党校　供稿）

1月3日，卫星能源三期百亿项目开工暨平湖市“大抓项目”出征仪式举行　（独山港经济开发区　供稿）

8月18日，新埭镇星光社区三期农房统建工程开工　（新埭镇　供稿）

4月11日，新埭镇人才公寓项目正式封顶

（张江长三角科技城平湖园　供稿）

9月18日，平湖市西片工业污水输送专线工程PE管埋管施工现场

（市水务集团　供稿）

12月28日，盐平塘大桥通车　（市交投集团　供稿）

8月31日，雅山大桥正式建成通车　　（乍浦镇　供稿）

社会文化

1月15日，新老居民迎新年、寻找家乡味活动

（市流动人口管理服务中心　供稿）

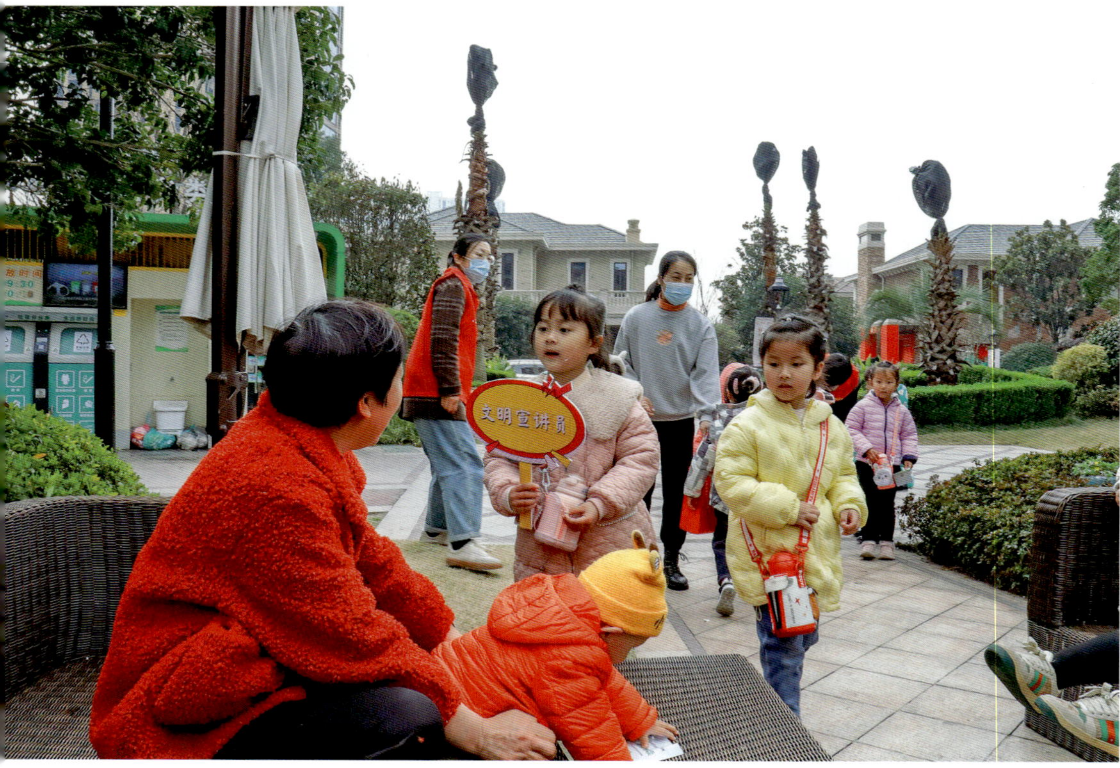

3月11日，“五社联动”解码“一老一小”幸福图景　（市民政局　供稿）

5月20日，特色水乡集体婚礼　　　（市民政局　供稿）

5月25日，金平湖零工市场启用　　（市人力社保局　供稿）

5月29日，金平湖博士团成员赴毓秀小学开展活动　　（市科协　供稿）

6月5日，建行平湖支行联合少先队平湖市工作委员会举办“小小银行家”活动　（建行平湖支行　供稿）

6月16日，2023金平湖农产品展示展销会暨“农博有好市”百县百巡展活动开幕　（市农业农村局　供稿）

6月20日，“樱花路”金平湖职工服务驿站揭牌　（市总工会　供稿）

7月10日，平湖市稚川学堂（小学部）正式揭牌　（市教育局　供稿）

平湖市人民代表大会

平湖市人民政府

政协平湖市委员会

纪检监察

民主党派 · 工商联 · 知联会

群众团体

军 事

法 治

农　业

水 利

工　业

经济开发区

交通运输 · 邮政

通　信

国内贸易

对外及对港澳台贸易

旅　游

市属国有企业

城乡建设

环境保护

嘉兴港区（嘉兴综合保税区）

财政 · 税务

金　融

综合管理

教　育

科学技术

文化·体育

新闻传媒

卫生健康

社会 · 生活

人力资源和社会保障

镇 · 街道

附　录

特　载

全面学习贯彻党的二十大精神 铭记嘱托显担当　创新奋进勇作为 奋力打造中国式现代化的金平湖璀璨明珠

——在市委十五届二次全体（扩大）会议暨全市经济工作会议上的报告（节录）

（2022年12月31日）

仲旭东

市委十五届二次全体（扩大）会议暨全市经济工作会议现在开始，市政府全体会议合并召开。

这次会议的主要任务是：坚持以习近平新时代中国特色社会主义思想为指导，深入学习贯彻党的二十大精神，贯彻落实中央经济工作会议和省委全会、嘉兴市委全会精神，全面总结市委十五届一次全会以来的工作，推动全市上下更加深刻领悟“两个确立”的决定性意义，更加深刻认识习近平总书记在浙江工作期间提出的“八八战略”和五次调研视察平湖所作重要指示的战略领航意义和系统指导意义，带领全市上下坚定不移沿着习近平总书记指引的道路踔厉奋发、勇毅前行，在创新奋进中全面谋划和部署落实新一年工作，以更加优异的成绩，奋力打造中国式现代化的金平湖璀璨明珠。

一、全面总结市委十五届一次全会以来的工作

市委十五届一次全会以来，市委常委会带领全市上下深学笃行习近平新时代中国特色社会主义思想，坚定捍卫“两个确立”、坚决做到“两个维护”，把迎接党的二十大胜利召开、学习宣传

贯彻党的二十大精神作为首要政治任务，全面贯彻落实习近平总书记重要批示指示精神，以“五个始终铭记”深入践行习近平总书记在浙江工作期间对平湖的殷殷嘱托，稳进提质、除险保安、塑造变革组合拳交出高分答卷，共同富裕新任务迈出重要步伐，市十五次党代会提出的“12458”战略重点取得阶段性成果，为全省“两个先行”和嘉兴“两个率先”作出了平湖贡献。预计全市生产总值（不含嘉兴港区）735亿元，增长3%左右；财政总收入116.8亿元、一般公共预算收入68.6亿元；城乡居民人均可支配收入分别增长3%和5.5%。

一是迅速掀起学习宣传贯彻党的二十大精神热潮。以更强的紧迫感抓好学习。党的二十大胜利召开后，市委第一时间以全市领导干部会议、市委常委会会议和市委理论学习中心组专题学习会等形式，对党的二十大精神特别是习近平总书记所作报告内容进行深入学习、深入交流，第一时间部署我市的学习宣传贯彻工作，扎实开展“六学六进六争先”学习实践活动。以更强的使命感抓好宣讲。开展“百团千场进万家”活动，全面推动党的二十大精神进企业、进农村、进机关、进校园、进社区、进网站。充分利用报、网、端、微、屏等宣传平台资源，集中开展宣传报道，营造了学习宣传贯彻党的二十大精神的浓厚氛围。以更强的责任感抓好贯彻。全面对标党的二十大作出的各项决策部署，充分结合“五个始终铭记”、结合平湖实际，细化分解党的二十大报告明确的重要任务、重大举措，把党的二十大精神贯彻到全市经济社会发展的各领域、全过程。

……

三是融入一体化发展抢抓新机。牢牢把握虹桥国际开放枢纽南向拓展带建设等新的重大机遇，全力打造领跑“第一站”。率先加快顶层推进。发布全省首个县级虹桥南向拓展带建设方案，谋划实施总投资超千亿元的20个平台、50个重大项目，全面打造“两区一港一城”。在上海举办虹桥南向拓展带平湖项目合作推进会，“金平湖”号冠名列车投入运行。不断深化全面协作。“田园五镇”建设入选虹桥国际开放枢纽建设一周年创新实践案例。成立全国首个跨省联合的行政执法队伍，开创联合执法新模式。长三角科技城（平湖）虹桥创新中心投入运行，举办长三角科技城党建联建启动仪式，发布了共建智能装备企业社区等首批十大合作项目。浙沪南北山塘启动国家AAAA级景区创建。全力攻坚重大项目。一体化标志性项目挂图推进，1—11月完成投资65.94亿元。沪平盐城际铁路项目征迁工作全面启动，浙江先行段正式开工，平湖人民的“铁路梦”加快从图景转入现实。独山港码头7个泊位实现对外开放，B13、B14码头完成水工主体工程。228国道先行段、525国道与302省道平改立启动建设，202省道平湖段全线贯通。

四是改革深化牵引提质提效。坚持全面深化改革、共同富裕、数字化改革一体推进。数字化改革成果丰硕。以“七张问题清单”为抓手推动各领域工作整体提升，基层自治大脑、浙有众扶、药品安全智慧监管“黑匣子”等3个应用入选全省“最系列”，“浙志援”“浙车监督在线”“腾笼换鸟”等应用全省推广，“浙农服”“精平扶”“浙里总商汇”等应用走出浙江。全省首创“感智汇”物联感知融合服务平台，入选省数字化改革最强大脑和省“一地创新、全省共享”“一本账”。城市防内涝数字化应用在全国灾害普查成果应用交流会上作为唯一县级市成果演示推广。全面深化改革纵深推进。取得国家知识产权强县建设试点、国家典型地区再生水利用配置试点、教育部科技小院试点等3个国家级试点、38个省级试点。扎实推进大综合一体化执法改革，创新探索跨省域“一支队伍管执法”模式，镇街道“一体化智能办案中心”加快建设，承办长三角三省（市）八地大综合一体化清单发布会，执法标准实现向省外输出。数字乡村建设走在前列，荣获全省数字乡村“金翼奖”。

五是经济运行实现稳中有进。全力克服外部环境等影响，按照“稳进提质”目标，扎实推进经济创新工程，前三季度实现地区生产总值增速3.7%，1—11月完成投资335.4亿元、增长6.4%，完成实到外资4.14亿美元。工业经济承压稳进。前三季度实现规上工业增加值258.79亿元、增长7%，制造业投资增速始终保持20%以上，预计全年规上工业产值突破1700亿元。新增国家级专精特新“小巨人”企业7家，晨光电缆成功登陆北交所。“腾笼换鸟”强势推进，六店大桥、徐家埭集镇等重点区块实现成片腾退，累计盘活低效用地3526.3亩，“亩均论英雄”改革获省政府督查激励。服务业发展持续向好。新增亿元以上服务业企业21家以上、规（限）上企业50家以上。线下线上双向发力，市场消费逆势上扬，1—11月实现社会消费品零售总额165.04亿元、增长4.7%，京东创新平台、抖音直播基地等电商平台实现跨越发展，网络零售额增速连续11个月位居嘉兴第一。现代农业高质高效。守牢粮食安全底线，全面完成“非粮化”整治任务，新建高标准农田0.62万亩，小麦百亩方单产、攻关田单产均刷新全省纪录。深入推进“米香”振兴、西瓜振兴，“平湖西瓜”成功注册地理标志证明商标，并入选第一批省级重要农业文化遗产资源名单。成功举办第六届农洽会，签约项目33个，总投资30.18亿元。农业经济开发区成功创建省级现代农业园区、省级农业科技园区、首批省级农村一二三产业融合发展示范园。

六是共同富裕加快系统探索。牢牢抓住全省建设共同富裕示范区首批试点机遇，大力实施党建统领城乡融合聚变共富专项行动，共同富裕平湖路径越发清晰。创新推进“强村富民”。建立“1+8+N”共富体系，开发“抱团富”数字化应用，全面激活市级强村公司主引擎作用，建设众筹经营、土地股份、文明善治等“8”条共富跑道，有效盘活农村资源，拓宽农民增收渠道。谋划总投资19.5亿元的60个共富体项目，已启动建设34个。率先探索“强社惠民”。积极承接省级改革试点任务，成立全省首家社区联合抱团强社公司，经营家宴中心、智慧停车等十大强社项目，实施智慧养老等10个惠民项目，推动形成“市场化经营+政府性扶持+社会性支撑+公共性服务”的“四位一体”运行模式。持续聚焦“扩中提低”。大力实施面向共同富裕的教育改革发展试点，创新开发增财实学“学历+技能”双提升应用，已服务超过16万人次，完成大专及以上学历提升4862人。开发困难群体精准画像的数字化场景应用，累计为4217户家庭完成画像，产生帮扶建议2.05万条，推动困难群体生活更有保障、帮扶更可持续。

七是城乡秀美更具品质活力。加快建设美丽平湖，城乡面貌持续蝶变。空间格局不断优化。谋划建设总投资60亿元的虹桥·平湖“壹号湾”高能级科创湖区，明湖科创岛基本完成整体设计，“一湾双廊四岛”的空间格局加快进入实施阶段。嘉兴至平湖快速路射线工程全面启动。全域美丽扩面提质。以5A级景区城创建为抓手，纵深推进“公园城市”建设，新增绿化681.3亩、绿道17.9公里、口袋公园10个。美丽城镇创建实现全覆盖，美丽乡村建设连续四年获得全省优胜，新增省级未来社区1个、未来乡村2个。高质量承办央视中国农民丰收节晚会主舞台，高标准建成“碳为观智·桨领风华”美丽乡村精品线，徐家埭村入围全国乡村旅游重点村。环境治理持续深化。全面启动国家生态文明建设示范区创建，“美丽浙江”考核优秀。13个市控以上断面Ⅲ类水比例首次达到100%，稻田退水“零直排”模式全国推广，新增面积3.83万亩。环境空气质量综合指数、PM2.5、PM10平均浓度等多项指标列嘉兴第一。

八是民生幸福更加可感可知。坚持把民心作为最大的政治，全面推进社会事业发展，全国文明城市创建成果进一步巩固，“十有十美”的民生优享格局进一步形成。基础保障更加有力。新增城镇就业1.8万人，户籍人口养老保险参保率98.05%、医保参保率99.19%，每万名老年人配置护理员人数达到24人。出台被征地农民安置补助新政，启动建设公寓房2348套。列入全省婚俗改革试点市。公共服务更加优质。持续深化系列教育改革，在全省率先完成民办教育规范工作，高考特控线上线率达20.8%，创新高考以来新纪录，“清北”录取实现11年来“零”的突破。市妇保院、精神卫生中心二期加快建设，市中医院建成启用。胸痛中心成功摘牌国家标准版。基层医疗机构“医共体诊室”实现全覆盖。文化生活更加丰富。列入省首批公共文化服务现代化先行县创建名单，全民健身中心改扩建工程全面启动，博物馆新馆正式开馆，中国航天科普馆、广陈良仓小镇客厅入选全省最美公共文化空间。列入省体育现代化市创建名单，高质量举办 20 多项省级以上大型赛事。成功举办中国·平湖首届“叔同艺术季”、2022 中国·平湖西瓜灯文化节。

九是除险保安构筑坚强屏障。纵深开展“除险保安”百日攻坚，全力维护社会大局平安稳定，高分夺取省平安创建“十七连冠”，圆满完成党的二十大、省十五次党代会等重大活动安保任务。社会治安持续改善。深入推进反诈人民战争，全市发案数、财产损失数分别下降 13.19%、9.38%。刑事警情、治安警情分别下降 9%、16.4%。智安镇街建设实现全覆盖。安全生产全面夯实。大力开展“厂中厂”租赁企业安全、自建房消防安全等专项整治，安全生产事故起数、死亡人数分别下降 28.57% 和 14.29%。成功打赢台风“轩岚诺”“梅花”防御战。创新治理凸显成效。扎实开展县域社会治理现代化推进工作，创新发展新时代“枫桥经验”，深入挖掘“息事无讼”文化，不断深化“四治融合 + 协商治理”，充分发挥“1+3+N”网格治理力量，夯实社会治理基层基础，信访积案实现“动态清零”并持续巩固。高标准建成全国农村社区治理实验区。

十是党的建设不断走深走实。坚定不移做“两个确立”忠诚拥护者、“两个维护”示范引领者，奋力扛起红船护旗手的使命担当，全面加强党的领导，确保各项事业始终沿着正确的道路前进。坚决做到紧跟核心。高质量开展重走习近平总书记在浙江工作期间来平调研视察路线活动，打造“重走总书记来平调研”数字 VR 展馆，对照总书记对平湖各项事业的殷殷嘱托，提出“五个始终铭记”，坚决把总书记的重要指示精神落到实处。持续强化党建统领。深入实施“红色根脉强基工程”，党员市领导牵头领办基层党建项目，包联攻坚推进党建示范点建设。创新开展“千名干部访万家”网格连心大夜访活动，累计走访群众 5.4 万人次，收集并解决问题 8600 余个。迭代升级铁军打造工程，全面开展“万名干部进万企”，相关做法被中国干部网络学院收录并全国宣传推广。坚持全面从严治党。坚决配合完成省委巡视工作，扎实推进以改促治、以改促进。推动领导干部能上能下，完善从严管理干部队伍制度体系。纵深推进清廉平湖建设，保持反腐高压态势，持续深化纠治“四风”，高质量开展市委第一、第二轮巡察，努力维护政治生态的“绿水青山”。

二、全面分析平湖当前和下一步发展面临的形势

在肯定成绩的同时，我们也要清醒地认识到，新时代新征程赋予了我们新的更大的使命责任，与此同时在前进路上还存在不少困难和挑战，对于这些新形势新机遇新挑战，我们要以钉钉子的精神，进一步求真务实、把握关键、精准施策，把困难踩在脚下，把机遇抓到手中。

一是从目标任务看，唯有工作的高标准，才能适应勇毅前行的新要求。党的二十大报告擘画了全面建成社会主义现代化强国的宏伟蓝图，对以中国式现代化推进中华民族伟大复兴作出了一系列重大决策部署。不久前召开的省委十五届二次全会吹响了奋力谱写中国式现代化浙江篇章的号角，嘉兴市委九届二次全会作出了打造长三角城市群重要中心城市的重大部署，这些都对我们接下来的工作提出了新的目标指向和衡量标准。中国式现代化是一场宏大叙事下的综合性大考，嘉兴要打造长三角城市群重要中心城市，作为接轨上海的最前沿，平湖在其中发挥怎样的作用，是我们要答好的一份关键答卷。手握 2758 发展密码，坐拥虹桥国际开放枢纽金南翼第一站，平湖产业基础雄厚，统筹城乡发展水平国内领先，在这里，理应展现中国式现代化的美好场景，也最能够走出共同富裕的崭新路径。但是，天时地利不是志得意满的资本，而是探路前行的责任，机

遇不是等来的，高分更不可能坐享其成，平湖的各级党组织和广大党员干部，要有胸怀家国的大情怀、首战用我的大担当、逢山开路的大勇气和锐意改革的大本领，用工作的全面高水平，推动发展的全面高质量，让嘉沪毗邻的金平湖更加熠熠生辉、璀璨夺目。

二是从宏观形势看，唯有工作的确定性，才能应对风险挑战的不确定性。当前，我们正迎来几方面的利好信息：……二是中央经济工作会议的召开，吹响了全力以赴抓经济的嘹亮号角，随即省委、嘉兴市委相继召开会议贯彻落实，我们清晰感受到从中央到地方各级强调“发展是第一要务”的强烈信号；三是平湖产业特色在新一年的经济发展大局中将大有可为，中央经济工作会议把提振消费和支持民营企业发展放在了突出位置，从平湖实际看，无论是供给端的基础原材料和先进装备，还是消费端的汽车等主要消费品，都有很好的产业基础优势，在全面提振经济的攻坚战中，大有用武之地。当然在看到这些机遇的同时，也必须认识到风险挑战仍然不少，一是百年变局等叠加影响远未消除，各种“黑天鹅”“灰犀牛”“回头浪”层出不穷；二是需求收缩、供给冲击、预期转弱“三重压力”导致经济增长的动力仍显不足，投资、消费、出口“三驾马车”仍有可能面临超乎寻常的困难；三是下行压力下，社会矛盾交织叠加，风险隐患仍然不少，除险保安的任务仍然很重。习近平总书记在中央经济工作时特别指出“关键是提振信心”，对于历史罕见的复杂形势，成功与否的天平最终在我们自己手中，所以，新的一年，我们必须拿出决战决胜的勇气，以党委政府和全体党员干部的信心，带动全社会的信心，以我们工作的确定性，来战胜克服前进道路上的各种不确定性。

三是从自身短板看，唯有工作的勇破难，才能踏上加速前行的快车道。直面问题才能精准发力、事半功倍、行稳致远，平湖近年来发展的成绩有目共睹，但也存在一些短板问题，有的制约当下，有的事关长远，我们必须下决心破难补短，特别是要解好三个“结”。一要解好产业质量较高与动能转换不快的结。平湖的产业特别是工业经济发展质量总体较高，新材料和先进装备制造产业集聚了一批好项目，形成了一个好生态，但与此同时，以科技创新为主引擎的动能转换不够快，是我们与先进地区的最主要差距。从当下看，体现在R&D、专精特新小巨人企业数、上市企业数、数字经济核心产业等指标相对落后，传统产业转型升级成效还不够明显；从长远看，则是经济发展持续可靠的爆发力不够、适应新一轮产业升级的竞争力不足，所以必须坚持内外兼修、招育并重，既立足当下，坚持招商引资“一号工程”不动摇，又坚持长远，始终把科技创新和企业培育牢牢抓住手中。二要解好出口企业众多与外贸增长乏力的结。平湖经济外向度高，是连续二十二年的全省外资外贸“双十强”，外贸依存度达到74.65%。近年来受中美贸易摩擦、周边区域竞争等因素影响，外贸出口遇到了较大困难，特别是预计今年仅与去年基本持平，随着下一步国内经济加速恢复、国外“抢单”火热开展，既是拉升外贸的绝佳机遇，又是区域竞争的关键时刻，我们必须未雨绸缪，下好先手棋，既要眼睛向外多分蛋糕，千方百计帮助企业开拓国际市场，又要着眼自身做优蛋糕，全力以赴推动外贸回归。三要解好发展缺要素与要素等项目的结。平湖总体是个资源紧缺型的城市，土地、能耗、生态等关键要素的空间都十分紧张，但与此同时，项目管理的精细化、资源利用的高效性还不够，土地批而未供、供而未用以及专项债资金等项目的情况还比较多见，“要素跟着项目走”的工作机制还需进一步完善。

三、明年经济社会发展总体思路和主要预期目标

2023年是全面贯彻党的二十大精神的开局之年，是“八八战略”实施20周年，做好新一年的工作意义重大、责任重大。

2023年全市经济社会发展的总体思路是：深入学习贯彻党的二十大精神，始终坚持以习近平新时代中国特色社会主义

思想为根本指引，学懂深挖做实“八八战略”，围绕“创新奋进”主题主线，全面实施升级版的经济创新、城乡秀美、民生优享、党建强基“四大工程”，突出争分夺秒抢时间、聚精会神拼经济，深入开展首位攻坚、招大育强、项目破难、改革突破、平安善治、铁军锻造“六大专项行动”，切实形成“4+6 > 10”的目标导向，迅速融入嘉兴打造长三角城市群重要中心城市的工作大局，奋力打造中国式现代化的金平湖璀璨明珠。

2023年全市经济社会发展的主要预期目标是：全市生产总值增长6%；城乡居民收入和财政收入与经济增长保持同步，各项约束性指标完成上级下达的计划目标，力争实现“成百上千”，即2023年力争全市生产总值突破1000亿元和800亿元（不含嘉兴港区），规上工业产值分别突破3000亿元和2000亿元（不含嘉兴港区），全年完成固定资产投资500亿元和400亿元（不含嘉兴港区）。

四、明年经济社会发展的主要任务和举措

围绕新一年的奋斗目标和总体思路，要重点做好12个方面的工作：

一是持续攻坚，力求首位战略重大突破。发挥嘉兴打造长三角城市群重要中心城市的平湖优势，牢牢抓住虹桥国际开放枢纽南向拓展建设机遇，更加主动积极融入国家战略舞台，奋力将地理“第一站”打造成为领跑“第一站”。要不断深化战略合作。以科创载体合作为着力点，推动平湖“壹号湾”和虹桥“零号湾”建立战略合作关系，探索联动开发运营，重点推进明湖科创湖区、中标长三院、杭电数字技术创新研究院等项目，将平湖打造成零号湾—全球创新创业集聚区重要板块、虹桥国际开放枢纽金南翼重要节点。要全面推进平台协作。持续深化金山—平湖产城融合发展区建设，不断释放平湖经济技术开发区、独山港经济开发区和张江长三角科技城平湖园等合作平台潜能，加快全国第二批中日地方发展合作示范区、杭州湾北岸新材料产业基地建设，努力成为承载长三角地区高端产业、创新资源、科技人才的汇聚地。加快探索建立九龙山旅游度假区新一轮开发建设运营管理体系，强化国际化商务元素，为重塑“长三角旅游目的地”品牌打好坚实基础。要加速推进重大项目。加快落地落实《虹桥国际开放枢纽南向拓展带平湖建设方案》，重点推进沪平盐城际铁路、独山港区Ⅱ号港池、航天平湖产业基地等标志性项目建设。

二是千方百计，积蓄双招双引强势后劲。坚持抢先抓早，持续深化对外交流合作，以招商引资、招才引智工作新成效，不断增强县域竞争力和发展后劲。要健全机制抓招引。深化“一把手”招商机制、市领导联挂重大外资项目机制，统筹重大项目招引协调、项目流转、信息通报等工作机制，全面形成全市上下“一盘棋”抓招商的工作格局，力争全年招大引强数量18个以上，实际利用外资4.3亿美元以上。探索“编制在院校、科研在企业”引才育才新机制，深化与浙江清华长三角研究院、中国标准化研究院长三角分院、复旦、交大、浙工大等知名院校合作，吸引更多人才向平湖集聚。要聚焦重点抓招引。突出产业链招商，围绕新能源汽车、高端数控机床等八大特色产业链，全面推进补链建群。聚焦国别招商，全方位对日对德开展产业推介、实地考察对接，全年计划派出境外招商团组12批次以上。紧盯高层次科研人才更大力度推进“深根计划”，加快上海、深圳等地人才飞地建设，全年引育省级以上高端人才不少于30名。全市引进高层次人才不少于800名，高层次科创项目30个以上。要优化环境抓招引。凸显招商引资“一号工程”，设立周六“一把手”招商日，全面释放抓产业、抓项目强烈信号。加快长三角全球科创路演中心场景二期建设，全年举办路演活动不少于15场，及时兑现人才专项奖励政策，让人才引得进、用得好、留得住。

三是合力破难，掀起项目建设会战高潮。项目是投入的主体、发展的支撑，平湖能否在新征程实现新发展，核心在项目、关键在项目。要谋项目，扩投资。锚定全年固定资产投资储备总量420亿元目标，开展高质量

项目谋划推进大比拼，全年固投确保增长10%以上、力争12%以上，建安投资增长12%以上。新入库项目总投资额突破600亿元。要推项目，稳投资。充分发挥三级联挂、督导专班、服务专班作用，全力提速重大项目推进。抓好签约未落地、前期环节慢、拿地未开工、入库推进慢等“四张清单”，逐条逐项实现各类清单“清零销号”，全年新开工亿元以上产业项目60个以上，其中新开工10亿元以上项目8个；新竣工亿元以上项目60个。要争项目，促投资。紧抓国家政策窗口期，全年新申报专项债年度需求66亿元以上、力争突破100亿元。积极申报省级各类重大计划，力争省市县长项目工程、省重大产业项目各5个以上、省重点建设项目10个以上。

四是壮腰扶苗，构建强企兴产最优生态。加快健全企业培育机制，实现企业梯次升级、接续成长，让经济发展加快释放动能，不断积蓄潜能。转型赋能做强一批。以先进生产制造方式为导向，全面推动以数字化、绿色化为核心内涵的技术改造，全年力争实施“两化”改造项目140项以上，新增智能工厂（数字化车间）3家以上。重点鼓励长城汽车、津上精密、日本电产汽车马达等“链主型”企业对本地企业开放供应链创新链。做大做强长三角新能源汽车、高端数控机床产业高地，做精做特集成电路、电子新材料等未来产业集群，做深做实服装、箱包等时尚产业转型升级。科技赋能壮大一批。持续推进科技型企业“倍增计划”，建立重点企业培育库300家以上，引导企业加大研发投入，力争全年申报省“尖兵”“领雁”研发攻关计划2项以上，新增“浙江制造”标准6项、“品字标”企业8家。加快推进上海交大平湖智能光电研究院、浙工大平湖新材料研究院等科研院所成果落地转化，研发产业共性关键核心技术，带动行业企业提升创新链价值链。资本赋能培育一批。持续开展上市“护苗扶苗”专项行动，全年新增市级上市后备企业10家以上。加快推进企业上市和并购重组，全年新增上市企业1家、辅导报审企业2家。

五是内外兼修，促进外贸回归消费激活。要全力稳住外贸基本盘，激活消费“主引擎”。要以快制胜拓市场。突出国际竞争力导向，积极抢抓“一带一路”、RCEP市场机遇，重点开拓中东、印尼、新加坡等新兴市场渠道，全年组织境外参展团组5个，开展RCEP相关活动4次以上，全年出口保持适度增长，占全国份额保持稳定。要以准制胜育主体。紧盯重点外贸企业、进出口下降头部企业，培育壮大、帮扶纾困，加快发展贸易新业态，做大做强贸易新模式，特别是大力发展数字贸易，不断打开贸易新通道，优化提升贸易促进新平台。要以新制胜扩消费。抢抓消费复苏机遇，顺势打造线上消费新模式，推进网上菜场、餐厅、超市、市场等“六个网上”建设，积极申建数字生活新服务标杆县。鼓励发展线下消费新场景，支持发展文化产业，推动消费文旅深度融合，大力发展夜间经济、露营经济、直播经济，力争全年完成社会消费品零售总额249亿元，同比增长6%。

六是筑巢引凤，推动创新驱动加速补短。坚持创新战略，以创新制胜为导向，健全体系支撑，补齐创新发展短板。打造高能级创新平台。深入实施“筑巢行动”，全年高标准产业平台新建建筑面积达百万平方米以上，新竣工建筑面积50万平方米以上。加快推进杭电平湖数字技术研究院、航天科工二院23所平湖实验室、中国标准化研究院长三角分院等高端创新载体建设发展，推进上海交大平湖智能光电研究院认定省新型研发机构，嘉兴南湖学院平湖研究院加快建设，平湖数字农业科技园区争创国家级农业科技园区。培育高质量创新主体。深入实施“科技小巨人”企业培育专项行动，全年新认定高企90家、省科技型中小企业200家，新增省科技小巨人企业1家。强化优质企业引领，力争新增专精特新小巨人、隐形冠军3家，新增专精特新企业20家以上。共建高水平创新生态。加强创投基金服务，完善创投基金管理政策，健全财政科技投入稳定增长机制，确保全年增长18%以上。

七是亲清政商，提振和衷共济发展信心。对标国内、省内营商环境排名靠前的先进地区，开

展最优化比对，坚持“无事不扰、有求必应”，全力打造营商环境最优市。惠企政策直达快享。深入开展小微企业、个体工商户金融滴灌精准帮扶，全年为企业减负40亿元以上。加强政银企对接，深化科创金融服务，新增制造业贷款50亿元以上。助企帮扶真心实意。全方位保障企业产供销渠道畅通，强化资源要素支撑，开展好“亲清直通车”“周末茶话会”等活动，问需于企、问计于企，一企一策帮助企业抢订单、拓市场、抓机遇，让企业时刻感受到党委政府与他们站在一起。政务服务高效便捷。纵深推进营商环境“10+N”便利化行动改革，持续深化商事制度改革，加快推动企业开办“一件事”、注销“一网服务”、建设项目“多评合一”等创新举措落地落实，持续推进政务事项全域、跨域通办。

八是锐意变革，形成改革牵引澎湃动力。越是进入改革深水区，越要遇水搭桥、敢闯敢试。聚焦改革破难。坚持“问题”导向，深入基层收集诉求，分类汇总、重点处理，解决一批困扰基层、阻碍发展的现实难题，进一步激发全社会活力，提升群众、企业和基层的获得感、认同感。聚焦项目牵引。谋划推进一批“管当下、利长远”的改革项目，特别是梳理一批牵一发动全身的重大改革，精准聚焦基层智治减负等当下重点问题和创新发展“新仓经验”等特色工作，推动任务、业务、服务一体推进。聚焦效率提升。突出资源整合、要素集聚、市场化运作，提升各项工作的质量效益，狠抓闭环管理，梳理、整合一批工作专班，构建一批优化流程、提高效率的突破性工作机制，围绕中心重点工作，推动体制机制阶段性提升、周期性迭代。

九是精准落地，塑造共同富裕平湖样本。以“首批试点”的使命担当，推动共同富裕建设各项工作落地见效，形成一批叫得响、可推广的平湖样本。城乡统筹要见新面貌。纵深推进城乡融合聚变共富专项行动，完成一批低散乱污企业的成片腾退、一批自然村落的成片征迁，开工建设长三角农博汇等一批标志性城乡融合项目，新建小微园区50万平方米以上，新建高品质安置房2000套，进一步推动城乡资源优质共享，逐步实现“融合聚变”。增收致富要出新成效。创新深化新时代“新仓经验＋广陈模式”，推动“抱团富”“抱团惠”“增财实学”“精平扶”“共富方舟”等数字化场景强化迭代升级、实战实效，全面推动低收入家庭增收、中等收入家庭扩面，城乡居民人均可支配收入增长6%。区域协作要有新亮点。持续深化与青田、茂县等地的合作，强化资源、人才等要素交流，探索创新更多突破性、制度性的合作模式，使区域协作从“输血”向“造血”转变。

十是质效并举，打造城乡秀美宜游典范。以“公园城市”建设为标准，持续推动建设提质、风貌提升、产业提档，促进城市更具颜值、城镇各美其美、乡村宜居宜业。城市品质进一步提升。深化现代社区建设，全面推进城市建设品质化、城市管理精细化，系统性抓好南市片区、东方片区等重点区块建设，西环线、当湖路西延工程启动建设，嘉兴至平湖快速路一期、G228“四改六”等工程加快推进，S302建成通车，全方位打通城市堵点。镇村风光进一步蝶变。深入探索城乡风貌样板区、未来社区、未来乡村联创联建、系统发展，全面强化农文体旅融合发展，充分激活美丽经济。统筹开展新一轮美丽乡村精品线建设，创建省特色精品村3个、新时代美丽乡村精品村6个、AAA级景区村庄2个，持续擦亮全域旅游金名片。生态质量进一步优化。以争创国家生态文明示范区为抓手，统筹打好蓝天、碧水、清废、净土保卫战，全年空气质量优良率达到90%以上，新增稻田退水“零直排”区4.52万亩以上，危废实现“动态清零”。完成绿化造林500亩以上，全面提升生物多样性保护水平。

十一是用心用情，办好民生实事百姓要事。把老百姓的“关键小事”当作党委政府的“头等大事”。着力稳就业。深入实施就业优先政策，健全就业促进机制和就业公共服务体系，着重抓好困难人员、失业人员和高校毕业生的稳就业工作，积极促进就业新形态。城镇调查失业率控制在5%以内。着力强保障。持续推动各类人员应保尽保，迭代深化“大病无忧”等纾困机制，防范化解困难群众因病致贫返贫。加快完善“一老一小”服务体系，结合未来社区、未来乡村建设，全面提升养老托育服务供给能力和质量。实施新一轮农民住房改善行动，保障农民建房用地指标1200亩、2000户。进一步巩固省食品安全示范市创建成果。着力优服务。全面提升公共服务水平，稚川学堂、城关中学改扩建、市第一人民医院三期、儿童青少年发展服务中心、明湖科创图书馆、国际会展中心、城西运动飘带等一批学校、医院和公共文体项目开工建设，市妇保院建成启用，全民健身中心完成改扩建，高质量承办嘉兴市十运会，巩固文明城市创建，厚植文明实践品牌，人民群众的获得感、幸福感得到进一步提升。

十二是除险保安，确保社会大局平安稳定。坚决树牢“底线思维”，常态化开展除险保安，全力以赴做好杭州亚运会等重大活动安保工作，确保高分夺取省平安创建“十八连冠”、二星平安金鼎。做好“打”和“扫”的文章。坚决打好反诈人民战争，持续开展扫黑除恶、扫黄打非，严厉打击各类违法犯罪活动，纵深推进“八五”普法宣传，加快推进社会治安防控体系现代化建设。做好“防”和“治”的文章。做深做细危化品、厂中厂、道路交通、消防安全、建设施工等重点行业领域风险隐患排查整治，扎实做好台风洪涝、雨雪冰冻等自然灾害防治，确保生产安全事故起数、死亡人数下降20%以上。做好“化”和“解”的文章。创新新时代“枫桥经验”，迭代升级“息事无讼”等社会治理品牌，以商贸综合体、劳资纠纷等领域为重点，带着感情、带着责任做好群众工作，及时化解矛盾纠纷，做到事心双解，持续巩固信访积案“动态清零”成果。

五、全面加强党的建设

推进现代化金平湖建设，核心在党、关键在人。我们要全面贯彻新时代党的建设总要求，深入实施党建强基工程，突出立心铸魂、固本强基，建设具有强大凝聚力和引领力的社会主义意识形态，推动基层党建工作质量整体跃升，以高质量党建引领高质量发展，为全面建设社会主义现代化金平湖注入强大动力。

一要切实推动党的二十大精神在平湖落地生根、开花结果。将学习宣传贯彻党的二十大精神作为首要政治任务不动摇，切实增强“四个意识”、坚定“四个自信”、做到“两个维护”，不断提升政治判断力、领悟力、执行力。坚持原原本本学，严格落实“第一议题”、理论学习中心组学习等制度，延伸拓面金平湖讲坛、创新学堂等学习平台，高质量谋划举办主题教育，以学习的“突破”引领发展的“突围”。坚持真真切切讲，建立中共二十大精神宣讲体系，开展“百团下基层、千场提热度、万家践精神”百千万大宣讲活动，打造“平湖后生”宣讲品牌，推动将中共二十大精神传达到每个角落、每名党员干部群众。坚持实实在在干，要把学习贯彻党的二十大精神与“五个始终铭记”紧密结合起来，与平湖的改革发展实际紧密结合起来，聚焦四大工程、六大专项行动等主战场，将学习成果转化为解难题、啃硬骨、破坚冰的实招、好招，以实绩实效检验贯彻成效。

二要切实推进省委巡视反馈意见整改举一反三、做深做实。省委巡视是对平湖工作的一次全面“体检”，体现了省委对我们的严管厚爱和支持帮助。新的一年，要把抓好省委巡视反馈意见整改作为检验对党绝对忠诚的重要体现，作为推动平湖发展的有力举措，作为不断满足人民群众对美好生活向往的具体实事，作为检验党员干部担当作为的现实抓手，集中精力、不打折扣、举一反三、全面整改，确保交出巡视整改高分答卷。要全面压实责任，建立责任落实链条，层层传导压力，推动层层扛起责任，以解决一个问题、堵塞一个漏洞、完善一项制度、立下一个规矩的态度，确保任务到人、责任到岗、要求到位。要全力抓好整改，快速制定整改方案，列出整改清单、任务清单、责任清单，以钉钉子精神一件一件抓落实，确保每一项问题整改都立行立改、坚决彻底。要全域扩大成果，要坚持举一反三、以点带面，把巡视整改要求贯穿到经济社会发展的方方面面，及时把巡视整改做法上升固化为制度和长效机制，做到以制度管人管权管事。

三要不断优化党建统领整体智治的全面覆盖、实战实效。基层党组织是党执政大厦的地基，是党的全部工作和战斗力的基础，我们要以守好红色根脉的高度自觉，大抓党建、大抓基层、大抓基础，不断夯实组织保障。要建强基层组织，扎实推进“百县争创、千乡晋位、万村过硬”工程，健全完善“七张问题清单”抓党建带全局机制，全面加强各层级各领域党组织建设，积极发挥基层组织堡垒作用。深化党建联建助跑共富行动，持续推动基层党建各项重点任务落地见效。要夯实群众根基，深化打造党建联建共同体。要提升夜访实效，畅通问题收集办理渠道，完善办理反馈闭环，不断推进党群服务矩阵建设，构建党群“10分钟服务圈”。要深化网格智治，聚焦“162”体系与“141”体系整体贯通落地，推进党建统领网格智治攻坚行动，健全网格管理体制机制和网格员全链条管理制度，实现网格治理协同有力、高效运转。

四要全面提升平湖铁军的顽强斗志、过硬本领。坚持政治“铸魂”、改革“重塑”、实干“争先”、从严“修身”，不断提升干部防风险、迎挑战、抗承压能力，进一步锻造敢战善战的平湖铁军。完善锻炼培养机制，构建“1+1+X”的干部教育培训体系，通过“实训砺兵”和“一线试刃”加强干部一线锻炼。突出“七种能力”提升，实施青年干部培养“青鹄赋能”计划，推进退职干部二次择岗系统建设，构建干部雁阵。完善选人用人机制，树立正确任选导向，把真正想干事、会干事、干得成事的干部选出来、用起来。优化完善综合考核评价体系，定期开展担当力“双指数”综合评价，做到能者上、庸者下、劣者汰。完善严管厚爱机制，严格落实请示报告和个人有关事项报告制度，建立项目监督和作风监督两张清单，着力查纠党员干部不作为、慢作为、乱作为问题。建立健全以十项心理服务机制为主要内容的干部关心关爱“双十体系”，做到真情真心关心干部，最大限度调动和保护干部干事创业的积极性。

五要切实深化反腐倡廉努力构建风清气正的政治生态、干事氛围。全面从严治党永远在路上，必须把严的主基调长期坚持下去，不断完善纪检监察、巡察、审计等各类监督体系，纵深推进党风廉政建设和反腐败工作。压紧压实“两个责任”，从加强市委常委会自身建设做起，以上率下，一级做给一级看，认真落实市委常委会议事规则和决策程序，推动权力规范运行。一体推进“三不腐”，严肃查处重点领域腐败问题，深化运用“四种形态”，深入推进公权力大数据监督，构建“不敢腐、不能腐、不想腐”的有效机制。完善政商交往“三张清单”，构建亲清政商关系。驰而不息纠治“四风”，深入贯彻落实中央八项规定精神，深挖细查隐形变异“四风”问题，坚决防止反弹回潮。开展基层负担问题专项整治，持续为基层松绑减负。高质量推进全域清廉建设，打造清廉建设示范市。

同志们，殷殷嘱托犹在耳畔，时代征程重任在肩！让我们紧密团结在以习近平同志为核心的党中央周围，坚持以习近平新时代中国特色社会主义思想为指导，深入贯彻落实党的二十大精神，忠实践行“八八战略”、坚定捍卫“两个确立”、坚决做到“两个维护”，全面落实省委、嘉兴市委决策部署，创新奋进勇作为，铭记嘱托显担当，奋力打造中国式现代化的金平湖璀璨明珠！

政府工作报告（节录）

——在平湖市第十六届人民代表大会第二次会议上

（2023年2月1日）

周军波

2022 年工作回顾
稳中有进 进中争先

2022 年是本届政府的开局之年，也是高质量发展勇当共同富裕新崛起典范的提质提效之年，面对复杂多变的宏观形势等影响，我们在市委的正确领导和市人大、市政协的监督支持下，深入学习贯彻习近平新时代中国特色社会主义思想，全面贯彻落实党的十九大、十九届历次全会和二十大精神，全力推进经济创新、城乡秀美、民生优享、铁军打造“四大工程”，扎实开展经济稳进提质“十大百日攻坚行动”，基本完成了市十六届人大一次会议确定的目标任务。全市实现生产总值 959.6 亿元，增长 2.2%；财政总收入 133.3 亿元，下降 15.8%，一般公共预算收入 80.7 亿元，下降 16.4%，扣除留抵退税因素后下降 0.4%（不含嘉兴港区，实现生产总值 746.6 亿元，增长 3.1%；财政总收入 117.4 亿元，下降 9.1%，一般公共预算收入 68.9 亿元，下降 9.3%，扣除留抵退税因素后增长 3%）；城乡居民人均可支配收入分别达 74287 元、46573 元，增长 3.4%、6.1%。

一年来，我们坚持首位战略和首要任务齐头并进，发展动能不断汇聚

接轨上海纵深迈进。发布全省首个县级市虹桥南向拓展带建设方案。“田园五镇”建设入选虹桥国际开放枢纽建设一周年创新实践案例。沪平盐城际铁路项目征迁工作全面完成，浙江先行段正式开工。成立全国首个跨省联合执法队，开创长三角“一城两园”联合执法新模式。长三角科技城（平湖）虹桥创新中心投入运行。“金平湖”农产品区域公用品牌冠名高铁上海首发。106 项政务服务事项实现长三角通办。独山港码头 7 个泊位实现对外开放，集装箱吞吐量增长 67.3%。仅用 60 小时建成 4.5 万平方米的援沪生活物资中转站，获央视新闻联播和人民日报点赞报道。

助企纾困高效精准。制定实施“经济稳增长 45 条”“服务业惠企纾困帮扶 20 条”“扶持个体工商户纾困 24 条”，实施“千名干部助千企”活动，高质量开展“政策帮享”“困难帮解”“资源帮联”等“五帮”服务，兑现各类政策资金超 60 亿元，其中，“免报即得”无感兑付惠企政策资金 11.2 亿元，全力帮助企业恢复元气、注入发展底气。

项目推进全面提速。大力实施项目推进“百日攻坚”“百日冲刺”行动，健全“三级破难”“赛马比拼”机制，完成固定资产投资 343.9 亿元、增长 5.6%，数字经济、交通、生态、高新等领域投资增速均超 30%，获得嘉兴唯一全省投资“赛马”激励。把握政策机遇期和窗口期，成功争取专项债券项目 9 个、资金 19.7 亿元，政策性开发性金融工具项目 1 个、资金 12.4 亿元。土地保障提速增效，供应建设用地 5550 亩，向上争取新增用地指标 3035 亩，补充耕地 800 亩。

招商引资持续发力。深入开展百个项目定向招商、百家企业二次招商、百名博士集中招引等双招双引“五百行动”，新设立驻日本、德国招商联络处，常态化开展国别招商，全年开展“云招商”180余次。举办西瓜灯文化节、制造业高质量项目洽谈会等“一节多会”，集中签约项目61个、总投资超300亿元，实现当年供地项目33个，落地率57.3%。引进世界500强、国际行业龙头企业和超亿美元项目18个，完成实际利用外资4.1亿美元，制造业外资占比78%，列嘉兴第一、全省前列。

一年来，我们坚持做大增量和做优质量双向发力，产业结构持续优化

工业经济平稳向好。实现规上工业增加值346.2亿元、增长5.5%，增幅列嘉兴第三，制造业投资增长22.8%。深化“亩均论英雄”，成功获得省政府“亩均论英雄”改革督查激励，中日平湖产业园连续两年位列全省国际产业园考评第一，创新实施“腾退十法”，腾退低效用地3555亩，列嘉兴第二，六店大桥等重点区块腾出形象，张江科创园、智创园二期、嘉创智谷二期等高能级平台园区开工建设。加快产业转型，深入开展“两化改造”，长城汽车获评省级未来工厂试点，景兴纸业、鸿禧能源获评省级智能工厂，平湖石化创建成为省级绿色低碳工厂，平湖羽绒服装作为全省唯一区域品牌，成功入围工信部重点培育的纺织服装百家品牌名单。加强企业主体培育，新增国家级专精特新“小巨人”企业7家，实施“上市100”专项行动，晨光电缆成功登陆北交所，嘉特保温等3家企业进入辅导报审阶段。

服务业发展扩容提质。实现服务业增加值306.4亿元、增长2.4%，增幅列嘉兴第一，新增亿元以上服务业企业29家、规（限）上企业60家。当湖街道南市商务商贸发展区、独山临港产业发展区入选第二批省级服务业创新区。九龙山旅游度假区整体开发和运营管理权顺利收回。精准开展促消费活动，发放消费券2500万元，拉动消费8亿元，实现社会消费品零售总额230.9亿元、增长4.2%，成功获评嘉兴唯一的省级县域商业体系建设示范县。京东创新平台、抖音直播基地等电商平台实现跨越发展，网络零售额237.5亿元、增长23.5%，增幅连续12个月保持嘉兴第一。本外币存贷款总额首超3000亿元，新增贷款首超300亿元，累计为4696家企业办理延期还本付息7572笔、144.1亿元。

现代农业高质高效。实现农业增加值17.5亿元、增长2.8%，增幅列嘉兴第二，省产粮大县稳居嘉兴第一、全省第四。新建高标准农田0.6万亩，小麦百亩方单产、攻关田单产均刷新全省纪录。加快推进“米香”、西瓜振兴，建成粮食全产业链2条，“平湖西瓜”成功注册地理标志证明商标。深入推进科技强农、机械强农，农田数字化管理试点列入省级试点。平湖农业经济开发区成功创建省级现代农业园区、省级农业科技园区、首批省级农村一二三产业融合发展示范园。

一年来，我们坚持改革创新和科技创新双轮驱动，创新活力竞相迸发

数字化改革有序推进。在6次省、嘉兴推进会双月评价中均获五星最高评价。全省首创“感智汇”物联感知融合服务平台，入选省“一地创新、全省共享”“一本账”，获评省数字化改革“最强大脑”。城市防内涝数字化应用在全国灾害普查成果应用交流会上作为唯一县（市）成果演示推广。“晓海讯”“节水宝”“舞精灵”等38个应用列入省级试点。“浙农服”“精平扶”“浙里总商汇”等3个应用走出浙江。

创新动能有效增强。规上工业企业研发经费支出52.3亿元、增长28.4%，荣获全国科技创新百强县称号，创成全国科普示范市。以平台服务创新，平湖高新区成功通过省级验收，浙工大平湖新材料研究院通过CMA资质认证，杭电平湖数字技术创新研究院、中标院长三角分院投入运营，新认定省级院士工作站2家。以企业引领创新，深入实施科技企业“双倍增”行动，新增高新技术企业100家、省科技型中小企业221家。成功申报省“尖兵”“领雁”计划4项，创历史新高。以人才推动创新，全职引进院士等顶尖人才2名、省级以上高端人才25名、博士103名，引进大学生1.1万人，签约落地人才项目52个，“国万计划”创新人才、省级外国专家工作站实现“零”的突破。

重点改革有力攻坚。知识产

权强县建设、典型地区再生水利用配置入选国家试点。平湖—青田打造山海协作高质量发展升级版获全省共富最佳实践。“党建引领毗邻区域协同治理综合改革”获评省改革突破提名奖。构建“1+8+N”共富体系，成立全省首家市镇村集体控股的混合所有制强村公司，创新开发码头众筹、新乡邻公寓等共富模式。加快“大综合一体化”行政执法改革，重塑“1+7”市域执法队伍架构，整合执法事项1832项，实现“一支队伍管执法”。全面完成国防动员体制改革。

一年来，我们坚持城市品质和城市形象内外兼修，城市能级大幅提升

高质量加快城市规划建设。正式启用“三区三线”划定成果，推进市镇两级国土空间总体规划编制。引进两院院士团队，做深做细总体城市设计，谋实谋精明湖国际科创岛、中心城区滨水空间品质提升等3个专项规划设计，推动城市空间和城市品质“双提升”。坚持“留改拆”并举，梅园北村、南河头新村3幢地块启动征收，南河头历史文化街区二期开工建设，稚川学堂旧址、葛氏茶楼等43处历史文保点位重现古韵。东方公园一期健康运动区、水岸交融二期建成开放，东湖公园友邻之家正式投运。城市防洪扩展项目被列入省重点建设项目。新增城市绿化434亩、绿道19.5公里，原新三伍地块街头公园等10个口袋公园成为市民休闲好去处。

高标准完善交通网络体系。坚持大干交通、干大交通，构建“1568”交通网络，重大公路水运项目投资24.1亿元、增长12%，创历年之最。拓展城乡纵横干线，嘉兴至平湖快速路射线工程、G228先行段、G525与S302平改立启动建设，浙沪省际干道S202平湖段全线贯通，6条县道完成综合整治。畅通城市毛细路网，广福路等4条城市道路竣工通车，稚川路向南延伸段开工建设，城南东路、永丰路等4条道路完成“四改六”“白改黑”形象提升。加快发展海河联运，浙北高等级集装箱通道重要节点关桥顺利拆除，海河联运示范工程开工建设，B13、B14码头完成水工主体工程，独山港区Ⅲ内港池区散改集通过验收。

高效能提升城市管理水平。高分通过全国文明城市复评。推进市容“十乱”整治，迭代升级数治城管，新增智慧管控街区5条，东湖街区成功创建省级高品质示范街区，新增少年宫广场、南村书堆2个“席地可坐”城市客厅示范点，让文明触“地”可及。入选“强社惠民”省级试点，探索社区合作发展模式，成立全省首家社区联合抱团强社公司，实现无物业管理住宅小区清零。成功创建省无违建示范市，“三改一拆”连续六年嘉兴第一。

一年来，我们坚持城乡风貌和城乡环境纵深融合，生态底色更加靓丽

城镇风貌串珠成链。省美丽城镇、园林城镇、4A级高等级景区镇创建实现全覆盖，“乐享绿城”共富美丽城镇集群被列入省美丽城镇集群化典型培育案例，新埭镇、独山港镇获评省级美丽城镇样板镇。东湖城市新区列入首批省级城乡风貌试点，获评省“新时代富春山居图样板区”。全域推进未来社区建设，新增永兴社区、东方社区等省级未来社区试点9个，东湖未来社区通过省级验收。

美丽乡村宜居宜游。深化农村人居环境全域整治，加快打造平原水乡精品乡村“高峰”，连续4年获评省深化“千万工程”建设新时代美丽乡村工作优胜县，建成省级美丽宜居示范村优秀村庄4个、省美丽乡村示范镇1个、省特色精品村3个。徐家埭村入选全国乡村旅游重点村和中国美丽休闲乡村，沈家弄村获评省级优秀未来乡村。高标准建成曹桥街道“碳为观智·桨领风华”精品风景线，在嘉兴比拼中获得优胜。

生态环境全面改善。全面启动国家生态文明建设示范区创建。高标准完成两轮中央生态环境保护督察反馈意见整改落实。高质量森林浙江建设考核优秀。环境空气质量综合指数、PM2.5和PM10平均浓度均列嘉兴第一。市控以上断面Ⅲ类水比例自有考核以来首次达到100%。独山港经济开发区成功入选省级减污降碳协同试点，曹桥街道入选省级低碳街道试点。持续优化用能结构，淘汰高能耗项目22个，腾退用能6.7万吨。完成东片污水处理厂再生水利用扩建工程建设。稻田退水“零直排”模式全国推广，新增面积3.8万亩。

一年来，我们坚持社会事业和社会治理同步提升，共同富裕扎实推进

十件重点民生实事全面完成。实施养老服务项目，新建成居民小区居家养老服务站10个、新启用认知障碍照护专区1家。实施道路改善项目，完成城乡道路路口标准化建设310个。实施便捷停车项目，新增ETC不停车收费停车场20个，无感支付覆盖车位1.1万个。实施学校扩容项目，世外经开小学迁建工程、全塘中心小学扩建工程进入主体施工阶段。实施健康关爱项目，为50—74周岁居民免费开展结直肠癌筛查2.9万人，主要公共场所新增AED57台。实施帮扶助困项目，成功创建省无障碍社区1个，残疾人家庭无障碍改造80户，4388名低收入农户免费购买医疗补充政策性保险。实施农村危桥改造项目，拆除重建农村危旧桥梁66座、维修加固49座。实施全民健身项目，新建成“运动家”智慧体育社区9个，改造基层水泥篮球场70个。实施慢病一体化门诊项目，镇街道卫生院两慢病一体化门诊建设实现全覆盖。实施快递进村社区项目，新增、改造快递共享驿站101个。

社会保障更有力度厚度。聚焦“扩中”“提低”，全力稳岗稳就业，新增城镇就业1.9万人。持续推进社保、医保、养老服务提标扩面，户籍人口养老保险参保率98.5%、医保参保率99.3%，每万名老年人配置护理员人数达到24人。启动残疾人托养中心建设。设立平湖慈善奖，举办首届“善行金平湖”慈善大会。创新开展文明殡葬奖补激励，列入全省第二批婚俗改革实验市。持续推进“飞地抱团”项目低收入家庭持股增收计划，全年分红1538万元。稳步推进农民住房改善，出台被征地农民安置补助新政。建成安置房3411套。

社会事业更为普惠优质。教育资源优质均衡，成为嘉兴首个全国义务教育优质均衡发展市和国家学前教育普及普惠市创建均通过省级督导评估的县（市），成功入选全省唯一面向共同富裕的教育改革发展试点。严格落实“双减”政策，在全省率先完成民办义务教育规范工作。高考特控线和新一段线上线率分别达20.8%、76.7%，创新高考以来纪录，“清北”录取实现11年来“零”的突破。广陈镇中心幼儿园前港分园完成建设并正式启用，曹桥启稚幼儿园等7所学校开工建设。医疗水平加快提升，基层医疗卫生机构绩效考核省级监测评价连续两年位列全省第二。平湖胸痛中心通过国家级认证。基层医疗机构“医共体诊室”实现全覆盖。市第一人民医院通过三级乙等综合医院现场评审。精神卫生中心二期开工建设，市中医院新院建成启用。文体事业持续繁荣，高质量承办央视中国农民丰收节晚会主舞台，成功入选省体育现代化市创建名单，高质量举办第十四届“春兰杯”世界围棋锦标赛、全国青少年棒球锦标赛等20多项省级以上大型赛事。启动全民健身中心改扩建工程，博物馆新馆正式开馆。中国航天科普馆、广陈良仓小镇客厅入选全省最美公共文化空间。成功举办2022年平湖西瓜灯文化节、首届“叔同艺术季”。退役军人事务标准化国家级试点通过验收。

社会治理更趋立体多元。纵深开展“除险保安”百日攻坚，圆满完成党的二十大等重大活动安保维稳任务，成功夺取省平安创建“十七连冠”。社会治安持续改善，深入推进反诈人民战争，全市发案数、损失数分别下降13.5%、6.7%。智安镇街建设全覆盖，刑事警情、治安警情分别下降8.2%、15.7%。安全生产全面夯实，全力打好安全生产专项整治三年行动收官战，开展“厂中厂”租赁企业安全、自建房安全等专项整治，安全生产事故起数、死亡人数分别下降28.6%和14.3%。成功打赢台风“轩岚诺”“梅花”防御战。完成全市备案非标电动自行车淘汰置换，淘汰非标电动自行车27.4万辆。创新治理成效凸显，扎实推进县域社会治理现代化，深化“四治融合+协商治理”，充分发挥“1+3+N”网格治理力量，夯实社会治理基层基础，信访积案实现“动态清零”并持续巩固，高标准建成全国农村社区治理实验区。

国防动员、双拥、人防、新闻出版、广播电视、哲学社会科学、外事、侨务、对台、民宗、档案、史志等工作取得新成绩，关心下一代等事业取得新进展。与民主党派和无党派人士的沟通联系得到进一步加强，工会、共青团、妇联、科协、文联、残联、工商联、红十字会等人民团体作用进一步发挥。

一年来，我们坚持服务提效和监督提档协同推进，现代政府加快打造

政务服务更加便捷。深化“放管服”改革，政务服务事项提速71.1%。营商环境评价位列全省第一档。加快智慧大厅试点建设，全面推行“就近办”“主动办”“助老办”“刷脸办”，503项高频事项实现下沉，依申请政务服务办件“一网通办”率达到97.5%。先行探索全市通办，打造“标准交易”样板，创新远程异地多点评标模式。

行政行为更加规范。完善政府工作规则，严格执行重大行政决策程序，成功创建全国法治政府示范市，诉前纠纷调解成功率全省第一，政府部门负责人出庭应诉率100%。坚持依法履职，积极发展全过程人民民主，依法接受市人大及其常委会监督，自觉接受政协民主监督，主动接受社会和舆论监督。高质量办理人大代表建议220件、政协提案171件，办理态度和结果满意率均为100%。

作风建设更加严实。落实全面从严治党要求，加强政府系统廉政建设，严格执行中央八项规定及其实施细则精神，政府系统风清气正的政治生态进一步巩固。全力配合做好省委巡视工作，持续加强纪检监察、巡察、审计监督及结果运用。坚持政府过紧日子，非刚性、非重点支出压减20%，政府民生类支出增长16.8%。

各位代表，思危方可居安，知忧才能克难。我们清醒地认识到发展中还存在不少短板和不足：一是经济稳进提质压力还不小。全年单位GDP能耗不降反增，上升7%左右，节能降耗减排压力较大；固定资产投资增速从年初的两位数收窄至全年的5.6%，投资动力略显不足；科技创新活力还不够强，研发经费占比不高，排名全省中下游位次；数字经济缺乏龙头企业带动；对外贸易出现疲软，全年出口下降0.8%。二是共同富裕基础还不稳。接轨上海、融入长三角一体化水平还不高、途径还不够多元；教育医疗、养老托育等公共服务的供给还难以满足群众需求；农民住房改善问题仍然突出，亟待破解。三是社会治理风险隐患还不少。安全生产、公共安全、网络信息安全、劳资纠纷等领域仍存在不安定因素，平安稳定形势依然复杂严峻。对此，我们将坚持问题导向，采取有力措施，切实加以改进。

2023年工作任务
拼出精神 干出精彩

2023年是贯彻党的二十大精神的开局之年，也是“八八战略”实施20周年，做好各项工作意义重大。今年政府工作的总体要求是：深入学习贯彻党的二十大精神，始终坚持以习近平新时代中国特色社会主义思想为根本指引，深挖做实“八八战略”，围绕“创新奋进”主题主线，全面实施升级版的经济创新、城乡秀美、民生优享、党建强基“四大工程”，突出争分夺秒抢时间、聚精会神拼经济，深入开展首位攻坚、招大育强、项目破难、改革突破、平安善治、铁军锻造“六大行动”，切实形成“4+6 > 10”的目标导向，迅速融入嘉兴打造长三角城市群重要中心城市的工作大局，奋力打造中国式现代化的金平湖璀璨明珠。

建议今年全市经济社会发展的主要目标为：全市生产总值增长6%，一般公共预算收入增长5%；城乡居民人均可支配收入增长与经济增长同步；主要约束性指标完成上级下达任务。围绕上述目标，具体抓好以下十方面工作：

一、突出稳字当头，兴产业、优企业，构筑转型升级新高地

坚定不移把发展着力点放在实体经济上，推动企业大发展、产业大集聚，加快构建现代化产业体系。

1. 做大做强先进制造业。大

力推进强链壮群，围绕打造高端制造集聚地目标，加快构建“链主”型企业引领、节点型企业集聚、小微型企业配套的“四群八链”新格局，形成具有平湖辨识度的现代化产业集群，实现规上工业增加值增长7.5%。深入实施数字行动，推进数字经济“一号发展工程”，瞄准数字经济“4+3”重点领域，全力做大数字经济产业规模，数字经济核心制造业增加值增长8%。稳步发展传统产业，推动服装、箱包等时尚产业转型升级,实施数字化、绿色化项目140个，争创省级以上智能工厂、绿色工厂3家，规上工业企业数字化诊断、重点用能企业绿色化诊断实现全覆盖。持续加强企业培育，开展企业“扶苗助长”行动，分类分层推进企业梯度培育“雁阵”，新增上市企业1家，专精特新、隐形冠军企业20家。

2. 做活做兴现代服务业。出台新一轮服务业高质量发展意见和重点行业发展单项激励政策，完善服务业项目准入、评价机制，新增规上（限上）服务业企业45家以上，实现服务业增加值增长4.5%。把激活和扩大消费摆在优先位置，加快推进国家级电子商务进农村综合示范项目，大力发展夜间经济、直播经济，开展家电、通信、餐饮等领域消费券发放活动，创建数字生活新服务样板县，全年社会消费品零售总额增长5%，网络零售额增长10%以上。支持文化产业发展，打造“文韵平湖”文化产业精品线路。大力开展建筑业振兴计划，推动房地产市场健康平稳发展。高质量开展第五次全国经济普查。

3. 做精做优现代农业。坚定不移抓好粮食生产，加快粮食综合保障中心建设。持续深化“米香”、西瓜振兴计划，大力培育西瓜特色产业,推动从“网红瓜”向“致富瓜”转变。做强“金平湖”区域公用品牌，打造草莓、葡萄等特色产业集群。推进农开区提档升级，长三角农博汇开工建设，智联植物工厂等项目加快建成，农业科创中心投入使用。完成省级农田数字化管理试点县建设。

二、突出大干项目，扩存量、引增量，赋能跨越发展新引擎

坚持“一切围着项目转、一切盯着项目干”，以非常举措、超常力度提速项目建设、扩大有效投资，加快夯实高质量发展根基。

1. 全力以赴抓招商。深化“一把手”招商、市领导联挂、赛马比拼、项目信息共享四大机制，突出产业链招商，围绕新能源汽车、高端数控机床、互联网服务、种子种苗等八大特色产业链，按照“一位市领导担任链长、一个工作小组、一家链主企业、一个合作产业联盟、一个产业发展规划、一支产业基金、一张产业链鱼骨图、一张重点企业（项目）清单、一张重点招商对象清单、一套工作制度”的“十个一”工作机制开展精准招商。全年引进50亿元或5亿美元以上项目3个，世界500强、总投资超亿美元和10亿元以上项目18个以上，实到外资4亿美元。

2. 争分夺秒攻项目。开展高质量项目谋划推进大比拼，全年固定资产投资增长8%，“七个投资”均高于面上增速。实行重点投资项目清单化管理和“七个一批”专项攻坚，遴选30个前期项目实施“各环节点对点”推进，遴选50个亿元以上在库项目实行“一对一”压茬推进，全年新开工亿元以上产业项目60个以上，上半年开工率80%以上，三季度实现100%开工，其中新开工10亿元以上项目8个，新竣工亿元以上项目60个。

3. 千方百计强要素。纵深推进城乡融合聚变共富三年行动，推动要素资源集约节约利用。坚定不移推进“腾笼换鸟”，整治提升亩均税收5万元以下、连续两年及以上综合绩效评价D类的工业企业以及占地15亩及以上的规下工业企业500家以上，全年腾退低效用地2500亩，力争重点村年内完成园区外企业整治“清零”。新开工高质量小微企业园50万平方米，新竣工30万平方米。持之以恒推进农村土地综合整治，实施跨乡镇土地综合整治项目1个，完成建设用地复垦1500亩。持续深化土地要素盘活挖潜，狠抓“五未”土地“七率”提升，全年供应土地5000亩以上。想方设法强化资金保障，紧盯国家政策窗口期，全力争取政府专项债、政策性开发性金融工具，同步提升项目前期成熟度和申报精准度，全年谋划储备专项债项目超70个、需求额度力争突破100亿元。铆足干劲争取重大项目，积极申报省级各类重大计划，力争省市县长项目工程、省重大产业项目各5个以上，省重点建设项目10个以上。

三、突出融合发展，应变局、拓格局，厚植区域竞争新优势

抓住虹桥国际开放枢纽南向拓展带发展机遇，发挥嘉兴打造长三角城市群重要中心城市的平湖优势，着力建设金南翼浙江第一站。

1.在平台合作上全面对接。积极开启与上海闵行区的合作，持续深化金山—平湖产城融合发展区建设，高品质共建张江长三角科技城、浙沪新材料产业园等六大平台，加快国际合作园区、杭州湾北岸新材料生产基地建设。推动平湖“壹号湾”科创湖区与闵行区“大零号湾”开展战略合作，探索联动开发运营。深化与沪经贸交流，开展“驻沪使领馆平湖游”等系列活动。推进九龙山旅游度假区平台建设提升，完善旅游总体规划编制，建立新一轮开发建设运营管理体系。深化开放提升，实施地瓜经济“一号开放工程”，开展全方位贸易促进活动，组织企业参加进博会、广交会及重点境外展会，支持企业抢订单、拓市场、保份额，实现出口总额增长10%。

2.在重大项目上全面发力。聚焦高端装备制造、数字经济、新能源等重点产业，全面深化与金山、闵行等地中高端产业联动发展，努力成为承载长三角地区高端产业的汇聚地。加快推进沪平盐城际铁路、航天平湖产业基地、独山港区Ⅱ号港池等一体化标志性项目建设，完成投资60亿元。

3.在公共服务上全面提标。深化公共服务共建共享机制，推动平湖—金山研学和劳动教育资源共享，推进与华东师范、龙华医院等上海优质学校和医院的深度合作。拓展长三角异地就医结算范围，将慢特病纳入长三角地区医保门诊直接结算清单。加快跨区域协同发展，高质量举办山塘论坛、浙沪乡村马拉松、“田园五镇”农创大赛等活动，持续扩大品牌赛事影响力。

四、突出改革突破，强动力、促活力，掀起创新驱动新浪潮

坚持向改革要红利，以数字化改革引领撬动各领域改革，大力推进创新链、人才链、产业链深度融合，全力打造科创新高地。

1.争当数字化改革“排头兵”。围绕打造全省县级城市数字化改革标杆，加快谋划建设“共富方舟”等一批重大应用，加快推进全市域智能事件中心调度综合应用集成改革，迭代升级“抱团富”“增财实学”等一批典型应用，推广共享“腾笼换鸟·凤凰涅槃”数智治理等一批成熟应用。

2.争当科技创新“践行者”。坚持创新驱动发展，持续开展国家知识产权强县建设试点，高新技术产业增加值占规上工业增加值比重58%以上。突出平台赋能，平湖高新区提质提效，亩均税收和亩均研发投入分别达到35万元、18万元；上海交大平湖智能光电研究院、中标院长三角分院、杭电平湖数字技术创新研究院、浙工大平湖新材料研究院等创新载体提升发展。深化与嘉兴南湖学院合作，探索“编制在院校、科研在企业”的引才育才新机制。放大孵化效应，深入实施科技型企业“倍增计划”，新增高新技术企业90家、省“科技小巨人”企业2家、省科技型中小企业200家。全年申报省“尖兵”“领雁”研发攻关计划2项以上，新增“浙江制造”标准6项、省级以上知识产权示范企业3家、“品字标”企业8家。构筑聚才磁场，实施人才集结工程和金平湖工匠培育工程，全年引进省级以上高端人才30名以上、博士100名以上、高层次人才项目30个以上，培育高技能人才3500名以上。实施大学生招引三年行动计划，引进青年大学生8000名以上。

3.争当重点改革“探路人”。深化“大综合一体化”行政执法改革，实现“一体化智能办案中心”全覆盖，探索镇街道差异化赋权，提升基层执法匹配度。实施高速差异化收费政策，推行“金平湖·畅行券”。创新发展“新仓经验+广陈模式”，创建省级首批持续深化“三位一体”改革实施县。启动国家级农业科技园区创建，推进省农业标准地改革试点。“感智汇”列入国家社会管理和公共服务综合标准化试点。

五、突出精雕细琢，绘蓝图、展宏图，建设典范城市新样板

以省AAAAA级景区城创建和“公园城市”建设为抓手，不断提升综合承载力和辐射带动力，打造江南水韵景区城。

1. 以精益求精做好城乡规划。结合“三区三线”划定成果，高标准完成市镇两级国土空间规划编制。优化中心城区控规单元划分，提升南市片区、东方片区、城西片区等重点区块品质，完成中心城区完整街道、慢行系统等专项规划，充分发挥高铁站场区域等重要城市设计的示范引领作用，全面优化城市综合功能。

2. 以工匠精神提升城市品质。提速城镇有机更新，开展重点区域、重点板块和重点片区联动征迁，全年启动实施城镇更新1000亩以上。全力推进梅园北村区域征收签约，加快海盐塘路东侧、毓秀路北侧等安置房建设和文华苑北侧地块等历年征收项目扫尾，持续推进老旧小区改造。加快堵点道路提升，南市路“四改六”工程开工建设，稼书路南延伸段二期加快贯通，启动东方路－稚川路口立体化改造工程。打响城市旅游品牌，发布文旅“英雄帖”，吸引知名IP、顶尖运营团队，打造旅游爆品，南河头历史文化街区一至四期实现环线贯通，鸣喜桥以东沿河区域对外开街，东湖景区景观提升工程开工建设，北东湖赛艇项目建成运营。新增市域绿道10公里、城市绿地225亩，公园绿地服务半径覆盖率达到90%。

3. 以大干快上推动交通建设。大力推进交通强市“4210”工程，完成综合交通投资55亿元以上。城市西环线、当湖路西延工程加快启动，六店大桥开工建设，嘉兴至平湖快速路一期、G228“四改六”工程加快推进，S202、S302建成通车。新改建农村公路10.2公里，完成农村危桥改造78座，争创省级“四好农村路”示范市。港通码头工程启动建设，浙北集装箱通道平湖段所有梗阻桥梁全面拆除，重要节点虹霓大桥主体完成，盐平塘大桥建成通车，全线实现三级通航能力。

4. 以绣花功夫抓好城市管理。持续巩固全国文明城市创建成果，深化迭代智慧城管，开展系列市容秩序专项攻坚整治，创成省级“街容示范街”1条、省级“高品质示范街区”1个、“席地可坐”城市客厅精品点2个。探索建立轻微违法行为容错免责机制。持续推进“强社惠民”集成改革，建成社区大物业管理运营、镇街道全域管理示范点8个以上，打造现代社区示范样板。

六、突出全域秀美，提颜值、赋价值，展现美丽镇村新面貌

以争创全国乡村振兴示范县为引领，持续推动风貌提升、建设提档、产业提质，促进城镇各美其美、乡村宜居宜业、农民富裕富足。

1. 加快城乡风貌提升。推动各镇街道连片发展，探索风貌样板区与未来社区、未来乡村联创联建、融合发展，建设明湖城市新区风貌区、钟埭—新埭“富美水乡·数智创想”县域风貌区。全域推进未来社区建设，实现未来社区建设镇街道全覆盖，打造共同富裕现代化基本单元平湖样板。有序推进农村杆线专项整治，全市30%以上的行政村完成整治。优化垃圾分类长效机制，基本消灭“落地包”现象。

2. 加快美丽乡村建设。深化“千村示范、万村整治”工程，打造大齐塘村、杉青港村等一批具有江南水乡韵味的特色村庄，推动精品村向“网红村”、薄弱村向“秀美村”转变。创建省级未来乡村3个，省特色精品村3个、新时代美丽乡村精品村6个、3A级景区村庄2个，实现“村村有看点、处处有亮点”。高标准建设美丽乡村典范片区1个。实施旅游业“微改造、精提升”入库项目96个，创建国家AAA级旅游景区1家。

3. 加快美丽经济发展。深化强村富民集成改革，加快“1+8+N”共富体系建设，新启动建设共富体项目18个。全市实现集体经营性收入160万元以上的村达到80%，农户持股收益达到6000万元以上。聚力抓好村庄后续运营，强化农家乐、民宿等业态扶持，拓展“樱花小镇”“赛艇小镇”“棒球小镇”等消费新场景，“钟溪棹歌·隐世田园”“碳为观智·桨领风华”精品线实现有效运营，推动“美丽风景”向“美丽经济”

转化。

七、突出绿色低碳，出实招、谋新招，树立生态文明新标杆

以争创国家生态文明建设示范区为目标，协同推进降碳、减污、扩绿、增长，以生态“含绿量”体现发展“含金量”。

1. 在治理中改善生态。打好蓝天保卫战，开展重点行业企业整治，主攻挥发性有机物和氮氧化物减排，全年空气质量优良率达到90%，PM2.5平均浓度25微克/立方米以下。打好碧水保卫战，强化重点断面管控和排污口排查整治，持续推进“污水零直排区”建设提质增效、农村生活污水治理“强基增效双提标”行动和稻田退水“零直排”建设，市控以上重点断面Ⅲ类水比例达100%。打好清废保卫战，完善一般工业固废和危废小微平台统一收运和集中处置体系，推进危废实现“动态清零”，成功创建省“无废城市”。打好净土保卫战，落实土壤污染防治，严格建设用地土壤污染风险管控和修复名录内地块准入管理。

2. 在建设中保护生态。深化“河长制”，开展“碧水三绕”建设，实施广陈塘、放港河、“东湖—明湖”重点流域生态修复项目，推进生态绿色修复。全域推进污水主管网互联互通工程，加快城乡污水处理能力提升。深化“田长制”，加大耕地保护力度，坚决遏制耕地“非农化”，严格管控耕地“非粮化”，守住耕地红线。深化“林长制”，深入实施国土绿化行动和森林质量提升工程，完成绿化造林1000亩以上，创建省“一村万树”示范村2个。

3. 在转型中凸显生态。深化省低碳试点市建设和省绿色认证示范区创建，加快能源结构优化，清洁能源占比达到30%以上。严格落实能耗“双控”，加强预算化用能管理，分类分批整治提升重点高能耗企业10家。单位工业增加值能耗下降3%以上，淘汰落后用能4.5万吨以上。

八、突出亲清有为，优服务、勤政务，打造营商环境新名片

坚持把企业和群众满意度作为第一标准，围绕“企业办事无忧、政府无事不扰”，全力打造营商环境最优市。

1. 提升助企政策快享度。高效推动省“8+4”政策体系落实落地，全年为企业减负40亿元以上。加强政银企对接，深化科创金融服务，深入开展小微企业、个体工商户金融滴灌精准帮扶，简化质押融资流程，新增制造业贷款50亿元以上。助推民营企业发展，创新政企常态化联络机制，开展“亲清夜沙龙”“政企直通车”等活动，加强帮企纾困问题处置闭环管理。

2. 提升企业办事便捷度。实施营商环境“一号改革工程”，深入推进“放管服”改革，推动营商环境“10+N”办事便利化改革提升，省营商环境综合评价继续保持第一方阵。优化打造工程建设项目竣工联合验收、“无感知”清贷解抵一件事等服务品牌。加快推动企业开办“一件事”、注销“一网服务”、建设项目“多评合一”等创新举措落地落实。

3. 提升政务服务高效度。全面推进“无处不在、无处不享”政务2.0事项全市域通办，深化海盐、嘉兴港区三地通办协同。加快实现企业和个人全生命周期重要阶段政务服务事项“一件事一次办”。大力推进“网办、掌办”快捷服务，探索“适老服务”特色办机制，打造标准化、特色化、数字化多元服务场景。

九、突出民生优享，践初心、暖民心，谱写共同富裕新篇章

践行以人民为中心的发展理念，着力解决事关群众切身利益的“头等大事”和“关键小事”，让政府做的事成为人民满意的事。

1. 强化就业促进让群众更暖心。深入实施就业优先政策，健全就业促进机制。支持和规范发展新就业形态，建成零工市场3个、零工驿站20个。健全就业公共服务体系，开展就业困难人员“暖心帮扶”、高校毕业生“服务攻坚”、失业保险“稳岗惠民”行动，争创就业创业服务示范城市，新增城镇就业1.5万人，帮助就业困难人员实现再就业1250人，城镇调查失业率控制在5%以内。

2. 完善社会保障让群众更安心。深化“扩中”“提低”改革，开展九类人群精准画像，出台差别化收入分配激励政策。深入实施全民养老保险提质提标助富工程，分类施策推动各类群体应保尽保。持续推进医保纾困，防范化解困难群众因病致贫返贫。完善“一老一小”服务体系，推动全龄友好社会建设，新增社区嵌入式养老服务机构2家，探索建立家庭养老床位200张。推进0—3岁婴幼儿照护服务，建设社区托育中心10个。实施新一轮农民住房改善行动，改善农民住房2000户以上。新建高品质城镇安置房8000套以上。

3. 提升公共服务让群众更舒心。聚力推进“优教为民”，深入实施面向共同富裕的教育改革发展省级试点，深化“初中强校工程”“普高特色办学”，成功创建全国义务教育优质均衡发展市、国家学前教育普及普惠市。稚川学堂、技师学院改扩建工程开工建设，交通学校、职业中专启动搬迁。聚力推进“健康惠民”，持续深化医药卫生体制改革，加大卫技人才引育力度。启动市第一人民医院三期工程建设，建成启用市妇保院新院。聚力推进“文化乐民”，高标准推进省公共文化服务现代化先行县、省体育现代化县创建。深化李叔同文化研究，实施“当湖十局”围棋复兴计划，打造李叔同和“当湖十局”两张国际化文化名片。完成全民健身中心改扩建，高质量承办嘉兴市十运会。市儿童青少年发展服务中心、明湖科创图书馆、国际会展中心、城西运动飘带体育公园开工建设，吴一峰艺术馆开馆运营。持续增强退役军人服务力度，争创省双拥模范城“五连冠”。推进城乡农贸市场综合整治，放心农贸市场覆盖率达到80%。

十、突出平安稳定，筑防线、守底线，构建和谐发展新局面

牢固树立底线思维，坚决做到防风险、除隐患、保发展，加快建设更高水平“平安平湖”，打造社会治理新样板。

……

2. 标本兼治抓好安全生产。坚持“遏重大、降较大、减总量”，持续开展“厂中厂”租赁企业专项整治。深化危险化学品、消防安全、建筑施工、城镇燃气、交通运输等重点行业领域风险隐患排查整治，确保生产安全事故起数、死亡人数下降20%以上。扎实做好台风洪涝、雨雪冰冻等自然灾害防治。强化食品药品安全监管，落实食品安全“两个责任”，创成省食品安全示范市。

3. 源头防范抓好社会治理。坚持和发展新时代“枫桥经验”，深化网格智治，打响“息事无讼”等品牌。强化流动人口管理服务。创新推进人力资源市场监管平台建设，打造“无欠薪金平湖”城市品牌。打好“十大领域”信访突出问题集中治理攻坚战。深化常态化“除险保安”，开展扫黑除恶斗争，重拳打击整治养老诈骗、电信网络诈骗等各类违法犯罪活动，加快推进社会治安防控体系现代化建设，打造“智安城市”。全力做好杭州亚运会等重大活动安保维稳工作，高分夺取省平安创建“十八连冠”，获得二星平安金鼎。

与此同时，进一步加强国防动员、人防、新闻出版、广播电视、哲学社会科学、外事、侨务、对台、民宗、档案、史志、气象、慈善、关心下一代等工作。全面加强与民主党派和无党派人士的沟通联系。支持工会、共青团、妇联、科协、文联、残联、工商联、红十字会等人民团体开展工作。

各位代表，我们始终坚持把群众想办的事变成政府要干的事，按照“群众提、委员议、代表定、政府办”的要求，经过广泛征集和充分讨论，形成了涉及出行、教育、医疗、养老等方面12件政府重点民生实事候选项目，提请大会票决。我们将根据票决结果，认真组织实施，确保全面完成。

加强政府自身建设 忠诚廉洁 实干为民

各位代表，人民政府为人民，自身过硬是关键。我们将坚定不移加强自身建设，牢固树立大局意识、法治意识、担当意识、为民意识、规矩意识，不断提升政府治理能力现代化水平。

始终把忠诚作为政府工作最首要的标准。全面贯彻落实习近平新时代中国特色社会主义思想，在全面落实党的二十大精神上下功夫，不断提高政治判断力、政治领悟力、政治执行力。坚决捍卫“两个确立”、做到“两个维护”，持续激发忠实践行“八八战略”、奋力推进“两个先行”的强大动力，确保上级和市委各项决策部署不折不扣落实到位。全力做好省委巡视整改工作，坚持把巡视整改贯穿到经济社会发展的方方面面。

始终把法治作为政府工作最基本的遵循。以法治中国示范区建设为引领，将依法行政贯穿于政府行为的全过程，不断提高依法行政水平。严格依照法定权限和程序行使权力，主动接受人大依法监督、政协民主监督，认真办理人大代表建议和政协提案，主动听取代表、委员意见建议，让民意从“纸上”落到“地上”。主动接受监察监督、司法监督、社会监督，加强审计监督、统计监督，打造公正公开、守法诚信的法治政府。

始终把实干作为政府工作最鲜明的导向。坚持以实干实绩论英雄，把每一件事情做到位，不做表面文章、不搞形象工程、不求短期效益。秉持“不为困难找理由、只为成功想办法”的优良作风，遇事不推诿、难事不回避、烦事不退缩，敢于与高的比、快的赛、强的争，对每项任务的落实和完成情况，明确工作量、列出时间表、落实责任制，一以贯之，善作善成。

始终把为民作为政府工作最重要的政绩。始终牢记政府前面“人民”二字，将群众所期所盼作为第一导向，将为民办实事作为第一抓手，将群众满意作为第一标准。深入推进“大走访大调研大服务大解题”活动，用心用情解决群众急难愁盼问题。树牢过“紧日子”的思想，集中财力办大事，把有限的财力更多用在民生需求上。

始终把廉洁作为政府工作最高度的自觉。严格落实全面从严治党要求，切实把纪律规矩挺在前，锲而不舍落实中央八项规定及其实施细则精神，不开“程序式”会议、不搞“作秀式”调研、不发“传声式”文件，驰而不息纠治“四风”。恪守“亲”“清”政商关系，光明磊落与企业家交朋友。坚定不移推进政府系统党风廉政建设和反腐败斗争，加强重点领域廉政风险防控，把严的基调落到实处，全力营造风清气正的政治生态。

各位代表，好决策不执行就是空话，高目标不落实就是大话，实现全年目标任务必须坚持埋头干事、把事干成。让我们更加紧密地团结在以习近平为核心的党中央周围，高举习近平新时代中国特色社会主义思想伟大旗帜，在上级党委政府和平湖市委的坚强领导下，在市人大、市政协的监督支持下，以更加昂扬的精神状态、更加过硬的工作作风，创新奋进勇作为，铭记嘱托显担当，为打造中国式现代化的金平湖璀璨明珠而不懈奋斗！

平湖市人民代表大会常务委员会工作报告（节录）

——在平湖市第十六届人民代表大会第二次会议上

（2023年2月2日）

吴金华

2022 年主要工作

2022 年，是党的二十大胜利召开之年，也是新一届市人大常委会履职的开局之年。一年来，在中共平湖市委的坚强领导下，常委会高举习近平新时代中国特色社会主义思想伟大旗帜，全面贯彻落实党的二十大和中央人大工作会议精神，深入践行习近平法治思想、习近平总书记关于坚持和完善人民代表大会制度的重要思想，坚持党的领导、人民当家作主、依法治国有机统一，认真履行法定职责，充分发挥制度优势，为助力全市高质量发展勇当共同富裕新崛起典范作出了积极贡献。

一年来，共举行常委会会议 6 次，召开主任会议 12 次，审议专项工作报告 45 项，作出决议决定 13 项，形成审议意见 17 件、工作建议 5 件，任免国家机关工作人员 61 人次，开展执法检查、视察、调研等重要活动 7 次，圆满完成市十六届人大一次会议确定的各项任务。

一、强化思想引领，高站位体现政治担当

坚持党的全面领导，把政治建设放在首要位置，切实担负起推进人大工作和建设的政治责任、组织责任和领导责任。

以理论武装保持政治坚定。深入学习贯彻党的二十大精神，扎实开展市委部署的“六学六进六争先”学习实践活动，组织代表开展“贯彻党的二十大·代表说”专题活动，通过党组会议带头学、机关会议全体学、党日活动专题学、代表培训集中学、基层单元融入学等形式，深刻领悟“两个确立”的决定性意义，增强“四个意识”、坚定“四个自信”、做到“两个维护”。严格落实“第一议题”制度，把学习贯彻习近平总书记重要讲话、重要批示精神作为必修课，开展各类学习 28 次。围绕“五个始终铭记”，深刻领会习近平总书记在浙江工作期间对平湖的殷殷嘱托，从全局高度把握形势、谋划工作、忠诚履职。

以学思践悟贯彻上级精神。将贯彻落实中央人大工作会议精神作为推动新时代人大工作与时俱进、创新发展的根本遵循。全面领会《中共中央关于新时代坚持和完善人民代表大会制度、加强和改进人大工作的意见》精神，深刻把握新时代人大工作面临的新形势、新任务、新要求，以及提升人大工作质量和水平的具体举措。积极配合省人大、嘉兴市人大开展贯彻落实中央人大工作会议和有关文件精神的专项督查，配合市委开展镇街道“党领导人大工作”的绩效考核，全方位抓好落地落实。

以行动自觉落实市委决策。坚持党的全面领导，严格执行重大事项请示报告制度，制定出台常委会党组关于进一步健全向市委请示报告制度的实施办法，先后 18 次就贯彻上级人大重要会议精神和全市人大重点工作向市委请示汇报，3 个文件报经市委批转。积极响应市委号召，常委会全体领导、机关全体干部、全市人大代表下沉一线参与台风防御战，在危难时刻挺身而出，在困难面前勇挑重担，展现了人大的应有担当和为民情怀。常委会领导在城乡秀美工程、城市征收工作、沪平城际铁路建设、“腾笼换鸟”整治提升等中心工作中，主动担当作为，全力攻坚克难。

以制度研究宣传深化实践。举办“努力打造全过程人民民主实践高地”专题辅导，深化对人民代表大会制度和全过程人民民主科学内涵、实践要求的理解和把握。围绕人大制度理论、数字化改革、监督形式探索等课题，精心组织思考研究和成果交流、评选。《六码（马）民情通：构建民呼我应机制的有效探索》在《浙江人大》理论专刊刊登。《平湖市依法规范高效推进规范性文件备案审查工作》在省人大备案审查培训会上作典型经验交流。召开市人大理论与工作研究会四届一次会员大会，顺利完成换届选举。高度重视人大宣传信息工作，办好平湖人大微信公众号和门户网站，着力提升“人大在线”电视专栏和“人大视窗”报纸专版质量。宣传信息工作继续位居省、嘉兴市前列，7 件作品获嘉兴市第三十一届人大好新闻奖，2 件作品获省第十三届人大好新闻奖。

二、服务全市大局，高水平助推改革发展

坚持在全市工作大局中谋划工作、依法履职，充分发挥制度优势、职能作用，有力推动了发展提质、法治提效、生态提升。

助力共同富裕提标。认真抓好《关于加快推进“扩中”“提低”行动，勇当共同富裕新崛起典范的议案》办理落实，在深入调查研究的基础上依法作出处理意见的决议，提出实施路径要有硬招、群体激励要有绝招等要求。审议政府关于就业促进工作的报告，聚焦就业创业形势、重点人群就业保障、重点领域就业矛盾等方面的突出问题提出审议意见。讨论政府关于社会救助工作的报告，在强化部门协同、精准识别认定等方面提出工作建议。首次召开决议落实督查会，听取政府相关部门工作汇报，提出科学设立指标体系和评价体系等建议，支持和推动政府细化完善《平湖市“扩中”“提低”行动方案》。

助力经济稳进提质。加强经济运行分析和计划执行监督，审议上半年经济社会发展情况、计划执行情况等报告。在经济稳进提质“十大百日攻坚行动”中，向全市人大代表发布倡议书，制订助推百日攻坚工作方案，共召开座谈会 38 次，提出建议 50 余条。跟踪监督“十四五”重点专项规划编制工作。持续深化预决算审查监督和预算绩效评价工作，不断丰富“三审”制工作模式，健全审计发现问题整改联合督查机制。关注政府债务管理情况，审查批准 25.57 亿元新增政府债券。监督《浙江省科技进步条例》执行情况，促进高水平创新型城市建设。深化国有资产监督，首次审议市属企业国有资产管理情况的专项报告，提出厘清国资家底、坚持改革创新、坚决守住底线等意见。举办《政府投资条例》和项目谋划专题讲座，审议政府重大投资项目实施情况报告。审议通过 11 个政府重大项目，总投资 217.96 亿元，对其中 6 个投资规模超 2 亿元的项目进行票决。

助力法治建设提效。聚焦政府“大综合一体化”行政执法改革，上下联动对《浙江省综合行政执法条例》落实情况开展执法检查，通过分组走访、现场检查、集中座谈，深入分析改革堵点问题，提出着力推进改革、坚持问题导向、坚持依法行政等建议。以国有土地上房屋依法征收的“点”、行政案件办理质量评查的“线”、法治政府建设的“面”创新实施“1+1+1”法治政府监督模式，推动政府依法行政。首次审议监委专项工作报告，聚焦整治群众身边不正之风和腐败问题提出意见。审议检察院关于行政检察工作情况的报告，讨论法院关于人民法庭建设工作情况的报告，强化司法监督，促进司法公正。结合法治政府工作，开展人大任命干部述职测评，更加突出数字化测评和测评结果运用。首次审议规范性文件备案审查工作报告，完成备案审查 32 件。

助力生态环境提升。严格落实生态环境报告制度，重点监督碧水、蓝天、净土、清废四大污染防治攻坚战落实情况，督促和支持政府在坚持问题导向、开展精准治理，坚持严格执法、强化指导服务，坚持完善制度、优化要素协同等方面加大工作力度，推动全市生态环境不断提升。以“共商主题、协同推进”的方式，持续深化与上海金山区人大开展生态环境联合监督，专题调研黄姑塘流域水系综合治理情况，推动毗邻区域水质与生态环境改善。配合上级人大对节约能源“一法一办法”、环境保护“一法一办法”、《嘉兴市餐饮油烟管理办法》等进行执法检查，用实际行动守护金平湖的绿水青山。

三、主动回应关切，高标准保障民生改善

坚持以人民为中心的发展思想，聚焦“民生大事”“关键小事”，用心用情用力推动解决群众“急难愁盼”。

监督助推乡村振兴。审议政府关于农村集体经济发展情况的报告，助推全市“1+8+N”共富体系建设、新一轮“强村富民”支持政策出台。讨论全市实施乡村振兴战略和法律法规的工作推进情况，建议政府进一步加强产业发展、城乡公共基础设施建设、乡村振兴人才培育。积极配合上级人大开展乡村振兴“一法一条例”执法检查，平湖市乡村振兴工作成效和农业经济开发区发展模式得到上级点赞。紧盯新时代美丽乡村建设，常委会领导常态化深入一线、调查研究，专题讨论全市美丽乡村建设工作，监督推动全市美丽乡村展现秀美蝶变的独特魅力。

监督助推民生福祉。跟踪监督市十六届人大一次会议票决产生的十大政府重点民生实事项目，依托数字化改革平台，形成抓节点、促进度、全过程的闭环监督机制，有效推进了快递进村社区等项目实施。回应人民群众对医疗服务水平提升的新期盼，审议政府关于公立医院高质量发展情况的报告，提出加快构建整合型服务新体系、打造合作型服务新能力、推动联动型综合改革新举措、形成保障型可持续运行新机制等意见。讨论政府关于全市教师队伍建设情况的报告，建议政府在提升师德师风、激发改革活力、强化人才招引等方面加强力度。开展全市体育设施建设、管理和开放使用情况视察，推动体育设施城乡均衡、区域均衡、人群均衡。

监督助推城乡建设。强化“把牢图”职责，监督城乡规划实施情况，重点关注国土空间规划、中心城区道路系统提升专项规划，推动全市规划编制工作更加顺应时代要求、更加符合平湖实际、更加体现人民意愿。调研防洪排涝能力提升和基础设施建设，积极推动城市防洪扩展工程项目进展。重视农民建房工作进展情况，关注文明城市创建复评、危旧桥梁改造等工作，全面助力城乡建设品质提档升级。

监督助推社会治理。专题视察全市化工园区安全生产情况，听取政府关于全市化工园区安全生产工作情况的报告，建议政府优化提升化工园区本质安全水平、安全监管能力、应急救援能力、安全防范意识，牢牢守住安全生产底线。紧盯市委关于重大风险防范化解工作部署，以复工复产为切入点，监督推动港口物流运输存在问题的有效缓解。重视民族宗教工作，促进社会和谐稳定发展。常委会领导带班接处访55次，认真受理群众来信来访，助力平安平湖建设。

四、突出主体地位，高要求做好代表工作

坚持民有所呼、我有所应，不断夯实代表工作基础，完善代表工作制度，奋力推动全过程人民民主在平湖的生动实践。

抓实基层单元建设。贯彻落实上级人大关于打造践行全过程人民民主基层单元的统一部署，成立工作专班，强化业务指导，高质量完成当湖街道人大代表联络站首批省级基层单元试点建设任务，打响基层单元“善美当湖·议事通”“代表与法”等品牌。全市“1+9”代表联络站完成迭代升级、提质增效。全面落实“下楼出院”、核心业务下沉的建设要求，打造“五个统一”“共享法庭”的特色配置，构建“1+2+2+8+N”全市基层单元框架体系，筑牢践行全过程人民民主的底座平台。深化“联、商、督、促、智”五大功能，书记、市长带头进基层单元接待代表、选民，有效带动全市各级领导和机关部门、镇街道负责人进基层单元开展服务。突出延伸政府重大决策事前谋划、事中落实、事后反馈的“监督链”，体育中心改造提升等16项政府重要决策、重大项目进基层单元征集民意，建设城西运动飘带等代表意见得到政府有效回应，助力提升政府决策的民主参与度、科学精准度。

做优代表服务保障。切实加强对各人大代表小组、专业小组的指导，制订市十六届人大代表“阶梯式”学习培训计划，开展人大代表初任培训，分批次组织人大代表进行履职能力培训。紧扣基层单元建设要求，修订完善代表履职评价、代表履职承诺等制度，推进制度闭环，提高履职质效。首次开展人大代表履职培训学习成果交流会，做好履职培训的“后半篇文章”。举办“一府两院”半年度工作情况报告会，组织开展“六访六促”“十问十督”“四级人大八万代表助力八大攻坚行动”等主题活动，不断丰富代表履职载体，激发代表履职活力。

织密代表联系网络。指导组建新一届代表专业小组、民情联络员队伍，深化“双联系”制度，推动常委会领导联系代表、代表联系选民更加紧密。聚焦基层单元实战实效目标，制定国家机关工作人员进基层单元开展活动、人大代表中的领导干部带头进基层单元开展联系选民群众活动等办法，常态化推进常委会组成人员、“一府一委两院”负责人进基层单元。全年进基层单元活动141次，收集各类意见建议663件。立足“数字人大”平台、213个选区的“1+213”履职体系，创新实施人大代表进网格制度，引导全市人大代表、居民议事员主动靠前，切实发挥代表在党建统领网格智治中的积极作用。

加强建议办理工作。认真抓好新一届代表撰写议案建议的培训指导，确保代表建议提得准、提得实，有效提升代表为民发声的专业水平。加强代表建议办理工作，坚持常委会领导领衔重点督查、对口联系工委全面督查，切实提高全过程、动态化的建议督办力度。坚持代表建议办理“双评议”“回头看”机制，市十六届人大一次会议期间231件建议均按期办理完毕，代表对办理态度和办理结果的满意率均为100%，农村杆线整治等代表多年关注的建议得到有效推进，获得代表和群众好评。

五、重视变革提升，高效能加强自身建设

坚持对标“四个机关”定位要求，把自身建设摆在突出位置，强化党建统领、整体智治、高效协同，全方面提升履职能力。

突出党建统领作用。强化政治机关属性，常委会作出关于加强自身建设的决定，不断提高政治判断力、政治领悟力、政治执行力。认真学习贯彻新修订的党章，加强常委会党组建设，召开党组会议11次，讨论研究“三重一大”事项43项，充分发挥党组把方向、管大局、保落实的领导作用。压紧压实全面从严治党责任，高度重视意识形态工作，引导人大干部规范言行举止。认真配合完成省委巡视工作，严格落实中央八项规定精神。不断加强对人大常委会机关党组的领导，推动市委对人大常委会机关巡察反馈问题的整改落实。

强化数字化改革牵引。精准聚焦省人大“1512”、嘉兴市人大“1512+N”数字化改革跑道，全面贯彻市委关于数字化改革的决策部署，迭代升级“数字人大”2.0平台，持续推动人大工作流程再造、功能重构、机制重塑。“数字人大”平台注册用户达870人，总访问量超10万人次。做精做优“六码（马）民情通”“干部任后监督”等特色场景应用，有效承接“绿盾”生态环境监督、乡村振兴监督等上级统建的场景应用，加速建设代表述职测评等特色模块，形成一批具有平湖人大辨识度的数字化实践成果、理论成果、制度成果。“六码（马）民情通”应用场景获“嘉兴人大工作与时俱进通报表扬”项目和“全省人大数字化改革创新暨第三届‘浙江人大工作与时俱进通报表扬’优秀奖”。

切实抓好队伍建设。加强换届后常委会及专（工）委、代表专业小组的力量配备，提升全市人大工作者的办事效率、工作能力和服务水平。全面落实常委会会议学法制度，创新建立主任会议学法制度，推动常委会组成人员和主任会议成员学法用法制度化、常态化，提高履职能力和法律素养。

不断巩固基层基础。加强对镇人大工作的指导、对街道人大工作的领导，召开半年度镇街道人大工作座谈会、全市人大读书会，指导镇街道召开好人代会及居民议事会，为深入践行全过程人民民主打牢根基。交办当湖、钟埭、曹桥三个街道工委对城区建设工程安全生产工作、投资项目绩效评价、景区村庄建设进行监督，监督形式更加多样、内容更加丰富、成效更加显著。重视开发区人大工作的探索发展。注重推广基层人大工作经验和创新成果，不断增强全市人大工作与时俱进、蓬勃发展的整体实效。

各位代表，传好接力棒，争创新业绩，是我们的责任和担当；立足新时代，开创新局面，推动全市人大工作继续走在前列，是我们的目标和追求。一年来，常委会各项工作取得的成绩，是市委坚强领导的结果，是常委会组成人员和全体代表共同努力的结果，是“一府一委两院”和镇人大、街道工委密切配合的结果，是全市人民和社会各界大力支持的结果。在此，我谨代表市人大常委会，向大家表示衷心的感谢！

在看到成绩的同时，我们也清醒地认识到存在的问题和不足，主要是：人大在发展全过程人民民主中的优势还需进一步放大；在统筹运用监督方式，提升监督刚性和实效上还需进一步加强；在塑造变革、提升整体质效上还需进一步强化；常委会组成人员的专业能力还需进一步提升。常委会将高度重视这些问题，不断加强自身建设，切实加以改进。

中国人民政治协商会议平湖市第十四届委员会常务委员会工作报告（节录）

——在政协平湖市第十四届委员会第二次会议上

（2023年1月31日）

徐春林

一、2022 年工作回顾

2022 年是新一届政协的开局之年。一年来，在中共平湖市委的坚强领导下，在历届政协打下的坚实基础上，市政协及其常委会坚持以习近平新时代中国特色社会主义思想为指导，认真贯彻落实中共十九大和十九届历次全会精神，深入学习贯彻中共二十大精神，牢牢把握团结和民主两大主题，围绕中心履职尽责，服务大局主动作为，不断提升建言资政和凝聚共识双向发力质效，专门协商机构作用得到充分发挥。一年来，共举行常委会会议 4 次、党组会议 15 次、主席会议 13 次，举行重要协商活动 20 场，开展专项集体视察监督 11 次，形成常委会会议建议案 2 件、《政协建议》2 件、调研报告 28 份，为高水平推进金平湖新崛起贡献了智慧和力量。

（一）坚持党的领导，在政治引领中坚守政协初心

一年来，我们坚持把党对政协工作的全面领导作为根本政治原则，切实把坚决拥护“两个确立”转化为坚决做到“两个维护”的实际行动，推动政协事业沿着正确方向发展。

始终把政治理论学习摆在首位。将政治理论学习作为基础性经常性工作来抓，落实“第一议题”制度，坚持不懈用习近平新时代中国特色社会主义思想凝心铸魂。建立习近平新时代中国特色社会主义思想学习座谈会制度，完善政协党组理论学习中心组学习、常委会会议专题学习、主席会议集中学习、委员培训系统学习、专委会和委员活动组研讨学习“五位一体”学习制度体系，组织开展中共二十大精神、习近平总书记系列重要讲话精神等各层次集中学习、研讨交流活动 74 次。高质量推进“阅享当湖·书香政协”建设，建立“一个平台、两份报纸、三本必读书籍、四次线上分享、五次线下活动、六个委员学习小组”委员读书学习体系，组织开展线上线下委员读书活动 42 场、参与 1946 人次，夯实学深悟透明方向的共同思想政治基础。

坚决贯彻落实市委决策部署。围绕市委、市政府重大决策部署，研究制定政协年度工作要点、协商工作计划，出台《全市政协系统助力推动高质量发展建设共同富裕示范区主题活动实施方案》，助力开创“八个一流”崭新局面。严格落实政协工作重大事项向市委请示报告制度，一年来，共向市委请示、汇报 18 次。围绕贯彻落实习近平总书记关于加强和改进人民政协工作的重要思想和中央政协工作会议精神情况开展“回头看”，优化镇街道党领导政协工作考核评价指标，持续深化专门协商机构建设。

市政协领导积极参与经济稳进提质、除险保安等中心工作的协调推进，夯实同心同行谋发展的共同思想政治基础。

深入推进政协系统党的建设。强化政协党组在政协工作中的领导作用，推动政协党的建设、党风廉政建设、意识形态工作与业务工作同谋划、同部署、同落实。推进政协系统党的建设“两个全覆盖”工作，建立健全1个政协党组、1个政协机关党组、2个机关党支部、6个专委会党员委员履职临时党支部的“1126”政协党组织体系，实现党建工作横向到边、纵向到底、有效覆盖。深化政协党组成员联系党员委员、党员委员联系党外委员工作制度，经常性开展联系走访，听取意见建议，夯实团结一致跟党走的共同思想政治基础。

（二）聚焦主责主业，在服务大局中彰显政协担当

一年来，我们坚持把围绕中心、服务大局作为履职主线，集思广益谋思路，站位全局促发展，积极为高质量发展、高水平改革添动力、增活力。

聚力开放协同发展布局。锚定“抢抓长三角一体化战略机遇”接续履职，围绕“系统构筑独山港区集疏运体系，努力打造长三角海河联运枢纽主干港”组织开展常委会会议专题协商，形成政协建议案，提出增强建设合力、夯实建设基础、优化集疏运结构、强化发展支撑等四方面12条对策建议，助力破解平湖市港口经济发展的瓶颈制约。持续跟踪《关于切实发挥“两海”优势 大力发展港口经济 打造“重要窗口”中最精彩板块的重要增长极的建议案》办理落实，开展主席会议专项集体民主监督。紧盯虹桥国际开放枢纽南向拓展带建设，围绕产业协作、设施互通、生态联治等内容组织监督视察、调研协商，积极为平湖打造虹桥金南翼“领跑第一站”汇众智、凝共识、聚合力。

聚力增强经济发展动能。就“加快小微企业园高质量发展”开展深入调研，形成常委会会议建议案，从顶层设计、机制创新、服务保障等方面提出17条对策建议，并将常委会会议专题协商与“市长与政协委员面对面”活动、重点提案办理协商融合开展，进一步扩大活动影响。围绕民营经济高质量发展，就加快“专精特新”企业培育开展重点提案办理协商。聚焦虹桥·平湖“壹号湾”高能级科创湖区建设组织开展监督调研，形成专项民主监督报告。就“羽绒服市场产品质量监管”组织开展对口协商，助力打造中国“羽绒服之都”金字招牌。围绕经济稳进提质，组织开展“助力百日攻坚，服务企业发展”专项活动，就中小企业惠企助企政策落实情况开展网络协商，提交问题建议488条。

聚力重点改革攻坚推进。开展“数字化改革推进情况”三级政协联动专项集体民主监督，按照专业领域分设6个监督小组，分别就数字化改革“1612”体系架构相关内容开展专项监督，从完善标准化体系建设、健全跨区域协同机制、引育数字化人才等方面提出12条监督建议，助力打造数字化改革标志性成果。与青田县政协围绕“建立两地农产品产供销一体化机制”开展跨区域联动协商，助力全省高质量发展建设共同富裕示范区首批试点工作推进。围绕全省低碳能源发展类示范县创建试点工作，就氢能产业及其应用场景组织开展视察调研、协商座谈。

（三）恪守为民宗旨，在发展惠民中诠释政协情怀

一年来，我们坚持人民政协为人民，积极协助党委政府做好保障和改善民生工作，以履职为民的责任担当为改革发展添助力、增合力。

助力城乡品质提升。主席会议专题视察“中心城区老旧小区改造深化扩面”工作，从优化顶层设计、探索资金共担机制、完善配套政策、健全长效管理等方面提出对策建议。围绕2012年市政协关于“南河头历史文化街区保护与开发工作”协商建议采纳落实情况开展主席会议专项集体民主监督，坚持10年接续履职，以钉钉子精神推动政府决策落细落实、终端见效，得到《联谊报》人文周刊头版关注、整版报道。就全域土地综合整治、农产品产供销一体化建设、持续增加农民财产性收入等组织开展调研协商，助力乡村振兴战略实施和农业农村高质量发展。围绕公园城市建设、城市防洪扩展工程建设、博物馆新

馆建设等开展调研协商、委员沙龙，为提升城市宜居品质谋良策、出实招。

助力民生实事推进。围绕“加强和改进学校晚托服务”组织开展专题协商，推进“双减”政策落地见效。持续关注百姓身心健康，就“重视老年人精神文化需求，健全全社会关爱体系”“加快推进平湖中医药事业发展”“进一步提升残疾人服务工作”等内容组织开展专题协商，围绕“健全长期护理保险制度”主题在省政协民生协商论坛作视频连线交流发言。发挥协商式监督特色优势，向涉及民生工作的重要部门、重大项目、重点工作委派民主监督员小组。一年来，10个派驻小组共开展监督活动50余场次，提出民主监督建议书11份。

（四）突出提质增效，在锐意进取中展现政协作为

一年来，我们坚持在巩固中深化、在深化中创新，不断丰富履职方式、拓宽履职渠道、激发履职活力、提升履职质效。

政协工作向基层延伸实现集成化。持续畅通民意表达渠道，打造政协工作向基层延伸立体化工作体系，推动委员向一线下沉、履职向基层延伸。有序推进民生议事堂、委员工作室、社情民意信息联系点“三位一体”建设，充分发挥“一个阵地、多种功能”作用。实现130个村社区协商驿站全覆盖，融合打造一批特色化“共富阵地”。推动人民政协报、人民政协网“民情联系点”在平湖市设立。组织开展“助力勇当共同富裕新崛起典范专题协商议事月”活动，推进“政协委员进网格”民情联络服务闭环运行。一年来，开展民生议事堂活动20场，参与498人次，提出意见建议166条。经验做法在《浙江政协信息》上作工作交流。

联动协同履职实现系列化。不断增强履职合力，丰富多跨联动、协同履职内涵，推动履职联动从行政区域、参与主体向工作体系纵深发展。深化与金山区政协的“毗邻政协”跨省联动，联合两地农工党党员代表，在民生议事堂共商浙沪毗邻区域产业共富。拓展与青田县政协的“友好政协”“山海”联动，以助力共同富裕为主线深化协商交流，促进两地优势互补、共赢发展。理论研究文章《发挥政协制度优势　推动跨区域协同治理》被人民政协网登载。深化界别活动组与镇街道委员小组结对联系、组团履职工作，在平的嘉兴市政协委员全员编入镇街道委员履职小组。一年来，开展跨界联组活动18场次。

基础性和经常性工作实现精品化。不断完善具有平湖辨识度的提案工作制度机制，加快构建提案工作双向测评、提案办理工作民主评议、提案工作第三方评价“三位一体”评价体系。市政协十四届一次会议以来审查立案的188件提案，办复率、满意率（含基本满意率）均为100%。充分发挥社情民意信息“直通车”作用，健全推进机制，畅通信息渠道，架好党委政府和群众之间的“连心桥”。一年来，共收到社情民意信息541件，其中上报嘉兴市政协157篇，被嘉兴市政协采纳119篇、省政协采纳13篇、全国政协采纳5篇，专报市委、市政府13期，转送有关部门229件。社情民意信息被省级以上采纳数量创历史新高。

（五）广泛凝聚共识，在团结民主中唱响政协声音

一年来，我们坚持团结和民主两大主题，注重发挥各党派团体和各界人士在政协中的重要作用，努力寻求最大公约数、画出最大同心圆。

密切合作共事聚共识。重视发挥党派团体重要作用，制定实施《加强与各民主党派、工商联、无党派人士、人民团体和政协委员联系的意见》，积极搭建民主协商、合作共事平台，为各党派团体广泛参政议政畅通渠道、创造条件。一年来，各党派团体提交大会发言12篇，集体提案16件，反映社情民意信息229件。通过“协进助学金”为45名平湖和青田贫困学生提供就学资助25.5万元。加强同党外知识分子、非公有制经济人士、新的社会阶层人士的沟通联络，增进与宗教界人士的交流，加强与港澳台同胞和海外侨胞的联络联谊。办好全市各界人士新年茶话会，制作专题宣传片《一起拼》。联合临平区政协书画院举办书法作品联展，在团结联谊中凝聚人心、汇聚力量。

建优平台载体汇共识。坚持

建管用一体化，不断深化委员会客厅凝聚共识的重要作用。一年来，健心服务、健康家园两个会客厅分别围绕“会客读书会”活动品牌、“春天里·温暖你”服务品牌，组织开展主题活动12场。完善提升“企业家说”平台建设，收集反映企业生产经营中碰到的困难，进一步拓宽汇聚共识的有效渠道。建成6个界别委员工作室和9个镇街道委员工作室，引导委员深入基层、了解民意、服务群众，推动委员联系服务界别群众和身边群众工作走深走实。

加强文史工作增共识。坚持文史工作的政治属性。启动《平湖习俗》（暂定名）征编。完成省、嘉兴市政协《浙江城市名片》专题协作史料及《嘉兴文杰》陆维钊篇征集，推荐两人入选嘉兴市文史研究馆第二批馆员，选送5件作品参加“江南韵·运河情”书画篆刻作品特展并获嘉兴市文史研究馆永久收藏。加强文史研究队伍建设，选聘21名文史征集员。推动文史资料走进社会和大众，分发文史书籍4328册。

强化宣传成效添共识。充分利用报、网、端、微、屏等宣传平台资源，广泛传播政协好声音。制作、播出《政协新时空》电视节目10期，刊登《政协之窗》专稿10篇，出版《平湖政协》期刊3期，改版升级政协门户网站，“平湖政协”微信公众号推送动态信息368条。《加速“专精特新”助力“两个先行”——浙江省平湖市委书记牵头开展重点提案督办协商小记》《为了这张“金名片”，平湖市长与政协委员面对面共商》等102篇稿件在《人民政协报》《联谊报》等省级以上媒体刊发报道。

（六）着眼固本强基，在自身建设中激发政协活力

一年来，我们坚持唯实惟先、善作善成，不断强化自身建设，着力破解“两个薄弱”，为政协事业发展提供有力保障。

打造动车型政协团队。在全市政协系统部署开展党建引领的学习型、服务型、创新型、智慧型、清廉型“五型机关”建设，打造动车型政协团队，明确“一委一品”“一组一品”工作要求，各委组积极作为，探索创新“四叶草”同心共富社会服务站等各具特色的经验做法，政协系统整体履职效能有效提升。《跑出“共富”加速度——浙江平湖市政协建设“五型机关”打造动车型团队记事》被《人民政协报》头版刊登。

深化“数字政协”建设。锚定党建统领整体智治和“数字政协”跑道，重点抓好省市“提案在线”“协商在线”“委员履职在线”等统建综合应用的上下贯通、先行先试和全面推广，面向委员开展相关业务培训、部署推进会10场。聚焦实战实效，在全省县市政协层面率先启用“提案在线”应用场景，经验做法在《浙江政协信息》《平湖信息·数字化专刊》上作工作交流，获嘉兴市政协主要领导、分管领导以及平湖市委主要领导批示肯定。

优化委员服务管理。修订完善《政协平湖市委员会关于委员履行职责的若干规定》，优化委员履职测评办法，常态化开展委员走访。统筹制订本届政协委员学习培训计划，开展新任委员培训、委员履职能力提升培训、骨干委员集中培训等。首次举行“一府两院”半年度工作情况通报会。通过举办委员沙龙，组织参与政府项目督导、行风评议，定期向委员推送工作信息等，为委员知情明政、履职尽责创造条件、搭建平台。

提升机关作风效能。扎实推进政协工作制度化、规范化、程序化建设，明确内设机构工作职责，规范各类评比表彰，制定、修订、重申、整理规范性文件和规章制度59项。设立平湖市政协信息服务中心，增加3名事业编制，进一步充实政协机关工作力量。深入推进“双建争先”示范点创建，创新“四联四提”机关党建工作法，推动机关党建质量整体跃升。经常性开展党章党纪党规教育，规范网络言行。支持派驻市政协机关纪检监察组履行职能。深化政协老干部与机关青年干部一对一“传帮带”制度。组织开展“千名干部访万家”网格连心大夜访，积极参与全国文明城市复检等志愿服务。

各位委员、同志们！过去一年成绩的取得，根本在于习近平新时代中国特色社会主义思想的科学指引，在于上级政协的关心指导、中共平湖市委的坚强领导和市政协历届班子打下的坚实基

础，在于市人大常委会、市政府以及各部门（单位）、各镇街道的鼎力支持，在于参加市政协的各党派团体、社会各界人士、广大政协委员的团结奋斗。在此，我代表市政协常委会向大家表示最衷心的感谢！

在肯定成绩的同时，我们也清醒地认识到，对照新时代的标准、市委的要求和人民群众的期盼，我们的工作还存在一些薄弱环节。主要是：思想政治引领和凝聚共识的针对性有待进一步增强，履职成果转化机制有待进一步完善，委员履职能力和履职均衡性有待进一步提高等。对于这些问题，我们将认真研究对策，切实加以改进。

专　记

平湖市委学习贯彻习近平新时代中国特色社会主义思想主题教育纪实

在全党深入开展学习贯彻习近平新时代中国特色社会主义思想主题教育，是党中央为全面贯彻党的二十大精神、动员全党为完成党的中心任务而团结奋斗所作出的重大部署，是深入推进新时代党的建设新的伟大工程的重大举措。2023年9月5日，中央学习贯彻习近平新时代中国特色社会主义思想主题教育第一批总结暨第二批部署会议在北京召开,第二批主题教育正式启动。平湖根据中央和省委、嘉兴市委统一部署安排，紧扣“学思想、强党性、重实践、建新功”总要求，把主题教育与贯彻落实党的二十大精神、学习贯彻习近平总书记考察浙江重要讲话精神有机结合，精心谋划、周密部署，理论学习、调查研究、推动发展、检视整改、建章立制诸方面工作有序展开。

一、主要过程

2023年9月11日，召开市委常委会暨市委主题教育领导小组第一次全体会议。9月12日，召开市委主题教育领导小组办公室第一次全体会议。9月13日，召开全市学习贯彻习近平新时代中国特色社会主义思想主题教育动员部署会，中央主题教育第五巡回指导组、省委主题教育第四巡回督导组有关人员出席会议，召开全市学习贯彻习近平新时代中国特色社会主义思想主题教育工作培训会。9月13日至14日，主题教育中央第五巡回指导组和省委第四巡回督导组到平湖调研指导。9月14日至15日、18日，在市委党校举办市委主题教育第一期读书班，邀请上海市委党校教授袁秉达作专题辅导。9月16日，中共平湖市委直属机关工作委员会批复成立市委主题教育办公室临时党支部。9月18日，举行“循迹溯源学思想‘五个始终铭记’大践行”现场学习活动。9月23日，邀请中央党校教授刘学侠作专题讲座。9月27日，举办主题教育专题党课暨2023年秋季学期开学典礼。10月9日，省委第四巡回督导组到平湖开展树立和践行正确政绩观专题分析谈话工作。同日，市委书记仲旭东组织开展“大走访大调研大服务大解题”活动。10月10日，做“强企富民”专题调研。10月17日，开展重温“和合调查”现场调研活动，邀请省人民政府参事、咨询委员会委员胡坚作专题辅导。10月17日至18日，举办市委主题教育第二期读书班。10月18日，举办树立和践行正确政绩观专题研讨交流会。10月18日，市委书记仲旭东到林埭镇双庙村与村民代表进行“板凳夜话”。10月31日，市委书记仲旭东代表平湖市委主题教育领导小组在嘉兴市委主题教育领导小组第二次（扩大）会议暨领导班子政治建设推进会上作交流发言。11月2日，省委第四巡回督导组到平湖开展调研督导。11月7日，市四套班子领导、法院院长、检察院检察长集体到浙江展览馆参观大道之行——“八八战略”实施20周年大型主题展览。11月7日，召开市委主题教育领导小组第二次（扩大）会议暨领导班子政治建设推进会。11月9日，嘉兴市委主题教育办到平湖开展专项访谈。11月20日，市委常委、经济技术开发区党工委书记，钟埭街道办事处党工委书记何苗在嘉兴市“夯实基层服务基层关爱基层”专项行动暨基层党建规范化建设现场推进会上作经验交流。11月20日至21日，市委书记仲旭东，副书记、市长周军波率党政代表团到绍兴越城区、诸暨市及金华义乌市学习考察。同日，嘉兴主题教育办到平实地督查银都景苑老旧小区改造和虹霓大桥建设情况。11月22日，省委第四巡回督导组到平实地督查银都景苑老旧小区改造和虹霓大桥建设情况。同日，嘉兴市委主题教育办针对主题教育开展情况到平湖进行专项访谈。11月25日，举办市委读书会暨学习贯彻习近平新时代中国特色社会主义思想主题教育第三期读书班。同日，邀请省委党校副校长、浙江行政学院副院长徐明华作专题辅导。11月28日，嘉兴市委主题教育办到平开展专项访谈。12月1日，市委书记仲旭东参加市委主题教育和基层党建专题调研活动。12月4日，平湖农业经济开发区党工委书记李夏岚在嘉兴—金山以高质量主题教育助推长三角高质量一体化发展中心组联组学习会暨毗邻党建工作推进会上作交流发言。12月6日，省委常委、组织部部长王成到平调研。12月7日，当湖街道水洞埭社区党委书记凌在良在嘉兴市主题教育整改整治成效座谈会上针对银都景苑老旧小区改造交流发言，获省委督导组组长周伟江点名表扬。12月8日，组织召开全市“夯实基层服务基层关爱基层”专项行动暨基层党建规范化建设现场推进会。12月8日至9日，举办全市基层党建规范化建设骨干培训班。12月13日，召开主题教育第四期读书班暨市委主题教育调查研究成果交流会，召开市委主题教育整改整治重点任务推进会。12月21日，嘉兴市委主题教育办到平进行专项访谈。12月26日，当湖街道专项整治工作在嘉兴市委主题教育领导小组第三次会议暨整改整治工作推进会上作典型交流。12月27日，省委第四巡回督导组到平开展调研督导。

二、主要做法

1.强领导重指导，推动主题教育走深走实。与上级精神步调一致，确保主题教育高起点谋划、高标准推进、高质量落实。一是注重顶层设计。第一时间成立由市委书记任组长的主题教育领导小组并组建工作专班，市委常委会集体研究制订主题教育工作方案。紧盯时间表、任务书、路线图，有序推进主题教育各项工作，将主题教育开展情况作为综合考核、领导班子和领导干部年度考核、党组织书记抓基层党建述职评议考核的重要内容，并纳入巡察，压实主体责任。二是注重示范带动。市委书记亲自安排部署、谋划推动、把关落实。市委常委会率先垂范，在全市主题教育动员部署会上，集体作出“五个坚定不移”的庄严承诺，带头落实理论学习、调查研究、推动发展、检视整改、建章立制等各项重点举措，引领基层党组织和广大党员深入开展学习教育。三是注重分类指导。根据不同领域基层党组织和不同群体党员特点，率先制订分层分类指导清单，对农村、社区、两新等7种不同类型党组织和青年党员、流动党员、离退休党员等3类群体开展精准指导，做到“一把钥匙开一把锁”。

组建4个工作组，全覆盖开展党委（党工委）现场调研指导，掌握基层党组织主题教育推进情况和遇到的困难问题，确保主题教育不走偏、不变样。市主题教育办与市公安、网信等部门建立信息互通机制，严防形式主义和“低级红”“高级黑”现象。

2. 读原著循足迹，推动理论学习入脑入心。把学习贯彻习近平新时代中国特色社会主义思想作为主题主线，推动学习教育往深里走、往心里走、往实里走。一是原原本本系统学。坚持读原著学原文悟原理，认真组织4期主题教育专题读书班，编制主题教育思维导图，组织县处级领导干部制订个人学习计划，研读指定书目，系统学习习近平总书记5次到平重要指示精神。结合理论学习中心组、金平湖讲坛等，邀请中央党校、上海市委党校、省委党校等专家开展专题授课5次。二是循迹溯源现场学。深化“循迹溯源学思想促践行”，循着总书记擘画的印迹、走过的足迹，先后到上海金山区、杭州西湖区、绍兴越城区、诸暨市、义乌市等地现场学习，实地参观“八八战略”实施20周年大型主题展览，引导领导班子和领导干部深学细照笃行，夯实坚定捍卫“两个确立”、坚决做到“两个维护”的思想根基。三是联系实际深入学。围绕“习近平总书记考察浙江重要讲话精神”“树立和践行正确政绩观”“八八战略”“长三角高质量一体化发展”等主题组织开展研讨交流，推动学习学得深、悟得透。深化“万场党课下基层”，市委书记仲旭东围绕“学思践悟铸忠诚、感恩奋进建新功、实干争先敢担当”主题上专题党课，其他县处级党员领导干部结合学习体会和实际工作，到各联系点和分管领域（部门）等基层单位讲专题党课26场，通过述学讲学、座谈交流等方式检验理论学习实效。四是全员覆盖跟进学。开展“学用新思想、建功新时代”主题党日活动，通过网上观展、支部书记上党课等形式，推动基层党组织学深学透习近平总书记考察浙江重要讲话精神，系统领悟党的创新理论。深化“明德守法、完善自我”专项行动，开展“与信仰对话”活动,通过青年学习小组、青年读书会等形式，深入学习习近平总书记关于政治品德、职业道德、社会公德、家庭美德等方面的重要论述，进一步树立正确世界观、人生观、价值观。针对流动党员专题开设“红色、云端、实践”三大课堂，创新推出“乡音党课”18期，助推2319名流动党员深学细悟。开展“学习身边榜样”活动，选树身边榜样62名。

3. 察实情出实招，推动调查研究见行见效。把解决问题、推动发展作为调查研究的出发点和落脚点,通过深入调研摸清情况、厘清问题，提出对策措施。一是精准选题把准调研方向。组织市四套班子到嘉善县重温“和合调查”，推动对标学习、深化运用。制订《关于深化“大走访大调研大服务大解题”活动的实施方案》，县处级领导干部围绕“开放型经济”“统筹城乡发展”“港口建设和发展海洋经济”“能源安全和绿色发展”“非公企业党建”等5个方面领办30个课题，解决问题诉求232个。聚焦全市发展中的特色亮点、重点工作、旧账难事等，市四套班子确定“创新深化新时代‘新仓经验+广陈模式’”等4个正面案例和“破解九龙山发展困境打造长三角滨海度假胜地”等4个反面案例，以小切口探究解决问题新路径。二是问需解难提升调研实效。传承和发扬“四下基层”优良传统，开展网格调研进百家企业、入百家市场、访百家商户、探百个基地、走百片楼组“五百”行动，用好“板凳夜话”“亲清夜沙龙”等特色载体。健全完善“简单事”当场办、“常规事”属地办、“政策事”部门办、“复杂事”组团办、“重大事”领衔办、“疑难事”专题办“六办”机制，协调解决问题2.3万个。其中市领导领办发展难题32件、民生实事30件，均有效解决。三是高效转化放大调研成果。坚持边调查研究、边梳理问题、边检视整改，聚焦发展所需、基层所盼、群众所想，梳理形成问题清单、责任清单和任务清单“三张清单”60份，推动问题闭环解决。做好调查研究的“后半篇文章”，开好市委主题教育调查研究成果交流会，形成调研报告30份，成果转化清单30份，其中理论成果14个、制度成果7个、实践成果9个，转化为重大改革措施30项，切实把调研成果转化为解决问题、改进工作的实际举措。

4. 重实践求实效，推动高质量发展提质提效。深入推进“感恩奋进、四敢争先”八大行动，把主题教育焕发出来的干事创业热情转化为推动高质量发展的实绩实效。一是经济发展稳步推进。聚焦经济稳进提质，开展项目推进“百日百项百亿”攻坚行动，“四群八链”现代产业体系加速形成，先进制造业集群产业规模跻身全省前十。营商环境优化提升，打响“平妈妈”营商环境品牌，深入开展“千名干部助千企”等活动，“双元六共”培育模式获评省营商环境优化提升“最佳实践案例”。首位发展攻坚突破，平湖“壹号湾”与虹桥“零号湾”开展深层次合作，获评首批长三角G60科创走廊产城融合发展示范区，与沪毗邻乡镇间签订《毗邻党建引领三大区域高质量一体化发展协议》，“田园五镇”组建跨省强村共富公司并实体化运作。二是民生需求有力回应。一体推进城乡秀美蝶变，南河头历史文化街区延伸线开街，明湖科创岛一期、科创青年城、城西运动飘带等标志性项目开工建设，“清溪清心·棒舞龙腾”和美乡村示范片区获嘉兴比拼第一。推进共同富裕示范区试点建设，“强村富民”“强社惠民”改革，完善“1+8+N”共富体系，加快共富码头等36个共富体项目建设。实施公共服务“七优享”工程，加快推动100个民生项目落地落效，办实办妥10项政府重点民生实事项目。三是基层基础不断夯实。推进党建引领基层治理省级综合试点，构建“一脑统管、一网通治”基层治理新格局，平安护航亚运工作嘉兴第一。深入推进“夯实基层、服务基层、关爱基层”专项行动，迭代升级“飞地抱团”“毗邻党建”“红色物业”等党建品牌，打造全省有地位、全国有影响的基层党建示范集群、品牌矩阵。“五红五联”获评全国基层党建优秀案例，外资企业党建工作入选全国“年度百佳园区党建品牌案例”，服装城入选嘉兴唯一全国“小个专”党建创新试点。选树36名“四敢争先”担当作为好干部，平湖铁军比学赶超、干事创业的精气神持续提升。

5. 当下改长久立，推动检视整改有力有序。以正视问题的自觉和刀刃向内的勇气，找准差距不足，剖析根源，为整改落实提供精准靶向。一是广泛深入检视问题。深入开展“政治检视、党性体检”，县处级领导班子和领导干部查摆各类问题35个，基层党组织查摆难点问题20个，全部纳入动态管理。推进“持正确政绩观、建为民新业绩”行动，党员干部对照“五轻五重”开展专题讨论83次、检视剖析问题882个。开好主题教育专题民主生活会，市委常委会围绕“6个方面”检视剖析，市委常委相互提出批评意见。各基层党组织对标要求，全部按时召开专题组织生活会。二是动真碰硬强化整改。按照销号标准和程序，在嘉兴层面率先完成清单内55个问题销号，“银都景苑老旧小区改造”专项整治成效获省委第四巡回督导组肯定，当湖街道在嘉兴市委主题教育领导小组第三次会议暨整改整治工作推进会上作经验交流。三是建章立制推动长效。坚持问题整改与建章立制同步推进，推动制定出台政策性文件16个。及时将主题教育的好经验、好做法固化下来，建立“循迹溯源学思想促践行”“领导干部下访接访”“驻网办事”等长效机制，巩固拓展主题教育成果。

三、特色做法

1. 打造“循迹溯源”教学体系。深挖习近平总书记5次到平湖视察指导时留下的珍贵足迹、宝贵财富，高质量打造习近平总书记平湖足迹线路、“感恩奋进”百堂精品党课、“平湖后生”理论宣讲团、“循迹溯源学思想、感恩奋进促践行”主题展的循迹溯源教学体系。设计“循足迹悟伟力建新功”活动载体，让党员通过追寻一次领袖足迹、聆听一堂主题党课、分享一份心得体会、作出一份争先承诺、办好一件为民实事，进一步赓续红色血脉，感悟思想伟力，激发干事激情。

2. 破难攻坚“清理旧账”。聚焦三个“一号工程”、“十项重大工程”等中心工作，排查近5年来因制度缺失、政策调整、执行不力等造成的历史遗留问题，梳理制约发展、久拖不决的难题 53 个。建立市领导领衔破难、部门领导驻点破难、镇街道领导一线破难“三级破难”机制，通过“一图一表一清单”晾晒排名、“排摸梳理—分析研判—分类交办—协同破难—核验销号—分级评价”闭环管理，“城西运动飘带项目征收”等 43 个项目完成销号。如聚焦全市农民建房供需矛盾突出难题，实施新一轮农民住房改善行动，出台《平湖市农民住房改善三年行动方案》，有效推动农民住房改善。

3.“驻网办事”一线办理民情。以主题教育为契机深化党建统领网格智治，在曹桥街道马厩村开展试点，确定每月第一周的周六为驻网接待日，镇街道包联领导、相关部门负责人、村社班子成员在网格内开展接待，现场与网格员、村民群众交流沟通，让“下访接访”从“新鲜事”变成“家常事”。将网格收集到的社情民意进一步分级分类梳理，对不同事项进行分类办理，提升办事效率，实现民情民意“收集—研判—交办—办理—跟踪—反馈”闭环办理。主题教育期间，开展“驻网办事”702 次，收集办理基层问题 1536 件，相关工作获浙江卫视专题报道。

4. 动真碰硬为基层“减负增效”。紧盯加重基层负担的形式主义、官僚主义问题，聚焦“指尖上的形式主义”、“牌子多”、PPT 制作及活动举办费用支出大等问题开展专项整治。梳理平湖市级开发建设、贯通到镇村的各类应用，削减取消和整合兼并应用 29 个。开展村社牌子专项整治，对准入依据不充分、作用发挥不明显的 8 类牌子进行清理，制定形成《关于规范村社组织设置牌子标识的指导意见》。制定出台《关于规范 PPT 制作及活动举办费用支出的意见（试行）》，在减轻基层负担的同时节约财政资金。

四、工作成效

一是“两个确立”的思想根基加固。持续深化“循迹溯源学思想促践行”，深学细悟总书记的战略视野、非凡魄力、为民情怀，党员领导干部的政治敏锐性不断提升，深刻领悟“两个确立”、自觉做到“两个维护”的思想自觉和行动自觉更加坚定。二是“为民造福”的宗旨意识强化。用好“板凳夜话”“亲清夜沙龙”等特色载体，深入开展“大走访大调研大服务大解题”，全市党员干部累计走访经营主体 1.9 万家、居民 15 万户次，协调解决问题 2.3 万个，推动解决“老旧小区改造”“低收入家庭增收”等 32 件基层所盼、民心所向的民生实事，群众的幸福感、获得感、满意度持续提升，进一步密切党与群众的联系。三是“担当作为”的干事斗志昂扬。纵深推进“感恩奋进、四敢争先”八大行动 48 个具体项目，党员干部冲在“三大百日攻坚”的破难火线、深化改革创新的发展前线、深入企业群众的服务一线，助推全市生产总值首次突破千亿大关，勇夺省委、省政府的天工鼎、神农鼎、大禹鼎、平安鼎“四鼎荣誉”，平湖铁军的战斗力持续增强。四是“清廉务实”的工作作风过硬。以问题整改为牵引推进“基层减负增效”，全面销号 55 个查摆的重点难点问题，“指尖忙”“牌子多”等问题获专项整治。深化干部能上能下、容错纠错、担当激励机制，为 30 余名干部澄清正名。持续加大正风肃纪力度，加强干部“八小时外”管理监督，进一步树立新风正气、净化政治生态，使党的建设更加生机蓬勃、活力旺盛。主题教育开展起来，中央第五巡回指导组副组长任正晓，省委常委、组织部部长王成调研肯定平湖主题教育工作。《中央主题教育简报》第 83 期、中央主题教育官网、共产党员公众号、《人民日报》分别刊登平湖“空中课堂”“党员干部下沉一线为民办事”“强社惠民”“流动党员教育管理”“毗邻党建”等做法。《平湖市探索“新相融”党建联建机制破解“人户分离”党员管理难题》入选省整改整治典型案例专辑。

（吴慧琴）

实施三个“一号工程”

工作背景

2023年1月28日，省委召开全省深入实施“八八战略”强力推进创新深化、改革攻坚、开放提升大会。省委书记易炼红在会上强调，要深入学习贯彻习近平新时代中国特色社会主义思想，坚决贯彻落实习近平总书记对浙江重要指示批示精神，全面贯彻党的二十大精神和省第十五次党代会、省委十五届二次全会部署，动员全省上下踔厉奋发、鼓足干劲，深入实施“八八战略”，强力推进创新深化、改革攻坚、开放提升，在中国式现代化新征程上干在实处、走在前列、勇立潮头。

主要做法及成效

2023年，平湖市深入实施“八八战略”，紧扣省委、省政府三个“一号工程”和“十项重大工程”，强力推进创新深化改革攻坚开放提升，全年经济运行持续回升向好，高质量发展走深走实。获评首批长三角G60科创走廊产城融合发展示范区、全省首批外国高端人才集聚区。“数字化改革成果助力茂县农业增产增收”入选“全球减贫最佳案例”，“双元六共”培育模式获省营商环境优化提升“最佳实践案例”，外资企业常态化对话机制获评省国际贸易投资促进最佳案例。

（一）创新能级跨越提升

一是数字产业稳步发展。“3+2+X”（“3”指微特电机、电线电缆、光伏产业为代表的传统数字经济产业，“2”指汽车电子、集成电路两大新兴数字经济产业，“X”指工业自动控制系统装置制造、软件与信息服务业、计算机外围设备制造、通信系统设备制造及其他智能消费设备制造等）的数字产业结构不断优化，营收增长35.6%，位列嘉兴第三；99个数字制造业项目完成投资50.75亿元、增长52.6%，增速位列嘉兴第一。国家数字乡村试点终期评估排名全国第五（全国117个试点县）、全省第二（省4个试点县）。“浙农补”应用案例获评全省数字经济创新提质“一号发展工程”优秀案例。二是科创平台招大引强。积极推动“平湖·壹号湾”与上海闵行区“大零号湾”达成战略合作。全省首个赛迪科创中心、射频异质异构集成全国重点实验室等一批新型科创平台成功落户平湖。平湖高新区正式认定为省级高新区，同时获评“浙江省高新技术产业园区建设突出贡献集体”。三是主体培育持续向好。全年，研发经费支出58.54亿元，增长10.5%；新认定省级企业研究院5家、省级企业研发中心16家；新增高价值发明专利210件，每万人高价值发明专利拥有量达17.68件、增长21.5%。

（二）改革路径持续拓宽

一是政务服务增值化改革加快推进。建立“1188X”政务增值服务体系，搭建“平服365”为企服务矩阵，全省率先设置“平服365”企业综合服务指挥厅，确保涉企问题闭环处置，工作经验获省委改革办常务副主任金晓明调研肯定。二是五大环境全面优化。全年，新增经营主体10554家，市场主体突破7万元大关，市场主体活力充分激发。2023年度浙江省“万家民营企业评营商环境调查结果”显示，平湖营商五大环境均领跑嘉兴，政务环境和法治环境分列全省县市第二、第五。三是“平妈妈”营商品牌持续擦亮。“创新外企增值服务改革”相关做法入选省政务服务增值化改革“一市一品”特色亮点项目，为嘉兴县市唯一。

（三）开放特色越发鲜明

一是利用外资有新突破。依托一把手“周六招商日”机制开展招大育强、产业链招商专项行动，组织招商主体出境招商18批次，举办产业链推介会和“平湖行”活动8场，全年签约项目

107个、总投资543.8亿元，实到外资4.8亿美元，连续24年进入全省十强。二是外贸出口有新成效。组织300多家次企业参加德国科隆、日本大阪、广交会等境内外展会，成功举办首届跨国采购对接会，全年外贸出口额同比增长12.6%，位列嘉兴第三。三是涉外服务有新亮点。在嘉兴首创开展原产地证24小时自助打印服务，服务外资企业相关做法获评全省“一市一品”特色亮点项目、省国际贸易投资促进最佳实践案例。获评全省“地瓜经济”提能升级“一号开放工程”五星评定，“打造制造业外资集聚地”和“‘携手浙商’促进开放提升”被列入省“地瓜经济”试点。

（倪芳芳）

大事记

1月

3日 平湖市卫星能源百亿项目开工暨全市“大抓项目”出征仪式举行。卫星能源项目位于独山港经济开发区，总投资约102亿元。

同日 全市首场“亲清夜沙龙·政企心连心”活动在平湖人才之家举行。

中旬 平湖市入选省商务厅、财政厅、乡村振兴局联合公布的2023年度全省县域商业体系建设示范县名单，为嘉兴唯一上榜的县域。

11日 市委印发《关于全面贯彻落实党的二十大精神，打造长三角城市群重要中心城市璀璨明珠的决定》。

15日 浙江晨光电缆股份有限公司技术人员韩其芳在浙江省第十届人民代表大会第一次会议上当选浙江省出席第十四届全国人民代表大会代表。

26日 中央电视台新闻频道《吾家吾国》栏目对话曾获“核工业功勋奖章”和“核工业功勋人物”称号的平湖籍中国科学院院士葛昌纯。

28日 在嘉兴市三级干部大会暨智造创新强市建设推进大会上，平湖获嘉兴2022年度县（市、区）工作目标责任制考核一等奖。至此，平湖获嘉兴工作目标责任制考核“六连优”。

29日 全市三级干部大会暨“创新奋进年”动员大会召开。

1月31日—2月3日 市政协十四届二次会议召开。

月底 浙江省人民政府办公厅公布省第四届“河姆渡杯”粮食生产先进市、县（市、区）名单，平湖市获银奖，成为嘉兴地区唯一的县（市、区）获奖单位。

同月 省农业农村厅公布2022年度全省农业农村数字化改革“优秀应用”，平湖市“浙农补”榜上有名。

同月 平湖入选中国科协2021—2025年度第二批全国科普示范县（市、区）名单。

2月

1—3日 市十六届人大二次会议召开。

4日 中共平湖市纪委十五届三次全体（扩大）会议暨省委巡视整改推进会召开。

8日 平湖市“双招双引”暨“招大育强”专项行动工作推进会召开。

同日 艾本德中国技术中心平湖项目签约落户平湖经济技术开发区。该项目为平湖市生物医药产业链的龙头项目，项目一期总投资1350万欧元。

上旬 浙江省文化和旅游厅发布《关于拟认定2022年浙江省4A级以上景区城和5A级景区镇（乡、街道）的公示》，平湖市上榜省5A级景区城，成为嘉兴首个浙江省AAAAA级景区城。

上旬 平湖高新技术产业园区被认定为首批省级高新技术产业园区。

17日 中能科技储能装备平湖总部项目签约落户平湖经济技术开发区。该项目总投资10亿元，主要从事储能系统研发、生产和销售。

18日 毛军发院士工作站启用仪式暨长三角射频技术项目对接会举行。中科院院士、深圳大学校长、上海交通大学讲席教授毛军发等专家学者，省科协、省院士专家服务中心等相关领导出席。启用仪式上，举行中电科思仪和长三角射频中心联合实验室，航锦科技股份有限公司、长三角射频技术研发中心和泓林微电子有限公司签约仪式。

中旬 平湖市新能源汽车被列入首批"浙江制造"省级特色产业集群创建名单。

24日 首届"巨来之星"全国古典细朱文印作品展暨颁奖仪式在平湖市举行。该展投稿作品来自全国28个省、市、自治区，共评出入展作品100件，其中"巨来之星"1件，优秀作品10件，优秀作品提名10件。

同月 平湖数字农业科技园区通过省级农业科技园区验收。该园区占地总面积3183公顷，分核心区、示范区、辐射区，其中核心区面积233.33公顷。

同月 平湖入选浙江省文化和旅游厅公布的全省"非遗助力共同富裕"试点地区名单。

3月

4日 平湖市科学技术协会第十次代表大会举行。

6日 市政府印发《加快建设高水平交通强市实施方案》。

7日 市委印发《平湖市"四敢争先"实践活动实施方案》。

同日 平湖九彩龙在杭州亚运会倒计时"200天+"主题活动——"我们的亚运·我们的盛会·我们的村晚"第二篇章"迎盛会齐奉献"中进行展演。

9日 全市"腾笼换鸟"整治提升暨"厂中厂"整治工作推进会召开。

10日 原创现代话剧《明月山塘》在市文化馆开演。

16日 市委书记仲旭东、市长周军波率党政代表团到江苏省太仓市、上海市闵行区考察学习。在平湖市与上海市闵行区合作交流座谈会上，双方签订"零号湾"与"壹号湾"合作协议。

17日 浙沪毗邻党建引领共同富裕发展论坛暨长三角"田园五镇"合作峰会在平湖举行。会上，发布《长三角"田园五镇"共富先行示范区发展规划》，成立全国首个跨省域强村共富公司——浙江鑫平田园合作发展有限公司，签约强村共富公司投资项目，签订"党建引领乡村振兴"合作协议，举行长三角"田园五镇"党群创业共富示范基地的授牌仪式。

同日 市委办、市府办印发《关于开展平湖市"千名干部助千企"精准服务活动的通知》。

18日 浙江省公布2022年高质量发展建设共同富裕示范区绩效考核评价结果，平湖市获优秀等次。

中旬 平湖首个"国企+镇村"合资共建共富码头在林埭镇保通码头开建。项目创新实践"飞股抱团"投资模式，由平湖市交投集团和林埭镇7个村共同投资入股，总投资3160万元，用地面积0.62公顷。

21日 市委书记仲旭东、市长周军波率党政代表团到上海市金山区考察学习。

23日 平湖（上海）人才服务飞地启用仪式举行。平湖（上海）人才服务飞地又称"报本思园"，位于上海市闵行区宝龙中心G1栋9层，总建筑面积820.75平方米。

24日 全市交通强市誓师大会暨"海河联运"推进大会召开。

同日 市委、市政府印发《2023年改革突破专项行动实施方案》。

28日 平湖市政协新埭镇委员小组和上海市金山区政协枫泾镇地区联络组共同成立首个浙沪跨省政协委员工作室。

29日 市委书记仲旭东走访慰问第十届国际残疾人职业技能竞赛文本处理项目冠军暨最佳选手陈良杰，对其夺冠表示祝贺。

30日 在全省建设平安浙江工作会议上，平湖市被浙江省委、省政府命名为2022年度省"平安市"，获平安建设十八连冠，获首批"二星平安金鼎"。

下旬 平湖市稻田退水“零直排”节水集成示范项目入选浙江省2022年度“节水行动十佳实践案例”。广陈镇龙兴村为核心示范区。

4月

3日 市委办、市府办印发《平湖市创新发展“新仓经验”，深化农村“三位一体”改革实施县实施方案》。

4日 浙江省政协主席黄莉新到平湖开展“加强灵活就业和新就业形态劳动者权益保障”专题调研。

7日 平湖市深入实施“八八战略”强力推进创新深化改革攻坚开放提升领导小组第一次（扩大）会议举行。

同日 “宋韵话孟坚——地方文化新时代传承”理论研讨会在农开区（广陈镇）举办。

10日 上海市金山区委书记刘健、区长李泽龙率领党政代表团到平湖考察交流。平湖与金山签订《上海市金山区和浙江省平湖市省际毗邻区域全面战略合作框架协议》。

上旬 长三角（嘉兴）专精特新企业服务基地平湖工作站揭牌成立。

11日 市委印发《关于打造长三角城市群重要中心城市璀璨明珠的实施方案》。

12日 “面向共同富裕的普惠性人力资本提升行动”金平湖论坛暨浙江省高等学校在线开放课程共享联盟大会在平湖市举行。

中旬 张江长三角科技城平湖园（新埭镇）与毕节工业职业技术学院合作共建的“订单班”签订，并冠名为“张江科技城班”，是全省首个跨区域订单班，定向为园镇培养、输送、储备专业技能人才。

14日 省人大常委会副主任刘忻到平湖调研农业“双强”、和美乡村建设和现代农业发展工作。

同日 市委印发《关于2023年高水平全面推进乡村振兴助力打造金平湖璀璨明珠的意见》。

18日 2023长三角汽车电子产业峰会暨长三角（平湖）汽车电子产业园开园仪式举行。

19日 四川省攀枝花市委书记张正红带领考察团到平湖考察交流。

同日 江苏省如东县委书记陈慧宇带领党政代表团到平湖考察交流。

20日 市政府印发《平湖市先进制造业集群培育工程实施方案（2023—2027年）》。

同日 市委办、市府办印发《平湖市深入实施“八八战略”强力推进创新深化改革攻坚开放提升工作总体方案》。

22日 瑞士西卡新材料独山港项目签约仪式在瑞士苏黎世西卡集团总部举行。该项目投资超1亿美元，内容涵盖防火涂料、硅酮胶、地坪涂料等产品和技术。

26日 平湖市在上海举行2023“平而不凡·湖海一城”城市投资价值推介会。

27日 全市两新组织党建工作会议暨“小个专”行业综合党委成立仪式举行。

5月

6日 “嘉兴工匠月”系列活动启动仪式暨平湖劳模工匠学院成立仪式在平湖举行。

6—7日 平湖市2023驻沪领馆、欧美商会及世界500强企业“平湖行”活动举行。

7日 浙江晨光电缆股份有限公司矿物绝缘电缆项目奠基仪式在独山港经济开发区举行。该项目主要开发生产具有完全自主知识产权1千伏动力用防火电缆，总投资15150万元。

9日 2023年平湖市产业链高质量发展签约大会举行。会上，共集中签约项目28个，总投资122亿元，涵盖先进装备制造业、电子信息、生命健康、新材料等多个重点发展产业链。

10日 市委办印发《关于大兴调查研究，进一步推进调查研究工作规范化制度化的实施方案》。

12日 2023中国·平湖（日本）投资环境说明会在日本东京举行。会上，举行平湖康达智精密技术有限公司新项目签约仪式。该项目投资5000万美元，主要为智能网联汽车、机器人、无人机等热点行业提供关键零部件支撑。

14日 浙江省2023年“5·15”国际家庭日主题宣传

活动暨创建全国生育友好工作先进单位启动仪式在平湖举行。

16日 平湖市“平湖后生”系列品牌发布仪式举行。“平湖后生”系列品牌主要由“平湖后生·爱学习”“平湖后生·好宣讲”“平湖后生·慧阅读”“平湖后生·乐奉献”“平湖后生·善治网”“平湖后生·优文创”六大子品牌、21个系列项目构成。

18日 “嘉兴人才日”开幕式暨首届精英赛艇邀请赛在平湖东湖景区举行。

同日 在全省加快建设全球先进制造业基地大会上，平湖获首批浙江制造业领域最高荣誉“浙江制造天工鼎”。

19日 全国政协常委齐扎拉率全国政协农业和农村委员会调研组到平湖，围绕“统筹城乡融合发展，全面推进乡村振兴”开展调研。

中旬 平湖博物馆所藏良渚文化带木质犁底组合式石犁、明宣德七年郑和舍圆瀞金笔楷书《妙法莲华经》卷2件文物入选首届全省博物馆“百大镇馆之宝”名单。

20日 嘉兴市第十届运动会誓师大会暨平湖市体育中心提升启用仪式举行。

22日 嘉兴南湖学院校企博士共享工程平湖专场对接活动暨平湖研究院揭牌仪式举行。嘉兴南湖学院平湖研究院是嘉兴南湖学院与县（市、区）共建的第一所研究院。

24日 市政府印发《平湖市促进制造业高质量发展的若干政策意见》。

26日 新疆沙雅县委书记潘万峰率党政代表团到平湖考察。

同日 平湖市作为全省唯一一个代表，受邀参加2023中国国际大数据产业博览会“数字乡村发展”高端对话，分享平湖推进国家数字乡村试点的经验做法。

30日 在浙江省“地瓜经济”提能升级“一号开放工程”大会上，平湖市的浙江中日（平湖）产业合作园上榜十佳开放平台，尼得科汽车马达（浙江）有限公司和津上精密机床（浙江）有限公司上榜十佳国际投资企业。

下旬 省委办公厅、省政府办公厅《关于2022年度实施振兴战略实绩考核结果的通报》，平湖被授予“神农鼎·铜鼎”，是浙江省域内首次开展“神农鼎”评选。

下旬 中国围棋协会正式授予平湖“世界围棋番棋之都”国际围棋文化交流中心称号。

下旬 中央网络安全和信息化委员会办公室公布国家数字乡村试点终期评估情况。平湖市以82.9的得分获全国第五的成绩，其中乡村产业数字化指标排名全国第一，乡村治理数字化指标排名全国第三。平湖市打造“浙农补”应用推动种粮补贴“一键直达”案例入选全国数字乡村工作优秀案例，被中央网络安全和信息化委员会办公室选择在全国推广。

同月 在大连举行的2022年全国汽车及零部件制造基地峰会上，平湖市被中国汽车工业协会评为全国优秀汽车及零部件制造基地。

6月

2日 嘉兴市第十届运动会在平湖开幕，是嘉兴历史上首次在县市区举办市运会。

同日 上海交通大学—平湖市射频技术联合实验室签约仪式举行。

6日 市委印发《关于成立中国共产党平湖市“小个专”行业综合委员会的通知》。

8日 张江长三角科技城平湖园的长三角·平湖润泽国际信息港B区暨大数据创新应用中心正式开工。该项目总投资26.86亿元，占地面积6.93公顷。

9日 在全省现代社区建设工作推进会上，钟埭街道钟埭社区，当湖街道东湖社区、梅兰苑社区，乍浦镇龙湫社区获评首批省现代社区。

上旬 2023浙江精品西瓜评选活动举行。新仓镇农绿家庭农场自主选育的西瓜新品种“西马桥”牌“天露3号”西瓜获金奖，金平湖西瓜专业合作社选送的“蜂彩平湖”牌“金比特”西瓜获优质奖。

上旬 省农业农村厅公布首批省级共富家庭农场典型名单，平湖市妙农家庭农场上榜。

18日 市政府印发《关于深入实施创新驱动发展战略，加快打造金平湖璀璨明珠的若干政策意见》。

13日 新时代金平湖工匠培育政策发布暨平湖市高技能人才之家启用仪式举行。仪式上，韩其芳国家技能大师工作室等4家工作室首批入驻高技能人才之家。

21日 2023嘉兴端午民俗文化节长三角龙舟“斗牛赛”暨赛艇小镇端午嘉年华活动在平湖举行。

26日 平湖市村志编纂工作启动大会召开。

27日 平湖市营商环境优化提升“一号改革工程”新闻发布会举行，会上正式启用“平妈妈”营商环境品牌。

28日 浙江省减污降碳协同创新区建设现场会在平湖召开。副省长胡伟出席会议。

同日 市委开展“循迹溯源学思想‘五个始终铭记’大践行”专题活动。

同日 “产业谋融合·双强促共富”第七届平湖农业经济洽谈会举行。此届农洽会，共签约农业招商引资项目30个，计划总投资32.2亿元。会上，平湖市政府与沈阳农业大学签订《长三角现代设施园艺产业创新研究院共建项目合作协议》。

同月 浙江省农业农村厅公布浙江省首批名优“土特产”百品榜名单，平湖西瓜上榜。

7月

1日 “凝心铸魂强信仰·浙沪携手传薪火”转角湾初心教育基地开工奠基仪式暨浙沪红色巴士启动仪式在独山港镇金沙村举行。

4日 “‘八八战略’在身边”理论宣讲大赛决赛暨“平湖后生”理论宣讲团巡讲启动仪式举行。

8日 全市“平治110”暨“民声一键办”工作部署推进会召开。

上旬 平湖市获评浙江省首批“红色根脉”强基示范县（市、区）。

上旬 平湖市“‘双元六共’模式为企业定制培育高技能产业工人”入选浙江省营商环境优化提升第一批“最佳实践案例”名单。

上旬 平湖庄桥坟遗址出土的分体式石犁、玉钺、骨簪、黑皮陶双鼻壶4件良渚文化文物到上海博物馆，参加“何以中国”文物考古大展系列——“实证中国：崧泽·良渚文明考古特展”。

上旬 平湖市被列入2023年度省级夜间经济试点城市名单，是嘉兴唯一入选的县市，其中南河头历史文化街区被列入省级特色商业街（区）试点。

11日 中共平湖市物业行业委员会成立。

14日 平湖市党建引领基层治理省级综合试点暨现代社区建设现场推进会召开。

15—23日 2023年全国青少年棒球锦标赛U10组比赛在林埭镇徐家埭棒球场举行，共有来自全国各地38支队伍、近700名运动员参与127场比赛角逐。

16—17日 市委副书记、市长周军波率市党政代表团到四川省茂县开展对口支援考察交流活动。17日，举行平湖—茂县对口支援工作联席会议，两地签订《文旅共同发展战略合作框架协议》。

18日 全国供销合作社农资网络体系建设暨“绿色农资”升级行动试点推进会在平湖召开。平湖作为浙江唯一的全国“绿色农资”升级行动试点县作交流发言。中华全国供销合作总社党组书记、理事会副主任韩立平，浙江省副省长李岩益出席会议。

下旬 平湖市数控机床产业集群入围浙江省经济和信息化厅公布的第一批浙江省中小企业特色产业集群名单。

8月

4—15日 2023年全国少年垒球锦标赛在林埭镇徐家埭村棒球场举办。这是平湖首次承办的国家级垒球赛事。

8日 在全省生态环境保护大会暨美丽浙江建设推进会上，平湖市获2022年度浙江省“五水共治”工作“大禹鼎”银鼎。

9日 市委书记仲旭东率领市党政考察团到青田县考察交流。在平湖—青田结对二十周年座谈会暨山海协作工作联席会议上，两地签订2023年平湖—青田深化山海协作工程合作协议、“飞地”商贸及产业合作战略框架协议、平湖—青田强村公司共富体项目合作框架协议及“金平湖”“青田青”区域公用品牌战略合作框架协议。同时，举行山海协作援建资金捐赠仪式。

同日 省人大常委会副主任暨军民到独山港镇卫星化学股份有限公司、新仓镇人大代表联络站等调研基层人大工作，并走访省人大代表。

11日 市府办印发《关于进一步加强示范引领推动传统优势产业转型升级的指导意见》。

16日 平湖市在上海举办2023浙江·平湖（上海）光电通信产业专场推介会。

同日 平湖市“平商安”为企服务中心启用仪式举行。

中旬 平湖市“打造制造业外资聚集地”及“‘携手浙商’促进开放提升”两大创新试点项目被确定为全省“地瓜经济”提能升级“一号开放工程”试点项目。

中旬 平湖获2021—2022年浙江省耕地保护工作先进集体称号，成为嘉兴市唯一获此称号的县市。

中旬 平湖市成功创建为浙江省食品安全示范市。

中旬 平湖市健康素养进农村文化礼堂活动入选2022年全国文化科技卫生“三下乡”活动示范项目，成为全省3个入选项目之一。

中旬 平湖市入围浙江省供销合作社联合社公布的7个全省首批农业化服务先行引领县名单，系嘉兴市唯一。

24日 市府办印发《平湖市进一步加快现代服务业高质量发展的若干政策意见》。

25日 新诚达智创园和国甫科技共同打造航天产业合作签约仪式举行。

26日 平湖市城区首座友邻中心“平湖里”正式启用。

31日 四川省茂县县委书记唐远益率党政代表团到平湖考察。

月底 省委、省政府健康浙江建设领导小组办公室通报2022年健康浙江建设考核结果，平湖获优秀等次。

9月

4日 “平湖后生·爱学习”首届青年学习节启动仪式暨“学习强国”达人挑战赛决赛举行。

月初 平湖市“跑出招商‘嘉速度’ 激发项目‘强磁场’——平湖市聚力打造高质量外资集聚地”入选省委组织部第三批三个“一号工程”典型案例。

12日 平湖市机床产业联盟成立大会召开，联盟共拥有42家成员单位。

13日 全市学习贯彻习近平新时代中国特色社会主义思想主题教育动员部署会召开。

14日 第九届全国开发区人大工作联席会议暨研讨会在平湖召开。第十、十一届全国人大常委会副秘书长、第十二届全国人民代表大会法律委员会主任委员乔晓阳，省人大常委会副主任暨军民出席会议。

16日—10月10日 由中国美院等单位主办，陆维钊书画院等单位协办的“书学之路——中国高校书法教育六十年成果展”在陆维钊书画院展出。

19日 “平湖农商银行杯”嘉兴市第十届运动会在市体育中心体育馆闭幕。据统计，平湖市青少年部项目在十运会上金牌总数、奖牌总数均位列嘉兴第二，团体总分位列嘉兴第三。平湖市成人部项目奖牌总数位列嘉兴第三。平湖市政府获嘉兴市第十届运动会突出贡献奖。

中旬 省“大综合一体化”行政执法改革工作专班办公室公布2023年第一批行政执法改革优秀案例名单，平湖市“建立张江长三角科技城‘平湖市—上海金山区’联合行政执法队，创新跨域执法新模式”入选。

中旬 中国个体劳动者协会发文公布全国95个“小个专”党组织为全国小微企业个体工商户专业市场党建工作创新试点单位，平湖·中国服装城党总支为嘉兴唯一入选单位。

21—25日 2023中国·平湖西瓜灯文化节举行。此次西瓜灯节以“创新奋进·明珠璀璨”为主题，分为扬帆绘新篇、旌旗漫山海、秋月耀平湖三大篇章。

22日 明湖国际科创岛系列项目开工仪式举行。明湖国际科创岛总用地面积约24.4公顷，总投资约72亿元。

同日 “庆丰收·促和美”2023中国农民丰收节平湖庆祝活动暨长三角田园丰收喜乐赛举行。其间，平湖市农业农村局和上海金山区农业农村委签订“农心向党·金平共建”推动乡村全面振兴战略合作协议，新埭镇和上海金山区枫泾镇签订“浙沪携手·战略协同”推动高质量发展结对共建协议。

26日 平湖市广陈塘、漕兑港、钱塘江古海塘——嘉兴段（平湖市）3处上榜省水利厅公布的首批浙江省重要水利工程遗产资源名录。

27日 “新景南河头·华彩鸣珂里”南河头鸣喜桥以东环通区域开街仪式举行。此次开街区域东临南河头一期、南至北台弄及建国南路沿线、西至鸣喜桥、北至人民路，总面积约1.7万平方米。

同日 浙江省农业农村厅公布具有示范引领作用、适宜推广复制的高标准农田建设最佳实践案例，平湖市“曹桥街道高标准农田建设项目”入选。

月底 S202平湖段全线通车。S202平湖段是浙江省“十三五”规划“五纵”中的“一纵”，是平湖构建“1568”交通网络中的一项标志性工程。

下旬 平湖市整建制全要素全链条推进农业面源污染综合防治试点工作方案获农业农村部正式批准，被列入全国20个国家农业绿色发展先行区之一，为全省唯一。

10月

12日 2023“创业中华·侨聚嘉兴”长三角侨商项目投资交流大会在平湖市举行。会上举行平湖市智创园“侨立方”揭牌仪式。

同日 中国工会第十八次全国代表大会闭幕。平湖市政协副主席、总工会主席许静当选中华全国总工会第十八届执行委员会委员。

13日 省人大常委会党组书记、副主任梁黎明一行到新仓镇人大代表联络站调研。

同日 “平湖后生·乐奉献”项目矩阵发布暨广陈镇文体中心启用仪式举行。

14日 希润科技平湖总部项目签约仪式在平湖经济技术开发区举行。该项目总投资5亿元，主要围绕涂装及涂胶自动化设备方面进行产品研发、生产测试和工艺验证，填补平湖经开汽车产业整车喷涂和涂胶自动装备方面的空白。

17日 省委常委、统战部部长邱启文到平湖独山港镇红色转角湾、李叔同纪念馆和浙江依爱夫游戏装文化产业有限公司调研。

20日 平湖市举行“华枝春满·天心月圆”李叔同国际诗歌奖颁奖典礼。

同日 《2023年全国千强镇发展报告》发布，平湖市独山港镇、新仓镇、新埭镇等6个镇上榜“全国综合实力千强镇”名单。

26日 在杭州第4届亚残运会射箭男子W1双人团体公开级决赛中，平湖籍运动员张天鑫和队友韩贵飞组成的中国队获金牌，并刷新男子团体W1级16箭50米世界纪录。28日，张天鑫又获复合弓W1个人公开级金牌。

28日 “山海协作·盛石共享”青田平湖文化走亲·石雕艺术精品展开幕式在平湖市举行。

同日 《中国县域发展潜力报告2023》发表，平湖位列百强县第11，同比前进3位。

30日 世特美新能源汽车磁电传感器平湖生产基地项目签约仪式举行。

11月

1日 2023中非合作论坛——减贫与发展会议暨2023全球减贫伙伴研讨会在北京举行。会上发布第四届“全球减贫案例征集活动”104个获奖案例名单。平湖市的“平湖数字化改革成果助力茂县乡村产业振兴——浙江省平湖市以‘茂农服’平台助力四川省茂县农业增产增收案例”入选获奖案例名单。

同日 省民政厅印发《关于公布全省城市社区议事协商创新试点评估验收结果的通知》，公布23个社区创新试点优秀单位，平湖市当湖街道梅兰苑社区入选。

同日 平湖市企业综合服务中心正式挂牌成立。

3日 “数领高质量·链接长三角”2023年嘉兴市现代服务

业招商推介系列活动暨平湖·长三角现代服务业推介会召开。

同日 工信部公布第三批纺织服装创意设计示范园区（平台）名单，全国共9家上榜，平湖服装文化创意园榜上有名，为平湖市第一家上榜的园区（平台）。

6—9日 平湖市招商团对接包括汉高、杜邦、西门子等世界500强和龙头企业在内的351家企业及中介机构，达成意向合作15个。

7日 市四套班子领导集体参观大道之行——“八八战略”实施20周年大型主题展览。

8日 在第六届中国国际进口博览会2023长三角G60科创走廊高质量发展要素对接大会上，平湖市被授予首批“长三角G60科创走廊产城融合发展示范区”称号，成为嘉兴地区唯一成功申报认定的县（市、区）。

同日 第十三届中国商品市场峰会发布“中国商品市场综合百强”榜单，平湖·中国服装城入选综合百强市场榜单第64名和时尚市场榜单第7名。

12日 广陈镇和上海金山区廊下镇联合共办的2023浙沪乡村半程马拉松赛在平湖农业经济开发区（广陈镇）开跑。此次赛事是中国田径协会认证的A1类赛事，以“田美农开·田园廊下”为主题，分设21.0975公里的半程马拉松赛和7公里欢乐跑两个项目。

14日 世界500强企业韩国SK集团高端新材料平湖项目签约仪式在平湖经济技术开发区举行。该项目由韩国SK集团下属的SK致新公司投资建设，一期工程主要生产离子聚合物，占地面积1.24公顷，总投资6360万美元。

同日 牛津大学博士团组一行到平。

15日 平湖市举行政银企对接会暨“波波知了”平台启动仪式。

17日 第三批全国乡村治理示范村镇名单公布，平湖市广陈镇山塘村上榜。

17—18日 平湖市举行纪念“红楼出海”230周年暨红楼文化海外传播研讨会。

20—21日 市委书记仲旭东、市长周军波率党政代表团到绍兴越城区、诸暨市及金华义乌市学习考察。

中旬 省文化和旅游厅公布浙江省2022年度公共文化服务现代化发展指数（CMDI）评估结果，平湖市位居全省90个县（市、区）第六。

22日 平湖市科创青年城（平湖市儿童青少年发展服务中心）项目和平湖城西便民活动基础设施项目举行奠基仪式。

23日 副省长张雁云到平湖调研人才工作，先后考察平湖技师学院的市高技能人才公共实训基地、平湖经济技术开发区的国际人才公寓参观公寓房和配套设施，并到平湖智创园调研高端制造业企业。

同日 浙江省科学技术厅印发《关于公布2023年新认定省级企业研发机构名单的通知》，浙江景兴纸业股份有限公司的绿色低碳造纸技术研究院榜上有名，成为平湖市首家省重点企业研究院。

25日 “才聚金平湖·引领新崛起”平湖市第六届创业大赛长三角区域赛新能源新材料专场在上海举办。

25—26日 “全员育人·校家社协同共育实践与思考”全国研讨会在平湖市举行。

30日 省委巡视工作领导小组在平湖召开全省对村（社区）巡察现场推进会。

同月 省农业农村厅、省农业科学院公布创意农业试点县名单，平湖市入选。

12月

1日 信越化学独山港项目签约仪式举行。

3日 平湖市政府与吉林大学共建吉林大学平湖技术转移中心签约仪式举行。

4日 平湖市曹桥未来社区、东方未来社区、龙吟未来社区被列入浙江省第四批未来社区名单。

同日 平湖市被评为2023年度省级夜间经济样板城市，平湖市南河头历史文化街区获2023年度省级特色商业街（区）称号。

同日 浙江省商务厅发布浙江省2023年度外资研发中心名单，平湖经开的浙江菲斯曼供热技术有限公司名列其中，实现平湖市省商务厅认定的外资研发中心“零的突破”。

4—5日 全省清廉民营企业建设现场推进会在平举行，省委常委、统战部部长王文序出席。

5日 “12·4”国家宪法日暨“宪法与浙江”主题宣传月法治文艺汇演活动在平湖举行。

7日 平湖与中国电力国际发展有限公司签署战略合作协议，推动零碳示范市建设。

同日 2023年平湖市先进典型研学线路发布仪式暨独山港镇“文明5来做”文明实践主题活动在中国航天科普馆举行。活动现场发布平湖市先进典型研学线路,是嘉兴首条以“道德典型”故事为主题的研学线路。

8日 先正达集团中国MAP平湖独山项目签约仪式举行。

同日 平湖市华海造船有限公司制造的40米系列双体钢铝海上风电运维船下水，这是国内最大最先进的首制双体钢铝运维船型。

12日 省政协副主席成岳冲到平湖调研，了解浙北集装箱通道平湖段工程盐平塘大桥建设进展情况。

同日 平湖市计划生育协会第八次会员代表大会召开。

同日 “2023中国综合竞争力百强县市”名单揭晓，平湖位列第35位。

14日 日本FANDF株式会社高端医疗设备项目在平湖经济技术开发区举行签约仪式。

15日 浙江平湖全球科创项目路演——智能制造专场暨2023年平湖“深根计划”重大项目发布与签约活动举行。

18日 市妇保院新院启用。

19日 北京大学思想政治实践课教育基地签约揭牌仪式在平湖市委党校举行。

20日 平湖市第五届“十佳科技工作者”颁奖活动举行，中国科学院院士沈保根参加。

21日 青田县委副书记、县长潘伟率党政考察团到平考察。

25日 “平而不凡·大爱感动”第四届平湖市道德模范颁奖典礼举行，10例11位道德模范受表彰。

同日 省委书记易炼红到平湖调研经济社会发展情况，先后考察曹桥街道马厩村、尼得科汽车马达（浙江）有限公司。

28日 浙北集装箱通道平湖段盐平塘大桥通车仪式举行。

29日 市委十五届四次全体（扩大）会议暨全市经济工作会议召开。市委书记仲旭东代表市委常委会作《创新攻坚担使命，实干争先立潮头，深入学习贯彻习近平总书记考察浙江重要讲话精神，在勇当先行者谱写新篇章中彰显璀璨明珠新担当》的报告。

2023年平湖市政府十大实事项目一览表

表1

序号	主要内容	牵头单位
1	幸福颐养项目：1. 新建家庭养老床位200床；2. 为全市80周岁以上户籍老人发放高龄津贴	民政局
2	农民安居项目：1. 开工建设2000套安置公寓房；2. 改善农民住房2000户，其中，公寓房安置1000户，新社区集聚500户，自然村落保留点翻建500户	农业农村局
3	道路明亮项目：1. 完成锦绣路、环城东路（吕公桥以北）及兴平四路、兴平二路、宏建路等25公里城区道路路灯改造；2. 完成46公里农村道路路灯建设、14公里农村道路路灯改造	建设局、交通运输局
4	基层医疗服务改善项目：1. 依托平湖一院成功创建的国家标准版胸痛中心，建设"智慧胸痛"中心；2. 在8个镇街道卫生院（社区卫生服务中心）建设胸痛单元；3. 建成12家以上村级卫生室（服务站）中医阁；4. 完成5家以上村级卫生室（服务站）改扩建任务	卫生健康局
5	儿童青少年发展服务中心项目：儿童青少年发展服务中心（大风车）项目启动建设。项目选址在当湖街道平廊公路以南、稚川路以东地块，总用地面积为4.04公顷，总建筑面积约5.9万平方米，设置思想政治教育服务区、才艺展示交流区、科技体验活动区、综合素养辅导区、服务管理保障区、青少年素质拓展生活营、妇儿活动中心及青少年室外活动区等功能板块	团市委
6	城西运动飘带项目：城西运动飘带项目启动建设。项目位于平善大道（池海路—育才路）两侧，规划用地指标2.67公顷，建设长4.7公里，集全民体育综合馆、室外运动场地、儿童乐园等功能于一体的综合性健身绿廊	文旅体局
7	学校厕所提升项目：对10所中小学162间厕所进行改造提升	教育局
8	畅行金平湖项目：对个人名下使用ETC记账卡的非营运平湖籍一类客车、车主在平湖工作生活或车主经认定为F类及以上高层次人才的非平湖籍一类客车，在平湖境内4个高速出口收费站［新仓（独山港东）、独山港西、乍浦（平湖南）、平湖］、嘉兴市本级范围内特定的6个高速收费站［南湖（嘉兴南）、新塍、王江泾（嘉兴北）、马家浜、嘉兴东、凤桥］之间的高速公路通行费用给予补贴（进口或出口至少一处在平湖境内），嘉善收费站往返嘉兴东收费站参照执行	交通运输局
9	农贸市场改造项目：按嘉兴"幸福里"标准改造城区农贸市场2家、乡村农贸市场2家	市场监管局
10	安心托育项目：1. 新增社区托育机构12家；2. 新增12个具备临时托、计时托功能的托育点或托育驿站（向日葵亲子小屋）	卫生健康局

市情概览

行政建置

【建置沿革】 平湖市位于浙江省东北部。平湖历史悠久，春秋时为越武原乡地。秦王政二十五年（前 222 年）置海盐县，今平湖市境为海盐县之一部分。秦末或西汉初，县治陷为柘湖，移治武原乡地域（今平湖市当湖街道东湖一带）。东汉永建二年（127 年）县治陷为当湖，迁治齐景乡故邑山（今乍浦镇附近）。东晋咸康七年（341 年），县治从故邑山移至马嗥城（今海盐县武原街道东南）。明宣德五年（1430 年）从海盐县分出大易、武原、齐景、华亭四乡，建为平湖县，因其地汉时陷为当湖，“其后土脉坟起，陷处渐平，故今县以平湖名”。以后，建置长期不变，境域基本稳定。解放后，平湖县境有三次变动。1950 年，调整区乡规模时，划骑莲乡 10 个村归海盐县、埭乘乡 4 个村归嘉善县；1958 年，建立人民公社时，将海盐县西塘公社和嘉兴县钟埭、曹桥公社划入县内；1961 年，西塘公社仍划归海盐县。1991 年 6 月，经国务院批准，撤销平湖县，设立平湖市。

【行政区划】 2023 年末，全市辖乍浦、新埭、独山港、新仓、广陈、林埭 6 个镇，当湖、钟埭、曹桥 3 个街道，81 个村、54 个居民委员会。市人民政府驻当湖街道。

地理环境

【地理位置】 平湖市位于浙江省北部杭嘉湖平原东端，北纬 30°34′47″—30°51′32″，东经 120°56′46″—121°16′07″。南临杭州湾，东北与上海市金山区交界，西与嘉兴市南湖区接壤，西南与海盐县为邻，西北与嘉善县相接。南北长约 30.8 公里，东西宽约 30.6 公里，土地总面积 557.38 平方公里。

【地貌土壤】 境域有平原、低丘滩地、岛礁等地貌。土壤划分为水稻土、盐土、潮土、红壤土 4 类，下分 9 个亚类，17 个土属，40 个土种。

【植被】 市境植被属太湖平原植被片，原始植被已被人工植被或次生群落所取代，遗存的自然植被以草本为主。

【气候】 平湖地处北亚热带南缘，属东亚季风气候区，气温适中，四季分明，日照充足，降水充沛，夏冬季风交替明显，酷热和严寒期短。境内地域气候差异较小，主要灾害天气有台风、梅汛期洪涝、连阴雨和强对流天气。

【人口】 人口自然增长率保持较低水平。全年，出生 2917 人，死亡4122人，人口自然增长率-4.47‰。年末，全市户籍总人口517885人，其中男性249104人，女性268781人。非农业人口318880人，占总人口的61.57%；农业人口199005人，占总人口的38.43%。全市常住人口69.22万人。

水　文

【概况】2023年，市水文监测项目涵盖雨量、水位（包括地下水位）、流量、蒸发、含氯度和土壤墒情。水文测验、分析和计算、资料整编、水文情报预报、水旱灾害防御及对外咨询服务等水文业务正常开展。资料整合汇编实现在线“日清月结”和按季度复审。4个国家基本站继续按照“制度化、专业化、信息化、景观化”要求实行长效依标管理。平湖市、嘉善县和上海金山区打造跨区域实时水情信息共享平台，三地深入开展区域水文联动。新增自动流量监测站5个、水位自动监测站3个，截至年底，共有水文监测站点45处。

【水情】2023年，平湖站平均水位1.06米，各月平均水位在0.90—1.19米，均高于常年同期。全年，平湖站共有24天超警戒水位，3天超保证水位，其中2月超警戒水位2天，6—9月超警戒水位天数分别为9天、7天、4天和2天。河网最高水位出现在6月梅雨期间。4个国家基本站平湖、青阳汇、乍浦（塘）和杭州湾乍浦站的年最高水位分别为2.04米、1.99米、2.11米和4.90米；年最低水位分别为0.68米、0.34米、0.67米和-3.20米。

（胡静雅）

国民经济和社会发展

【概况】2023年，全市实现生产总值1008.66亿元，首次突破千亿元，按可比价计算，同比增长6.0%。第一产业实现增加值16.22亿元，增长4.3%；第二产业实现增加值595.06亿元，增长6.5%，其中工业增加值556.18亿元，增长6.4%；第三产业实现增加值397.38亿元，增长5.2%。不含嘉兴港区，实现生产总值785.28亿元，同比增长5.4%。全市实现财政总收入151.38亿元，增长13.5%，其中一般公共预算收入88.98亿元，增长10.2%。不含嘉兴港区，分别实现财政总收入和一般公共预算收入131.71亿元和75.89亿元，分别增长12.2%和10.2%。全市城镇和农村居民人均可支配收入分别为78218元和50249元，分别增长5.3%和7.9%，城乡收入比为1.56：1。

【经济运行承压复苏】农业生产平稳增长。2023年，全市实现农业增加值18.1亿元，增长4.2%。获评嘉兴市唯一的省“河姆渡杯”粮食生产先进县，成功入选省创意农业试点县、省首批农业社会化服务先行引领县，完成省级农田数字化管理试点县建设，数字乡村国家试点获全省优秀。年内，举办“产业谋融合　双强促共富”第七届农洽会，签约项目30个，总投资32.2亿元。长三角农博汇开工建设，成立长三角现代设施园艺产业创新研究院。全年，新建和改造提升高标准农田1800公顷，农作物播种面积3.95万公顷、下降1.8%，粮食播种面积2.89万公顷、下降0.2%，粮经面积比为73.0：27.0。持续推进“米香”、西瓜振兴，平湖西瓜、芦笋入选省“名优土特产”百品榜。年末，全市拥有无公害农产品基地124个，无公害农产品178个，绿色食品57个，其中年内新增绿色食品11个。水稻机械化栽植面积1.25万公顷。年末，拥有工商登记家庭农场829家、农民专业合作社410家，农业龙头企业50家。工业生产保持稳定。2023年，全市864家规模以上工业企业实现总产值2738.14亿元，下降1.2%；实现增加值526.6亿元，增长7.6%。不含嘉兴港区实现总产值1704.48亿元，下降1.7%；实现增加值352.2亿元，增长5.5%。制造业“四群八链”现代产业体系加速形成，先进制造业集群产业规模跻身全省前十，新能源汽车、数控机床产业分别被列入省级特色产业集群协同区和核心区。中日产业园连续两年全省考核第一，中德产业园入选全省培育类园区前三。加快传统产业转型升级，箱包行业“产业大脑”入选省级试点，平湖服装文化创意园获评国家级示范园区。加强企业主体培育，新增国家级专精特新“小巨人”企业8家，创历史新高，新认定国家高新技术企业90家、省科技型中小企业203家，获评国家知识产权优势企业3家、首届浙江省知识产权奖企业4家。服务业继续恢复。2023年，全市实现服务业增加值397.38亿元，增长5.2%。不含嘉兴港区，实现服务业增加值334.79亿元，增长5.5%，对GDP的增长贡献率达44.3%。规上服务业增势良好，全年实现营业收入274.52亿元，增长22.6%。出台服务业发展新政，招引落地神汽在线、名创优品、银泰百货等一批优质服务业项目。全国首发“羽绒服指数”，服装城上榜中国商品市场综合百强，汽车零部件和电子商务获评省内外贸一体化改革试点产业基地。有效投资增势良好。2023年，全市实施“项目推进专项破难”和“项目建设百日百项百亿攻坚战”，围绕“签约项目抓落地、前期项目抓开工、在建项目抓进度”三张清单，完善“领办联办”等机制，分类施策推动项目建设。不含嘉兴港区完成固定资产投资368.31亿元，增长7.1%，交通水利能源、高新技术、民间项目、建筑安装等投资领域均实现两位数增长，获省、嘉兴市投资“赛马”激励。紧抓国家政策“窗口期”，争取土地、资金等各类要素资源，全年两个批次28个专项债项目通过国家发改委审核，成功发行专项债项目19个，发行债券37.82亿元；2个项目争取2023年增发国债资金9750万元；累计向上争取土地指标130.8公顷。招商引资提速增效。围绕招商“八大产业链”，掀起四套班子领衔招商、“一把手”招商、周六招商、基金招商热潮，开展上海、深圳、杭州招商推介，举办中德汽车大会、产业链高质量发展大会，创新开展驻沪领事馆和跨国公司“平湖行”系列活动。不含嘉兴港区，全年实际利用外资4.80亿美元，引进瑞士西卡、韩国SK等世界500强、超亿美元和总投资10亿元以上招大引强项目22个，外资招引做法全省推广。新组建40亿元的产投母基金和3.5亿元的科创基金，产投联动招引项目10个、总投资60.2亿元。消费市场加速回暖。2023年，不含嘉兴港区，实现社会消费品零售总额259.25亿元、增长12.3%，其中批发零售业和住宿餐饮业分别实现零售额236.85亿元、22.40亿元，分别增长12.5%、10.2%，分别占社零总额的91.4%、8.6%。从限上零售来看，限上消费品零售额66.44亿元、增长23.7%。持续开展系列促消费活动，培育多元化消费集群，成功入选全国消费品工业“三品”战略示范城市、省级商业体系建设示范县，获评省级夜间经济样板市。对外贸易承压运行。2023年，全市实现进出口总额938.53亿元、增长2.9%，其中出口507.24亿元、增长10.9%，外贸和出口依存度分别为93.2%和50.3%。不含嘉兴港区，实现进出口总额548.27亿元、下降1.3%，其中出口353.48亿元、增长12.6%，外贸和出口依存度分别为69.8%和45.0%。从出口商品来看，纺织原料及纺织制品、机电较快增长，分别增长19.0%、12.5%；从主要出口市场来看，东盟、共建“一带一路”国家分别增长36.0%、23.5%。惠企政策精准落地。印发《平湖市贯彻浙江省推动经济高质量发展若干政策承接落实方案》，聚焦政策制定、资源要素争取等重点任务，集成迭代8个重点领域60条政策措施，编制并推动实施重大项目、资金争取、纳入创建试点等“八张承接争取清单”。落实“8+4”政策体系，打好惠企减负政策组合拳，全年累计兑现资金27.7亿元。长三角一体化纵深推进。谋划一体化进程，聚焦打造“虹桥金南翼浙江第一站”和“长三角城市群重要中心城市关键节点”两大定位，编制形成《平湖在上海大都市圈中的功能定位研究》，启动平湖—金山新一轮省际毗邻全面战略合作，“平湖·壹号湾”与上海闵行区“大零号湾”达成战略合作，加速推进上海交大科技园等4个一体化合作事项。打造标志性成果，“上海金山、浙江平湖以毗邻地区党建引领区域联动发展”入选国家长三角一体化五周年创新实践案例；独山能源新材料一体化等20个长三角一体化标志性项目完成投资98.7亿元；张江长三角科技城依托枫泾“乐高乐园”生态链，引进名创优品华东总部、不夜城等文娱项目，润泽国际信息港项目一期竣工投运；省级独山港经济开发区与上海石化合作共建的A3码头投入试运营；“田园五镇”迭代升级2.0版，成立全国首个跨省市强村共富公司。攻坚破难事项，主动探索市场规则、政府办事规则与上海无差别，长三角不动产登记事项跨省通办等6个破难事项被列入嘉兴市年度破难清单，一手房登记“跨省通办”等多个事项实现首创性突破，建成启用长三角区域交通运输联合执法协作示范点（浙江平湖—上海金山片区）。

【城乡面貌显著提升】 城市建管有序推进。成为嘉兴首个浙江省AAAAA级景区城，城区滨水绿道项目获中国人居环境范例奖。完成国土空间总体规划上报，落实“三区三线”划定成果。完成科创湖区、高铁片区概念性城市设计。国际会展中心、科创图书馆（科创文化园）、科创岛一期等城市地标性建筑开工建设，南河头历史文化街区环线开街，入选省首批城市交通慢行系统建设试点，建成明湖省级高品质示范街区。“平湖水岸交融游线”获评全省首批水路旅游客运精品航线。加快交通强市建设，综合交通投资58.7亿元，增长192%，浙北集装箱通道盐平塘大桥建成启用，S202全线通车、S302全线贯通，嘉兴至平湖快速路、G228改扩建和高桥改造工程加快推进，成功创建“四好农村公路”省级示范县。乡村振兴有力实施。乡村振兴考核实现省十连优、嘉兴七连冠，成功被列入县城承载能力提升和深化“千村示范、万村整治”工程省级试点。省AAAA级景区镇实现全覆盖，独山港—新仓—广陈县域风貌区成功创建省级样板，实施林埭镇和美乡村示范片区建设，以第一名成绩获嘉兴比拼优胜。钟埭社区、曹桥社区、徐家埭社区获评省级引领型未来社区，马厩村、钟埭村、山塘村入选省级未来乡村，大齐塘村、沈家弄村、周家圩村获评省美丽宜居示范村，赵家桥村创成省级生态文化基地。加快构筑“1+8+N”共富体系，启动共富体项目34个、总投资7.2亿元，实现村集体增收1476.3万元。生态环境有效改善。统筹污染治理和生态保护，打好蓝天、碧水、清废、净土保卫战，空气质量综合指数3.29、优良率91.7%，PM2.5平均浓度23微克/立方米，均列嘉兴第一。市控以上断面三类水比例、饮用水水源地水质达标率均保持100%，稻田退水“零直排”模式全国推广，东片污水处理厂三期投入运行。成功创建国家节水型城市、国家农业绿色发展先行区，入选省减污降碳协同试点城市、国家宁静小区建设试点，省“无废城市”创建达三星级评价标准，国家级再生水利用配置试点通过中期评估。实施企业碳预算弹性管理，入选省双碳智治平台贯通试点，减污降碳协同指数稳居嘉兴第一。在全省率先开展“碳评价纳入环保体系”改革，发布全国首个城市园林乔木碳汇。完成省内首笔山海协作跨区域排污权交易。

【民生福祉持续改善】 民生实事兑现。完成250户家庭养老床位安装，高龄津贴发放实现全覆盖。启动28个农村新社区基础设施建设，开工建设安置公寓房4766套，完成农民住房改善3061户。完成城区道路路灯改造25公里，建成农村道路路灯67.4公里。组建市胸痛联盟，完成“智慧胸痛”中心、8个镇街道胸痛单元、12个村级中医阁建设，6家村级卫生室（服务站）完成改扩建并投入使用。儿童青少年发展服务中心（科创青年城）开工建设。城西运动飘带项目开工建设。超额完成14所中小学16个校区222间厕所改造提升。首创发放“金平湖畅行券”，注册用户3.1万人，兑现补贴金额757.1万元。按照嘉兴“幸福里”标准，完成三号桥、南门、曹桥、新仓农贸市场改造项目建设。建成投用托育机构13家、托育驿站12个，新增托位666个。民生保障有效加强。财政民生支出占一般公共预算支出比重达83.6%。新增城镇就业1.5万人，帮助就业困难人员再就业2198人，新建零工市场3家。社会保险提质扩面，户籍人口养老保险、医疗保险参保率分别达98.8%、99.7%。入选“救助慈善融合发展”省级试点，“五型三色”精准画像分层分类救助工作在全国推广。完善养老服务体系，每万老年人拥有持证护理员数超25人。实施“助残共富”春风行动，推进省低收入残疾人增收先行区试点，创成省级无障碍社区3个。强化住房保障，多渠道筹集保障性租赁住房1810套，交付高品质安置房1494套。创新“居民自主、政府支持”的老旧小区改造模式，完成当湖街道银都景苑小区改造提升。公共服务持续提升。推进省共同富裕教育改革发展试点，成功创建全国义务教育优质均衡发展市、国家学前教育普及普惠市。与华东师范大学合作共建九年一贯制平湖学校。毓秀幼儿园等6所学校投入使用，稚川学堂（小学部）提前招生，新增学位1810个。承办全国智能制造技能大赛。健康浙江建设考核实现五连优，基层医疗卫生机构省级监测评价全省第一。市第一人民医院成功创建三级乙等综合医院，市中医院与上海龙华医院深化新一轮合作，市妇保院建成投用。完成市体育中心改造提升，承办嘉兴市“十运会”，获金牌数、奖牌数均列嘉兴第一。成功创建全省第一批公共文化服务现代化先行县、国际围棋文化交流中心。实施全省首批“非遗助力共同富裕”试点，出台非遗类产业政策。创新“平湖后生”系列品牌，成功举办西瓜灯文化节、端午民俗文化节等群众性文化活动。“平湖退役军人事务标准化”成为全国首个通过国家标准委评估的退役军人领域项目。社会治理不断优化。推进县域社会治理现代化，强化网络综合治理，夺取省平安创建“十八连冠”，完成平安护航杭州亚运会、乌镇峰会等重大活动维稳安保工作。加快“民声一键办”机制建设，创新推出“平治110”社会治理品牌，打造最优法治营商环境。诉前调解成功率、涉企民商事纠纷化解率、营商环境事项一次性化解率均位于全省前列，成功创建省“无信访积案市”，平安家庭家事纠纷化解“一类事”被列入省综合服务试点。深入推进防命案、防电诈、防交通亡人、防溺水“四防”工作，发案数、案损数、亡人数实现“三下降”。开展安全生产“大排查大整治”，成功创建省食品安全示范市，生产安全事故起数、死亡人数分别下降20%和16.7%。

（倪芳芳）

精神文明建设

【概况】 2023年，市精神文明建设工作聚焦道德风尚建设、文明实践阵地建设、系列文明创建等各项内容，打造“四大品牌”、攻坚“两项提升”，持续展现精神文明建设工作新气象新作为。中央文明办2次到平调研精神文明建设工作并给予高度评价；“健康素养进农村文化礼堂活动”入选中宣部全国文化科技卫生“三下乡”活动示范项目、2023年度健康浙江行动省级样板目录；文明友邻汇、城市退红线管理等工作信息入选《浙江宣传》并获省委宣传部副部长、省文明办主任俞慧敏2次批示；垃圾分类、新时代文明实践、移风易俗案例先后入选中央文明办《精神文明建设》简报、《精神文明导刊》、“文明实践行动”微信公众号、中国文明网和省委宣传部《宣传半月刊》，平台和数量创历年新高；志愿服务、好人选树、农村文化礼堂领域全年共获8项省级各类先进奖项；姚爱英入选2023年度“最美浙江人·浙江骄傲”、中国好人；发

12月8日，平湖市“文明友邻汇”落实落细文明实践润心惠民服务
（市委宣传部　供稿）

12月25日，“平而不凡　大爱感动”第四届平湖市道德模范颁奖典礼举行　（市委宣传部　供稿）

布嘉兴首条道德典型研学线路；承办浙江省“亚运有我　幸福同行”走基层活动和嘉兴市2023年暑期“春泥计划”启动仪式。

【文明培育厚植道德沃土】 持续擦亮“好人平湖”品牌，乡村教师姚爱英先后获评嘉兴市道德模范、最美浙江人·浙江骄傲、中国好人，全年涌现浙江好人、嘉兴好人、嘉兴撤地建市“40年·40人”先锋人物等各类先进典型40例。举办“平而不凡　大爱感动”第四届平湖市道德模范颁奖典礼，评选市级道德模范10例11人。发布嘉兴市首条道德典型研学线路。表彰2023年“平湖市十星级文明示范户”94户，累计发放奖励127840元。打造“嘉禾有信·金诺平湖”品牌，实施“金诺平湖·诚信文化”挖掘等五大重点工程，开展“嘉禾有信·金诺平湖”诚信线路游览、平湖市“身边好人的一天”——百名典型大走访等诚信文化建设“九个一”主题特色活动。创作诚信主题文艺精品，小品《农家乐里的秘密》、曲艺《金诺平湖做榜样》、歌曲《平湖有诚　嘉禾有信》分获2023年嘉兴市“嘉禾有信”诚信主题文艺大赛金奖、铜奖和优胜奖。深入做好未成年人思想道德教育实践，承办嘉兴市2023年暑期“春泥计划”启动仪式，围绕“我在礼堂迎亚运”主题，开展“争做亚运小使者”主题活动，成功入选省文明办“浙江有礼　亚运‘潮’我看”——文明赋能亚运最佳实践案例。构建“家门口青少年宫”布局体系。围绕“浙沪花儿与假期”“三点半学堂”等“春泥计划”品牌，累计开展寒暑假“春泥计划”1600余场次。

【文明实践涵养时代新风】 培育有礼风尚，举办“烟头不落地　文明又美丽”“有你挺好　桥联姻缘”水乡集体婚礼等“浙江有礼·报本平湖”市域文明新实践主题活动，刊播有礼代言人视频。“报本平湖”有礼地标矩阵项目、“浙志援”特色场景应用项目分别获“浙江有礼·红船领航”市域文明新实践十优项目和十优项目提名。推动移风易俗整体提升，中国文明网、文明实践行动微信公众号点赞“平湖味·简约婚宴菜单”等相关婚俗改革工作。围绕“友邻善治”主题，深化“文明友邻汇”品牌项目，落实落细文明实践润心惠民服务，相关工作信息刊登《浙江宣传》，获省委宣传部副部长、省文明办主任俞慧敏批示。落实迎亚运城市文明大提升行动，在主次干道、公交站台、电视报纸等投放“迎亚运　讲文明　树新风”公益广告400余条。平湖九彩龙亮相杭州亚运会倒计时“200天+”主题活动，《纵情欢乐》获“舞动浙里·礼迎亚运”2023浙江省全民健身主题广场展演“最具活力奖”。承办浙江省“亚运有我　幸福同行”走基层活动。深化志愿服务，围绕“平湖后生·乐奉献”文明实践品牌，建立县域志愿服务“一呼百应”机制，打造特色“后生”志愿团队，开展团队助爱、榜样引路、微光圆梦三大系列主题活动。截至2023年底，全市每万人拥有活跃志愿者1500人次，参与率排名全省第三。

【文明创建擦亮民生底色】 擦亮全国文明城市“金字招牌”，召开平湖市精神文明建设委员会全体（扩大）会议暨全国文明城市巩固提升大会，制订《2023年平湖市巩固全国文明城市创建成果实施方案》，重点实施餐饮环境优化、居住环境美化、出行秩序畅达、城市文化提升、休闲旅游提质、营商购物放心、服务办事便民等七大工程，健全全国文明城市常态长效管理机制。《平湖市规范退红线区域管理 全域提升城市精细化管理水平》工作信息入选《浙江宣传》，获省委宣传部副部长、省文明办主任俞慧敏批示。全新制作设置1000余幅城市公益广告，全方位赋能城市肌理。持续开展常态化督查检查，全年，开展社区小区、行业、镇街道专项检查132次，发放督查事项交办单79张，查处各类基础设施、环境卫生、文明秩序等问题7912个，整改7781个，整改率达98.3%。探索城乡精神文明深度融合，坚持“以城带乡、以乡促城、城乡一体”三大融合路径，深入推进“千万工程”，“飞地抱团”“股份分红＋善治积分”两项精神文明建设工作获中央文明办实地调研肯定。通过召开评审会、现场督查、台账审核、公众号展示巡礼等形式，指导各级文明单位、文明村镇、文明校园、文明家庭提升创建水平。共完成全国级、省级、嘉兴市级106个文明单位、32个文明村镇、18个文明校园、3个文明家庭的复评工作；获评省级文明单位3个、文明村镇4个、文明校园1个、文明家庭2个，推荐嘉兴市级文明单位14个、文明村镇6个、文明校园4个、文明家庭3个。

【阵地升级构筑精神家园】 推动各级新时代文明实践阵地提档升级，布局四级阵地配套完善，先后完成广陈镇新时代文明实践所提升改造和曹桥街道新时代文明实践基地建设。着力打造“浙江有礼·报本平湖”市域文明新实践金名片，形成“善美当湖”“浙礼钟溪”“桥边有礼”“稼书有礼”“礼满新仓”“礼享港城”“农开有礼”“德润林埭”等8个特色化的文明有礼子品牌。全市122个新时代文明实践中心（所、站）常态化设置“新时代文明实践主题日”活动，全年，累计开展各类活动2300多场，陈海燕家庭在“我们的节日·端午”全省爱国诗词现场赏鉴交流活动中获二等奖。下达上一年度农村文化礼堂奖补资金520万元，为礼堂持续提升“全生命周期”创造良好环境。持续开展农村文化礼堂基础设施提档升级，完成曹桥街道马厩村文化礼堂、新埭镇大齐塘村文化礼堂等多个“礼堂综合体”的改造工程。落实礼堂服务时间延长、服务功能拓展等系列专项提升，新埭镇大齐塘村、独山港镇赵家桥村文化礼堂获评省五星级农村文化礼堂，曹桥街道、新仓镇入选省农村文化礼堂建设工作示范乡镇（街道）名单。组织首批文化特派员下沉农村文化礼堂开展结对指导，召开“礼堂有‘员’ 共话新年”平湖市2024年文化特派员工作座谈会。全市77家文化礼堂累计开展“礼堂日”系列活动超2150场，服务群众64000余人次。“浙江省嘉兴市平湖市健康素养进农村文化礼堂活动”入选中宣部2022年全国文化科技卫生“三下乡”活动示范项目名单。各类阵地先后承办浙江省“亚运有我 幸福同行”走基层系列活动、嘉兴市文化礼堂“我们的村晚”、嘉兴市暑期“春泥计划”启动仪式、嘉兴市农村文化礼堂“村BA”篮球超级联赛等活动。镇街道农村文化礼堂选送的节目《东田社鼓》《打油号子》分获浙江省首届农村文化礼堂“我们的村舞”二、三等奖，《机云鼓》等节目在嘉兴市农村文化礼堂“我要上村晚”民星选拔赛上获一金二银。

（马国强）

中共平湖市委员会

重要党务和决策

【市委十五届三次全体（扩大）会议】 8月1日，市委召开十五届三次全体（扩大）会议暨全市半年度经济社会形势分析会。会议主题为以习近平新时代中国特色社会主义思想为指导，深入学习贯彻党的二十大和习近平总书记重要指示精神，按照省委、嘉兴市委全会部署要求，回顾总结上半年工作，研究部署下半年任务，进一步动员全市上下坚定不移推动“八八战略”走深走实，强力推进创新深化改革攻坚开放提升，加快打造共同富裕和中国式现代化示范引领的璀璨明珠。

【市委十五届四次全体（扩大）会议】 12月25日，市委召开十五届四次全体（扩大）会议暨全市经济工作会议。会议主题为坚持以习近平新时代中国特色社会主义思想为指导，深入学习贯彻习近平总书记考察浙江重要讲话精神，贯彻落实中央、省委经济工作会议和省委全会、嘉兴市委全会精神，回顾总结2023年工作，研究部署下一个时期和新一年工作，进一步动员全市上下牢记嘱托再出发、感恩奋进新征程，持续推动“八八战略”走深走实，在勇当先行者谱写新篇章中创新攻坚、实干争先，以更加优异的成绩加快推进金平湖新崛起，奋力打造共同富裕和中国式现代化示范引领的璀璨明珠。

【全市三级干部大会】 1月29日，市委、市政府召开全市三级干部大会暨“创新奋进年”动员大会。会上，仲旭东作题为《创新奋进立潮头　再接再厉勇争先　为中国式现代化伟大实践贡献平湖力量》的报告。本次会议的主题是高举习近平新时代中国特色社会主义思想伟大旗帜，全面贯彻落实党的二十大精神，落实省、嘉兴市有关会议部署任务，总结工作，表彰先进，动员激励全市上下落实“创新奋进”要求，聚焦聚力、勇担重任，为打造长三角城市群重要中心城市璀璨明珠作出更大贡献。

（潘家成）

组织工作

【概况】 截至年底，全市有党委（党工委）139个，党组45个，党总支76个，党支部1505个；有党员29461名，同比增长0.55%，其中女党员10692名，占36.29%，35周岁以下党员6171名，占20.95%；全年，发展党员271名。提拔重用干部90名，其中有一线经历的82名，占91.1%，35岁以下镇（街道）班子成员占比20.00%，35岁以下机关部门科级干部占比3.29%。平湖市获评全省首批“红色根脉强基"示范县（市、区）。党建引领基层治理和公务员分类考核2项工作被列入省级试点。激励干部担当作为、"万名干部助万企"、党群服务中心建设等6项工作在省、市会议作交流发言。毗邻执法人员考核机制、人才安居等5项工作获省、嘉兴市领导批示肯定。2场省级现场会、3场嘉兴市级现场会在平召开。推进社会组织党建,《"五红"引领点初心激活力,"五联"共建促发展显担当》获评全国第六届基层党建创新典型案例，平湖服装城入选全国"小个专"行业党建工作创新试点单位，平湖市成功创建为嘉兴唯一交通运输行业党建示范县。承办2023年嘉兴人才日启幕活动暨首届赛艇邀请赛并获嘉兴市委书记陈伟批示肯定。制定并发布全省首个人才服务体系系列团体标准。技能人才工作经验做法入选省级首批营商环境优化"最佳实践案例"。平湖市委组织部获评嘉兴市组织工作先进集体、"双建争先"示范集体。

【综合考核体系建设】 制定印发"1+3"［"1"指《平湖市综合考核办法（试行）》,"3"指《平湖市镇街道综合考核实施办法（试行）》《平湖市市级机关部门（单位）综合考核实施办法（试行）》《平湖市市属企业综合考核实施办法(试行)]综合考核(实施）办法和《2023年度镇街道、市级机关部门（单位）、市属企业综合考核的实施意见》，开展镇街道、市级机关部门（单位）和市属企业半年度评估、反馈工作，迎接嘉兴对县市区年终考核，完成镇街道、市级机关单位部门、市属企业年终考核。

【"千名干部助千企"精准服务】 年内，市级机关部门选派干部下沉助企1230家，服务企业干部2160余人次，搜集企业诉求1696个，帮助企业解决实际问题1672个。深化"网格连企、破难助企"，选派30多名县处级领导、200多名乡科级领导及100多名优秀年轻干部，担任全市300多家亿元以上和"专精特新"企业助企服务专员，开展组团式服务。聚焦新能源汽车、高档数控机床等八条产业链，开展"党建引领、强链解难"系列活动，举办"十链百场千企"对接活动12场。

【平湖铁军】 全年，累计研究讨论人事任免事项8批次，任免领导干部204名，31名市管领导试用期满按期转正。开展担当作为好干部评选表彰，共评选出"助企服务破难先锋"16名、高质量发展先进个人20名。推进职级晋升工作，完成全年职级任命批复329人次，21名干部晋升四调以上职级。围绕在职和退职两类干部群体，科学设置"共性+个性"指标，实现全市533名市管干部担当业绩每半年进行一次评价。用好"平湖市退职领导干部积分管理系统"，掌握112名退职干部参与中心工作表现情况。深化干部容错纠错机制，用好红黄绿三色干部"容错码"，推动实施一批容错免责减责事项，提炼形成一批典型案例。制定《平湖市干部信访举报失实澄清工作办法》，累计核实查清30余名干部具体情况，及时予以澄清正名。

【年轻干部成长】 年内，实施"青鹄赋能"计划，累计交流科级年轻干部3名、接收2名，动态储备339名优秀年轻干部。开展第十八期中青班训前比选，确定35名参训对象。坚持"阳光考录"，共推出选调生和"四级联考"等招录计划80名。深化年轻干部一体帮带模式，全市230个导学帮带共同体累计参与解决经济社会发展方面各类问题340个，形成咨政成果10余项。强化选调生培养锻炼，举办各类活动10期，完成2021级选调生在村任职锻炼期满专项考核工作，妥善安排嘉兴市级机关9名和本级6名选调生到村任职。

【干部队伍建设】 年内，完成省、市、县三级选人用人专项检查。制定出台《平湖市领导干部"八小时外"监督管理实施细则（试行）》，修订完善《平湖市干部监督工作联席会议制度实施办法》。严把审核报告关，共对72名提拔或转任重要岗位人选、697名评优评先人选进行联合审查。制定"八小时外"监督管理"十个一"行动、六大配套工作制度，逐步形成领导干部"八小时外”监督管理体系。分层分类对全市干部开展全覆盖专项家访。启动“悦心计划”，组建干部心理健康“心悦团”，定期开展专项关爱活动，惠及党员干部1.5万余人次。

【“大综合一体化”执法改革】年内，制定出台《关于进一步压实镇街道下沉执法人员职责的实施意见》，明确市级相关部门联系镇街道下沉执法人员，细化下沉执法队员的管理机制。开展业务技能培训，组织实施2023年行政执法队伍暨行政执法类公务员“提能力、转作风、促发展”平湖分课堂第一期专题培训，开展基层执法办案“百日竞赛”和“业务大比武”活动。“平湖市—上海市金山区”联合行政执法队创新跨域执法新模式入选全省“大综合一体化”第一批优秀案例。

【共同富裕】年内，深入推进抓党建促乡村振兴，发布《长三角田园五镇共同富裕先行示范区发展规划》，成立跨省域强村共富公司，举办浙沪毗邻党建引领共同富裕发展论坛暨长三角“田园五镇”合作峰会。建设“共富工坊”120家，吸纳农村剩余劳动力近5700人，人均月收入增加2900元，18家“共富工坊”入选嘉兴市首批市级示范。推进强社惠民集成改革，启动强社惠民项目22个，强社公司经营性收入达385万元。2个案例入选全省第一批党建联建典型案例，飞创严选直播入选全省首批百家电商直播共富工坊案例，中国服装城红羽电商直播共富工坊获评首批省级“巾帼共富工坊”。徐家埭村、山塘村、马厩村被授予嘉兴市“四敢争先”先锋村称号。

【两新党建】持续擦亮外资企业党建品牌，平湖经济技术开发区外资企业党建工作获评全国百佳园区党建案例，党务红领代表徐威在全省两新书记培训班交流经验。交通运输行业党群服务中心获评省级示范区域性两新组织党群服务中心，亚太物流等2家企业被评为省级行业党建示范点。在全省率先启动核酸采样亭改造骑士加油站计划，被《人民日报》、新华网等媒体报道。持续擦亮“红色物业”品牌，嘉兴市党建引领社区、业委会、物业服务企业三方协同共治现场推进会在平湖召开。

【基层治理】年内，推进党建引领基层治理省级综合试点，马厩村完成党建引领农村网格治理试点，优化调整网格划分，提炼“三门六事”网格治理工作法，“驻网办事”制度全市推广，提质扩面推动钟埭村和共和村开展试点。总结提炼毗邻区域协调治理“山塘模式”，深入推进“千名干部访万家”网格连心大夜访，开展“板凳夜话”578场，解决基层问题困难2553个，助力夺取省平安建设“十八连冠”和省“二星平安金鼎”。

【金雁矩阵建设】年内，实施金雁成长计划，举办“四敢争先、雁领未来”村社书记领雁擂台赛，常态化举办领雁论坛，与山东、江苏等地村、社区开展党组织书记互挂互学，开展村、社区党组织书记培训，全市村、社区书记全覆盖领办党建攻坚项目。新仓镇中华村党委书记谢微叶获嘉兴第十四期领雁擂台赛一等奖。

【党员教育管理】全年，发展党员271名，发展1名国家海外高端人才入党，为嘉兴首例。加强流动党员教育管理，创新流入地党支部支委班子与流动党员结对联系的“红色家访”制度，累计开展“红色家访”6870余次，解决流动党员问题、建议880余条。

【党群服务中心建设】年内，30个党群服务中心完成改造，14个党群服务中心获评省级示范党群服务中心，25个党群服务中心获评嘉兴级五星级党群服务中心，全省党群服务中心工作骨干示范培训班在平开展现场教学。加强服务导引，建立党务培训、红色代办等65项基础服务清单，规范各类牌子460余块，上墙内容830余处。

【人才工作制度化建设】年内，出台全市招才引智工作考核办法，20名党委（党工委、党组）书记领办20个人才项目。健全全市重点人才工作推进例会制度，先后出台《平湖市青年人才

驿站（青鹊驿）筹建工作方案》《平湖市人才购房补助实施办法（试行）》《平湖市长三角地区高端人才高速公路畅行券补贴办法（试行）》。

【人才引育】 全年，培育国家高端人才10人，加拿大工程院院士杜如虚院士项目落地运营。举办第六届“才聚金平湖·引领新崛起”创业大赛行业赛、第五届“田园五镇”农业农村创业创新大赛、“智创未来·才聚平湖”平湖市新材料产业聚才建圈强链对接会暨海外高层次人才平湖行活动等赛事活动，落地高层次人才项目40个。深化校地合作，累计吸引北京大学、清华大学、浙江大学等8所名校27名硕博士到平社会实践，8名嘉兴学院青年硕博士教师到平顶岗锻炼工作。加强校企合作，新增博士105人、青年大学生9135人，培育高技能人才4180名。

【人才平台建设】 年内，启用毛军发院士工作站及长三角射频技术研发中心，签约落地上海交通大学—平湖市射频技术联合实验室，挂牌设立“射频异质异构集成”全国重点实验室，成立596长三角创新中心、嘉兴南湖学院平湖研究院、赛迪平湖科创中心。创新企业主导型的科研载体建设模式，与东华大学、领军人才企业富瑞邦共建浙江东华纳米技术研究院。智创园二期主体结构完成，张江长三角科创园主体结构结顶，独山港化工园区中试生产基地开工建设。上海交大平湖智能光电研究院、平湖市浙工大新材料研究院等科研平台与本地企业共建实验室和研发中心，联合开展项目攻关。

【人才服务】 年内，承办嘉兴“5·18”人才日活动暨首届赛艇邀请赛和国家一类职业技能竞赛——第五届全国智能制造应用技术技能大赛决赛，常态化开展书记、部长与人才面对面活动。在全省率先启用域外人才服务飞地——报本思园，获省人社厅授牌“留·在浙里上海工作站”。优化外国人来华工作和居留证件“一窗办理”流程，成功创建嘉兴市唯一的浙江省首批省外国高端人才创新集聚区。高技能人才之家、新仓人才之家相继启用运营，选聘7名退二线干部担任领军人才企业创业导师。持续健全人才服务体系，组建金投人才集团并实体化运作。

【自身建设】 年内，开展学习贯彻习近平新时代中国特色社会主义思想主题教育，开展“学用新思想、建功新时代”、缅怀祭奠先烈、“明德守法、完善自我”等主题党日活动。围绕“突破奋进年”组织工作重点任务，列出31项年度GS项目清单，实行挂图作战，形成互学互比互赛的浓厚氛围。开展蹲点调研，28名机关干部分8个调研组开展蹲点调研，形成调研成果20篇。开展“金平湖·铁组工”成长训练营活动，举办“组工月月谈”12期，举办“全市组织系统专业能力提升培训班”，提升组工干部能力。推进机关党建示范点“建管用”工作，召开平湖市机关党建现场会。在规定期限内完成巡视巡察问题整改。组织开展“向组织说说心里话”“组工家访”等针对性关心关爱行动。

（汪航波）

宣传工作

【概况】 2023年，市委宣传部创新打造“平湖后生”系列品牌，“健康素养进农村文化礼堂”入选中宣部“2022年全国文化科技卫生‘三下乡’活动示范项目”；在2023中国国际大数据产业博览会上作题为《以“1+1+N”构架　数联乡村智启未来》的典型发言；《深挖叔同名人文化打造“平湖后生”系列品牌　激发县域思想文化创新活力》获省委《竞跑者》刊登介绍；“善治积分”乡村文明治理模式、“飞地抱团”城乡精神文明建设融合发展模式、“平湖后生”系列品牌、“文明友邻汇”、规范退红线区域管理等多项工作获中央、省市级领导批示肯定，各项工作保持良好态势。

【意识形态工作】 市委常委会会议10次专题研究意识形态工作。持续做好省委巡视意识形态工作责任制落实情况专项检查反馈问题整改落实的“后半篇”文章，制定下发《党委（党组）意识形态工作责任制落实任务提示单》，推动意识形态工作责任制落实更有方向。完善意识形态专项检查人才库，结合市委巡察，分组对全市各镇街道、各部门（单位）党委（党工委、党组）开展意识形态工作责任制落实情况专项检查，并进行“点对点”反馈。定期开展意识形态领域情况分析研判，加强与市委政法委及公安等部门会商，严密防范各种错误思潮渗透破坏。

【理论武装】 严格落实常委会“第一议题”学习、中心组专题学习等学习制度，实现市委理论学习中心组成员交流研讨全覆盖。聚焦习近平总书记考察浙江重要讲话精神、习近平总书记关于“千万工程”等重要批示精神等主题，开展集中学习40次、交流研讨20次。创新打造“平湖后生·爱学习”品牌，实施“青年领学”“青年研学”“青年赛学”三大行动，举办首届青年学习节，打通青年学习“最后一公里”。“平湖后生”理论宣讲团获评2023年浙江省基层理论宣讲先进集体、嘉兴市优秀宣讲团。全年，累计开展“八八战略在身边”“四敢争先”等各类宣讲活动3703场次，参与群众达30.89万人次，推动党的创新理论走新更走“心”。中国航天科普馆获评省级社科普及基地，李叔同纪念馆、莫氏庄园入选浙江省优秀传统文化普及基地，“追梦航天·平湖情缘”项目获评浙江省社科普及创新项目。平湖市社科之家获评“全省首批社科之家”，平湖市社科联获评2023年度浙江省县（市、区）测评优秀单位。

【舆论引导】 建强用好以“两微一端一抖”为重点的移动新媒体，“平湖发布”“乐享平湖”微信公众号推送稿件3650余篇、总阅读量超3485万人次，“乐享平湖”抖音号、“今平湖”视频号推送视频1523个，累计播放量超35亿次，新媒体总粉丝量超250万人，县级融媒指数平均排名位居全省前列。统筹做好市党代会、两会等重大会议的宣传报道，创新开设“两会欣印象”“新名词里看发展”相关专题和系列报道80多个，刊播报道800多篇（条）。强化与中央、省市主流媒体的战略合作，在嘉兴市级以上主流媒体发稿2200余篇（条），其中央视新闻44条、《浙江日报》102篇、浙江卫视《浙江新闻联播》24条。全年，播出《山水间的家》等涉及平湖元素的栏目12期。

【网络治理】举办第六届网络文化节、首届平湖市网络文明周系列活动，健全完善“平湖后生·善治网”主题影院、平湖市博物馆“互联e家”等网络文化传播阵地建设。完成杭州亚（残）运会、世界互联网大会等重要时间节点的网络安保工作。创新打造“浙沪毗邻哨”“工会哨”等网络生态“瞭望哨”特色哨点，持续擦亮“平e先锋”互联网企业党建品牌，云韶科技“史图馆”入选全省互联网企业百个正能量传播平台，佳莓科技尹淑萍被聘为省级互联网企业党建导师，《抱团共富逐梦“莓”好生活》《山海协作情谊深　乐餐时代惠民生》入选全省百个互联网“e企共富”案例。

【文明创建】 健全完善全国文明城市常态长效管理机制，纵深

9月11日，2023平湖市网络安全宣传周暨青少年网络安全体验营启动仪式举行
（市委宣传部　供稿）

推进餐饮品质提升、城乡环境美化、出行秩序畅达等七大工程，深化完善部门社区联挂制、"路长制"、公职人员"文明劝导制"等制度，持续擦亮"全国文明城市"金字招牌。"健康素养进农村文化礼堂"成功入选中央宣传部"2022年全国文化科技卫生'三下乡'活动示范项目"。全年，涌现浙江好人、嘉兴好人、嘉兴撤地建市"40年·40人"先锋人物等各类先进典型40例，举行"平而不凡　大爱感动"第四届平湖市道德模范颁奖典礼，评选市级道德模范10例11人，发布嘉兴市首条道德典型研学线路。深入推进未成年人思想道德建设工作，承办嘉兴市2023年暑期"春泥计划"启动仪式，累计开展"春泥计划"1600余场次。推行"平湖味·简约婚宴菜单"，以点带面推动移风易俗，相关工作经验入选中央文明办微信公众号和中国文明网。开展"争做亚运小使者"主题活动，成功入选省文明办最佳实践案例，承办浙江省"亚运有我　幸福同行"走基层活动，在全市范围内掀起"争当有礼市民　代言文明亚运"热潮。

【新闻出版】 持续推进新闻出版行业行政审批、行政检查、年度核验等工作。提升版权保护、管理、服务水平，成立平湖服装城版权工作站，开展区域版权产业发展与保护专题培训。依爱夫游戏装获国家文化出口重点企业称号、浙江省知识产权奖二等奖、浙江省版权示范企业称号。英厚机械入选全国印刷业数字化发展改革试点，茉织华印刷管政明获第十七届毕昇印刷杰出成就奖。常态化组织开展"正道2023""新风2023"集中行动，进一步规范文化及出版物市场经营管理秩序。联合市公安局、文旅体局查处行政案件43起、刑事案件12起，"5·26"侵犯著作权案被列入国督案件。持续推进软件正版化工作，进一步加强机构指导、优化采购服务。

【文化文产】 持续完善市镇村公共文化设施网络，加快推进科创图书馆、城西运动飘带等项目建设，"10分钟品质文化生活圈"实现全覆盖。常态化开展"我们的村运""我们的村歌"等主题活动5550场，覆盖群众近38.5万人次。承办"诗画江南·活力浙江·大美中华"浙江原创歌曲创作演唱会，举办李叔同（国际）诗歌奖颁奖典礼、2023中国·平湖西瓜灯文化节、2023嘉兴端午民俗文化节长三角龙舟"斗牛赛"等活动，话剧《明月山塘》、小说集《纪录片》等多部作品入围嘉兴文化精品扶持项目，纪录片《李叔同》入围省艺术基金扶持项目。举办"平湖后生·韵之城"文化产业精品线路发布暨"平湖后生·创客联盟"成立仪式，聘任"平湖后生·韵之城"宣传大使，打造"1+8"（"1"指的是平湖市级文化产业精品线路，"8"指的是8个镇街道"一镇一品"文化产业精品线路）文化产业精品线路。广陈镇成功创建省级"扫黄打非"进基层示范点。

（沈天菜）

统一战线工作

【概况】 2023年，平湖市统一战线工作紧扣争取人心、壮大力量这个根本，围绕"创新奋进"主题主线，守正创新、积极作为，为奋力打造中国式现代化的金平湖璀璨明珠广泛凝聚力量、画好最大同心圆。年内时任省委常委、统战部部长邱启文和现任省委常委、统战部部长王文序分别来平湖调研，给予平湖统战工作充分肯定。全年，高标准承办了深入推进我国宗教中国化学术研讨会暨"之江问道·平和报本"纪念弘一法师文化论坛、全省清廉民营企业建设现场推进会、嘉兴市清廉民企建设工作现场推进会暨团体标准发布推广会、浙江省2023年"民间民俗·多彩浙江"优秀传统文化系列活动之"一览非遗·共祈新年"马厩庙会、2023嘉兴市新的社会阶层人士"之江同心·寻美嘉兴"活动启动仪式、2023"创业中华·侨聚嘉兴"长三角侨商项目投资交流大会、2023"金平湖杯"两岸青年慢速垒球邀请赛暨嘉兴市对台交流基地创建启动仪式；成立了全国首个毗邻地区新联会合作组织——浙沪毗邻农创新联会，全省首个新时代马克思主义宗教学研究院咨政研究基地。省侨联

4月25日，平湖市举行浙大城市学院新时代马克思主义宗教学研究院平湖咨政研究基地成立仪式　　（市委统战部　供稿）

法律顾问委员会平湖工作站（全省侨联系统第13家，第二轮第1家）。

【共同思想政治基础】 建大统战工作格局，加强对统一战线成员的思想政治引领，推动统一战线工作高质量发展。完善统战工作运行机制。市委常委会6次听取统战工作汇报或专题研究统战工作，市委、市政府主要领导调研或参加统战活动20余次。发挥市委统一战线工作领导小组的协调作用，修订完善领导小组工作规则和成员单位职责分工，确定2023年全市10项重点统战工作，以“责任清单”分解成员单位2023年42项统战工作目标任务，以“项目清单”落实每个镇街道2个、全市共计16个基层统战工作项目。将统战工作纳入政治巡察，召开全市统战工作专题协调会、民族宗教工作协调小组会议共4次，镇街道工作推进会2次，进一步压实各级党委（党组）统战工作主体责任，全市大统战工作格局进一步完善。加强统战成员政治引领。组织开展全市党外人士“之江同心·与党同心”理想信念教育活动，举办基层商会组织民营企业家到革命圣地开展红色教育、“之江同心·正信正行”全市宗教界学习贯彻党的二十大精神主题讲座、全市网络界代表人士重走一大路、乡贤参事会联盟“全国两会精神”宣讲等活动；落实2023年市委常委、党员副市长挂钩联系统一战线代表人士，以“同舟联系卡”制度加强对统一战线成员的走访联系。提升统战队伍能力水平。夯实统战工作的队伍基础，建强党外代表人士、统战干部“两支队伍”。邀请中央党校教授为镇街道统战干部、全市中小学校作民族政策专题培训。落实“走好网络群众路线”统战工作新要求，加强互联网领域思想政治引领，构建网上网下同心圆。

【多党合作事业示范先行】 持续提升履职效能，深入贯彻《中国共产党政治协商工作条例》，围绕全市中心大局、重大项目和群众关心的社会热点、难点问题开展政党协商、专项民主监督；持续擦亮民主党派社会服务品牌，发挥人才荟萃、智力密集、联系广泛的优势，依托社会服务基地开展医疗卫生、教育培训和科技科普等社会服务，辐射更多基层群众，扩大社会公益服务影响力。不断加强自身建设，推动关于加强中国特色社会主义参政党建设三个文件精神落地落实，支持民主党派加强领导班子建设，推进多党合作传统教育基地、民主党派成员之家建设提档升级，充分激发组织活力。抓好民主党派代表人士调整，规范开展无党派人士政治面貌认定工作。

【新时代民营经济统战工作示范先行】 围绕全市经济社会发展大局系统谋划推进统战工作，实施“之江同心·聚力一号工程”。助推民营经济高质量发展，召开工商联十届三次执委会议。举办全市菁英企业家主题团建活动，加强青年企业家的培养；举办13期“亲清直通车·政策直播间”，扩大涉企政策的宣传覆盖面。开展赋能民企敢干“九大行动”，建立涉企矛盾纠纷多元化解服务机制。发布《平湖市2022年民营企业法治体检综合报告》。与宁波银行平湖支行联合签署战略合作协议，政银联手服务实体经济。出台《“浙里总商汇”企业互联共享平台使用管理办法》，运用好“浙里总商汇”

12月4日至5日，平湖市承办全省清廉民营企业建设现场推进会
（市委统战部　供稿）

平台，入驻企业2362家，发布供求信息5674条。推动清廉民企标准化建设，发布全省首个民营企业清廉建设管理标准，创建4个AAAA级清廉建设示范企业。加强基层商协会组织建设，曹桥街道商会《夯实商会基层基础，提升服务能力和水平》获评全省工商联服务“两个健康”最佳工作实践创新成果，《“四个聚焦”彰显民企责任与担当》获评全省乡镇街道商会25个优秀实践案例之一。服务“双招双引”工作。牵线南京大学医学院模式动物研究所在平项目合作洽谈。发挥基层商会组织作用，组织民营企业家到贵州、山东等地考察交流、洽谈项目。平湖吾庐民宿入选全省“乡村侨舍TOP50”；全市选树一批统战成员创新创业典型，独山港镇乡贤韩其芳当选全国人大代表；新生代企业家、海创人士许盛华获评“最美新锐禾商”等。优化营商环境人文环境，打造“亲清夜沙龙”工作品牌，进一步畅通党委、政府与民营经济代表人士沟通交流渠道。全年，举办亲清沙龙1023场，组织3252名企业家参加，收集反映问题702个，并已办结。建立市工商联（总商会）企业家执委及其所在企业重大事项报告制度，服务民营企业健康发展和民营企业家健康成长。强化新生代企业家培养，完成镇街道新生代企业家联谊会换届。

【社会服务工作】 引导各统战组织和统战团体广泛开展社会服务。支持各民主党派深耕社会服务品牌，依托社会服务基地开展医疗卫生、教育培训和科技科普等社会服务。民盟基层委员会持续深化“爱心盟芽”社会服务品牌；民进平湖市委会持续做好“开明公益”社会服务；农工党基层委持续深化“五彩农工”社会服务品牌；市知联会举办“知行合一”青春学堂、“宝藏小屋”公益夏令营等活动；市新联会走进当湖街道百花社区开展便民集市公益服务活动；党外代表人士围绕“就业助民”“优教为民”“健康惠民”“宜居安民”“文化乐民”5个平湖样板开展民主监督工作。积极投身社会公益。鼓励支持民营企业积极投身公益慈善事业。浙江景兴纸业股份有限公司上榜“2022年浙江民营企业社会责任100家领先企业”。启动“百岗千企”就业助残春风行动，为全市残疾人困难家庭提供公益就业岗位。据不完全统计，全市各级商会组织和民营企业共筹集各类公益慈善资金800余万元。

【“同心共富”行动】 助推乡村振兴。实施“同心共富”行动，广泛动员民营企业参与乡村振兴事业，推动乡村振兴工作落地落实。“万企兴万村”实验项目——平湖市长红文化旅游有限公司与山塘村结对共富项目获省工商联肯定。深入推进平湖市侨界“五聚五富”实施方案，发起平湖市“侨爱助富”行动倡议，共收到侨界爱心人士捐资捐物合计人民币2万余元作为“侨爱助富”启动基金，用于支持实施“侨爱助富”项目。发挥新乡贤在乡村治理中的作用，全市各级乡贤参事会组织广泛参与村务管理、矛盾纠纷调处等基层事务。林埭、曹桥等乡贤发起乡贤名医服务、桥乡问医等项目。同时落实民族乡村振兴“同心共富·百村结对”资金10万元，结对丽水遂昌县1个行政村。举办“网联你我·智汇助富”平湖市网络界人士到赛艇小镇助力乡村振兴活动。

【民族团结进步和宗教中国化法治化示范先行】 提升民族宗教工作规范化水平。创新打造“之江同心·筑梦石榴红”民族团结进步创建带，覆盖全市所有镇街道。举办茂县—平湖“山海情·一家亲”铸牢中华民族共同体意识工作交流会，打造平湖茂县石榴红共富驿站。成立嘉兴市民族团结进步促进会平湖分会，开展民族团结进步政策宣传10余次，出台“1+4”平湖市整治非法宗教活动专项工作方案，开展新一轮宗教团体和宗教活动场所财务检查工作。组织基层统战干部参加“宗教领域消防安全”“‘浙江掌上宗教’App”等专题业务培训，每月开展掌上宗教App品牌巡查，市级巡查率和镇村自查覆盖率均达100%。提升宗教教职人员法治素养，开展宪法和宗教政策法律法规授课。深入推进报本塔及周边环境综合整治工程，推进城关耶稣堂迁建，做好报本寺大年夜敬香、开斋节、古尔邦节等大型宗教活动安保工作。举办全市佛教教职人员培训班，推进宗教界人士素质提升。

【港澳海外侨务工作示范先行】 全年，新认定全省侨联系统“侨胞之家”7家，其中五星级1家、四星级4家、三星级2家。多次与香港元朗信义中学沟通，促成平湖市东湖中学与香港元朗信义中学姊妹学校再聚首活动。举办“同心迎亚运·携手向未来”港澳青年浙江行嘉兴平湖站活动。牵线林书豪三分心公益行，促成华裔篮球运动员林书豪联合上海联劝公益基金和嘉兴拾星者社工事务所在平湖钟埭社区与钟溪实验学校实施“宝藏小屋”项目。把握两岸融合发展主基调，以“涉台矛盾纠纷化解”和“惠台政策落实”两大工作主抓手，助力落实惠台政策、助推台企发展和化解涉台纠纷等工作，协助台商解决子女入学、就医等问题10余件。成功举办“2023首届两岸青年乡村音乐文化节”。推进新时代网络统战工作。探索友侨合作，举办长三角外籍友人、新侨人士“情系平湖”联谊活动，搭建对外经贸交流平台。加强与海（境）外英才交流，举办2023平湖市海（境）外高层次人才家乡行活动，设立平湖市海外青年（人才）驿站和平湖市在港青年（人才）驿站。举办2023“和合报本·贤聚平湖”乡贤回乡恳谈会，促成在谈项目3个。承办“创业中华·侨聚嘉兴”长三角侨商项目投资交流大会，签约侨商投资项目3000万元。促成浙江大学求是特聘教授、俄罗斯工程院外籍院士王立到平湖捐赠个人著作、举办学术讲座。市工商联、侨联组织到四川茂县开展对口支援，促成侨界企业家与茂县签订农副产品推广合作框架协议，打造侨爱助富东西部协作的样板。加强对台合作交流，共接待9批共计270多人次台湾交流参访团到平，推动两地经贸合作，在浙江·台湾周嘉兴专场活动中签约台资项目3个，总投资1.5亿美元。引领统战成员创新创业。加强统战领域创新创业基地建设，平湖市海智基地入选浙江省侨联侨界创新创业基地名单；深化毗邻统战，与上海金山区联合举办“金平同心·侨见未来”交流活动，发布全省首个毗邻统战品牌标识“金平果”，成立新侨“双创”联盟并命名首批新侨双创基地、聘请首任新侨双

7月25日，平湖市承办深入推进我国宗教中国化学术研讨会暨“之江问道·平和报本”纪念弘一法师文化论坛　（市委统战部　供稿）

创导师。港澳同胞心系家乡公益事业，6月13日，香港金属制造业协会会长孙晖铨向林埭中心小学捐赠10万元奖学金。

（褚伟锋）

老干部工作

【概况】2023年末，全市有离休干部24人，其中男21人，女3人，平均年龄93.6岁。抗战后期参加革命4人，解放战争时期参加革命20人；享受副处级待遇13人，享受科级待遇11人，其中易地安置在外地1人。另有嘉兴市直属管理的离休干部7人，外地易地安置在平湖2人。2023年，市委老干部局紧扣“让党放心，让老干部满意”目标，持续擦亮社经室“银领智库”金名片，打响“金平湖银领”党建先锋品牌、“银尚乐学”老年教育品牌、“致敬守护”暖心关爱品牌，实施“提能砺为”队伍建设工程，凝心聚力，感恩奋进，推动老干部工作向中心聚焦、朝大局用力。市委老干部局获2023年度嘉兴市老干部工作部门信息工作先进单位、平湖市信访工作先进集体等称号。

【“金平湖银领”党建先锋品牌】加强“三项建设”，举办全市老干部工作通报会、理论读书班、时政班、支部书记培训班等。研究出台平湖市《关于加强新时代离退休干部党的建设工作的实施方案》。创建省级离退休干部“三强六好”党支部4个、省级规范化党支部25个，选树各类先锋204个。8个团队（个人）入选全省离退休干部“最美”系列。在全市离退休干部中开展主题教育和“八八战略”实施20周年系列活动，开展各类活动636场次，主题宣讲500多场次，受众3万余人次。征集感言体会70篇、微故事26篇，拍摄人物访谈8期。

【社经室“银领智库”金名片】社经室围绕民营经济高质量发展、新仓小微园区建设、全民健身中心改扩建、医疗卫生项目建设、数字经济服务业发展等主题深入开展调研，《关于推动我市民营企业高质量发展的调研报告》获市委书记、市长等市领导批示肯定，相关问题办理被列入市“四敢争先”办督办内容，市长周军波召开专题会议听取问题整改落实情况，推动问题高效整改。积极构建以社经室老干部为主要领头雁的“头雁领航、群雁齐飞”老有所为生动格局。不断深化银耀助力共富行动和服务助力“三个‘一号工程’”举措，新培育“银耀共富”品牌团队2个、银领志愿服务队4支、老干部特色工作室9个、老干部志愿服务项目9个。“老兵爸爸——守护红色根脉”志愿服务工作获省关工委副主任徐全升批示肯定。

【首创“银尚乐学”老年教育品牌】省试点工作探索有力，获高分验收，试点经验在全省老年教育资源整合试点总结暨工作推进会上作书面交流。研究制定“2+11”（2个总纲文件和11个配套文件）政策保障体系，特色做法获省委组织部副部长、老干部局局长龚和艳批示肯定。成功创建省级老年教育优质校3所，嘉兴首批优质校24所。全市组建以老年学员为骨干的志愿服务队358支，品牌工作室27个，文艺团队287个，每年参加各类演出、活动1500余场次，在助力乡村振兴、文明创建、参与基层治理等方面发挥积极作用。市老年大学改扩建工作推进有力。

【“致敬守护”精准服务】实施完成“致敬·守护”系列年度十件惠老实事项目。精准推进离休干部“一人一策”，提质更新“1+3+N”（完善离休干部“一人一策”个性化服务档案，围绕一名离休干部，老干部局、离休干部原单位、社区3方联动和志愿者、家庭医生、家政保洁等社会力量N多方协同）联动服务机制。创新开展上门祝寿送祝福活动，结合“四季守护”“六必访”，全年，走访慰问老干部350人次。优化提升“洁净暖巢”专项行动，为离休干部发放家政服务券。组织孝亲敬老重阳系列活动，为老同志提供各类服务320多人次。召开专题会议推进社区“四就近”工作。举行全市机关干部集体荣誉退休仪式，市委常委、组织部部长崔小生为新退休干部送上“退休第一课”。选树“银尚之家”“银尚达人”“乐活驿站”28个，获省级荣誉4个。

（朱笑倩）

党校工作

【概况】 2023年，市委党校践行“为党育才、为党献策”党校初心，落实从严治校、质量立校要求，围绕中心、服务大局，锚定“标杆引领类”县级党校创建目标，履行工作职责，各项事业取得新进步。成功入选浙江省首批理论宣讲研修基地，科研咨政成果实现2个首次（2篇论文首次在中国人文社会科学核心期刊发表、1项课题成果首次获省委领导肯定性批示，为嘉兴县市区委党校第一）。承办嘉兴市“三个管好”重要论述研讨会暨全市机关党建研究智囊团成立仪式。

【干部教育培训】 全年共举办全市乡科级领导干部学习贯彻党的二十大精神集中轮训班、全国村党组织书记和村委会主任视频培训班、全市第十八期中青年干部培训班等主体班（参照主体班）12期，部门委托办班45期，培训学员5000余人次。创新“点单”式排课，出台并推行“训前预学”五个一制度，即“开展一次需求调研、列出一份预学书单、梳理一套预学计划、邀请一位预学导师、制定一张成效反馈表”，精准契合学员需求。进一步发挥镇街道党校分校作用，盘活现场教学资源，打造“优化营商环境助力高质量外资集聚地新发展”“谱写‘新仓经验’乡村共富新篇章”2条具有党校特色、平湖辨识度的精品教学线路，其中平湖智创园现场教学点被列入浙江省现场教学示范点。完善“重走习近平总书记到平湖调研视察路线”等精品教学项目，加快配套课程开发，完成《循迹溯源悟嘱托、感恩奋进向未来——平湖市牢记嘱托着力提升非公党建工作水平》等专题课程的录制拍摄。

【理论宣讲】 加强对外协作，推进与四川茂县县委党校校际合作，聘请中央党校副研究员博士蔡春红为特聘教授，成立北京大学思想政治实践课教育基地。发挥“红色讲师团”“8090宣讲团”作用，共开展社会宣讲100余场次、受众近万人次；有2名青年教师入选“平湖后生”机关理论宣讲团。《“飞地抱团”播下共富种子》微党课分别获嘉兴党校系统、平湖市直机关微党课比赛二等奖。2023年初，市委党校成功入选浙江省首批理论宣讲研修基地，7月，成立王晓燕理论宣讲名师工作室。

【科研咨政】 围绕“消薄飞地”、“新仓经验”、息事无讼、外资营商环境打造等主题开展调研20多次，完成理论调研文章、论文等10篇，立项、入围各类课题8项，各类论文获奖13项。2023年度省委党校系统社科联规划课题立项1项，嘉兴社科研究课题入围5项；加强“铸牢中华民族共同体意识研究基地”建设，全省民族宗教工作理论研究课题立项2项，承担省民宗委年度重大课题1项，4项课题成果获评2022年度全省民族宗教工作理论研究优秀成果，其中二等奖1项、三等奖3项；获省委党校系统理论研讨会（县市区组）二等奖1项，获评环太湖优秀论文1项，获嘉兴党校系统理论研讨会一等奖1项、三等奖1项，获评嘉兴党校系统现代化建设优秀案例1项，获平湖市第五届哲学社会科学优秀成果奖一等奖2项、三等奖1项。《新型农村集体经济促进共同富裕的内在逻辑分析——基于浙北P市的案例考察》《“消薄飞地”促进共同富裕的实践、创新与经验——基于浙北P市的实践分析》2篇文章，分别在人文社会科学核心期刊《云南农业大学学报（社会科学）》和《中国国土资源经济》上发表。《“消薄飞地”的共富机制——基于发展权利与发展能力匹配的案例研究》获全省党校系统“八八战略”实施20周年理论研讨会暨2023年度学术年会县（市、区）党校组二等奖，《创新“靶向”施教，夯实教学成效》发表在省委党校《干部教育研究》。《“五彩融合”理念下内地新疆中职班管理育人模式创新实践——以平湖职业中专内职班为例》获省委常委、统战部部长邱启文批示，是市委党校咨政成果首次获省领导批示。《以高质量乡村振兴推进共同富裕的“徐家埭实践”》整版刊登于《中国社区报》，分别获嘉兴市委常委、常务副市长朱苗和副市长王慧琳肯

8月29日，平湖市党的二十大精神宣讲骨干与现场教学师资综合能力提升班开班仪式举行　　（市委党校　供稿）

定性批示。编印《调研成果参阅》7期，获嘉兴市级以上领导批示4项、平湖市领导批示2项；在《嘉兴日报》（平湖版）发表文章4篇，出刊《平湖学刊》4期。

【校园管理】 强化数字赋能，深化数字化改革，以“数智党校”建设赋能校园管理新动力，完善优化项目建设方案，初步完成数字驾驶舱界面搭建工作。深化校园文化建设，整合“伟大建党精神”、“红船精神”、校训石、校史馆等红色文化资源，优化校园参观路线和讲解，发挥好在干部教育培训中的作用。完善“自主管理+服务外包”后勤管理模式，4月，完成新一轮后勤服务公开招标工作。做好“金平湖”讲坛、创新学堂签到，学员函授档案查询，挂职干部、名校优生暑期实践、廉政中心办案人员及培训学员住宿保障等各项工作。

（富佳育）

档案史志工作

【概况】 2023年，市档案馆接收平湖中学等16家单位的文书档案和会计档案319卷53028件。征集到航天科学家钟山院士工作笔记等珍贵档案资料100余件。开展抗美援朝老战士口述资料征集工作，采访、整理11位老战士口述史料。全年，接待查档4321人次，翻阅档案6966件次，其中网上查档占80.6%，查档满意率持续保持100%。年内，获评全省党史和文献系统“八八战略”实施20周年资料征集与研究工作成绩突出单位，为嘉兴市唯一。全省地方志事业发展指数排名在嘉兴位列第一。

【重点活动】 组织开展“八八战略”实施20周年系列纪念活动。联合开展“平湖这20年”相关资料征集活动。开展“我看新时代平湖新发展”人物访谈活动，邀请12位老领导口述平湖践行“八八战略”、做到“五个始终铭记”的实践故事。协助筹备“循迹溯源学思想　感恩奋进促践行”主题馆。撰写资政课题成果《丰富“新仓经验”时代内涵　开辟乡村全面振兴共同富裕的平湖路径》。

【档案数字化转型】 推进电子化归档，归集市人力社保局等9家单位政务事项电子化归档数据包12.74万件。开展重大活动、新闻报道等数字资源的收集采集，不断提升数字档案在馆藏档案中的比例。完成“浙里档案”数据资源归集共享提质扩面试点工作数据开放上传任务，上传开放档案9.48万件，婚姻、土地承包等民生档案25.48万件。与市传媒中心合作，完成《平湖报》历年报纸数字化项目，共计6892张，15.3万条目。

【党史精品专题】 年内，启动《中共浙江省平湖市组织史资料（第五卷、第六卷）》编纂，完成任务分解、纲目编纂，并开展编纂培训。年内，共有89家单位完成初稿上报。撰写《关于开展特等功臣金耳世烈士纪念活动的调研思考》，分获市委书记仲旭东、市委副书记毛捷批示肯定。

【年鉴志书编纂】 6月，启动村志编修工程，召开部署推进会。组织全市村志编纂人员、资料员等培训指导32次。年内，42个村启动村志编纂，20个村村志纲目完成审核。9月，《平湖年鉴（2023）》由方志出版社出版，全书106.2万字。编印《平湖年鉴》简本。做好二轮修志收尾，《林埭镇志》正式出版。完善地方志鉴数据库，通过微信小程序向文史爱好者提供电子化志鉴，上线2013卷及2023卷年鉴。

【档案史志编研】 年内，出版《乘风破浪——平湖市改革开放新时期党史专题集（第五辑）》《近代报刊中的平湖文献选辑》《平湖袜业研究（1912—1949）》《回首阅平湖—民国平湖风情录》等著作，完成清乾隆王恒修《平湖县志》的点校印刷。《近代平湖土地问题研究》获省优秀档案编研成果一等奖，《中国共产党平湖历史（1978—2002）》一书获市第三届哲学社会科学优秀成果著作类一等奖。

【档案史志宣传教育】 发挥史志讲师团作用，在中青班、公务员初任培训班、市直机关新党员培训班等宣讲平湖党史22次。市“史”志不渝理论宣讲团获评平湖市理论宣讲先进集体，《水乡潮涌——平湖百年党史概述》《足迹——牢记嘱托逐梦前行》获评市优秀理论宣讲报告。推出《有“志”青年的微记录》等方志短视频，获“方志·潮”杯浙江地方志短视频征集展播活动银杯。通过“乐享平湖”等推送3篇烈士及抗美援朝战争纪念文章，获得关注阅读量超5万人次。向上级供稿宣传平湖档案史志工作101篇，其中45篇被省级以上媒体平台录用。

【特色服务品牌打造】 开展挂钩联系基层档案工作，对全市83家单位进行业务指导。组织全市500余人次参加档案业务培训。打造“红色书柜进百家”品牌，新增叔同书院、钟溪实验学校等15个“红色书柜”点位，向社会各界赠阅编研成果3000余册。

9月，市档案馆开展抗美援朝口述史资料收集（市档案馆　供稿）

【学会桥梁作用】 举办档案职业技能竞赛，并择优推荐参加嘉兴竞赛，获团体第二名。组织档案学会会员开展“循迹溯源，学思想促践行”活动，宣传表彰全市10位从事25年以上档案工作者的事迹。完成史志学会换届选举，组织开展文史考探等活动，会员撰写“打卡浙江红色名片”主题征文9篇，地方史研究论文11篇。

（莘慕旸）

信访工作

【概况】 2023年，全市信访秩序继续向好，市信访局获评全省“人民满意窗口工作成绩突出集体”，相关工作经验先后在中央媒体、《人民信访》杂志作推广。通过全市上下的通力协作，全年，等级响应201天，实现“零失控、零扰序、零舆情”工作目标。年内，由市信访局提出岗位需求并制订选派计划，市委组织部统筹组织人选。9月起，陆续选派2批次、12名干部到市信访局进行跟班锻炼。

【基本情况】 2023年，全市信访总量（含信、访、网、电各渠道）10.63万件（批）次，同比下降56.59%，其中市信访局受理信访反映8.65万件（批）次，占比81.36%。全年，信访各项生态指标执行良好，信访按期受理率100%、按期办结率100%、群众满意率96.85%。

【信访工作责任制】 坚持市委书记办公会议、市委常委会定期听取信访工作情况汇报，分析全市信访形势，研究突出重大问题。坚持信访部门常态化列席市政府常务会议制度，从市政府决策源头防范信访风险。坚持市委、市政府主要领导与各镇街道和重点部门主要负责人“双签”《信访工作目标管理责任书》，出台《2023年度平湖市信访工作目标管理考核细则》，压实基层一级信访工作责任。继续坚持把信访工作列入乡镇（街道）党建述职考核、“平安平湖”等工作重要内容，并作为重要评选活动的条件之一，纪检、组织等部门把信访工作列入对各单位和领导干部的考评内容。发挥市、镇街两级信访工作联席会议作用，定期召开会议，研判信访形势，协调解决疑难信访问题。

【信访件办理质效提升】 提升群众诉求表达畅通率。各级领导干部主动靠前，常态化开展下访接访、夜访家访等活动。其中，市领导信访接待日共计接待群众521批次769人次；13人次的市领导及48人次的镇街、部门“一把手”到“12345”值机接听来电647件。提升矛盾纠纷一线排查率。开展风险隐患“大起底大排查大化解”行动，年内,共布置开展5轮次排查工作，发现40多个风险隐患和风险问题。提升初信初访事项化解率。积极落实初信初访“一把手审签”制度，全年，市委书记批示初次来信、网上信访等326件；市长批示信访问题193件；各镇街道（部门）“一把手”批阅信访问题300件。通过督考晾晒等，年度基层事项化解率达96.06%，初信初访件的办理质效获切实提升。全年，平湖市营商环境事项一次性化解率100%，并列全省第一。

【上级交办疑难件攻坚】 推动国家、省重复信访问题化解。省十大领域及国家局重复信访交办件20件，均落实领导包案、高位推动，全部实现化解销号。推进重大信访问题清单销号。纳入上级七张问题清单之重大信访问题清单的13件问题，全部销号，并成功入选典型案例库4件，其中省级2件、嘉兴2件，形成举一反三、多跨协同、风险管控机制。全年，七张问题清单所涉重大信访问题清单指数，位列全省第五。

【法治信访建设】 开展依法宣教。开展《信访工作条例》实施一周年学习、宣传活动，不断营造信访工作“双向”规范和法治化氛围。同时，将依法信访纳入村规民约和居民公约，全年村规民约纳入率达100%。开展依法打击。加强与市政法、公安等部门的合作，加大对以访扰序等行为的打击力度，自专项行动开展起采取刑事措施4人、行政处罚12人、训诫教育100余人次。开展复盘溯源。对22件重复来信等进行复盘溯源，形成复盘溯源报告，落实“三到位一处理”，启动“双查三建议”。市本级共发出建议书10件，改进工作方式10件次、转化政策13条、诫勉问责及党纪政纪处分干部数3件次9人次。

【人民建议征集工作】 坚持将人民建议征集工作作为推动社会治理和城市建设的重要举措，加快从“被动征”向“主动征”转变。2023年，市信访局获评2023年度嘉兴市人民建议征集成绩突出单位。在全市范围推广完成人民建议征集站点标准化建设，实现市、镇、村三级人民建议征集体系100%全覆盖。出台《平湖市人民建议征集工作实施办法（试行）》。通过“浙智汇”平台发布各项专题征集、主题征集、民意征集等，广泛征集群众建议。对涉及政策性、倾向性、普遍性问题的建议，定期摘报市委、市政府，推动社情民意进入决策层面，推动人民建议成果转化。年内，《关于建立共富工坊，促进共同富裕的建议》《关于明月山塘发展的建议》《关于重视预制菜进校园问题的建议》等一批建议成功入选《2023年度嘉兴市优秀人民建议成果转化案例汇编》入选嘉兴市十大金点子。

（范萍）

机关党建工作

【概况】 2023年，全市机关党建工作以“双建争先”为总牵引，不断推进机关党建走在前、作表率。组队参加嘉兴市机关青年干部风采大赛，以总分第二的成绩获团体二等奖和优秀组织奖。

【政治引领】 强化政治机关建设。以政治建设为首位，坚持把学习贯彻习近平新时代中国特色社会主义思想作为首要政治任务，发挥党委（党组）理论学习中心组领学促学作用。承办嘉兴市“三个管好”重要论述研讨会暨机关党建研究智囊团成立仪式活动，组织召开平湖市贯彻落实“三个管好”重要论述暨机关党的建设工作推进会，推动习近平总书记关于机关党建重要论述精神落实落地见效。推进主题教育。制定机关领域指导和任务两张清单，督促指导机关党支部落实“第一议题”制度，结合“五个始终铭记”，开展好“学用新思想、建功新时代”主题党日活动，下属153个党支部2700多名党员实现全覆盖，并以全覆盖检查确保各机关党组织主题教育高质量发展。压实党建主体责任。完善部门党委（党组）、机关党委、机关党支部三级责任清单，开展常态化检查，压紧责任制落实。发挥理论学习中心组领学促学作用，坚持把学习贯彻习近平新时代中国特色社会主义思想作为首要政治任务，引导教育党员干部坚定捍卫“两个确立”、坚决做到“两个维护”。提升青年理论素养。举办“平湖后生”理论宣讲机关专场，成立机关青年理论宣讲团，在机关、村社区、企业等开展宣讲40余次，3000余名党员群众聆听。与嘉兴市“禾城朝阳”青年理论宣讲团联学互学，30多名骨干宣讲员组成互动小组，200多名青年干部参加活动。

【基层组织建设】 推进“双建”工作。完善指标体系和考评机制，确定示范点创建培育单位26个，审核确定20个培育单位晾晒展示。2个单位获评嘉兴市首批“双建争先”示范集体。5个单位获评嘉兴市争创“建设清廉机关、创建模范机关”先进基层党组织。抓好党支部标准化建设。汇编《市直机关党支部工作指南》《基层党组织工作手册填写指南》，以片组为单位开展全覆盖检查，严格抓好组织生活度。建立“机关党建工作提示单”制度，对3个党组织未按规定及时换届，给予提示并预扣分，均马上进行整改，促进支部建设提质增效。抓好党员教育管理。出台加强新时代机关党务干部队伍建设实施意见，将专兼职党务工作经历纳入干部履历，优化党务干部队伍结构，提升党务干部工作积极性和责任感。严格落实政治审查制度，把好发展党员入口关，共发展党员25人、转正19人。办好机关党组织书记专题研讨班、党务干部、入党积极分子、新党员培训班，300多人次参加培训。

【党业融合共振】 以争创“机关党员先锋岗”促担当。以各机关部门承担攻坚破难任务的岗位或重大项目专班为创建单元，制订创建标准，明确创建任务，

8月17日，嘉兴市“禾城朝阳”青年理论宣讲团送宣讲进平湖暨“平湖后生”机关青年理论宣讲团成立仪式举行　（市机关党工委　供稿）

通过申报、审核，确定争创岗35个，发挥机关党员在急难险重任务中的先锋引领作用。以实施“1+5+N”行动强阵地。出台建设实施方案，建立“1”个机关党建主阵地，“5”个子阵地［机关图书室、机关微讲堂、机关健心室、机关健身房（点）、机关文体社等］及“N”个部门特色阵地，形成“资源共享、学用结合、彰显特色、展现形象”的阵地矩阵。以深化“一编三定”优服务。召开社区书记座谈会、加强需求对接。选配好团组长，打造特色服务团组，推进进村社服务迭代升级。共报到党员、干部13819名，编组462个服务团组，开展服务近15000次。以深耕机关服务品牌转作风。召开机关服务品牌创建专题推进会，市税务局、综合执法局分别被评为嘉兴市四星级和三星级示范性机关服务品牌，市法院、气象局被评为嘉兴市级机关服务品牌，进一步推动服务型党组织建设。

【政治生态优化】 加强清廉教育。严格落实市委巡察整改任务，及时完成整改。开展廉政专题学习和警示教育，加强对机关作风建设的监督检查。加强新时代机关廉洁文化建设，采取以案说法、观看警示教育片、参观警示教育基地、开展廉政教育培训、新媒体深化宣传教育等多种形式，深入推进廉政文化进机关。加强政治监督。严格落实中央八项规定精神，加强对机关作风建设的监督检查。运用监督执纪“四种形态”，对苗头性、倾向性问题及时咬耳扯袖，对存在问题督促落实整改措施。加强执纪问责。落实廉情信息报告制度，各机关党组织按月报送开展监督执纪、廉洁教育、警示教育等情况，共报送信息2071条。加强跟踪问效，配合市纪委开展违法违纪案件审理，共涉及公职人员28人。

8月17日，2023年度市直机关新党员培训班开班

（市机关党工委　供稿）

【暖心机关】 加强激励关怀帮扶。坚持政治上关心生活上关怀，完善党内关爱资金实施办法，开展走访慰问和谈心谈话，做好对困难党员的生活补助。抓好机关团队建设。成立机关文体团队，设金平湖机关乒乓球、羽毛球等八个文体团队，选优配备团长，500多人报名参团。组织开展“畅跑九龙山·争先攀新高”健康跑、棋艺比拼循环赛、“八段锦与杨式24式太极拳”培训班等活动，累计举办各式活动课程70余场，参与超5000人次。推进机关群团建设。加强机关工青妇等群团组织作用，组织开展医疗互助保障、青年交友、妇女健康教育、无偿献血、关心下一代等活动，丰富机关文化生活。

（费心乐）

机构编制工作

【概况】 2023年，市委编办合理配置机构编制资源，加强机构编制管理，有效完成各项工作任务。开展新一轮机构改革前期准备工作，实地调研10余次，提出涉改部门机构编制锁定方案。

【机构编制使用评估】 将市文旅体局、市场监管局2家单位作为2023年机构编制执行情况和使用效益评估对象，重点围绕职能配置和机构设置情况、编制核定和人员配置情况、机构运行和外部协同情况、职责履行和取得成效情况、机构编制管理规定执行情况等5个方面内容进行综合评估，增强各部门正确高效履职的意识。

【基层治理体系建设】 重新核定镇街道行政事业编制总额，建立镇街道编制周转池，进一步优化编制资源配置，加强重点领域保障，其中10%的编制用于融合型大社区大单元所在镇街道人员力量下沉。调整优化镇街道内设机构、事业单位设置，使其与基层治理四平台运行相适应，统一设置综合信息指挥室，明确承担四个平台日常管理协调的内设机构。推动社会治理中心迭代升级，报请嘉兴增挂市数智指挥中心牌子。

【大综合一体化行政执法改革】 以省权力事项库为依托，编制部门执法事项清单，根据综合指标评价体系标准，按照日查日清原则，协调部门认领9870项监管事项。同时启动不认领事项“回头看”，清理不规范退领事项250余条，规范事项认领质量。继续推动市级部门人员编制下沉镇街道，根据镇街道赋权事项情况，结合各条线部门实际，锁定各执法部门在各镇街道的编制数，锁定市级部门执法力量下沉镇街道编制336名，其中采取派驻式下沉模式的编制220名（65%）。2023年起，在原四个平台派驻人员基础上推进“一增一优”，增加部门实际派驻人员力量，优化调整联系制人员配比，实行差异化配置。落实执法一线人员实名制管理，严格人员调整审批备案制，同时加强联系制下沉人员管理，配合综合指导办对联系镇街道的具体方式、工作任务、职责权限、考核评价等作出制度性规定。

【机关内部最多跑一次改革】 推行机构编制不见面审批，进一步减材料、减流程、提速度，整理发布用编用职业务办理操作指南，录制操作视频2部，将行政事业编制、周转编制、编外用工指标使用核准表多表合一，实现一张表格办用编，材料类型精简60%，全程线上受理、线上审批、线上反馈。

【重点领域机构编制保障】 稳步推进疾控体制改革，加大基层医疗卫生机构编制保障力度，挂牌设立市疾病预防控制局，优化内设机构设置和职能配置。推进市综合考核工作体系建设，在全民国防教育、精神文明建设、网信、残疾人权益维护、重大改革等领域加强机构编制保障，支持市委党校、财政局、人力社保局、市场监管局、水利局、机关事务中心、司法局等部门单位优化机构设置和职能配置。坚持编制资源向基层、民生领域倾斜，优化保障镇街道、年龄结构问题突出、编制规模小的单位，全年核准使用各类编制（含编外用工指标）897名，中层职数192名。

【机构编制实名制与监管平台融合发展】 按照“快准全严勤合”六字要求，做准做实机构编制实名制系统，完善人员信息300余条，完成混岗人员“两面做”400余人次。以核准完善实名制数据信息为抓手，升级数据质控手段，深化压力测试内涵，加强实名制系统预警信息研判与处置，完成2022年度年报工作，开展2023年度年报工作。推进实名制系统中小学数字化应用，基本完成结构搭建及报表呈现。

【事业单位、市属国企发展】 深入推进事业单位规范化登记管理，创新登记设立“嘉兴南湖学院平湖研究院”，完成2022年度事业单位法人年度报告公示271家，完成率100%。推动市属国有企业整合提升，新设立市数据资源管理有限公司等4家国有公司，优化水务集团机构设置，支持合理用编需求，促进市属国企健康有序发展。加强国企审计、党建工作领导力量，核增部分国企领导职数。

【机构编制工作纪律】 严格机构编制管理权限和程序，坚持机构编制事项“一支笔”审批制度，强化机构编制合规性审查，重点就各镇街道、市级部门党委（党组）提交的用职用编申请事项进行审查，并提出审查意见，完成142家单位（系统）用编申请和78个单位（系统）用职申请。

【机构编制日常管理】 健全机构编制、领导职数统计台账，抓好机构编制月报制度，精细化管理全市机构编制，实时跟踪全市编制、职数使用情况，确保不发生超编超职数问题。通过公务员事业人员一件事系统和机构编制实名制系统，严格审核办理人员出入编手续，核准在编人员信息，确保数据实时准确，共审核办理业务近700项。

【机构编制审计】 加大监督检查力度，全年完成新仓镇、民政局等8家单位机构编制审计任务，认真查找并责成整改问题。以打造事业单位法人整体智治的监管体系为目标，要求271家事业单位重点就履职情况进行上报，完成全市事业单位法人年度报告公示工作。

（吴叶艳）

平湖市人民代表大会

综　述

【基本情况】 2023年，市人大常委会紧扣市委中心工作，履职尽责、积极作为，发挥人民代表大会制度的政治优势。共举行常委会会议7次，召开主任会议17次，审议专项工作报告57项，作出决议决定26项，形成审议意见11件、工作建议5件，开展执法检查、视察、调研等重要活动8次，完成市十六届人大二次会议确定的各项任务，获全国、省、嘉兴市人大常委会领导批示肯定7次。

【代表履职】 2023年，市人大首次组织平湖选举产生的部分嘉兴市人大代表向市人大常委会述职。举办“一府两院”半年度工作情况报告会，制定各级代表聚力三个“一号工程”主题活动实施意见，细化“四张清单”。创新开展人大代表“营商环境体验官”等各类主题活动54场，参与代表700余人次，代表履职载体不断丰富，履职活力持续提升。加强毗邻人大工作，开展“田园五镇”人大代表培训、融入长三角跨省代表活动等。常态化推进常委会组成人员、人大代表中的领导干部、“一府一委两院”负责人进基层单元听取群众意见建议。全年，进基层单元221人次，收集各类问题建议600余件。健全重大决策“事前听民意、事中督落实、事后有反馈”的工作机制，制定核心业务下沉清单，推进人大常委会、“一府一委两院”44项核心业务下沉，优化营商环境、改善农民建房等31项政府重大项目进基层单元征求民意，重大决策的民主参与度、科学精准度进一步提升。持续强化代表建议督办力度，与市政府共同召开代表建议交办会，监督推进市十六届人大二次会议240件代表建议按期完成办理，办理态度满意率100%，办理结果满意率93.2%，解决率68.5%，解决率较一次会议提升15个百分点。建立代表建议与检察建议衔接转化工作机制，上线运行嘉兴首个“合力督”人大代表建议与检察建议互转办理平台。全年，收到拟转化为代表建议的检察建议6件，成功转化3件；代表提供的公益诉讼线索14件，立案4件，发出诉前检察建议3件。

重要会议

【市十六届人大二次会议】 2月1—3日，平湖市第十六届人民代表大会第二次会议召开。会议听取和审查平湖市人民政府工作报告；审查、批准平湖市2022年国民经济和社会发展计划执行情况及2023年国民经济和社会发展计划的报告；听取和审查平湖市2022年财政预算执行情况和2023年财政预算草案的报告；审查、批准平湖市2022年财政预算执行情况的报告及2023年财政预算；听取和审查平湖市人民代表大会常务委员会工作报告、平湖市人民法院工作报告、平湖市人民检察院工作报告；审议平湖市2022年环境状况和环境保护目标完成情况的报告、平湖市2022年政府重点民生实事项目完成情况的报告；票决平湖市2023年政府重点民生实事项目及2022年生态环境状况和环境保护目标完成情况满意度测评结果。

【市人大常委会会议】 市十六届人大常委会第六次会议于1月18日召开。会议传达学习浙江省第十四届人民代表大会第一次会议精神；听取和审议市政府《关于2022年国民经济和社会发展计划执行情况及2023年国民经济和社会发展计划草案的报告》《关于2022年财政预算执行情况和2023年财政预算草案的报告》《关于2022年政府重点民生实事项目完成情况与2023年政府重点民生实事候选项目情况的报告》《关于平湖市2022年生态环境状况和环境保护目标完成情况的报告》；书面审议市政府《关于2023年政府投资项目计划安排的报告》；审议《平湖市十六届人民代表大会第二次会议政府重点民生实事项目票决和测评办法（草案）》《平湖市十六届人民代表大会第二次会议2022年生态环境状况和环境保护目标完成情况满意度测评办法（草案）》、市人大常委会工作报告（草案）和市十六届人大法制（监察和司法）委员会、财政经济委员会、社会建设与民宗外侨委员会工作报告（草案）；听取和审议市人大常委会代表资格审查委员会《关于平湖市第十六届人民代表大会代表资格审查的报告》，确定出席市十六届人大二次会议的代表249名；听取和审议市人大常委会办公室《关于市十六届人大二次会议筹备事项的报告》，决定市十六届人大二次会议于2月1日召开，提出大会建议议程、日程和各类名单草案，确定市十六届人大二次会议列席人员名单。

市十六届人大常委会第七次会议于3月7日召开。会议集中学习《浙江省行政规范性文件备案审查规定》及相关内容；传达学习嘉兴市第九届人民代表大会第三次会议精神；听取和审议市政府《关于2022年度科技进步工作的报告》，人大街道工委工作报告；听取市政府《关于拟建文桥里幼儿园工程的报告》《关于拟建228国道平湖独山港至林埭段改扩建工程的报告》《关于拟建平湖市海河联运联网提升长胜路高桥改建工程的报告》《关于拟建302省道与525国道平改立工程的报告》《关于拟建平湖市污水管网扩容提升一期工程的报告》；表决通过228国道平湖独山港至林埭段改扩建工程、平湖市海河联运联网提升长胜路高桥改建工程事项，市人大常委会《关于人大当湖、钟埭（平湖经济技术开发区）、曹桥街道工委工作报告的决议》；书面审议市政府《关于进一步加强政府部门行政执法案件办理的审议意见》《关于全市教师队伍建设的工作建议》《关于进一步推动全市公共体育设施建设管理和开放使用的工作建议》《关于进一步提升全市社会救助工作的建议》办理落实情况的报告，市人大法制委（常委会监察司法工委）《关于2022年规范性文件备案审查工作情况的报告》、市人大常委会《2023年工作要点（草案）》；会议书面审议并表决通过市人大常委会《关于交办人大街道工委专项监督工作的实施办法》；开展市人大常委会组成人员书面述职；任命陈明朗为市人民政府副市长；徐立为市教育局局长；顾跃良为市司法局局长；王晓平为市卫生健康局局长；免去徐立的市司法局局长职务、俞鑫岗的市卫生健康局局长职务；接受范金萍辞去平湖市第十六届人民代表大会代表职务的请求，其代表资格终止。

市十六届人大常委会第八次会议于4月20日召开。会议集中学习《中华人民共和国土地管理法》；听取市法院副院长范俊所作的《关于执行工作情况的报告》，结合书面提出的市人大常委会监察司法工委《关于市法院执行工作情况的调查报告》进行审议；听取市民政局局长程佳俊受市政府委托所作的《关于全市居家养老服务工作情况的报告》，结合书面提出的市人大常委会社会建设与民宗外侨工委《关于全市居家养老服务工作的调查报告》进行审议；书面审议市政府《关于进一步推进我市就业促进工作的审议意见》《关于平湖经济技术开发区“十三五”期间政府及国有公司投资项目建设情况的审议意见》办理落实情况的报告；表决通过有关人事事项；书面审议有关代表资格终止事项。

市十六届人大常委会第九次会议于6月20日召开。会议集中学习《中华人民共和国反电信网络诈骗法》；听取并审议《关于法治政府建设情况的报告》；听取和审议并通过《关于〈平湖市国土空间总体规划（2021—2035）〉编制情况的报告》；听取和审议《关于拟建浙江省平湖技师学院扩建一期工程的报告》；书面审议《关于2021年度国有资产管理情况综合报告和市属企业国有资产管理情况专项报告的审议意见》《关于进一步推进公立医院高质量发展的审议意见》办理落实情况的报告；任命毛杰为市人大常委会办公室副主任、农业与农村工作委员会副主任，免去沈永锦的市人大常委会办公室副主任、监察和司法工作委员会副主任职务；任命包旭娟为市人民检察院副检察长，张朋武为市人民检察院检察员、检察委员会委员；免去陆永立的市人民检察院副检察长职务，许政强的市人民检察院副检察长职务，卓凯的市人民检察院检察委员会委员、检察员职务，李丰进的市人民检察院检察员职务；补选金建新为平湖市出席嘉兴市第九届人民代表大会代表，报嘉兴市人大常委会代表资格审查委员会；书面审议人大任命干部述职测评整改落实方案汇编。

市十六届人大常委会第十次会议于8月29日召开。会议集中学习《中华人民共和国统计法》；任命张盈为市人民检察院检察员；免去任志根、陆智毅的市人民检察院检察员职务；接受胡水良辞去平湖市第十六届人民代表大会代表职务的请求，其代表资格终止；听取并审议市政府《关于〈中华人民共和国反电信网络诈骗法〉贯彻实施情况的报告》，市人大常委会执法检查组《关于检查〈中华人民共和国反电信网络诈骗法〉贯彻实施情况的报告》；听取并审议市发改局《关于2023年上半年国民经济和社会发展计划执行情况及下半年工作的报告》；听取并审议市财政局《关于2023年上半年财政预算执行情况的报告》；听取并审议市审计局《关于2022年预算执行和其他财政收支的审计工作报告》；听取并审议市公安局《关于电动自行车安全管理工作情况的报告》；听取并审议市人大常委会代表资格审查委员会《关于平湖市第十六届人民代表大会个别代表资格审查的报告》；书面审议市政府《关于2023年上半年全市经济社会发展情况和下阶段主要工作安排的报告》《关于2023年政府重点民生实事项目进展情况的报告》；书面审议市政府《关于2022年财政决算草案的报告》，市人大财经委《关于平湖市2022年财政决算草案的审查报告》，市司法局和文旅体局《关于2022年部门预算执行情况的报告》，表决通过市人大常委会《关于批准2022年市本级决算的决议》；书面审议市政府《关于平湖市2023年上半年生态环境状况和环境保护目标完成情况及下半年工作的报告》；表决通过市人大常委会《关于生态环境报告制度的实施办法》。

市十六届人大常委会第十一次会议于11月2日召开。会议集中学习《中华人民共和国义务教育法》及相关内容；听取并审议市政府《关于〈浙江省民营企业发展促进条例〉〈浙江省促进中小微企业发展条例〉贯彻实施情况的报告》；听取并审议市人大常委会《关于〈浙江省民营企业发展促进条例〉〈浙江省促进中小微企业发展条例〉执法检查情况的报告》；听取并审议市发改局《关于平湖市国民经济和社会发展第十四个五年规划纲要中期评估报告》《关于2023年重大投资项目实施情况的报告》；听取并审议“十四五”规划纲要实施情况中期评估报告审议工作领导小组《关于全市“十四五”规划纲要中期执行情况的调研报告》；听取并审议市自然资源和规划局《关于2022年度国有自然资源资产管理情况的专项报告》；听取并审议市教育局《关于全市城乡教育共同体建设和集团化办学情况的报告》；审议市政府《〈关于进一步推进全市居家养老服务工作的审议意见〉办理落实情况的报告》；根据提请，决定任命欧洋为市人大常委会办公室副主任，何丹萍为市人民法院审判委员会委员，王宗明为市人民法院巡回人民法庭庭长，黄伟为市人民法院新埭人民法庭庭长，金晓明为市人民法院新仓人民法庭庭长，高美霞为市人民法院立案庭庭长，朱珺为市人民法院民事审判二庭庭长，钱迪为市人民法院行政审判庭（综合审判庭）庭长，朱骏健为市人民法院审判员；免去金晓明的市人民法院审判委员会委员、行政审判庭（综合审判庭）庭长职务，黄士忠的市人民法院巡回人民法庭庭长职务，王宗明的市人民法院新埭人民法庭庭长职务，何丹萍的市人民法院新仓人民法庭庭长职务，黄伟的市人民法院审判委员会委员、民事审判二庭庭长职务，万卫忠的市人民法院立案庭庭长职务，朱珺的市人民法院民事审判三庭副庭长职务，高美霞的市人民法院巡回人民法庭副庭长职务，张雷平的市人民法院审判员职务，许建平的市人民法院审判员职务；决定任命徐琼微为市人民检察院检察委员会委员，陈秋恬、徐峥凯、吴冰晔为市人民检察院检察员；围绕两部“条例”执法检查开展讨论。

市十六届人大常委会第十二次会议于12月29日召开。会议听取马伟东、石明生、王志明3名嘉兴市人大代表向平湖市人大常委会作的述职报告；听取和审议市府办《关于2022年预算执行和其他财政收支审计整改情况的报告》，并开展满意度测评；听取和审议市财政局《关于提请批准调整2023年市本级财政预算的议案》，表决通过市人大常委会《关于调整2023年市本级财政预算的决议》；听取和审议市农业农村局《关于促进农民收入增长情况的报告》；听取和审议市政府《关于市十六届人大二次会议代表建议办理情况的报告》，并对市十六届人大二次会议重点代表建议办理情况开展满意度测评；审议市政府《关于检查〈中华人民共和国反电信网络诈骗法〉贯彻实施情况的审议意见》《关于加强电动自行车安全管理工作的审议意见》办理落实情况的报告；审议并表决通过《平湖市人民代表大会常务委员会关于召开平湖市第十六届人民代表大会第三次会议的决定》；接受戴建忠辞去平湖市人民政府副市长职务的请求；任命董碧颖为市医疗保障局局长；免去沈洪的市经济和信息化局局长职务，朱浩的市农业农村局局长职务，姚震峰的市医疗保障局局长职务；接受吴金华辞去平湖市十六届人大常委会主任职务的请求；任命周其明为市人大常委会监察和司法工作委员会主任，朱浩为市人大常委会代表与选举任免工作委员会主任；免去高敏芬的市人大常委会监察和司法工作委员会主任职务，步晓燕的市人大常委会代表与选举任免工作委员会主任职务，黄碧泉的市人大常委会办公室副主任、社会建设与民宗外侨工作委员会副主任职务；表决通过市人大常委会预算工委组成人员调整名单；接受吴金华、金玉珍、郑洁梅、倪沪平4人辞去嘉兴市第九届人民代表大会代表职务；补选吴跃根、何健、陈国平3人为平湖市出席嘉兴市第九届人民代表大会代表；接受王春玲、王晓平、李夏岚、吴金华、陆秀梅、黄碧泉辞去平湖市第十六届人民代表大会代表职务；王春玲6人的平湖市第十六届人民代表大会常务委员会委员、法制（监察和司法）委员会委员职务，黄碧泉的平湖市第十六届人民代表大会常务委员会委员、社会建设与民宗外侨委员会副主任委员职务相应终止。

重要工作

【省人大常委会代选工委副主任陈安一行到平湖调研】 3月2日，省人大常委会代表与选举任免工委副主任陈安一行到平湖调研基层人大工作。陈安一行实地调研浙江鸿禧能源股份有限公司、新仓镇人大代表联络站和毛泽东同志新仓经验批示展示馆。在座谈会上，陈安认真听取平湖市基层人大工作情况汇报，对平湖基层人大工作给予肯定。

【平湖人大常委会机关获评2022年全省人大信息工作成绩突出单位】 3月21日，省人大常委会办公厅、研究室发布《关于表扬2022年全省人大信息工作成绩突出的单位和个人的通报》，并公布2022年全省人大信息工作成绩突出的单位和个人名单，平湖市人大常委会机关获评“2022年全省人大信息工作成绩突出单位”。通报共对全省人大信息工作成绩突出的30个单位及30名个人予以通报表扬。

【省人大常委会副主任刘忻一行到平湖调研】 4月14日，省人大常委会副主任刘忻一行到平湖调研农业“双强”、和美乡村建设和现代农业发展工作。刘忻一行实地调研毛泽东新仓经验批示展示馆、平湖市农业展示馆、中以设施农业示范园和明月山塘历史文化街区，对平湖市农业农村发展各项工作给予肯定。

【省人大常委会副主任暨军民一行到平湖调研】 8月10日，省人大常委会副主任暨军民一行到平调研基层人大工作。暨军民一行先后实地考察独山港镇的卫星化学股份有限公司、新仓镇人大代表联络站和毛泽东同志新仓经验批示展示馆，对平湖市人大基层单元建设工作和创新做法表示肯定。

【市人大相关论文获评省人大工作研究会第十次研讨会优秀论文】 9月13日，省人大工作研究会召开第十次研讨会，评定省人大工作研究会“深入实施‘八八战略’，推动人大工作高质量发展”

9月13—15日，第九届全国开发区人大工作联席会议暨研讨会在平湖召开　（市人大　供稿）

论文征集活动获奖论文，市人大常委会《以开发区人大工作高质量发展助推共同富裕示范区建设》论文获评三等奖。

【第九届全国开发区人大工作联席会议暨研讨会在平召开】 9月13—15日，由全国开发区人大研究会主办、平湖市人大常委会承办的第九届全国开发区人大工作联席会议暨研讨会在平湖召开。会议表彰第三届全国开发区人大系统22个先进单位、38位先进个人，第二届全国开发区人大理论研究成果27项。其中，平湖有2个单位、4位个人、5项成果获表彰。

【省十三届人大常委会党组书记、副主任梁黎明一行到平湖调研】 10月13日，省十三届人大常委会党组书记、副主任梁黎明一行到平调研特色人大工作开展情况。梁黎明一行实地察看新仓镇人大代表联络站，对新仓镇人大代表联络站的建设运行工作及平湖市人大开辟履职的新方式新领域表示肯定。

【市人大相关案例获评助力三个“一号工程”主题活动典型案例】 12月4日，省人大常委会办公厅通报在全省遴选作为2023年全省各级人大代表助力三个“一号工程”主题活动典型案例汇编，市人大常委会《小小代表联络点　施展履职大作为》获评。典型案例汇编由经各设区的市人大常委会推荐、省人大常委会代表选任工委审定，共评出100个典型案例。

（陈天翼）

平湖市人民政府

综　述

【基本情况】 2023年，平湖市有乡以上人民政府6个（数据不含乍浦）。其中，平湖市人民政府1个，驻平湖市胜利路380号；乡（镇）人民政府5个。平湖市共设置党政机构37个，另设嘉兴市部门派出机构1个；事业单位252家。

（吴叶艳）

【建议提案办理】 2023年，市政府系统共归口办理建议提案422件（其中代表建议226件、政协提案196件），代表委员对办理结果满意率（含基本满意率）均达100%。经与代表委员沟通核实，政府系统办理完成的422件建议提案，共需解决问题1230项，其中，当年已落实事项977项、已开展事项133项。

重要会议

【市政府常务会议】 1月13日，市十六届政府举行第十三次常务会议。会议审议并原则同意市府办提交的《2023年政府工作报告（讨论稿）》，《2022年平湖市政府民生实事项目完成情况和2023年初步候选项目情况汇报》，市发改局提交的《关于平湖市2022年国民经济和社会发展计划执行情况及2023年国民经济和社会发展计划草案的报告》，市财政局提交的《关于平湖市2022年财政预算执行情况和2023年财政预算草案的报告》,市生态环境分局提交的《关于平湖市2022年度环境状况和环境保护目标完成情况的报告》，市经信局、财政局、建设局提交的《关于市委市政府拟表扬的企业名单的汇报》，市金融发展中心提交的《平湖市合格境外有限合伙人（QFLP）试点暂行办法》，当湖街道提交的《关于当湖街道和邦芒人力资源公司第二轮合作期奖励政策事项的汇报》，市经信局提交的《平湖市“强链壮群”加快构建现代产业体系的实施方案》。会议听取市城投集团提交的《关于城投集团与赤骥集团战略合作的汇报》《关于东田嘉苑安置房增加投资的汇报》。

3月14日，市十六届政府举行第十五次常务会议。会议集中学习习近平生态文明思想。会议审议并原则同意市自然资源和规划局提交的《2023年平湖市国有建设用地供应计划安排》，市发改局提交的《平湖市贯彻〈浙江省推动经济高质量发展若干政策〉承接落实方案》《平湖市规划管理暂行办法》《平湖市强化招标全生命周期管理日常监督工作暂行办法》，市政务数据办提交的《平湖市政府投资信息化项目建设管理办法（修订）》

《平湖市小额公共资源交易管理办法（试行）》《关于平湖市数据资源管理有限公司改组及政策支持的汇报》，市司法局提交的《平湖市人民政府2023年度重大行政决策事项目录编制的情况汇报》，市农业农村局提交的《关于2023年高水平全面推进乡村振兴　助力打造金平湖璀璨明珠的意见》《平湖市推进农业标准地改革的实施意见（2023—2025年）》《平湖市高质量推进农业现代化的政策意见（2023—2025年）》《关于高质量推进乡村人才振兴的实施意见》。会议书面学习《浙江省行政事业性国有资产管理办法》《嘉兴市国资委关于贯彻落实企业国有资产交易监督管理办法有关事项的通知》。会议书面审议市财政局提交的《关于2022年平湖市财政专项资金使用情况的报告》。

4月6日，市十六届政府举行第十六次常务会议。会议集中学习习近平总书记关于统计工作的最新批示精神、《浙江省快递业促进条例》。会议审议并原则同意市府办、发改局、经信局、科技局、自然资源和规划局、交通运输局、农业农村局、文旅体局提交的《平湖市体系化推进“十项重大工程”工作总体方案》及十大工程实施方案，市经信局提交的《关于支持制造业头部企业做大做强的指导意见》，市水务集团提交的《关于平湖市独山新材料产业园污水处理费调价方案的汇报》，市统计局提交的《开展统计造假专项治理行动的汇报》。

4月26日，市十六届政府举行第十七次常务会议。会议集中学习上级关于安全生产的重要指示批示精神。会议审议并原则同意市应急管理局提交的《关于全市安全生产隐患大排查大整治行动的汇报》，市经信局提交的《平湖市促进制造业高质量发展的若干政策意见》、市自然资源和规划局提交的《平湖市国土空间总体规划（2021—2035）》。会议听取市司法局提交的《2023年平湖市行政复议行政诉讼案件分析报告》、市府办提交的《平湖市2023年省市县民生实事项目进展情况汇报》。会议书面审议市经信局提交的《关于支持制造业头部企业做大做强的指导意见》、市市场监管局提交的《平湖市知识产权专项资金奖励实施办法》修订情况。

6月1日，市十六届政府举行第十八次常务会议。会议集中学习《“以案释法”——行政处罚庭审案例解读》。会议审议并原则同意市经信局提交的《关于赛迪科创中心（平湖）项目情况的汇报》《关于发展“地瓜经济”推进工业企业强基固本的实施意见》，市科技局提交的《关于承接射频异质异构集成全国重点实验室上海交大实验区有关事宜的汇报》《关于深入实施创新驱动发展战略加快打造金平湖璀璨明珠的若干政策意见》，市建设局提交的《平湖市城区市政园林基础设施品质提升实施方案（2023年—2026年）》，市综合执法局提交的《平湖市2023年生活垃圾分类工作资金补助办法》。

6月29日，市十六届政府举行第二十次常务会议。会议审议并原则同意市综合执法局提交的《关于调整当湖街道等3个街道、新埭镇等5个乡镇的综合行政执法事项的通告》，市商务局提交的《关于推动总部经济高质量发展若干政策意见》，市经信局提交的《关于进一步加强示范引领推动传统优势产业转型升级的指导意见》《平湖市工业投资项目全生命周期管理实施意见（试行）》《平湖市航空航天产业创新集群发展专项政策》，市建设局提交的《平湖市社区工作服务用房建设使用管理暂行办法》。会议听取市法院提交的《今年以来我市行政机关行政案件分析报告》。

8月2日，市十六届政府举行第二十一次常务会议。会议集中学习《习近平关于城市工作论述摘编》、省有关专项整治工作方案。会议审议并原则同意市生态环境分局提交的《平湖市高质量推进生态文明建设的政策意见》、市农业农村局提交的《平湖市人民政府　沈阳农业大学长三角现代设施园艺产业创新研究院共建项目合作协议》、市发改局提交的《平湖市关于进一步加快现代服务业高质量发展的若干政策意见》、市建设局提交的《平湖市老旧住宅小区改造管理办法（试行）》、市委政法委提交的《关于对平湖市“二星平安金鼎”作出突出贡献的集体和个人行政奖励的汇报》、市教育局提交的《关于进一步优化平湖市义务教育集团化办学的实施意见》、市财政局提交的《关于平湖市2023年上半年财政预算执行情况的报告》、市审计局提交的《关于2022年度平湖市预算执行和其他财政收支的审计工作报告》、市公安局提交的《平湖市“勇为好市民”奖评选工作的实施办法》。会议听取市城投集团提交的《关于要求增列平湖市明湖科创文化园项目建设的汇报》、市金融发展中心提交的《关于对嘉兴市融资担保有限公司进行增资的情况汇报》。会议书面审议市财政局提交的《关于平湖市2022年财政决算草案的报告》。

8月31日，市十六届政府举行第二十二次常务会议。会议集中学习《习近平关于国家粮食安全论述摘编》、习近平总书记有关平安建设和风险防控的批示论述精神。会议审议并原则同意市外事办提交的《关于平湖市东湖之友奖章评选工作有关情况汇报》，市经信局提交的《平湖市“腾笼换鸟”专项经费使用办法》，新埭镇提交的《浙江泽悦信息科技有限公司长三角·平湖润泽国际信息港项目用能权有偿使用交易情况汇报》，市发改局提交的《关于拟签订平湖——青田山海协作“产业飞地”补充协议的报告》《关于文成县退出平湖——文成“飞地经济”产业园有关处置情况的报告》《关于加快推进平湖市城乡电动汽车充电基础设施建设的实施意见》，市经信局提交的《平湖市深化工业企业综合绩效评价推进“亩均论英雄”改革的实施意见》《平湖市关于进一步规范和扶持小微企业园健康发展的指导意见》《平湖市小微企业园（工业标准厂房）分割登记实施办法》，市民政局提交的《关于加快建设基本养老服务体系的实施意见》，市政务数据办提交的《平湖市中介机构管理办法（试行）》《平湖市网上中介超市管理办法（试行）》《平湖市中介机构综合评价管理办法（试行）》。会议书面学习《质量强国建设纲要》。

9月25日，市十六届政府举行第二十三次常务会议。会议集中学习《习近平总书记关于安全生产重要论述》。会议审议并原则同意市经信局提交的《关于促进工业经济稳增长全力实施百日攻坚专项行动的政策意见》、市建设局提交的《平湖市城市道路两侧地块退红线区域管理办法》、市政务数据办提交的《关于2023年度政府投资信息化项目情况的汇报》、市检察院提交的《加强检察机关决定不起诉案件行刑衔接工作意见》、市教育局提交的《关于华东师范大学附属平湖学校建设情况的汇报》、市卫生健康局提交的《关于市妇幼健康咨询中心项目、市第一人民医院二期扩建项目工程量变更情况的汇报》、市金融发展中心提交的《关于欧迪恩公司股改上市相关奖励事项的汇报》。会议听取市金控公司提交的《关于鑫翼东湖申请参与浙嘉产高端装备（嘉兴）基金的汇报》《关于鑫翼东湖申请参与浙江省科技创新母基金的汇报》。

10月31日，市十六届政府举行第二十四次常务会议。会议集中学习《浙江省食品安全数字化追溯规定》《浙江省土地储备考古前置管理规定》。会议审议并原则同意市发改局提交的《〈平湖市国民经济和社会发展第十四个五年规划和二〇三五年远景目标纲要〉实施情况中期评估报告》、市经信局提交的《平湖市加快推进高端装备产业高质量发展专项政策》、市残联提交的《平湖市扶残助残实施办法》、市委组织部提交的《关于支持浙江东华纳米技术研究院的方案》、市市场监管局提交的《2023年平湖市市长质量奖评审工作情况汇报》。会议书面审议市自然资源和规划局提交的《平湖市2022年度国有自然资源资产管理情况专项报告》。

11月29日，市十六届政府举行第二十五次常务会议。会议集中学习《浙江省科学技术进步条例》。会议审议并原则同意市文旅体局提交的《平湖市非物质文化遗产保护传承创新发展若干政策意见》、市自然资源和规划局提交的《关于重新公布全市征地区片综合地价的通知》、市金控公司提交的《关于明湖科创基金组建工作的汇报》、市流动人口中心提交的《关于平湖市新居民量化积分管理实施细则》、市民政局提交的《平湖市孤寡老年人特殊关爱补助办法（试行）》、市财政局提交的《平湖市金控（人才发展）集团组建方案》《关于2023年市级预算调整情况的报告》，市科技局提交的《关于平湖市人民政府中物院成都科学技术发展中心共建“596长三角创新中心”有关事项的汇报》《平湖市人民政府　嘉兴南湖学院共建嘉兴南湖学院平湖研究院合作协议》。会议听取市财政局提交的《关于推进新时代平湖市国资国企改革发展的实施意见》、九龙山管委会提交的《关于收购“九龙山旅游度假区西沙湾景观配套二期工程”情况的汇报》，市城投集团提交的《关于要求增列建国中路东侧、人民东路北侧商业安置房项目的汇报》《关于要求增列报本寺环境整治提升项目的汇报》。

12月15日，市十六届政府举行第二十六次常务会议。会议集中学习《中华人民共和国行政复议法》。会议审议并原则同意市司法局提交的《平湖市行政应诉工作规则》《平湖市行政案件过错责任追究与容错免责工作规定》，市消防救援大队提交的《关于进一步加强和完善地方政府专职消防队伍建设的实施意见》《政府专职消防员转岗退出实施办法（试行）》，市建设局提交的《平湖市国有土地上房屋征收涉及未经不动产登记建筑等问题调查、认定和处理办法》，市财政局提交的《关于调整开发区（园区）财政体制分成比例和扶持政策的汇报》，市轨道交通建设指挥部提交的《关于金山至平湖市域铁路浙江段咨询费有关事项的情况汇报》，市教育局提交的《平湖市关于支持“县中崛起”推进普通高中教育高质量发展的十条措施》，市审计局提交的《关于2022年度预算执行和其他财政收支审计整改情况的报告》，市卫生健康局提交的《关于建立疾病应急救助制度的实施意见》。会议听取市交投集团提交的《关于对浙江独山港海陆国际物流有限公司增加注册资本的情况汇报》。会议书面审议市卫生健康局提交的《平湖市创建全国基层中医药工作示范县工作方案》、市司法局《关于公布平湖市级行政规范性文件全面清理结果的通知》。

（施天晴）

政府法治工作

【概况】2023年，平湖市树立“法治是最好的营商环境”理念，围绕打造一流法治化营商环境专项行动，加快重要领域和关键环节改革突破。法治平湖建设社会满意度92.97%，法治环境企业满意度进入“全省十强”，系嘉兴唯一；4个普法与依法治理案例被司法部收录；创新涉企纠纷调解体系获省委常委、政法委书记王成国调研肯定，获《法治日报》《人民论坛》等主流媒体刊登；创新建立浙沪联合执法队获司法部行政执法协调监督局副局长徐志群、副省长胡伟批示肯定，获评全省“大综合一体化”行政执法改革首批优秀案例；市司法局获评全国组织宣传人民调解工作先进集体、全省法治政府（依法行政）工作成绩突出先进集体。

【法治政府建设持续深化】深入开展习近平法治思想“八进”活动，推进“全国法治政府示范市”后续建设，配套实施《法治平湖建设责任落实约谈办法》《全面依法治市委员会会议议题征集办法》等制度。深化法治镇街道建设，完善依法治市组织体系，8个镇街道挂牌成立全面依法治镇街委员会及其办公室。探索法治平湖建设分级分类考评机制，实行结果性指标、过程性指标、奖励性指标“三位一体”评价模式，共性指标与个性指标相结合，实现指标体系与省、嘉兴考评体系的融入融合。

【法治营商改革亮点突出】开展打造一流法治化营商环境专项行动，完成16个突破性抓手项目、21项指标任务。全年，办理各类政务服务事项61.2万件，同比上涨11.3%，进驻事项实际办理时间比法定时间提速73.78%，一网通办获全省晾晒排名五星级评价，实现平湖与海盐、港区跨域通办。加快重点产业预防性合规体系建设，外向型企业合规管理指引入选全省项目库。组织开展“百名律师联百企”法律服务专项行动，发布平湖市企业法治体检综合报告。成立省侨联法顾委平湖工作站，打造涉侨法律服务工作体系。创新涉企案件一体化快办机制，获评嘉兴市民营经济增值服务首批最佳实践案例。

【依法行政体系更趋完善】开展重大行政决策源头治理专项行动，《农业领域碳达峰专项行动方案》等4个事项被列入年度目录,实现目录化管理市镇全覆盖。实施县乡合法性审查改革省级试点，实体化运行市合法性审查中心及镇街道分中心,编制流程图、审查事项目录清单和工作指引，构建事前规范、事中协同、事后备案的审查标准化体系，全年，开展合法性审查3851件，同比增长23%，清理废止修改支持民营经济发展规范性文件83件。

【依法行政水平稳步提升】加快“大综合一体化”改革，完成镇街道差异化赋权。深入开展行政执法规范化建设，举办全市行政执法岗位技能比武，创新编制《平湖市行政执法规范化工作指导手册》，发布涉市场主体轻微违法免罚和减罚事项751项，减免处罚3040万元。实施“企优信”市场主体信用修复专项行动，打造全过程规范执法工作体系。组织开展全市道路交通安全和运输执法领域突出问题专项整治，与上海市金山区建立长三角毗邻地区危险货物运输联动执法机制，实施基层执法单位行政处罚专项监督，共评查案卷400余本，整改问题49个。

【矛盾预防化解成效显著】深入推进普法与依法治理，通过“八五”普法中期评估,开展“金平湖·新少年”法治素养提升行动，“金平湖·法治里”获评全省首批公民法治素养观测点十佳实践案例。创新成立企调中心、组建企帮团，成立平湖·中国服装城知识产权纠纷调委会，建立涉企矛盾多元化解服务机制，全年受理纠纷2483件，调解成功1773件，成功率71.4%，民商事纠纷调诉比2.88，两项指标均列嘉兴第一、全省前列。实施行政复议案件“繁简分流”，对28个简单案件在1个月内予以审结，案件办理效率提升40%。调解行政复议案件80件、行政诉讼案件36件，成功率分别为52.6%、50.7%。

【行政权力运行规范透明】自觉接受人大监督和民主监督，办理人大代表建议226件、政协提案196件，办理态度和结果满意率均为100%。坚持监督支持依法行政和维护群众合法权益相结合，审结行政案件52件，服判息诉率59.62%，同比上升15.18%。召开府院检联席会议，发布行政审判白皮书，组织行政机关负责人旁听庭审，行政机关负责人出庭应诉率持续保持100%。向行政机关发送司法建议12条、检察建议5条，均获采纳落实。以人大代表建议、政协委员提案和检察建议双向衔接的“一键流转”，实现三者的线上办理、跟踪反馈、质效评估。

（张冯跃）

经济体制改革

【概况】2023年，经济体制改革领域各方面进一步向纵深推进。全面接轨上海融入长三角，坚定实施长三角一体化发展首位战略，制定《2023年首位攻坚专项行动方案》，聚力推进“拓展区域战略合作”“重点领域协同发展”“精准实施联动推进”三大方面、42项年度重点任务。《上海金山、浙江平湖以毗邻地区党建引领区域联动发展》入选国家长三角一体化五周年创新实践案例。上海闵行区“大零号湾”和“平湖·壹号湾”签订战略合作协议，明湖国际科创岛一期等系列项目实质性启动。“田园五镇”乡村振兴先行区成立全国首个跨省市强村共富公司，完成首批2个共富项目投资。获首批“长三角G60科创走廊产城融合发展示范区”称号，是嘉兴地区唯一成功申报认定的县（市、区）。发挥临沪优势，主动探索市场规则、政府办事规则与上海无差别，长三角不动产登记事项跨省通办等6项体制机制破难事项获突破。

【营商环境建设】优化营商环境建设，打造平湖特色政务服务增值化改革体系，全省率先建成“平服365”企业综合服务指挥厅。创新工程建设项目监管验收服务、拿地即开工、涉路涉绿审批、“多测合一”“多评合一”等一批集成改革。建立平湖市涉企

优化营商环境侨法宣传月启动仪式。成立大会上，省侨联法顾委与市司法局、市侨联签订合作共建框架协议，聘任市司法局党组书记、局长顾跃良为平湖工作站主任，省侨联法律顾问委员会律师许藐天等任副主任，聘请6位平湖知名法律专家担任委员。会上，“法护侨·助共富”优化营商环境项目围绕《关于建设“法护侨　助共富”为侨法律服务体系和促进“司侨联动”工作的实施意见》和法润侨企、法泽侨菁、法护侨心三大子项目作发布。

10月12日，2023“创业中华·侨聚嘉兴”长三角侨商项目投资交流大会举办　（市侨联　供稿）

【长三角侨商项目投资交流大会】10月12日，举办2023“创业中华·侨聚嘉兴”长三角侨商项目投资交流大会，来自上海、江苏、浙江等长三角地区的侨务部门负责人、侨商和海外高层次人才代表等130余人参加。会上，集中签约嘉兴地区7个侨商投资项目，共计8.6亿元，其中，平湖市与浙江米赢文化发展有限公司签订《白荡浜自然村落保留地总体开发运营项目》。嘉兴市侨商会与银行签订战略合作框架协议，嘉兴市侨务部门服务长三角侨商投资发展十项举措发布，并举行平湖市智创园“侨立方”揭牌仪式、“藤蔓全球”侨商服务站授牌仪式和长三角侨商“藤蔓全球”计划启动仪式。浙江嘉创盛宇资产管理有限公司董事长、省侨商会理事许盛华等3位侨商代表在“侨”青说——长三角侨商创新创业经验交流分享活动上分享经验。浙江依爱夫游戏装文化产业有限公司董事长、中国侨商联合会副会长汪维佳等5位侨商参加“侨”聚长三角，共谋新篇章——长三角城市侨创对话。

【侨联基层组织和基础建设工作】市侨联以《平湖市坚持“三大导向”推动侨联基层组织建设提质增效》为题在全省基层侨联组织建设现场推进会上作典型发言。平湖市深化“司侨联动”共绘“法护侨·助共富”服务体系工作参与浙江省基层侨联组织建设成果。当湖街道松枫社区以《每一个数字都是“连心的信号”》为题在全省侨联系统“‘八八战略’在身边”宣讲比赛中代表嘉兴市侨联参赛并获二等奖。平湖市海智基地、嘉创智谷新仓远景产业园分别入选第四批和第五批浙江省侨联创新创业基地。李叔同纪念馆入选第五批浙江省华侨国际文化交流基地。当湖街道松枫社区“枫邻侨之家”等6家单位被确定为2023年度浙江省侨联系统“星级侨胞之家”选树单位。市侨联组织当湖街道侨联、水洞埭社区水韵侨音“侨之家”到上海市闵行区梅陇镇学习考察并拜访平湖籍归侨、市乡贤文化研究会顾问周善铸，与梅陇镇侨联开展座谈交流会。

【长三角外籍友人、新侨人士“情系平湖”联谊活动】4月7日，联合平湖市人民对外友好协会开展“友侨同心　樱你而美”长三角外籍友人、新侨人士“情系平湖”联谊活动，来自德国、日本等国家和地区的60余位外籍友人、长三角侨界宾客参加。上海金山区侨联、平湖市侨联与平湖市友协在樱花小镇共同栽下象征着“中外友好、金平同心、合作共赢”的“友谊树”。外籍友人、新侨人士考察平湖市海智基地（智创园）园区“数智赋能”的管理模式，了解平台“筑巢引凤”的成果案例。活动仪式上，金山平湖毗邻统战“金平果”品牌发布“金平同心·侨见未来”项目，嘉兴市荣誉市民、嘉兴市欧美同学会平湖分会会员、德西福格汽车配件（平湖）有限公司首席执行官李劲宏与金山区侨联青年委员会副会长兼秘书长、上海颐和苑老年服务中心副总经理周菊贤上台分别作创业分享交流。

【“和合报本·贤聚平湖”乡贤回乡恳谈会】 9月28日，来自知名高校、科研院所和企业的海内外平湖籍乡贤代表齐聚一堂，畅谈对平湖发展的感受，并立足自身领域，聚焦平湖实际，发表宝贵的意见建议。

【“之江同心·助企暖侨心”侨商专场活动】 聚焦构建“亲清营商环境”和打造“一流法治化营商环境”全年先后开展三期“之江同心·助企暖侨心”侨商专场活动，架起侨商海创企业与市法院、经信、科技、司法、人社、商务等部门对接与协调的桥梁，现场交办、闭环解决侨企提出的引才用才、劳资纠纷、财务管理、海运物流、专精特新申报、传统产业转型等方面问题需求21个，并对企业良性健康发展提出建议。

【“之江同心·侨爱助富”行动】 6月1日，在平湖市钟溪实验学校举行之江同心·侨爱助富行动启动仪式暨“公益在心·梦想起航”林书豪六一儿童节礼物赠送仪式，平湖海外乡贤、华裔篮球运动员林书豪以视频形式向孩子们致以诚挚的问候和节日的祝福。

【“林书豪三分心公益行”平湖站活动】 6月18—19日，举办林书豪三分心公益行平湖站活动，在新仓1955文体中心举行“益心家园”揭牌仪式暨平湖新仓“篮球运动小镇”启用仪式，平湖海外乡贤、华裔篮球运动员林书豪参加仪式并分享自己践行公益的感受。

【“侨爱·山海同心”项目开展】 5月下旬，到“东西部协作”对口支援地区四川省阿坝州茂县开展“侨爱·山海同心”项目。平湖市侨联和侨界爱心人士向凤仪小学学生代表提前送去六一儿童节的礼物和祝愿。省侨青联副主席、市侨联委员王钰代表浙江米赢文化发展有限公司与四川春回农业发展有限公司签订《浙江平湖·四川茂县农副产品推广合作框架协议》。

【青田县侨联到平交流考察】 12月6日，青田县侨联党组书记、主席叶娟携捷克、斯洛文尼亚、意大利青田籍侨商侨领及侨务干部到平湖开展侨联山海协作交流考察，参观平湖李叔同纪念馆、南河头历史文化街区考察华侨国际文化基地建设工作，考察平湖市海智基地与平湖经开众汇空间园区，了解平湖·青田山海协作“飞地消薄”工作。两地侨联围绕挖掘本地文化资源、传承历史人文精神、厚植城市底蕴等方面就如何更好地发挥侨联在弘扬中华优秀文化、促进中外文化交流互鉴上的作用开展交流。

【王立院士到平湖中学开展学术交流】 加强与平湖籍乡贤、浙江大学求是特聘教授、俄罗斯工程院外籍院士王立博士的联系。年内，促成王立院士到访平湖中学开展学术座谈、捐赠其个人学术著作并围绕高分子新材料为在校师生代表作学术讲座。

【传统节日暖侨系列活动】 农历春节、端午、中秋等传统佳节前夕，全市上下联动开展“浙里有爱·送福迎春”“粽情暖侨心 仲夏寄安康”“情暖侨心迎中秋·同心奋进迎亚运”“侨干带您看家人”等暖侨系列活动，走访侨界独居、困难老人及重点人士，召开“侨之家”微聊会（联欢会），举办“三胞”及亲属“庆中秋、迎国庆”市侨缘艺术团文艺汇演等活动，向全市归侨侨眷送去佳节问候。

【2023平湖市海（境）外高层次人才家乡行活动】 1月20日，举办2023平湖市海（境）外高层次人才家乡行活动，浙江旅港青年会会长蒋思雨等20多位平湖籍海（境）外高层次人才参加活动。在平湖人才之家设立平湖市海外青年（人才）驿站。

【港澳青年浙江行嘉兴平湖站活动】 7月6日，举办“同心迎亚运·携手向未来”港澳青年浙江行嘉兴平湖站活动，85名浙江旅港青年与平湖青年代表开展伙伴交流，共同参观考察平湖市博物馆，了解平湖历史文化底蕴，参访钟埭街道“钟溪棹歌·隐世田园”美丽乡村风景线，并体验西瓜灯雕刻、剪纸、传统美食制作等活动。

【“孙元富、胡雅娟奖学金”捐赠仪式】 6月13日，在林埭中心小学举行“孙元富·胡雅娟奖学金”捐赠设立仪式。香港金属制造业协会会长、金德精密五金有限公司董事总经理孙晖铨和林埭中心小学校长汤守平共同为“孙元富·胡雅娟奖学金”揭牌，孙晖铨为林埭中心小学捐赠奖学金10万元。

【香港元朗信义中学校长一行到访】 6月2日，香港元朗信义中学校长尹浩然一行到平湖访问，与东湖中学共同开启学校环球协作项目。访问组一行与市委统战部、市教育局、东湖中学开展座谈，考察东湖中学校园文化建设，并对东湖中学中文课、科学课和社会法治课进行调研与观摩。

【澳门工作】 5月26—30日，平湖市职业中等专业学校（以下简称平湖职中）友好姐妹学校澳门创新中学校长一行到平湖职中开展交流学习，两校签订缔结职业技术教育友好姐妹学校协议，双方将定期进行交流及分享，通过线上+线下的方式开展观摩教学、研修营及研讨等活动，在各方面展开合作。

（江彦）

对台工作

【概况】 2023年，全市共有台资企业84家，总投资15.0亿美元。接待台湾基层交流团15批、867人次。

【对台工作精神学习贯彻与政策落实】 学习领会党的二十大精神，引导全市台胞台商及台属凝聚共识、增进团结、振奋精神。推进落实省市对台工作决策部署，学习传达中央、省级和嘉兴市级对台工作会议精神和嘉兴市全市对口交流工作会议内容，总结回顾平湖市2022年对台工作，研究部署2023年工作任务。落实对台工作领导小组成员单位职责分工，系统性开展台胞、台属及台资企业摸底调研、动态管理工作，服务中央对台工作大局。

【台企营商环境优化提升】 深化台资企业专项服务，落实“专精特新”服务联盟关于优质企业梯度培育实施方案，打造高质量台资企业集群。聚焦2023年浙江·台湾周嘉兴专场活动，平湖市签约台资项目3个，项目涵盖新材料应用、汽车配件制造等领域，总投资1.5亿美元。在“同心创未来　两岸一家亲”平湖市两岸青年创业创新恳谈会上，平湖、台湾签订两地青年创业创新合作协议。筑造台胞安居乐业“第二家园”，为台湾同胞在大陆学习、创业、就业、生活提供与大陆同胞同等的待遇，2023年，协助台胞台商解决企业经营、子女入学、就医等问题30余件。

【两岸各领域融合交流】 举办2023“金平湖杯”两岸青年慢速垒球邀请赛暨嘉兴市创建对台交流基地启动仪式，成功创建“嘉兴市对台交流示范点”；举办2023首届两岸青年乡村音乐文化节、2023第三届嘉兴凤凰烤肉杯垒球邀请赛，两岸青年800多人到场。打造“垒球交流”文化为平湖对台交流的“金名片”“金品牌”。推进台胞台属联谊会、台商联谊会等主要交流合作平台建设，举办“同心同行　创新奋进2023平湖市台商联谊会春茗酒会”、2023年市台联会第八届理事会会议暨迎新春活动、“助推山海协作高质量发展”市台联会理事会到青田县学习考察等活动。市政协十四届二次会议期间，台联界别政协委员共撰写提案6篇。推进两岸基层交流团组到平参访，增进与对口地区在经贸、文化、旅游、宗教、民间信仰等方面的交流合作与利益联结。

（顾婷婷）

大数据服务

【概况】 2023年，市大数据中心围绕“物联、数联、智联”三位一体数字化目标，加快推动“数智平湖”建设。联合市委网信办、经信局、总工会举办2023“移动杯”平湖市数据资源创新利用大赛。

【项目管理统筹】 年内，修订《平湖市政府投资信息化项目建设管理办法》，召开信息化项目预审会议14次，共预审67个单位138个申报项目，严格准入把关，资金核减率达48.4%。开展绩效评价回头看工作，完成2021年度共121个一般信息化项目及10个重点项目的绩效评价。完成2022年度全市131个政府投资信息化项目的绩效初评工作。创新打造金平湖创新实验室智库，2023年，合作研发算法模型立项课题1个，累计共立项13个，完成2022年度课题6个，3个课题落地转化，4篇论文刊发。建立首席数据官制度，组建200多人的数字化队伍，明确全市各部门在项目、数据、云等资源管理的责任，定期开展首席数据官培训，提升数字化建设能力，2023年，共开展宣讲30余场。

【数据价值挖掘】 进一步完善“感智汇”物联感知融合服务应用，汇聚接入全市视频监控，接入30类感知设备，整合76种算法，提高视频并发处理能力，赋能39个应用场景。归集各领域79个系统6.3亿条数据，省、市回流数据518类2.2亿条。完善“浙里办”平湖市城市频道，上架政务大厅预约、金平湖健康、增财实学等12个平湖特色应用，搭建平湖市企业综合服务专区，围绕本地企业高频需求整合相关服务入口，进一步优化营商环境，提升企业增值化服务能力，赋能企业高质量发展。建立数据授权运营协调机制，完成首个金融场景落地。

【全域智治推进】 创新构建“一核、一中枢、八个事件分中枢、N项基层特色应用”的“1+1+8+N”的建设体系，推动政务服务一网通办、基层智治一网统管的“两网融合”模式，获嘉兴市基层智治专班肯定，基层智治综合应用被提级复用至嘉兴全市域。按照“三通道四协同”的智能事件流转路径，通过平台与中枢贯通、应用与中枢对接、问题收集与中枢集成等多种方式，形成事件任务上架、审批、研判、流转、处置闭环功能，助推基层减负赋能。至年底，已完成数字人大、“110”警务系统、“12345”政务服务热线、亲清夜沙龙、合力督、工会“云履职”应用、平湖城市慧治系统等20多个应用和事件接入。

【安全防线建设】 依托安全运营中心，全天候、全范围、全应用开展上线检测、渗透测试、“三高一弱”安全检查，出台《护航第19届亚运会和第4届亚残运会平湖市电子政务系统网络安全保障决战指挥体系工作方案》，严格执行重大会议期间、全省、全国攻防演练、亚运、残运会期间、乌镇峰会期间安全护网和重保24小时值守。制定数据备份和恢复机制，通过数据库防水坝、数据态势感知等技术，实现权限安全管控、数据安全加密。设置数据感知安全规则306条，有效识别数据库访问异常行为并触发告警，保障数据安全防泄漏。2023年，共发现并及时处置35个高危漏洞、30个中危漏洞，推动部门及时处置整改闭环工单115条，共封禁外部攻击源地址超过1950个，确保全年未发生安全事件。按照浙江省数据安全“5清单”和技术能力应用要求，完成全量42张重点数据表的安

12月1日，2023平湖市“移动杯”数据资源创新利用大赛举办
（市大数据中心　供稿）

全管理并通过省市核验。

（倪瑾君）

政务服务

【概况】 2023年，市政务服务中心大厅共办理各类事项61.2万件，进驻事项实际办理时间比法定时间提速73.78%，提速率上涨2.67个百分点。连续两年获浙江省年度改革创新成绩突出集体称号；获评嘉兴市打造“浙里最嘉”营商环境最优市成绩突出集体；实现平湖与海盐、港区跨域通办，为嘉兴“全市通办”形成经验并作专题解读；一网通办获全省晾晒排名五星级评价。

【“平服365”政务服务增值体系】 系统打造“1188X”政务服务增值体系，即1个企业综合服务中心，1个虚拟政务服务中心，8个镇街分中心（专窗），8大服务领域，X个个性化服务领域，“平服365”企业综合服务中心挂牌启用，在嘉兴率先实现实体化运作。规范中介机构管理，出台《平湖市中介管理办法（试行）》《平湖市中介机构综合评价管理办法（试行）》《平湖市网上中介超市管理办法（试行）》。

【全市通办与跨域通办体系】 1179项政务服务事项实现全市通办，305项实现与海盐、港区跨域通办，并为嘉兴“全市通办”形成经验。创新开设“特需窗口—办不成事”反映窗口，让企业群众享受“特事特需”服务。开展行政办事员职业技能等级认定，全市60名综合受理人员全员“持证上岗”。

【“一网通办”政务服务体系】 年内，完成“一窗通拍、全域应用”，实现群众证件照片在政务服务、公共服务领域的91个场景通用，累计办理3.6万余件。“向鲸”照相馆社会化证件照采集嘉兴试点获成效。2291项政务服务事项网办率达95%，依申请政务服务办件“一网通办”率达97%。

【中介全程跟踪帮办服务】 年内，起草《平湖市中介管理办法（试行）》《平湖市中介机构信用等级评价管理办法（试行）》《平湖市网上中介超市管理办法（试行）》。全年，对117家涉企中介完成信用等级评定，其中A级18家，B级64家，C级20家，D级2家，未开展业务13家。组建中介代办服务核心团队，建立投资项目全流程快速审批机制，已提供“三评”服务项目29项，“联合审图”项目331件，“多评合一”项目21件，“其他中介”服务项目196件，投资项目中介服务提速30%以上。

【政务服务标准明确】 强化岗位培训，建立周培训月考试制度，采取“理论培训＋实践操作”“集中授课＋师徒结对”提升政务服务标准化等方式，进一步提升综合受理人员的业务能力；实行大厅标准化管理，编印《平湖市行政服务中心政务服务标准化手册》，制作《服务礼仪规范》视频，对大厅窗口工作人员进行深化培训，进一步提升优质服务水平，持续提升办事体验感和满意度。

（唐嘉诚）

“平服365”企业综合服务中心　　（市政务数据办　供稿）

政协平湖市委员会

综　述

【基本情况】 政协第十四届平湖市委员会由 19 个界别组成，委员规模为 252 人，实际安排 249 人；市政协常务委员会组成人员 40 人，由主席 1 人、副主席 5 人、秘书长 1 人和常务委员 33 人组成。

【工作实效】 2023 年，市政协聚焦中心大局开展调查研究、协商议政、民主监督，共举行常委会会议 4 次、党组会议 16 次、主席会议 12 次，举行重要协商活动 10 场，开展专项集体民主监督 4 次，形成常委会会议建议案 2 件，大会发言及专题调研成果 75 份。健心服务政协委员会客厅晋升省“五星级委员会客厅”；新埭镇民生议事堂获评嘉兴市首届“十佳民生议事堂”；展现政协履职实践的 208 篇宣传报道在国家级、省级媒体刊发；政企协商平台打造、文史资料编撰出版、浙沪联建民生议事堂、委员联系界别群众、发挥提案优势推进民主监督、机关党建等政协工作的“平湖经验”在嘉兴、全省交流推广。

重要会议

【市政协十四届二次会议】 市政协十四届二次会议于 1 月 31 日至 2 月 3 日在平湖举行。大会应到委员 248 名，实到委员 247 名，应邀列席会议 57 人。

会议听取并审议通过市政协主席何健代表政协第十四届平湖市委员会常务委员会所作的工作报告和市政协副主席汤建萍代表政协第十四届平湖市委员会常务委员会所作的关于提案工作情况的报告。在开幕会上，8 名委员作大会口头发言，市委副书记、

12月，健心服务政协委员会客厅晋升为省“五星级委员会客厅”

（市政协　供稿）

重要工作

【概况】 全年，组织开展学习活动78次。引导政协各参加单位、广大委员和社会各界人士坚定拥护“两个确立”、坚决做到“两个维护”，夯实共同思想政治基础。深化政协机关“双建争先”示范点创建工作，推进“五型机关”建设，相关做法在嘉兴市政协系统党的建设工作会议暨“四敢争先”实践活动部署会上作交流发言。完成机关第一党支部书记届中调整。《深入推进书香机关建设研究——以平湖市书香政协建设为例》获市机关党建优秀调研文章一等奖。注重青年干部梯队建设，培育“平湖后生”扎实推进“数字政协”建设，强化“提案在线”“社情民意在线”等应用场景实战实用。持续推进“有事好商量·企业家说”平台建设，相关做法在《浙江政协信息（政协工作交流）》刊发，获嘉兴市政协主席陈利众批示肯定。

【助推市委决策部署】 严格执行请示报告制度，及时向市委请示报告重大事项34次。出台《关于深化“四敢争先”实践活动 服务助推“三个一号工程”行动方案》，参与“四敢争先”营商环境提优行动、民声民智问计行动，牵头实施协商共建帮促行动。组织开展营商环境品牌口号、问题建议征集活动，提交品牌口号116个、意见建议179条。紧扣市委十五届三次全体（扩大）会议重大决策，围绕助推“八八战略”走深走实形成调研成果26篇，市委、市政府主要领导批示肯定。市政协领导参与联挂项目推进、双招双引、助企纾困、平安护航亚运、互联网服务产业链招商、九龙山开发建设、“三改一拆”等中心工作。

【政协系统党的建设】 构建完善全市政协系统党建工作“11269”（1个政协党组、1个政协机关党组、2个政协机关党支部、6个政协专委会党员委员履职临时党支部、9个镇街道民生议事堂党员委员履职临时党支部）格局，强化政协专委会、镇街道民生议事堂党员委员履职临时党支部作用发挥，开展学习教育实践活动52次。突出平湖、上海金山毗邻党建联建优势，联合金山区在毗邻的4个乡镇委员履职小组中建立跨区域党员委员履职功能型党支部，实现党的组织和工作对毗邻乡镇委组委员有效覆盖。出台《深入推进全面从严治党工作实施意见》，召开全面从严治党形势分析会。制定《落实全面从严治党主体责任2023年度任务安排》，细化分解重点任务及责任分工37项。开展主题教育活动，深化“循迹溯源学思想‘五个始终铭记’大践行”“大走访大调研大服务大解题”“持正确政绩观、建为民新业绩”等活动。政协领导牵头撰写调研报告5篇，举办专题党课3场，领衔破难项目6个，协调解决企业和民生问题17件，检视剖析案例2个。

【委员读书】 持续深化“阅享当湖·书香政协”建设，创新打造会客读书、学习在线、悦读沙龙“三位一体”委员读书平台，开展“共读共赏·同心同行”委员读书月“十个一”系列活动。开设“悦读者”委员线上荐书专栏，推荐10期、20本好书。召开“好书共读 智慧共享”分享交流会。共组织开展“学习贯彻全国‘两会’精神 为谱写中国式现代化浙江篇章贡献政协力量”主题读书活动和线上专题学习研讨等活动8场次。

【民生议事堂】 集中开展“助解急难愁盼 增进民生福祉”专题协商议事活动，收集反馈意见建议292条，采纳267条，推动共富直播间、共富草莓园等一批共富项目落地见效。在嘉兴市第三届民生议事堂案例展示活动中获评嘉兴市首届“十佳民生议事堂”1个、最佳案例1个、优秀案例3个。以“浙沪民生议事堂”区域联动机制为抓手，逐步形成1条浙沪毗邻履职带全面互动、4个联合民生议事堂重点驱动、N个界别协同联动的“1+4+N”跨界履职协作体系，创新议题联选、民情联访、协商联动、督查联抓、队伍联建、服务联办等“六联”工作机制获省政协主席黄莉新肯定，相关经验做法3次获《人民政协报》刊登推介。

【协商议政】 制订实施2023年度协商工作计划，推动协商活动规范有序开展。6月30日，市政协围绕“引导公立医疗资源下沉，撬动康养事业发展”召开专题协商会。7月21日，市政协围绕“加快文旅体融合发展，推进城市旅游品牌建设”召开专题协商会。8月25日，市政协围绕“关注心理健康，重视对未成年人精神疾病的预防排查治疗”召开对口协商会。9月1日，市政协围绕“拓展智慧养老场景，以养老服务高质量助力共同富裕示范先行”召开专题协商会。9月8日，市政协围绕“深化‘腾笼换鸟’工作，助推经济高质量发展”召开专题协商会。制订实施《2023年度重点提案和重要提案办理协商工作计划》，围绕8件重点提案、7件重要提案，组织开展提案办理协商活动14场次。

【民主监督】 围绕“打造社会治理综合体，推进社会治理现代化”开展主席会议专题视察活动。围绕“推进企业上市”“明湖科创区建设”“中心城区老旧小区改造深化扩面”开展专项民主监督。围绕“迎亚运盛会助力全省三大提升行动”“深化‘千万工程’、建设美丽乡村情况”“营商环境优化提升‘一号改革工程’实施情况”“推进长三角地区基本公共服务均等化建设情况”等开展省、市、县三级政协联动专项民主监督。围绕“助力安全生产 护航平安亚运”开展市、县两级政协联动专项民主监督。对2022年度188件提案办理落实情况开展“回头看”专项民主监督。“发挥提案工作独特优势，推进政协民主监督”相关做法，在嘉兴市政协民主监督工作会议暨政协民主监督与纪检监察监督贯通协调推进会上作交流发言。深化委派民主监督员工作，向市教育、科技等重点部门，“腾笼换鸟”整治提升、未来乡村建设等重要工作，农贸市场改造、城西运动飘带等重点项目，委派8个民主监督员小组、48名民主监督员，开展民主监督活动40多场次，提出《民主监督建议书》8份。

4月26日，市政协就“加快推进企业上市工作落实情况”在浙江荣晟环保纸业股份有限公司实地开展主席会议专项民主监督

（市政协　供稿）

【提案工作】 坚持全周期质量管理，不断完善以精品提案、精准办理、精细服务为主要内容的高质量提案工作体系，提升提案工作质效。市政协十四届二次会议起，共收到提案252件，立案235件，并案后219件，全部在规定时间内得到办复，提案办理态度和办理结果的满意率（含基本满意）100%。邀请29个部门（单位）部门开展政情通报，为委员提供有价值的提案线索。编发《提案摘报》67期，报送党政领导及有关部门参阅。市领导对提案建言内容批示35件次，市政府主要领导先后4次对提案办理工作作整体部署、专项督查。持续推进“清单制”办理。对市农业农村局、文旅体局年度提案办理工作开展民主评议。深化第三方评价工作，对56件提案质量和提案办理质量开展第三方评价。

【社情民意信息】 启用数字政协“社情民意在线”，举办社情民意信息辅导讲座10场、专题沙龙2场，建立社会热点约稿机制、重点稿件合作机制，收集和编写社情民意信息685篇，上报嘉兴市政协205篇，被嘉兴市政协采纳132篇、省政协采纳15篇、全国政协采纳6篇，专报市委、市政府4期，转送有关部门391件。推进“三位一体”数字场景与“平治110”基层智治综合应用平台贯通运用，协同流转社会治理事项115件，镇街道覆盖率、事件办结率均为100%。连续10年获嘉兴市政协社情民意信息工作考核一等奖。

【调查研究】加强政协理论研究和调查研究，开展优秀论文评选工作，共收到调研报告和理论文章75篇。获嘉兴市人民政协理论研究优秀论文二等奖1篇、三等奖3篇。围绕南河头历史文化街区开发建设、儿童友好城市建设、擦亮围棋文化“金名片”等开展调研视察。《系统构筑独山港区集疏运体系 努力打造长三角海河联运枢纽主干港》被授予嘉兴市党政系统优秀调研成果二等奖。围绕“加快打造全球航空物流枢纽，更高质量推动长三角城市群重要中心城市建设”“高水平建设交通强市，全面构建快捷高效的立体化综合交通体系”“更高水平接轨上海，全力推动‘地瓜经济’提能升级‘一号开放工程’”开展联动调研，在嘉兴相关会议上作交流发言。

【团结联谊】密切与党派团体和社会各界的联系，邀请参加市政协重要会议和调研、视察、监督等活动。各党派团体共提交大会发言6篇，集体提案15件。加强同党外知识分子、非公有制经济人士、新的社会阶层人士的沟通联络，加强与港澳台同胞和海外侨胞的联系联谊。召开市政府市政协联席会议、“一府两院”半年度工作情况通报会、新年茶话会，制作宣传片《与美好不期而遇》。继续做好“协进助学金”工作，为45名平湖青田贫困学生提供就学资助24.75万元。与青田政协联办“山海协作 盛石共享”青田平湖文化走亲·石雕艺术精品展。举办“欣遇永年”长兴、平湖、婺城书法篆刻联展。支持政协之友活动小组、文史研究室、书画摄影研究室开展活动。接待全国政协农业和农村委员会、省政协港澳台侨和外事委员会等上级政协和外地政协到平湖调研考察78批次。

【委员联系界别群众】出台《关于进一步推进政协委员联系界别群众工作的实施意见》，推动委员联系界别群众工作制度化、规范化、常态化。启动界别服务中心建设。持续深化界别活动组与镇街道委员小组结对联系、组团履职，组织市县两级政协委员走进基层界别群众，集中走访服务648人次，收集民意线索383条。

【专委会和委员活动组建设】坚持“一委一品”“一组一品”。加强专委会与对口联系部门工作联系、协作交流，加强对委员活动组调研视察、协商议政、监督评议等活动的组织协调和工作保障。做好委员会客厅、委员工作室活动的指导、联系和服务，健心服务、健康家园两个会客厅持续丰富“会客读书”“春天里·温暖你”特色品牌内涵，组织开展履职活动65场，健心服务政协委员会客厅晋升省“五星级委员会客厅”。实行调研课题专委会领衔制，围绕有序规范人力资源市场、加快文旅体融合发展、发展普惠性托育服务、打造“浙北粮仓”县域样板、促进委员履职等开展深入调研。

【文史工作】出台《关于加强和改进新时代文史工作的意见》。深耕平湖文史品牌，推进文史资料专题化系列化，启动《平湖习俗》(暂定名)征集编撰工作。协助全国、省、嘉兴市政协开展《浙江红色文化名片》《嘉兴古树名木》等7个专题协作史料征集。参加杭州湾北岸文史协作联盟。加强文史资料常态化征集，累计征集史料172篇、45.5万余字，照片1028张。开展文史资料“十进”活动，向社会各界赠送文史书籍5240册。《平湖政协有好书》获省《联谊报》人文周刊头版整版刊载，获嘉兴市政协领导、平湖市委主要领导批示肯定。

【宣传工作】优化提升电视、报纸、期刊、新媒体、网站“五位一体”宣传阵地。制作播出《政协新时空》电视节目14期，刊登《政协之窗》报纸专稿10篇，出版《平湖政协》期刊3期，“平湖政协”微信公众号、网站推送信息739条，开辟“委员说‘千万工程’”“同心铸品牌”等专栏。评选“政协好新闻”9件。208篇稿件在《人民政协报》《联谊报》等国家级、省级媒体刊登报道。

【委员管理服务】 完善委员履职量化考评体系，用好数字政协“委员履职在线”，完成6个大类23个小类2135条履职信息录入。做好在平嘉兴市政协委员的联络服务、日常履职保障。常态化开展政协领导走访委员活动，共走访委员68人次，研究采纳和反馈委员对政协工作意见建议35条。拓展委员知情明政渠道，举办市政协委员履职能力提升专题培训班，围绕“域外科创平台建设”“电商行业发展”开展委员沙龙，组织委员参加金平湖讲坛、市领导接访日、民生优享工程、旁听法院案件庭审等活动77场，累计参与450人次。

（李韫晖）

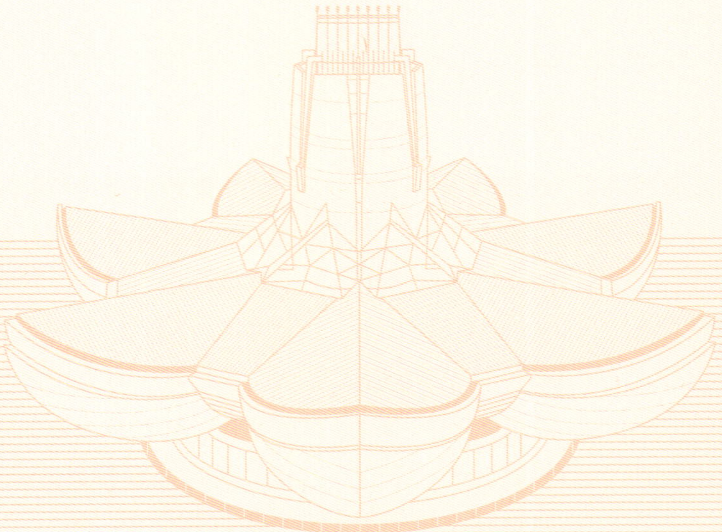

纪检监察

综　述

【正风肃纪】 平湖市共受理信访举报111件，处置问题线索561件，立案158件，其中自办案件116件，党纪政务处分138人，科级干部15人，移送司法13人，挽回经济损失4550万余元。发挥市委反腐败协调小组作用，健全与市场监管等行政执法部门线索协作机制。镇街道连续七年实现自办案件全覆盖，派驻机构首次实现全覆盖。做好案件查办“后半篇文章”，下发纪检监察建议书38份，督促相关单位健全制度114项。承接嘉兴分层式警示教育试点任务，召开全市警示教育大会，开展年轻干部“六个一”专题廉政教育活动。

【“四风”纠治】 落实中央八项规定精神，深入开展党员干部违规吃喝问题专项整治，制定出台党员干部和公职人员与管理服务对象交往、参与酒局饭局等应酬活动“十二个不准”，全市共查处享乐主义、奢靡之风问题47起，党纪政务处分43人，通报曝光典型案例6起。大力纠治敷衍了事不作为、随意决策乱作为、推诿扯皮慢作为等政绩观偏差问题，全市共查处形式主义、官僚主义问题13起，党纪政务处分14人。深入开展“指尖上的形式主义”专项整治，削减整合政务App9个，删减率90.6%。

重要工作

【平湖市纪委十五届三次全体（扩大）会议】 2月4日，中共平湖市纪委十五届三次全体（扩大）会议召开。会议以习近平新时代中国特色社会主义思想为指导，全面贯彻党的二十大精神，认真落实二十届中央纪委二次全会、省纪委十五届二次全会、嘉兴市纪委九届二次全会和市委十五届二次全会决策部署，总结平湖市2022年纪检监察工作，研究部署2023年任务。市委书记仲旭东出席会议并讲话，肯定过去一年纪检监察工作取得的成绩。要求全市各级各部门要认真学习领会习近平在二十届中央纪委二次全会上的重要讲话精神。市委常委、市纪委书记、市监委主任崔加晶代表市纪委常委会作题为《全面贯彻落实党的二十大精神　为奋力打造中国式现代化的金平湖璀璨明珠提供坚强纪律保障》的全会报告。

【主题教育和教育整顿】 深入推进学习贯彻习近平新时代中国特色社会主义思想主题教育和纪检监察干部队伍教育整顿，市纪委常委会严格落实“第一议题”制度，开展理论学习中心组学习17次。深化“循迹溯源学思想促

4月12日，平湖与青田签订协调推进山海协同监督工作机制备忘录　　（市纪委、市监委　供稿）

践行”，班子成员重走习近平总书记在浙江工作期间到平调研视察路线，张佐臣先进事迹纪录片在全省纪检监察系统“周课堂”上集中播放。完成提级巡察市纪委监委机关整改工作，所有反馈的问题按时销号并建立完善制度18项。

【政治监督】 围绕习近平总书记重要指示批示精神和党中央重大决策部署开展专项监督103次，发现问题79个。聚焦长三角一体化首位战略，与上海金山区纪委、省轨道建设集团纪委等建立协作机制，对沪平城际铁路等重点项目推进情况开展联合监督18次，发现并督促整改问题8个。聚焦“山海协作”共富工作，创新平湖——青田链接式跨地协同监督模式。聚焦“关键少数”，对15名镇街道和部门新任职“一把手”开展廉政谈话，对38名“一把手”进行综合评价，查处落实“两个责任”不力问题3起。

【民生社会福祉】 连续三年开展漠视侵害群众利益问题专项治理，推动解决中小学食堂采购不规范、老旧小区改造监管不到位等一批老百姓关注的难点痛点问题。围绕教育医疗、养老社保、土地征收流转等民生领域，开展重点监督项目41个，发现并督促整改问题76个，推动建章立制15项。创新“2345工作法”推进村级监察工作联络站规范化建设，评选全市首批10家示范点，发现问题线索33件，成案15件。构建全融合监督体系，承接基层领域非高频事项数字化监督省级试点。开展重复举报化解不力专项整治，全市检举控告量、初次举报量、重复举报量实现“五年五连降”。

【清廉平湖建设】 召开清廉平湖建设推进会，细化完善17个清廉单元建设主体责任和监督责任双清单。成功举办全省清廉民企建设现场推进会，市粮食收储有限公司被列为全省粮食系统唯一一家勤廉创业创建示范试点，7家单位获评省、嘉兴市清廉建设成绩突出单位。清廉招投标、清廉环保、清廉交通、清廉公安等在上级相关清廉建设推进会上交流发言。承办嘉兴廉洁文化主题征文大赛，打造“水岸清风”金平湖红廉线。坚持抓早抓小，运用“四种形态”处理564人次。严格落实“三个区分开来”，为

11月30日，全省对村（社区）巡察现场推进会在平湖召开　　（市纪委、市监委　供稿）

27名受到不实举报的党员干部澄清正名，回访受处理处分干部122人，实施容错纠错6起，推动16人重新提拔使用。

【政治巡察】 协助市委抓好省委巡视反馈问题整改，反馈的42个问题提前3个月整改清零。开展市委第三、第四轮巡察，共巡察党组织50个，发现“四个聚焦”方面问题487个，提出意见建议91条，移送问题线索99件，立案率25.3%。针对巡察发现的政府购买服务等共性问题，形成专报12份，推动举一反三、面上整改。在全省率先探索建立村（社区）分类巡察办法，承办全省对村（社区）巡察现场推进会，“六维”评价分类法获评全省“双十佳”巡察案例。

（郑姚峰）

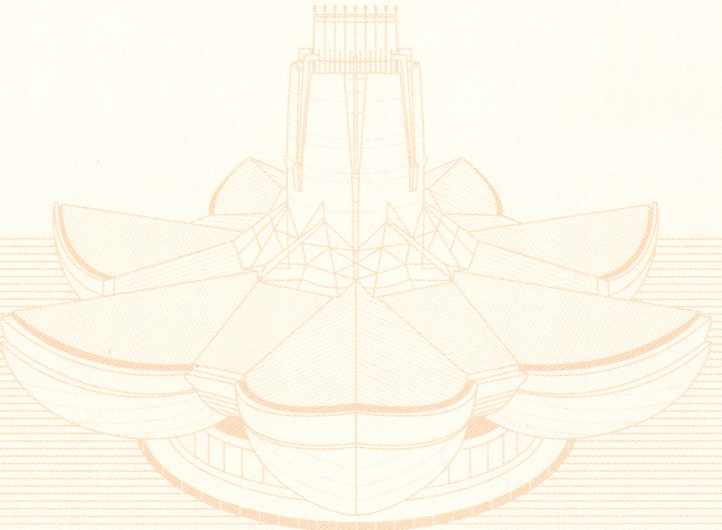

民主党派·工商联·知联会

中国民主同盟平湖市基层委员会

【概况】 至年底，民盟平湖市基层委员会有盟员88名，其中，在职盟员68人，退休盟员20人。具体界别为教育界35.2%，文化卫生界17%，科技界23.9%，其他界别23.9%。民盟平湖市基层委员会下设5个支部：嘉兴大学平湖师范学院支部、教育支部、文卫支部、经济社会支部、科技支部。基层委获评民盟浙江省委会2021—2022年度社会服务工作先进集体、民盟嘉兴市委会2023年度盟务工作优秀单位、平湖市政协2023年度宣传信息工作先进集体。

【思想建设】 每月27日为基层委学习日，在各支部自行组织集中学习活动的基础上，基层委班子成员到所联系支部进行集中学习活动。组织盟员开展“走基地、悟初心”思想教育活动和“凝心铸魂强根基、团结奋进新征程”主题教育系列活动。结合重要节点开展学习活动共计7次。基层委注重培养青年盟员，关心关爱退休老盟员。年内，青盟学堂围绕“知盟史、担使命、传薪火、青年说”四个主题共开展5次活动。年初，基层委组建“陆维钊的盟友圈”2.0专班，开展盟友圈展陈更新提升工作，11月，陆维钊书画院获批民盟中央传统教育基地。基层委承办市委会“3·19”建盟日系列活动之我“盟”一起·传薪火——嘉兴多党合作示范精品教学线路民盟专线讲解员训练营开营仪式，接待盟省委、盟市委和其他地区盟组织共18批次。

【组织建设】 2023年，共吸收3名新盟员加入。全年，1名盟员被提拔为副科级领导干部，1名盟员被提拔为副校长。担任人大代表、政协委员共18名21人次。顾军华获评2022—2023年度盟省委优秀盟员；钱海英获评民盟嘉兴市委会2023年度盟务工作先进个人。组织12名青年盟员参加市委会培训班，28人次参加由市委统战部组织的全市党外代表人士赋能培训班和党外代表人士参政议政培训班。春节前，基层委各支部开展走访慰问退休盟员活动。持续发挥宣传信息委员会作用，2023年，共发布宣传信息108篇，被省级录用3篇，嘉兴市级录用28篇。其中陆邵栋、张帆、杨宇朋、钱澄蓉和孙雯琼撰写的征文分别获市委会“纪念‘五一口号’发布75周年青盟说”征文大赛一、二、三等奖。

【参政议政】 坚持围绕中心大局，发挥界别优势，进一步提升参政议政水平和建言献策质量。基层委组织骨干盟员围绕三个“一号工程”等中心工作组建调研组、开展深入调研。全年，基层委共完成8个重点调研课题，上报《建言直通车》1篇，承担盟市委年度调研课题《强化科研平台和企业创新协同，助力产业高质量发展》《关于落实“学历”+“技能”双提升工作，进一步推进普惠性人力资本建设的建议》。基层委共提交《进一步打响本土非遗文化品牌，让金平湖璀璨明珠绽放独特光彩的建议》等集体提案3件，其中《聚力工业水效提升为经济高质量发展汇聚“点滴”力量》获评市政协十四届二次会议优秀提案，并做大会口头发言。全年，共上报社情民意41篇。两会期间，18位盟员人大代表和政协委员向两会提交代表建议7件、集体提案3件、个人提案14件。陈玄昊代表基层委在十四届政协二次会议上作题为《聚力工业水效提升，为经济高质量发展汇聚“点滴”力量》的大会发言；潘彩丽代表市政协第九界别活动组作题为《整合本土网红资源助推平湖文旅发展》的大会发言。基层委获评市政协2023年度宣传信息工作先进集体，盟员张婷婷、钟峨、燕燕获评市政协2023年度优秀政协委员，盟员徐卫卫获评2023年度政协文史工作先进个人。

【服务社会】 基层委围绕全市中心工作，加大工作力度，探索社会服务的新途径，开拓社会服务的新领域，发挥自身优势，深入基层和群众，开展各种形式的义诊、送教、扶贫帮困、宣传活动。持续打造“爱心盟芽”社会服务品牌，依托垚沐康特殊儿童康复中心社会服务基地，常态化开展社会服务工作。全年，共开展16次社会服务活动。举办“急救培训进基地”“青松课堂”“民盟医师大讲堂”“急救知识进公安”等系列活动。多名盟员在自身岗位上建功立业，李咸伟获评浙江好人、嘉兴好人、平湖好人，获评嘉兴市劳动模范；陆跃担任杭州亚运会、亚残运会裁判员；李小娟获评全省工商联服务“两个健康”工作成绩突出个人、全市营商环境工作先进个人；徐卫卫获平湖市“文艺创作奖”；沈艳获金平湖文艺奖、平湖市先进女教职工称号、嘉兴中小学音乐教育二等奖；王健获评嘉兴市学科带头人；盛斌、王翀获评平湖铁军先进个人；顾军华获评人大代表积极分子；燕燕获全国农业节水科技奖二等奖，其撰写的论文获评浙江民盟生态论坛优秀论文；钟峨获评平湖市作家协会2023年度先进个人；金美萍获评嘉兴市劳动模范；寿明鹤被聘为平湖市家庭社会工作专业委员会委员等。

（褚晰媛）

中国民主促进平湖市委员会

【概况】 截至年底，全市共有民进会员137名，其中教育、卫生、文化和传媒界别会员119名，在职会员95名，退休会员42名；本科以上学历110名，研究生以上学历12名。2023年，平湖民进吸收新会员9名。

【思想政治建设】 坚持逢会必学制度，全年共开展各类会议学习24次，收到学习心得20余篇。围绕“凝心铸魂强根基、团结奋进新征程”，出台主题教育实施方案，召开2023年度暑期读书会暨民进主题教育动员大会，邀请浙江红船干部学院副教授朱莹莹作《新时代长三角一体化的战略使命与路径选择》专题讲座。在“平湖统战”微信公众号上继续开设“开卷·明道”读书专栏，推荐骨干会员阅读《干在实处　勇立潮头》《水运与国运》等书籍，全年共安排20期83名会员撰写学习体会。编撰《平湖民进》会刊、《平湖民进年鉴2023》和《平湖民进40周年》，发挥存史、资政、团结、育人的积极作用。

【组织建设】 出台《民进平湖市委会新会员三年阶梯成长计划》。组织11名骨干会员到北京大学参加市委统战部举办的2023年平湖市党外代表人士赋能培训班。举办“聊聊我与民进的故事”读书沙龙暨新会员成长座谈会，组织观看大型原创话剧《马叙伦》。组织开展“晒晒我们的开明嘉苑”支部阵地建设图片征集活动，完善开明嘉苑管理运行制度，发挥其阵地作用。拓

8月10日，民进平湖市委会召开“凝心铸魂强根基　团结奋进新征程”2023年度暑期读书会暨民进主题教育动员大会

（市委统战部　供稿）

展对外交流范围，与民进长兴县基层委开展联谊交流。接待民进湖南省长沙市委会到平开展“数智技术赋能农业强国建设”调研。

【参政议政】 2023年，平湖市两会期间，作题为《“农文商旅”抱团经营　释放平原乡村共富新动能》的大会发言并转化为集体提案，提交《关于农村泛文化类多媒体展馆（室）高质量发展的建议》《做好“融”文章　下活“营”字棋　打造高效利用的新型公共文化空间》《关于破解我市中小学城乡师资结构性短缺问题的建议》《推动高品质教育供给　打造共同富裕“优学平湖”新典范》等5篇集体提案。19名政协委员共提交集体提案5件、个人提案18件，6名人大代表共提交议案建议10件。完成政党协商课题“关于推动平湖平台经济规范健康发展的建议”、民主监督课题“推进‘浙江省幼儿园与小学科学衔接实验区’试点创建，打造‘优教为民’平湖样板”。健全“申报—立项—调研—结题—转化”课题调研闭环机制，完善“主课题＋子课题”群系调研机制。聚焦数字经济“一号发展工程”，以“关于推动平湖平台经济规范健康发展的建议”为主课题，下设“关于数字融合农业　推进我市农业产业高质量发展的建议”“加快培育汽车产业标志性产业链　打造科技赋能高质量发展新引擎”“打造人才归巢的就业闭合圈”“做好医卫人才‘引育用留’文章，聚力打造‘健康惠民’平湖样板”4个子课题。围绕“优教为民”，以“关于推进普通高中拔尖创新人才涵育的策略研究”“提高普通高中体艺特长生培养水平的策略研究”为主课题，下设“推进‘浙江省幼儿园与小学科学衔接实验区’试点创建，打造‘优教为民’平湖样板”、“关于实验小学如意校区校舍迁建或扩建的调研及建议”“叔同文化艺术教育思想研究”3个子课题。组织会员到市审计局、经信局、营商环境办等开展调研。先后举办青年四季论坛、“青年说”课题交流会等一系列活动。完成《擦亮“平妈妈”金字招牌　打造企业家“最有感”营商环境》调研报告，作为专题政治协商会课题提交市委、市政府。截至年底，累计收到社情民意信息43件，涉及教育发展、医疗领域改革、优化营商环境、农业农村治理等多项主题，其中《内地中职班学生升“本”不畅，引发学生及家长关注，基层建议增设“单招”本科计划》被全国政协录用，《海河联运有瓶颈，建议从硬件、软件改造提升加快建设浙北高等级集装箱运输通道》被省政协采用，《城乡基本公共气象服务均等化水平有差异，气象服务供给需要侧改革》《我省青少年心理疏导或求助“需求与供给”矛盾突出亟待破解》《高校“三位一体”招生资格审查环节存“外部监督盲区”亟待建章立制保障招生的透明公平》等多篇信息被嘉兴市政协采纳。

【社会服务】 结合民进浙江省委会成立60周年纪念活动，为入会40周年以上的6名老会员颁发“民进浙江省委会成立60周年纪念章”。承办嘉兴民进开明画院年度工作会议。在市博物馆举办“之江同心 · 正道前行”——庆祝平湖民进成立40周年暨平湖、嘉善、海盐民进开明画院书画摄影联展。召开平湖民进开明画院换届工作会议，产生新一届画院院务会成员。会员顾建晓到茂县支教，牵头成立油画工作室。联系协调平茂两地的教育局、文旅体局等部门，联合举办以“心系山海间　共绘平茂情”为主题的平茂小学生优秀美术作品展，分别在平湖市博物馆和茂县文化馆进行展览。先后组织卫生支部会员到独山港镇全塘养老院、当湖街道梅兰苑社区及徐家埭社区开展义诊活动；到乍浦镇利民子弟学校开展第六届“开明活动日”社会服务；到林埭中学开展第四届“民进送温暖·圆梦微心愿”活动；连续三年到广陈中心小学爱心班开展公益送教活动。春节前夕，组织平湖民进开明画院开展“春联万家·奔赴新征程”活动，联合平湖市博物馆开展“瑞兔迎新春·我在博物馆里过大年”主题文化活动。

（陈叶）

中国农工民主党平湖市基层委员会

【概况】 至年底，农工党平湖市基层委共有党员125人，在职74人、退休51人，平均年龄57岁。具有中高级专业职称92人；担任副县处级1名，正科级3名、副科级4名，副院（校）长级以上10名；担任嘉兴市人大代表4人、政协委员2人，平湖市人大代表3人、政协委员24人。年内，基层委“五彩农工”综合服务品牌获评年度嘉兴市“同心共富”最佳案例。基层委获评省委会宣传工作先进集体，嘉兴市委会参政议政工作先进集体、五星级基层组织，平湖市政协社情民意信息工作先进集体、宣传信息工作先进集体。

【思想建设】 组织开展“凝心铸魂强根基、团结奋进新征程”主题教育活动，举办好贯彻习近平总书记考察浙江重要讲话精神、“循迹溯源学思想促践行”等活动。结合主题教育，举办“同心议事”参政议政履职能力提升培训会，举办“同心议事话共富”、社情民意沙龙、青年说主题分享会等活动13期。组织党员59人次参加市县两级新党员培训班、骨干党员能力提升训练营、党外代表人士赋能培训班等。编好《平湖农工》季刊四期。《聚力献策乡村振兴　“五彩农工”走好共富之路——农工党平湖市基层委深化品牌服务助力乡村共富实践案例》获评年度嘉兴市“同心共富”最佳案例。全年，报送各类宣传信息41篇，其中《团结报》录用1篇、省委会录用1篇、“读嘉”平台录用7篇、嘉兴市委会录用38篇、平湖政协录用40篇、平湖统战录用41篇。《从“心”出发　携爱“黔”行——一位基层政协委员和大山娃的暖心故事》获平湖市“政协好新闻”三等奖。

【组织建设】 巩固“全国先进基层组织、省级先进基层组织、五星级支部”创建成果，启动实施“同心壮苗”工程，从制度机制入手推进“选好苗、育好苗、用好苗”三大行动。突出支部规范化建设和党员履职积分应用，梳理修订14项制度并汇编成册。2023年，新发展党员5名，持续做好新老党员传承工作，常态化开展“薪火相传”话发展助共富活动。全年，共有16篇论文（课题、作品）发表或获奖。其中，党员汤建萍、夏竹青、包俊磊分别获评省委会宣传工作、反映社情民意信息、参政议政工作先进个人；党员费慧获评省社会组织领军人物；党员汤建萍、胡跃奇、殳跃飞、杨秀兰获评嘉兴市委会“40年40人”突出贡献者；党员徐鲍培创作的《膳食宝塔赞》获全国爱国卫生与健康生活方式主题演讲类第二名。

【参政议政】 28名市县两级代表委员提交人大建议、政协提案69件。其中，党员汤建萍执笔的嘉兴市委会集体提案《关于高效推进“温暖嘉”社区生活圈打造的建议》被列为嘉兴市政协年度重点提案；《关于对长三角一体化背景下嘉兴汽车产业发展的建议》获嘉兴市副市长倪沪平肯定批示。《关于引导公立医疗资源下沉撬动康养事业发展的建议》和《加快打造平湖市“城西门户”新形象的建议》获评优秀提案。《关于加快明湖科创区建设的建议》《关于加快推进普惠性托育服务的建议》等5件提案被列为重点提案，15件提案被编入市政协提案摘报。全年，完成8个调研课题并全部以项目化形式完成成果转化。3篇《建言直通车》分别获市委书记仲旭东等批示肯定。2篇调研课题获年度平湖市政协优秀论文。嘉兴市委会招标课题成果《长三角一体化背景下，我市汽车产业发展的调研和思考》《关于统筹政务物联网建设和运营的建议》《弘扬工匠精神深化产教融合关于职业教育助力实体经济发展的建议》分获嘉兴市委会优秀调研报告一、二、三等奖。全年，共提交社情民意信息68篇，其中全国政协、省政协、嘉兴政协分别录用1篇、2篇和15篇，嘉兴市委会录用14篇。

【民主监督】 组织医卫支部对全市普惠托育工作开展党派专项民主监督，安排4名党员参与政协组织的对科技局、"腾笼换鸟"整治提升、城西运动飘带、农贸市场改造等项目的民主监督活动，助推全市中心工作的落地见效。参与市委统战部"健康惠民"平湖样板民主监督活动，并形成《关于发展普惠托育的民主监督建议》报送《建言直通车》。

【社会服务】 持续打造"五彩农工"（红色同心、金色共富、青色文化、绿色健康、蓝色桥梁）社会服务品牌，依托首个乡村社会服务延伸点——广陈山塘服务点持续开展跨省合作，先后与上海科普志愿者协会、农工党金山区委会、金山区政协金山卫镇地区联络组等单位联合开展上海医学专家科普行平湖站活动暨"五彩农工"浙沪助共富活动、"打造'两山'乡村振兴协商带，助力毗邻共富新模式"专题协商等系列活动。坚持每月20日定期义诊服务。全年，开展各类义诊、公益讲座27场次，参与党员35人次，直接服务群众2000多人次。组织8名党员参与2023年浙沪乡村半程马拉松赛事医疗保障工作。文教支部组织党员参与"青·亲课堂"家风课堂、文化课堂、"盐溪学堂"等授课传艺56人次，受益群众500余人次。围绕中共二十大精神宣讲、共富宣传、反诈宣传等助力中心工作，党员徐鲍培、李雪良创作文艺作品30余件，参加文艺演出150余场次；党员高宏开展书画公益活动8场次。连续3年开展扶贫帮扶活动，组织党员参与"我为大方下一单"消费帮扶活动；连续五年定期上门为8户东升社区困难家庭送去慰问和关爱；党员李燕连续五年参与世界"走进桃花源"西部公益支教活动；党员刘婧到新疆沙雅县第二人民医院开展医技支援；党员费慧借力"壹起来"公益发展中心平台，全年组织参与特殊教育、未成年救助、助困帮扶等公益类活动36场次。

（褚晰媛）

平湖市工商业联合会（总商会）

【概况】 至年末，市工商联下属9个镇（街道、开发区）商会、4个异地商会、1个南市商务区楼宇商会、1个市新生代企业家联谊会和25个行业协会。各(街道、开发区）商会分别设立1个新生代企业家联谊会。2023年，市工商联获评全国"五好"县级工商联、全省工商联服务"两个健康"工作成绩突出集体，嘉兴

7月8日，基层委到广陈山塘村开展"五彩农工"浙沪助共富活动

（市委统战部 供稿）

市工商联系统综合考评成绩排名第一。在全市三级干部大会上，市工商联获营商环境优化提升“一号改革工程”、党建强基工程、从严治党3项先进集体。平湖市被列入全省新时代“两个健康”先行示范县建设和“携手浙商”促进开放提升两个省级项目试点名单。

【参政议政】 开展上规模民营企业调研，动员并组织营业收入超5亿元企业高质量完成各类问卷调研，《2023浙江省上规模民营企业发展报告》显示，平湖市以42家上规模民营企业的数量，跻身全省前20强，位列第14；独山能源公司入围中国民企500强，实现历史性突破。发动企业开展全国工商联2023年度万家民营企业评营商环境调查问卷，2023年度浙江省万家民营企业评营商环境调查结果显示，五大营商环境中，平湖市政务环境、法治环境评价位列全省前10，为嘉兴市第一。举办3场“亲清夜沙龙”企业家政协委员专场活动，开展“宜居安民”平湖样板民主监督活动。针对外贸形势、促进民营经济发展壮大等问题，调研并形成8篇意见建议。

【赋能培训】 组织举办“清廉民企大讲堂”“新生代企业家导师讲堂”“民营企业智造创新总裁班”“金芒总裁训练营”“量子大学嘉兴分院专题培训”“代际传承论坛”“浙大名师进平湖”等10余场专题培训和讲座。与市发改局、经信局、科技局、人力社保局、商务局、市场监管局、税务局等涉企部门举办15期不同主题的“亲清直通车·政策直播间”活动，累计点击量超过10万人次。带领企业家参加嘉兴市民营企业“智造创新发展”培训班、嘉兴市新生代企业家“管理创新赋能”研修班等专题培训。

【助企纾困服务】 部署开展赋能民企敢干“九大行动”，推动市委“四敢争先”实践活动在全市民营经济领域落地生根。创新建立“法院+司法局+工商联+社会治理中心涉企矛盾纠纷多元化解”服务机制，印发《平湖市涉企矛盾纠纷协同化解服务机制实施方案》，成功化解涉企矛盾纠纷1176件，涉及资金3.42亿元，维护企业合法权益。发挥“工商联+司法局”沟通联系机制作用，推动出台《平湖市涉市场主体轻微违法行为不予行政处罚和减轻行政处罚事项清单（2023年版）》，共涉及免罚事项79个类别503项，减轻处罚事项13个类别68项。联合市司法局发布《平湖市2022年民营企业法治体检综合报告》，助力民营企业合规经营。市工商联和部分商协会与宁波银行平湖支行签署战略合作协议，政银会联手共同服务民营企业发展。与市委统战部联合印发《“浙里总商汇”企业互联共享平台使用管理办法》。与市人力社保局、妇联联合举办平湖市第十九届“架金桥、求发展、促和谐”女性就业专场招聘会。

【清廉民企建设】 与嘉兴市总商会联合发布《民营企业清廉建设管理体系》团体标准，制定出台《民营企业清廉建设管理体系等级评定办法》，推动350家规上民营企业导入运用。建立荣晟环保、服装城、华盛服饰、茉织华印刷4个清廉建设示范企业，12月，举办全省清廉民营企业建设现场推进会，省委常委、统战部部长王文序出席会议并讲话，市委书记仲旭东在会上作经验交流。4月，举办嘉兴市清廉民企建设工作现场推进会暨团体标准发布推广会。相关做法和经验在市委《平湖信息》、嘉兴《弄潮儿》、省委《浙江信息》和《浙江日报》刊发。

【公益慈善事业】 市工商联率民营企业家代表到四川省茂县、屏山县开展对口支援考察交流活动，25家企业为四川茂县25个结对村捐款50万元。带领企业家到青田、嵊泗等海岛县山区对接考察，签订友好合作协议。银座箱包、景兴纸业、米赢文化等企业投资建设产业园区、建立产业链配套合作、投资文旅综合体项目等。平湖农产品配送有限公司“助力松阳构筑农产品产供销全链条”获评浙商助力山区海岛县高质量发展和乡村振兴典型案例；平湖市兴村为农实业投资有限公司投资的缙云县东渡镇“一品一策”芥菜全产业链示范项目在全省会议上成功签约。推进定向招工式“共富工坊”建设，累计建设定向招工式“共富工坊”67家，吸纳农村剩余劳动力3446人，人均月增收3203.07元，帮助村集体增收533.6万元。浙江博宏残疾人之家“共富工坊”获评省级示范点。与市委组织部、人力社保局、税务局、残联共同启动“百岗千企”就业助残春风行动，将残疾人“提低”“扩中”与乡村振兴有效衔接。组织企业家主动认购爱心年货158份。为新埭镇旧埭村、新仓镇杉青港村帮扶户送去节日的问候与温暖。独山能源上榜2023年浙江民营企业社会责任100家领先企业；荣晟环保《“五心”党建引领 助力共富生态圈》入选2023年浙江民营企业社会责任典型案例。欧迪恩传动科技公司为2023年高考成绩优异学子颁发奖学金。

【基层商协会】 召开全市商协会工作会议，完善商协会工作评价体系，指导商协会向资源整合和服务多元转型。平湖市温州商会获评全国“四好”商会，曹桥商会获评全省“四好”商会，新仓商会获评嘉兴市“四好”商会，当湖商会获评嘉兴市“清廉示范商会”，独山港商会和林埭商会获评首批嘉兴市级“共富示范商会”，南市商务区楼宇商会获评嘉兴市十佳“同心组织”。曹桥商会《夯实商会基层基础，提升服务能力和水平》获评省工商联服务“两个健康”最佳实践案例和最佳工作实践创新成果，《“四个聚焦”彰显民企责任与担当》获评全省乡镇街道商会优秀实践案例。开发区商会《围绕“产业链”布局“创新链”助力新能源汽车产业链强链壮群》获评2023年全省工商联系统三季度服务“两个健康”最佳实践案例和年度最佳工作实践创新成果。

【交流联系】 在上海、北京、杭州、深圳四大城市建立商会工作联络站，加强内引外联力度，做好对平湖市的宣传推介，助推“双招双引”工作。推动“平湖总商汇”数字化平台在长三角区域和结对地区推广应用，实现企业产业供需对接和合作发展，助力“地瓜经济”提能升级“一号开放工程”。

【营商环境优化】 联合市纪委、市营商办建立37个商协会营商环境监督联络站，助力推动全市营商环境优化提升。印发政商交往行为正面清单、负面清单和倡导清单，进一步明晰党政干部和企业家在政商交往中的界限与行为。开展企业家执委关心关爱工作。建立市工商联（总商会）企业家执委及其所在企业重大事项报告制度，服务民营企业健康发展和民营企业家健康成长。与浙江医院签订推进民营企业家健康管理服务合作协议，举办财富、健康相关专题讲座，关心关爱平湖民营企业家的身心健康。市工商联在2023年全市深化改革暨推进营商环境优化提升“一号改革工程”大会上作交流发言。“推进清廉民企建设，优化营商人文环境”获评全省优化营商环境20个县级优秀案例，先后在《弄潮儿》《浙江日报》《浙江信息》上刊登。

【党建引领】 以“正式党支部+功能型支部”的组织方式，建立正式党支部2个，功能型党支部13个，58%的党组织书记由商会负责人担任。与市两新工委联合下发《关于对镇街道基层商会党建工作实行双重管理的通知》，实行“工商联党组织+属地管理”的二元管理模式。出台《关于深化平湖市工商联所属商协会党建工作的实施意见》，形成“普适性+个性化”相结合的标准化体系，将党建工作标准纳入《基层商会建设与管理通用要求》团体标准。施纪鸿等7名民营企业党组织书记上榜“平湖市担当作为好支书”名单。

【新生代培养】 制订市领导领办“优化提升新生代企业家‘双传承’计划 培育红色接班人”项目实施方案，以12项重点任务的实施推动全市新生代企业家“双传承”工作。建立平湖市新生代企业家“双传承”项目领办机制，形成9个具有影响力、特色化的新生代企业家服务品牌项目。举办“亲清夜沙龙”新生代企业家专场，“才”说五分钟脱口秀、菁英企业家主题团建、导师讲堂等活动。举行新生代企业家“浙里总商汇”强链补链资源对接活动暨战略合作签约仪式。开展新生代企业高质量发展示范引领暨“一镇一企一示范”管理提升活动，聘请专业顾问团队，在8家新生代企业中开展“实战化”现场辅导。组织“轮企互学”活动，到广陈镇新发现机械制造公司观摩学习。市、镇街道两级新生代企业家联谊会全部完成换届。全市五成以上本土民营企业实现“创二代”接班，相关做法获《浙江日报》《读嘉》等报刊报道。

【政企沟通渠道畅通】 完善党政领导联系民营经济代表人士制度，常态化开展走访调研活动。打造“亲清夜沙龙”工作品牌，全年开展“亲清夜沙龙”活动149场，参与企业家1692人次，收集困难问题766个，协调解决761个。畅通“企业直通车”反映渠道，对收集的76个问题全部给予协调解决。常态化开展基层商会网格走访活动，全年走访企业600余家，及时了解企业情况，有效协调解决问题，获广大会员企业的好评。

（吴洁灵）

11月22日，平湖市新生代企业家联谊会第三次会员代表大会召开

（市工商联　供稿）

平湖市党外知识分子联谊会

【概况】 截至年末，知联会共有会员110名，其中男会员57名，女会员50名。担任副科级以上领导干部14人，其中副处级领导干部3人；平湖市人大代表2人，平湖市政协委员27人，嘉兴市人大代表3人，嘉兴市政协委员1人。经嘉兴和平湖两级认定的无党派人士62名。本科以上学历91名，硕士6名，博士1名。下设教育、卫生、经济科技和社会法制文体新闻4个小组。

【思想建设】 学习中央统战部关于各民主党派、无党派人士和党外知识分子、新的社会阶层人士“凝心铸魂强根基、团结奋进新征程”主题教育动员会议精神，重点学习习近平总书记考察浙江重要讲话精神。开展“好书共读　智慧共享”读书交流活动，全年举办各类会议12批次，撰写各类宣传信息15篇。

【组织建设】 年初，部署2023年度重点工作，积极开展新会员发展工作，挖掘新会员特长，鼓励新会员积极参加会内活动。加强对外学习交流，与青田县知联会签署“山海情”结对交流协议书，双方确定从自身建设、特色活动等方面开展深入合作交流。

【参政议政】 紧扣中心制定6个年度调研课题，采用“集中命题、分头调研”模式，组建6个课题小组，开展课题调研。全年，撰写《完善公共文化设施建设，打造“15分钟健身圈”》《构建“一老一小”一体化，打造老幼共融生活圈》等5篇调研课题报告，其中2篇获市领导批示肯定。两会期间，市知联会共提交提案21件，其中2件获评优秀提案；撰写社情民意59件，获评市政协2023年度社情民意信息工作先进集体。《打造人才集聚高地　助力产业蝶变跃升》在政协全会上作口头发言，集体提案《关于加快推进未来社区建设，高水平打造中国式现代化基本单元的建议》，虞浩杰、屠华中的《关于进一步加强独山港区海岸线整治修复的建议》获评优秀提案。会员陶林花、曹建获评2023年度优秀委员。组织题组成员及骨干会员参加市委统战部举办的平湖市党外人士参政议政培训会。组织骨干会员开展调研活动，围绕“如何进一步打造具有平湖特色的网红经济、地瓜经济，助推平湖市农文旅发展”等问题交流建议举措。组织理事会成员及骨干会员参观考察龙萌湾民宿项目，围绕“推进跨乡镇全域土地综合治理，助力农村共同富裕”课题交流调研思路。组织开展“发展美丽＋融合产业发展，助推乡村共同富裕”活动。

【社会服务】 发挥人才荟萃优势，聚焦经济发展、民计民生、社会治理等各领域，开展社会服务。组织会员到平湖市瑞杰幼儿园及青鸟幼儿园，为学校60多名处于生育年龄的幼师们举办女性健康知识讲座。开展“宝藏小屋”暑期公益夏令营活动，入选2023年嘉兴市品牌公益服务项目。举办“知行合一”青春学堂，建立党外知识分子助力青少年心理健康教育长效交流机制。组织会员到曹桥街道开展“参与基层社会治理　探索助力共富途径　创新助力共富方式”社会服务活动。组织骨干会员到青田县举办“走亲”活动。举办以“免疫系统和新冠病毒科普”为主题的阳光课堂活动。

（陈叶）

群众团体

平湖市总工会

【概况】 至年底，全市共有8个镇街道总工会、22个系统（局）工会、8个市直属工会、5个行业工会联合会。全市已建基层工会组织1673个，组建率98.6%，工会会员17万人，入会率92.5%。市总工会各项工作先后7次获各级领导批示肯定，10次在全总简报、省总简报等专刊交流；全总县级工会加强年专题培训班专程到平开展现场教学，全国职工摄影工作经验交流会在平湖召开；深圳、苏州、台州等40批次工会到平湖考察交流；市总工会被评为全国工会系统先进集体、全省工会"构建职工思想引领体系，推动打造精神富有型社会"县域试点，市总工会职工学校被评为浙江省工人先锋号；市总工会连续12年获评嘉兴市工会工作考核优秀。

【职工思想文化建设】 以入选全省工会"构建职工思想引领体系，推动打造精神富有型社会"县域试点为契机，在全市广泛开展"思想引领进企业·送理论，劳模精神进万家·送服务，先进文化进基层·送文艺""三进三送"活动，培育打造"1+8"（市总工会本级+8个镇街道总工会）职工思政领讲团，精心设计"送理论"课程菜单，定期入企开展"点单式"宣讲。全年，开展宣讲1236场，参与职工7.2万人次。着力构建"云思政"宣讲体系，"平小工"直播间已为65.63万人次提供线上培训学习服务，"平湖职工之家"公众号排名全国县级工会新媒体传播力排行榜前15，连续两年被评为全国网络正能量新媒体（微信

8月15日，市总工会持续深入基层开展"三进三送"活动

（市总工会　供稿）

组）区县级工会十佳账号，微视频《触手可及》获2023年全国总工会“网聚职工正能量”微视频大赛一等奖。结合迎亚运，举办第九届全市职工文化节，常态化开展“文艺快享”进企业活动，市总工会获评嘉兴市群众体育工作成绩突出单位。

【劳模示范作用】策划平湖市庆祝“五一”国际劳动节暨劳动模范和先进集体颁奖仪式，做好劳模评选、工匠遴选和典型宣传。2023年，累计推荐获评浙江省五一劳动奖章2人、嘉兴市劳动模范11人，评选平湖市劳动模范19人、先进集体10个、最美职工14人，在全市掀起对标先进、学习先进的良好氛围。成立平湖市劳动模范协会，组织劳模工匠志愿服务队定期入企开展技术服务、解决技术难题，帮助滞销农户打通销售渠道。联合市委组织部开展金平湖“红色工匠”培育工程五年行动，推进工会“推优入党”工作，累计推优563人，共有461人被列为入党积极分子或发展对象。

【产业工人队伍建设改革】推进新时代产业工人队伍建设改革全省试点，召开全市新时代产业工人队伍建设改革协调小组第五次（扩大）会议；发挥工会牵头抓总作用，创新推行“服务＋人才＋产业”模式，推进小微企业园区、规上工业企业产改工作提质扩面，成功签订全市首份新业态（快递行业）能级工资专项集体合同。市总工会受邀出席省部属国有企业联系非公企业产业工人队伍建设改革经验交流暨工作推进会，并在嘉兴产改协调小组推进会上作经验交流。在车间一线承办首个“嘉兴工匠月”系列活动启动仪式，推动成立平湖市劳模工匠学院，在全市开展“金平湖工匠月”系列活动45场，参与职工1.2万人次。

【职工素质提升】举办第十九届全市职工职业技能竞赛，组织网约配送员职业技能比武、平湖市劳动关系协调员技能竞赛等特色比赛，市镇企三级联动举办各类竞赛550场、参与职工24653人次。举办2023年全市民生优享工程全域立功竞赛，共100个项目参赛，打造立功竞赛5.0版本，市总工会获评2023年度平湖市民生优享工程先进单位。在全市开展职工素质提升大培训活动，制定十大菜单99个子项培训项目，累计开展培训312场次，培训职工6.4万人次。连续11年开展“双证制”培训，为1324名职工提供求学圆梦机会；1080名一线职工通过企业技能等级自主评价实现技能晋升，帮助2198名就业困难人员实现再就业。深化非公企业工会工作者资格认证和工会主席分级管理工作，该项工作作为嘉兴集体提案建议在全总十八大会议上提交，被列为大会提案。

【职工权益维护】针对企业职工安全生产需求特点，连续五年开展“开工第一课”活动，连续三年举办全市企业班组长安全培训，累计为2958名班组长开展安全教育，提升企业职工的安全意识。迭代升级安全生产劳动保护评估分级亮牌2.0版本，并将其作为市总工会与市政府联席会议、市人大联席会议议题进行推进，进一步明确企业安全生产责任，筑牢企业安全防线，安全生产相关工作获《工人日报》宣传报道。聚焦公共服务“七优享”工程，深化新时代企业厂务公开民主管理工作，重点抓好“规上企业”和“新业态企业”两大关键点，推进能级工资集体协商工作，助力职工以“技”提薪。市总工会获评2023年度平湖市营商环境优化提升“一号改革工程”先进单位。

【职工帮扶服务】聚焦“提低”重点人群，深化“七助”精准帮扶工作模式，创新推出困难职工精准帮扶服务项目，通过“各级工会认领帮扶＋社工全程参与”的方式，每月开展入户走访，并根据受助对象不同需求，发动社会力量为其提供房屋修缮、医疗救助、就业帮扶、子女助学等服务，实现“体面”帮扶。“虚拟岗位”帮扶推行11年，累计支付岗位待遇762万元，帮助困难职工家庭1774户。2023年，分别面向青田县、四川茂县各推出100个岗位，实现工会帮扶的延伸拓展。升级职工医疗互助保障政策，发挥对困难职工等群体的兜底保障作用，全市累计参保职工98.1万人次，发放补助金5765万元。

【基层工会服务工作】 推出12项工会实事项，组织100名新就业形态劳动者进行免费体检；在嘉兴市率先推出工会“爱心餐”服务，择优选取15家爱心店铺，外卖小哥到店就餐即可享受优惠价。提供工会“爱心托班”服务，市镇企三级联动累计举办“爱心托班”139场，惠及职工子女4892人。出台关心关爱医务工作人员11项举措，市总工会安排100万元资金，专项用于全市一线医务工作人员送温暖活动。结合东西部结对共建，专程到四川茂县开展“春风行动”专场招聘活动，该项工作经验登上人民日报客户端。针对全市在职劳模（工匠）和一线职工，常态化实施健康讲座、健康咨询和上门体检等服务项目，给予在职劳模（工匠）和一线职工健康关爱。全年，累计组织安排200名优秀一线职工参加疗休养。

【基层工会建设】 重点推进新业态领域工会标准化规范化建设，开展新就业形态劳动者工会工作“扩面提升年”专项行动，创新“介入、宣传、服务、培训”“四个前移”和“批复率、办证率、开户率、实名制率、建制率、协商率”“六个率”闭环组建制度，推动全市货车司机、外卖员、快递员、网约车司机四大群体实现建会入会全覆盖。建立新业态工会联系指导、项目破难、结对共建、经费补助等四大机制，以点带面推动新业态工会“转起来”。全市已建新业态基层工会113家，发展新会员18326人，《浙江省总工会简报》推广相关做法。

【基层社会治理】 聚焦党政所需、职工所盼，组织职工志愿者积极参与“四大工程”、平安建设、反诈宣传等中心工作市总工会被授予嘉兴市志愿服务项目大赛优胜奖。紧扣户外劳动者“既集中又分散且需求多元”的特点，引导社会各界关心关爱驿站建设，外卖“小哥”一条建议，在大润发商圈新增职工服务站点的暖心故事获《工人日报》宣传报道。鼓励有条件有爱心的商家以认领的形式，助力驿站建设工作，打造户外劳动者1公里服务圈。截至年末，全市共建成户外劳动者驿站192家，累计有403家爱心单位、164名热心市民捐赠各类饮品4.1万箱，开展志愿服务2600场，服务户外劳动者40.5万人次，该项工作被评为浙江工会助力高质量发展建设共同富裕示范区十大创新案例。

9月29日，市总工会在嘉兴率先推出工会“爱心餐”服务
（市总工会　供稿）

【工会自身建设】 围绕全国总工会“县级工会加强年”专项行动要求，抓队伍、强服务，不断强化工会组织和工会工作体系化建设，有效激发基层工会干部队伍的内生动力。深化“工享E家”数智工会建设，该项应用被评为全国总工会“互联网+工会普惠服务平台”之“最具影响力”平台。落实《新时代非公企业工会建设规范》，制定推行镇街道工会代表“云履职”应用年度履职评价办法，以制度化提升代表履职质效，“云履职”应用被评为浙江工会数字化改革十佳创新应用成果。

（姚心辉）

共青团平湖市委员会

【概况】 至年底，平湖市共有14—35周岁青年20.3万人，其中14—28周岁青年11.22万人，团员1.42万人，少先队员4.24万人，在册青年志愿者9.8万人；有各级团组织1343个，各级团干部2141人。2023年，市十大杰出青年张天鑫获亚残运会冠军，全国技术能手陈良杰获第十届国际残疾人职业技能竞赛冠军；刘扬老师获评全国优秀少先队辅导员，全市4个中队获评全国红领巾中队。43篇信息被省级及以上媒体录用，“青少年体育锻炼与身心健康促进调研”成果在省里作交流发言。

【理论武装】 深入推进“青年大学习”，依托“浙里潮音”“红领巾爱学习”等载体推动全市共青团、青联、少先队组织实现组织化学习全覆盖。做好党的创新理论青年化阐释，发挥“平语·青年说”“青联大讲堂”等载体作用，推动“8090”“00后”青年深入基层一线进行面对面理论宣讲30余场。组织举办“平湖后生·爱学习”首届青年辩论赛、第二届“金平湖小讲解”选拔，创新开展“学习二十大 童语话共富”主题活动。

【青少年价值观塑造】 发挥“两红两优”“向上向善好青年”“平湖市十大杰出青年”“平湖市活雷锋”等榜样作用，每季度选树

12月20日，“平湖后生·爱学习”首届青年辩论赛初赛举行
（团市委　供稿）

全市“新时代好少年”等先进典型。优化“亲青课”服务体系，举办劳动教育、科普研学青少年公益课堂12期，参与青少年400余人。

【三个“一号工程”】 聚焦引领青年创新创效、服务青年创业就业、促进青年开放交流等主攻方向，发挥共青团独特优势。扩面提质“农村青年创业伙伴”，建立农村青年创业伙伴服务站13个，召开创业伙伴见面会12场，累计发放农村青年创业信贷资金525.5万元，帮助16名农村青年创业就业。举办“青耘中国·秋收硕果”青禾集市，吸引30余名农创客，助力“地瓜经济”藤茂根壮。培育乡村振兴青年先锋，挖掘青牛候选人11名，团市委兼职副书记新农人马新远登上央视。举办第十八届“挑战杯”全国大学生课外学术科技作品竞赛“揭榜挂帅”专项赛活动，展播吸引超50万人次在线观看互动。发挥“税小二”青年服务队作用，在团聚·楼宇驿站开设服务点，优化营商环境，为楼宇企业纳税缴费办实事。做好各级青年文明号创建工作，组织开展青工技能比武，抓好青年工匠、青年岗位能手等先进典型选树，全年入围第一批“嘉兴青年工匠”培养项目144人，获评嘉兴市级青年岗位能手4名、嘉兴市青年文明号5个。

【共同富裕先锋行动】 系统打造雨露青禾乡村振兴精品路线8条，研究支持青年投身“农旅+”新业态措施，带动周边农产品、农家乐消费需求增长；依托红领巾校外实践基地举办“坐上共富班车　趣村游”等活动。实施“百舸千帆”青年企业家培养工程，鼓励青年企业家参与社会公益，市青企协向“善行金平湖·阳光基金”捐赠2万元。拓展青年统战和外事工作，联合市台办举办2023“金平湖杯”两岸青年慢速

垒球邀请赛,参与青年150余名。85名浙港青年和本市青年学生一起开启“同心迎亚运·携手向未来”港澳青年浙江行平湖站活动。实施民族交流行动计划，组织50余名沙雅青少年参加嘉沙青少年融情夏令营。打造青年山海协作升级版，做好对口支援工作，开展中国航天日主题科普等平湖·青田两地青少年交流活动3次；组织东湖小学和四川茂县凤仪镇小学开展书信联谊。

【小银杏志愿服务】 规范组织建设，4月完成平湖市志愿者协会换届工作，系统打造“磐石协会、扬声协会、闪光协会、邻家协会、变革协会”，常态化开展助力“双减”、文明创建、反诈宣传等志愿服务1586场次，累计服务时长53.87万小时。举行“志愿春潮新风盛　创新奋进金平湖”学雷锋志愿服务月启动仪式,举办志愿服务项目创投大赛,推动青年志愿者事业高质量发展。“联心莱园”毗邻党建项目获2023年嘉兴市志愿服务项目大赛铜奖。做好赛会保障，选拔招募十运会、2023“嘉兴人才日”暨首届精英赛艇邀请赛等大型赛会活动志愿者600余名，开展志愿者培训6期，累计服务110余场次，着力将小银杏青年志愿服务金名片打造成为县域大型赛会服务标志性成果。

【联席会议机制】 健全在党的领导下各部门齐抓共管青年发展事业的工作格局，发挥青年工作联席会议机制作用，召开青年工作联席会议第四次全体（扩大）会议。协调出台普惠性政策20个，青年实事项目4个，推动平湖市科创青年城开工奠基。主动向上对接青年发展综合指数短板，更好推进规划实施“后半篇文章”。

【青少年群体成长】 关注青少年心理健康，推动“12355”青少年服务台建设，推出线上视频课程4期，举办“植此春色　守护童心”亲子心理课。推进青少年平安自护能力建设，在中高考、暑期等节点广泛开展减压和安全自护教育，受益青少年达3100余人次，开展“三禁三防三自”活动2场。着眼平安善治专项行动，对四类重点青少年开展100%结对帮扶；派出未成年人合适代理人210人次；对接公、检、法、司部门，完善未成年人社会观护体系,集结“益心为公”检察云平台志愿者40余名。畅通青少年政治参与渠道，开展共青团“面对面”活动，共形成青少年模拟政协提案20份,镇（街道）覆盖面100%。

【青少年“关键小事”破解】 持续深化“亲青恋·在平湖遇见你”青春专线品牌建设，开展青年婚恋观教育、青年联谊交友活动12场，服务单身青年2400余人次。聚焦新兴青年群体需求,拓展“暖蜂行动”，开展2023年“快递从业青年服务月”走访慰问活动6场，覆盖青年200人次。实施促进青年就业行动，优化全市“青年人才驿站”布局，联合市人才办、市财政局、市人力社保局出台《平湖市青年人才驿站（青鹄·驿）筹建工作方案》，新增示范性驿站2家；深化校地合作，持续办好“校企合作大篷车”活动；常态化开展“家（海）燕归巢”、名校优生、浙大青知计划活动，发布就业实习岗位300余个。

【团领导机关改革】 完善加强党的领导制度机制，完善机关部门和直属单位协同一体工作机制,提升直属单位整体运行效能。落实团中央、省委要求，加强团属单位规范管理，指导青企协等“四类协会”实现“五脱钩、五分离”。细化分类处置方案，促进其他团属社会组织健康发展。

【基层组织改革】 以破除“机关化”作风和“行政化”依赖为主要任务，以改革“六个化”为主攻方向，着力推动共青团强化政治功能、形成社会功能。在团组织覆盖和管理、党的青年工作纳入党委巡察等方面有效提升。推动社会领域团组织建设，新建非公企业团组织100家。联合市财政局印发《关于进一步规范全市各级团组织团费收缴、使用和管理工作的通知》，进一步强化团费监管。

【青少年组织改革】 深化学校共青团改革，立足中学共青团基础性源头性定位，优化中学团校作用发挥，增强思想政治引领和实践育人功能。夯实青联组织基础，发挥青联委员在服务千村、社会治理、互联网创新发展等工作中的作用；推动青联委员开展“强国志　青春说”理论宣讲2场，从严抓好委员队伍建设。持续推进少先队改革，落实双主任制度，完善少先队社会化工作体系，联合市教育局规范化成立社区（村）少工委，辖区内设有中小学校的社区（村）100%建立少工委。获评省优秀少先队集体1个、省优秀少先队辅导员1名、省优秀少先队员1名。

（马易旋）

平湖市妇女联合会

【概况】2023年，市妇联团结带领各级妇联组织紧扣创新奋进主题主线，聚焦思想引领、创业创富、家庭建设、维权关爱和改革创新，打造“金平妇”工作品牌，推动全市妇女儿童事业高质量发展。全国妇联妇女研究所、中国儿童中心和省妇联等8批次领导先后到平湖调研指导，市妇联作为嘉兴唯一县市区妇联获评浙江省妇联系统先进集体。“平湖创新家庭教育共育体新模式”获省妇联主席批示肯定，并在全省社区（村）家庭教育指导服务体系建设专题培训班上作经验交流。妇女儿童维权工作获省妇联领导认可，被列入全省首批（4个）家事纠纷化解“一类事”综合服务试点，试点经验在全省妇联系统维权干部培训班上作交流。和美庭院、创新构建“e+”服务场景、清廉家风、巾帼助力共富等多篇信息登上《中国妇女报》。55篇有关巾帼典型及先进事迹和工作经验被《中国妇女报》、红船女儿等省级媒体报道。

【岗位建功】开展各级三八红旗手（集体）、巾帼文明岗和巾帼建功标兵等选树评创，4个集体和个人获评省级三八红旗手（集体）、省妇联系统先进工作者（先进集体），国网平湖供电公司获评全国巾帼文明岗。聚焦优化营商环境主线，开展“百岗争流创新功”行动，助力打响“平妈妈”营商环境品牌。

【创业创新】针对女性人才、就业困难女性、女大学生等群体，制定巾帼聚智“双创十项”举措，组织实施女企赋能、头雁引领、银企合作、智造创新、创富助业等10项助力女性创业创新发展行动。多措并举开展助企纾困“走亲服务”，包括举办女性就业专场招聘会、持续开展女性创业小额贷款贴息、打造巾帼“三创”（云创、科创、农创）基地，成立巾帼科创工作室、组建“长三角科技女性联盟”、组织浙沪两地女企业家联谊走亲、建立新枫“巾帼创·共富体”等。实施“党建引领巾帼共富成长计划”，选树一批共富工坊带头人、巾帼乡村工匠、巾帼直播达人，开设巾帼“共富课堂”，健全导师带徒机制，提升就业新技能。指导服装城妇联建立“巾帼创业网格”，建立“云创示范街”，设立女性（女大学生）创业创新基地，为女性创业和成长搭建平台。服装城红羽电商直播共富工坊获评首批省级“巾帼共富工坊”，当湖街道吉祥共富工坊经纪人钱磊琴获评省级优秀来料加工经纪人，吉祥共富工坊等4家共富工坊获评首批嘉兴市级“巾帼共富工坊”。

【“优美庭院”】实施“五色庭院”提升行动，在嘉兴市率先开展“和美庭院”示范片区建设，承办嘉兴市现场推进会，推动“优美庭院”点上出彩、线上出景、面上和美，助力打造全域美丽平湖样板，相关做法获省妇联领导肯定。持续开展“优美庭院”三级评创，新增示范户2300户，指导建设新时代美丽乡村示范镇2个。推出巾帼共富线路和巾帼商旅专线，打造“妈妈的味道”示范街区，创业创新经验在浙江省“妈妈的味道”共富行暨百城百店推进活动上作典型发言。

【家庭文明建设】常态化开展最美家庭寻找、绿色（无废）家庭等特色家庭创建活动，推荐省文明家庭2户、嘉兴市文明家庭3户，获评省最美家庭3户、嘉兴市“最美家庭”5户。利用国际家庭日举办家庭文明建设主题活动，发布红色家风线路，邀请最美家庭分享“家故事”，表彰“十星级文明示范户”，通过展示“最美家庭”、树立“最美榜样”，营造新时代家庭文明新风尚。利用美好生活实践基地、女性红色教育基地、家风馆、家风长廊、家风公园等，深入推进好家风好家教好家训走进千家万户。发挥“金平湖最美一家家庭联盟”作用，依托“志愿＋专业”模式，引导最美家庭开展“农产品邻里带货”等特色服务项目活动250余场，服务2.3万余人次。

【家庭教育创新模式】实施家庭教育“十四五”发展规划，开展家庭教育七大行动和九大实事项目，推动形成社区家庭教育指导服务网络。创新发展家校社“共育体”模式，推动建立11个“共育体”，组建“共育体联盟”，累计开展家庭教育活动160余场，3万余人次受益。嘉兴市“家校社”共育推进会在平湖召开。发布家校社协同育人“星火”计划，发挥家庭教育创新实践基地带动作用，建立导师联挂和项目指导机制，推动形成工作联席、项目联合、活动联办、资源联享的“四联”工作法。连续16年举办家庭教育节，持续开展家庭教育指导能力培训和科学家教城乡行活动等，逐步构建“家庭成长＋学校育人＋社会协同”的家庭教育“三助”格局。编印平湖特色的《家庭教育读本》系列和《平湖市家校社共育体建设成果汇编》，7项课题入选省“十四五”家庭教育第二批研究课题。

【平安家庭建设】推进省级家事纠纷化解“一类事”综合服务试点工作，开展“法治护航　平和万家”普法系列活动，发布“平姐姐”维权服务品牌和服务项目，开设平姐姐直播间和说法专栏，推出妇儿普法菜单，建立镇街道＋女律师联挂机制，打造“妇联执委＋网格员婚调员＋巾帼志愿者”服务矩阵，从源头上预防和控制婚姻家庭矛盾纠纷的发生和转化。家事纠纷化解工作获省妇联领导肯定。市妇联获评嘉兴市平安家庭建设工作优秀单位。

【妇女儿童维权】聚焦“一老一小”做实困境妇女儿童民生托底保障，开展关爱赋能困境妇女儿童“四季行”专项工作，组织开展“把爱带回家”系列活动、儿童友好五彩行动、低保家庭女性健康关爱、母亲援助工程和妇女儿童公益服务项目等。做好“12338”热线运行，处理婚姻家庭纠纷90起，利用“和睦e家”数字化应用平台核实受理婚姻家庭纠纷152件，加强动态管理，实行“三色”跟踪。推进妇儿驿站和婚调工作室规范化建设，建成星级驿站20个，“平湖市构建驿＋服务场景、打造有温度的家门口驿站”获评嘉兴市妇联系统改革创新项目。

【儿童友好行动】根据嘉兴市儿童友好城市建设相关要求，制订并印发儿童友好城市建设三年行动平湖方案，围绕构建政策体系、公共服务、权利保障、成长空间、发展环境、产业经济和精神文化的儿童友好发展体系，着力实施七大行动，推出工作举措35项、政策举措29项、重大项目清单48项，组建领导小组，落实创建责任，实行量化推进。结合平湖区域优势，推动公共空间适儿化改造及儿童友好场馆、儿童友好社区（乡村）等特色单元建设，累计申报省级儿童友好社区（乡村）8个，嘉兴市级各类儿童友好试点单元21个，其中儿童友好运动场馆——徐家埭村棒球场获评浙江省妇女儿童发展规划示范项目。启动儿童友好五彩行动，围绕“红色润童、橙色暖童、金色慧童、绿色益童、蓝色护童”五大主题，组建各类儿童观察团16个，鼓励儿童参与城市事务，保障儿童表达权和参与权。平湖童车企业、依爱夫游戏装文化有限公司亮相2023年嘉兴文化产业博览会“童享禾城”儿童友好生活馆。

【服务能力提升】结合“大走访大调研大服务大解题”活动，升级打造三级执委服务项目包联领办制2.0版本，组建项目群、专家组和服务团，建立完善亮晒机制、导师机制和考评机制等，促进执委作用发挥最大化，全市各级执委以个人或团队认领的服务项目达364个，争取慈善资金项目20多个。启动“执委成长计划”，举办“领航她力量”专题培训班。深入开展“四必访四必应”工作，建立清单、收集需求、及时服务。推选5名优秀女性参加浙江省第十五次妇女代表大会，8名执委获评省最美执委。选树表彰100名平湖市最美执委、20个示范妇女组织等优秀典型，评选年度基层妇联组织优秀项目14个。“章桥‘小候鸟’的‘幸福巢’”获评嘉兴市基层妇联执委“十佳”走访案例。

【“东湖女儿”宣讲】 开展以“中共二十大精神进万家”为主题的“东湖女儿大宣讲”活动，组建“东湖女儿”宣讲团，建立塔群式宣讲方阵，制作宣讲视频2个，开展各种形式的宣讲480余场。

【组织建设】 加强新经济组织、新社会组织、新就业群体妇联组织建设，指导建立新领域妇女组织9个。创新实施新领域妇女组织“星级化”管理办法，以星级管理倒逼新领域妇联组织夯基础、增服务、提活力。持续深化毗邻地区妇女组织联动发展工作新模式，加强与上海金山妇联的区域化联动，签订新一轮金嘉平区域联盟合作框架协议，迭代升级南北山塘走亲服务，常态化开展轮值活动；强化田园五镇妇联建设和金平太区域化联动，推动毗邻妇建走深走实。

（郭一诺）

5月15日，金嘉平家庭文明建设活动启动　　（市妇联　供稿）

平湖市科学技术协会

【概况】 2023年，市科协实施红色铸魂、借势赋能、凝智助力、科普惠民、改革强基“五大行动”，深入推进全市科协事业高质量发展，成功创建2021—2025年度全国科普示范县（市、区）。举办“科技工作者初心讲堂”3场，组织开展“科技自立自强我们能做什么”等专题研讨。完成市科协换届工作，实现镇街道科协“三长制”全覆盖。

【主题教育】 按照市委统一部署，研究制定重点工作清单21条。围绕科协主责主业，立足科协职能优势，深研细化工作任务，开展“立足岗位作贡献”“学习身边榜样”“暖心助企”等专题活动。召开镇街道秘书长座谈会、学（协）会秘书长座谈会，走访调研科技企业。

【科学家精神】 引导科技工作者弘扬以爱国主义为底色的科学家精神。发挥中国航天科普馆作为首批浙江省科学家精神教育基地的优势，加强与省科技馆合作，弘扬“两弹一星”精神、载人航天精神。组织开展“点亮精神火炬”2023全国科技工作者日“科学家精神进校园”系列活动。

【科创合作】 举办毛军发院士工作站启用仪式暨长三角射频技术项目对接会，促成2个项目签约。举办2023微系统技术创新与产业协同平湖论坛，刘明、毛军发等院士专家及国内微系统领域知名企业、高校、研究院所等参加，探讨谋划平湖微系统产业与产业基地建设。

【科普合作】 推动科普事业跨区域融合发展，形成常态化一体化科普合作机制。连续4年举办长三角科普漫画大赛，获第五届长三角科普漫画大赛优秀组织奖。开展“科普万家健康先行　连心服务乡村振兴”浙沪助共富活动，来自上海7家三甲医院的10余位医学专家到平湖举办医学科普讲座，提供健康咨询服务。

2月18日，毛军发院士工作站启用仪式暨长三角射频技术项目对接会举办　　　　（市科协　供稿）

6月3日，微系统技术创新与产业协同平湖论坛举办　　　　（市科协　供稿）

【科技人才】 全年，邀请院士10人次到平湖开展学术交流、项目对接、服务企业和科普教育（其中两院院士9人次）。与长三角院士赋能研究院合作开展院士专家平湖行活动。

【“两站一基地”建设】 积极服务院士专家工作站建设，3家院士工作站获评2022年度绩效考核优秀单位。各院士工作站开展交流、技术合作与攻关等活动21次，院士团队参与71人次，企业技术人员参与299人次。新命名博士创新站8家，累计建立博士创新站17家。各博士创新站开展技术交流等活动121次，博士及其团队参与237人次，企业技术人员参与618人次。开展海智活动7次，涉及英国、德国、澳大利亚、日本及欧盟等国家和国际组织130多人次。

【科技经济融合发展】 开展“凝智助力比拼赛”品牌活动，19个市级学（协）会参与2023年度比拼赛活动，开展活动23项。成立民非组织“平湖市医工学人科技推广院”，搭建医工交叉领域双创服务平台，促进医工交叉融合人才集聚。对接国家级、省级学会科技服务资源优势，帮助企业解决创新发展瓶颈问题。中国纺织工程学会专家4人到2家服装、纺织企业考察、调研；上海机械工程学会专家5人到企业开展企业数字化转型技术服务。

【科技服务品牌】 发挥金桥工程科技服务品牌的作用，搭建产学研用合作平台，实施金桥工程项目63项，推进科技创新和成果转化。完善科技政策建言机制，做实《科技工作者建言》决策咨询品牌，全年，上报建言7期，获市领导批示7次。

【科普阵地“规范化”】 开展全市科普教育基地整治提升行动，抓好“建、管、用”三大环节，提升科普教育基地建设水平与实际成效。对2020—2022年科普教育基地开展新一轮评定工作，完成14家平湖市级科普教育基地申报和复评的检查。完成17家嘉兴市科普教育基地复评和申报工作。发布平湖市科普教育基地地图，加强科普阵地宣传力度，开展科普教育基地研学打卡活动8场。开展全市科普e屏问题整改，修复各类问题e屏41台。

【科普活动“常态化”】 推广“科普万家”品牌，2023年，开展各类科普活动122场。开发建设航天科普特色活动课程。持续叫响“小小科学+”青少年科普服务品牌，全年，开展周末科普课堂、科普大篷车、科普夏令营等“小小科学+”活动265场，2.7万余人次受益。“小小科学+”科技志愿服务项目获评2023年度长三角科技志愿服务先进典型。开展科普电影下乡活动，在社区和村文化礼堂播放科普短片100多场次。

【科普队伍“多元化”】深化“金平湖博士科普团”活动，2023年，聘任科普团成员13名；发布2023年博士科普团2.0版服务菜单，设置13堂科普讲座、科普体验课程，涉及环保、智能机器人、智慧农业等领域；13位博士科普团成员受聘35所学校校外科技副校长；已累计开展活动14场，受益学生5200人次。“金平湖博士科普团”工作获评省科协“浙里科普”创新示范试点。2023年，新开启科普“漂流瓶”行动、“乡贤讲科普”活动等，逾3900名青少年参与。邀请中科院6位老科学家科普巡讲团成员到平湖，举办12场专题宣讲报告，受益学生3700余人次。

【“科技工作者之家”建设】组织开展优秀科技工作者选树及人才托举工作，姚爱英获2023年嘉兴市“最美科技工作者”称号，韩其芳获2023年嘉兴市“最美科技工作者”提名奖。开展平湖市第五届“十佳科技工作者”评选活动，经部门联审、各级各部门代表投票、组委会审定等程序，在入围的20名优秀科技工作者中评出十佳科技工作者。常态化走访慰问科技工作者，开展全市科技工作者状况调查，调查样本点37个，调查科技人员555名，收集整理科技工作者诉求、建议。在人才之家常态化开展“科普驻家”活动，为人才子女提供丰富多彩的科普服务。

（孙晓静）

平湖市文学艺术界联合会

【概况】2023年，市文联及所属各文艺家协会共参与地区文联系统以上活动30余项，主办或协办活动40余项，作品在地区以上展演、刊发250余次，出版各类作品集、刊物30余部。全年各协会新增国家级会员9人、省级会员21人。重点扶持的传统舞蹈《打油号子》获第九届浙江省民间文艺“映山红奖”优秀民间艺术表演作品奖，原创舞蹈《变变变》获“浙艺少年”首届浙江省青少年艺术普及系列活动—舞蹈类决赛专场（小学高段组）金奖，钹子书《出租房》入围第十三届中国曲艺“牡丹奖”选拔。遴选18名青年文艺人才列入首批平湖市（2023—2025）青年文艺人才培育计划。新成立文艺评论家协会和文艺“两新”人才联谊会。加强对直属文艺家协会的管理指导，印发《关于开展直属文艺家协会“规范建设主题年”活动的通知》。

【文艺创作成果】市文联举办或推举省级以上重要文艺展演赛活动和项目，努力形成有平湖辨识度的精品文艺活动。与省民协的“芦川杯”首届浙江省民间舞蹈邀请展演暨民间文艺“映山红”奖优秀民间舞蹈评选活动在新仓镇举行。首届“巨来之星”全国古典细朱文作品展继市博物馆首展起，先后在乍浦、上海金山、桐乡、丽水青田巡展。10月，举办“李叔同（国际）诗歌奖”大赛颁奖典礼，《中国艺术报》《光明日报》《中国青年报》等国家级媒体相继开展报道。与中国民间文艺家协会、浙江省民间文艺家协会举办“第二届民间文化当代表达——民间文化与和美乡村全国学术研讨会”。各文艺家协会主动融入长三角一体化进程，分别与上海奉贤、松江，江苏昆山、太仓进行7次多艺种的交流活动。罗海玲的长篇小说《守边记》获第十四届嘉兴市文学艺术南湖奖；陈天翼的长篇小说《海洋之心》由四川人民出版社出版，来婕、张超、何芳分别获首届李叔同国际诗歌奖新锐奖。民协邓中肯的论文在第二届民间文化当代表达“民间文化与和美乡村”全国学术研讨会征文中获一等奖。收藏家协会冯平华在市博物馆举办个人瓷器展。书协许非同入展中书协主办的“全国第九届篆刻作品展”，杨庆洪获省书协主办的首届“倪元璐杯”全国行草书大赛优秀作品奖，潘国平获省书协主办的“陆维钊奖”第十届浙江省中青年书法篆刻大展优秀作品提名奖，邬鑫森、褚吴虹、潘国平获嘉兴书协主办的第四届嘉兴市“沈曾植”奖书法篆刻展优秀作品奖。朱艳艳的油画作品获省美协主办的“最忆是南浔”——2023浙江省小幅美术作品展学术奖，摄协侯彤彤的组照作品《派墨公路建设者》入选由中摄协主办的第十一届全国农民摄影展和第29届全国摄影艺术展。音协王建军创作歌曲《风回来的车站》获嘉兴市“五个一工程”奖；舞协的舞蹈《变变变》获省舞协主办的第四届浙江省少儿舞蹈展演“小荷初放奖”，张雯艳、王倩怡、潘梦等人获“优秀编导奖”。马其林的话剧剧本《永不凋谢的杜鹃花》被列为2023年度嘉兴市文化精品工程重点扶持项目，王辰纬的小品《老李》被列为2023年度嘉兴市文化精品工程重点扶持项目，获2023年第十三届嘉兴市文学艺术南湖奖银奖。独山港镇文联会员陶嘉澄获中国作协诗刊社等主办的第十届中国（海宁）徐志摩微诗歌大赛铜奖。新埭镇文联邀请浙江省作协副主席、第五届鲁迅文学奖获得者陆春祥作无讼文化调研，褚亚芳的《立春》获“共同富裕·共享美好”2023全省诗歌大赛现代诗作品金奖。乍浦文联承办浙西红学与红楼出海、乍浦—长崎海上丝绸之路、红楼文化海外传播等主题的多场大型跨区域研讨活动和“巨来之星”全国古典细朱文印篆刻展、“虎啸谷风起—朱文侯画展”等具有地方名人特色的大型赛事活动；新仓镇文联打造《着癞子》《打菜油》等20多个具有地标性的文艺精品，获省民协授予的“浙江省民间文艺创作实践基地”称号。林埭镇文联完成特色场馆“清溪诗词馆”建设，创建嘉兴市级艺术乡建——“诗词村”。广陈镇文联举办“千年古镇·翰墨传情”赵孟坚采风活动及“孟坚故里·百画迎春”美术作品展，举办第二届“彝斋杯”浙沪青年诗词大赛，山塘村创建嘉兴市级艺术乡建——“曲艺村”。钟埭街道文联遴选清代钟溪名士沈步青的部分竹枝词，创编《钟溪棹歌》组歌。当湖街道文联张超的组诗《因为爱是你的具象》获中国作家协会诗刊社等主办的“李叔同国际诗歌奖”新锐奖，姚祖观的圆作《十里红妆米酒桶》在“第十一届中国（浙江）工艺美术精品博览会”上获金奖。

【文艺为民服务】 市文联系统牢记“文艺为民、文艺惠民”初心，志愿服务力度不断加大。发挥“文艺轻骑兵”的作用，围绕“推进共同富裕　共享美好生活”主题，开展“瑞兔贺新春·我们艺起来”系列活动，组织开展九大类27场次活动。举办“廉洁文化书法篆刻网络展”“乡村悦心—讲好乡村故事”沙龙，市摄协与平湖嘉兴快速路工程（平湖段）项目签订拍摄协议等。

【艺术乡建】 推动和开展嘉兴市级艺术村落创建工作，推荐马厩村“故事村”、山塘村“曲艺村”、共和村“诗词村”3个艺术村落创建成为“乡村悦心”2023年度嘉兴市级艺术村落，山塘获评优秀，其他2个村获评良好。5月11—12日，省文联党组书记杨守卫一行调研曹桥街道马厩村艺术乡建工作，给予肯定。市作协围绕“乡村振兴·文学赋能”开展第二批“作家驻村”活动等。

（高宏）

2023年平湖市文联系统主要文艺作品一览表

表2

作品名称	作者	艺术门类	获奖或发表情况	主办/出版单位
《如果你忘记道晚安》《盛夏》《划船》儿童诗	张　华	文学	在《少年诗刊》2023.10总第310期上发表	南京凤凰出版传媒集团
《笑是静静池塘，蜻蜓点起的圆晕组诗五首》儿童诗	张　华	文学	在《当代小作家》2023.9总第242期上发表	山东临沂中国当代小作家社
《枝头》儿童诗	张　华	文学	在《少年诗刊》2023.12总第312期上发表	南京凤凰出版传媒集团
《秋日私语》散文	周卫红	文学	获“嘉兴市生态文学征文”优秀奖	嘉兴作协

续表 2

作品名称	作者	艺术门类	获奖或发表情况	主办 / 出版单位
《将进酒》诗歌	陶嘉澄（默帆）	文学	获第七届国际诗酒文化大赛优秀奖	泸州市人民政府、中国作协诗刊社
《斯人》诗歌	陶嘉澄（默帆）	文学	获第十届徐志摩微诗歌大赛铜奖	中国作协诗刊社
《空房子》短篇小说	竹剑飞	文学	在《鸭绿江》2023 年第 7 期上发表	辽宁文学院
《无花果》诗词	何　芳	文学	在《中华辞赋》2023 年第 3 期上发表	诗刊社
《浣溪沙・春游栖霞坑公路有感》诗词	何　芳	文学	在《中华辞赋》2023 年第 9 期上发表	诗刊社
《浣溪沙・初夏忆童年》诗词	何　芳	文学	在《中华辞赋》2023 年第 9 期上发表	诗刊社主办
《浣溪沙・钟埭行》诗词	何　芳	文学	在《中华诗词》2023 年第 5 期上发表	中华诗词学会
《红船》散文	曹海兵	文学	获第四届“长江杯”全国诗歌大赛二等奖	长江文学社
《民间文化融入乡村小学社会主义核心价值观培育的路径探寻——以平湖市乍浦小学为例》论文	李　金	文学	入选第十三届中国民间艺术节学术研讨会	中国民协
《论乡村振兴中平湖大蜡烛庙会文化传承的魅力》论文	钱亚芳	文学	发表在《民间文化当代表达——民间文化县域发展全国学术研讨会论文集》一书	中国民协
《“110”和“120”》新故事	钱亚芳	文学	刊发《天籁文丛故事卷——嘉兴市优秀文艺作品集》	嘉兴市文联
《海洋之心》长篇小说	陈天翼	文学	出版	四川人民出版社
《乡村四季棹歌》诗词	陈黎雯	文学	获第二届“曝书亭”杯全国棹歌体（竹枝词）诗词创作大赛三等奖	浙江省诗词与楹联学会
《花篮里花儿香》小说	詹政伟	文学	获第十五届嘉兴市“五个一工程”奖	嘉兴市人民政府
《守边记》小说	罗海玲	文学	获第十四届嘉兴市文学艺术“南湖奖”	嘉兴市人民政府
篆刻印屏	何　军	书法	入展 2023 年“年度百家”书法遴选展	省书协
书法条幅	许　栋	书法	入展 2023 年“年度百家”书法遴选展	省书协
书法条幅	司燕飞	书法	入展 2023 年“年度百家”书法遴选展	省书协
书法条幅	杨庆洪	书法	入展 2023 年“年度百家”书法遴选展	省书协
书法条幅	赵卫忠	书法	入展 2023 年“年度百家”书法遴选展	省书协
书法条幅	司燕飞	书法	入展“问道金庭——省中书协会员优秀作品展”	省书协
书法条幅	赵卫忠	书法	入展“问道金庭——省中书协会员优秀作品展”	省书协
书法条幅	邬鑫森	书法	获第四届嘉兴市“沈曾植”奖书法篆刻展优秀作品奖	嘉兴书协
书法条幅	褚吴虹	书法	获第四届嘉兴市“沈曾植”奖书法篆刻展优秀作品奖	嘉兴书协
书法条幅	潘国平	书法	获第四届嘉兴市“沈曾植”奖书法篆刻展优秀作品奖	嘉兴书协
书法条幅	杨庆洪	书法	入展“翰墨清风”全国清廉书法作品大展	省书协
书法条幅	杨庆洪	书法	获首届“倪元璐杯”全国行草书大赛优秀作品奖	省书协

续表 2

作品名称	作者	艺术门类	获奖或发表情况	主办 / 出版单位
篆刻印屏	许非同	书法	入展全国第九届篆刻作品展	中书协
《海韵渔歌》水彩	沈建江	美术	获“浙江省第十七届水彩粉画展”学术提名奖	省美协
《一家亲》水彩	沈建江	美术	入选“浙江省第三届水彩粉画写生展”	省美协
《老街》油画	沈建江	美术	入选“丽水滋美——浙江省油画作品展”	省美协
《破晓的希望》布面综合	沈建江	美术	入选“诗画浙江 . 礼遇南孔”全省美术作品展	省美协
《意像・系列一》布面综合	沈建江	美术	入选“最忆是南浔”——2023 浙江省小幅美术作品展	省美协
《大运河畔的修船厂》粉画	沈建江	美术	入选“最前线”写生创作展	省美协
《诗路怀古》水彩	邹偲佳	美术	入展“浙江省第十七届水彩粉画展”	省美协
《翠影清风》国画	顾天成	美术	入展“秀水泱泱”浙江省花鸟画展	省美协
《苍叶黄指》油画	朱艳艳	美术	入展“美在致广”全国小幅美术精品展	中国美术馆
《木架上的岁月》油画	朱艳艳	美术	入展“诗画浙江・礼遇南孔”全省美术作品展	省美协
《游乡》版画	史　韵	美术	入展“最忆是南浔”——2023 浙江省小幅美术作品展	省美协
《人才引领驱动》漫画	张天伦	美术	入展“画说二十大，奋进新征程”主题漫画艺术展	省美协
《奋进新征程》漫画	张天伦	美术	入展“画说二十大，奋进新征程”主题漫画艺术展	省美协
《新时代，新征程》漫画	张天伦	美术	入展“画说二十大，奋进新征程”主题漫画艺术展	省美协
《走在前，开新局》漫画	张天伦	美术	入展“画说二十大，奋进新征程”主题漫画艺术展	省美协
《丝路意象》水彩	洪晓妍	美术	入展“水到渠成浙江省第五届综合艺术双年展”	省美协
《石窟印象》水彩	洪晓妍	美术	入展“最忆是南浔”——2023 浙江省小幅美术作品展	省美协
《丝路意象》水彩	洪晓妍	美术	入选嘉兴融合绽放提名展（嘉兴美术馆）	省美协
《时代意象》国画	杨　勇	美术	入选 2022“江山如此多娇”中国山水画展	中美协
《幸福家园》国画	杨勇	美术	入选“中国梦 2022 艺术草原”中国画油画作品展	中国美术家协会
《皖南记・悠悠春日长》油画	姚瑾	美术	获嘉兴市第五届青年美展学术提名奖	嘉兴美协
《空间》布面综合	沈建江	美术	获第五届青年美术作品展学术提名	嘉兴美协
《青灯黄卷》油画	朱艳艳	美术	获嘉兴市第五届青年美展学术提名奖	嘉兴美协
《苍叶黄指》油画	朱艳艳	美术	获“最忆是南浔”——2023 浙江省小幅美术作品展学术提名奖	省美协
《渔船》版画	杨秋燕	美术	入选“最忆是南浔”——2023 浙江省小幅美术作品展	省美协
《吾心归处》水彩	杨秋燕	美术	入选“最前线”写生创作展	省美协
《派墨公路建设者》组照纪实	侯彤彤	摄影	入选“第 29 届全国艺术展”	中摄协
《派墨公路建设者》组照纪实	侯彤彤	摄影	入展“第十一届全国农民摄影展”	中摄协

续表 2

作品名称	作者	艺术门类	获奖或发表情况	主办 / 出版单位
《浙江大工匠——韩其芳》纪实	吴晓东	摄影	获“中国梦劳动美——团结奋斗开新局喜迎十八大”第十届全国职工摄影大赛　优秀奖	全总宣传教育部、吉林省总工会
《和谐》纪实	任之光	摄影	入选第七届“美好生活”手机摄影大赛	省摄协
《鱼米之乡》纪实	任之光	摄影	入选 2023“新时代新视界”长三角中青年视觉艺术作品展	上海市浦东新区文联
《故乡的雨》歌词	沈国平	音乐	在《花港词刊》2023 秋季号上发表	省音协
《亚运之星》歌词	沈国平	音乐	在《花港词刊》2023 秋季号上发表	省音协
《月下独舞》歌词	沈国平	音乐	在《花港词刊》2023 秋季号上发表	省音协
《基于歌唱习惯培养下的初中歌唱教学之有效干预》论文	沈国平	音乐	在《民族文汇》2023 年 30 期上发表	新疆文联
《风回来的车站》词	王建军	音乐	获嘉兴市第十五届精神文明建设“五个一工程”奖	嘉兴市人民政府
《风回来的车站》词	王建军	音乐	获第十三届嘉兴市文学艺术“南湖奖”创作奖金奖	中共嘉兴市委宣传部
《独山天使》曲	王建军	音乐	在《艺术家》2023 年 05 期上发表	天津市文联
《打油号子》群舞	唐佳园 王倩怡	舞蹈	获 2023 年嘉兴市第二届原创舞蹈大赛银奖	嘉兴市文联
《鹉·弈》群舞	谢春英 张　琪	舞蹈	获 2023 年嘉兴市第二届原创舞蹈大赛银奖	嘉兴市文联
《东田社鼓》群舞	范佳丹 贝　鸿 王倩怡	舞蹈	获浙江省首届农村文化礼堂“我们的村舞”暨第二届浙江乡村文化艺术节乡村舞蹈大赛银奖	中共浙江省委宣传部
《红草莓与白草莓》新故事	徐鲍培	曲艺	获“2023 浙江省新故事征文比赛”铜奖	浙江省曲协
《农家乐里的秘密》小品	徐鲍培	曲艺	获“2023 年嘉兴市诚信主题作品大赛”金奖	嘉兴市委宣传部
《出租房》平湖钹子书	李雪良	曲艺	参加浙江省第九届曲艺新作展演活动	省曲协
《出租房》平湖钹子书	李雪良	曲艺	入围第十三届中国曲艺“牡丹奖”浙江报送节目选拔	省曲协
《天书降落》新故事	李雪良	曲艺	获嘉兴市第八届“嘉兴故事我来讲”比赛活动成年组演讲金奖	嘉兴市曲协
《拜师》新故事	李雪良	曲艺	获嘉兴市第八届“嘉兴故事我来讲”比赛活动少年组演讲金奖	嘉兴市曲协
《良渚遗韵》木雕	姚祖观 陈青华	民间文艺	入展“民艺·融”浙江省民间工艺融创作品展	省民协
《“新仓经验”为啥不过时》论文	邓中肯	民间文艺	在“浙江宣传”公众号 2023 年 12 月 31 日上刊发	中共浙江省委宣传部 .
《古风与新态：平湖做社里的和美因子和安稳力量》论文	邓中肯	民间文艺	获第二届民间文化当代表达“民间文化与和美乡村”全国学术研讨会一等奖	中国民协

平湖市残疾人联合会

【概况】 2023 年，平湖市残联坚持以民生为导向，落实各项残疾人工作年度目标任务，推动残疾人事业与经济社会协调发展。省低收入残疾人增收先行区试点工作、残协组织建设工作分别在第十七届全国残疾人事业发展论坛、全国村（社区）残协规范化建设推进会上作交流。

【“助残共富”行动】 完成省政府民生实事项目。新增残疾人稳定就业、孤独症儿童救助、重要公共场所无障碍改造等三项省政府民生实事，完成率位居全省前列；开展“助残共富”春风行动，制定《平湖市扶残助残实施办法》，全年核发涉残补助3237.43万元。出台《平湖市“助残共富”春风行动实施方案》，首批19个“助残共富”项目有序推进，助力残疾人物质、精神“双轨奔富”；积极提升城市无障碍建设水平，先后为80户残疾人家庭实施无障碍设施改造，完成省级无障碍社区创建3个；推进“医康养护”四位一体助残服务体系建设，启动残疾人托养中心建设，同时依托村社区居家养老服务中心资源，积极打造“嵌入式”残疾人社区照料空间，为有需求的残疾人及其家庭提供临时的日间照料和“喘息服务”。

【残疾人就业】 开展残疾人职业技能培训，全年共组织开展各类培训58期，培训残疾人1200余人次。推进“学历+技能”双提升计划，将企业在岗的残疾职工和灵活就业、自主创业、初中以上学历的残疾人作为重点人群，广泛动员参与“学历+技能”双提升工程；深入开展“百企千岗”就业助残春风行动，推动残疾人集中就业企业打造同工同酬“共富岗位”、量身定岗“共富车间”及辅助就业“共富工坊”多元化就业助残模式，吸纳更多残疾人实现就业；持续推进“工疗型”残疾人之家建设，先后完成荣晟、建林机械2家残疾人之家建设，全市残疾人就业率83.4%，其中有就业意愿的应届残疾人大学生就业率连续多年保持100%。

【残疾人服务保障】 以融合浓厚的“家”文化，探索打造“金平湖·助残家”暖心服务品牌。先后在梅兰苑社区、龙吟社区、徐家埭村等8个村社区完成“金平湖·助残家”连心驿站建设，为残疾人提供政策宣传、入户访视、动态监测、康复转介、就业服务、工疗娱疗、辅具租借、日间照护、代办帮办、志愿服务等多元化精准服务；实施《关于常态化开展残疾人家庭入户访视工作的通知》，落实分级、分类访视制度，将入户访视工作纳入网格化走访准入清单，围绕特殊困难残疾人、重点关注残疾人及“一老一小”残疾人等群体，动员各方力量开展常态化走访，精准掌握残疾人基本现状和民生需求。全年，累计开展走访83344人次，采集各类民生需求近2000件次，全部予以化解；推进残疾预防关口前移，联合市民政、卫健、医保等部门开展残疾人家庭生育关爱行动，强化出生缺陷干预。

【助残服务体系建设】 持续深化“红色助残联盟”项目。持续深化“一元众筹、爱心助残”公益项目，推动“一元众筹”纳入“股份分红、善治积分”菜单，累计筹集善款80余万元；深入开展“千个支部万名党员”助残行动，推动基层党组织与残疾人之家结对签约，党员与残疾人家庭结对联系。全市1662个“微心愿”已全部落实，实现低收入残疾人全覆盖；积极链接社会化助残资源，推进“党建引领、政府主导、社会组织参与、多方协同”的助残服务体系建设。制订印发《平湖市“爱接力·梦同行”助残志愿服务行动实施方案》，成立平湖市助残志愿服务队，首批推出的“就业创业·启航”等六大助残志愿服

5月19日，“百企千岗”就业助残春风行动启动仪式举行
（市残联　供稿）

务项目，开展活动12次，服务残疾人400余人次；加大残疾人事业宣传力度，开展“最美残疾人”“最美共富典范”“最美助残人士”“最美助残团队”“最佳助残项目”评选活动，宣扬先进典型和经验做法。市残疾人陈良杰在法国举办的第十届残疾人职业技能大赛中获嘉兴首金，并成为中国代表唯一获“最佳选手”称号的参赛队员；张天鑫在省残运会中一举获4金1银，并在杭州亚残运会上获个人和团体2块射击金牌，刷新团体金牌纪录；纪飞豪在全国三人篮球邀请赛中获金牌，金磊受邀参加亚残运会开（闭）幕式演出，残疾人企业家李咸伟获评浙江好人、嘉兴市劳动模范等。

（王锃栋）

平湖市红十字会

【概况】 2023年，市红十字会以“保护生命和健康、维护人的尊严”为主线，较好地完成各项目标任务，救护培训等工作取得新成效。进一步完善理事会决策、监事会监督的治理结构，按时召开好理事会和监事会，理事单位作用进一步发挥。

【应急救护培训】 推进“救在身边”专项行动，完成应急救护知识普及培训63461人次，培训持证救护员6926人，培训数量创历史之最，全社会应急救护知识的宣传面和影响力有效扩大。

12月28日，嘉兴市首家县级生命礼敬园——平湖市生命礼敬园开园 （市红十字会 供稿）

【社会动员能力】 加强筹资工作，创新方式方法，共筹集资金312万余元、物资价值18万余元。实施2023年“红十字光明行”项目，项目增加相关助残项目，救助眼疾患者607例。实施“博爱送万家”项目，慰问群众344户，支出资金31.6万元。

【生命关爱工作】 加强造血干细胞志愿者入库工作，全年入库115人，成功实现捐献1例。完成器官遗体捐献志愿者登记209例；实现遗体捐献2人，器官捐献1人。加强应急救援队伍建设，通过定向资金募集、项目支持等方式支持救援队资金21万余元。

【基层基础】 加强对镇村红十字组织的指导，坚持抓实基层导向，壮大会员队伍，新发展会员4000余人，会员总数达全市常住人口的2.08%。引导会员、志愿者参与服务基层服务群众工作，1名会员被评为中国红十字会“会员之星”。

【服务阵地】 以打造“群众身边的红十字”为立足点，新建村（社区）博爱家园建设4个，全公亭社区博爱家园被嘉兴市红十字会推荐为省级示范博爱家园。建成镇街道救护培训基地7家，在长友（嘉兴）养老院有限公司建立全市首家行业应急救护培训基地。在市福陵园建设缅怀纪念人体器官（遗体、组织）捐献者的生命礼敬园，为嘉兴市首家县级生命礼敬园。

（张自力）

军　事

人民武装

【概况】 2023年，市人武部突出举旗铸魂、聚焦备战胜战、打牢基层基础，以“强化思想引领、强健班子力量，深化两兵工作、深度改革创新”为思路推进工作，形成齐抓共管良好局面。

市人武部党委落实从严治党主体责任，加强政治建设和党风廉政建设，抓实上级巡视巡察反馈问题整改。开展主题教育和“学习强军思想、建功强军事业”教育实践活动。坚持特色文化思想引领，融合军地学习交流平台，组织开展课题式调研，升级营院宣传矩阵，浓厚民主集中制政治氛围。市人武部开展纪检监察干部队伍教育整顿，提交《平湖市人武部纪检监察干部队伍教育整顿情况报告》。

市人武部突出练兵备战，开展“动员精兵—2023”大练兵活动和基地化训练。围绕国防动员援战任务，编实建强应急力量和支援力量民兵分队，按计划完成基干民兵、专武干部、部机关现役文职的年度训练和课题带实兵演练任务。参加嘉兴市第九届岗位练兵比武，获物资装卸载第二名、公路运输第三名。多次参加省市区域联合演训和综合防卫实兵演练活动。坚持把“一年两征”作为系统工程来抓，突出“五率”标准，聚力抓实兵役征集，完成全年征兵任务。以“评星挂牌”活动为抓手，凝聚军地合力，推进基层武装部规范化建设。

市人武部突出夯基固本，打牢发展根基。严格落实安全风险评估，开展“条令法规学习月”“安全大检查”和“百日安全”等活动，增强全员安全意识。抓实政治考核、预防犯罪和信访等工作，突出印章使用管理，做好官兵心理咨询疏导，提升化解矛盾问题能力，实施部机关“安全员”工作制度，抓实“七个一”安全举措。在双拥工作中发挥桥梁纽带作用，赓续双拥工作优良传统，当好服务部队的“大后方”、驻地百姓的“贴心人”。市人武部持续开展经常性教育活动，狠抓整风整训，推进各类专项清理整治落地落实，营造纯洁气正政治生态氛围。

【民兵工作】 2023年，市人武部把民兵工作作为主责主业强势推进，着力抓好民兵组织调整。确立“编为用、建为战”思想，以应急力量和担负多兵种保障任务支援力量为重点，编建民兵分队；深入基层武装部、行业系统、企业调研掌握情况，加强力量需求分析，将民兵组织向“非公有制企业”“行业系统”“工业园区”拓展，完成全年基干民兵编组任务，各项指标符合政策规定。

【首长机关按纲施训】2023年，市人武部狠抓首长机关按纲施训落实，开展岗位练兵、专业精准操作训练、能力专攻精练及对口军兵种实兵演练。首长机关坚持按纲施训，紧贴研战练战总体要求，应急应战业务素质和实战化水平整体提升。

【军事训练任务】2023年，市人武部开展民兵分队训练，完成后备力量军事训练任务。依据军分区军事训练指示和研战练战要求，制订年度军事训练计划，突出抓好专武干部、民兵骨干、专业技术骨干基本素质、业务能力和专业技能训练。

【学生军训】2023年，市人武部强化军事机关对学生军训工作职责履行，军地合力推进学生军训商业化市场化问题整顿治理，学生军训工作正规有序展开。联合市教育局专题召开学生军训工作任务部署暨商业化市场化问题专项整顿治理推进会。10月，接受嘉兴军分区和嘉兴市教育局联合检查验收，平湖市学生军训工作获上级肯定。

【兵员征集】2023年，市人武部贯彻国防动员部“一年两征”的精神，突出“五率”标准，抓实兵役征集，完成全年征兵任务。加大宣传力度，其中3篇信息在“浙江征兵”刊登，10余篇信息在全国、省级、地级市等媒体平台报道。严把征兵体检关，接受嘉兴市体检中心组的检查指导。选齐配强市镇两级政治考核队伍，按“全程考核、从严把关”的要求考核。召开全市定兵会议，严格落实集体定兵制度。落实廉洁征兵规定，设立廉洁征兵举报箱，公开征兵举报电话，按规定公示新兵名单，市镇两级廉洁征兵监督员，定期进行监督检查。

【部队安全管理】2023年，市人武部落实安全管理制度，强化安全教育和安全检查，确保部队安全稳定。狠抓安全管理制度落实。开展“条令学习月”和“百日安全活动”，加强安全教育，专题组织安全分析；进行安全隐患排查和整改；开展安全教育训练，组织防暴反恐演练、消防演练和季节性安全训练；加强营区人员管理和车辆管控；落实安全风险评估制度，夯实安全基础。开展专项教育整治、倾向性问题查纠整改等安全活动。

【基层规范化建设】2023年，市人武部强化武装工作阵地建设，挖掘融合军地资源，推进基层治理规范化建设。基层武装部以“评星挂牌”活动为抓手，对照规范化建设标准，挖掘融合军地资源，以点带面推动基层规范化建设。在新仓镇武装部组织召开基层规范化治理现场观摩会，推进全市范围内基层武装规范化建设迭代升级。10月，市人武部指导基层武装部规范化建设迎检迎考工作，新仓镇获评嘉兴市“五星级武装部”。各基层武装部积极协调地方党委政府，因地制宜、按需建设，对民兵营（连）部进行换代升级，取得阶段性成果。

【“嘉兴·动员2023”演练】2023年，市人武部开展贯穿全年的“动员精兵—2023”大练兵活动。依据国动援战任务体系方案，编建“入案分队”，围绕作战任务和行动要点，纵深推进年度课题训练任务。11月，市应急连和镇街道应急排民兵、专武干部、人武部首长机关、地方局办派人参演参训。

【市委议军会】6月16日，市人武部协助市委召开议军会议。会议学习传达习近平出席全国人大十四届一次会议解放军和武警部队代表团全体会议重要讲话，听取市人武部工作汇报和需要议定的事项，对进一步加强国防动员和后备力量建设问题进行专题研究。会议对提高基层武装部和民兵基层规范化建设标准、优先招录大学生退役士兵、增加兵员征集和民兵建设专项经费等形成决议。

【党政军领导“军事日”活动】12月8日，市人武部协助市委组织党政军领导集体参加“军事日”活动。市四套班子领导到海军某部，登上“嘉兴舰”实地参观战舰的军事装备和基础设施，观看国防教育视频和现场介绍，了解官兵在战舰上的学习工作和生活情况。

【党管武装工作考评】2023年，市人武部认真开展党管武装工作考评，衡量市镇两级党管武装工作落实情况，将考评结果列入党政考核体系。12月，依照《平湖市2023年党管武装工作目标责任制考核表》，对市镇两级强化党管武装工作制度建设和组织建设听取汇报，落实党委议军、工作述职、军事日活动；加强专武干部队伍建设，创新武装工作特色；基层规范化建设和开展“评星挂牌”活动；抓好民兵军事训练和保护国防设施等进行检查考评。军分区对部机关现役军官、文职进行考核，部机关组织专武干部、职工、专职民兵教练员进行年度述职、军事体能考核、民主测评。

【专武干部队伍调整】2023年，市人武部调整全市镇街道专武干部队伍配备，协调军地资源，借势借力强化干部队伍建设。针对专武干部队伍存在年龄老化等实际问题，对接地方组织部门把“想干、能干、敢干武装工作的干部”选优到人武系统，对7个镇街道专武干部进行调整。

【双拥共建活动】2023年，市委、市政府关怀驻地部队建设和平湖籍官兵家庭生活，构建完善“吸引入伍、激励在伍、服务退伍”的拥军优抚体系，加大对部队、军人家属走访慰问、困难帮扶、立功奖励的力度。年度协调落实3家事业单位工作岗位、国有企业至少安排10%的工作岗位招聘退役大学生士兵，以定向定岗形式下达岗位招聘指标；为驻平湖的4名军人家属安排工作，优先安排14名军人子女入托入学。市人武部与驻地部队持续开展拥政爱民活动，投入新一轮“全国双拥模范城”创建，参加地方“双创”建设。组织市党政领导和部分机关干部过“军事日”活动；会同市委宣传部举行“全民国防教育月”启动仪式，为市党政领导干部、学校群体等开展国防教育宣讲9次；联合市退役军人事务局为5人次三等功以上立功受奖军人家庭送喜报；持续做好参与驻地脱贫攻坚、乡村振兴等工作，为援建联挂帮扶的杨庄浜村投入军委专项援建经费和自筹经费共计11.8万元；结对帮扶1个社区的5个贫困户；为国防教育示范学校赠予价值5万元的标准办公用品和教育教学器材。

【“五治八查树形象”百日专题教育整顿】2023年，市人武部组织开展“五治八查树形象”百日专题教育整顿活动，营造后勤行业新风正气、正本清源氛围。7月，拟订活动方案，建立专题教育整顿工作领导小组，从思想层面巩固深化“强化廉政主管责任、纯正后勤行业生态”专题教育成果。8月，开展“五治”“八查”自查活动。9月，针对自查发现的问题实施系统化整改。

【两兵工作保障】2023年，市人武部认真落实财经制度，做好两兵工作保障。根据年度民兵工作和征兵工作的计划，将两兵工作事业费列入政府财政预算，把经费预算作为两兵工作活动方案的必备条件。根据上级“一年两征”精神，分别落实上半年、下半年征兵工作所需经费和物资。在组建民兵分队时，完成装备配备采购和预征预储工作保障；做好军事训练保障，在完成训练经费、后勤生活保障的同时，做好场地、器材教材、弹药油料、装备、信息网络和技术等保障。

【推动营院和基地标准化建设】2023年，市人武部持续加大机关营院和民兵训练基地整治力度，加快标准化建设步伐。

（高建华）

人民防空

【指挥通信】推进平湖市人防指挥部常态化运行、制度化管理、实战化建设。基本指挥所、基层人防应急指挥中心、人防指挥通信网、人防警报通信网等基础设施建设迭代升级，F0901工程平湖市基本指挥所达规范化建设要求，短波、超短波、视频通联训练常态化。完成7支专业队整组、拉动点验工作，嘉兴市办检阅组莅临指导检查。完成人防机动指挥车跨区域拉练任务。完成全市“5·12”警报试鸣工作。

【人防建设】加快推进人防工程建设，构建适应城市发展需要的现代人防体系。落实常态化管理，督促责任单位依法履行责任，确保防空地下室“平时好用，战时管理”。以自建人防工程为重点，协同镇、街道，有效融入未来社区、美丽城镇建设，推进文化人防建设。积极培育人防综合体项目，平湖市历史文化展示中心人防工程已完工投入使用，与平湖市民文化中心人防工程实现互联互通，增强城市防空储备能力。

【人防宣传】推进人防宣传教育工作，结合“3·1”国际民防日、“5·12”全国防灾减灾日等重要时间节点，创新开展人防法规宣传教育“进机关、进学校、进企业、进社区、进媒体”工作，增强群众的防空防灾意识，提高人防工作知晓率和应急避险能力。平湖市国防（人防）教育基地开展特色研学，教学对象实现义务教育全覆盖。通过师资培训、应急救援、联训联演、综合信息智慧共享等模式，拓宽宣教工作区域一体化新路径。推进宣传教育体验馆、人防主题公园、主题广场等建设，加大向基层延伸力度，夯实基层宣传教育阵地。

【改革创新】贯彻落实《嘉兴市人民政府办公室关于全面推进人防工程产权制度综合改革的实施意见》，人防工程产权改革工作稳步推进，截至年底，完成增量产权改革确权项目备案33个。推进人防领域“大综合一体化”实践。按照“大综合一体化”行政执法改革要求，建立健全协作机制，强化执法协同。与市综合行政执法部门加强协作，“对人防工程维护管理不符合要求的行政处罚”案例被选为省最佳实践案例之一。

（葛佳磊）

武装警察部队

【概况】2023年，中国人民武装警察部队浙江省总队嘉兴支队执勤二大队平湖中队（以下简称“武警平湖中队”）围绕实现建军一百年奋斗目标、武警部队“三升两降”总体目标和支队争创先进“四连冠”年度目标，坚持稳中求进、以进促稳，以新时代按纲抓建基层试点为契机，实现中队建设高质量发展。

【执勤战备】2023年，中队成为支队第一家完成“三个系统”建设的单位，形成一批可复制借鉴的平湖经验，建设理念思路获总队肯定。2023年，中队顺利推动上勤通道建设。全年，实现安全无事故，以“贯彻精神、高质抓建、简约高效、安全发展”行政例会为牵引，系统推进“正规化建设、美丽营区建设和‘三个系统’深化提升”三项工程。以“精准施策解决重点问题、以文化人融洽内部氛围、解难帮困凝聚兵心士气”的方式，把官兵的问题解决好。

【军事工作】2023年，中队获一面季度纲要流动红旗，5人参加亚运安保任务，获预提警士集训团体第三名、“五四”万米跑团体第三名、后装比武卫生员分专业第二名、预任军械员集训第三名，杨聪礼作为支队优秀警士典型当选总队党代表，邱芳杭立战备训练三等功。中队完成固定目标执勤，担负28批次押解任务，全程安全顺利。中队先后迎接武警部队新时代执勤安保调研组到队检查调研，建队水平获肯定。

【政治工作】2023年，武警平湖中队始终把政治建设放在首位，通过落实制度、丰富内容、灵活手段、创新方式，着力提高思想政治教育的针对性、主动性、实效性。开展主题教育系列活动。每日坚持开展“三个半小时”活动，开展新闻点评、美文分享、每日一言等活动。常态化开展“为身边战友点赞”“吐槽大会”活动。

（莫振洋）

法 治

综 述

【基本情况】 2023年，市政法系统以平安护航亚运为主线，以平安善治专项行动为抓手，一体推进平安平湖、法治平湖建设和县域社会治理现代化，获省平安建设“十八连冠”、首批“二星平安金鼎”，被评为嘉兴市平安创建优秀县（市、区）。完成杭州亚运会、嘉兴市“十运会”等重大活动维稳安保任务，平安护航亚运专项工作考核列嘉兴第一。市法院刑庭获评全国打击治理洗钱违法犯罪工作成绩突出集体，“息事无讼”解纷工作法入选全省新时代“枫桥式工作法”。市检察院第五检察部获评全省政法系统2019—2023年度先进集体，1项工作经验获最高检内刊推广，1件案例获评最高检典型案例。市公安局连续七年获评嘉兴市优秀公安局，执法质量考评连续五年获嘉兴第一。市司法局获全国组织宣传人民调解工作先进集体、全省法治政府（依法行政）工作成绩突出先进集体称号。市社会治理中心创新涉企矛盾纠纷多元化解机制，民商事纠纷化解率居嘉兴第一、全省前列。

年内，落实《政法工作条例》，举办政法系统政治建设学习研讨班，开展政治督察。推进从严管党治警，常态化抓好岗位练兵、实战实训、技能比武，开展“青年先锋示范岗”评选活动，不断提升履职效能，全市政法系统获嘉兴市级以上表彰集体34个、个人149名。

【亚运维稳安保】 牵头成立亚运维稳安保工作专班并实体化运作，做好全年201天重大活动等级响应期间值班备勤、会商研判、应急处置等维稳安保工作。市委书记专题会议、市委常委会会议、市政府常务会议7次专题研究平安稳定工作，市委、市政府领导先后40余次就平安维稳重大事项专题会商，及时化解处置涉商贸综合体、建筑领域等重大风险隐患38起。上级交办的20件信访积案提前1个月实现动态“清零”，被纳入上级重大信访问题清单的13件问题全部化解。

【平安平湖建设】 细化平安考核责任体系分解，推动各主体责任落实。抓好《浙江省平安建设条例》宣传贯彻工作。巩固平安建设基础，持续开展系统行业平安创建活动，打造平安示范系统（行业）9个、平安示范单位73个。落实落细“三查三整改”机制，共检查单位场所808家，发现并整改问题隐患1934个。加强安全生产和消防安全隐患大排查大整治，全年安全生产事故起数同比下降20%、火灾起数同比下降1.2%。持续开展交通安全大会战和“反电诈”专项整治，全年交通事故亡人数、电诈案件发案数和案损数分别同比下降17.3%、8.2%、18.3%。深化政法委、社建委联动机制，围绕严重精神障碍患者和法治营商环境等工作开展联动会商，提升工作质效。

【新时代“枫桥经验”创新实践】 年内，平湖市被确定为全省“平安家庭”家事化解“一类事”综合服务试点县（市、区）。成立全省首家涉企纠纷调解服务中心，涉企纠纷调解成功率、执行率、调诉比三项指标均列嘉兴第一。诉前调解经验做法在嘉兴市诉源治理、共享法庭建设推进会上作经验交流。毗邻治理“广陈模式”被评为2023年度浙江省新时代“枫桥经验”与平安建设优秀案例，获嘉兴市委副书记、政法委书记帅燮琅批示肯定。深化“三治融合”建设，山塘村入选第三批全国乡村治理示范村，成功创建嘉兴市首批四治融合示范村（社区）11个。深入推进党建引领基层治理省级综合试点，当湖街道、钟埭街道、林埭镇启用新指挥室，进一步提升镇（街道）基层治理能力。迭代完善“民声一键办”机制，创新“平治110”社会治理民生服务品牌。吸毒人员“阳光共富”工程成功入选全省第二批“县域毒品治理案例”。

【法治营商环境优化】 年内，紧扣营商环境优化提升“一号改革工程”，建成全省首家政法一体化智能快办中心，创新涉企案件一体化快办机制，持续优化法治化营商环境，获评嘉兴市民营经济增值服务第一批最佳实践案例，被《法治日报》《浙江日报》等央媒省媒刊登报道。打造“平商安”为企服务品牌，“五维合一”增值服务新机制被评为嘉兴市优化营商环境提升最佳实践案例。打造全闭环行政执法规范化建设体系，涉企行政执法零败诉零纠错。持续提升执行质效，执行案件制裁违法率、平均执行时间指数均位列嘉兴第一，执行完毕率、标的到位率位居嘉兴前列。排摸清理涉民营企业刑事诉讼“挂案”11起。

【政法领域改革】 建设领域“挂证”整治行政公益诉讼监督类案入选《浙江省检察机关数字监督办案指引》，黄赌毒人员涉拒执犯罪模型入选《拒执犯罪数字监督办案指南》。创新跨域执法新模式获评全省“大综合一体化”行政执法改革2023年第一批优秀案例。格式笔录被省公安厅定为全省新版统一采录模块建设试点项目。推进政法一体化办案工作，线上单轨流转办案1443件，单轨制协同办案比例达99.38%，卷宗源头数字化率达75%。

【法学会建设】 年内，召开平湖市法学会第二次会员代表大会，完成法学会换届工作。深入开展百名法学家百场报告会活动，组织首席法律咨询专家参加企业法治体检专项行动，助推平安法治建设。

（朱健）

公　安

【概况】 2023年，市公安局推进“14610”计划（“1”指争创全国优秀公安局这一目标；“4”指建设“四个警务”；“6”指对“六心工程”进行迭代升级；“10”指推进“十大建设项目”），以实干争先扛起维护安全稳定的主责主业，以改革攻坚迈出公安工作现代化的坚实步伐，各项工作获市委、市政府肯定。是年，全局共立刑事案件1922起，侦破782起，采取刑事强制措施1779人，移送起诉1562人，其中刑管类726人（侵财530人）、治安类399人（黄赌190人）、涉毒类20人、交管类350人、经侦类67人。年内，全局以嘉兴第一的成绩获评“全市县级公安机关综合实绩评估优秀单位”“全省公安机关执法质量优秀单位”“全省公安大脑建设年度优胜单位”。林埭派出所获评首批“全省清廉公安建设示范单位”，曹桥派出所获评“嘉兴市清廉单元建设示范单位”，钟埭派出所获评嘉兴全市第一批清廉公安建设示范单位。王晓东、姚俊杰获评嘉兴市劳动模范，1个集体、2名个人立二等功，7个集体、20名个人立三等功，67名个人受到嘉奖，83名辅警获荣誉奖章。年内，利用“平湖公安”微信公众号和“平湖—公安”

新浪微博及“平小警”微信视频号制作公安正能量宣传视频等3820余个，其中被央级媒体录用67篇，省级媒体录用238篇；组织公安学堂全警集中学习13期。举办“警医携手护安康”“‘警’彩宣讲团进校园”等活动。

【亚运会等系列安保】 2023年，市公安局完成两会、嘉兴市第十届运动会、杭州第19届亚运会、中国平湖西瓜灯文化节、中国国际进口博览会、世界互联网大会·乌镇峰会等30余项安保工作。年内，制定出台《平湖市公安机关第19届亚运会和第4届亚残运会安全保卫工作总体方案》，同时梳理问题清单，实行“每周一督查、一会商、一通报”，持续推进各项工作。对照全年敏感节点和系列活动任务，梯次启动等级响应，统筹推进嘉兴市第十届运动会、中国平湖西瓜灯文化节、南河头街区新区开业等安保工作。立体布建环浙圈层查控“护城河”，切实加强社会面基础管控。9月10日，出动警力600余名，完成杭州第19届亚运会嘉兴站（平湖段长度1.58公里，火炬传递28棒）火炬传递安保任务。

【“四个警务”建设】 2023年，市公安局以建设“四个警务”为抓手，加快打造平湖公安现代化先行标志性成果。在“专业警务”上，成立13个民警个人工作室，2项发明获评国家专利，2名民警分别被授予全省、全国专家称号，禁毒知识竞赛获全国第三。在“数字警务”上，建立研发、应用、网络攻坚三支团队，营造数字化、信息化的浓厚氛围，自主研发26个小工具、小模型。在“法治警务”上，在10个被纳入执法质量考核的警种中，获5个嘉兴第一；在嘉兴市局组织的法律知识考试中获第一，国家统一法律职业资格考试嘉兴通过人数最多、累计通过率全省最高。在“品牌警务”上，“毗邻党建”入选全国“枫桥经验”优秀实践案例，党建引领涉疆人员管理服务获王成国、杨青玖等省领导批示肯定；“警网融合”经验在嘉兴推广，“民声一键办”工作赋分位列嘉兴第一；出台“勇为好市民奖”，进一步弘扬社会正能量。

8月9日，平湖市公安局举行“护航亚运　平安有我”平湖市深化夏季治安打击整治动员仪式　　（市公安局　供稿）

【经济犯罪侦查工作】 2023年，市公安局聚焦云端主战，构建“小陈情报导侦工作室”，围绕串通投标、惊雷、猎狐、地下钱庄等重大专项行动，深化情报导侦，全年云端战役完成18起，惊雷完成18起，猎狐完成1起，数量和任务完成比均排名嘉兴第一。其中“3·2”专案成功发起集群，获省公安厅党委委员、副厅长俞流江批示肯定。

【反诈工作】 2023年，市公安局秉持“再怎么重视都不为过”的态度，抓好反诈工作。年内，共受理电信网络诈骗案件1004起，同比下降8.23%，万人均发案13.58起，为嘉兴最低，涉案损失金额同比下降18.30%。在省联席办发布的2023年反诈指数排名中位列第一，在嘉兴市联席办发布的每月反诈指数排名中，连续6个月蝉联第一，年终平安建设反诈工作、综合实绩评估反诈考核均排名嘉兴第一。2023年成立的“红领巾反诈宣讲团”，获团中央权益部的推广肯定。制作推送的反诈宣传视频《莫让诈骗毁了你的团圆》等17条

10月4日，平湖市红领巾反诈宣讲团成立　　（市公安局　供稿）

优质反诈宣教视频被国家反诈中心视频号采录，全年录用量在全省二类地区中排名第一。

【“平治110”建设】 2023年，市公安局认真贯彻落实嘉兴市《关于推进“民声一键办”机制建设的实施细则》，围绕机制建设和队伍建设，以非警务事项协同处置为切入，助推市域社会治理现代化和营商环境优化提升，增强人民群众的获得感、幸福感、安全感。市委书记仲旭东提出“平治110”理念，作为“民声一键办”在平湖落地的核心品牌与迭代升级2.0版本。年内，共分流有效警情1.2万余起，重复报警率8.8%，整体工作赋分位列嘉兴全市第一。

【禁毒工作】 2023年，市公安局创新毒品治理新模式，根据本地实情积极落实各项禁毒工作。年内，共查破案件23起，抓获犯罪嫌疑人46人，开展吸毒前科人员无感式管理服务，首创“阳光富能”县域毒品治理样板，坚持“精神富裕＋物质富裕＝压降管控风险”的无感化管控，被评为全省县域毒品治理十佳案例。12月上旬，3名平湖学子组成“红船领航队”代表浙江参加全国青少年禁毒知识竞赛，获全国第三。

【网络安全工作】 2023年，市公安局积极维护网上社会稳定，严厉打击涉网违法犯罪，年内，网安大队被嘉兴市人民政府授予先进集体称号。积极探索品牌警务建设，筹备并建立“打击生态犯罪谢正工作室”和“打击预防犯罪曹家顺工作室”，上报数据模型1个，自主开发编写的“纸飞机”生态打击平台获全省网安大数据比武第一名。

【人口管理工作】 2023年，市公安局积极探索提质服务有效路径，确保户籍管理与服务齐头并进。年内，共办理居民身份证4.56万张（其中异地居民身份证1.09万张），临时身份证3070张，准迁证2592张，发边境证397张。推进户籍制度改革，放开城镇地区落户限制，放宽投靠落户，实行户籍准入年限累计互认，迁移审批2.02万件。截至年底，全市（不包括乍浦）户籍人口登记在册总数为45.74万人，其中城镇人口27.18万人，乡村人口数18.56万人，其中农业转移人口落户城镇5947人。

【出入境管理】 2023年，市公安局对标服务三个“一号工程”，纵深推进涉外管理服务中心建设，涵盖涉外管理服务五大类99个事项，形成涉外职能连锁整合，实现所有涉外服务“一窗受理、一站服务、一次办结”。创新外企增值服务，推出“五惠”涉外管理服务举措，助力平湖市成功入选全省政务服务增值化改革“一市一品”特色亮点项目。“平湖市推进涉外‘一类事’增值服务打造外资高质量发展生态”入选嘉兴营商环境优化提升“一号改革工程”第二季度创新案例，“平湖市优化涉外增值服务全力打造国际化产业生态圈”获评嘉兴市营商环境“微改革”第一批入库项目。经验简报先后被刊登在浙里改《竞跑者》、嘉兴《弄潮儿》，获嘉兴市副市长、市公安局局长张海燕，平湖市委书记仲旭东批示肯定。聚焦出入境证件实质性审查，坚守基础管控顶格100%，立体式推进“三非”“獴猎”“犁平”等专项行动，共查处涉外案事件72起，遣送出境“三非”外国人1名，破获偷越国（边）境案件16起，抓获犯罪嫌疑人32名。

【交通安全管理】 2023年，市公安局结合全市道路交通安全形势，完成杭州第19届亚运会等系列重大安保任务，确保全市道路交通安全形势的持续平稳，交通安全大会战考核位居嘉兴全市第三。年内，查处交通违法28.3万起，其中现场查处11.6万起、酒醉驾909起、“三超一疲劳”1.5万起，淘汰非标电动车1.8万辆，源头处罚电动车销售店铺13家。辖区共发生亡人道路交通事故43起43人，未发生恶性、重大事故或2人以上亡人事故，全口径死亡人数同比下降17.3%，降幅列嘉兴第二。在嘉兴全市交警阶段专项行动中，先后获冬季守护行动第一、春季守护行动第二、途安行动第一的成绩。

【公安档案管理】 5月31日，市公安局在全市档案职业技能竞赛中获团体二等奖。12月7日，在国家档案局组织的“奋进新征程 兰台谱新篇”征文比赛中，市公安局撰写的《做好户籍档案管理“四个转变” 在服务民生上发挥更大作用》一文获优秀奖。年内，市公安局综合档案室获评2023年度省级优秀档案室。

【打击治理电信网络诈骗违法犯罪专项行动】 2023年，市公安局深化运行“四专两合力”（专题研究、专门队伍、专案攻坚、专业技术，抓好内部合力、促成外部合力）总体工作思路，纵深推进“云剑”“断卡”“拔钉”等专项行动，围绕“专业+专班”“专案+专项”“集中攻坚+常态运行”工作模式，成功发起“3·2”专案、“192”号段冒充京东客服诈骗、假证诈骗3起全国集群，打处电信网络诈骗违法犯罪人员3900多人，本地全链条打击团伙18个，境外回流诈骗人员206人，成功侦办“7·17”一号专案，打处嫌疑人59名，冻结涉案资金20亿元。其中，侦破办理特种行业假证诈骗案，抓获嫌疑人18名，成功排查省特种行业不规范持证上岗人员5.2万余人，推动特种行业领域治理，获副省长徐文光等多位省级领导批示肯定。6月，侦查中心成功入选全省首批8个县级侦查中心创新工作示范点。2023年，打击治理电信网络诈骗违法犯罪专项行动排名嘉兴第一。

【夏季治安打击整治行动】 6月25日至9月30日，市公安局按照公安部、省公安厅和嘉兴市局要求和部署，制定《全市公安机关护航亚运集中攻坚统一行动暨夏季治安大整治行动实施方案》，以“护宁”“拔钉”“清雷”“铸盾”“钱潮”“途安”“靖网”“犁平”等八大行动为牵引，开展11次“护航亚运，嘉警亮剑”集中统一行动，共出动警力8747人次，党政干部、群防群治力量3149人次，检查出租房屋1.9万户、复杂公共场所2800余家次，打处案件198起335人，查获醉酒驾驶16人、饮酒驾驶51人。

【网络犯罪专项行动】 2023年，市公安局深入推进网络犯罪专项行动，破获省厅认定的重特大案件3起，破获考试作弊案件1起、网络水军案1起、非法控制计算机信息系统1起、非法破坏计算机信息系统案件1起。其中，破获的某上市公司勒索病毒案件获副省长、省公安厅厅长杨青玖和嘉兴市副市长、市公安局局长张海燕批示肯定；破获的侵犯公民个人信息案件获副省长、省公安厅厅长杨青玖批示肯定。

【防控治理中心成立】 5月31日，市公安局根据省、市公安机关相关文件要求，经局党委研究决定成立平湖市公安局防控治理中心，原局维稳防控中心并入防控治理中心。中心设置4个区8个岗，承担全局要素治理、态势研判、综合督导等重要职能。通过构建“市局防控治理中心—派出所综合指挥室—社区警务室”三级指挥体系，整合11个警种的基础管控要素48个大项。年内，共发布通报19期，发现并指导各派出所整改问题266处。下发指令单13件，编写研判材料被省厅、嘉兴市录用10篇。

【公安大脑建设】 2023年，市公安局公安大脑建设工作成果丰富。是年，以嘉兴市公安局名义申报在省厅的“最多录一次”

等14个揭榜挂帅项目，平湖参与7个，并全部获单项奖。以平湖市公安局名义申报的“涉J管理服务机制”等10个项目全部获评省厅优秀创新案例，并且其中7个项目由省厅一把手签字推荐，两个项目获省厅单项奖，3个获评嘉兴市公安局技术攻坚类项目。年内，完成4个组件开发、5个App上架、2个“三云”融合模型搭建、6个指标指数优化等工作任务。在综合实绩评估中，“公安大脑建设”成绩位列嘉兴市第一名，获评“全省公安大脑建设”年度优胜单位。

【“政务服务数字化”改革】2023年，市公安局围绕“14610”计划，推动公安政务服务数字化转型，打响“连心”服务品牌。持续深化“一网通办”“一窗通办”场景，推动“一窗通拍、全域应用”改革落地，试点打造社会化照相馆，迭代升级“一采通”设备至4.0版本，该装置获国家知识产权实用新型专利证书。将公安政务服务事项延伸到村居、社区，打造公安政务服务“随时随地办”体系，年内，共办理政务服务事项40余万件，群众办件好评率达99.8%。参与跨部门联合监管251次，跨部门监管率100%。“政务服务数字化”改革评估成绩列嘉兴全市第二。

【执法办案机制完善】2023年，市公安局持续推进执法监管精细化建设，形成“执法办案管理中心—案管室”两级规范、高效执法办案管理机制，对该局“警、案、人、物、场所、卷宗”等实行全要素全流程管理，全年共发布巡查通报3348期。推进执法能力常态化建设，打造法治文化“润心”工程，开展一系列全警学法练兵和普法宣传活动，2023年在嘉兴市局组织的四轮基本法律知识抽考中综合排名第一，有25名民警通过国家法律职业资格考试，通过人数位居嘉兴全市第一。是年，建成全省首家集硬件、机制于一体的政法一体化涉企案件快办中心，4月12日，公安部调研组专题调研。推进办案模式数字化提升，构建“格式笔录”公安大脑应用场景。年内，在嘉兴全市执法质量考评中获第一名，实现“五连冠”，并第22次获评“全省公安机关执法质量优秀单位”。

【公安信访】2023年，市公安局常态化开展信访问题源头治理攻坚行动，构建良好信访生态。年内，局本级共接待群众来访93批，同比下降22%；受理“民呼我为”政务平台等网上交办件2905件；打处违法信访，采取刑事强制措施3人，行政处罚8人，批评教育60余人；化解公安部、省厅交办信访积案17起，化解率100%。在省公安厅信访生态指数考核中，连续两年评级为优，位列嘉兴第二名，全省第12名。

【监督执纪】2023年，市公安局坚持厚爱与严管并重，出台队伍管理十项刚性举措，全年有4名民警被“退回待岗”。研发监督资源共享、业务融合、功能贯通的一体化监督“云鉴”数治应用，推动队伍管理由“事后救治”向“事前预防”转变，有效堵塞各类风险隐患，该应用被列为2023年嘉兴市局“公安大脑”技术类攻坚项目及该局年度十大工程之一，在嘉兴全市推广并被推荐参加全省“公安大脑”建设优秀创新案例评比。坚持有案必

3月3日，平湖市政法一体化涉企案件快办中心揭牌仪式举行

（市公安局 供稿）

查、有腐必惩，精准运用监督执纪“四种形态”，全年共问责处理19人，其中提醒谈话9人、诫勉谈话7人；党政纪轻处分2人（党内严重警告1人，系退休民警；警告1人，系辅警）；党政纪重处分1人（留党察看一年、撤职）。

（李旭芬）

检　察

【概况】 2023年，市检察院围绕市委“创新奋进”主题主线，履行检察职能，迭代升级“五大工程”，以高度的政治自觉为大局服务、为人民司法、为法治担当。开展学习贯彻习近平新时代中国特色社会主义思想主题教育，将学习成果切实转化为推动检察工作发展的强大动力。深入推进“双建争先”工程，开展“一支部一品牌”创建工作，立足支部业务职能提炼党建子品牌3个，推动党建与业务深度融合，被列为全市机关党建工作会议现场学习参观点。全年，共获嘉兴市级以上荣誉24项，1项工作经验获最高检推广，1件案例入选最高检典型案例，4件案例入选全省优秀案例，1名干警获评全省优秀办案检察官，1个集体获评全省政法系统先进集体，行政争议实质性化解工作在嘉兴市政府相关会议上作经验交流。

【社会维稳】 聚焦政治安全、社会安定、人民安宁，常态化开展扫黑除恶斗争，做好除险保安工作，保障杭州亚（残）运会举行。从严惩治严重影响人民群众生命财产安全的犯罪，起诉抢劫、强奸等暴力犯罪41人，起诉盗窃、诈骗等侵财犯罪337人。积极参与安全生产排查整治，审查起诉安全生产领域犯罪案件3件3人。加强源头治理，针对办案中发现的违法犯罪反复多发问题，在充分调研的基础上制发社会治理检察建议12份，并推动建立长效机制3项。在反腐败斗争中发挥检察作用，依法起诉职务犯罪案件13件16人，助力清廉平湖建设。

【法治营商环境优化】 发挥涉企案件“四联”协作办理机制优势，出台服务保障营商环境“一号改革工程”十六条措施，做实市场主体平等司法保护。创新生态环境损害赔偿与检察公益诉讼衔接协作机制，入选全市第一批营商环境“微改革”项目库，获省委政法委主要领导调研肯定。深入开展护民企“啄木鸟”法律监督专项行动，严厉打击侵犯企业合法权益犯罪，办理职务侵占、挪用资金等犯罪案件10件19人，涉案金额共计4919万余元。关注案件久拖不决问题，联合市法院、市公安局、市司法局建立涉企刑事案件智能快办速裁机制，共同打造全省首个涉企刑事案件快办中心，检察环节涉企案件办结效率提升45%。办理串通招投标犯罪案件2件9人，推进招投标市场源头整治。加强知识产权检察综合履职，借力专家“外脑”促进办案专业化，全年，办理侵犯商标权等知识产权案件15件38人，涉案金额2017万余元。深入剖析典型案件和发案规律，开展“检察送法进企业”活动30余次，以案释法，强化企业及员工法治意识。

【生态文明司法保护】 深入贯彻习近平生态文明思想，依法起诉污染环境、非法捕捞水产品、非法狩猎等破坏环境资源保护类犯罪案件6件6人，办理生态环境和资源保护领域行政公益诉讼

6月9日，市检察院查看平丘墩遗址保护情况　（市检察院　供稿）

18件、民事公益诉讼9件，追偿生态环境损害赔偿金、治理恢复费用等111万余元。聚焦维护生物多样性和生态平衡，提起破坏野生动物领域民事公益诉讼案件2件，督促违法行为人赔偿生态损失，并公开赔礼道歉，进一步推动革除滥食野生动物陋习。强化渔业资源保护，以“刑事+公益诉讼+生态修复”一体化办案模式，办好非法捕捞水产品案件，全年，增殖放流鱼苗5万尾，助力水域生态修复。

【乡村振兴战略助力实施】着力保障乡村民生民利，依法治理拖欠农民工工资问题，做劳动者的护“薪”人，通过督促履职等方式追回欠薪114万余元，为农民工提供法律服务90余人次，办理的张某某拒不支付劳动报酬案获评嘉兴市优秀案例。加强司法救助和社会救助的衔接，与市慈善总会签订合作协议，设立检察机关司法救助对象帮扶专项基金，依法救助85件91人，累计发放救助金60余万元。助力乡村振兴和共同富裕示范区建设。开展古桥文物及古树名木保护，督促保护古桥16座、古树20余棵。连续两年派员担任农村工作指导员，深入一线开展驻村帮扶。

【“枫桥经验”践行】打造“枫桥式检察室”，推动新仓、新埭两大基层检察室工作更好融入基层治理、服务基层，全年，共办理辖区内轻微刑事案件96件，3件案例获评嘉兴检察机关“枫桥式检察室”建设十大优秀案（事）例。新仓检察室先后在辖区重点街道、村、社区设立9个联络站，联合新仓法庭、派出所、司法所建立完善“两所一庭一室一中心”联动机制，主动对15件因邻里纠纷、家庭矛盾引发的轻微刑事案件开展“听、化、访”三步走调解，做到矛盾风险早发现、早应对、早解决。新埭检察室会同新埭镇人大主席团、政协联络室细化代表建议、委员提案与检察建议衔接转化工作，依托代表委员联络站，召开案件公开审查听证会，倾听企业、群众法治诉求。在办理陈某等3人职务侵占案中，坚持打击犯罪与追赃挽损并重，促使犯罪嫌疑人主动全额退缴赃款，做法获市委主要领导批示肯定。

【民生关切回应】秉持“如我在诉”理念，落实“群众来信件件有回复”制度，共处理群众信访195件，全部做到七日内程序性答复，三个月内结果性答复。联合市民政局、妇联等8家单位印发《关于加强民事支持起诉工作协作配合的意见》，保障妇女、未成年人等特定群体的合法权益。院领导带头下访接访，运用支持起诉、司法救助最大限度帮助困难妇女钱某某维护自身及两名子女权益。遏制电信网络诈骗犯罪态势，全年，公诉相关犯罪292人，依法对一起勾结劳务中介办理手机卡为境外诈骗团伙提供帮助的案件提起公诉。加强对个人信息的司法保护，审查起诉侵害公民个人信息案件2件3人。

【未成年人保护】维护未成年人合法权益，共批准逮捕侵害未成年人犯罪28人，起诉41人。坚持“教育为主，惩罚为辅”，最大限度挽救涉罪未成年人，依法附条件不起诉12人。东西部协作精准帮扶涉罪未成年大学生，对郭某帮助信息网络犯罪活动罪一案，会同贵州省纳雍县检察院开展异地考察帮教，帮助其真诚悔改并回归校园，被《检察日报》报道。依托“涓涓护苗”未检工作室，创建长三角未成年人检察一体化保护实践基地。积极构建毗邻区域未检协作机制，入选全市“四敢争先”实践活动项目和重大改革项目。以跨区域基层治理“一件事”为切入点，依托市委政法委的“长三角社会治理协同应用”，嵌入“未成年人异地协同保护应用”，归集平湖、上海金山等地30余家部门单位涉及社会治理数据120万余条，发现并相互移送线索20余条，立案3件，在毗邻地区对罪错未成年人和未成年被害人形成帮教关爱工作合力。

【数字监督治理】围绕“数字检察勇争一流”目标，启动“数字赋能监督”创意设计征集活动，评选出十佳创意设计并进行重点培育，其中三项设计获嘉兴检察机关法律监督模型一等奖。深化数字检察建设，对个案办理中发现的深层次、普遍性问题，运用大数据分析模型开展类案监督，推动系统治理。针对恶意逃避法院财产执行问题，开展拒执犯罪数字监督，自主创建黄赌毒人员涉拒执犯罪模型，锁定29名将巨额资金用于赌博等违法行为的失信被执行人，涉及执行标的额1046万余元，6名“老赖”被移送公安机关追究刑事责任，其余23人移送法院处理，入选省检察院《拒执犯罪数字监督办案指南》。开展重复报销型医保诈骗数字监督，将交通事故数据与医保支付数据进行碰撞，筛选出涉嫌医保诈骗人员21人，分类分层打击处理，并以检察建议促推有关部门出台长效机制规范医保基金安全监管。

【刑事检察】 坚守案件质量“生命线”，行稳致远做优刑事检察，全年共受理审查逮捕案件266件320人，件数同比上升70.51%，人数上升41.59%；受理审查起诉案件1181件1836人，件数同比上升17.28%，人数上升11.88%。认真落实“宽严相济”刑事司法政策，依法批捕211件245人，依法起诉728件1120人；对罪行不重且无社会危险性的，依法不捕47人，对犯罪情节轻微的初犯、偶犯，依法不诉562人。运用数字检察立案监督、追捕追诉11人，纠正侦查瑕疵7件。紧扣以证据为核心的刑事指控体系建设，制定不起诉案件办理流程规则，给不起诉权行使“加把锁”。联合市公安局出台轻罪案件办案指引，通过实质化运行侦查监督与协作配合办公室，明确轻罪标准、优化诉前审核，推动认罪认罚从宽制度办理质效达94.41%。针对社区矫正对象被行政处罚后未及时撤销缓刑收监执行的情况，开展社区矫正对象涉行政处罚专项监督。

【民事检察】 做强民事检察，全年开展民事生效裁判监督16件，民事审执活动监督36件，支持起诉6件，监督意见采纳率100%。在开展民事执行检察监督中，推进重复信访积案实质性化解，检法协作配合促成双方当事人达成调解协议，成功化解一起跨越17年的民事纠纷。联合市法院建立民事检察调处与民事执行和解联动工作机制，发挥检察调处和法院执行和解的优势，促成和解案件3件。

【行政检察】 规范有序做实行政检察，全年办理行政诉讼审判监督和非诉执行监督案件14件，行政裁判同步监督案件7件，化解行政争议案件5件，并作为全市检察机关唯一单位在嘉兴市府院检联席会议上作汇报交流。强化行政非诉终本执行案件监督，通过数字化手段排查发现被执行人、个人独资企业投资人有履行能力案件4件，通过检察建议监督行政处罚罚款17.2万元全部执行到位。发布首份《行政检察、行政公益诉讼检察白皮书》，剖析行政检察监督中发现的问题，提出有效对策建议，助力法治政府建设。联合市政府建立检察机关决定不起诉案件行刑衔接工作机制，府检合力加强行刑反向衔接，切实解决不刑不罚、应移未移、应罚未罚问题，共移送行政机关进行行政处罚61件，同时制定不起诉案件行刑反向衔接内部协作指引，规范内部衔接工作。主动融入“大综合一体化”行政执法改革，联合市司法局对辖区基层执法单位行政处罚案件开展专项监督检查。深入开展市场主体恶意注销规避处罚行政非诉执行类案监督，获嘉兴市检察院发文推广。

【公益诉讼】 努力当好公共利益的代表，突出“精准性”“规范性”要求，全年办理行政诉前公益诉讼案件45件，涵盖生态环境和资源保护、食品药品安全、国土国财、安全生产、文化遗产保护等领域，并先后开展非成品油、医疗美容、河湖安全等专项监督行动；办理民事公益诉讼12件，其中9件向法院提起诉讼后诉请全部实现，其余3件的违法行为人在诉前主动赔偿磋商终结。聚焦工程建设领域安全生产，开展注册建造师违规挂靠公益诉讼数字监督，发现26名建造师存在违规挂靠情况，及时督促注销注册或缴纳社保，其中对4名“挂证”参与工程项目人员、3家建筑企业及其负责人移送综合执法局进行行政处罚，推动住建部门开展专项整治行动，办案经验被新华社、《浙江法治报》等媒体刊载，入选《浙江省检察机关数字监督办案指引》。

【清廉建设】 抓牢党风廉政建设主体责任，抓好中央八项规定及其实施细则精神落实。严格执行防止干预司法“三个规定”，完善基层检务督察办公室内部监督机制，在关键事项、关键领域推进全面从严治检提质增效。开展“明德守法 完善自我”专项行动，组织干警围绕严守“三关”进行大讨论，推进“感恩奋进、四敢争先”承诺践诺，进一步坚定理想信念、涵养道德操守、严守纪法规矩。狠抓案件质量，共评查常规案件92件及重点、专项案件69件，规范检察权行使。

【接受各方监督】 自觉接受人大监督，向市人大常委会专题报告关于适用认罪认罚从宽制度的情况和生态文明建设与环境资源检察工作，认真办好代表建议4件。深入推进全过程人民民主建设，开展检察机关核心业务进基层单元活动5次，听取民情民意，回应民声民需，纾解民忧民困。自觉接受民主监督，向市政协、各民主党派、工商联和无党派人士通报检察工作、听取意见。邀请人大代表、政协委员参加检察开放日、案件公开听证等活动共计70余人次，以深化检务公开促进司法公正。牵头研发“合力督”数字化应用平台，实现人大代表建议、政协委员提案和检察建议衔接的线上办理、跟踪反馈、质效评估，获新华社、《检察日报》、《嘉兴日报》头版报道。自觉接受社会监督，邀请人民监督员及群众代表参与庭审旁听、公开宣告送达等检察活动，保障人民监督员知情权、参与权和监督权，拓展群众了解检察工作的渠道。

【黄赌毒人员涉拒执犯罪模型】 2023年，市检察院在办理开设赌场个案中发现赌博违法人员系失信被执行人，其在执行案件被终止后存在赌博等不当处置财产的情形，可能构成拒不执行判决、裁定罪。为加强拒执违法犯罪打击，市检察院搭建数字模型开展专项线索排查，发现被认定为无执行能力的当事人因赌博等被行政处罚的29人，涉及标的额1046万余元。督促公安机关立案侦查6件6人，全部起诉；对于未构成犯罪的，向市法院发出检察建议。同时公检法发布《打击拒执犯罪行为通告》，建立联动打击工作机制，推动解决“执行难”，获嘉兴市检察机关数字类案监督模型一等奖。

【注册建造师违规挂靠公益诉讼数字监督】 2023年，市检察院在办案中发现，建筑企业与持有建造师、造价工程师资格证书的专业技术人员，通过签订虚假的劳动合同“挂证”取酬，虚假参与工程建设，严重扰乱建筑行业市场秩序，危害建设工程质量安全。为此，市检察院搭建数字模型开展专项线索排查，排查监督线索26条，经调查核实确定4人曾作为挂名项目经理参与工程建设7处的“挂证”违法行为，督促住建部门查处违法行为并开展专项整治行动，同时联合市人大、市建筑业协会合力推动工程建设领域安全生产系统治理，获市政府主要领导批示肯定。

（乐佳杰）

法 院

【概况】 2023年，市法院共新收各类案件8598件，办结8811件，办案质量、效率、效果主要指标稳步提升，获平湖市级以上先进集体和个人荣誉87项，刑庭获评全国打击治理洗钱违法犯罪工作成绩突出集体。

【法治化营商环境】 依法平等保护各类市场主体权益，审结涉企纠纷2495件，案件平均审理天数同比减少18.69天。实施全过程“法助民企”改革，实行专调、慎保、快审、优执、精访、助谋六项举措。联合成立全省首个政法一体化涉企刑事案件快办中心，涉企刑事案件速裁比例由原来的14%提升到31%，为企业快速追回赃款1360万元。聚焦民营企业内部贪腐问题，依法惩治涉民企职务侵占、非国家机关工作人员受贿等犯罪，助力企业挽回经济损失363万余元，获省高院领导批示肯定。建立“法院＋司法局＋工商联＋社会治理中心涉企矛盾纠纷多元化解”服务机制，最大限度降低企业维权的经济成本和时间成本，涉企民商事纠纷化解成功率居嘉兴第一、全省前列。开展“平法助企行”线下精访活动，对全市规

11月10日，市法院发布《平湖羽绒服产业涉诉风险及防控司法大数据分析报告》（市法院 供稿）

（限）上企业中近三年有多起案件的重点企业走访服务实现全覆盖。设立童车行业协会等"法助民企"联络站，举办"法官直播间"等普法活动8期，发布企业合同法律风险提示20条和羽绒服行业司法大数据报告，获省高院领导及市委、市政府主要领导批示肯定。

【社会安全稳定】 依法惩治各类犯罪，审结刑事案件745件，判处罪犯1126人，其中判处三年以上有期徒刑185人，适用认罪认罚从宽制度885人。依法严惩严重暴力犯罪，审结故意伤害、抢劫等犯罪案件27件29人。依法惩治网络犯罪，审结电信网络诈骗犯罪案件38件193人，"打着'减肥瘦身'旗号实施电信网络诈骗案"入选全省法院八大典型案例。保持惩治腐败高压态势，审结贪污、贿赂、渎职等职务犯罪案件14件16人。保障人民群众食药安全、出行安全、信息安全，审结危害食品药品安全、危险驾驶、侵犯公民个人信息等案件240件244人。贯彻落实党的二十大精神，推进"立审执破"全方位风险评估防控，做好护航杭州亚运会除险保安工作。

【法治政府建设】 坚持监督支持依法行政和维护群众合法权益相结合，审结行政案件52件，办理行政非诉审查案件54件。行政审判核心指标持续优化，行政诉讼案件调撤率达50%，服判息诉率59.62%，同比上升15.18个百分点。聚焦法治政府建设重点，向市政府发送行政案件半年度分析报告，推动行政机关案件情况纳入市政府常务会议议题，行政机关负责人出庭应诉率持续保持100%。深化府院良性互动，常态化召开府院检联席会议、发布行政审判白皮书、组织行政机关负责人旁听庭审，助力提升依法行政能力水平。推进行政争议实质性化解，向行政机关发送督促化解函9件、司法建议12条，通过示范性诉讼高效化解16件涉不动产登记行政案件。

【生态文明护航】 实行刑事制裁、民事赔偿与生态补偿衔接机制，审结环境资源案件18件，依法判处破坏环境资源刑事案件6件。发挥公益诉讼对生态环境的预防性、恢复性保护功能，判令禁渔期非法捕捞当事人赔偿渔业资源损失2.35万元。深化恢复性司法实践，在九龙山国家森林公园建立生态修复和司法保护基地，探索当事人参与增殖放流、护林护鸟、海岛巡护等替代修复方式。强化司法执法衔接，联合市生态环境分局、自然资源和规划局、农业农村局等部门开展环境勘查巡查。加强普法宣传教育，召开环境资源审判工作新闻发布会，开展院长开庭、林地巡护、公众开放日、环保法治课等主题宣传活动。

【民生福祉保障】 办好与群众生活密切相关的各类民事纠纷5162件。精准服务"保交楼、保民生、保稳定"，推动诉前化解涉房地产纠纷232件，审结房地产纠纷案件318件，平均审理天数同比缩短16.45天。坚持劳资权益保护并重，审结涉劳动类纠纷案件248件，为1034名农民工追回薪资717.3万元。构建家事审判新模式，运用家事调查员、回访观护、夫妻共同财产申报令等制度，审结婚姻、继承、抚养、赡养等案件441件，家事纠纷平均审理天数同比缩短20.03天，院集体获评嘉兴市“平安家庭”建设优秀单位。加强未成年人权益保护，实行“晨晓同行”计划，推进“晓法堂”“启法营”“临时妈妈”“法官约定”等项目，面向1万余名学生开展生命教育课等活动38次，对20件涉未成年人案件开展法庭教育指导、家庭教育指导。发挥司法救助扶危济困的保障功能，凝聚社会联动救助合力，为32名困难当事人发放司法救助金56.25万元。

【胜诉权益兑现】 推动完善党委领导下的综合治理执行难大格局，共执结案件6078件（含执行恢复、执行保全等案件），执行到位金额4.8亿元。持续提升执行质效，深化案件分段集约执行改革，执行完毕率、执行标的到位率居全省前列，平均执行时间指数位列嘉兴第一。开展“百日执行攻坚”专项行动，涉民生案件执行到位金额1060万余元。开展助企纾困专项执行行动，51家资信优良企业通过“善企保”应用避免财产保全，盘活资金800余万元。保持对逃避执行、规避执行、抗拒执行严厉打击的高压态势，实施司法拘留279人次、罚款1952人次，发布失信被执行人名单411人次，对3062名被执行人作出限制消费令。持续开展打击拒执专项行动，向公安机关移送拒执犯罪线索40件43人，已判决21件22人。探索机动车查控“一件事”，联合市综合行政执法局、公安交警大队开展车辆扣押执行协作，发起协助扣押车辆145辆，成功拍卖87辆，成交金额785万余元。深化长三角执行一体化，建立健全跨域委托事项办理、异地执行协助、执行数据共享等协作机制，“协助江苏吴江法院跨域执行案”入选服务保障长三角一体化发展典型案例。

【诉讼服务优化】 推进“一站式”诉讼服务建设，优化网上立案、电子送达、在线调解、“云上法庭”等线上诉讼服务，当事人在线开庭548次。构建以共享法庭为关键节点的全链条、一站式纠纷化解体系，新设立商事、建设、涉侨、知产等特设共享法庭，提供全流程智能司法服务。加强人民法庭信息化、便民化建设，新埭法庭设立退役军人共享法庭，新仓法庭做强安徽谢家集乡音共享法庭。

【文明风尚弘扬】 发挥司法裁判的行为规范指引和道德价值引领作用，判决横穿马路致人重伤的行人构成交通肇事罪，传递“谁违法谁担责”的法治理念，获央视专题报道，被写入省高院工作报告，获评浙江法院十佳司法好新闻。遵循人身保险合同缔约本意，要求保险公司向摔伤治疗“超180天”后死亡的建筑工人家属理赔50万元，传递“防范道德风险、尊重生命至上”的价值导向。依法保护债权人利益，判决撤销债务人离婚时将全部财产分配给另一方的约定。坚决维护司法权威，开展打击虚假诉讼专项行动和打击扰乱诉讼秩序专项行动。

【诉源治理改革】 坚持和发展新时代“枫桥经验”，推动完善党委、政府统筹部署、多方主体协同共治的大治理格局，打造“息事无讼”诉源治理工作品牌。发挥共享法庭前哨作用，累计开展纠纷指导调解2800余次，调解培训、普法宣传1600余次，助力矛盾纠纷有效化解在基层。创新推进“息事无讼”数字化应用建设，助力基层矛盾纠纷及时发现、有效分流、快速解决。延伸审判职能，向相关行业、主管部门发出规范保险条款设置、加强小区外卖安全管理等司法建议34条。全年，共推动诉前化解纠纷4557件，诉前调解成功分流率49.07%，居全省前列。“息事无讼”解纷工作法被省委政法委命名为全省新时代“枫桥式工作法”，“法助无讼”服务品牌获评嘉兴市第十一批机关服务品牌。

【执行“一件事”改革】 推动召开市委法院工作会议暨深化执行“一件事”改革推进会，出台专项改革攻坚行动实施方案，健全党委领导下的执行终本案件出清机制和破解执行难长效机制，合力推进终本案件出清、联动查人找物、打击拒执犯罪等工作。瞄准终本案件出清中存在的案情复杂多样、被执行人线索查找困难等难题，依托“平治110”综合指挥协同体系，建立深度融入基层智治体系的“361”执行工作体系，形成“党委领导、法院主办、镇街领办、部门协同”的破解执行难工作新局面。成功通过“平治110”平台交办终本案件355件，出清案件83件，执行破难成效持续彰显，执行“一件事”改革工作获省高院领导批示肯定。

【审判管理改革】 健全“繁简分流、快慢分道”的工作机制，优化简案团队司法资源配置，一审服判息诉率91.48%，同比提升0.72个百分点，自动履行率58.78%，同比提升4.35个百分点。坚持诉讼程序“不反复”、人民群众“少折腾”的工作理念，深化“程序空转”治理，程序比持续下降至1.42，有效减少当事人诉累。突出办案用时更短、办案效率更优的工作目标，开展买卖合同案件专项整治和审判辅助事务专项整治，买卖合同案件审执天数同比缩短43.58天，诉讼费退费时间指数嘉兴第一。

【接受各界监督】 主动接受人大政协监督，向市人大常委会专题报告执行工作情况，向全体代表委员通报法院半年度工作情况，每月推送代表委员联络专刊。创新开展“百名代表委员听百案”活动，邀请代表委员旁听庭审37场400余人次。依法接受检察机关法律监督，召开法检联席会议，邀请检察长列席审判委员会5次，办理检察建议58件。广泛接受社会监督，实行法官与律师互评、特约监督员等机制，推行“司法公正在线”应用。

（陆晶晶）

司法行政

【概况】 2023年，市司法局围绕高水平法治建设护航高质量发展目标，法治建设、法治化营商环境改革、法治领域重大改革取得新突破。4个普法与依法治理类案例被司法部案例库收录；创新涉企纠纷调解体系工作经验被《法治日报》、人民论坛网、《浙江法治报》、《弄潮儿》等刊登，“金平湖·法治里”获评全省首批公民法治素养观测点十佳实践案例，获省委常委、政法委书记王成国调研肯定；市司法局获全国组织宣传人民调解工作先进集体，被推荐为全省法治政府（依法行政）工作成绩突出先进集体，获评嘉兴市创建“全国法治政府建设示范市”特殊贡献先进集体和打造“浙里最嘉”营商环境最优市成绩突出先进集体。

【法治引领新篇章】 完善依法治市制度体系建设，8个镇街道成立全面依法治镇街委员会及其办公室。打造一流法治化营商环境，分3个阶段，打造五大子行动，推动并完成16个突破性抓手项目、21项指标任务。创新“三省两快”涉企纠纷调解体系和“法护侨·助共富”为侨法律服务体系，成立全省首个侨联法顾委工作站；2个项目被列入嘉兴法治化营商环境突破性抓手项目。开展“百名律师联百企”法律服务专项行动，推进重点产业合规体系建设及涉外法律服务工作，《平湖市外向型企业合规管理指引》入选省级项目库。全市共办理法律援助案件1058件，法律咨询7279人次，法律帮助1226件，案件审批满意率100%，案件承办满意率98.98%。开展道路交通安全和运输执法领域突出问题专项整治，与上海金山区创新建立长三角毗邻地区危险货物运输联动执法机制。

【效能治理新格局】 创新建立涉企纠纷调解服务中心，在平湖·中国服装城成立知识产权纠纷人民调解委员会，打造10个区域调解工作品牌，全市共受理涉企纠纷2483件，调解成功1773件，成功率71.4%，调解成功率和调解诉讼比两项矛盾多元化解绩效指标均列嘉兴第一、全省前列。推进“八五”普法规划实施，加强第十批全国民主法治示范村（社区）培育，省级民主法治村（社区）以上占比继续位列嘉兴第一，打造“平小环说法”“开工第一课”“应急安全普法”等谁执法谁普法品牌。设立省级“测育一体”公民法治素养观测点。

【管理改革】 推进县乡合法性审查改革省级攻坚试点工作，实体化运行市合法性审查中心，镇街道实施“1+4+N”（明确1个职责清晰的运行机制，实施4大配套改革，跟进N项能力保障工程）改革工程。开展合法性审查3851件，同比增长23%，清理废止修改支持民营经济发展规范性文件83件。打造全过程行政执法规范化建设体系，创新出台《平湖市深入开展行政执法规范化建设工作的实施方案》，编制《平湖市行政执法工作规范指导手册》。梳理发布涉市场主体轻微违法免罚和减罚事项751项，减免处罚3040万元。开展基层执法单位行政处罚案件专项监督，共评查案卷400余本，落实整改问题49个。探索行政复议案件繁简分流办理机制，复议案件办理效率提升40%。行政复议调解率52.6%，高于嘉兴平均水平2个百分点。全年，未发生被嘉兴纠错案件，行政诉讼败诉率2.8%。

（肖婷）

农　业

综　述

【基本情况】 2023年，平湖市实现农业增加值18.07亿元，增速4.2%；农村居民人均可支配收入达50249元，增长7.9%；低收入农户收入达26945元，增长10.3%。

【工作实效】 年内，通过国家数字乡村试点终期评估，在省级评估中获优秀。入选国家农业绿色发展先行县试点、2023年县城承载能力提升和深化“千村示范、万村整治”工程省级试点、全省创意农业试点县，系全省首批“神农鼎”获得者。承办全省设施蔬菜绿色高质高效技术培训观摩会、全省农业农村系统办公室主任座谈会暨宣传工作部署会。“浙农补”应用案例入选全国数字乡村优秀案例；农业绿色发展模式入选2023年全国农业绿色发展典型案例；秸秆综合利用入选全国首批农作物秸秆综合利用典型案例。

（孙家政）

美丽乡村

【和美乡村扩面提质】 2023年，结合平湖市未来乡村建设实施方案相关要求，制定出台《平湖市未来乡村项目及资金管理办法（试行）》，明确项目申报、实施、监督、绩效评估等各环节要求，规范项目立项、招投标、施工、验收等方面的工作流程，确保项目建设科学规范、有序推进。以示范创建为抓手，巩固“金平湖·美丽乡村”建设成果。创建省级和美乡村示范镇1个、省和美乡村特色精品村5个、省级未来乡村3个、嘉兴市级未来乡村16个。深化农文融合，徐家埭村、山塘村、泗泾村入选2023年“百村争鸣”十大系列文化艺术村名单。开展片区建设，打造林埭镇“清溪清心·棒舞龙腾”和美乡村示范片区，区域总面积46.23平方公里，分为“北区宜业共富”“中部活力宜居”“南部清溪文化”三大功能板块，总投资约1.2亿元。11月24日，在嘉兴全市和美乡村示范片区建设比拼赛上获第一。

【村庄环境全域整治】 推进全域秀美，制订下发《2023年度平湖市农村环境全域秀美常态化检查工作计划》，检查结果被纳入市城乡秀美工程月度排名战考核。2023年，累计完成月度暗访检查10次，发布通报10期，下发整改通知80份。9月起，开展以房前屋后、建筑垃圾、杆线整治为重点的“三大攻坚”行动，共出动清理人员1.38万人次，排查问题10893个。深化垃圾分类，狠抓农户源头分类准确率和市级农村生活垃圾分类处理数据管理系统应用，2023年，农户源头分类准确率达95.52%，收运体系综合提升占比100%，智能化垃圾收运保持行政村全覆盖。新增省级高标准农村生活垃圾分类处理示范创建村33个。强化厕所建设，将农村公厕作为人居环境重点检查内容之一，全市213座农村公厕均实现规范化管理。推进农村公厕示范创建，2023年新增省级星级公厕14座（含示范性2座）。

【长效管护持续优化】 健全推进机制，举办全市性全域秀美专题培训1次，召开农村人居环境全域秀美现场推进会3场，推进镇街道互学互比互赛。建立挂钩联系机制，由市领导牵头，率领市级挂钩联系部门，通过现场踏勘、暗访检查、听取汇报等形式，定期到联系镇（街道）开展检查指导。根据《平湖市农村环境长效管护资金补助办法》，通过“基数+激励”的方式对各行政村进行补助。其中，基数部分按照行政村面积、户籍数、绿化面积、河道水域面积等主要因子进行测算，分为90万元、70万元、50万元三档。激励部分采用竞争性分配，每年安排500万元，对综合考核靠前的镇街道予以奖励，全年下拨补助资金5091.33万元。各镇街道整合资源要素，因地制宜开展长效管护，推进村庄环境长治久美。当湖街道的农村全域实行秀美周周比、月月晒、季季评、年年考争先创优机制；独山港镇通过“域美助手”数字平台问题上报，村里根据问题现场照片和具体位置，迅速完成交办等。

（谢玲）

农村改革

【“广陈模式”迭代升级】 实施农开区新一轮三年建设行动，入选首批国家农业产业强镇，省级农业科技园正式挂牌，通过省级县域风貌样板区验收，被列入浙江首批共同富裕实践观察点（嘉兴市唯一），山塘村获评第三批全国乡村治理示范村。农业标准地改革全市试点，完成交易全市首宗以“标准地价”机制流转的农业标准地。农业科创中心正式启用，截至年底入驻项目主体13家。推动农文旅体融合发展，建成山塘康养酒店，禾木水上运动俱乐部正式运营，国庆节期间旅游收入同比增长42.1%。举办第四届全域旅游文化节、狮小农研学季等品牌活动，浙沪跨省乡村半程马拉松赛事顺利完赛。加大招商引资力度，在第七届平湖市农业经济洽谈会上签约项目9个，总投资超10亿元。举办第五届长三角“田园五镇”农业农村创业创新大赛，吸引创新创业项目66个。举办项目集中开竣工、签约仪式，涉及项目11个，总投资9.5亿。启动镇级两创中心（智能装备产业园）、长三角农博汇、京东方智联植物工厂建设，新发现制造、艺声电子、中逸小微园、隆源高分子项目年内均完成竣工验收。提升基础工程，盘活土地要素。完成低效企业整治15家。深化全域土地综合整治，优化国土空间配置，垦造耕地4.2公顷完成县级验收，建设用地复垦完成3.34公顷。优化村庄规划，梳理摸排各村农民建房、设施农业、乡村振兴产业等用地需求。完善乡村基础设施，启动17座农村危旧桥梁改造提升，石广公路1公里改建工程开工建设，完成路面维修6.4公里。提质扩面稻田退水零直排模式，相关工作获生态环境部批示肯定，完成广陈塘流域水生态修复项目二期建设。

【数字乡村建设】 通过国家数字乡村试点终期评估，终期评估排名全国第五、全省第二，在省级评估中获评优秀。实施数字经济创新提质“一号发展工程”，加快智慧农业“百千”工程建设，新增省级数字农业工厂5家。绿迹农业、平湖农开区集聚发展智慧农业获评浙江智慧农业十大模式。深化乡村数智服务，钟埭村、徐家埭村、龙萌村数智生活馆获首批省级认定，旧埭村获评省级农产品电商村。全市农产品年网络零售额达7.29亿元。加快推进“四个一批”场景应用，“浙农补”入选浙江省数字经济创新提质一号发展工程优秀案例，浙农码全年用码量达150.28万次。全年，获评“浙江省十大数字乡村先锋人物”1人，“浙江省百名数字新农人”2人。平湖市先后3次在省内外数字乡村推进会、研讨会上作典型发言。

【强村富民乡村集成改革】 加快“1+8+N”共富体系建设，启动共富体项目34个，计划总投资7.2亿元，村集体全年实现增收1476.32万元。全市72个行政村经营性收入160万元以上达85%。实体化运行强村公司。以党建为引领、项目为王，重点围绕产业振兴、乡村建设、联合发展加快项目建设。至年底，建设粮食综合应急保障物流中心、新埭现代粮食全产业链项目、新仓“三位一体”示范项目、农田水利设施管理服务项目、农合大厦、东渡镇芥菜全产业链项目等6个项目，总投资约5亿元，覆盖行政村40个以上。深化“8”个领域共富模式。全市共谋划强村富民共富体项目58个，入库项目36个，启动34个，总投资约7.9亿元。完工项目17个，村集体实现分红（收益）项目15个。推进“集体+农户”众筹经营模式扩面提质，钟埭公共码头、曹桥阳光共富项目分红，帮助221户低收入农户实现收益28.2万元。构建“N”个数字化应用场景。针对当前土地产出效益低、抱团项目统筹数据支撑不足、闲置农房和劳务供需信息不对称等问题，重点打造飞地抱团、众筹共富、乡村劳务、农房激活、善治积分5个子场景，集成“抱团富”强村富民综合应用。横向归集多部门数据，纵向贯穿省、市、县、镇、村五级，通过算法模型、智能引擎、多维度分析，可视化呈现，形成“强村”和“民富”两个画像，综合反映出强村富民工作成效。

【农业标准地改革】 推进农业标准地改革省级试点，出台农业标准地改革三年行动方案，明确农业标准地定义、基本原则、工作目标和九大重点工作，梳理形成20项任务清单和8个环节标准体系建设清单。有序指导推进镇级试点工作，以点上突破带动面上整体提升，累计建成农业标准地1333.33公顷。探索建立农业标准地流转“标准地价”模型，广陈镇龙萌村2个地块率先应用“标准地价”机制实现流转。

【“股份分红+善治积分”乡村治理模式】 深化“股份分红+善治积分”集体收益分配模式，细化市级积分菜单11个大类35个小类评分标准，2023年分红村社104个，占比89.66%（含港区），分红金额3837.41万元。持续实施“飞地抱团”项目低收入家庭持股增收计划，2023年动态调整，持股家庭共2642户，覆盖率达95.25%，累计分红9138万余元、惠及4125户次。2023年，低收入农户人均可支配收入增长至26945元。推动“集体+农户”增收项目，带动低收入农户共同富裕，实施12个共富项目，带动低收入农户1651户。2023年，农村居民人均可支配收入50249元、增速7.9%，城乡居民人均可支配收入比缩小至1.56∶1。

【农村集体资产股份合作制改革】 深化农村集体产权制度改革。确定新仓镇双红村、独山港镇衙前村作为农村集体经济组织成员身份认定试点村，当湖街道曹杨村、水产村2个经济合作社为股份经济合作社退出试点，有序推进两项试点工作。推进村经济合作社股权流转，完善农村集体产权交易平台建设，建立起市场竞价机制、交易监督机制和交易保障机制。截至年底，全市累计交易耕地、房屋、鱼塘等项目13459宗，交易金额16.74亿元。培育新型农业经营主体。加快家庭农场培育提升，加强负责人素质技能培训，2023年底，全市家庭农场被列入名录库1237家，经营面积11013.33公顷，年经营性收入4.89亿元，年净利润2.02亿元；累计成功创建省级示范性家庭农场22家，嘉兴市级示范性家庭农场33家，平湖市级示范性家庭农场90家。

【农村宅基地改革】 实施新一轮农民住房改善行动，完成28个农村新社区基础设施建设，开工建设安置公寓房4766套，完成农民住房改善3061户，其中公寓房安置1407户、新社区集聚1077户，保留点建房577户。创新探索“新乡邻”模式，通过发挥集体经营优势，整合闲置农房资源，推进新乡邻公寓建设，加大闲置农房盘活利用力度，全市有4个乡镇开展新乡邻公寓建设，认定精品区6个，累计建成集中片区3个，涉及农户30余户，农房150余间，其中整幢盘活20余幢，带动农户户均增收3万余元。

【稻田退水“零直排”治理】推进农业面源污染治理，扩面提速稻田退水“零直排”工程，全市建成工程6966.67公顷，经监测，总氮总磷分别下降28.9%、28.8%。“稻田退水‘零直排’模式”获评中国农学会农业面源污染防治二十大案例之一，为嘉兴市唯一。《平湖市稻田退水“零直排”工程建设与示范推广项目》获嘉兴市2022年度农业丰收奖一等奖。申报国家级国家农业绿色发展先行县，《整建制全要素全链条推进农业面源污染综合防治实施方案》获农业农村部通过，为浙江省唯一；申报省级产业团队项目——平原河网区稻田退水“零直排”治理模式示范推广1项。

（陆珠琴）

种植业

【概况】2023年，全市农作物播种面积39453.33公顷，同比减少1.76%。粮食播种总面积28800公顷，同比减少0.21%，亩产446公斤，总产19.26万吨。其中水稻播种面积15606.67公顷（其中早稻38.67公顷），同比减少1.51%，亩产558公斤，亩增产12.8公斤，总产13.07万吨；小麦播种面积12013.33公顷，同比增加0.06%，亩产322公斤，总产5.8万吨；大麦播种面积58公顷，同比增加3.57%，亩产347公斤，总产0.03万吨；油菜播种面积846.67公顷，同比增加35.11%，亩产183公斤，总产0.23万吨。蔬菜复种面积9093.33公顷，同比减少6.32%，亩产2090公斤，总产28.49万吨。西甜瓜等瓜果类种植面积482公顷，同比减少1.0%，亩产2108公斤，总产1.52万吨。棉花种植面积79.33公顷，同比减少5.56%，总产106吨，亩产89公斤。

【种子生产与储备】2023年，根据《中华人民共和国种子法》，开展种子生产经营网上备案管理工作，全年备案网点10个、审核备案单108件。2023年，繁育订单水稻良种面积233.33公顷，交售常规水稻良种174.2万公斤；落实杂交稻制种面积33.33公顷，制种数量1.14万公斤。农作物救灾储备水稻应急种子30万公斤、油菜种子400公斤。

【各项惠农补贴政策兑现到位】2023年，发放粮食（油）生产补贴资金共计10037.67万元，其中耕地地力保护补贴涉及农户13437户次，补贴面积14280公顷，每亩169元，发放补贴资金3622.75万元。规模种植粮油补贴（稻麦油复种3.33公顷及以上）涉及大户504户次，其中稻麦复种面积26442.67公顷，每亩125元（其中省财政补贴120元、地方财政补贴5元），发放补贴资金4958万元；规模种植油菜涉及农户17户，补贴面积83.73公顷，每亩130元，发放补贴资金16.32万元；旱粮规模种植补贴（一季种植50亩以上）涉及农户31户，补贴面积314.53公顷，每亩120元，发放补贴资金56.62万元；规模种粮动态补贴涉及639户次，补贴面积26840公顷，每亩20元，发放补贴资金805.2万元；粮食生产贷款贴息涉及138户，发放补贴资金229.15万元；实际种粮农民一次性补贴涉及农户13158户，补贴面积27320公顷，发放补贴资金249.99万元；订单水稻良种奖励共签订订单并交售水稻良种农户14户，符合订单水稻良种数量为135.46万公斤，发放奖励资金81.741万元；新增中央粮油生产保障（油菜扩种）补贴涉及农户15户，补贴面积83.71公顷，发放补贴资金17.9万元。

【水稻高产创建活动】开展落实水稻绿色高产高效创建活动，全市建立省级水稻示范方7个、面积433.8公顷。通过组织开展水稻高产竞赛，攻关田经测产，杂交稻产量最高每亩939.89公斤，常规稻最高每亩856.6公斤。

【小西瓜单株产量新创浙江农业之最纪录】7月5日，由浙江农业之最委员会办公室组织专家组对平湖市天露西瓜研究所申报的浙江农业之最“单株产量最高的小西瓜”进行现场测产验收，其种植的“天露小黄”单株产量达43.85公斤，新创浙江省农业之最单株小西瓜高产纪录。

【“西瓜振兴”再传佳讯】由平湖市天露西瓜研究所育成的“天露2号”“天露佳黄”“平湖马铃瓜”等本地自育品种通过山海协作、东西协作等途径，走出平湖，在浙江丽水、新疆沙雅等地落地开花，扩大种植。“平湖马铃瓜”入选2022年浙江省优异农作物种质资源名录。

【美丽农场创建】 嘉兴佳莓农业科技有限公司（美丽菜园）、平湖市得道家庭农场有限公司（美丽粮园）顺利通过2022年度嘉兴市美丽农场创建验收。

【优质农产品频获奖项】 2023年，全市果蔬种植户积极参加浙江精品西瓜、精品食用菌等优质农产品赛事活动，其中平湖市新仓镇农绿家庭农场的“西马桥”牌“天露3号”中型西瓜和平湖市金平湖西瓜专业合作社的“蜂彩平湖”牌“拿比特”小型西瓜分别获2023年浙江精品西瓜评选金奖和优质奖（银奖）；平湖市洁云食用菌专业合作社的“洁云”牌大球盖菇获2023年浙江精品食用菌金奖。

（龚佩珍）

畜牧业

【概况】 2023年，全市畜牧业产值3.59亿元，占农业产值12.75%。全市规模猪场2家，年末生猪存栏3.20万头，其中能繁母猪0.24万头；累计出栏生猪3.72万头，生猪养殖规模化率100%。年末家禽存栏38.47万羽（只），其中鸡26.22万羽（只）、鸭6.80万羽（只）、鹅1.29万羽（只）；全年，出栏家禽123.63万羽。年末存栏羊1.16万头、兔0.94万只；年内出栏羊1.08万只、兔1.85万只。实验小白鼠全年出栏286.73万只，同比减少3.45%，全年销售产值1.49亿元，同比增长2.76%。年末，全市蜜蜂养殖68户，蜜蜂存栏3720群，同比减少480群；蜂产品产值1253.27万元，同比减少19.32万元。2023年，全市肉类总产量5770吨、禽蛋产量1185吨；蜂蜜产量112吨、蜂王浆产量26.04吨、蜂花粉产量55.80吨，同比分别减少33.41%、减少11.31%、增加6.53%。

【生猪稳产保供】 2023年，坚持生猪稳产保供，夯实产业基本盘。稳定生猪基础产能，以能繁母猪存栏量变化率为核心调控指标，采取“三色”动态管理，确保能繁母猪存栏量稳定。合理安排出栏计划，对标年度出栏任务，引导猪企及时有序出栏、锁定利润，保持正常出栏节奏，减少大猪压栏和二次育肥。落实稳产政策扶持，发挥政策调控保障作用，加大对生猪保供工作的政策扶持，切实稳固生猪基础产能；完成兑付2021年度市级能繁母猪存栏奖励200万元，2022年度生猪出栏奖励预拨付445.56万元。

【绿色畜牧业健康发展】 2023年，坚持生产生态协同，推动畜牧绿色发展。推动畜禽粪污资源化利用，联合生态环境部门落实畜禽粪污资源化利用计划备案登记，完成6家规模养殖场备案登记工作，开展粪污资源化利用台账化管理，指导养殖场户在线填报资源化利用月报。强化污染防治指导服务，联合生态环境部门开展规模畜禽养殖污染综合治理专项提升行动，统筹生态环境保护和畜产品保供两个关系，采取综合治理措施，实现规模养殖场污染治理设施配置运行到位、处置到位、台账记录到位，切实消除生态安全隐患，促进养殖业健康可持续发展。推进省级两化试点示范创建，完成两化示范试点场8家次。试点场单位动物产品用药量减少10%以上，示范场育肥猪饲料中粗蛋白和铜锌指标达省《环保节约型猪配合饲料》团体标准。

【“先打后补”改革推进】 2023年，围绕动物疫病强制免疫“先打后补”改革目标任务，不断优化动物疫病防控策略，落实规模养殖场“先打后补”资格审核备案，其他养殖户由县级机构采购疫苗，镇街道派专人负责领取疫苗安排防疫员防疫，全年累计平台上线各类疫苗80.86万毫升，完成预拨年度补助资金17.52万元。

【常规疫病防控】 2023年，统筹兼顾，狠抓常规动物疫病防控。贯彻落实禽流感等重大动物疫病常态化免疫，开展春季、秋季重大动物疫病专项免疫行动，全年累计免疫禽流感199.35万羽次，羊口蹄疫2.55万头次，小反刍兽疫1.91万头次。组织开展动物疫病常态化监测，开展春秋防飞行检测和日常动物疫病抗体检测，共完成检测4350份，检测结果全部合格。组织开展护航亚运专项行动，对全市规模猪场、无害化处理厂和公路检查站开展非洲猪瘟环境样品抽检，共检测环境样品 129 份，结果均为阴性。

【人畜共患病防控】 2023 年，坚持“人病兽防、关口前移”。组织开展布鲁氏菌病防控专项行动，累计完成采样监测规模场 34 户，散养户 27 户，检测布病血清样品 1350 份，结果均为阴性。组织开展全市一般管理区域秋冬季犬类狂犬病免疫集中免疫行动，统筹犬类狂犬病重点管理区常态化免疫和一般管理区集中免疫相结合，全年累计免疫犬只 30912 条。

【畜牧业安全生产】 2023 年，开展畜牧业有限空间作业安全专项整治，组织镇街道农业农村办、畜牧业执法分队对规模畜禽场采取分片包干、责任到人方式开展有限空间及存在的安全风险排查，分析存在的有害因素；排查到有限空间生产单位 2 家，空间数 22 个，张贴警示标志 40 张；指导规模猪场开展防火安全演练 2 次，观摩 50 人。

（冯高乐）

2023 年平湖市畜产品、饲料市场行情一览表

表 3

项目		一季度			二季度			三季度			四季度		
		2023	2022	同比增长（%）	2023	2022	同比增长（%）	2023	2022	同比增长（%）	2023	2022	同比增长（%）
畜产品价格动态（元/公斤）	二元苗猪价格	—	—	—	—	—	—	—	—	—	—	—	—
	三元苗猪价格	—	—	—	—	—	—	—	—	—	—	—	—
	二元肉猪价格	—	—	—	—	—	—	—	—	—	—	—	—
	三元肉猪价格	16.30	13.9	17.27	15.90	15.7	1.27	17.12	20.1	-14.83	16.90	24.5	-31.02
	猪肉统货零售价	21.92	19.10	14.76	16.60	21.35	-22.25	21.54	30.66	-29.75	21.13	32.57	-35.12
	放养黄羽肉鸡	—	—	—	—	—	—	—	—	—	—	—	—
	圈养黄羽肉鸡	12	13.4	-10.45	12.7	12.7	0	14	12.5	12.00	13.7	17.5	-21.71
	快大型肉鸭	14.7	14.4	2.08	15.1	13.6	11.03	13.8	17.4	-20.69	13.3	15.3	-13.07
	鸡蛋	—	—	—	—	—	—	—	—	—	—	—	—
	鸭蛋	—	—	—	—	—	—	—	—	—	—	—	—
饲料价格动态	地产崽猪料（元/包）	157.9	144.8	9.05	147.7	154	-4.09	154.9	156.9	-1.27	147.5	164.8	-10.50
	地产中猪料（元/包）	152.8	142.4	7.30	142.5	151.6	-6.00	149.7	154.4	-3.04	142.1	162	-12.28
	地产肉鸡料（元/包）	163.4	153.5	6.45	156.7	159	-1.45	157.3	158.7	-0.88	150.3	163	-7.79
	地产肉鸭料（元/包）	—	—	—	—	—	—	—	—	—	—	—	—
	玉米零售价（元/吨）	3158	3014	4.78	3006	3095	-2.88	3060	3097	-1.19	2957	3149	-6.10

说明：1.调查日期为每季度的第二个月25日前后

2.调查地点为选择代表性的1—2个点，取平均值。地点确定后保持相对稳定

渔 业

【概况】 2023 年，全市水产养殖面积 900 公顷，实现水产品总产量 2.24 万吨，渔业产值 3.87 亿元。

【稻渔综合种养】 制订出台《平湖市稻渔综合种养高质量发展三年行动计划（2023—2025 年）》，明确稻渔综合种养高质量发展主要目标和实践路径。全市发展稻渔综合种养 686.67 公顷。组织参加第五届嘉兴市龙虾王争霸赛

并获三等奖；稻田甲鱼获嘉兴市“好甲鱼”评选第四名。

【渔业健康养殖】 加强水产养殖尾水治理巡查检查，制定考核办法，定期抽查尾水处理设施运行情况，压实属地监管责任，督促养殖主体正常使用尾水处理设施。继续做好渔业水质监测，经处理后的养殖尾水高锰酸盐指数、氨氮、总磷、总氮去除率分别为21.7%、51.6%、44.8%、49.9%。

【水产品质量安全管理】 建立省级养殖用药减量示范点1个，完成水产品质量安全抽检163批次，做好重点治理品种排查建档、抽查检查。完成3个南美白对虾养殖病害测报点监测工作。

【新模式新技术集成示范】 申报实施丰收计划、金桥工程及省产业技术项目等各类科研推广项目4个，入选国家特色淡水鱼产业技术体系示范基地1个。遴选渔业主导品种6个、主推技术7项，不断扩大良种良法覆盖面。

（王甘翔）

农业产业化

【园区建设】 搭建高能级农业平台，农开区获评首批国家农业产业强镇，平湖市经开区农产品加工园区入选首批省级农产品加工基地（园区）名单，芦笋茄果特色农业产业集群入选第三批嘉兴市特色农业产业集群。平湖市入选浙江省创意农业试点县。

【农业“双招双引”】 举办“产业谋融合·双强促共富”第七届平湖农业经济洽谈会，签约农业项目30个，总投资额32.2亿元。加快招商项目落地，全年完成固定资产投资3.1亿元，农业招商引资到位资金6.03亿元。举办第五届长三角“田园五镇”农业农村创业创新大赛，共收到国内外参赛项目66个。

【农产品品牌推广】 开展宣传推介和产销对接，举办2023金平湖农产品展示展销会，参会展商79家。平湖西瓜、芦笋入选浙江省名优“土特产”百品榜名单。“洁云”大球盖菇、“世季鲜”漂烫速冻罗氏沼虾分别获2023浙江农业博览会优质产品金奖、新产品金奖。全市新增“金平湖”农产品区域公用品牌集体商标授权使用主体8家，累计授权49家。

【长三角一体化】 成立全国首个跨省域强村共富公司——浙江鑫平田园合作发展有限公司。在农民丰收节上，上海金山区枫泾镇和平湖市新埭镇签署“浙沪携手·战略协同”推动高质量发展结对共建协议。以李天来院士为首席专家的平湖市长三角现代设施园艺产业研究院入驻农开区科创中心。

（沈佳滢）

农业科技

【农业科技项目】 2023年，完成平湖市丰收计划项目21项、金桥工程项目3项、科技项目申报10项。获平湖市农业丰收计划一等奖3项（化肥减量数字化平台集成应用示范、万亩优质稻米“三统一”供沪订单新模式示范和万亩优质水稻“秀水系列”品种示范推广）；获平湖市农业丰收计划二等奖5项（稻虾高效综合种养技术推广应用、平湖天露系列优质西瓜品种示范推广、小麦无人机“一喷三防”施药技术集成应用、平湖市美丽河湖创建示范推广和一稻两虾“百千斤”模式示范）；获平湖市农业丰收计划三等奖8项（猪伪狂犬病防控和净化综合技术集成与示范、翠冠蜜梨“V”字形棚架式生态优质高效技术推广、“村+民”共富帮带体模式示范推广、农田物业化管理示范推广、“浙农补”一键直达模式推广、稻田节水灌溉系统性管控模式推广、食用菌一棚多用连茬种植技术示范推广和芦笋新品种高产高效示范）。

【院地合作】支持农业科研单位、涉农企业、农业产业化经营组织、农民合作社等参与农业技术推广服务，培育多元化推广体系，加快先进农业科技成果引进和人才培养，提升现代农业科技发展水平。2023年，开展院地合作项目4项，分别与浙江省农科院签

2月7日，“浙江平湖水稻科技小院”揭牌仪式举行

（市农业农村局　供稿）

订2项、中国农业科学院农业环境与可持续发展研究所1项、中国水稻研究所1项。

【产业团队建设】2023年，建立调整由首席专家为首的农业产业技术创新与推广服务团队，9个专家团队共208人，由首席专家、专家和乡土专家组成，其中粮油团队46人，蔬菜团队24人，食用菌团队16人，水果花卉团队20人，水产团队22人，畜牧团队26人，农村经营管理团队16人，生态循环团队19人，农机与数字化团队19人。各产业团队和团队专家密切联系科技示范基地、科技示范户，组织开展农业生产情况调查、春耕备耕“三联三送”、科技下乡等服务活动，服务农户2500余人次。

【科技示范推广】围绕粮油、蔬菜、食用菌、林果四大主导产业，按照公开、公平、公正和自愿的原则，经农户自愿申请，村民委员会择优推荐，镇街道农技推广部门审核，共认定科技示范户300户，其中粮油90户、蔬菜82户、食用菌15户、果品（花卉）88户、水产25户。局农业干部和农技专家，采用上门走访、科技咨询、座谈交流、实地指导、现场培训等多种形式，组织开展送政策解惑、送技术解难、送帮扶解困“三联三送”活动，全年共开展农业实用技术培训18期，培训1200人次，赠送资料700余份。

【品种技术推介】引导广大农民应用先进适用技术和优良品种，强化农业科技推广应用，推动农业产业转型升级。组织遴选2023年农业主导品种和主推技术，其中农业主导品种98个、主推机具36项、主推技术65项。

【高素质农民培育】按照“科教兴农、人才强农、新型职业农民固农”的战略要求，面向全市农业生产经营主体，围绕产前、产中和产后发展关键环节，分主体、分类型地开展高素质农民培训。全年，按产业类别开设果蔬、粮油2个培训班，参加培训学员184人。

【农村实用人才建设】深入推进千万农民素质提升工程、“六型双千”实用人才培养计划，加快培育开发具有地方特色的乡村人才品牌。实施农业产业人才素质提升计划，重点加强对农业龙头企业、家庭农场、农产品经纪人、农民专业合作社负责人等培养。2023年，全市共完成农村实用人才培训734人。

【基层农技人员知识更新培训】2023年，组织农业绿色发展、农机化技术、特色水果技术培训等23批共150名农技人员，到浙江大学、浙江农科院等院校参加为期5天的知识更新培训，举办高研班，参训人员134人，开展专业技术人员继续教育线上培训1016人次。

【第五届农创大赛】开展以“才聚兴农·智惠乡村”为主题的平湖农商银行杯第五届长三角“田园五镇”农业农村创业创新大赛，参赛项目63个，其中创新组38个，创业组25个。

【智慧农业发展】强化平湖市农机社会化服务智慧管理中心运维管护，迭代安全内核，全市拖拉机、插秧机、植保无人机驾驶航空器等512台农机具接入系

无人机施肥　（市农业农村局　供稿）

统，全市实现农机数据采集、农机化生产管理、农机合作社管理、农机质量监管、农机补贴查询分析、农机监理查询分析、农机物联网监控管理、农机化社会服务等功能，全年累计开展植保无人机作业130多万亩次、拖拉机作业55万亩次、收割机作业40多万亩次，无重大安全生产事故发生。平湖市新仓镇现代化农事服务中心创成全省首批“五星级”现代化农事服务中心，新埭镇、独山港镇农事服务中心创建区域性农事服务中心。

（韩凯东）

数字乡村

【数字“三农”工作】 2023年，平湖市围绕上级和市委、市政府总体决策部署，加强组织领导，统筹推进数字“三农”工作。在国家数字乡村试点终期评估中，平湖市排名全国第五、全省第二。“浙农补”应用案例入选全国优秀案例，同时入选浙江省数字经济创新提质一号发展工程优秀案例。“浙江省平湖市：打造数字农业新体系　引领农业绿色高质高效发展”案例入选农业农村部办公厅公布的2023年全国农业绿色发展典型案例。绿迹农业获评精准智控的设施蔬菜模式，平湖农开区集聚发展智慧农业获评集聚发展的农业硅谷模式，两个案例均入选浙江智慧农业十大模式。平湖星科农业等5家主体获评2023年省数字农业工厂，新埭镇旧埭村获评省级农产品电商村。平湖市先后3次在省内外数字乡村推进会、研讨会上作典型发言。

【数智乡村服务】 依托农业“双强”行动，推进省农田数字化管理试点工作，在省级现代化农事服务中心星级评定中，获评五星认定。基本完成省级设施蔬菜产业“机器换人”高质量发展先行县创建。加快全国农产品产地冷藏保鲜设施建设整县试点项目推进。结合未来乡村打造，整合资源，统筹推进，深化乡村数智服务，建成3个乡村数智生活馆示范点（龙萌村、徐家埭村、钟埭村）并通过省级抽查验收，畅通为农服务“最后一公里”，实现乡村服务的优质便捷高效和可持续运营。

【农业农村建设】 通过各级融媒体矩阵、微信公众号、网站、短视频等宣传平台，累计在嘉兴及以上媒体报道101篇次，其中省级以上71篇次，“平湖三农”微信公众号共推送259篇。

（陆晓平）

农业行政执法

【农业行政执法队获市级以上荣誉】 2003年，1起未取得农药许可生产农药案例被列入全省农业行政执法十大典型案例，1起非法捕捞案被列入平湖市行政执法十大典型案例，1起渔政案件获评“嘉兴市第一批生态环境损害赔偿磋商典型案例”，队长王杰获“全市‘二星平安金鼎’作出突出贡献的个人嘉奖”，海洋渔业分队刘兴文获评“2022年省渔业安全生产工作成绩突出个人”，机动分队戚全平获评“渔政协助巡护优秀队员”。

【执法工作成效】 2023年，累计出动执法人员2935人次，检查生产经营主体1951家（艘）次，抽检各类农业投入品155批次、农（畜、水）产品523批次，农业违法案件结案70起，罚没款 26.45 万元，涉刑移送公安机关案件 13 起，移送涉案人员 19 人。全年无错案、无行政复议和行政诉讼案。

【执法抽检】 2023 年，抽检农业投入品 155 批次，其中农药 117 批次、肥料 16 批次、种子 7 批次、兽药 5 批次、饲料与饲料添加剂 10 批次；抽检农（水、畜）产品 523 批次。

【检疫监管防控】 全年，出动执法人员 45 人次，检查各类种子、种苗生产经营主体 58 家次，抽检柑橘类叶片 120 批次，瓜类种子种苗 171 批次，开具植物检疫证书 25 起，涉及瓜类种子 32 千克，稻种 188200 千克，产地检疫苦草面积 4 公顷，办理 2 起违规调运种子案。开展加拿大一枝黄花防控工作，春季加拿大一枝黄花发生面积 75.98 公顷，秋季加拿大一枝黄花发生面积 48.05 公顷，通过人工清除、机械铲除、化学防治等多形式，防除面积 100%。开展红火蚁普查工作，优化设置红火蚁监测网点，组织开展红火蚁专项调查，以苗木交易市场、苗圃基地、近三年建成的园林绿化项目、交通绿化带、住宅小区和农居绿化等高风险区域为重点，红火蚁普查面积 119.87 公顷。

【事故调处】 2023 年，受理农业纠纷举报电话 22 件，调解成功 19 件，挽回经济损失 14.58 万元。

【渔业安全监管】 2023 年，深入贯彻省、市涉海涉渔领域安全生产决策部署，围绕“十项”整治攻坚任务，开展“春雷”“铁拳”“商渔共治”“护航亚运”等系列行动，聚焦人、船、管理、环境四大要素，推进渔业安全生产各项工作。完成压减淘汰“病老危”渔船 2 艘、海上“千万工程”整治船 20 艘、“船图不符”“船证不符”整治 79 艘、渔船安全通导设备更新迭代 131 艘等重点任务，组织开展商渔船互登互学、船东船长“面对面”轮训，落实渔船防汛防台防寒潮各项举措，有效化解海上渔船安全生产重大风险，确保渔民生命财产安全。

【非法捕捞打击】 2023 年，进一步加强与海警、边检、公安、检察院、法院等职能部门协作配合，加强行刑衔接、行检衔接，切实加大辖区水域的联合执法威慑力度及对违法违规案件的严惩重罚力度。累计查获各类渔业违法违规案件 43 起，其中移送公安机关 13 起，涉案 19 人，收缴罚没款 17.84 万元，查扣涉渔“三无”快艇 1 艘，清理违规泡沫船筏 9 只。

【渔业资源增殖放流】 2023 年，结合水生生物增殖放流实施方案，开展水生生物资源增殖放流项目，举办“世界环境日”“全国放鱼日”同步增殖放流活动，全年在平湖市内陆外荡水域投放花鳙鱼、鲢鱼和青鱼鱼苗共计 1251 万余尾。

【动物卫生监督】 2023 年，利用浙江省数字畜牧应用系统的模块能量，深化检疫增值化改革。畜禽及其产品网上调运备案报验 1920 批次，其中生猪调入 1079 批次，188825 头，调入动物肉产品 3499.1 吨，副产品 1249.59 吨。屠宰生猪 184975 头，产地检疫生猪 346 批次，518844 头，检疫实验鼠及家禽等动物 300.71 万头（只、羽）；出具动物检疫 AB 证 2290 张，动物产品检疫 20664.91 吨，出具产品检疫 AB 证 16257 张，合计出具 18547 张检疫证。无害化处理病（死）猪养殖环节 12777 头、家禽及犬羊等其他动物 20285 羽（条、只），养殖环节处理 469.74 吨。屠宰环节处理病死（害）猪及其病害动物产品合计 628.02 头。

【动物诊疗行业专项整治】 2023 年，联合市市场监管局、嘉兴市生态环境局平湖分局、市综合行政执法局开展“双随机”、监管一件事等执法检查。出动执法人员 58 人次对平湖市 5 家动物诊疗机构开展专项整治行动。严格 18 名执业兽医师备案制度和年度执业报告制度和 5 家动物诊疗机构的年度报告制度。

【畜产品安全监督】 2023 年，开展生猪瘦肉精批检，共抽检 4041 个批次，59340 个样品。送检猪肉、猪肝、鸡肉、鸡蛋等畜产品 191 个样品进行瘦肉精、抗生素残留等检测。检测全部合格。

【柔性执法】 推行“首违不罚+轻微不罚”执法模式，梳理公布实施48项轻微违法行为不予行政处罚清单，开展轻微违法行为告知承诺制。全年，办理“轻微违法”首违不罚案件6件，市场主体行政处罚信用修复完成率100%，实现执法+服务有机结合，让执法有温度、处罚有尺度，法治化营商环境得到优化。

【“大综合一体化”改革】 推进“大综合一体化”行政执法改革，梳理完成执法目录总清单和可赋权乡镇清单，逐条逐项界定执法和监管边界。按照放得下、接得住、管得好、有监督的原则，选择高频多发、易发现易处置、专业要求适宜的“7+2”行政执法事项赋权给镇街道。安排执法骨干力量下沉到基层分队，明确新广、滨海、城郊三个分队为“联系制”执法分队，“联系制”下沉执法人员24名。每个“联系制”分队负责2—3个镇街道，同时向每个镇街道派驻“联系制”执法人员1名，实现全市8个镇街道全覆盖。自赋权起，以镇人民政府（街道办事处）的名义办理农业领域违法案件19起，结案19起，罚没款1.03万元。同时根据省、市海洋综合行政执法改革要求，由市农业农村局统一行使《嘉兴市海洋综合行政执法事项目录》内的68项行政处罚事项。在市政府牵头组织下，会同市自然资源和规划局、司法局、财政局等相关单位完成九龙山历史围填海问题的立案查处工作。

（邵宏海）

绿色发展

【“三品一标”管理】 2023年末，全市拥有无公害农产品基地124个，无公害农产品178件，绿色食品57件。其中，年内新增绿色食品11件。

【高品质绿色科技示范基地创建】 2023年，创建浙江仓禾农业科技服务股份有限公司、平湖市海沣农业科技有限公司2个省级高品质绿色科技示范基地。基地开展技术展示示范、农民教育培训等均达4次以上，主导品种及优良品种推广覆盖率100%，化肥定额制和农药实名制获落实。

【秸秆“双禁”和综合利用】 2023年，推进秸秆综合五化利用，开展技术推广。全市秸秆产量15.87万吨，其中，肥料化利用（直接还田）7.29万吨，基料化利用3.48万吨，原料化利用0.7万吨，饲料化利用0.003万吨，炊事燃料利用0.20万吨，区域调出4.06万吨；秸秆综合利用率为97.83%。紧盯秸秆焚烧巡查监管，相关部门、各镇街道、村社区各尽其责，加大秸秆焚烧“人防+技防”巡查力度。加大重点区域和重点时段巡查力度，尤其是高速公路和主干道路沿线，将监控接入省级平台，并安排专人每日利用平台开展秸秆禁烧火点在线检查。全年，出动20837人次，共发现处置火点数76个，处罚秸秆禁烧25起，处罚金额5200元。

【农作物重大病虫害监测与预警】 2023年，以粮食作物病虫为重点，兼顾蔬菜、特色优势作物，加强田间调查监测，及时分析和掌握田间主要病虫发生动态，分析病虫发展趋势，为决策防治提供科学依据。全市建立9个智能虫情监测站，共发布《病虫情报》12期，短期预报准确率95%以上，做到早发现早预警早防控。

【化肥农药减量】 2023年，全市主要农作物配方肥1.1万吨，全年免费取土测土720个，测土配方覆盖率93.2%。主要农作物病虫害绿色防控技术应用面积为21066.67公顷，水稻农作物病虫害统防统治应用面积13666.67公顷。

（韩凯东）

水　利

综　述

【基本情况】 2023年，市水利局完成全口径水利投资6.23亿元，争取上级补助资金1.48亿元，获2023年全省农业水价综合改革绩效评价第四名、中国农业节水和农村供水技术协会第九届农业节水科技二等奖，获省水利厅、嘉兴市水利局2022年度综合考核优秀。

【重大水利工程建设】 平湖市城市防洪扩展工程前期工作取得新突破，先行项目（姚家汇闸站）于2023年7月开工。海塘安澜工程白沙湾至水口段总投资9.1亿元，完成勘察设计招标。

【水利改革创新】 平湖市作为全省6家、嘉兴唯一入选国家级再生水利用配置试点的县级市，2023年通过水利部组织的中期评估，典型经验做法在全国推广；省级农业水价综合改革持续深化，超额完成省政府民生实事农业灌溉工程更新提升改造任务，农田灌溉水有效利用率全省领先，率先实行“田管家”物业化管护模式；推进水资源刚性约束改革，完成以镇街道为单元的总量和强度双控指标测算，并对现状205家万立方米以上用水企业开展信息收集。创建成全省节水标杆单位5个；水资源费在线征缴贯通，全市47家自备取水户全部实现按月线上缴费，打通取用水监管“最后一公里”；全省水利数字化改革“浙里九龙”联动治水县域版集成平台开发深入推进，重点打造节水特色应用场景。

水利建设

【农村圩区建设】 广陈镇红征圩区完成开工建设，完成投资3110万元；曹桥街道野马圩区提档升级完成开工建设；林埭镇三村圩区提档升级完成开工建设；广陈镇民主圩区完成初步设计评审；新埭镇牌楼圩区获初步设计批复；新仓镇中华圩区获初步设计批复。

【河道综合整治】 2023年，共计完成河道清淤疏浚118.44公里、综合整治28.12公里，创建美丽河湖10条、亲水节点5个、水美乡镇2个，曹桥街道赛艇小镇连片水系争创2023年省级美丽河湖，曹兑港河道综合整治工程获评全省水工程与水文化融合案例。

水旱灾害防御

【概况】 2023年，梅雨期较短，平湖站梅雨量315.5毫米，占汛期总雨量的40.3%。平湖站汛期总降雨量782.5毫米，比常年同期偏少11.9%，月平均雨量114.7毫米，但各月分布极不均匀，5—7月雨量明显多于常年同期，4月、8—10月则是明显偏少于常年同期。平湖站汛期超警戒水位天数共24天，其中6月出现3天超保证水位情况。

【汛前检查】 2月中旬，下发《关于开展2023年度水旱灾害防御汛前大检查的通知》，对汛前检查和准备工作进行部署，由各镇街道及相关水管单位开展自查。2月下旬，由市水利局负责对全市8个镇街道及城市防洪工程、水文设施、海塘工程、圩区工程、在建水利工程开展实地随机抽查。参与382人次，检查水利工程530处，发现隐患54处，于入汛前全部整改到位。

【防汛应急演练】 开展城市防洪工程安全生产应急演练，模拟城防工程嘉兴塘闸站由于电线老化引起火灾、嘉兴塘闸站发现有人落水等场景，在提高管理人员的安全意识和应急处置能力的同时，进一步完善应急演练预案。开展海塘防御台风暴潮抢险应急演练，模拟应对海塘交叉建筑物缺口封堵时的各类险情，检验平湖市水旱灾害防御抢险队对突发事件的应变能力。

【防汛应急保障】 成立专业水利抢险队伍，并与相关单位签订协议确保大型机械设备在抢险救援中第一时间到岗到位。加强防汛物资的储备和管理，储备麻袋3.1万条、编织袋5.35万条、土工布500平方米、移动水泵90台、救生衣（圈）470套、橡皮艇38艘、块石1400立方米、木材260根、合金网兜750张、铁锹244把等，物资均在使用年限内并保存完好。

水利管理

【水资源管理】 推进国家节水行动，持续巩固国家级节水型社会达标创建成果，聚焦工业、农业、生活三大重点用水领域，按照“十四五”节水规划，制订年度节水行动计划，落实节水责任，推进节水载体创建。创建节水标杆单位5个，节水型企业3家，公共机构节水型单位复评91家，申报合同节水管理企业1家，清洁生产审核企业13家，造纸、化工、石化三大高耗水行业工业用水重复用水率分别达93%、98%和97%以上。新（改）建供水管网18.29公里，管网漏损率降至5.88%，新增水肥一体化面积560公顷，更新升级灌溉泵站74座，农田灌溉水有效利用系数达0.67。

【河道管治】 常态化开展河道保洁巡查检查，下发整改通知单70张，整改问题156个，集中部署越冬水葫芦残根及幼苗打捞工作。常态化开展河湖岸线监管巡查，完成省部级遥感图斑信息复核和现场认定工作。完成300公里河道划界复核和广陈塘“一河一策”实施方案编制工作。履行广陈塘河长单位有关工作，会同市河长办开展河湖长制相关工作。完成广陈塘、南市河、盐船河、盐平塘的河湖健康评价报告编制工作。深化“清四乱”工作，印发平湖市“护航亚运”河湖水域岸线保护专项实施方案。

【水行政审批】 推进“互联网+监管”，贯彻“大综合一体化”

2023年美丽河湖——曹桥街道赛艇小镇连片水系
（市水利局　供稿）

改革，严格落实节约用水管理等9个方面，厘清工作清单16项子项任务的推进，确保各项工作高效完成。全年，累计受理水行政办事申请事项136件，完成涉河涉堤许可审批82件，水保方案许可审批51件，取水许可审批3件。依托第三方专业技术力量开展水行政审批事项批后监管80次，出具成果复核测量报告2份。

【水行政执法】 建立重大水行政执法决定集中审理机制，调整完善局重大水行政执法决定集中审理工作领导小组。加强水行政强制拆除案件执行，严格按照市委全面依法治市委员会执法协调小组办公室专题会议纪要精神，严密组织实施2021年林埭镇涉及2家企业涉河违法建设行政强制执行。

【水利工程运行管理】 开展安全责任落实检查，累计出动180人次，发现隐患42处，均在规定时限内完成闭环整改。做好在建水利工程日常质量监督，2023年新受理的9个质监项目均完成质监申报、项目划分手续的办理。2023年，城市防洪工程累计运行6次，合计37天，防洪包围圈巡查共37次，74人次，城防工程水泵共运行24次，累计运行水泵580台次，总计619小时，排水量5877360立方米。运行期间，控制内河水位在1.00—1.2米，外河于2023年6月24日17点30分达最高水位2.04米，内外河最高水位差0.88米。南河头小包围圈，全年每天8小时水泵换水调节水质；控制内河水位在0.60—0.9米。2023年，全市27个圩区投入运行，保护面积15800公顷，累计启动34次，运行时间3871小时，累计排水量2685万立方米。

【水法宣传】 第三十一届“世界水日”、第三十六届“中国水周”期间，围绕全国“强化依法治水 携手共护母亲河”宣传主题，浙沪两地联合开展省际边界河湖专项督查宣传行动。紧扣宣传主题，利用广播电视媒体、微信公众号、农民信箱、校园短信等载体，采取“线上+线下”模式，发布宣传口号和20多万条节水公益信息，放置100余块宣传展板、设置50余个视频展示窗口，宣传水法知识并号召节约用水。“中国水周”期间，推出微信公众号专题报道7期，普及有关生活节水小知识，并发布节水公益广告及农业节水有关视频。

（张依依）

工 业

综 述

【概况】 2023年末，平湖市（不含嘉兴港区和嘉兴电厂，下同）共有工业企业5716家，其中私人控股5388家、国有企业18家、集体控股8家、外资294家、其他8家。2023年，全市共有规模以上工业企业782家，规上工业产值1704.5亿元，实现规上工业增加值352.2亿元，增长5.5%。各类型企业产值中私营企业产值794.6亿元，增长1.0%，增长幅度排名第二；港澳台投资企业产值147.6亿元，下降12.5%；外商投资企业产值567.5亿元，下降5.1%；有限责任公司产值154.2亿元，增长14.9%，增长幅度最大；股份制企业产值59.7亿元，下降9.3%。2023年，全市规模以上企业实现营业收入1748.2亿元，同比下降1.8%；实现利税总额129.0亿元，同比增加6.8%，实现利润86.0亿元，同比增加9.9%。全年，规模以上工业企业完成出口交货值246.9亿元，下降8.4%。

【有效投入持续扩大】 推动企业加大技术改造力度，鼓励造纸、服装、箱包等传统产业通过淘汰落后产能，引进先进技术、工艺和装备，实施智能化、数字化改造等方式提升传统产业附加值和竞争力。2023年，“1212”产业［重点打造1个先导产业（数字产业）、2个主导产业（高端装备制造和新材料）、1个传统优势产业（时尚智造产业）、2个未来产业（生命健康和新能源）］完成工业投资113.7亿元、增长25.1%，占全市投资额的88.2%。制造业投资123.3亿元、增长21.2%，技改投资39.8亿元、下降5.1%；制造业高新技术产业投资89.8亿元、增长38.2%；数字经济核心产业投资50.8亿元、增长52.6%。全年，备案亿元以上工业项目36个，备案投资额241.8亿元，同比下降11.5%，备案新增工业用地158.98公顷，同比增长20%。重点抓好大项目、智能技改项目的实施，实现质、量双增。在建项目376项，完成投资128.9亿元，同比增长12.4%。其中，102项重点工业项目完成投资94.5亿元，新项目开工率为72.5%；独山能源年产400万吨PTA（及210万吨智能化、功能性差别化纤维一体化项目年内完成投资17.0亿元；卫星能源年产4万吨氢气、90万吨丙烯、80万吨多碳醇、8万吨新戊二醇化学新材料及氢能利用一体化项目年内完成投资7.7亿元）。

【新动能聚集发展】 引导企业加大创新投入力度，全年，新认定省级企业技术中心2家（嘉兴高正新材料股份有限公司、平湖石化有限责任公司），新认定嘉兴市级企业技术中心12家；新认定省级装备制造业首台（套）3项［津上精密机床（浙江）有限公司的高速端面外圆CNC（精密磨床、浙江晨光电缆股份有限公司的新一代高压高耐电性能紫外光交联聚乙烯绝缘复合平滑铝套电力电缆单元、浙江伊控动力系统有限公司的新能源汽车用高功率密度E2C集成逆变器）］；新认定嘉兴市级首台（套）装备产品9个。完善企业梯度培育。建立完善优质企业梯度培育体系，围绕“稳进提质”这条主线，聚焦精细化培育，促进资源要素集聚，持续优化中小微企业营商环境。截至年底，已累计培育国家级专精特新“小巨人”企业18家，省级“隐形冠军”企业2家，省级专精特新中小企业146家。不断推进中小微企业苗壮成长，2023年度先后推动52家小微企业升规纳统。加强工业设计，把工业设计及服务型制造发展作为产业转型升级的重要抓手，抓规划引导、抓平台建设、抓活动举办、抓品牌培育。完善政策环境，加强工业设计人才支撑和知识产权保护，营造工业设计发展良好氛围。至年底，全市共有国家级服务型制造示范企业1家，省级服务型制造示范企业（平台）10家，省级重点企业设计院1家，省级工业设计中心（企业、园区）9家，嘉兴市工业设计中心9家。

【绿色发展】 鼓励企业节能改造，指导企业技术节能和管理节能，推广节能新技术新设备，推进企业节能改造、产品和工艺提升，提高附加值。2023年，第一批市级重点绿色制造项目15个，计划投资6107万元，年节能7245吨标煤；第二批绿色制造项目13个，计划投资2368万元，年节能4070吨标煤。推进企业清洁生产和节水型企业创建，完成清洁生产审核验收13家，成功创建3家节水型企业、成功创建1家节水标杆企业，三大行业工业用水重复利用率均达标。推广新墙材应用，严格新墙材行政执法工作。完成70家重点用能企业绿色化改造诊断任务，完成诊断报告。

【工业平台能级提升】 加强全市工业园区统筹管理。重点发展以政府开发为主导的小微企业园，同时引导民营资本、村集体经济和其他社会投资开发建设园区，形成政府、企业、“飞地”抱团、村集体、工业地产等五大开发建设模式，推动小微企业园规模化开发建设。依托低效用地、闲置用地，改建并举，同步推进高质量园区建设和企业改建园区建设。2023年，新增嘉兴市级三星级小微企业园1家，新开工小微企业园8个（含分期建设），新开工面积45.3万平方米，新建成（含分期建设）小微企业园面积11.8万平方米。

【公共服务平台建设】 平湖服装文化创意园获“国家级纺织服装创意设计示范园区”“中国纺织人才建设示范单位”等国家、省、市级称号，国内知名度日益提升。综合体入驻企业95家，已孵化小微企业100家以上，服务企业2000家以上，年服务收入2亿元以上，累计签约设计师1450多名，已签约引进与合作中国服装设计最高奖“金顶奖”等行业内专业机构平台，本地原创品牌Christopher Raxxy成为国内第一个登上长城发布的原创设计师品牌，并在2023年成功登上米兰国际时装周官方日程，Levia Yu为省十佳设计师品牌（平湖首位省十佳设计师）。至年底，浙江省平湖汽车零部件产业创新服务综合体共入驻和合作研发设计、检验检测、科技中介、人才服务、国内外贸易、科技金融等各类专业汽车零部件服务机构47家，服务企业200余家。

【工业领域改革】 坚持规上规下全覆盖，规上企业全部实施单独评价，规下占地企业全部评价。坚持优化评价办法，2023年度在嘉兴率先将减污降碳协同强度纳入评价体系。持续规范工作机制。按照省亩均办统一数据口径，制定平湖取数规范。坚持公开公示，建立企业评价结果反馈通道，依托平湖市企业服务平台，以“线上＋线下”的方式实现企业预评价结果100%知晓，反馈意见100%处置。坚持结果应用，及时与职能单位共享评价结果，严格施行扶优惩劣，推进实施差别化用水、用电、信贷、排污等政策，有效构建从综合评价到结果应用的工作闭环；精准指引“腾笼换鸟”，规上工业亩均税收达39.4万元，同比增长18%，规上工业亩均增加值达209.3万元，同比增长8.8%。深化工业项目全生命周期管理。开展工业投资项目全生命周期管理，“事前”建立以亩均税收等为指标体系的准入评价和“标准地”出让制度，“事中”根据亩均税收、能耗、环境等指标进行达产复核，“事后”根据每年工业企业综合绩效评价结果分类施策，“亩均论英雄”理念贯穿工业投资项目生命全过程，形成单位资源产出最大化的发展导向。2023年度，完成项目综合评价工业投资供地项目40项，承诺达产后亩均税收86.8万元，投资强度达583.3万元/亩。

【高耗低效企业整治提升】按照“改造存量、依法整治、退散进集、退低进高”的思路，推动全市高能耗、高排放、低产出企业整治提升。加大低效用地腾退力度，突出重点领域、重点区块，推进土地集约节约利用，促进全市存量资源利用效益全面提升。2023年，完成低效用地腾退256.29公顷，收回面积占全部低效用地腾退面积的84%，其中企业腾退复垦面积22.77公顷。完成高耗低效企业整治382家，关停淘汰企业146家。

【营商环境优化】加大企业减负力度，2023年，全市落实各级降本减负政策，合计为企业减负44.8亿元。推动惠企政策直达快享，提高惠企政策落实效率。依托“嘉兴市惠企政策直通车”，加快项目申报政策拆解和流程配置，推动市发改、经信、人社、商务及生态环境等16个部门348个申报项目上线，受理5529条申报数据，兑付政策资金3.91亿元，惠及企业3569家。推进“免报即得”模式，以“企业不用报、资金直接到”的无感兑付模式兑付资金1.82亿元。

【先进表彰】2023年，市委、市政府重点表彰功勋企业与功勋企业家，浙江独山能源有限公司、津上精密机床（浙江）有限公司、科世科汽车部件（平湖）有限公司、浙江卫星能源有限公司、浙江欧迪恩传动科技股份有限公司、尼得科汽车马达（浙江）有限公司及其主要经营者。斯泰必鲁斯（浙江）有限公司等11家企业及其主要经营者被评为2023年度明星企业和明星企业家，尼得科泰科诺电机（浙江）有限公司等10家企业被评为2023年度“亩均英雄”先进企业，浙江汉脑数码科技有限公司等10家企业被评为2023年度数字经济优秀企业。

数字经济产业

【概况】数字经济产业是平湖的先导产业，起步于20世纪90年代，凭借以日本电产集团为代表的一批电子信息企业招商引资带动，逐渐形成以微电机、汽车电子等为特色的产业链条。2023年，全市（不含嘉兴港区和嘉兴电厂，下同）141家规模以上企业实现产值340.55亿元，同比增长4.92%；实现增加值68.8亿元，同比增长1.8%；实现利税27.61亿元，同比增长7.9%；实现利润25.57亿元，同比增长21.9%。产值、增加值、利税、利润分别占全市的19.8%、20%、21.4%、25.5%。

【数字经济发展】推进数字产业化，项目招商持续发力。创新招商洽谈方式，建立完善线上“云”招商、海外招商、基金招商、推介会招商等多种招商模式，加大数字经济招商引资力度。制订全年数字经济招商计划，坚持高质量外资、高科技内资两手抓。全年，新签约数字制造业项目33个，计划总投资近100亿元，数字服务业项目28个，计划总投资69.2亿元。推进产业数字化。工业互联网平台规模不断壮大，“5G+工业互联网”融合发展创新活跃，新增省级重点工业互联网平台、创建平台各1个，12个省级工业互联网创建平台累计接入各类企业5000余家。加快企业数字化转型升级，新立项重点项目55项。引导企业开展标准贯标，远大重工等15家企业成功通过工信部“两化”融合贯标认证，累计通过59家；汉脑数码等23家企业通过企业数据管理国家标准贯标。

高端装备制造业

【概况】高端装备制造业是平湖市的主导产业，主要包括汽车及零部件和智能制造装备产业两大领域。平湖高端装备制造业依托国家火炬计划光机电产业基地、中国汽车零部件制造基地，以日资、德资、内资企业为骨干，重点发展汽车及零部件和智能制造装备等产品。2023年，全市249家规模以上企业实现产值542.7亿元，同比下降2.9%；实现工业增加值127.7亿元，同比下降0.1%；全行业实现利税48.7亿元，同比增长5%；实现利润36.50亿元，同比增长2.8%。产值、增加值、利税、利润分别占全市的31.4%、36.2%、37.3%、42.4%。汽车及零部件产业是具有地方特色和区位优势的主导产业，已形成外资、国资和内资全面发展的企业构架，拥有一批行业龙头骨干企业。2023年，全市95家规模以上企业实现产值289.3亿元，同比下降0.6%；实现工业增加值70.1亿元，同比增长3.5%；实现利税18.00亿元，同比上升59.1%；实现利润11.3亿元，同比上升111.4%。智能制造装备以日资、台资企业为骨干，以精密机械及其装置、自动化装置、数控加工设备、数控机床、印刷机械、大型机械等产品为主导，产品具有很强的差异性和竞争优势。2023年，全市154家规模以上企业实现产值253.4亿元，同比下降5.4%；实现工业增加值57.6亿元，同比下降4.6%。实现利税30.7亿元，同比下降12.5%；实现利润25.2亿元，同比下降16.5%。年内，浙江省制造业高质量发展领导小组办公室公布第一批、第二批“浙江制造”省级特色产业集群名单，平湖市数控机床产业集群入选核心区名单、新能源汽车产业集群入选协同区名单，入选数量居嘉兴地区第一。

【德马吉森精机、尼得科机床正式投产】德马吉森和尼得科机床是平湖机床领域引进的标志性项目，其中德马吉森精机是全球最先进、机床种类最多的数控机床制造商，整体实力在全世界机床领域排名前三；尼得科机床项目是尼得科集团收购三菱重工、大阪机工等国际知名机床企业后，深度整合资源，在华投资建设规模最大的机床生产基地。2023年下半年，两个项目正式投产。

【长三角（平湖）汽车电子产业园正式开园】4月18日，长三角汽车电子产业峰会暨长三角（平湖）汽车电子产业园开园仪式举行。平湖市拥有汽车及零部件生产企业272家，年产值超400亿元，约占全市规上工业总产值的四分之一。其中，一级供应商31家，瑞士欧拓、德国蒂森克虏伯等全球汽配百强企业13家。连续3年被中汽协认定为中国汽车零部件“先进基地”，全市每年可关联汽车产能500万辆以上。成立智能网联汽车OTA（平台），为全国新能源汽车质量缺陷监测提供支撑，已接入1000万辆汽车数据。

新材料产业

【概况】新材料产业是平湖市的主导产业，主要包括新型材料及C3基础化工及其延伸产业。通过依托自身区位优势和现有产业基础，投资不断加快，一批重大项目相继竣工达产，2023年，全市36家规模以上企业实现产值502.2亿元，同比下降0.6%；实现增加值77.8亿元，同比增长13.8%；实现利税18.3亿元，同比下降28.7%；实现利润9.4亿元，同比下降41.9%。

【项目签约】瑞士西卡和信越化学是平湖新材料领域2023年新签约的标志性项目，其中瑞士西卡是全球五百强企业，在应用于密封、黏接、消声、加固和对承载结构保护领域的材料生产和研发方面处于世界领先地位。4月22日，瑞士西卡新材料独山港项目正式在瑞士苏黎世签约，项目计划总投资超1亿美金；信越化学是全球化工领域行业前二十强的跨国企业，是全球高科技材料的超级供应商，有机产品市场排名前列。12月2日，信越化学独山港项目正式签约。

【项目投产】科莱恩特种化学品和湛新树脂是平湖在新材料领

域招商引资的重要成果，其中科莱恩是全球领先的独立催化剂制造商，其催化剂业务单元已有165年的历史，同时科莱恩也是平湖市首个“拿地即开工项目”。湛新树脂是一家全球领先的工业涂料树脂、交联剂和添加剂公司，平湖项目建成后将成为湛新全球范围内产量最高，产品线最丰富，智能化、科技化水平最高的工厂。2023年，科莱恩正式投产，湛新一期投产。

服装产业

【概况】 平湖有服装制造企业近千家，年产各类服装约3亿件（套），2023年获评“2023推进中国纺织现代化集群人才建设先行示范名城”（中服协）、纺织服装创意设计示范园区（工信部）。2023年，全市69家规模以上企业实现产值55.8亿元，同比下降16.2%；实现增加值14.6亿元，同比下降19.9%；实现利税4.2亿元，同比增长32.1%；实现利润2.4亿元，同比增长114%。

【服装产业时尚热度再创新高】 2023年，浙江依爱夫游戏装文化产业有限公司成功获评省专精特新中小企业；平湖服装文化创意园成功举办2023中国羽绒服装品牌发展论坛暨平湖羽绒服生态大会，组织园区企业抱团参加2023中国国际服装服饰博览会（春季）等活动；时尚中心成功举办平湖羽绒服新品现货采批节；平湖·中国服装城成功举办2023平湖·中国服装城原创严选羽绒服联合订货会、2023平湖·中国服装城3F原创专区百家品牌现货采购节等活动；时尚公园联合抖音成功举办废墟大地艺术节、织造中国产地招培会平湖站等线上直播活动。

箱包产业

【概况】 箱包产业是平湖传统优势的时尚产业。2023年，全市56家规模以上企业实现工业总产值41.1亿元，同比增长11.6%；工业增加值8.67亿元，同比增长11.5%。12月，“中国旅行箱包之都·平湖”通过专家组复评。

【“箱包行业产业大脑”入选第三批工业领域行业产业大脑建设名单】 9月19日，省经信厅公布第三批工业领域行业产业大脑建设名单，平湖市“箱包行业产业大脑”项目成功入选。“箱包行业产业大脑”由市经信局牵头，立足全市“中国旅行箱包之都”产业集聚优势，围绕“产业大脑+未来工厂”核心架构，以“全球产业链网络+工业大数据生态+共性能力服务化+产业要素优化配置”为基础，按照“链主示范、生态共享、数据驱动、精确治理”的原则，打造“1个箱包行业平台支持体系”“6类行业应用”“N个行业创新应用”。

新兴产业

【新能源产业】 新能源产业是平湖重点突破的未来产业，已涵盖风力发电、太阳能发电、太阳能电池片生产、电池组件集成和分布式太阳能光伏发电工程设计与工程安装的产业链。2023年，全市5家规模以上企业实现产值29.0元，同比下降6.3%；实现增加值7.08亿元，同比增长10.9%；实现利税8.2亿元，实现利润7.1亿元，分别增长31.1%和36.9%。

【生命健康产业】 生命健康产业是平湖市重点发展的未来产业，主要发展方向包括医药化工、生物科技、医疗装备等方面，依托现有高端人才项目和生物医药（食品）产业优势，各类项目不断涌现，一批高质量项目相继竣工达产。2023年，全市6家规模以上企业实现产值10.2亿元，同比下降12.6%；实现增加值3.7亿元，同比下降5.2%；实现利税2.9亿元，同比下降2.1%；实现利润2.2亿元，同比下降5.8%。

（李中天）

地方电力

【概况】 2023年，全市（不含嘉兴港区、嘉兴电厂）共有地方发电企业8家，其中3家热电联产企业、4家风力发电企业、1家余热发电企业、1家垃圾发电企业，合计发电386712万千瓦时，同比上升1.7%。3家热电联产企业中，弘欣热电58912万千瓦时，同比上升5.5%，荣晟环保发电25627万千瓦时，同比上升5.4%，荣成环保发电36506万千瓦时，同比上升26.0%；4家风力发电企业中，运达风电及大唐风电合计7519万千瓦时，基本持平，浙能嘉兴1号发电72749万千瓦时，同比下降3.7%，华能嘉兴2号发电73136万千瓦时，同比下降1.4%；1家余热发电企业，独山能源发电99330万千瓦时，基本持平%；1家垃圾发电企业，临港能源发电12933万千瓦时，同比下降9.0%。

（盛鸿志）

【滨海电力】 2023年，平湖地区全社会用电量272187万千瓦时，同比增长10.48%；工业用电量251331万千瓦时，同比增长9.94%；供电量137406万千瓦时，同比增长3.88%；售电量135516万千瓦时，同比增长4.16%。平湖片区有220千伏变电站1座、110千伏变电站4座、35千伏变电站1座，分别为220千伏新华变（180+180+180兆伏安）、110千伏黄姑变（50+50兆伏安）、110千伏金沙变（50+80+80兆伏安）、35千伏全塘变（16+16兆伏安）、110千伏虹霓变（40+50兆伏安）、110千伏衙前变（50+50兆伏安），变电总容量1072兆伏安。共有20/10千伏出线86回，其中公用线路76回、专线10回。

（何凌云）

浙江浙能嘉兴发电厂

【概况】 2023年，浙能嘉兴发电厂共完成发电量293亿千瓦时（其中新能源发电0.47亿千瓦时）。四期项目稳步推进。煤炭接卸总量1254万吨，电煤储量峰值45万吨。蒸汽销售183万吨，供热量实现十连增。

【能源保供】 成立能源保供专班，完成全国两会、杭州亚运会、亚残运会等重要时期的能源保供任务。强化电煤管理，深挖煤炭库存潜力，确保汛期、“双峰”期间电煤供应充足，“一炉一策”做好加仓煤种调配，有力保障各机组的燃煤供应。迎峰度夏期间完成发电量81.7亿千瓦时，单日发电量超1.22亿千瓦时、平均负荷率96.04%；单日卸煤量超8.8万吨，全年，共接卸273航次，接卸量同比增长5.2%。完成7号、8号机组综合提效改造、脱硫提效改造，完成1号、6号机组C修。实施技改项目47项，重特项目43项。

【经营管理成效】 确定多争取电量、多发效益电的策略，制订争取发电量方案，全年三期百万机组负荷率达79.08%，高于全厂平均负荷率74.55%。加强燃煤采购管理和煤耗日常分析工作，利用煤场库容显著扩容的有利条件，准确控制采购节奏，有效降低发电成本。签订年度合约电量255.34亿千瓦时，合约覆盖年度预算的92.16%。积极开拓零售市场，共签约零售市场用户91家（其中批发转零售22家）。参与电力现货市场交易，统筹生产与经营，建立科学报价体系。加强科技创新管理，获国家发明专利5项，实用新型专利9项。获中电联电力职工技术创新二等奖1项，全国电力行业质量管理小组活动成果特等奖1项。

【项目建设转型升级】 四期项目于3月获浙江省发改委核准，并稳步完成主机设备、EPC总承包、监理招标及现场试桩等工作，进入建设阶段，项目推进跑出“嘉”速度。风光发电齐头并进，其中风力发电1236.3万千瓦时，光伏发电3463.5万千瓦时，为企业转型发展增添绿色。巩固拓展供热市场，2023年新增已通汽热用户2家（总热用户达32家），已签约热用户2家，意向热用户5家。做好污泥处置业务，全年共处置污泥5.97万吨。

（郑友协）

电力配送

【概况】 2023年，全市全社会用电量47.24亿千瓦时（不含滨海新区），同比增长7.99%（同口径比，下同），最高日负荷93.79万千瓦，同比增长8.70%；售电量36.35亿千瓦时，同比增长4.55%；综合线损率2.16%，同比下降0.33个百分点；综合电压合格率99.876%，同比增长 0.04%；全口径供电可靠率 99.9928%；全员劳动生产率 159.38 万元 /（人·年）。截至年末，国网平湖市供电公司管辖范围内有 220 千伏变电所 2 座，主变总容量 99 万千伏安 /5 台；110 千伏变电所 15 座，主变总容量 164 万千伏安 /32 台；35 千伏变电所 1 座，主变总容量 5 万千伏安 /2 台。110 千伏线路 213.2 公里 /36 条；35 千伏线路 21.45 公里 /2 条；20 千伏线路 185.76 公里 /31 条；10 千伏线路 2701.31 公里 /298 条。累计安全日达 6743 天。公司创新提出新型电力系统“五个一”运营模式，以机制创新和数智牵引做实平电示范项目，“虚拟电厂”建设成果先后两次被纳入省级清单，“电平安”平台获省委常委、省委政法委书记王成国调研肯定。公司获评省公司“卓越管理示范单位”、嘉兴公司“卓越管理优秀集体”和“安全生产先进单位”，连续三年业绩考核排名嘉兴公司第二，连续 8 年获评平湖市目标责任制考评优秀单位。供电营业厅获评“全国巾帼文明岗”“全国质量信得过班组”；通用公司获评国家高新技术企业。公司工作获上级领导调研批示肯定 16 次。

【安全保供平稳有序】 开展重大事故隐患排查整治、电力安委会打非治违等行动，整改问题隐患 188 项。完善工作负责人“驾照式”分级机制，严格落实重奖重罚、到岗到位要求，自查违章查处率居嘉兴前列，奖罚金额均超 10 万元。落实保供首责，政企共建数智能源运营中心（电力负荷管理中心），创新“一中心四战区”保供模式和“四合一”负荷管理策略，出台全要素资源补贴和“应接尽接”管控机制，空调柔控补贴实现全省率先落地。“虚拟电厂”完成市场化运营功能转段，四类标准化产品初见雏形，携手华能浙江公司完成首次辅助交易试点。

【电网转型提级加速】 完成“十四五”电网规划中期评估，促成 220 千伏张江变等 6 个项目增补纳规。投运 110 千伏花园变国网模块化试点工程。坚持问题导向，完成新庙变、园区变等 3 座变电站站内改造。推进量子开关安装，混压站一键转供、5G 硬切片加密等自动化新技术应用均走在嘉兴前列。紧盯配网运行安全，推进应急抢修驿站全覆盖，开展大分支改造，落实季节性精益运维举措，守牢供电可靠性指标基本面。推进配网施工转型，1 个项目获评省公司配电网二十佳优质工程。推动全域储能突破，落地水蓄冷、沼气发电等长时“类储能”场景。

【供电服务持续优化】 促成电力分担机制实施意见通过市政府常务会议，完成 413 万元存量项目退费。率先上线“浙企之家—电力专区”并在全省推广。促成政府出台区域绿色低碳发展和保供稳价三年行动、全量资源要素补贴等体系性政策文件。成立重点工程推进办，有序服务航天八院、沪平盐城际铁路等市域重大项目配套建设。低压业扩平均报装时长缩短 30%。服务新能源汽车发展，实施老旧小区充电桩“整体加装”，充电桩类意见工单下降 83%。新增 10 个新时代电气化村，公司获国网公司首批“村网共建”示范点，服务乡村振兴成果在电助“千万工程”二十周年现场会展示。发布热电、化纤等高耗能行业节能指南。

【经营管理稳进提质】 完成综合能源重点业务营收 1438 万元、电动汽车充电量 349 万千瓦时。电费回收率 100%，查缴违约窃电电费 96 万元。强化绩效穿透管理，实施农电员工“能上能下”选聘。公司物资库获“中国一级绿色仓库”认证。产业单位遗留工程清理 368 个，清零三年以上存量应收账款。强化泓辉新能源合资公司运营，落地全市首笔国际绿证交易，投资代运维光伏同比增长 57.12%。深化内控合规体系建设，开通法律合规咨询渠道，获评浙江省“守合同重信用”3A 企业。

【改革创新务实见效】 第三监管周期输配电价政策平稳落地，指导用户优化用电行为。稳妥完成产业单位确权并表，两次获评市公司核心能力绿码单位，为五县唯一。攻坚投运平湖金山互联互通工程，落地跨省办电机制。牵头立项国网总部科技项目1项、国家标准2项；5项科技成果获省公司及以上奖项；获评“全国优秀质量管理小组”，均创历史最好成绩。2项案例参展全国农村能源发展大会。迭代升级AI总指挥长，设立配电预制化车间，切实提升基层工作质效。

（骆炎）

2023年平湖市全社会用电量及构成一览表

表4

类别	用户数（个）	年累计		结构变化	
		年累计（万千瓦）	增长（%）	年累计比重（%）	比重增长（%）
全社会用电总计	288985	472428.5307	7.99	100.00	0.00
A. 全行业用电合计	58563	410198.2685	10.17	86.83	1.71
第一产业	2356	2715.7176	2.83	0.57	–0.03
第二产业	8051	340735.6269	9.81	72.12	1.19
第三产业	48156	66746.9240	12.36	14.13	0.55
B. 城乡居民生活用电合计	230422	62230.2622	–4.44	13.17	–1.71
城镇居民	109582	29455.8497	4.65	6.23	–0.20
乡村居民	120840	32774.4125	–11.35	6.94	–1.51
全行业用电分类	58563	410198.2685	10.17	86.83	1.71
一、农、林、牧、渔业	4599	3595.0668	4.76	0.76	–0.02
二、工业	6577	336524.7198	10.21	71.23	1.43
（一）采矿业	1	11.5229	4.72	0.00	–0.00
（二）制造业	3458	314118.9028	10.40	66.49	1.45
（三）电力、热力、燃气及水生产和供应业	3118	22394.2941	7.60	4.74	–0.02
三、建筑业	1517	4368.3556	–13.91	0.92	–0.24
四、交通运输、仓储和邮政业	197	3034.9024	6.18	0.64	–0.01
五、信息传输、软件和信息技术服务业	12331	5043.6994	24.37	1.07	0.14
六、批发和零售业	21523	26423.7575	12.47	5.59	0.22
七、住宿和餐饮业	616	5959.4244	16.23	1.26	0.09
八、金融业	105	828.4727	2.09	0.18	–0.01
九、房地产业	349	742.2777	3.84	0.16	–0.01
十、租赁和商务服务业	222	2881.7643	23.65	0.61	0.08
十一、公共服务及管理组织	10527	20795.8279	8.95	4.40	0.04

经济开发区

平湖经济技术开发区

【概况】2023年，平湖经济技术开发区（以下简称“平湖经开”）经济社会各项事业稳中有进，全年实现生产总值230亿元，同比增长5.2%；265家规上工业企业总产值624.34亿元；实现营业收入657.58亿元；实现利税60.61亿元，利润总额44.24亿元；实现出口交货值137.26亿元，同比下降11.5%。全年，全区实现财政总收入42.77亿元，同比增长25.6%；一般公共预算收入21.47亿元，同比增长23.9%；城乡居民人均可支配收入分别为78218元和50249元，同比分别增长5.3%和7.9%。

发展动能加速集聚。把推动工业经济高质量发展摆在突出位置，坚持“强龙头、抓腰部、补链条”，年产值超亿元以上企业115家，规上外资企业实现产值416.68亿元，中日（平湖）产业合作园在全省考评中位居第二，中德（平湖）产业园在培育期模拟考评中保持前列。加快推动服务业跨越提升，全年规上服务业企业实现营收15.6亿元，批零企业销售72.3亿元，新引进亚朵酒店、瑞纳捷半导体、岸达芯片设计等服务业项目13个。平湖高新技术产业园区被认定为省级高新技术产业园区。动漫产业园、鸭宝宝等项目加快签约对接，樱花公园地块、环北广场和原环球制衣地块房地产项目正式开工。全国首发“羽绒服指数”，服装城上榜中国商品市场百强。

招商引资精准发力。坚持内外资并举、二三产并重，着力优化招商体制机制，重塑招商架构，设立招商四库，到欧美日韩及北

9月，伊维莱线性驱动技术（平湖）有限公司亮相第23届中国国际工业博览会

（平湖经开　供稿）

上广深等重点城市开展招商推介，举办长三角汽车电子产业峰会，亮相汉诺威工业博览会等行业活动，突出打好以商引商、基金招商、出海抢商等新一套“组合拳”。全年，招大引强项目10个，签约项目42个，成功引进艾本德中国技术中心平湖项目等4个德语区项目，韩国SK高端新材料、日本荣顺医疗电子等3个日韩项目，希润科技、山子动力、中能锂电等30个内资项目，完成实到外资1.48亿美元。

科技创新赋能添彩。全年，新增国家高新技术企业26家、创新型中小企业60家、国家级专精特新“小巨人”企业2家、省专精特新中小企业28家，培育入库智能工厂（数字化车间）7家，新认定省级首台套项目2个，率先在全市实现外资研发中心“零的突破”。全年，新增在职高层次C类以上人才、高层次人才项目、国家级海外“引才计划”申报数量均列全市第一。全省首个赛迪科创中心、毛军发院士工作站落户，嘉兴南湖学院平湖研究院、射频异质异构集成全国重点实验室成功引入，考泰斯亚洲技术中心开业，汉希科特中国微系统应用研究院获国家科技型中小企业，平湖市海智基地获评浙江省侨联侨界创新创业基地。康迈尔机电（嘉兴）有限公司和日本电产汽车马达（浙江）有限公司等2家企业入选浙江省第四批内外贸一体化“领跑者”企业。16家企业上榜2023年度第一批全省专精特新中小企业名单，7家企业技术中心入围嘉兴市企业技术中心名单。

营商环境不断优化。筹办开发区国批十周年经贸洽谈会、“亲清夜沙龙”等政企交流活动，发布产业链上下游协作资源库，出台通勤畅行实施意见、稳生产促发展若干意见等政策，全年兑现企业政策371家，涉及金额4.86亿元。发挥基金资金保障功能，全年投资项目9个，共计出资12718万元，撬动各级资本24000万元。深化企业筑巢行动，樱园一期顺利竣工，樱园三期、原澳勃莱特等6个项目启动建设。深入实施人才安居工程，在建人才公寓13.5万平方米，年内竣工交付816套，钟溪汇国际青年社区正式投用，人才公寓（三号）一期竣工，东小港人才公寓、人才公寓（三号）二期开工建设。

城市品质提档升级。钟埭街道入选嘉兴市首批风貌特色镇创建名单，永兴片区入选首批城市更新省级试点，钟埭未来社区成功创建省级引领型未来社区。新建、改造道路21.6公里，提升路灯照明60公里，改造提升园林绿化2.73公顷。宏建路、永南路等道路工程完工通车，国际商业街区、白马堰综合楼等24个房建项目有序推进，龙口小区、耘庐幼儿园等26个房建项目竣工。福嘉公路两侧拔钉清障基本完成，花园工业园企业成片腾退取得阶段性成果。全年全区腾退企业24家，拆除厂房20.8万平方米，直接收回土地47.35公顷。全年全区签约农房遗留户19户，池浜等4个地块实现清零，盘活土地34.07公顷。完成违建销号点位285个，精准拆违点位30个，三改面积24.6万平方米。

【重大项目集中活动】 2月9日，平湖经开2023年一季度开门红集中开竣投活动暨嘉兴威伏半导体有限公司项目开工仪式举行。参与一季度集中开竣投仪式的重点项目共15个，总投资40.7亿元。9月21日，在西瓜灯文化节经贸活动重大投资项目签约环节，平湖经开签约项目15个，总投资68.81亿元。其中，签约外资项目4个，总投资达1.81亿美元，其中超亿美元投资项目1个；签约内资项目11个，总投资达55.6亿元，涵盖智能制造、数字经济、生命健康、新材料、服务业等不同领域。9月22日，平湖西瓜灯文化节重大项目集中开工、竣工、投产活动暨浙江轩田智能科技有限公司年产300台精密半导体封装设备建设项目开工仪式举行，集中开工、竣工、投产项目共12个，总投资51.4亿元，涵盖智能装备、高端机床、生命健康等重点特色产业及人才公寓、安置房等民生领域。其中，开工项目9个，总投资41.4亿元；竣工项目2个，总投资3.5亿元；投产项目1个，总投资6.5亿元。

【艾本德中国技术中心平湖项目签约】 2月8日，艾本德中国技术中心平湖项目签约落户平湖经济技术开发区。艾本德集团成立于 1945 年，总部位于德国汉堡市，是一家全球顶尖的生命科学公司，在全世界开发、生产和供应用于实验室的设备和解决方案。业务范围包括液体处理、耗材、分离与仪器、生物过程工艺解决方案，产品线包括移液器、吸头、离心机、混匀仪和超低温冰箱等。艾本德拥有最全系列的离心机产品，处于全球市场领导者地位，其移液器在中国的市场占有率高达 60%。此次签约的项目一期总投资 1350 万欧元，租赁高端智能装备产业园（樱园）厂房面积约 1.1 万平方米，主要生产艾本德的明星产品离心机。

【中能科技储能装备系统平湖总部项目签约】 2 月 17 日，中能科技储能装备系统平湖总部项目签约落户。中能科技是一家专业生产储能系统工艺装备、电芯模组等储能系统产品的高科技创新型企业，已建成全球领先的智能化模组生产线，产品覆盖家储、工商业、公共事业等领域。此次签约的项目总投资 10 亿元，作为中能科技的生产研发总部基地，主要从事储能系统的研发、生产和销售。项目一期租赁厂房 5000 平方米。

【ABB 电动交通中国第 100 万台充电桩生产下线】 4 月 26 日，ABB 电动交通中国第 100 万台充电桩在平湖 ABB 电动交通智能工厂成功生产下线。浙江平湖 ABB 电动交通智能工厂是专业从事智能充电桩研究开发、生产的国家级高新技术企业。作为产能规模领先、制造工艺争先、研发能力创先的充电桩生产基地，工厂拥有丰富的整车厂原装配套经验，在乘用车家用充电桩领域出货量位列全国前三，上汽、吉利汽车、比亚迪汽车、蔚来汽车等均是其客户。

【微系统应用研究院落户平湖】 5 月 13 日，汉希科特中国微系统应用研究院正式开业，落户平湖经济技术开发区智创园。这是汉希科特微系统应用研究院在海外成立的第一家分支机构，也是嘉兴地区唯一一家传感器微系统应用研究院。汉希科特微系统应用研究院是德国少数可实现芯片和 MEMS 产品从概念到封装中试的全流程研发与技术服务机构之一，专注于 MEMS 传感器全产业链的开发和制造，致力于提供硅基技术、微传感器开发、电子和微电子系统及软件解决方案，在欧洲学术界和工业界有着非常高的声望和影响力。汉希科特微系统应用研究院和平湖经开共同出资成立的汉希科特中国微系统应用研究院主要从事芯片和 MEMS 传感器研发、检测、服务等，致力于将德国先进的微系统传感器制造技术实现国产化，形成智能传感器的产业链，努力打造成为国际领先、国内一流的国家级传感器研发平台。同时，还将通过开展项目孵化、组建研发实验室、协同本地企业发展等，为平湖经开半导体产业链补上至关重要的一环。

【斯美沃欧特堡（平湖）项目签约落户】 5 月 23 日，斯美沃欧特堡（平湖）项目签约落户平湖经济技术开发区。项目方意大利斯美沃欧特堡主要从事金属切削机床上工件夹持系统的研发、设计、生产和服务，是全球机床夹具系统领域的技术和商业领导者。斯美沃欧特堡（平湖）项目总投资 1000 万欧元，一期主要

5月13日，汉希科特中国微系统应用研究院开业仪式暨MEMS传感器专业论坛举行
（平湖经开　供稿）

生产其新开发产品——用于注塑机的模具快换系统。

【曼氏（中国）香精香料有限公司举行开业仪式】 6月12日，法国第一、全球第五的法国曼氏集团在平投资企业曼氏（中国）香精香料有限公司举行开业仪式。这是平湖经济技术开发区全区首个法国客商投资项目。曼氏（中国）香精香料有限公司项目总投资9000万美元，注册资金为5000万美元，占地面积约6067公顷，年产能力达15600吨香精香料。

【博太科亚太区总部平湖项目签约落户】 8月22日，德国博太科亚太区总部平湖项目签约落户。博太科平湖项目由德国博太科集团投资设立，作为其在亚太区的总部项目，总投资800万欧元，先期租赁5000平方米厂房，进行防爆电气及电伴热系统集成产品的研发和生产。

【"创业中华·侨聚嘉兴"2023长三角侨商项目投资交流大会举行】 10月12日，"创业中华·侨聚嘉兴"2023长三角侨商项目投资交流大会在平湖经开举行。本次共签约7个项目，其中白荡浜自然村落保留地总体开发运营项目属于平湖经开。该项目由浙江省重点侨（港澳）投资企业、浙江省侨界青年联合会副会长单位、浙江省欧美同学会理事单位——浙江米赢文化发展有限公司发起，计划投资3000万元，结合区内农业龙头企业凯宇生鲜，通过以侨带侨、以侨引资的方式，把白荡浜打造成浙北侨助共富典范村、浙北华侨集散地。

【希润科技平湖总部项目签约仪式举行】 10月14日，希润科技平湖总部项目签约。该项目由济南希润自动化科技有限公司投资设立，将作为集团总部和未来IPO上市的主体进行推进。项目总投资5亿元，主要围绕涂装及涂胶自动化设备进行产品研发、生产测试和工艺验证，一期租赁标准厂房1万平方米。

【世特美新能源汽车磁电传感器平湖生产基地项目签约落户】 10月30日，新能源汽车零部件项目——世特美新能源汽车磁电传感器平湖生产基地项目签约落户平湖经开。该项目由北京世特美测控技术有限公司设立，总投资1亿元，主要研发、生产高品质、高可靠性的磁电传感器及位置传感器产品，为新能源汽车产业提供更加智能化、国产化的传感器解决方案。该项目填补了平湖经开汽车产业整车喷涂和涂胶自动装备方面的空白。

【B&C Fountain高端烘焙项目签约】 11月3日，B&C Fountain高端烘焙项目举行签约仪式。B&C Fountain高端烘焙项目是由厚生投资、世界500强新希望集团、世界500强CJ集团合资设立的外资项目，将作为多乐之日品牌中国区总部推进。该项目总投资3600万美元，占地面积1公顷，注册资金1200万美元，以生产冷冻面团和烘焙产品为主，建设一个年产1.6万吨面团、面包、糕点等烘焙食品的生产基地。2016年，平湖经开与CJ集团建立合作关系。2019年，厚生投资、新希望集团与CJ集团在香港共同成立公司收购平湖工厂（毕恩熙），公司的注册资本增加到9013万美元。由此，毕恩熙成为平湖经开单一企业注册资金最高的外资食品企业，也是平湖生物技术（食品）产业中的重要力量。

【韩国SK高端新材料平湖项目签约】 11月14日，韩国SK高端新材料平湖项目签约仪式在平湖经济技术开发区举行。SK集团是韩国第二大企业集团，成立于1953年，是一家世界500强企业，也是高端新材料的龙头企业。本次项目由集团下属的SK致新公司投资建设，项目一期主要生产离子聚合物，主要用于肉类真空包装及高尔夫球、香水瓶盖、夹胶玻璃等多种产业领域。一期总面积1.24公顷，注册资金2545万美元，总投资6360万美元，将建设2条年生产能力12000吨的全自动生产线。作为SK集团中国首个离子聚合物的生产基地，该项目填补了国内离子聚合物生产的空白。

【浙江菲斯曼供热技术有限公司入选省级外资研发中心】 12月4日，省商务厅发布浙江省2023

年度外资研发中心名单，平湖经开的浙江菲斯曼供热技术有限公司名列其中，实现平湖市省商务厅认定的外资研发中心"零的突破"。浙江菲斯曼供热技术有限公司成立于2017年，由世界领先的供热、制冷和空调系统制造商之一菲斯曼集团投资设立，主要从事冷凝型、普通型、采暖和热水两用式及单采暖型壁挂炉生产。2019年，公司建立菲斯曼集团中第一座根据当地区域气候及用户使用习惯"定向"研发产品的研发中心。2023年，菲斯曼投入200多万元新打造了一个"气候实验室"，主要用于模拟中国不同地区、不同气候条件下产品的性能。

【华申瑞利汽车科技平湖研发及生产基地项目签约落户】 12月8日，新能源汽车项目华申瑞利汽车科技平湖研发及生产基地项目签约落户。该项目由上海华申瑞利汽车科技有限公司投资设立，计划打造电子驻车系统（EPB）生产研发基地。平湖项目打造的EPB产品量产在即，新一代线控制动系统EMB（电子机械线控制动）也处于和国际同步研发阶段，该项目填补了国内在该领域的空白。

【日本FANDF株式会社高端医疗设备项目签约】 12月14日，平湖市举行日本FANDF株式会社高端医疗设备项目签约仪式。日本FANDF株式会社是一家高端医疗仪器设备制造领军企业，多年来与GE等全球众多知名医疗器械企业紧密合作，拥有国际领先的技术和全球化的发展战略。作为日本FANDF株式会社投资设立的全资子公司，该项目总投资5000万美元，其中一期总投资3500万美元，用地1.33公顷，将建设一个2万平方米以上的研发生产基地，主要生产CT本体冷却装置、X射线探测器冷却系统、核磁共振电源分配元器件等。

（吴惟娉）

独山港经济开发区

【概况】 2023年，独山港经济开发区全年实现生产总值153.95亿元，同比增长5.1%；146家规上工业企业实现工业总产值671.1亿元，规上工业增加值114.9亿元，同比增长9.9%；规上服务业营收10.8亿元，同比增长10.2%，限上贸易业营收125.8亿元，同比增长12.3%；财政总收入19.22亿元，同比增长5.2%，其中一般公共预算收入10.43亿元，同比增长8.2%。

全年，共签约瑞士西卡、日本信越化学、法国诺瓦瑞斯等项目15个，实际利用外资1.48亿美元，同比增长32.9%。持续深化招才引智，全年共申报国家级引才计划7名、省级引才计划4名，到岗国家级高端人才2名，引进青年博士14名，新建博士后工作站2家。成功在德国举办投资说明会。首次走进上海国际胶黏剂展和国际化学品采购商协会论坛。

实行项目落地全流程服务管理，34个重点产业项目中，松川机械、美凯威奇等12个项目开工建设，湛新树脂项目投产，巴斯夫贺利氏贵金属项目竣工。全年，列入省千项万亿项目7个、省重点建设项目5个，新增入库项目33个，其中亿元以上项目14个。全年，138个投资项目完成固定资产投资88.2亿元，同比增长9.1%，其中制造业投资44.4亿元，同比增长15.4%；服务业投资42.8亿元，同比增长27.4%。

创新升级加快推进。平湖英厚机械有限公司入选首批印刷业数字化发展改革试点名单，浙江明斯特新材料有限公司项目获第二届全国博士后创新创业大赛金奖，园区连续5年入选最具发展潜力化工园区十强。全年，研发费用突破24亿元，新增国家高新技术企业13家、省科技型中小企业35家、省专精特新企业14家。数字经济提速发展，新增亿元数字经济企业1家，实现数字经济规上工业产值42.5亿元，同比增长9.3%。

重点物流项目有序推进。奥泰项目竣工验收，京东项目完成主体建设，海港集团四个项目开工。全年，港口货物吞吐量达5512万吨，同比增长4%；集装箱吞吐量达59.3万标箱，同比增长31.8%；进出口总额达177.6亿元，同比下降12.9%，其中出口额达55.4亿元，同比增加12.9%。

5月15日，独山港工业技能培训中心

（独山港经济开发区　供稿）

路网结构持续优化。滨港路二期、翁金线东段等一批疏港道路开工，汇港路二期、创业路三期等内部道路加快建设，独广线南段完成亮化改造。危化品车辆停车场和污水管网改造提升工程开工建设，事故废水多级防控体系加快建设，全市首个智慧治水数据中心“水治洲”完成建设，成功入选第二批省级“污水零直排区”星级工业园区培育名单。园区安全等级提升至D类。新材料科创中心项目完成招标。人才公寓完成主体建设。

深化人居环境整治提升。28家公共机构和10家企业升级垃圾分类设施，全年全域秀美综合排名全市第一。持续推进园区整治提升，开展“全域垃圾无死角”行动、“清新园区”建设等园区整治行动，推动园区治水治气治废齐头并进。深化“腾笼换鸟”攻坚，完成“两高一低”企业整治67家，直接收回土地53.41公顷。

【海港一体化项目建设持续推进】2023年，独山港继续深度贯彻浙江省推进海洋港口一体化发展的重大决策部署，持续推进海港一体化项目落地，海港一体化项目开工建设，其中包括Ⅱ号内河港池工程、A区5号/6号泊位工程、B区21号/22号多用途泊位工程和B区25号/26号多用途泊位工程。Ⅱ号内河港池工程新建21个500吨级内河泊位，陆域占地面积约23.3公顷，年设计通过能力968万吨，项目总投资约98979万元；A5/A6泊位工程新建2个5万吨级液体散货泊位，陆域占地面积约11.26公顷，设计年通过能力507万吨，项目总投资约134593万元；B25/26泊位工程新建5万吨级多用途码头一座，陆域占地面积约17.57公顷，设计年通过能力集装箱70万TEU、件杂货8万吨，项目总投资约162468万元；B21/22泊位工程新建5万吨级多用途码头一座，陆域占地面积约26.57公顷，设计年通过能力集装箱55万TEU、件杂货300万吨，项目总投资约190054万元。

【卫星能源三期项目开工】1月3日，卫星能源三期百亿项目——浙江卫星能源有限公司年产4万吨氢气/90万吨丙烯/80万吨多碳醇/8万吨新戊二醇化学新材料及氢能利用一体化项目开工奠基。该项目是省重大产业

9月7日，独山港经开区到德国召开专场投资推介会

（独山港经济开发区　供稿）

平台建设赋能升级。加快完善园区配套设施，1500套人才公寓进入精装修阶段，200套职工公寓完成装修设计。智能光电通信产业园完成主体建设，科创园一期、航空产业园一期主体结构完工，创新应用中心主体工程加快建设，科创园二期完成桩基建设，箱包产业园完成招标，航空产业园二期完成设计。不断优化园区“四纵五横”路网框架，S202全线通车，平兴公路延伸段、科智路完成设计。

【重大项目集中开工投产】 1月12日，张江长三角科技城平湖园科创园二期项目开工仪式暨2023年一季度重大项目集中开工仪式举行。12个重大项目集中开工投产，其中开工项目6个，分别为张江长三角科技城平湖园科创园二期项目、德耐尔能源装备有限公司年产4000台高端智能压缩机项目、德蒙（浙江）气体装备制造有限公司年产5000套智能工业气体压缩机建设项目、费莱（浙江）科技有限公司电气设备建设项目、弗登智能装备（浙江）有限公司年产115万台智能控制装备项目、长三角大数据创新应用中心；投产项目6个，分别为浙江奉天电子有限公司、浙江唯酷光电有限公司、浙江巨传电子股份有限公司、浙江大族富创得科技有限公司、浙江御辰东智能科技有限公司、长三角·平湖润泽国际信息港。

【入选省级高新技术产业园区】 1月30日，浙江省人民政府发布《浙江省人民政府关于认定宁波江北光电新材料等14家高新技术产业园区为省级高新技术产业园区的通知》，平湖高新技术产业园区入选。园区自2017年创建起，规划总面积12.8平方公里，由北区（新埭片区）和南区（钟埭片区）组成。北区（新埭片区）面积为5.66平方公里，东至新兴南路转至新兴北路以东，南至新开河，西至虹桥北路转至平兴公路，北至大泖塘（界河）。

【毕节工业职业技术学院“订单班”签约】 3月30日，贵州毕节工业职业技术学院与张江长三角科技城平湖园合作共建“订单班”正式签约，系全省首个跨区域“订单班”。“订单班”发挥政府桥梁纽带作用，以园区名义开设，将企业普遍性的机电领域用工需求与学院教学相结合，有针对性地培养具备专业技术且符合企业实际需求的机电类技能型人才，缓解企业招工难题。

【平湖南方水泥通过浙江省超低排放改造】 3月15日，经浙江省环保厅审核通过，平湖南方水泥有限公司超低排放改造和评估监测情况在浙江省水泥协会网站上完成公示，系浙江省第二家、平湖市第一家完成超低排放改造的水泥企业。企业全部运输汽车均为国五及以上车辆，物料储存、输送及生产工艺过程控制措施满足超低排放要求，无组织排放集中管控平台实时监控，生产车间无可见粉尘外溢，颗粒物有组织排放浓度在正常工况下稳定在10毫克/立方米以内。

【新埭镇人才公寓项目封顶】 4月11日，新埭镇人才公寓项目正式封顶。项目总用地面积28216.7平方米，总建筑面积为118482.44平方米，地上建筑面积96996.68平方米，地下建筑面积21485.76平方米，规划布置5栋人才公寓主楼及配套裙房、入口大堂、变电所、风雨连廊等，共建有1501套公寓房，同时公寓内建有健身房、食堂、图书馆等配套设施。

【项目签约】 5月9日，2023年平湖市产业链高质量发展签约大会举行，张江长三角科技城平湖园签约4个项目，分别为银座全球总部基地项目、高端医疗检测设备项目、半导体核心耗材及智能装备项目、浩澜工研科技创业投资基金。9月21日，2023中国·平湖西瓜灯文化节开幕式暨投资贸易洽谈会举行，张江长三角科技城平湖园签约项目8个，总投资超50亿元，分别为企业级存储模组研发制造华东总部项目、5G网络通信传输产品项目、智能搬运机器人制造项目、新能源热管理系统材料项目、自动驾驶环卫设备全国制造基地项目、高端半导体外延设备项目、人工智能云计算项目、平湖市夜经济产业项目。12月7日，“零碳村镇”项目、彩色光伏项目签约落户张江长三

12月7日，“零碳村镇”项目与彩色光伏项目签约仪式举行
（张江长三角科技城平湖园　供稿）

角科技城平湖园。“零碳村镇”项目总投资约4亿元，计划分三期实施。项目采用“光储直柔”技术，按照国家电投“雪炭N行动”要求，打造6个场景，实现“零碳村镇”建设。彩色光伏项目总投资约5亿元，就光伏彩色化及废弃光伏组件综合利用建设及新能源装备制造等领域开展交流合作，落地光伏彩色化及废弃光伏组件综合利用生产线，建设长三角彩色光伏组件生产基地，打造浙江省域内的光伏彩色化及废弃光伏组件综合利用的平台总部。

【长三角·平湖润泽国际信息港B区暨大数据创新应用中心开工】 6月8日，长三角·平湖润泽国际信息港B区暨大数据创新应用中心开工。项目总投资约26.8亿元，占地面积6.93公顷，总建筑面积约12.5万平方米，主要包括两栋数据中心机房楼、一栋服务中心楼，通过配置冷板机柜、服务器、网关等IT设备及风墙空调系统、精密空调、多联机热泵空调、冷水机组等辅助设备，建设超大型数据中心。

6月8日，长三角·平湖润泽国际信息港B区暨大数据创新应用中心开工
（张江长三角科技城平湖园　供稿）

【平湖市夜经济产业项目开工】 9月22日，平湖市夜经济产业项目开工。项目位于科创大道东段北侧、兴豪路西侧，总投资2.5亿元，街区占地面积约3.71公顷。项目以宋代市井和平湖非遗文化风情元素为主线，以文化展示、挖掘、消费、体验为目标，建设一个集主客共享休闲、文商旅综合服务于一体的文商旅活动场所和夜经济街区，打造一个集美食体验、互动娱乐、演艺打卡、夜游休闲等于一体的新潮文商旅亮睛空间。

【获评“进博会溢出效应最佳承接特色园区”】 11月7日，第六届中国国际进口博览会溢出效应论坛在上海国家会展中心举行。会议发布进博会“展商变投资商2022—2023中国国际进口博览会溢出效应最佳承接园区”评选结果，张江长三角科技城平湖园获“特色园区”称号。张江长三角科技城平湖园持续擦亮数字经济金名片，围绕龙头企业，优化产业布局，实施产业链招引工程，总投资超百亿元直升机生产制造项目、长三角·平湖润泽国际信息港项目等一批引领性、大项目签约落户园区。

【4家企业研发中心被认定为省级企业研发机构】 11月23日，浙江省科学技术厅公布《浙江省

11月23日，浙江省德耐尔节能空气压缩机高新技术企业研究开发中心被认定为省级企业研发机构

（张江长三角科技城平湖园　供稿）

科学技术厅关于公布2023年新认定省级企业研发机构名单的通知》，浙江省磁海智能无损检测设备高新技术企业研究开发中心、浙江省瑞阳精密机械高新技术企业研究开发中心、浙江省联杰高性能通信线缆高新技术企业研究开发中心、浙江省德耐尔节能空气压缩机高新技术企业研究开发中心等4家省级企业研发中心成功获得认定。

【吉林大学平湖技术转移中心签约】 12月3日，张江长三角科技城平湖园与吉林大学共建平湖技术转移中心签约仪式举行，校地双方就进一步加强合作进行交流。

（王亚莉）

交通运输·邮政

综　述

【概况】 2023年，市交通运输局坚持“大干交通、干大交通”，在交通强市建设、行业监管、数字化改革、党建引领等方面持续发力。4月3日，平湖市交通运输行业党群服务中心被确定为省级示范党建服务中心；4月12日，平湖被确定为浙江省治超非现场执法试点县；6月，平湖被确定为浙江省2023年“浙路通”公路综合巡查试点应用单位；9月，“杭平申线航道叉河口安全风险隐患”整治工作获省整治验收组肯定，11月，该整治工作作为嘉兴市典型案例上报至省；10月，平湖市港航管理服务中心被确定为“全省渔船检验质量管理体系建设”试点单位；12月1日，长三角区域交通运输联合执法协作示范点在平湖市境内揭牌启用；12月14日，平湖被命名为“嘉兴市交通运输行业党建示范县”；年内，完成省考核组对平湖申报浙江省“四好农村路”示范县考核工作。全年，累计完成交通固定资产投资58.7亿元，办理行政审批事项74030件（其中行政许可2729件），实施行政处罚1249件，罚款379.51万元。全年，交通运输行业未发生责任死亡事故和群体信访维稳事件。

【行业党建示范县创建】 2月28日，平湖召开创建交通运输行业党建示范县动员会。4月23日，平湖市交通运输行业工会联合会成立，工会联合会拥有全市货运、物流、客运、驾培、维修、水运等子行业会员6200余人，已建下属基层工会19家。市交通运输行业党委围绕“学思想、强党性、重实践、建新功”工作要求，推动形成“党建引领+行业治理+企业主体责任+凝聚新就业群体”工作体系。8月16日，平湖市交通运输行业党委在全省交通运输行业党建业务培训会上围绕“党群服务中心如何发挥行业党建阵地”作汇报交流。年内，平湖实现全市货运企业党组织覆盖率“两个100%”，即全市50辆货车以上有党员的货运企业党组织覆盖率100%，全市有3名及以上党员的货运企业党组织覆盖率100%。全市已建党组织货运企业39家，纳管党员249人。12月14日，平湖被嘉兴市交通运输行业党委命名为嘉兴首个“嘉兴市交通运输行业党建示范县”。市交通运输行业党委依托行业工会联合会，先后组织举办货车司机集体生日会、安全教育培训、行业职工子女夏令营、行业职工趣味运动会、司机健康体检等40余项活动。年内，评选平湖市“最美货车司机”“最美网约车司机”各10名，同时组织“交通运输行业志愿服务队”，年内开展志愿服务20余次。4

月 27 日，平湖、金山两地交通团委结对共建暨争创“浙沪毗邻交通青年文明号”启动仪式在平湖市交通运输行业党群服务中心举行。两地团委以“资源整合、优势互补、互利共赢、共同发展”为原则，将在共建团青堡垒、共建服务阵地、共建毗邻执法等三个方面开展合作，推进毗邻党建引领区域联动发展。

【省级示范党建服务中心创建】 2 月 28 日，平湖市交通运输行业党群服务中心启用。4 月 3 日，中共浙江省委新经济与新社会组织工作委员会通知，确立平湖市交通运输行业党群服务中心为 2022 年度省级示范区域性两新组织党群服务中心。2023 年，平湖市交通运输行业党委设立以行业党群服务中心为主阵地的流动党员报到点，依托服务中心“司机之家”“公路驿站”“货运停车场”等便民服务站点，搭建流动党员学习平台和服务驿站，导入行业和属地服务资源为行业党员提供各类服务。11 月 16 日，市交通运输行业党群服务中心被中共嘉兴市委组织部确定为 2023 年度嘉兴市五星级党群服务中心。至年末，行业党群服务中心已接待来访人员 3200 余人次，其中 1000 余人次为省内外兄弟单位参观学习调研人员。服务货车、公交车、出租车司机 21000 余人次。

【全省治超执法试点县建设】 4 月 12 日，浙江省公路与运输管理中心印发文件，确定平湖为嘉兴市唯一全省治超非现场执法试点县。年内，市交通运输执法队通过优化设施智能治超、推进联动执法、加强重点监管、严抓源头管控等举措，推进治超非现场执法工作。自 2018 年 8 月至 2023 年末，市交通运输部门共建成治超非现场执法点 17 个，检测车道 44 条，实现入平湖主干道路治超非现场执法电子检测全覆盖。重点加强总重 80 吨以上货车治超非现场执法和非现场违法行为三次以上车辆监管，加强运输环节安全监管，建立企业责任清单，2023 年签订安全责任书 38 份。结合区位优势，进一步推进长三角一体化协同执法工作。2023 年，利用数字治超系统共检测辖区公路货运车辆 304 万辆次，处理非现场超限违法行为 464 起。处罚总重 80 吨以上车辆违法超限运输 35 起，三次以上非现场超限运输 29 起，实现辖区普通公路超限率 0.26%，非现场处罚率 99.62%。

交通建设

【交通工程新建】 嘉兴至平湖快速路射线工程（一期）：2022 年 6 月开工，按一级公路兼顾城市道路标准建设，概算总投资 546899.50 万元；2023 年完成概算投资 59386 万元，累计完成概算投资 91386 万元；平湖至安吉公路平湖新仓至曹桥段工程：2019 年 10 月开工，按一级公路标准建设，长 30 公里，路幅宽 32.4 米，概算总投资 213810 万元，2023 年完成投资 24222 万元，累计完成概算投资 213127 万元；金山至平湖市域铁路工程：2022 年 9 月开工，新建正线全长 41.646 公里。其中，平湖段全长 29.41 公里，概算总投资 775607 万元，2023 年完成概算投资 163361 万元，累计完成概算投资 189919 万元；保通码头建设工程：2023 年 1 月开工，新建 500 吨级散货泊位 1 个，概算总投资 3160 万元，2023 年完成概算投资 1972 万元。

【交通工程改建】 嘉善至永嘉公路平湖新埭俞家浜至大齐塘改建工程：2019 年 12 月开工，2023 年 9 月完工。按一级公路标准建设，长 10.6 公里，路幅宽 28 米，概算总投资 114684 万元，2023 年完成概算投资 8606 万元，累计完成概算投资 73380 万元；302 省道与 525 国道平改立工程：2022 年 12 月开工，概算总投资 14123 万元。2023 年完成概算投资 7467 万元，累计完成概算投资 7467 万元；228 国道平湖段改扩建工程，2022 年 8 月开工，按一级公路标准建设，长 19.64 公里，路幅宽 36 米，连接线长 3.2 公里，路幅宽 27 米，概算总投资 351170 万元，2023 年完成概算投资 26456 万元；浙北集装箱通道建设工程（平湖）：2020 年 12 月开工，改造三级航道 3.9 公里，桥梁 5 座，概算总投资 126204 万元，2023 年完成概算投资 30400 万元，累计完成概算投资 58169 万元；海河联运联网提升长胜路高桥改建工程：2023 年 2 月开工，新建改建桥梁 2 座，道路 2 公里，按一级公路兼顾城市道路标准建设，概算总投资 53609 万元，2023 年完成概算投资 24358 万元。

【公路大中修】 完成全市 4 个公路大中修项目，概算总投资 4699 万元。其中南环线一期大中修工程，6 月开工，8 月完工；福善公路路面“白改黑”工程，6 月开工，8 月完工；乍王线综合提升工程，6 月开工，10 月完工；九场公路阳日辉桥改建工程，6 月开工，9 月完工。

【“四好农村路”建设】 市交通运输管理部门做好农村公路行业管理工作，指导全市各镇街道推进“四好农村路”建设及危桥改造，全年完成农村公路大中修 59.694 公里，危桥改造 60 座，农村公路亮化 71 公里。12 月 5 日，平湖九里亭村至野马村公路被省交通运输厅公布为 2023 年度全省“十大最美农村路”之一。平湖围绕产业发展、特色小镇、科创园区、历史文化村庄和美丽乡村等，整合乡村沿途景观、建筑等资源，将农村公路建设与文旅产业发展相结合，至 2023 年末，已建成市级美丽乡村风景线 9 条，线路全长 182.28 公里。

【绿色交通建设】 3 月 3 日，嘉兴市首家汽车维修绿色喷漆共享中心——平湖高桥绿色喷涂共享中心开业。2023 年，全市加大新能源汽车推广使用力度，更新、新增新能源公交车 44 辆，年末，新能源公交车达 361 辆，营运公交车占 97.57%；更新、新增新能源出租车 708 辆，其中巡游出租车 16 辆，网约出租车 692 辆，均为纯电动汽车；新增三条氢能源公交示范线；淘汰国四及以下营运货车 76 辆，实现年度考核目标 190%。年内，新建、改建辖区码头岸电装置 10 套，累计安装 59 套，其中水上服务区 23 套，企业码头 36 套；辖区码头安装船舶生活污水智能接收设备 10 台，累计安装 26 台；平湖辖区共计接收船舶污染物 942.2 吨，其中船舶垃圾 22.4 吨、生活污水 494.9 吨、含油污水 424.9 吨。

【盐平塘大桥通车】 12 月 28 日，位于金平湖大道（原新 07 省道）上的盐平塘大桥正式通车。新建的盐平塘大桥是全省首座采用全焊接工艺的钢桁拱桥梁，也是全国首座利用大跨径连续梁桥面搭设临时支架建设的桥梁，即实施“旧桥架新拱，新拱拆旧桥”建设方案，既保障施工期间航道畅通，又实现建设工期压缩，提前 10 个月实现通车。

【惠民交通建设】 2 月 1 日起，畅行金平湖项目开始实施。通过“金平湖 · 畅行券”这一全省首创高速公路差异化精准补贴政策，对符合条件的平湖境内及平湖至嘉兴市区高速公路行驶车辆通行费进行优惠补贴。8 月 1 日，又新增 G 类、H 类层次人才的非平湖籍车辆纳入补贴范围。至年末，“金平湖 · 畅行券”系统已有 30651 名用户注册，累计补贴金额 791.07 万元。2 月 1 日，平湖首批 4 辆无障碍公交车投放平湖至嘉兴城际 161 路运营。2 月 25 日起，平湖市医务人员持“公交畅行卡”，可两年（2023 年 2 月 25 日至 2025 年 3 月 31 日）免费乘坐平湖市域公交汽车。3 月 2 日起，平湖户籍退役军人、烈士遗属、因公牺牲军人遗属、病故军人遗属，凭优待证，可免费乘坐平湖市域公交汽车。2 月 12 日，平湖首家车检审验一站式办理在位于钟埭街道的浙江恒畅机动车检测有限公司推出。7 月 26 日，平湖首批 200 辆亲子公共自行车投放使用，至年末，全市公共自行车站点达 295 个，运营公共自行车 5430 辆，全年租借达 290 万人次。8 月 25 日，平湖首批（一期试点项目）3000 余辆共享电单车开始投放使用，设置站点 222 个，覆盖当湖、钟埭、曹桥三个街道和俞家浜景区。同步开始“平湖市共享电单车智行在线”监管平台系统搭建，并于 11 月 8 日上线试运行。11 月 30 日，二期试点项目新增站点 199 个，增加广陈前港和林埭徐家埭两个试点乡镇站点。至年末，共享电单车骑行达 51.53 万人次，最高日骑行达 1.02 万人次，解决公共交通“最后一公里”问题。9 月 5 日起，推广社保卡“敬老通”应用，实现长三角地区老年群体在乘坐平湖市域公交车时享受与平湖市民一样的福利待遇。

交通管理

【交通行政执法】 2023年，市交通运输执法队共办理行政处罚案件1249件，其中非现场966件，大案89件，罚款379.51万元。继续推进轻微违法承诺制，办理告知承诺制案件78件，办理行刑衔接案件1件，无行政复议、行政诉讼案件。市交通运输局选送的“减材料、减跑动，道路运输业户开业实施告知承诺制”获评2023年度平湖市“十大行政执法典型案例”。全年，水上开展船舶现场监督281艘次，安全检查145艘次,燃油检测30艘次。组织开展通航安全保障方案评审15次，办理水上水下施工和水上重大活动许可41件，海事备案2件。开展水上交通管制和船舶护航84天，累计出动执法艇244艘次，执法人员658人次。处理违法进入干线航道农用自用船只50艘次。开展联合清网行动3次，拆除违法渔具22具。查处渣土运输船舶违法行为4起，移交违法线索3起。开展线上航道视频巡查3.57万余次，监控在线率连续12个月嘉兴排名第一。线下巡航2120公里，206人次参与，发现问题31个,均完成联动处置。全年，累计开展公路巡查244天，出动执法人员2419人次，排查各类公路问题点位1746处，均完成整改。依托“浙江省联网联控”监管平台，开展道路运输领域精准执法，年内查处16起“使用卫星定位装置出现故障不能保持在线的运输车辆从事经营活动”案件。通过互联网监管平台查处网约车违法行为，年内核查违法线索80余条，查获未取得车辆运营证从事出租车客运经营案件19起。全年，交通工程监督在建项目38个，累计出动检查人员328人次，印发检查意见书87份，整改问题538项，实施行政处罚6起,罚款5.18万元，进行行政约谈6起。

【全省交通运输领域典型案例】 2023年，平湖市交通运输管理部门依托“浙路通”公路综合巡查系统，整合交通执法、公路养护、绿化保洁等部门巡查人员，建立集线下巡查与线上值守于一体的高效率、全覆盖综合巡查体系。形成队伍精简、人员多能、巡查便捷、处置专业、监管智能的“公路综合巡一次”新模式，构建公路巡查全程闭环监管体系。12月13日，由平湖市交通运输局与浙江省公路与运输管理中心联合上报的“公路综合巡一次助力监管提质效”被省交通运输厅列入全省交通运输领域三个“一号工程”典型案例(第二批)。至年末,公路综合巡查系统线上、线下累计巡查1382人次，其中线上巡查539人次，线下巡查843人次，上报事件114件，已处置101件，闭环率为88.59%。

【长三角区域联合执法】 4月20日,交通运输部办公厅印发通知,决定在长三角等全国5个区域开展交通运输区域执法协作试点示范工作。平湖市交通运输执法队积极对接上海市交通委执法总队十大队、金山区交通委执法大队，做好区域执法协作点筹建工作,并开展联合执法。12月1日，长三角区域交通运输联合执法协作示范点（浙江平湖—上海金山片区）正式揭牌启用。示范点位于平湖境内（利用原市交通运输执法队治超分队站房），实行联合执法“指挥长”制。12月20日，平湖市交通运输局采用上海市交通部门移交车辆非现场超限数据，对平湖市某建材运输有限公司22辆次车辆超限运输行为开出长三角交通执法协作首张罚单，开启长三角区域毗邻非现场案件跨省异地查处零的突破，真正实现“一块牌子、两地人员、协同作战”。至年末，开展毗邻执法12次，出动执法人员107人次，检查车辆352辆，查处超限违法行为32起。

【全省“浙路通”推广应用会在平湖召开】 7月27日，浙江省“浙路通”公路综合巡查试点应用和数字化路政推广应用会在平湖召开。会议交流各地“浙路通”公路综合巡查试点应用和数字路政推广应用经验。平湖市交通运输局现场以视频形式展示“浙路通”公路综合巡查和数字路政试点应用成果。6月29日，浙江省交通运输厅印发文件，确定全省4个市、24个县为2023年“浙路通”公路综合巡查试点应用单位，平湖为试点应用单位之一。7月14日，成立市交通运输局公路综合巡查试点应用工作领导小组，并完成《2023 年平湖市公路综合巡查试点应用方案》及相关配套制度编制。7 月 20 日，平湖市公路综合巡查系统完成调试，“平路通”应用正式上线。

【交通运输安全监管】 2023 年，市交通运输部门开展行业安全生产、防台防洪、“打非治违”百日攻坚、道路运输领域突出问题集中整治百日行动等多项安全生产排查整治行动，累计出动执法人员 6748 人次，出动执法车辆（艇）1214 辆（艘）次，检查企业（场所）545 户（处），检查车辆 3338 辆次，检查船舶 422 艘次，排查发现 703 个安全隐患，均完成整改。围绕公路事故多发点段、国省道干线公路、农村公路平交口开展安全整治工作。年内，完成乍王公路（老 07 省道）—曹桥街道九里亭加油站路段市级事故多发点整治、完成 G525—新力公路路口等三个普通国省道一级公路平交口整治、完成平廊公路金沙路口等 5 个农村公路平交口整治。9 月 16 日，启动新埭环浙水上交通管理检查站，24 小时做好值守检查工作，亚运期间累计检查入浙船舶 2092 艘次，入浙船员 4308 人次，查处违章船舶 69 艘；开展公路两侧“三化一平”、公路设施安全排查专项行动。清理公路两侧枯枝 45 公里，边坡 57 公里，修复窨井 2 套，清理桥下空间 8 座；针对亚运安全重点环节，强化“全覆盖、全闭环”，8—10 月对全市 14 个交通运输重点领域点位开展 2 轮督导检查，发现并整改各类安全隐患共 225 个，处以停产停业违法主体 15 户，吊销许可证 7 户，行刑衔接 1 户。完成省级重点监督企业整改，平湖市旅游有限公司于 8 月 29 日完成整改销号。年内，对全市六个重点交通建设项目开展每季不少于一次日常检查，整改安全隐患 42 个。深入开展“利剑”专项整治行动，全年排查交通建设工程安全隐患 538 个，整改率 100%。

【海河联运水上演练】 8 月 18 日，由浙江省交通运输厅主办的 2023 年浙北海河联运水上突发事件应急演练在平湖市新路新材料科技有限公司码头附近水域举行。演练设立应急救援指挥部，下设 7 个专业工作组，共 10 支队伍、11 艘船舶、70 余人参加。本次演练针对大型集装箱船舶水上突发事件，侧重应急处置现场力量的组织、协调、指挥等关键要素，针对性、专业性强。

【航道隐患整治】 2 月 3 日，“杭平申线航道叉河口安全风险隐患”被列入浙江省委“七张问题清单”。根据省委问题清单工作要求，市港航中心开展工作，对杭平申线平湖境内段航道 129 个叉河口开展规范治理。9 月 11 日，省港航中心到平湖开展省委“七张问题清单”平湖整治结果验收。同日，该整治任务完成销号。11 月 12 日，该整治工作作为嘉兴市典型案例上报至省有关主管部门。

【全省渔船质检试点】 7 月 20 日，市港航中心提前 5 个月完成平湖辖区内渔船“两不符”专项整治，共整改渔船 79 艘。8 月 29 日，浙江省船舶检验中心召开全省渔船检验质量管理体系集中办公会议，研讨试点工作及反馈有关工作意见。10 月，市港航中心被确定为全省 12 个渔船检验质量管理体系建设试点单位之一。

【维修驾培行业管理】 自全市汽车维修行业危险废物污染物处置专项检查起至 2023 年 3 月累计走访检查汽修企业 65 户，发放《维修行业危废告知书》90 余份。2023 年初，平湖启动为期一年的全市机动车驾驶员培训行业专项整治工作。4 月 15—27 日，举办驾培行业专题培训班，全市驾培企业负责人及教练员共 248 人次参加培训。年内，对 355 名教练员进行资格复核，开展动态监管检查 54 户次，处理投诉 38 件。年内，开展“工商有，运政无”未备案汽车维修户专项整治，新增维修业户备案 13 户。年末，全市 324 户汽车维修业户均完成维修行业电子健康档案应用对接，其中 319 户已完成数据上传。

运输业

【概况】 2023 年，全市共有营运货车 6615 辆、133115 吨位，营运客车 389 辆、8064 客位。其中，班线客车 9 辆、385 客位，旅游包车 156 辆、6559 客位，巡游出租车 224 辆、1120 客位。公交营运线路 69 条，营运线路总长度 1446.65 公里，营运公交车 370 辆，其中新能源公交车 361 辆。全年，完成道路货运量 5064 万吨，货运周转量 42.93 亿吨公里，完成道路客运量 135 万人次，客运周转量 2.09 亿人公里，完成公交客运量 1345.2 万人次。全市拥有营运船舶 375 艘、载重量 32.38 万吨位，全年完成水路货运量 1537 万吨，货运周转量 26.05 亿吨公里。

【全省首批水路旅游精品线】 12 月 29 日，“平湖水岸交融游线”被评为浙江省第一批 7 条省级水路旅游客运精品航线之一。该线路位于平湖城区，贯通东湖、明湖两大景区，途经李叔同纪念馆、报本禅寺、当湖十局、城市展示馆等景观和城市标志性建筑。至年末，累计引流市内外游客近 380 万人次，水上游客 5 万余人次。

【客运线路新增】 2 月 4 日，平湖游 2 路旅游公交专线（南河头景区—钟埭棹歌・隐世田园）开通试运行。游 2 路旅游公交专线采用“公交 + 旅游”运行模式，为农村学生和游客运行提供便捷交通条件。4 月 1 日，平湖—上海定制班线开通。6 月 12 日，上海金山廊下 3 路部分班次延伸至平湖新埭，平湖与金山两地又新添一条省际毗邻公交。9 月 4 日，平湖首条定制公交开通，线路为叔同小学—万家花城兴和苑。

【客货邮融合发展】 市交通运输与邮政管理部门聚焦农村物流发展重难点问题，着力优化农村物流网络体系，推动城市客货邮融合发展。9 月，平湖第一家客货邮共配中心——新仓共配中心（镇级）建成启用，标志着平湖打通交通运输服务最后一公里的农村客货邮融合发展工作展开。年内，全市建成县级、镇级客货邮共配中心各一个，建成“多站合一,一站多用”的客货邮综合服务站 13 个，为市民提供货物中转、停车等待、临时仓储、信息咨询等服务。开通客货邮合作线路 2 条，开展公交带货服务。

【启用包车客运识别码】 8 月 28 日，平湖 155 辆客运包车全部启用“包车客运识别码”，为嘉兴市作为全省首批“包车客运识别码”试点城市作出表率。“包车客运识别码”是指通过二维码形式，与包车客运车辆基本信息进行关联形成的营运客车电子信息标识，可实现码上关联、扫码评价、一码核查等功能。

【64 标箱集装箱航线开通】 6 月 25 日，两艘满载 64 标箱的集装箱船舶，由平湖横塘桥水上服务区出发，沿乍嘉苏线航道进行各项水上航行指标测试，29 日安全驶入乍浦港区内河港地，试航成功。8 月 30 日，在乍浦港区，正式开通嘉兴港至桐乡宁石、安徽芜湖两条 64 标箱海河联运集装箱航线，标志着 64 标箱集装箱船舶在浙北及长三角区域实现海河联运、互联互通。

【平湖造船业再创佳绩】 10 月 24 日，由嘉兴市浙北造船有限公司建造的全省首艘 1000 吨级内河危险化学品船舶下水。11 月下旬，由中国自主研发、平湖市华海造船有限公司建造的海上多波段云雾观测无人艇在黄海海域成功开展海上云雾立体观察。这是中国气象无人艇首次开展长航时走航观测试验。12 月 8 日，由华海造船公司建造的当下国内最大最先进 40 米级钢铝双体风电运维船下水。该船由中交海峰风电发展股份有限公司研发投资，适用于远海风电交通快线运维服务。12 月 15 日，由华海造船公司建造的当下黄浦江最大，并富有创意的“悦星 10”游轮在上海黄浦江首航。

（许福林）

【物流业】 2023 年，全市完成货物周转量 69.0 亿吨公里，同比增长 22.8%。其中，公路货物周转量 42.9 亿吨公里，增长 21.7%；水路货物周转量 26.1 亿吨公里，增长 24.5%。完成旅客周转量 2.1 亿人公里，增长 78.9%。嘉兴港乍浦港区、独山港区共完成货物吞吐量 13960 万吨，增长 5.4%；完成集装箱吞吐量 340.4 万标箱，增长 19.3%。

（唐可欣）

邮　政

【概况】 中国邮政集团有限公司浙江省平湖市分公司下辖22个邮政支局所,分布于9个镇(街道)。2023年，全公司完成业务总收入2.16亿元，收入规模列全省县（市）公司第15位。

【普遍服务提质达标】 2023年，全市普遍服务总体运行平稳，普遍服务达标综合排名及建制村打卡、普服时限率等指标均走在地区前列。保障党报投递时效，重点乡镇全部实现当日见报，《人民日报》当日见报率100%。完成机要邮件收、投工作，未发生机要通信失泄密事件和保密安全突发事件。

【寄递业务发展稳步提升】 2023年，实现寄递业务收入6342.4万元，同比增长3.37%。特快业务高效益发展,深入开发政务市场、商企市场、同城极速鲜市场等，完成收入1556.8万元。快包业务规模化发展,落实好“头部要大、腰部要粗、底部要厚”的客户结构，完成收入3508.4万元。物流业务稳健发展，完成收入452.98万元。

【金融业务发展】 2023年，实现代理金融业务收入11810.7万元，入选全省“十强十快”，完成率107.14%，同比增长23.23%。余额规模达68.76亿元，年增12亿元，同比增长4547万元。保险长期险销售突破1亿元，完成率147%；完成中邮长期险3130万元，完成率102%，健康险135.2万元，完成率101.6%。全年未发生资金案件和风险事件，未发生业内案件、重大风险事件、重大监管处罚和重大负面舆情。

10月19日，平湖邮政投递员为在“驿路共富”小程序上下单的客户配送农产品　（市邮政公司　供稿）

【乡村振兴获新成效】 三级物流体系方面，客货邮融合工作按期完成，2023年完成镇级配中心1个、县级配中心1个、综合服务站13个、客货邮合作线路2条的建设任务。同时新时代“新仓经验”融合创新实践方案落地。三级物流配送体系更加完善，实现快递进村100%，共服务79个村、日均配送包裹2.3万件、服务23万名农村村民。惠农生态圈方面，农产品交易额累计实现销售额765万元，基地农产品交易额累计实现销售额159万元，邮乐优鲜交易额137万元，邮乐小店交易额92万元。“网点+站点”便民服务生态圈方面,持续活跃站点达标123家，优质站点达标211个，数字化进销存标杆站点达标9家，数字化进销存站点达标52家。“工业品下乡”生态圈方面，下行商流规模1202万元，大单品交易额1032万元,定制大单品397万元。“驿路共富”小程序，依托现有金平湖驿站,联合市农业农村局、邮政管理局等单位，联合第三方软件开发公司共同打造“驿路共富”同城配送小程序，6月16日该程序在农产品展示博览会上正式发布。于8月开始正式运行，截至12月底，入驻农庄65家，开团231个，团购金额12604.7元,配送4132单。依托邮政“919电商节”活动，成功打造平湖大米万单项目。寄递承接全市“山海协作”的四川茂县苹果配送项目，总量25106箱。

【网运、投递能力持续优化】 2023年，网运和投递工作围绕

"加快邮件经转、增加投递有效时间"工作重点，通过对作业流程优化和管控，网运处理前置提效。2023年，出口邮件量达1539万件，进口邮件投递量达1038万件。

（方芳）

邮政快递业

【概况】 2023年，全市寄递渠道平稳畅通，安全事故零发生；机要通信安全。全市有邮政快递法人企业（含在嘉分公司）7家、分支机构53家、末端网点111家。邮政快递行业业务总量24901.5万件，同比增长46.1%，业务总收入149966.6万元，同比增长28.5%。其中，邮政寄递服务总量3564.7万件，同比增长24.7%，业务收入4796.4万元，同比增长11.2%；快递业务总量21337万件，同比增长50.4%，业务收入149487.0万元，同比增长33.1%。

【安全监管】 探索建立"自治＋他治＋共治"长效监管模式，加强培训教育、隐患排查、闭环整改。开展"三项制度"落实等专项治理，检查企业、网点555家次，办理各类违法案件19起。开展联合检查，加强"线上＋线下"检查指导。化解矛盾纠纷，保障两会、杭州亚运会等重大活动期间寄递渠道安全畅通。监督邮票发行12套次，验收信报箱20批次。机要通信安全。创建"扫黄打非"示范站点、示范标兵各1个。

【规范提升】 加大《浙江省快递业促进条例》宣传贯彻力度，完成快递专用电动三轮车提升。畅通市场准入和退出机制，新增法人企业1家、分支机构18家、末端网点86家。打击未经许可经营快递业务等行为，关停法人企业1家、分支机构15家、末端网点49家。建立企业申诉投诉动态集中办公和每月通报机制，妥善处理信访投诉1643件。落实国家邮政局"9218"工程，推动成立快递包装绿色发展联盟，推进省绿色认证先行示范区建设。

11月21日，平湖市快递行业协会成立　（市邮政管理局　供稿）

【要素保障】 统筹布局快递服务设施，开展平湖市快递行业发展规划前期工作，现代物流相关规划建设指引内容被列入市国土空间总体规划。推动5个新建小区智能信包箱规划建设，企业新增智能快递柜20组。完成72个行政村村邮站补助兑付。支持快递业相关政策被列入市服务业、农业政策意见。推进客货邮融合发展，推动建设快递综合服务中心，"驿路共富"农产品同城快递应用上线。

【行业建设】 发挥行业党委、工青妇组织作用，打响"平湖'邮'我"行业党建品牌。成立行业协会，推动行业自律。推选省快递行业先进党务工作者、省"最美快递员"、"嘉兴良匠"等多项先进。组织开展系列关爱活动20余场，举办第三届快递员职业技能竞赛和首期职业技能培训班。完成2个企业支部党建阵地建设。与浙江邮电院等院校达成战略合作。开展平湖、青田党建联建，助力山海共富。快递行业工会获评嘉兴市2023年度三星级新业态工会。以"'四联'共建模式助推快递行业党建业务双提升"经验做法获评2023年度"浙江省快递行业党建工作优秀案例"。

（范佳艳）

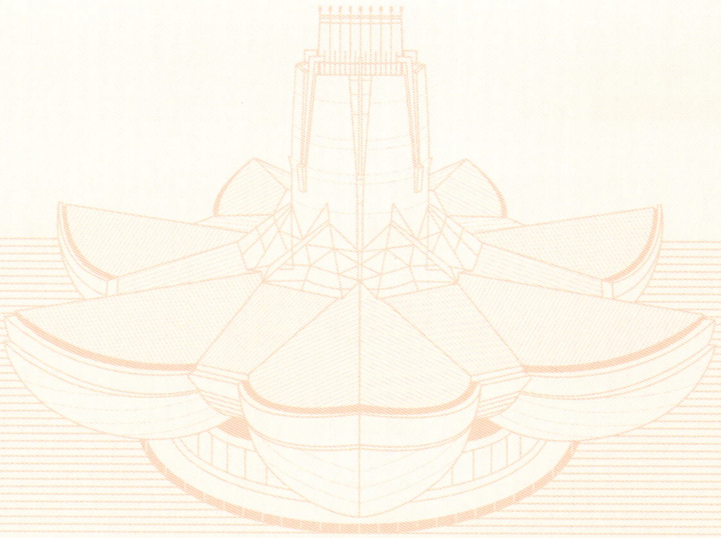

通　信

中国电信股份有限公司平湖分公司

【概况】 2023年，中国电信平湖分公司主营收入累计完成2.52亿元，年度完成率列本地网第三，同比增长率列本地网第二。坚持政企改革促发展，形成政企专业化体系。强化专业化服务能力，成立工业、数字社会、数字政府3个行业BU；由东湖、南市、经开3个支局裂变成立政企支局和纯公众支局。

【社会责任】 持续开展反诈与骚扰电话整治、实名制管理等工作。加强渠道防诈规范标准化，严把入网关、安装关，做到“一问二看三确定”，实现移动号卡、固话入网实名制100%核验。设立反诈接口人，对内负责涉诈案件的及时跟踪反馈处理。与市公安局做好协调配合，发现特殊人群及时内部警示，并做好骚扰与涉诈号码违章关停，累计涉诈关停18户；对接政府、社区，将反诈宣传常态化融入营销活动。全年，组织参与各类反诈宣传活动21场。开展电信劳模走进建国北路营业厅爱心翼站“幸福课堂”活动。

【诚信经营】 加强服务考核通报。公司内部共发布七期《诚信视角看问题通报》。坚持长效监督跟踪机制，推进融合高套业务健康发展。练好内功，做好对用户服务工作。受理“10000”用户投诉咨询单1023件，其中有理由有责任投诉73件，越级有理由3件。受理市长热线投诉138件，百姓事马上办1件，“96315”消费者协会投诉2件，处理“首问负责制”登记问题处理67件，处理其他流程不畅及疑难杂症31件，所有的投诉或咨询，均做到件件有答复，件件有落实，不留一件积压，做好满意度服务测评，考核到厅到人。

【精品网络建设】 建设千兆光网络。做好XGPON网络建设和割接工作，全网XGPON在用端口数达6256个，发起应急割接XGPON口790多个。优化无线网络建设。做好5G基站建设，新增65个，共开通570个站点，覆盖平湖城区和各乡镇区域；新增5G室分站点18个，总数达83个，场景应用包含智能工厂、远程医院、科技公司、市政部门等；共建共享联通信号，推进开发商投资新建分布系统，快速实现深度覆盖提升。优化线路建设。完成管线工程建设、农村杆线整治及废旧电杆的拔除工作年度任务。强化装维质量。提高宽带装移机当日装履约率、装移机平均时长、当日修履约率、修障平均时长、首次响应及时率，装维服务满意度99.98%。推进机房整治。50局机房整治基本完成土建改造、设备割接搬迁与安装调试工作；自施工整治完成前进、宏建等两个机房整治工作；完成设备退网改造。

（张琴）

中国移动通信集团浙江有限公司平湖分公司

【概况】 2023年，中国移动平湖分公司下设综合、市场、政企、网络4个部门及当湖、乍浦、经开、新埭、独山港和新仓6个网格。营业厅12家，在职员工116人。全年，实现运营收入5.92亿元。

【数字基础设施】 快速推进5G网络深度覆盖，全年累计完成5G站点373个，其中2.6G基站开通139个，700M开通99个，室分开通209个，同时完成4G宏站89个，4G室分40个，实现全市4/5G网络再次提升。经济开发区和独山化工园区等特殊场景开展5G专网建设，提升网络硬实力。重视应急保障活动的网络需求，共完成嘉兴市运会、西瓜灯节、樱花节、南河头开街等12项保障活动，确保网络运营安全稳定。升级高速全光网络，推动全千兆智慧城市建设。2023年，新增342个千兆小区，新增和替换升级203台万兆设备。在千兆光网全域覆盖的基础上，着力推进小区楼栋、小微楼宇、沿街商铺覆盖到户，加快城镇小区千兆升级。驻地网投资385万元，累计覆盖39.9万户，全市家庭宽带用户超151万户，千兆宽带用户超40万户，政府及企事业单位上网专线超7.9万条。全年，完成24个行政村、454自然村落杆线整治工作，涉及农户18379户，整治面积123.6平方公里；共完成杰富力宿舍、新海制衣宿舍、聚福佳苑小区等8个区域性整治，衫青港村等19个光交整体修缮，5898个光分纤盒整治（589个光分纤盒更换）。

【“数智力量”助力经济】 工业互联平台方面，迭代智能网联汽车安全大数据云平台项目。围绕汽车等新型产业构建覆盖全行业的工业互联平台，统一数据标准，消除数据孤岛，加快数据变现。在绿色低碳能源领域，利用医院、学校、企业屋顶等空间场地建设5G+光伏发电项目，赋能平湖绿色低碳发展。累计发电量637.7万千瓦时，等效节能减排二氧化碳6400吨。在公共服务领域，承建友邻中心、经开幼儿园、乡镇未来社区等重点场所弱电智能化项目。在项目的落地上，积极与本地数字经济生态圈合作，实现本地转化。以数字化手段打造数智应用，助力智慧型城市建设。企业两化改造方面，为全市147家企业提供数字化诊断并输出诊断报告，签约两化合作项目10个。其中，借助物联网技术，助力浙江嘉盛汽车、平湖德马吉等企业网络改造升级；基于基础底座，推动天阳印刷等企业打造智能办公解决方案；聚焦新能源应用场景，助推奥泰独山物流中心、半岛智能装备建立智能充电桩系统建设，助力企业转型升级。基层治理提升方面，参与建设智慧经开治理平台、新仓1955平台等。在人居环境改善方面，重点打造徐家埭、大齐塘等未来乡村平台，推动虹桥景苑、钟埭等未来社区建设，推进妇保医院智慧停车、曹桥“碳为观智，桨领风华”美丽乡村精品线等信息化项目建成使用。网络服务方面，重点针对跨国集团、外贸企业和跨境电商推广网络出海及网络加速业务，累计服务跨国线路10余家。增值服务方面，通过“专线+E企组网”解决客户内网多类场景的组网需求，同时提供“5G+双域专网”等新型产品。提速降费方面，针对近1000条企业专线和2000多条企业宽带，主动落实优惠政策，通过挂号信等方式详细告知客户优惠内容，降低企业运营成本，优化营商环境。信息安全领域建设方面，紧扣时事热点，积极打造政务云安全、等保测评、密评工作和安全产品等特色方案，强化系统集成、数据融合和网络安全保障，推动信息安全做实做深。

【数字信息服务】 通过精简电视界面、新装适配简化版语音遥控器等电视适老化改造，解决老年人看电视难的问题，全年服务8000余名老年人客户；同步推出血压宝、健步手环等多种健康养老智能产品，全年服务老年客户1万余人。升级数字公交“老年卡、敬老卡”，便利老年人出行，全年，银龄用户换卡6000余人；推出“随小宝”、超级SIM“守护宝”，为特需用户提供“防走失、防健忘”等进行安全守护，累计服务500余户。同时为银龄用户定制大字版手厅/账单等长辈版服务，更方便老年客户查询账单、办理业务。持续开展银龄科普专项行动，为老年人提供智能机使用指导、手机摄影专题培训、反诈知识学习，累计开展健康知识科普等现场活动30余场，服务1000余人次；在12家营业厅设置定点教学点，开展银龄义诊服务500余场，覆盖用户超6000人次。打造银龄专项服务。优化营业厅业务办理环境，完成12家营业厅无障碍通道改造，提供爱心座椅、老年人专席等设施；开展“银色守护”专项服务，推出“长者优先办业务、轻松接人工、安心用流量、享上门服务”等六项老年客户专属服务。全程做好老年用户的咨询、引导、解释工作。全年，受理群众问题335件，政务服务热线接通率99.8%，接听满意度99.8%。建设“移动之家”服务站点，加大户外劳动者的关心关爱力度，建成12家“移动之家”为户外工作者提供热水、空调、休息椅、手机充电等，日均服务30人次。落实提速降费，提供丰富产品权益和透明化信息服务，累计服务千兆宽带用户5.2万户，宽带用户户均速率418兆，增幅超20%。助力政务信息宣传，通过大数据精准政务短信，配合政府开展反诈提醒、平安建设调研、防汛抗台提醒等，累计发送信息近30万条。织密反诈防诈“防护网”。成立“断卡”工作专班，快速落实上级单位打击治理电信网络诈骗犯罪工作要求，积极开展反诈宣传工作，与市反诈办共同开展7场反诈直播，观看人数均超万人；依托国家反诈大数据平台，整合公安、银行等数据，创新“红黄绿”反诈码便捷风险预判工具，累计查询7万余次，红码拒卡1000余张，加快问题号卡“动态清零”；依托公安“96110”反诈劝阻平台实现大数据分析预警，阻断疑似诈骗行为，劝阻易骗用户30余人；对异常使用号码管理停机3万余次。

（王健）

中国联合网络通信有限公司平湖市分公司

【概况】中国联合网络通信有限公司平湖市分公司（平湖联通）下设5个部门，4个网格，有各类员工80人，在全市开设营业厅10家。2023年，公司加快数字化转型，聚焦主责主业，理思路、谋发展、解难题、促提升，各项工作稳步向好发展。年内，完成主营业务收入9987.4万元。

【重点工作推进】宽融业务发展，通过一系列线上线下的宣传活动，提高联通宽融业务在市场上的占有率。截至12月，累计发展双新、跨域、单宽合计6794户，同比提升48.6%。加强千兆宽带及智家三项业务的发展，明确工作目标，实现可持续发展需要。全年，智家三项业务发展6269户，千兆宽带业务全年发展2004户。结合本地实际情况，平湖地区共划分13个重点价值区域，其中当湖6个、开发区2个、新埭2个，港区3个。先后完成六店价值区域新华路营业厅改造工作，吾悦价值区域吾悦广场综合体外围新建营业厅签约工作。

【创新业务营销】当湖网格通过先企业拜访，后摆摊设点的方式开展入企营销，锁定200人以上且内部无网络的厂企，截至12月，发展用户78户；通过对政府、银行、医院、国家电网等部门单位深度挖掘，发展公务员卡95户。开发区网格和港区网格积极组织社区营销，以赛带训，参与市公司、县分公司组织的多次训战，均获较好成绩。新埭网格利用公司创新业务产品特点，发展附近推4户，视频彩铃61户。

【校园市场开拓】创新组建校园BU团队，对平湖市校园市场作整体的工作安排，借力教育主管条线客情开展对平湖近60所学校、培训机构走访，深入了解学校、教师队伍对通信需求情况。先后与新华爱心高级中学签订百县教育业务协议，与当湖中学、平湖中学、崇文中学等多所学校及俊杰等培训机构进行融合业务合作。在通信基础业务合作的基础上，探讨出更多的合作商机，如代理英博门锁业务等。同时在交通学校、技师学院、嘉兴学院组建学生业余团队，创新业务推介方式，为下一步通信业务宣传、拓展打下基础。

【宽移融合业务】 强化以价值为导向的产品核心竞争力的落地运用，导向新融合组合包装销售，锐化细分市场专业化增存协同组织，促进高价值新融合规模化发展。持续公务员融合套餐、融智产品扩面扩影响，在当地的政府机关部门、各乡镇、国企、学校、医院进行嵌入式宣传；对重点楼园、厂园及企业组织力量进行常态化营销，以网络检测服务等方式进行拜访，借助数字化营销工具分析市场客户的业务需求，以企业级“FTTR—O”为切入点，主推宽移融合业务。结合消防设备安装契机对沿街店铺开展宽移融合营销，签约平安商户项目业务。

【通信网络优化】 在移动通信网络方面进行扩面和补缺，年内新开4G宏基站20个，新建小区室分20个，开通5G基站和站点30个。在有线通信方面，年内新增端口数量12092个，新增覆盖用户51155户。处理隐患线路割接37次，涉及2100多户宽带用户进行割接迁移，网络质量提升明显。

（胡耀明）

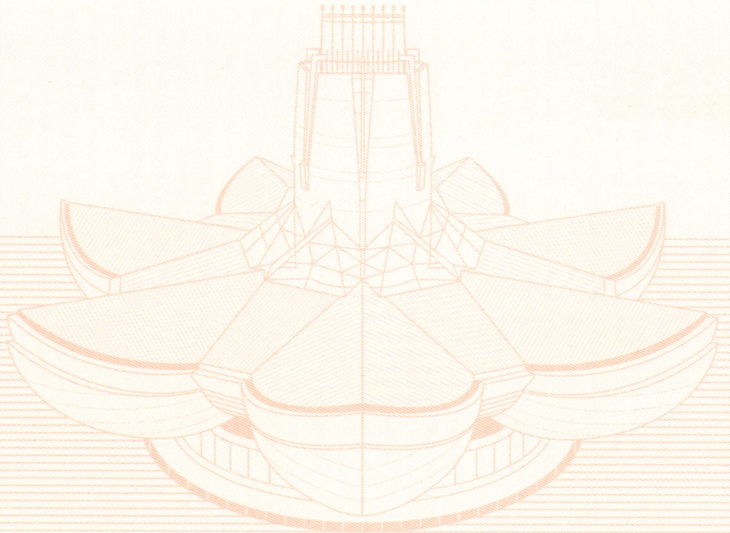

国内贸易

综　述

【基本情况】2023年，全市（不含港区）实现服务业增加值334.79亿元，同比增长5.5%，五县两区第6。分行业看，信息传输、软件和信息技术服务业增加值增长17.0%，拉动服务业增加值增长0.6个百分点；金融业增加值增长12.1%，拉动服务业增加值增长2.3个百分点；交通运输、仓储和邮政业增加值增长11.3%，拉动服务业增加值增长0.4个百分点；住宿和餐饮业增加值增长9.9%，拉动服务业增加值增长0.3个百分点；营利性服务业、批发和零售业、非营利性服务业增加值分别增长9.1%、5.9%、0.2%。规上服务业增势良好，2023年实现营业收入234.93亿元，增长27.8%。全市实现服务业税收收入47.64亿元，同比上升9.1%，占全市税收收入的33.6%。从总量看，税收收入超过5亿元的行业有房地产业（11.47亿元，同比下降19.5%）、金融业（7.07亿元，同比下降4.6%）、批零业（5.45亿元，同比增长21.3%）。全市（不含港区）社会消费品零售总额259.25亿元，增长12.3%，居五县两区第二名，其中批发零售业零售额51.0亿元，增长31.9%；住宿餐饮业零售额7.17亿元，增长10.5%。当湖街道、独山港镇、钟埭街道（开发区）分列2023年度嘉兴市镇（街道）服务业高质量发展竞赛第1位、第21位、第31位。

【政策规划】承接落实浙江省服务业高质量发展“百千万”工程实施方案及嘉兴市服务业高质量发展扩容提质工程推进方案。8月，出台《平湖市进一步加快现代服务业高质量发展的若干政策意见》。

【招商引资】出台《2023年招大育强专项行动实施方案》，开展常态化招商工作，合计签约名创优品华东总部、现代服务业产业园等项目63个，总投资104.47亿元。出台《2023年平湖市产业链招商工作方案》，结合全市现代服务业发展潜力所在，确定互联网服务和软件信息2条服务业重点产业链，开展产业链招商，共签约银盾云、神汽汽车等28个产业链项目，总投资突破69亿元。11月3日，在上海召开嘉兴市现代服务业系列招商活动暨平湖·长三角现代服务业推介会，围绕软件信息和互联网服务两条产业链开展招商，签约项目20个，总投资50亿元。

【项目推进】2023年，全市（不含港区）服务业全年完成投资237.8亿元，同比增长4.7%，占固定资产投资的比重为64.6%。其中，完成项目投资144.2亿元，同比增长35.7%，完成房地产投资93.6亿元，同比下降22.6%。HOPE（衡谱）科技大厦、平湖张江长三角科创园项目等26个嘉兴百项千亿服务业项目完成投资50亿元。全年，润泽国际信息港、南河头二期等5个省服务业重大项目投资完成率均超150%。

【楼宇经济】 2023年，全市（不含港区）22幢纳统楼宇总商务面积54.32万平方米，入驻率75.2%，入驻企业注册率95.3%，实现税收21.14亿元，单位面积产出5178元/平方米。温州商会大厦A座被评为嘉兴市三星级楼宇。

【企业培育】 全年，全市（不含港区）新增规（限）上服务业企业94家。全市436家规（限）上服务业企业实现营收614.74亿元、增长9.4%。当湖街道、独山港镇、钟埭街道（开发区）规（限）上营收总量位列前三，分别是303.13亿元、136.56亿元、96.83亿元，广陈镇、当湖街道、独山港镇规（限）上营收增速位列前三，分别是64.2%、21.9%、12.2%。平湖市入选2023年度省级夜间经济样板城市，南河头历史文化街区入选省级特色商业街（区）。

电子商务

【概况】 2023年，全市累计实现网络零售额265.9亿元，同比增长8.2%，居五县两区第四位。创建电商专业村23个，省级示范村5个，累计建设完成20家电商直播式共富工坊，2023世界直播电商大会徐家埭金雁精品“共富工坊”获短视频大赛铜奖，电子商务公共服务中心直播“共富工坊”、红羽电商直播“共富工坊”入围典型案例名单，“之江创客”2023全球电子商务创业创新大赛银座箱包项目获总决赛第一名，平湖国际电商产业园获评省级电子商务示范基地。在重点监测第三方电子商务平台上共有各类活跃网络零售网店3000余家，活跃网络零售网店总数在嘉兴市排名第5，在全省排名第43。电子商务就业创业氛围良好，电商从业人数37119人。

（唐可欣）

供销合作

【概况】 至年末，市供销社系统共有基层供销社12家、社属企业18家。全系统固定资产原值2.19亿元，净值1.12亿元，实现综合效益2558.64万元，上缴税费516.47万元。2023年，市供销社（农合联）获评中华全国供销合作总社信息报送工作先进单位、浙江省供销社综合业绩考评优秀单位、山海协作与结对帮扶优秀单位、县域流通服务网络建设优秀单位、信息宣传工作先进单位、嘉兴市供销社综合业绩考评优秀单位、县域流通服务网络建设优秀单位、山海协作与结对帮扶优秀单位、平湖市营商环境优化提升“一号改革工程”先进集体、党建强基工程先进集体和乡村振兴先进集体等。平湖市入选中华全国供销合作总社“绿色农资”升级行动试点县（市、区）（全省唯一）及全省首批农业社会化服务先行引领县（嘉兴市唯一）名单。

【“三位一体”为农服务】 市级“三位一体”为农服务中心12月正式投入使用，面积3100平方米。新仓镇农事服务中心被认定为省级农事服务中心。争取中

7月18日，全国供销合作社农资网络体系建设暨“绿色农资”升级行动试点推进会在平湖召开 （市供销社 供稿）

央资金52万元，制订粮油类单产提升行动方案，提高稻米产业社会化服务能力。9月22—24日，举办金平湖区域产销一体化农特展，交易额220万元。全年，农批市场实现销售额25.25亿元，同比增长22.6%；农展公司实现销售额2.04亿元，同比增长5%。全年，“政银担”平湖办事处累计新增“政银担”业务195笔，总额达1.45亿元。全市5家农村资金互助会发放62笔担保，提供担保贷款总额9355.5万元。与人保财险签订“平湖西瓜”地理标志被侵权损失保险100万元风险保障。首创设立“金平湖”西瓜品质特色保险，25户投保46.67公顷。5月，与中国人民大学合作成立中国人民大学中国合作社研究院新仓经验与合作经济研究中心。12月14日，全省深化农村“三位一体”改革实施县工作推进会在平湖市召开，市供销社（农合联）作交流发言。

【“绿色农资”】 全年，全市71家农资经营网点基本农药零差价销售1133.73万元，节省农业投入约230万元；回收农药废弃包装物73.42吨，废旧农膜回收330.64吨。化肥销售19196.98吨，实现销售额5430万元；农药销售额1552万元；水稻供种1315吨，实现销售额975万元；大小麦供种1200吨，实现销售额488万元。全年，共储备化肥1840吨，农药7.1吨，水稻种子15万公斤，油菜种子300公斤，在农资市场保供稳价方面发挥作用。7月18日，全国绿色农资试点工作推进会在平湖召开，市委书记仲旭东在会上作交流发言，省委书记易炼红对全省贯彻落实会议精神，平湖加快推进全国试点工作作出重要批示。

【基层供销社】 东茂公司完成集团化建设，投资组建新埭供销有限公司，创新“强村公司+龙头企业+职业农民”运作模式，流转全镇土地2133.33公顷，涉及9个村130多位种粮大户。新仓供销社开展低收入家庭帮扶+全产业链社会化服务项目，托管征而未用土地达100公顷，投资成立控股公司平湖仓蔬农业有限公司，运营共富蔬菜岛项目，占地10.25公顷，总投资1200万元。

【产业农合联】 年内，新建葡萄产业农合联，累计成立产业农合联6家，吸收会员168个。水产产业被认定为嘉兴市级四星级产业农合联，稻米产业农合联被认定为省级五星级产业农合联。联合市财政局等五部门制定印发“嘉兴大米”品牌建设工作通知，全年完成333.33公顷任务订单。稻米产业农合联开展“品牌+商业保险+订单”种植模式，“金平湖”品牌大米订单种植面积1006.67公顷。

【数字化建设】 推进“智慧农资”“云上农机”“金平湖鲜到家”等子场景运营提升。以稻米、芦笋、西瓜等六大产业农合联为试点，开展成员单位基地数字化改造，打造普适性+个性化数字服务应用。

【对口协作】 山海公司与浙南山区110多个农产品基地、供应商合作，为当地151家单位提供食材配送服务，年销售额8111.42万元。农展公司助力松阳构筑农产品产供销全链条入选全省山区海岛县高质量发展典型案例。试点推进平湖—缙云“一品一策”芥菜全产业链项目，首期种植面积20公顷。“平茂共富果”在平累计销售700多万元，“茂农服”平台助力四川省茂县农业增产增收案例入选第四届“全球减贫案例征集活动”最佳案例。平湖西瓜在新疆沙雅成功试种13.33公顷。

【共富项目】 4月27日，“抱团富”党建联建签约暨兴村为农服务中心启用仪式举行。兴村公司围绕产业振兴、乡村建设、联合发展三大板块建立共富“项目库”，谋划推进平湖市粮食综合应急保障物流中心、现代粮食全产业链集成创新、农合大厦项目等6个项目，总投资超4亿元。新仓粮食全产业链二期项目新增0.47公顷设施农业用地，启动40公顷数字化农田建设，服务面积拓展至800公顷。长三角农博汇项目11月初正式开工建设。

【品牌建设】 年内，新增“金平湖”农产品区域公用品牌集体商标授权使用主体8家，累计授权49家，成功发布“金平湖”

9月22—24日，“供销一体化 合作奔共富”第二届区域产销一体化农特展在平湖市南河头举办 （市供销社 供稿）

大米省级团体标准。打造“金平湖—青田青”品牌矿泉水，累计销售额超30万元。金平湖电商公共服务中心打造供销共富夜市，组织团购活动335次，走访农业主体43家，开展直播24次，实现销售额125万元。11月9日，金平湖西瓜、西瓜灯技艺非遗项目首次在上海进博会亮相。

（孙香）

粮油购销

【概况】 2023年，市委、市政府贯彻耕地保护和粮食安全党政同责要求，传达学习《习近平关于国家粮食安全论述摘编》精神，投入300万元揭榜挂帅省“未来粮仓”勤廉创业场景应用示范试点建设；规范完成2022年度《平湖市促进粮食产业发展扶持政策（试行）》奖补工作，兑现奖补资金69万余元。

【粮油购销】 2023年，国有收储企业经营粮油8.8万余吨。其中，粮油购入4.3万吨，出库4.5万吨；全社会粮食产业实现产值32.01亿元，同比增长5.99%；实现地产粮食依质论价收购，向农户兑现等级加价169.7万余元，同比增加0.89%；规范发放订单粮食预购定金11户114万余元。

【五优联动】 推进扩面提质，新增优质稻品种浙禾香2号1178吨，落实五优联动订单大户76户、订单数量18478吨；实行优质加价政策，助农增收162万元。

【粮食监管】 抓牢风险关口前移，完成扦样小麦106份、晚稻31份，持续开展水分仪、容重器统一强制检测工作，送检30台，保障入库储备粮食安全；抓牢执法监督，坚持问题导向，对国有粮食企业、社会粮食企业、辖区内央储企业、镇街道共实施各类指导监督和执法检查21次，共发现问题26个，推动落实问题整改26个，规范粮食收购市场行为。

【粮食宣传】 开展世界粮食日和粮食安全宣传周活动，聚焦主题，线上线下相结合，营造“助力国家粮食安全”的观念和意识；协同推进“嘉兴大米”“上海大米”品牌建设，促进全市稻米产业发展、推进“米香振兴”，培育优质稻米品牌。

【仓储建设】 立项推进平湖市中心粮食储备库扩容改造项目建设，总投资额为1680万元，新建高大平房仓1幢，增扩仓容6000吨，改建成品仓1500吨，新建机械库、器材库共1180余平方米，新建集售粮扦样、检斤、检化验、为农服务于一体的一站式售粮服务中心290余平方米。开展绿色仓储提升行动，将2个库点26个仓房内窗改为一体型密闭保温内窗，对中心库20个仓房天沟、屋顶进行检修并做防水维护，将乍浦库13个老旧仓房的挡粮板进行更换。

【物资储备】 委托市农产品展销配送有限公司落实市级储备冻猪肉270吨，规范轮换1批次共216吨；落实救灾物资储备52类68087万件。

（唐建军）

烟草专卖

【概况】 2023年，共查获涉烟案件353起，同比增长23.86%；查获违法卷烟5.68万条，同比增长10.81%；总案值813.2万元，同比增长5.13%；查获

"双五"案件91起，同比增长46.77%。一名党员获平湖市"最美退役军人"；某电子烟雾化器店销售非国标果味电子烟案被评为2023年度平湖市十大行政执法典型案例；开展各类女职工活动，获评2023年度平湖市女职工建功立业先进集体。

【终端建设】 按照"严进快出+复核评查"模式常态化开展现代终端整改提质工作，全年共完成终端层级调整129户次，实现终端"升降进退"动态管理。推进"香溢通"2.0系统运用工作，2023年"香溢通"安装1132户。着力推进"香溢红色驿站"建设，以"一店一特色"打造特色农网终端、特色咖啡雪茄终端。

【市场监管】 "2·24"销售走私烟网络案件和"10·12"销假网络案件被省烟草专卖局认定为三级国标网络案件。紧盯专车运假，查获专车运假案件9起，查获假冒卷烟9300余条，总案值210.16万元。动态监测违法违规大户经营行为，实施重点检查1725户次，查获大户案件146起，查处率135.19%，行政取缔13户。2023年，全市许可证持证户3858家，基本保持稳定。

【基础管理】 对部门工作流程、岗位职责、制度执行等环节进行深入诊断，梳理重要环节的管理问题。推进创新驱动，通过搭建综合智慧治理数据看板，对数创课题开展全过程及数创人才的自我成长进行积分管理。优化数字团队、创客工作室、工作专班运行机制，低代码产品《审前宝—可视化行政许可前置服务数字地图》在浙江省烟草专卖局组织的低代码创新开发竞赛中获团体二等奖。依托央媒主阵地与融媒体手段讲好平烟故事，2023年共在央媒发表文章近百篇。

（张沈秋）

经济技术协作

【概况】 2023年，平湖市以打造产业协作、数字化转型、消费帮扶、文化交流和援派铁军"五张金名片"为路径，全方位、多领域、精准化加强与对口地区交流合作。平湖—青田获评全省山海协作工程"产业项目"优秀，平湖市以"茂农服"平台助力四川省茂县农业增产增收案例入选第四届全球减贫案例。

【山海协作】 以"飞地经济"助力产业共建。深入推进平湖—青田山海协作"产业飞地"项目建设，浙大之光平湖数字经济产业园18幢厂房已结顶，2023年完成投资1.29亿元。8月，航天八院平湖产业基地完成土地出让，土地出让金2.27亿元。平湖—青田山海协作"消薄飞地"园入驻产业项目4个，园区实现满入驻，入园项目总投资约5.87亿元。平湖银座箱包在文成投资兴业，实现年度到位资金1.5亿元。以"数字经济"助力乡村共兴。在青田县高市乡东源口村建设草莓数字工厂，该项目以平湖市援建资金+青田县农业农村局补助资金+村级资金筹集109万元，建造占地约0.13公顷高标准温室大棚，村集体每年可获5万元租金+10%的分红利益。加快推进东源口村草莓数字工厂二期项目建设，占地0.2公顷，总投资150万元，每年为村集体经济增收7.5万元和项目10%的收益分红，可吸纳周边农民就地就业30人以上。3月28日，《浙江日

8月24日，市总工会认领青田县困难职工2023年"山海协作·虚拟岗位"捐赠仪式举行

（市发改局　供稿）

报》刊登《平湖青田山海协作结出“甜蜜果”村里的草莓数字工厂丰收了》；4月20日，浙江新闻联播报道《持续缩小“三大差距”让共富成果可及可感（平湖援建青田草莓数字工厂）》。以“地瓜经济”助力山海共富。市兴村为农公司出资343万元，与缙云县东渡镇共建“一品一策”芥菜全产业链示范项目。项目首期20公顷种植基地可带动缙云县农民每年增收154.5万元，二期将扩大至133.33公顷。2023中国·平湖西瓜灯文化节期间，举办“供销一体化、合作奔共富”第二届区域产销一体化农特展会，邀请青田、松阳、缙云等地参展。1—10月，实现山海协作消费帮扶550万元。深化全省首创平湖松阳农产品产供销一体化模式，“平湖市农展公司助力松阳构筑农产品产供销全链条”入选浙商助力山区海岛县高质量发展和乡村振兴典型案例。以“品牌经济”助力项目共育。以“金平湖”品牌为纽带，推进“金平湖”+“青田青”区域品牌聚合增效联动发展，强化品牌延伸产品供应链，提高产品附加值。与青田共建品牌共富项目——“金平湖—青田青”品牌天然矿泉水。6月，该品牌矿泉水在嘉兴市第十四届运动会开幕式上首发亮相，至12月底，完成销售额30万余元。引导海创企业家在青田、龙游、缙云等山区26个县投资农文旅项目，在缙云县开发溶江乡新西坎村农文旅综合体项目，在永嘉县打造山海协作“尝鲜”品牌。以“共建联盟”助力组团帮扶。10月25日，公济山海联盟签约仪式暨大型诊疗活动在青田县人民医院举行。上海市第一人民医院、平湖市卫健局、平湖市第一人民医院三方共同签署《公济山海联盟合作框架协议》。7月12—14日，平湖市东湖中学到青田县海口镇初级中学，开展为期三天的跨地区教育共同体研学交流活动。实地参观青田稻鱼共生系统博物馆、石雕博物馆等。10月，平湖—青田山海协作电子商务师实训基地揭牌仪式在青田县电商中心举行。平湖市认定青田县“山海协作·虚拟岗位”100户，帮扶资金60万元。

【对口支援】 注重高位推动，交融交流更加广泛。7月16—17日，市长周军波带队到四川茂县考察交流，实地考察平湖对口支援特色工作——“茂农服”数字为农服务平台的运作情况；并向茂县捐赠计划外财政帮扶资金200万元。启动“东湖边·岷江畔”平茂文化交流系列活动，平湖市组织部门组织团队到茂县相继举行平湖·茂县视觉艺术书画展、公益讲座、文化走亲演出活动等，吸引茂县干部群众2000余人参加。市工商联、统战部及旅游行业协会到茂县考察，相继签订《浙江平湖·四川茂县文化旅游合作协议》《平湖·茂县农副产品推广合作框架协议》等。茂县人大、政协等部门到平湖考察交流，两地交融交流广泛。注重系统联动，特色产业做大做强。平湖、茂县建立线下特色农产品供销体系，在“金平湖鲜到家”门店设立茂县农特产品专柜；在茂县建立平茂连心馆，将平湖的羽绒服、箱包、保温杯等工业产品低价销往茂县。6月16—18日，2023金平湖农产品展示展销会邀请茂县供销社、社有企业等参展，其间，实现销售额约2万元，签订意向合作订单金额10万余元。9月22—24日，“供销一体化、合作奔共富”第二届区域产销一体化农特展茂县、简阳等展商参展，现场实现交易额29.21万元。牵线茂县供销社、人社局等相关部门与浙江米赢文化发展有限公司合作直播带货，与平湖华城茂麓制衣有限公司和迪邦保洁、乐邦人力等人力资源市场对接特色服务和劳务协作等。注重互惠共赢，劳务协作多元发展。2月8日，市人社局、总工会组织33家企业到茂县举办2023年浙江省对口支援茂县劳务协作专场招聘会，组织85名务工人员到浙江务工，其中脱贫人口7人。进一步加强对茂县籍在平务工人员关心关爱，市总工会牵头，组织走访慰问茂县籍务工人员，赠送慰问品，并参观平湖新农村建设。围绕产业发展和实用技术，采取集中培训和培训下乡相结合的方式，开展农村劳动力培训，已培训7期297人次。注重组团帮扶，民生事业不断提升。市总工会向茂县困难职工家庭定向设置第三批虚拟岗位100个，为每户家庭提供每月500元的帮扶资金。市慈善总会等部门向茂县捐赠帮扶资金近 515 万元、物资价值 300 余万元。市科技局向茂县科农局捐赠项目资金 25 万元，用于水果番茄等新品种培育。四川浙江商会、平湖市归国华侨联合会分别到凤仪小学捐赠书写本 5000 册，慰问优秀学子。注重共培共育，援派铁军协同发力。建立平湖—茂县“1412”干部共培共育助力东西部高质量共同发展跨区域合作联席会议制度，启动“平茂大讲堂”等干部培育平台。7 月 17—21 日，平湖茂县共同举办擦亮“金平湖”三农品牌推进农业农村现代化专题研讨班暨干部优苗共培助力高质量发展跨区域联合培训班。7 月 21—23 日，茂县 75 名优秀青少年到平开展交往交流交融活动。

【对口合作】 7 月，市委常委、常务副市长戴振带队到新疆沙雅县考察交流，两地签订“数字化战略合作协议”。在沙雅授权“金平湖区域公用品牌授权生产基地”，成功试种平湖马铃 1 号、天露佳黄和天露 2 号三个品种的西瓜。向新疆沙雅县、吉林省通榆县和重庆涪陵区石沱镇捐赠计划外援建资金共计 170 万元。

（陶嘉颖）

【接轨上海、长三角一体化发展】 2023 年，平湖市锚定“虹桥金南翼浙江第一站”和“长三角城市群重要中心城市的关键节点”两大建设目标，持续放大上海辐射效应，勇开一体化发展新局。强化规划政策引领。为融入上海大都市圈，共建虹桥国际开放枢纽南向拓展带，更好服务和推动落实长三角一体化发展国家战略，印发《2023 年首位攻坚专项行动方案》。排定一体化标志项目 20 个，年度体制机制破难事项 6 项。全年，全市 20 个标志性项目完成投资 98.7 亿元。聚焦上海大都市圈建设、虹桥国际开放枢纽建设、上海“五个中心”建设等重大战略方向，立足打造长三角城市群重要中心城市璀璨明珠的目标，形成《平湖以功能区为牵引深度融入上海大都市圈》《“大零号湾”和“平湖·壹号湾”深化合作路径研究》《平湖市推进长三角 G60 科创走廊“产城融合发展示范区”建设方案》等一批课题研究成果。加强平台合作共建。张江长三角科技城平湖园深化与枫泾园合作，延伸“乐高乐园”主题乐园生态链，引进名创优品华东总部、山海几千重等现代服务业项目。联合打造“新枫味 · 浙沪农产品展销中心”“新枫采 · 浙沪政协委员工作室”等工作品牌。润泽国际信息港项目一期 5.87 公顷竣工投运。全国首个浙沪联合执法队“张江长三角科技城平湖市—上海金山区联合行政执法队”入选 2023 年省“大综合一体化”行政执法改革第一批优秀案例。“田园五镇”乡村振兴先行区建设更进一步，成立全国首个跨省市强村共富公司，首批 2 个共富项目已完成投资，2.0 版合作协议在长三角城市经济协调会上签约。明月山塘景区联合廊下郊野公园开展浙沪首个跨区域国家 AAAA 级旅游景区申报，长三角农博汇项目开工建设。浙沪新材料产业园与上海石化合作的液体化工泊位 A3 码头获港口经营许可，累计接卸货量 6 万余吨。聚焦碳三及氢能产业链，新签约新材料项目 6 个，总投资达 10.2 亿元，总投资超亿美元的瑞士西卡新材料项目落户园区。推进产业协同发展。《人民日报》头版刊发《携手共进谱新篇——长三角地区聚力推进一体化发展》，点赞平湖一体化产业协作。全年，共引进长三角地区内资项目 63 个，外资项目 38 个，分别占全市内外资招引比重的 64.9%、76.0%。完成长三角地区实际利用外资 3.3 亿美元，占全市实到外资的 86.8%。围绕“四群八链”现代产业体系，立足长三角、紧扣高质量，突破招引一批产业链关键环节企业和上下游重点配套企业，成功引进信越化学、中蓝光电、图达通激光雷达等一批高质量内外资项目。先后在上海大零号湾举办高端数控机床、新材料、生物医药、光电通信 4 场产业链专场推介会，邀请上海及周边客商 180 多人次。举办驻沪使领馆、跨国公司平湖行活动 2 场，日本、英国驻沪领事馆领事、外国商会代表及工业软件世界 500 强企业 SAP 集团等 56 家跨国公司高管到平考察。提高 G60 科创走廊平湖节点的辨识度，在第六届进博会 G60 科创走廊高质量发展要素对接大会上被授予首批

“长三角G60科创走廊产城融合发展示范区”称号。加快联通交通基础设施建设。沪平城际铁路浙江段初步设计优化意见由国铁集团鉴定中心出具，初步设计变更获省发改委批复，施工图国铁集团工管中心一审完成。228国道平湖独山港至林埭段改扩建工程、独山B25/26码头、煤炭中转码头等项目开工建设；平湖至安吉公路新仓至曹桥段工程除六里塘大桥南半幅外，完成全线贯通通车。省际断头路S202平湖段全线通车，平湖至上海有效路程节省10公里。加强科技人才交流对接。平湖闵行两地签订“大零号湾”和“平湖·壹号湾”战略合作协议，明湖国际科创岛一期等系列项目实质性启动。全省首个赛迪科创中心、上海交大射频技术联合实验室、嘉兴南湖学院平湖研究院成功落户，汉希科特微系统研究院、毛军发院士工作站正式启用。制定出台《平湖市青年人才驿站（青鹊驿）筹建工作方案》《平湖市人才购房补助实施办法（试行）》《平湖市长三角地区高端人才高速公路畅行券补贴办法（试行）》。率先发布《人才服务工作体系建设规范》《首席人力资源官管理规范》《人才之家建设与运营规范》3个人才服务标准。组建平湖（上海）国际创新中心，平湖（上海）人才服务飞地获评全省首个“留·在浙里”上海工作站，已累计组织对接活动62场，吸引入驻知名投资机构25家，为平湖推荐对接人才项目144个。推动公共服务合作共享。新增长三角地区结对学校3个，结对名校名师20人、名师（校长）工作室2个，与华师大签约创办华师大附属平湖学校。新增长三角优质医疗资源合作项目6个，平均每月有110余名沪杭专家到平开展专家门诊、手术或会诊，成立全省首家一站式沪杭高级专家会诊服务中心。平湖市中医院和上海龙华医院共建合作新一轮签约，新增2个合作专科。打造“新枫行”新埭—金山等4条毗邻精品旅游线路，推动南北山塘等毗邻景区业态互补共享，举办长三角“龙舞九彩”精品舞龙展演赛等品牌节庆活动35场。举办2023浙沪乡村半程马拉松赛事，吸引来自全球4个国家、19个省份、69个城市的3049名跑者参赛。推进跨区域协同治理。平湖—上海金山两地积极联动，开展联合监测、联合执法、联合环境应急演练等交界区域环境共治行动，开展4批次联合检查，累计出动执法人员40人次，排查企业29家次，发现环境问题18个。通过部门之间定期召开联席会议及已建立起来的“金嘉平两山议事堂会议”制度共同协商跨省跨市环境问题解决途径，打破执法监管壁垒。有序推进河道、海洋、大气、土壤、固废等环境共治工作。金嘉平生态环境部门联合对白沙湾油库、独山港化工区、嘉兴港区、碳谷绿湾等化工园区开展地空一体联合走航监测。召开金嘉平地区石化化工挥发性有机物协同治理“三统一”工作现场推进会，会议审议通过并联合签发《金嘉平地区石化化工挥发性有机物协同治理“三统一”工作方案》《金嘉平地区石化化工挥发性有机物协同治理“三统一”工作2023年度任务清单》。创新体制机制。实现长三角“田园五镇”公司实体化运作。定期召开股东座谈会，商议共富联合体公司重大事项。作为强村共富公司首批签约的2个

12月1日，长三角区域交通运输联合执法协作示范点揭牌签约仪式举行
（市发改局　供稿）

共富项目之一，粮食全产业链帮农促富社会化服务项目获评省五星级现代化农事服务中心。合作推进共富大棚、新乡邻民宿、长三角草莓等共富项目建设。打通上海闵行与平湖一手房“跨省通办”，实现上海市首个平湖买房、上海办理一手房登记的案例，并在此基础上先后完成上海宝山、松江和江苏泰州、盐城等33笔一手房登记“跨省通办”业务。推动毗邻景区业态互补共享，南北山塘业态由原先不足20个增加到70个，联合开发江南莲湘馆、星空度假营、老街农家乐等文旅业态。落地浙沪山塘共享单车建设项目，共设置14个点位。开展院前急救岗前培训暨院前急救师资培训，完成浙沪马拉松赛事医疗保障工作，平湖、金山、嘉善三地完成新一轮深化合作续约。建成启用长三角区域交通运输联合执法协作示范点（浙江平湖—上海金山片区），应用上海市交通委执法总队非现数据，完成浙江省治超案件处罚，已开出罚单22张。构建跨区域政治协商机制，联合上海金山区成立4个跨区域履职功能型党支部，常态化开展联动调研协商、“网格走亲日”等活动36场，推动25件发展和惠民事项落地，2次获《人民政协报》刊登推介。

（王林）

成品油经营

【概况】 2023年，全市已建成投入使用的加油站（点）共48个，管理公司1个。其中，加油站35个，中石化21个，占60%；中石油3个，占8.57%；浙石油3个，占8.57%；民营8个，占22.85%。加油点13个，中石化2个，占15.38%；中石油1个，占7.69%；民营10个，占76.92%。2023年，全市销售成品油22.5万吨、同比增长4.65%，其中汽油零售11.7万吨，同比增长10.6%，柴油零售10.8万吨，同比下降0.8%。

【成品油调价】 2023年，全市成品油价格严格按照国家发改委调价通知执行，对成品油价格作出25次调整。

（朱海彬）

住宿餐饮

【概况】 2023年，住宿餐饮业累计实现零售额22.4亿元，增速为10.2%，占社零总额的8.6%，拉动社零总额0.9个百分点。

【圣雷克大酒店】 平湖市唯一一家五星级涉外旅游饭店，国家银叶级饭店。有国际化标准设备的大小会议室9间，接见厅1个，客房总数346间（套），床位553个，餐位2000个，员工241人。2023年，实现营业收入7139万元，同比增长8.7%，实现税收346万元，同比增长56%。年内，承办平湖市各类大型会议团队、重要商务散客、政府重要活动。

【白金汉爵大酒店】 银桂级品质饭店和银树叶级绿色饭店。客房总数622间（套），床位848个，餐位2069个，高档会议厅10间，棋牌包厢53间，员工660人。2023年，实现营业收入16534.54万元、同比增长31.18%，实现税收273.47万元、同比增长92.43%。

【绿阳大饭店】 三星级酒店。客房总数368间（套），床位368个，餐位431个，员工136人。2023年，实现营业收入3717万元、同比减少0.9%，实现税收877万元、同比增加19%。

【君澜华侨饭店】 由莱恩达集团投资兴建，客房210间，配备5个豪华餐饮包厢和1个豪华自助餐厅（澜餐厅）。有客房总数210间，床位312个，餐位200个，高档包厢5间，员工50人。2023年，实现营业收入811万元。

【平湖卓越铂尔曼酒店】 有客房总数300间（套），床位420个，餐位525个，高档会议厅14间，员工211人。2023年，实现营业收入7180万元，实现税收28.8万元。全年承办宴席、会议共355场。获2023年度第八届中国高端酒店新媒体大奖“酒店尚榜”—2023年度中国最受欢迎酒店、美团—2023年美团酒店年度人气酒店等多个奖项。

【平湖万怡酒店】 金桂品质饭店，全市唯一一家省级金桂级品质饭店。有客房总数80间，床位140个，餐位300个，高档会议厅3间，包厢8间，员工80人。2023年，实现营业收入1522.78万元，实现税收2.19万元，同比下降20.05%。

大中型商场（超市）

【平湖大润发超市】 经营范围：食品、百货、大小家电、服饰鞋帽、图书、化妆品、音像制品等商品3万余种。2023年，实现营业收入29700万元、同比下降3.57%，实现利润307.8万元、同比上升2.5%。

【上海华联超市嘉荟城店】 超市位于平湖开发区恒隆嘉荟城二楼，配有500个停车位的地下停车场。经营生鲜、食品、百货等2万余种商品。2023年，实现营收750多万元，净利润25万元。超市已实行无人自助收银，增加网购业务。

【平湖市易家鑫福超市】 超市坐落于平湖经济开发区樱花小镇钟溪路3099号8号楼一、二层。经营生鲜、日用品、食品、服装等4万余种商品。2023年，实现营业收入1498万元。

【永辉超市】 经营范围：生鲜，食品，百货，小家电，化妆品等3万余种质优价廉的商品。2023年，实现营业收入6067.88万元，亏损320.34万元。

2023年平湖市区超市（商场）基本情况表

表5

超市（商场）名称	营业面积（平方米）	员工人数（人）	开业时间	营业收入（万元）
大润发	23000	302	2008.7	29700
上海华联	3500	63	2019.10	750
易家鑫福	3500	55	2020.6.22	1498

（张灿莲）

平湖市个体私营经济协会

【概况】 2023年，平湖市个体私营经济协会积极推进协会事业发展，主动融入平湖经济社会发展大局，坚持“抓党建、促发展”目标，扎实做好各项工作，成效明显。

【个体私营服务】 积极开展“个体工商户服务月”活动，开展个体工商户跟踪调查工作，开展宣讲宣传活动14场，走访调研座谈会6场，走访个体工商户874户，协调解决问题诉求和实际困难20个。统筹安排红立方“党员志愿服务日”活动，全年共开展12期志愿服务，96名党员参与志愿服务。积极开展“就业再就业服务月”活动，联合市人力社保局等单位举办“就业再就业”招聘会64场，提供岗位数量27735个，达成意向性协议3322份，新增就业7054人。开展2023民企“双对接”培训活动，持续推动个私企业与科技、金融等领域进行多维度对接。

【“小个专”党建】 党建统领、红盾赋能，推动“小个专”党建与市场监管融合发展。推动党的组织和工作覆盖，市级层面高位谋划，成立嘉兴首个“小个专”行业综合党委，搭建市委两新工委主导，市场监管局、个私协会主抓15个部门协同的工作专班。动态掌握新业态、新就业群体中党员数量和分布，核实、录入党员信息1403条、党组织信息159条。举办“小个专”党建工作专题培训班，全市“小个专”经济组织党员代表等80余人参加。组织平湖市“小个专”领域先锋党员代表丁伟丰作先进事迹宣讲。开展“三亮三创”行动。推动“小个专”党员“亮身份、亮职责、亮承诺”。开展“红色志愿”服务、诚信示范商户宣讲等，发挥党员模范带头作用，推动诚信经营，平湖市当湖街道蜜多时蛋糕店个体经营户党员胡佩佩，被推选为省级“先锋党员讲师团”成员，接受浙江卫视中国蓝新闻专题采访。参与省级“小个专”党建示范点创建，重点推进专业市场党建示范点——平湖中国服装城、流动党员管理示范点——安徽淮南市谢家集区孤堆回族乡驻新仓镇流动党支部、党建联建示范点——水洞埭·同心汇、党建品牌示范点——嘉特“匠心党建”等4个党建示范点创建，发挥示范引领和辐射带动作用，推动“小个专”和新就业群体党建工作跃迁升级。4家单位上榜省级“小个专”党建示范点名单，数量全省第一。

【两新组织党建攻坚项目】 积极推进《市监蓝 红盾红 赋能专业市场共富发展》两新党建攻坚项目：平湖中国服装城建设。发挥党建引领、红盾赋能作用，依托专业市场党建联建机制，落实“红色传、政策帮、共富带”，将政治优势转化为发展优势，推动市场党建、发展、共富“三提升”。8月，中个协发文公布全国“小个专”党建工作创新试点单位，平湖服装城有限公司党总支作为嘉兴唯一成功入选；11月，第十三届中国商品市场峰会上，平湖中国服装城入选“中国时尚市场榜”“中国商品市场综合百强榜”。

【品牌培育和共富活动】 按照“一镇街一品牌”要求，聚焦专业市场、小微企业（园）、商业街区等重点，开展“小个专”党建品牌打造，培育“小个专”党建品牌8个。推进“小个专”党员红色共富传帮带活动，开展活动24次，参与人数1800人，8个镇街道选树第一批16名“小个专”党员创业者，通过“一对一”“一对多”服务，带动1000余名个体从业者就业创业、做优做好。产业赋能式“共富工坊”——平湖市缘绿生态农业科技园，在共富带头人沈根付带领下，发动五六十个本地芦笋种植户，带动110名农户实现就业，种植面积超过66.67公顷，种植户亩均增收500元以上。

【新业态新就业】 依托红立方、骑士加油站等平台阵地，在全市范围内持续开展“凝‘新’聚力 清凉一夏”等骑士关爱活动，开展培训、宣讲、金融服务等22场次，发放防暑降温物品833份，技能培训76人次、金融服务45人次，收集整理意见建议9条，协调解决问题困难7个。为外卖骑手推出小哥“爱心餐”，提供餐饮优惠“定制服务”，15家爱心商户入围首批外卖骑手“爱心餐”供应点，聘任8名外卖骑手为食品安全社会监督员，当好“前哨探头”项目推进和食品安全监督员。

（徐琳琳　吕琦）

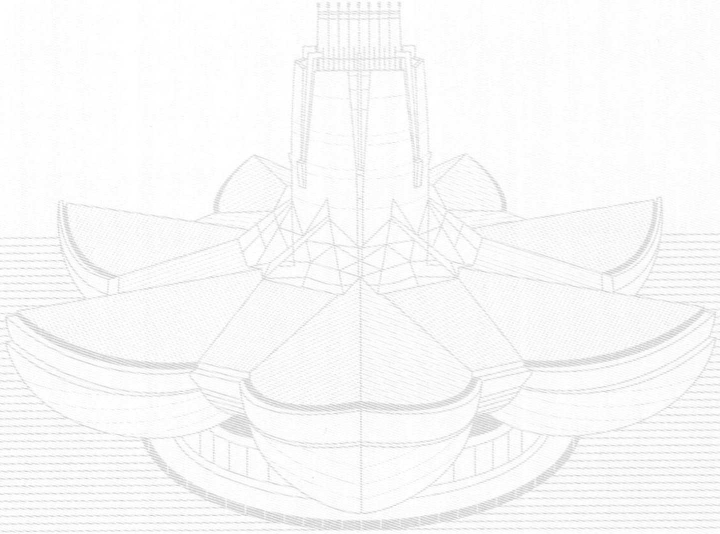

对外及对港澳台贸易

综　述

【基本情况】 截至2023年底，（不含嘉兴港区，下同）全市外贸依存度达93.17%，有外资企业540家，其中日资企业108家、德资企业38家，累计引进世界500强投资企业47家，国际行业领先企业24家，利用外资连续24年进入全省十强。全市对外及对港澳台经济贸易和合作工作有序推进，呈现稳中向好态势。

【合作实效】 全市新批对外直接投资项目11个，增资项目1个。完成对外及对港澳台直接投资额3140.39万美元，完成对外承包工程和劳务合作营业额4693万美元。

利用外资及港澳台资

【概况】 1—12月，全市新增合同外资及港澳台资项目65个，其中新设项目51个。合同外资及港澳台资完成90974万美元，同比增长16.57%。实际到位外资及港澳台资48028万美元，同比增长15.97%，完成嘉兴年度目标任务的104.41%，实际外资及港澳台资规模在嘉兴五县四区中列第二位。

2023年平湖市外商及港澳台商合同资金登记情况表

表6　　　　单位：万美元

企业名称	国别/地区	总投资	注册资本	合同资金	备注
嘉兴合新企业管理合伙企业（有限合伙）	中国台湾	28	28	28	
嘉兴合元企业管理合伙企业（有限合伙）	中国台湾	47	47	46	
科世科汽车部件（平湖）有限公司	瑞士	516	412	227	增资
平湖康达智精密技术有限公司	日本	2650	1060	1060	增资
浙江新合发联宾包装科技有限责任公司	中国香港	−8500	−1968	−854	减资
嘉兴汉禧微电子技术有限公司	德国	0	0	−20	转股
艾本德（浙江）生命科学技术有限公司	德国	1856	743	743	
嘉兴雨麓电子科技有限公司	中国香港	10500	3800	3800	
嘉兴阳利电子科技有限公司	中国香港	3800	3800	3800	
浙江跃理贸易有限公司	英属维尔京群岛	2000	2000	2000	

续表 6

企业名称	国别 / 地区	总投资	注册资本	合同资金	备注
浙江嘉令新材料有限公司	中国香港	6000	6000	6000	
新冰野生物科技（浙江）有限公司	日本	–1200	–1200	–1180	减资
帝柯精密零部件（平湖）有限公司	中国香港	300	150	150	增资
丹尼斯冠食品（中国）有限公司	丹麦	2491	692	692	增资
盈智热管理科技（嘉兴）有限公司	加拿大	715	471	55	
斯美沃欧特堡（嘉兴）自动化有限公司	意大利	1106	553	553	
浙江禾铭新材料销售有限公司	中国香港	10500	3500	3500	
浙江拓朴微设备制造有限公司	美国	836	418	11	
浙江优你得金属制品有限公司	日本	62	62	62	增资
德默菲换热器（平湖）有限公司	德国	4252	1417	1181	增资
浙江久领新材料销售有限公司	英属维尔京群岛	10500	3500	3500	
嘉兴华屹企业管理咨询合伙企业(有限合伙)	中国台湾	51	51	0	
爱思开科锐新材料（浙江）有限公司	中国香港	6360	2545	2545	
中建国际投资（嘉兴）有限公司	中国香港	10062	3354	3354	增资
嘉兴平湖航通建设有限公司	中国香港	10600	5000	5000	
嘉兴澳信诚智能科技有限公司	澳大利亚	5	5	5	
中建国际投资（嘉兴）有限公司	中国香港	1726	690	690	增资
平湖市鑫楷生态农场有限公司	中国台湾	14	14	13	
嘉兴君硕新材料科技有限公司	中国香港	10000	3400	3400	
平湖市翔信玩具有限公司	中国台湾	14	14	14	
龙旺宠物用品（浙江）有限公司	中国香港	500	500	500	增资
嘉兴君硕新材料科技有限公司	中国香港	0	100	100	增资
浙江永虎新材料有限公司	中国香港	4000	4000	4000	
嘉兴云琛新材料科技有限公司	中国香港	2800	2800	2800	
浙江惟安新材料有限公司	英属维尔京群岛	2600	2600	2600	增资
平湖市晨田贸易有限公司	中国台湾	4	4	1	
嘉兴奥津佳特种纺织品有限公司	日本	0	–13	–13	减资
嘉兴擎苍科技有限公司	中国香港	10000	3800	3800	
浙江郎杰新材料有限公司	中国香港	3600	3600	3600	
图达通智能科技（平湖）有限公司	中国香港	15000	5000	5000	
浙江启慧新材料有限公司	中国香港	2000	2000	2000	
名创（平湖）供应链服务有限公司	中国香港	1500	1500	1500	
平湖晓哲企业管理合伙企业（有限合伙）	韩国	1	1	1	
浙江启慧新材料有限公司	中国香港	1000	1000	1000	增资
聚易微半导体（嘉兴）有限公司	美国	28	28	28	
浙江音锋智能科技有限公司	新加坡	10500	3500	3500	
平湖风雅颂展示道具有限公司	中国香港	148	148	75	
西卡（浙江）新材料有限公司	瑞士	10000	3350	3350	
浙江松凯新材料有限公司	中国香港	10500	3500	3500	
诺瓦瑞斯（平湖）汽车零部件有限公司	法国	1500	1000	500	
嘉兴瑞枫欧裴企业管理合伙企业(有限合伙)	加拿大	14	14	14	
嘉兴集冠科技发展有限公司	中国台湾	1	1	1	

续表 6

企业名称	国别 / 地区	总投资	注册资本	合同资金	备注
嘉兴金集富环保科技有限公司	中国台湾	14	14	14	
平湖市昌典贸易有限公司	日本	7	7	6	
嘉兴平成达贸易有限公司	中国香港	1007	1007	1007	
新阳商贸（平湖）有限公司	日本	15	15	15	
新世界置业（平湖）有限公司	中国香港	-4771	-2371	-2371	减资
泓全（平湖）科技有限公司	中国台湾	43	43	26	
浙江惟安新材料有限公司	英属维尔京群岛	600	600	600	增资
平湖市泽提斯科技有限公司	中国台湾	4	4	2	
嘉兴市杰圣思新能源科技有限公司	中国台湾	22	22	19	
平湖哲屹新材料科技有限公司	中国香港	10000	3350	3350	
浙江嘉兴嘉盒网络科技有限公司	中国香港	50	50	50	
浙江惟安新材料有限公司	英属维尔京群岛	3000	3000	3000	
嘉兴鸿茂贸易有限公司	中国香港	1500	1500	1500	
嘉兴栩珩贸易有限公司	德国	300	300	300	
平湖市浩玺贸易有限责任公司	中国香港	3000	1300	1300	
嘉兴市锦创智能科技有限公司	中国香港	1200	1200	1080	
信易电热机械有限公司	萨摩亚	0	2000	1344	增资
华欣智能装备（浙江）有限公司	中国香港	2529	1500	1500	
合计		181509	92534	90974	

2023 年平湖市外商及港澳台商实际投资到位情况表

表 7　　　　单位：万美元

企业名称	国别 / 地区	本期实际到位	到位时间
浙江新合发联宾包装科技有限责任公司	中国香港	301.82	2023 年 1 月
信易电热机械有限公司	萨摩亚	1304.73	2023 年 1 月
日本电产理德机器装置（浙江）有限公司	日本	1000.16	2023 年 1 月
平湖康达智精密技术有限公司	日本	335.25	2023 年 1 月
日本电产汽车马达（浙江）有限公司	日本	1995.79	2023 年 1 月
平湖康达智精密技术有限公司	日本	645.97	2023 年 2 月
平湖康达智精密技术有限公司	日本	71.79	2023 年 2 月
美珂斯化妆品有限公司	韩国	7.80	2023 年 2 月
嘉兴博集医疗科技有限公司	中国香港	0.73	2023 年 2 月
特吕茨施勒纺织机械（嘉兴）有限公司	德国	60.00	2023 年 2 月
曼奥芬医疗器材（平湖）有限公司	澳大利亚	18.29	2023 年 2 月
德马吉森精机制造技术（平湖）有限公司	德国	541.43	2023 年 2 月
德库威乐管道系统（浙江）有限公司	德国	40.00	2023 年 2 月
科世科汽车部件（平湖）有限公司	瑞士	224.77	2023 年 3 月
萨泰克斯管道修复技术（平湖）有限公司	德国	106.08	2023 年 3 月
川浦（浙江）科技有限公司	中国香港	141.00	2023 年 3 月
德马吉森精机制造技术（平湖）有限公司	德国	530.41	2023 年 3 月
德库威乐管道系统（浙江）有限公司	德国	15.00	2023 年 3 月

续表 7

企业名称	国别 / 地区	本期实际到位	到位时间
德默菲管理咨询（平湖）有限公司	德国	0.62	2023 年 3 月
法电优能（平湖）新能源有限公司	中国香港	11.20	2023 年 3 月
特密科（嘉兴）新材料有限责任公司	德国	7.52	2023 年 3 月
平湖康达智精密技术有限公司	日本	108.90	2023 年 3 月
平湖康达智精密技术有限公司	日本	65.49	2023 年 4 月
特密科（嘉兴）新材料有限责任公司	德国	8.25	2023 年 4 月
汉希科特半导体技术（平湖）有限公司	德国	7.29	2023 年 4 月
平湖康达智精密技术有限公司	日本	45.13	2023 年 5 月
艾本德（浙江）生命科学技术有限公司	德国	144.43	2023 年 5 月
平湖康达智精密技术有限公司	日本	54.72	2023 年 6 月
川浦（浙江）科技有限公司	中国香港	264.00	2023 年 6 月
浙江嘉令新材料有限公司	中国香港	5.65	2023 年 6 月
嘉兴平湖航通建设有限公司	中国香港	3000.00	2023 年 6 月
浙江跃理贸易有限公司	英属维尔京群岛	2000.00	2023 年 6 月
帝柯贸易（平湖）有限公司	中国香港	13.14	2023 年 6 月
帝柯精密零部件（平湖）有限公司	中国香港	150.00	2023 年 8 月
平湖康达智精密技术有限公司	日本	83.60	2023 年 8 月
丹尼斯冠食品（中国）有限公司	丹麦	701.00	2023 年 8 月
艾本德（浙江）生命科学技术有限公司	德国	243.69	2023 年 9 月
萨泰克斯管道修复技术（平湖）有限公司	德国	55.19	2023 年 9 月
浙江禾铭新材料销售有限公司	中国香港	97.48	2023 年 9 月
马塔汽车饰件（嘉兴）有限公司	土耳其	100.00	2023 年 10 月
马塔汽车饰件（嘉兴）有限公司	土耳其	150.00	2023 年 12 月
萨泰克斯管道修复技术（平湖）有限公司	德国	164.84	2023 年 12 月
浙江宝绿特环保技术工程有限公司	英属维尔京群岛	193.77	2023 年 1 月
嘉兴怡宝三协新材料科技有限公司	中国香港	36.11	2023 年 2 月
嘉兴怡宝三协新材料科技有限公司	中国香港	13.50	2023 年 3 月
嘉兴怡宝三协新材料科技有限公司	中国香港	12.88	2023 年 4 月
嘉兴怡宝三协新材料科技有限公司	中国香港	3.29	2023 年 6 月
嘉兴平湖航通建设有限公司	中国香港	2054.71	2023 年 6 月
中建国际投资（嘉兴）有限公司	中国香港	2471.01	2023 年 9 月
浙江晋昇科技发展有限公司	新加坡	7.44	2023 年 2 月
龙旺宠物用品（浙江）有限公司	中国香港	100.00	2023 年 3 月
娜莱博生物科技（浙江）有限公司	中国香港	12.75	2023 年 3 月
嘉兴群鹿科技有限公司	中国香港	200.00	2023 年 3 月
嘉兴商羽科技有限公司	中国香港	500.00	2023 年 3 月
浙江晋昇科技发展有限公司	新加坡	29.99	2023 年 4 月
浙江晋昇科技发展有限公司	新加坡	59.91	2023 年 5 月
浙江惟安新材料有限公司	英属维尔京群岛	2135.76	2023 年 6 月
浙江意中航空产业发展有限公司	中国香港	735.00	2023 年 1 月
嘉兴鹭芯岛科技有限公司	中国香港	272.49	2023 年 1 月
浙江笑良农业管理有限公司	日本	14.75	2023 年 3 月

续表 7

企业名称	国别 / 地区	本期实际到位	到位时间
浙江意中航空产业发展有限公司	中国香港	300.00	2023 年 3 月
浙江意中航空产业发展有限公司	中国香港	185.00	2023 年 4 月
图达通智能科技（平湖）有限公司	中国香港	3000.00	2023 年 6 月
浙江郎杰新材料有限公司	中国香港	100.00	2023 年 6 月
浙江启慧新材料有限公司	中国香港	1715.00	2023 年 6 月
浙江启慧新材料有限公司	中国香港	298.53	2023 年 7 月
浙江郎杰新材料有限公司	中国香港	200.00	2023 年 8 月
浙江意中航空产业发展有限公司	中国香港	145.00	2023 年 8 月
浙江启慧新材料有限公司	中国香港	612.83	2023 年 10 月
巴斯夫贺利氏金属资源有限责任公司	德国	1208.88	2023 年 1 月
嘉兴市奥氧健康科技有限公司	中国香港	0.70	2023 年 1 月
优沃德（中国）粘合剂有限公司	德国	46.99	2023 年 1 月
湛新科技材料（嘉兴）有限公司	荷兰	159.64	2023 年 1 月
湛新科技材料（嘉兴）有限公司	荷兰	222.94	2023 年 1 月
湛新科技材料（嘉兴）有限公司	荷兰	402.03	2023 年 1 月
基诺控股（浙江）有限公司	英属维尔京群岛	15.54	2023 年 1 月
爱肯科技（浙江）有限公司	中国香港	1.00	2023 年 1 月
巴斯夫贺利氏金属资源有限责任公司	德国	1201.07	2023 年 2 月
平湖易兴仓储服务有限公司	中国香港	485.00	2023 年 2 月
美馨卫生用品有限公司	英属维尔京群岛	319.94	2023 年 2 月
欧迩凯化学材料（浙江）有限公司	韩国	50.00	2023 年 2 月
湛新科技材料（嘉兴）有限公司	荷兰	540.00	2023 年 2 月
湛新科技材料（嘉兴）有限公司	荷兰	88.75	2023 年 2 月
浙江奥泰智能技术有限公司	中国香港	369.58	2023 年 1 月
琦光新材料科技（平湖）有限公司	日本	302.57	2023 年 2 月
浙江迪克东华精细化工有限公司	日本	600.00	2023 年 3 月
欧迩凯化学材料（浙江）有限公司	韩国	150.00	2023 年 3 月
罗德尔生物制药有限公司	中国香港	80.00	2023 年 3 月
美馨卫生用品有限公司	英属维尔京群岛	100.00	2023 年 3 月
平湖易兴仓储服务有限公司	中国香港	150.00	2023 年 3 月
湛新科技材料（嘉兴）有限公司	荷兰	430.00	2023 年 3 月
优沃德（中国）粘合剂有限公司	德国	347.55	2023 年 3 月
浙江奥泰智能技术有限公司	中国香港	136.65	2023 年 3 月
湛新科技材料（嘉兴）有限公司	荷兰	43.66	2023 年 4 月
西卡（浙江）新材料有限公司	瑞士	773.71	2023 年 5 月
湛新科技材料（嘉兴）有限公司	荷兰	28.89	2023 年 5 月
湛新科技材料（嘉兴）有限公司	荷兰	100.00	2023 年 5 月
欧迩凯化学材料（浙江）有限公司	韩国	200.00	2023 年 5 月
湛新科技材料（嘉兴）有限公司	荷兰	56.48	2023 年 6 月
湛新科技材料（嘉兴）有限公司	荷兰	200.00	2023 年 6 月
优沃德（中国）粘合剂有限公司	德国	163.77	2023 年 6 月
浙江奥泰智能技术有限公司	中国香港	72.21	2023 年 6 月

续表 7

企业名称	国别 / 地区	本期实际到位	到位时间
浙江松凯新材料有限公司	中国香港	2029.00	2023 年 6 月
美馨卫生用品有限公司	英属维尔京群岛	100.00	2023 年 6 月
湛新科技材料（嘉兴）有限公司	荷兰	343.00	2023 年 6 月
平湖易兴仓储服务有限公司	中国香港	250.00	2023 年 6 月
湛新科技材料（嘉兴）有限公司	荷兰	7.00	2023 年 8 月
湛新科技材料（嘉兴）有限公司	荷兰	42.07	2023 年 8 月
西卡（浙江）新材料有限公司	瑞士	2584.00	2023 年 8 月
湛新科技材料（嘉兴）有限公司	荷兰	350.00	2023 年 11 月
浙江惟安新材料有限公司	英属维尔京群岛	3000.00	2023 年 6 月
嘉兴平成达贸易有限公司	中国香港	72.64	2023 年 3 月
嘉兴平成达贸易有限公司	中国香港	160.08	2023 年 3 月
嘉兴平成达贸易有限公司	中国香港	67.23	2023 年 4 月
浙江惟安新材料有限公司	英属维尔京群岛	203.61	2023 年 6 月
浙江惟安新材料有限公司	英属维尔京群岛	100.00	2023 年 8 月
嘉兴九章环保科技有限公司	英国	100.00	2023 年 1 月
平湖爱驰威汽车零部件有限公司	中国香港	100.00	2023 年 3 月
福纳瑞园艺（浙江）有限公司	荷兰	16.27	2023 年 2 月
平湖安喜仓储有限公司	中国香港	98.36	2023 年 3 月
福纳瑞园艺（浙江）有限公司	荷兰	16.36	2023 年 4 月
平湖市浩玺贸易有限责任公司	中国香港	102.38	2023 年 8 月
平湖市浩玺贸易有限责任公司	中国香港	101.65	2023 年 9 月
福纳瑞园艺（浙江）有限公司	荷兰	11.04	2023 年 9 月
合计		48028	

【招商新格局构建】 统筹全市内外资招引工作，制订出台《2023 年招大育强专项行动实施方案》，进一步建立完善招商机制，定期召开招商引资工作例会，对各主体招商引资完成情况进行周通报、月亮晒。建立市领导联挂机制，对重点项目明确联挂市领导，定期会商困难问题，加快项目推进和到资进度。强化招商队伍建设，完成 2023 年国企招商员招聘工作，录取国企招商员 6 名，先后组织全市招商员参加各级招商引资培训班 12 场，涉及 400 多人次。举办平湖市高质量推进产业链招商招才专题研讨班。

【招商新路径探索】 深入开展产业链招商，围绕新能源汽车、光电通信等 8 条产业链绘制产业链招商鱼骨图，制订出台产业链招商专项行动方案，建立“十个一”工作机制，依托一把手“周六招商日”活动，招引一批产业链关键环节企业和上下游重点配套企业，市领导参与招商 287 人次，对接项目 171 个，各主体“一把手”参与招商 826 次，对接招商项目 364 个，累计签约八大产业链项目 68 个。

【推荐模式创新】 参与省千企万团拓市场抢订单活动，先后组织招商主体出境招商 18 批次，推动诺瓦瑞斯、西卡等项目签约落户。聚焦国别招商，创新推介模式，在上海举办产业链推介会 6 场，连续举办两场驻沪领事馆和跨国公司“平湖行”活动；举办“2023 平湖市产业链高质量发展签约大会”，集中签约 28 个项目，总投资达 122 亿元；承办 2023 西瓜灯文化节开幕式暨投资贸易洽谈会，合计签约 60 个重大项目，总投资 242.8 亿元。

【外资新亮点打造】 发挥“地瓜经济”提能升级“一号开放工程”牵头部门作用，制订实施方案，成立工作专班，制定出台《关于推动总部经济高质量发展若干政策意见》，擦亮外资总部“金名片”，“打造制造业外资集聚地”被列入省“地瓜经济”试点，三季度获评全省“地瓜经济”提能升级“一号开放工程”五星评定。提升涉外服务水平，以良好的营商环境推动以商引商，全市增资项目合同外资1.4亿美元，平湖市创新外企增值服务改革被列为全省“一市一品”特色亮点项目。

对外及对港澳台贸易

【概况】 2023年，据海关统计，全市实现进出口及对港澳台贸易总额548.3亿元，同比下降1.3%。其中，输出353.48亿元、同比增长12.6%，输入194.8亿元，同比下降19.4%。

【助企参展拓市】 深入开展“参展拓市场”系列活动，为企业争取重点展会资源。组织嘉兴首个拓市场政府团组“香港玩具展”，全年组织发动138家次企业参加87个境外展，涉及展位182个。争取广交会、华交会等国内重点展位资源，累计组织152家次企业参加广交会、华交会、消博会等境内重要展会，展位总数323个，举办首届跨国采购对接会，广交会品牌展位数量居嘉兴首位。

【外贸增量提升】 挖掘资源信息，加大招商引贸和外贸回归力度，引荐鲸程贸易、葳乡科技等项目落户，落实上方生物、德默菲等25家重点企业对象实现外贸业务回归，全年实现出口额32.97亿元，同比增长19%。推动跨境电商提质增效，与深圳电子商务行业协会签订战略合作协议，举办跨境电商生态大会、“潮起浙里　跨境出海”等跨境电商活动5场、跨境电商培训6场，全市新增跨境电商综试区平台注册企业56家，银座箱包跨境电商项目获“之江创客”电子商务创业创新大赛全球总决赛一等奖。

10月15日，第134届中国进出口商品交易会（广交会）现场
（市商务局　供稿）

【政策保障强化】 结合全省“8+4”政策体系加大参展拓市、出口信保、汇率避险、跨境融资、跨境电商等扶持力度，加大政策宣传贯彻力度，联合市外汇管理局、中信保及商业银行组织政策和业务宣讲会10余场，覆盖外贸企业400多家次。利用涉企联络群、微信公众号提醒发动企业申报，通过免报即得等加快进度，截至年底，累计兑付各级资金6625万元，兑付率100%。

【惠企纾困解难】 分类梳理出外贸骨干企业、新出口企业、重点帮扶企业和外贸回归企业四张清单，联合镇街道做好日常调研，按类型针对性解难纾困，累计实地走访外贸骨干企业50余家，对四张清单内300多家实现线上线下联络全覆盖，协调解决展位申请、出入境等各类问题诉求130余个。推动原产地签证工作便利化，在嘉兴首创开展原产地证24小时自助打印服务，实现镇街道网点全覆盖，全年签发一般原产地证2218份，涉及企业82家，自助打印率86%，原产地证书24H-E服务入选平湖首批“微改革”项目库和营商环境创新案例。

2023 年平湖市贸易输出 30 强外贸骨干企业一览表

表 8

单位：万元

序号	企业名称	累计输出金额	所属镇（街道）
1	尼得科汽车马达（浙江）有限公司	165563	平湖经开
2	尼得科泰科诺电机（浙江）有限公司	109435	平湖经开
3	浙江独山能源有限公司	82477	独山港镇
4	平湖华城茂麓制衣有限公司	77058	平湖经开
5	浙江嘉特保温科技股份有限公司	63550	独山港镇
6	平湖石化有限责任公司	62109	独山港镇
7	尼得科仪器（浙江）有限公司	56002	平湖经开
8	津上精密机床（浙江）有限公司	52921	平湖经开
9	浙江欧迪恩传动科技股份有限公司	51763	平湖经开
10	浙江依爱夫游戏装文化产业有限公司	50591	平湖经开
11	康迈尔机电（嘉兴）有限公司	48832	平湖经开
12	美馨卫生用品有限公司	47074	独山港镇
13	尼得科精密检测设备（浙江）有限公司	46929	平湖经开
14	浙江宝绿特环保技术工程有限公司	38734	曹桥街道
15	尼得科传动技术（浙江）有限公司	37823	平湖经开
16	尼得科动力系统（浙江）有限公司	33937	平湖经开
17	平湖浦鹏国际贸易有限公司	31625	林埭镇
18	浙江宙辉电器有限公司	27140	独山港镇
19	平湖亿隆旅游用品有限公司	22605	平湖经开
20	好侣（中国）有限公司	22050	平湖经开
21	浙江茉织华贸易有限公司	21984	新仓镇
22	南六企业（平湖）有限公司	21496	平湖经开
23	浙江新秀箱包营销有限公司	20799	新埭镇
24	日本电产科宝（浙江）有限公司	19592	平湖经开
25	平湖陈达仓储办公股份有限公司	18329	曹桥街道
26	尼得科冲压自动化设备（浙江）有限公司	17333	平湖经开
27	德耐尔能源装备有限公司	17318	新埭镇
28	平湖华盛进出口有限公司	17254	新仓镇
29	尼得科电机（浙江）有限公司	16754	平湖经开
30	大洋商贸（平湖）有限公司	16346	平湖经开

2023 年平湖市贸易输出主要市场情况表（不含嘉兴港区）

表 9

市场名称	累计贸易输出实绩（万元）	同比增长（%）	累计占全市比重（%）
合计	3534829	12.58	100.00
美国	562418	3.50	15.91
日本	482718	−15.38	13.66
德国	161347	0.96	4.56
中国香港	126078	412.71	3.57
韩国	173285	−8.69	4.90
印度	122337	10.33	3.46
越南	128923	44.80	3.65

续表 9

市场名称		累计贸易输出实绩（万元）	同比增长（%）	累计占全市比重（%）
墨西哥		121233	15.46	3.43
澳大利亚		93822	27.51	2.65
泰国		94137	38.08	2.66
英国		86927	1.60	2.46
马来西亚		76898	83.44	2.18
法国		67069	-6.12	1.90
俄罗斯		88716	75.87	2.51
意大利		59506	3.71	1.68
荷兰		58709	-7.62	1.66
中国台湾		60804	-15.39	1.72
加拿大		58465	-14.93	1.65
菲律宾		50009	22.90	1.41
印度尼西亚		56237	29.66	1.59
波兰		55544	10.53	1.57
比利时		42426	-31.62	1.20
土耳其		44895	30.35	1.27
巴西		38220	13.04	1.08
沙特阿拉伯		33716	68.48	0.95
其中	共建“一带一路”国家	1299872	23.46	36.77
	欧盟	585388	-3.48	16.56
	RCEP	1231314	3.58	34.83
	东盟	475190	35.95	13.44

2023 年平湖市贸易输入主要市场情况表（不含嘉兴港区）

表 10

市场名称	累计贸易输入实绩（万元）	同比增长（%）	占全市比重（%）
合计	1947907	-19.36	100.00
韩国	450754	-12.56	23.14
日本	409730	-19.55	21.03
美国	358181	19.68	18.39
中国台湾	143005	-29.28	7.34
德国	90916	-37.52	4.67
印度尼西亚	76243	-17.99	3.91
卡塔尔	46292	-65.91	2.38
阿联酋	36394	-47.08	1.87
沙特阿拉伯	26670	-0.88	1.37
越南	47339	-20.32	2.43
马来西亚	84818	28.72	4.35
瑞典	15687	75.01	0.81
意大利	13027	-59.39	0.67
安哥拉	8789	-24.38	0.45
中国	11945	-66.16	0.61
泰国	9988	-55.52	0.51

续表 10

市场名称		累计贸易输入实绩（万元）	同比增长（%）	占全市比重（%）
文莱		22966	198.51	1.18
新西兰		9061	1248.94	0.47
法国		7445	46.46	0.38
巴西		7423	−20.85	0.38
瑞士		6039	−27.43	0.31
芬兰		3526	93.21	0.18
柬埔寨		5446	8.30	0.28
匈牙利		3265	−83.23	0.17
英国		4461	37.84	0.23
其中	共建“一带一路”国家	843413	−24.50	43.30
	欧盟	152017	−35.43	7.80
	RCEP 国家	1125032	−12.69	57.76
	东盟	253701	−3.32	13.02

2023 年平湖市主要贸易输出商品情况表（不含嘉兴港区）

表 11

商品名称	累计贸易输出实绩（万元）	同比增长（%）	累计占比（%）
机电	1681877.69	12.47	47.58
其中，高新产品	209696.47	−24.55	5.93
纺织服装	699058.84	0.12	19.78
其中，纺织原料及纺织制品	250549.83	19.02	7.09
服装及衣着附件	448509.01	−8.03	12.69
旅行用品及箱包	318800.27	1.87	9.02
童车	82552.05	8.22	2.34
农副产品	115834.02	−7.87	3.28
化学工业及相关产品	142372.43	−3.11	4.03
其他	494333.45		13.98
合计	3534828.75	12.58	100.00

2023 年平湖市主要贸易输入商品情况表（不含嘉兴港区）

表 12

商品名称	累计贸易输入实绩（万元）	同比增长（%）	累计占比（%）
机电	348267.06	−32.55	17.88
其中，高新产品	108752.36	−22.95	5.58
矿产品	441751.05	−21.57	22.68
化学工业及相关产品	765679.04	−16.07	39.31
纸浆及废纸	104623.74	−1.00	5.37
纺织原料及纺织制品	35361.91	−19.85	1.82
农副产品	130280.02	−7.35	6.69
其他	121944.62		6.26
合计	1947907.44	−19.36	100.00

（陆佳伟）

旅 游

综 述

【基本情况】 2023年，全市接待游客426.2万人、旅游综合收入49.5亿元。创建为嘉兴唯一一家省AAAAA级景区城，新增1家省AAA级景区村庄（林埭徐家埭村），全市72个村全部创建为省A级景区村庄，省AAA级景区村庄旅游发展指数测评连续12次位居嘉兴第一。

【旅游接待设施】 全市主要旅游景区（点）有18个，其中省级旅游度假区1个（九龙山旅游度假区），国家AAAA级旅游景区1个（东湖景区），国家AAA级旅游景区12个［莫氏庄园、澳多奇农庄、中国虫草博物馆、伊佳林开心梦工场、金稼园景区、莲塘景区（法华禅寺）、金丝娘农庄、游购小镇景区、明月山塘景区、凯宇农庄、棒球乐园、光机电小镇景区］，国家AA级旅游景区（点）4个（非遗中心、百玫农业生态科技园、毛泽东同志新仓批示展示馆、九里亭红色民间展览馆）。省AAA级景区村庄17个（钟埭街道钟埭村、沈家弄村、大力村，新埭镇兴旺村、泖河村、大齐塘村，独山港镇赵家桥村、优胜村，广陈镇山塘村、龙萌村，新仓镇三叉河村、杉青港村，林埭镇徐家埭村、祥中村，当湖街道金家村，曹桥街道马厩村，乍浦镇马家荡村）。10月2日，北东湖旅游（赛艇）项目正式开业，赛艇运动在东湖景区正式上线。

（包怡丹）

九龙山旅游度假区

【概况】 2023年，九龙山旅游度假区接待游客约20万人次，实现旅游收入0.7亿元。

【巡视整改】 对照省委巡视问题，落实四大举措完成整改任务：完成《九龙山旅游度假区总体规划（2023—2035）》修编；成立工作专班，协调推进九龙山历史问题的清算和引进新项目的要素保障；推进九龙山基础设施建设，3.08亿元政府专项债获批复，2023年到位资金1.4亿元；重新串联“山海文化体验游、滨海运动休闲游”等主题游览线路，全年接待游客20余万人次，门票收入900多万元。

【规划设计】 2023年，九龙山管委会以“长三角旅游度假目的地文旅体融合发展示范区”为发展定位，完成《九龙山旅游度假区总体规划（2023—2035）》修编工作，对度假区内文旅产业发展进行重新布局，确定各区块的定位和重点项目，形成“一核两环四区”功能分布。9月，总体规划完成专家评审。

【设施建设】2月，九龙山管委会争取到3.08亿元政府专项债，专项债建设内容包括道路的新建和改建，游步道提升和驿站建设，供水系统、排水系统、排污系统改造，充电桩、路灯亮化工程、智慧旅游系统建设等。截至2023年底，智慧旅游系统和智慧设施项目、游步道及驿站项目、道路新改建项目开工建设。供水系统、排污系统管网改造项目着手设计。

【招商引资】2023年，九龙山管委会与上海百汇星融投资控股有限公司签订《九龙山东沙湾滨海游乐营地项目合作协议书》，项目总投资2亿元，占地面积约12.5公顷，拟打造集无动力世界、萌宠公园、公共沙滩、星空露营于一体的户外休闲基地。按照总体规划项目布局，完成度假区招商手册编制工作。推进九龙山欢乐大世界主题乐园、威斯汀酒店改造项目、国际自行车公园产业基地。

【攻坚破难】2023年，九龙山管委会提请市委市政府牵头成立土地处置、财务审计、政策协调、运营管理等多个工作专班，协调推进九龙山历史问题的清算和引进新项目的要素保障，为度假区发展建立良好的营商环境。

【安全生产】2023年，九龙山度假区安全生产形势总体平稳，未发生重大安全责任事故。九龙山管委会与区内所有经营单位签订安全生产责任书，明确安全生产目标，落实安全生产责任。定期开展安全专项督察检查，督促经营单位落实应急预案，指导区内企业开展员工消防安全培训工作，提高员工消防安全意识，确保度假区运营安全。

【社会治理】推进社区筹建工作，12月7日，九龙山社区筹建组获市政府批复，筹建组人员配备等相关事宜待确定。定期开展信访排查，及时掌握重点对象信访动态，分析矛盾纠纷形势，2023年共受理来访56批次83人次，浙江省“民呼我为”统一平台交办257件，主要涉及劳动工资拖欠、小区物业、小区环境、自来水质量等问题，全部办理完毕。

（郭海滨）

东湖景区

【概况】2023年，东湖景区以提升旅游环境和服务品质为工作重心，助推北东湖旅游项目落地，科学规划东湖景区及叔同公园优化提升方案，推进智慧化景区建设，获浙江省旅游厕所优秀案例、2023年浙江省智慧景区、第一批省级水路旅游客运精品航线等称号。全年，累计接待游客约180万人次，其中接待讲解参观、调研等团队626批次12645人次。2023年，营业收入37.95万元。

【设施提升】助推北东湖旅游项目落地，完成300平方米管理用房、200平方米水上码头、4条标准化赛道建设，提升周边绿化景观，将水上运动与自然环境有机结合。科学规划东湖景区及叔同公园优化提升方案。种植五色梅、美女樱、鸡冠花等景观花卉2.8万余株营造春节、西瓜灯文化节等重大节日景观气氛。全年，累计修剪乔灌木36250多株、色块绿篱草坪等约23万平方米，绿植覆绿4500多平方米。改造提升通灵桥及案山晓翠停车场、亲水平台，维修亭台楼阁、景观小品、园路广场、照明设施等135批次600多处。完成游船码头设施设备维护、运营船舶的年检及保养，通过水路客运企业安全生产标准化二级体系复核，为水岸交融游线运营提供硬件保障和安全保障。

【市场推介】申报“第三批浙江文艺创作采风基地”，结合水岸交融游线、廉洁文化景观线等元素，将“表演式场景”和“菜单式”讲解融入游线游览过程。西瓜灯文化节期间，在东湖核心区域设置沉浸式灯光、斜面浮台、造型美陈、主题道旗等，并创新性地将国风互动在东湖湖面展示，吸引近20万名游客打卡。协办亲子游园、共建启动仪式、文艺赋美等活动共计46场次，当湖十局举办浙江平湖“当湖十局杯”CCTV电视围棋快棋赛等围棋赛事5场，组织研学团建和公益课堂18场。“嘉兴人才日”开幕式暨首届精英赛艇邀请赛、2023“建投杯”平湖市东湖赛艇友谊赛暨东湖旅游（赛艇）

9月23日，平湖市东湖赛艇友谊赛暨东湖旅游（赛艇）项目启动（市文旅集团 供稿）

项目启动仪式在东湖举办，推动“旅游＋文化＋体育”深度融合，形成具有水乡特色的人才群体社交新风尚。

【团队管理】 建成智慧东湖数字化驾驶舱，打造以东湖景区公众号为主窗口的智游东湖体系，开设智慧导览路线、自助语音讲解等便捷功能。专题培训提升员工业务素质和服务技能，累计开展仪容仪表、普通话、讲解技巧等各类培训5次，讲解实操考核11次。做好安全巡查和秩序维护，形成“随手拍、立即传、马上办”工作模式，督查绿化养护、环境保洁、治安巡查等工作，做到100%反馈整改。妥善处理市长电话、游客投诉46件，解决服务需求与问题。

明湖景区

【概况】 2023年，明湖景区以文旅融合发展为主基调，以提升景区人气为工作重点，强基蓄力、凝心赋能，打造设施完善、环境优美、服务到位、旅游安全、形象良好的优质景区，获嘉兴市无废城市公园、平湖市廉洁文化教育基地等6项称号。贯彻“湖长制”工作，完成明湖“一湖一策”实施方案（2024—2025）编制，开展巡湖15次，拆除清理地笼、渔网等40余次。全年，接待游客约158.2万人次，其中展馆接待团队474批次，计10018人次。2023年，营业收入28.52万元。

【设施提升】 紧抓重点项目，落实旅游业“微改造、精提升”，推进池海叠翠景点口袋公园项目和“八八战略”主题馆建设项目，打造景区旅游新亮点。开展现有设施设备维保工作，完善南市商务楼宇灯光、音乐喷泉、消防设施、展馆电梯、停车场道闸等配套设施维保管理，开展各类维保200余次。

【市场推介】 完成2023年春节、西瓜灯文化节等重要节日氛围布置，其中创新布置胜利路两侧38组中国结特色灯饰。探索更优运营模式，举办第三届明湖风筝音乐节、明湖市集嗨翻天、首届明湖花海啤酒音乐节等大型节庆活动。推出全新明湖集市，暑假戏水活动期间，打造“平湖小三亚”，各类摊贩达60余家，累计吸引游客近12万人次，带

7月26日，明湖景区暑期集市戏水活动举行（市文旅集团 供稿）

动消费近600万元。利用明湖花海、南市商务楼宇视频等有限资源拓展经营性活动，做好文化馆剧场运营工作，举办首场商业性脱口秀演出。加大景区宣传力度，发布各类信息80篇，接受媒体采访12次。利用景区电子屏、南市商务楼宇灯光等做好宣传工作。

（陆天美）

南河头历史文化街区

【概况】 2023年，南河头历史文化街区从街区面貌整治、业态招引布局、运营服务管理等维度切入，聚力打造传统文化与新时代商业风潮融合的街区样板，推动平湖文旅产业高质量发展。创建省特色商业街（区），获"浙里来消费"潮流地称号，"鸣珂市集"入选全省第二批重点培育文旅市集名单。

【设施提升】 南河头一至四期实现环线贯通，涉及54幢建筑完成修缮、改造及补白建筑面积约2万平方米，落实商户"三服务"，全程跟踪、加速实施水电扩容、天然气配套、雨污水管网排查、垃圾收集点设置等一批基础设施配套工程，形成合力推进环线39家店铺装修入驻。推进南河头历史文化街区二期建设，完成地下室主体结构施工。实施"碧水绕城"工程，南河头及市河水质改善工程完成水下森林建设，卫校净水站完成安装并投入使用。

【市场推介】 适时推出开街庆典、传统美食节、啤酒节等节庆活动，借助市级媒体、公众号、视频号等媒介广泛宣传，聚集街区的人气和商气，全年累计客流165万人次，商户营业额超4000万元。南河头鸣喜桥以东环通区域自9月28日开街起，成为中秋、国庆"双节"打卡热点，其间举办古风市集、汉服巡游、舞台表演等活动20余场，吸引游客40万人次，人流再创新高，为消费复苏注入强劲动能；平湖廉文化记忆馆举办清廉读书会、艺术插花、手捏陶艺西瓜灯等活动15场，接待团队140余批次。

【街区管理】 通过健全街区管理机制，强化安全隐患排查，增配人员力量等举措，不断提升街区服务管理水平。聚焦街区各类节庆活动，做好现场管控、消防安全、应急处突等工作预案。落实节庆值班制度，增加巡逻、保洁频次，加强与市公安局、交通局、综合执法局等部门的沟通协作，保障游客游览安全。聚焦街区日常管理，开展安全隐患排查57次、垃圾分类培训1次、消防应急演练3次，提高街区工作人员和商户的安全意识、环保意识及应急处理能力；聚焦街区游客停车需求，发放停车券优惠券等。

（钱斌燕）

9月28日，南河头鸣喜桥以东环通区域开街庆典举行

（市城投集团　供稿）

莫氏庄园陈列馆

【概况】 2023年，莫氏庄园陈列馆接待中外游客6.38万人次。年内，实施建筑保护项目有：屋面扫漏补瓦，部分墙面的修理粉刷工作，朽木更替，门窗修缮、地板等木构件更换油漆；参与第47个国际博物馆日、第13个中国旅游日、第7个"中国文化和自然遗产日"宣传活动等；开展文化遗产的活化利用，组织展

览和社会教育活动；完成莫氏庄园内部分古树救治和加固工作；完成莫氏庄园三年地质沉降监测；加强白蚁防治工作，实施数字化白蚁监控，定期巡查，及时发现并处理病虫害。完成莫氏庄园陈列区域17个展柜更新。被省社科联公布为浙江省优秀传统文化普及基地联盟单位；完成2023年度莫氏庄园文物建筑养护工程。

【设施保养维修】 制订莫氏庄园日常保养维修计划，组织实施日常保养维修工作，对莫氏庄园书房外朽烂地板进行更换、对部分门窗木构件进行修缮、屋面扫漏做脊，对破损墙面修缮后粉刷，对东楼屋面炝角破损、账房过道上方天窗破损进行抢修，正门榉头破损砖雕抢修暂时加固，前花园假山加固，保障古建筑安全。

【陈列馆开放接待】 做好莫氏庄园陈列接待工作，全年接待游客6.38万人次，接待省、市各级领导和团队游客参观1096批次，为观众讲解962批次。

【公益性展览】 1月，举办“翰墨迎新春　书画展风采”挂历书画展；2月，举办“迎新春·猜灯谜”活动和“同心共享闹元宵　党群携手向未来”书画作品展；4月，举办“翰墨飘香歌盛世、丹青亮彩写华章”老干部书画展；5月，开展“粽叶飘飘迎亚运　艾香端午邻里乐”端午节活动；9月，举办平湖西瓜灯文化节精品瓜灯展；10月，举办“丹青吐秀碧绿前、墨彩飘香咫尺间”书画作品展。

【知名度提高】 配合市委宣传部做好《弘一法师——李叔同》《金庸传》纪录片和金平湖视频宣传片在莫氏庄园的拍摄工作，参加江苏吴江文旅推介。

【进出线路调整】 8月，配合南河头二期景区建设，调整莫氏庄园南侧监控线路和办公区域通信线路，加固库房东围墙和北墙。9月，配合南河头二期景区开放，关闭人民路的进出口后统一从南河头进出口出入，并调整参观线路。

【社会与经济效益双赢】 莫氏庄园陈列馆着眼于社会效益，2023年莫氏庄园陈列馆对老年人、离休干部、归侨、劳模、教师、学生、残疾人等特殊群体参观免费和优惠等措施，“三八”妇女节、“六一”国际儿童节、国际博物馆日、中国文化遗产日、中国旅游日、西瓜灯文化节等重要节日对观众实行免费开放，接待观众1万余人次。

（杨云珩）

李叔同纪念馆

【概况】 2023年，李叔同纪念馆依规免费对外开放，全年接待观众12万余人次，其中接待团体观众和免费讲解362批次，策划举办展览9个，志愿者服务时长累计442小时。接待各级领导考察调研，学校研学团队参观学习和馆际文化交流。年内，纪念馆被授予省优秀传统文化普及基地、第五批省华侨国际文化交流基地、平湖市廉洁文化教育基地等称号。

【基础设施建设】 2023年，基础设施主要为基本陈列改造项目中存在的历史遗留问题，完成场馆消防方案初稿，项目形式设计方案经社会专家讨论并提请市级会议汇报，年内完成扩初图纸绘制及项目清单初稿编制。

【书画展陈】 2023年，纪念馆临时展厅先后举办9个馆内临时展览，包括“瑞兔呈祥”——问印社·叔同书院肖形印展、“一叶一菩提”——弘一大师手书嘉言展、“秋月印泓”——长三角书画名家小品邀请展、“看见百花视野”——百花小学学生美术作业展、“桃李不言·下自成蹊”——李叔同书法展、“大有不同”——第二届绘画艺术节暨云彩援助喜憨儿与716艺塾绘画联展、“南湖锋彩”——嘉兴市第十六届刻字艺术展、叔同书院少儿培训班结业成果展、“才露尖角·艺美平湖”——新华爱高艺术高考特色班作品展。

【品牌宣传】 2023年，李叔同纪念馆利用网络平台，拓宽文化宣传途径。以微信公众号为载体，推出“展览在线”“文化精品——《护生画集》系列”“莲馆月纪”

等专题栏目，扩大馆情动态传播面，拓展宣传渠道，年末累计订阅粉丝数5800人，向社会各界宣传李叔同的艺术成就、人格精神及纪念馆馆藏文物。助力提升“叔同文化”与城市的深度融合，打造一批具有平湖特色的“叔同文化”研究成果、文艺精品、文旅项目、文化品牌。年内，协助市委宣传部打造“平湖后生”文化品牌，协办“2023平湖市李叔同音乐会”“李叔同国际诗歌奖颁奖晚会”等大型叔同文化活动。参与浙江卫视团队重点打造纪录片《李叔同》。助力市文旅体局做好省文化标识建设创新项目内容整合，作为代表在省文化标识建设评价会上作工作汇报，助力叔同文化通过第二届浙江省文化标识建设创新工作的评审。

【馆校共建】 李叔同纪念馆发挥教育职能，探索馆校共建模式，推进“第二课堂”建设。全年，纪念馆共接待13批次学校师生：1月19日，清华大学师生到馆调研；5月28日，澳门创新中学学生一行到馆研学；7月9日，暑期研学“跟着馆长去旅行”第二期第一站活动“何处觅先贤，美育伴书行”在叔同书院举办；7月27日，“小小石榴籽·共筑中国梦”嘉沙青少年融情夏令营新疆学生到馆研学等。

【文化共承】 李叔同纪念馆发挥文化传播职能，通过馆际交流、参与举办文化活动，传播优秀名人文化。全年，纪念馆共举办18批次交流活动：3月19日，由李叔同纪念馆、平湖玺印篆刻博物馆共同主办的“汲古觉新——篆刻创作中古典印风的启发”艺术讲座在叔同书院举行；5月22日，新加坡文化交流中心主任、新加坡中央美术馆馆长傅文林到馆进行文化交流，并捐赠《弘一法师亲刻印章原拓长卷》；5月23日，中国工程院外籍院士、英国皇家科学院院士、浙江大学教授唐纳德·格里尔逊，欧洲科学院院士、浙江大学教授蒙德荷·布扎恩，浙江大学求是特聘教授陈昆松，浙江大学教授李鲜、吴迪、研究员石艳娜，浙江华祥福生物技术产业园主任汪恩锋一行到馆进行文化交流；10月30日，复旦大学人文学者、文学博士梁永安，复旦大学出版社总编辑王卫东，副总经理李华，上海市杨浦区文化和旅游局副局长刘晓莉一行到馆进行文化交流。

【美育文化推广】 年内，李叔同纪念馆开设以“艺文课堂·美育树人”为品牌的社会美育项目，扩大公共文化场馆公教美育社会效益及受众、覆盖面。邀请望山学社的青年篆刻家、中国美院硕士生导师、中国作家协会会员、丰子恺外孙等艺术家、作家集聚叔同书院，开展各种形式的艺术、文化沙龙。叔同书院第一期青少年篆刻培训营结业，营员共18人，累计授课52课时，开展研学活动2次，获西泠印社副秘书长孙慰祖指导及赠书，学习过程中积累的作品于7月至8月集成举办第一次学习成果展。“书院一夏”美育品牌活动自7月9日至8月20日共策划举办5场等。

【《陈复初居士传》捐赠仪式举办】 10月21日，李叔同纪念馆举办“一卷家藏·泽被后世”纪念李叔同先生诞辰143周年暨弘一法师墨宝《陈复初居士传》捐赠仪式。弘一法师皈依弟子陈海量居士后人向纪念馆无偿捐赠家藏弘一法师墨宝。《陈复初居士传》是弘一法师在1941年应陈海量之请为其父陈复初老居士立传。《陈复初居士传》全文257字，长140厘米，宽35厘米，是弘一法师晚年的代表作之一。

（孙心悦）

旅游开发

【省AAAAA级景区城创建】 2月2日，浙江省文化和旅游厅发文《关于公布2023年省4A级以上景区城和5A级景区镇（乡、街道）名单的通知》，平湖主城区被命名为省AAAAA级景区城。

【采摘旅游体验基地新增】 11月6日，浙江省旅游协会联合浙江省文化和旅游标准化技术委员会《关于命名2023年度“浙江省采摘旅游体验基地”的通知》，平湖市结义农庄、水云庄入选省AA级采摘旅游体验基地，润极农业入选省 A 级采摘旅游体验基地。

旅游行业管理

【概况】 2023 年，全市接待国内外游客 426.4 万人次，同比增长 67.5%，旅游总收入 51.3 亿元，同比增长 32.5%。2023 年，全市共有本地旅行社 26 家（星级旅行社 12 家，其中五星级 1 家，四星级 3 家，三星级 8 家），无星级旅行社 14 家。星级酒店、绿色饭店 4 家。

【业务素质提升】 根据上级《加强导游队伍建设和管理工作行动方案（2021—2023 年）》要求，6 月 15—16 日，由平湖市文化和广电旅游体育局主办，市旅游行业协会承办的全市导游讲解员素质提升培训班在白金汉爵大酒店举办。全市各旅行社专兼职导游、各景区讲解员、金平湖文旅网红推荐官，130 余人参加。

休闲观光农业

【南河头历史文化街区新区开放】 9 月 28 日，南河头街区新区亮相。南河头街区新区商铺涵盖精品餐饮、文化体验、创意零售、传统小吃等业态，通过老建筑与新业态的新旧碰撞，演绎传统文化街区与新时代商业风潮融合的文商旅目的地。

【曹桥赛艇小镇共富街区开街】 4 月 22 日，曹桥街道赛艇小镇共富街区开街。马厩古村是吴越地区少有的春秋文化重镇，流传着千年的齐景公传说，省级文保单位马厩庙大桥耸立于此。以马厩古镇为主体打造赛艇小镇，运营乡村尺糕店、合木赛艇、网红咖啡、特色民宿的多元业态，逐渐成长为特色鲜明、业态丰富、功能完善的乡村旅游目的地。

【民宿展新颜】 2023 年度，当湖街道满亭芳客栈民宿评定为金宿级民宿，新埭镇水云庄民宿评定为银宿级民宿。按照《民宿基本要求与评价》《浙江省民宿评定实施意见》《浙江省民宿评定细则（试行）》等标准与要求，满亭芳客栈民宿属平湖首次获省级金宿级称号。

【省 AAA 级景区村庄扩容】 12 月 26 日，嘉兴市文旅局、农业农村局联合发文《关于公布 2023 年嘉兴市 3A 级景区村庄的通知》，平湖市新埭镇大齐塘村入围省 AAA 级景区村庄。

（包怡丹）

市属国有企业

平湖市水务集团

【概况】 2023年，市水务集团紧扣“百姓生活的服务员、城市运营的守护者、生态环境的修复者”定位，强化城乡供排水能力。新建、改造管网31公里，全年，总供水量5906万吨，公共供水管网漏损率5.88%；污水输送量5278万吨，城市污水处理率97.56%。

【供排水保障】 加强顶层设计。起草《平湖市市政供排水项目建设和管理实施意见（2023—2025年）》提交市政府审定，完成《平湖市域给水专项规划（2021—2035）》《平湖市污水专项规划（2021—2035）》送审，加快建设完善的供水体系。优化分质供水工作。完成给排水DMA分区计量方案编制和优质水分区计量试点，实施“分质管网”精准切换，包括市政管网24个点，企业用户63个点，实现“优水优用”。保障供排水安全。推进24个小区老旧供水管网改造提升工程，完成30个小区二次供水泵房标准化改造，开展管网巡查2万余人次，污水管网疏通40公里，安全检查305次，做好夏季高温、台风雨、寒潮等极端天气下供排水保障工作。集团获“2023年嘉兴市平安示范国企”称号。

【重点项目】 聚焦项目提质增效。完善项目“全生命周期”管理，率先完成市人大审议项目验收。东片污水处理厂三期等如期投入运行，列入市政府工作报告的西片工业污水输送专线、11号泵站外排复线、东西片污水系统连通线二期、排海管复线等项目开建。推进数字项目赋能。做好GIS管网分析、河道水质监测等已建系统的运行维护，启动建设平湖市“智慧水务”一体化平台。着力打造精品工程。推进项目建设，平湖市西片工业污水输送专线工程被评为2023年三季度“红旗项目”，平湖市城南路（建国路—平善大道）污水管网改造及维护工程获评2023年度浙江省市政公用金奖示范工程（优质工程）。

【生产经营】 提高经营绩效。建立财务预算管理制度，强化收支预算管理，合理有序安排财务支出，严控各项成本。拓展融资渠道，完成新一轮ABS发行，成为平湖首家成功发行证券的国资企业。启动集团主体信用评级工作，完成主体评级方案。固主业拓新业。4月起实施新国标，7月起实现千岛湖原水满负荷配水，实施从“源头到龙头”水质监测体系优化，确保所有指标符合国标部分指标优于国标。改变独山新材料产业园收费模式，完

9月20日，水务集团运维班组在曹桥街道社区卫生服务中心开展管道检测工作　（市水务集团　供稿）

成园区企业处理费调整工作。做强安装、物资、运维和二供等涉水业务，新增农污 1.95 万户，累计农污运维 2.75 万户，运维污水零直排 419 个区块，二级管网疏通检测 90 余公里；承接新埭镇等水环境提升工程，助力新埭镇通过嘉兴市“五水共治”重点监管镇销号现场验收。促进降本增效。采取工艺优化等措施，有效降低水厂生产电耗、药耗。

【服务民生】 落实两级服务中心“一窗受理、四端协同”关联共享，以“96390”为平台，线上＋线下、前台＋后台双向配合，并在移动端新设一“键”办理供水、污水等业务模块，提升办理效率。全年，接听咨询、报修等来电 1.5 万次，受理各项业务 3.2 万件。在实现企业用水报装“零跑腿”“零资料”办理的基础上，推进用水报装“一件事”集成改革，“获得用水”相关指标领先嘉兴市标杆指标。落实“两保户”优惠政策，办理新增减免 150 户，累计减免水费 48.5 万元。

（曹圆圆）

平湖市城投集团

【概况】 2023 年，市城投集团围绕品质城投、匠心城投、活力城投、先锋城投“四大城投”建设，各项工作成效显著，获平湖市城乡秀美工程先进集体、平湖市民生优享工程先进集体、平湖市经济建设突出贡献集体（项目破难）等多项称号。东方公园 I 标段获浙江省风景园林学会优秀园林工程奖（施工类银奖），明珠路东侧文丰路南北两侧地块安置房工程获评浙江省建筑施工安全生产标准化管理优良工地，平湖市中心城区水岸交融绿道二期工程获嘉兴市优秀园林工程奖（施工类）、第四届“嘉兴市最美生态绿道”称号，平湖市友邻中心获嘉兴市优质结构工程称号，文桥里幼儿园工程等 3 个项目获嘉兴市“红色工地”建设项目称号。

【基础设施建设】 全年，完成固定资产投资 62.56 亿元，其中项目投资 13.42 亿元、房地产投资 48.14 亿元。重大项目方面，国际科技会展中心、科创岛一期、科创文化园、科创青年城、城西便民活动基础设施项目正式开工。市政路桥方面，案山桥桥梁完成改造抬升，稼书路南延伸段二期、稚川路（东田路—毓秀路）等 5 条道路及 4 座桥梁完成建设，建成道路总长约 2.2 公里；梦飞路（祥中路—洁芳东区）开工建设。景观绿化方面，新增绿化面积 1.33 公顷，松枫港公园、上海塘公园、平湖人才公园等建成开放；明湖城市新区风貌区启动建设。民生实事方面，毓秀雅苑 1592 套安置房基本建成；环北二路北侧城北路东侧安置房加快推进；学舟锦庭、名瑞华府等完成交房 345 套；毓秀幼儿园、东方未来社区交付使用；顾家廊下幼儿园、毓秀路友邻中心完成建设；北河淒幼儿园、文桥里幼儿园、南市路西侧鸿达路北侧立体停车楼稳步推进。公建配套方面，完成全民健身中心游泳池改造及东望樾府人才公寓装修，市人民法院新仓人民法庭基本建成。

【招商引资】 全年，实现合同外资 7000 万美元，实到外资 4000 万美元。与上海闵行南滨江公司

9月22日，明湖国际科创岛系列项目集中开工仪式举行

（市城投集团　供稿）

签订合作协议，拓宽产业创新发展合作新渠道。平湖里招引入驻商铺101家，业态品牌71个，成功打造平湖首个市集＋早餐商业服务新模式。南河头鸣喜桥以东环通区域正式开街，招引入驻文和里美食文旅综合体、Tims咖啡、莫氏文人面馆等商铺39家，品牌首店率超80%。北东湖旅游（赛艇）项目签约落地并实现开放运营，带动“运动＋旅游”深度融合发展。明湖国际科创岛先导区达成合作协议，青创大厦、南河头江南宿集等达成合作意向。邦芒科技大厦竣工，解放路北侧商业中心、宋庆龄幼儿园基本完成主体结构，城市服务业发展后劲持续增强。

【经营业务】 加快拓展投资经营渠道，强化资产运营管理，提升整体盈利能力，增强自身“造血”功能，实现集团高质量转型发展。按照国企整合提升要求，完成建投集团股权架构重组和主体信用评级工作。平湖银泰项目签约落地，打造商业新地标。集团下属首个混合所有制公司中城服务公司实体化运作，实现年合同金额3442万元，并与新埭镇达成战略合作，成立中新服务公司。市区首个邻里生活沉浸式社区商业综合体——平湖里对外运营，累计客流80万人次。天樾府项目加快建设并启动销售。阶段性股权收购四季华庭项目，保障项目顺利推进。实现经营性用房租金、房产销售等各类经营业务收入约1.58亿元。

（钱斌燕）

平湖市交通投资（集团）有限公司

【概况】 平湖市交通投资（集团）有限公司成立于2013年12月，是受平湖市人民政府国有资产监督管理委员会监管的市属国有独资公司，注册资本10000万元，主要承担负责全市公路、桥梁、铁路、航道、公交场站、公交线路、公共自行车、绿化养护等项目的投融资、建设、经营和管理等职能。2023年，集团总资产115亿元，承建交通重点工程项目10个，完成固定资产投资13.5亿元，新增授信额度24.2亿元，实现营收9.12亿元。

【重点工程】 平湖至安吉公路平湖新仓至曹桥段工程S302平

8月26日，平湖里启用仪式举行　　　（市城投集团　供稿）

湖段是省重点工程项目，由主线和连接线两部分组成，其中主线起点位于新仓镇平廊公路与新仓连接线交叉口，终点接入金平湖大道，按一级公路，双向六车道设置，路线全长30.014公里；连接线起点位于新仓镇平廊公路与新仓连接线交叉口，终点位于新仓连接杭浦跨线桥南侧，按一级公路，双向四车道设置，路线全长约4.1公里。项目总投资约21.34亿元，途经新仓、广陈、钟埭、当湖、曹桥5个镇街道，2020年4月2日开工建设，2023年11月15日平善大道至东园大桥段竣工通车，2023年底，新仓至广陈段竣工通车，除六里塘大桥单幅通车外，项目全线贯通。

嘉善至永嘉公路平湖新埭俞家浜至大齐塘改建工程（S202） 是长三角区域打通省际断头路的省重点项目，主线位于新埭镇善新公路上海与平湖交界处，终点位于乍兴公路，路线全长10.594公里；连接线起点位于平兴公路与虹桥路平交口，终点位于省界处与朱吕公路相接，路线全长4.9公里。项目总投资约11.46亿元，于2020年10月9日开工建设，2023年9月22日完成交工验收并于9月28日全线通车。

302省道与525国道平改立工程　是平湖首个国道下穿项目，位于广陈镇民主村，长约1.13公里，设置框架桥1座，钢筋砼U形槽240米/2段，项目总投资1.41亿元，主线采用一级公路标准兼顾城市道路功能，设计速度80公里/小时，双车道匝道设计速度60公里/小时。项目于2023年1月1日开工建设，11月底完成主体建设并实现区域通车。

盐平塘大桥　是浙北高等级航道网集装箱运输通道平湖段的重点工程，被列为平湖市高水平建设交通强省的重点项目，位于平湖市主城区南向主干道上。盐平塘新桥全长190米，总投资约1.72亿元，于2022年10月开工建设，2023年12月28日正式通车。共设双向六车道，设计速度80公里/小时。

9月28日，嘉善至永嘉公路平湖新埭俞家浜至大齐塘改建工程全线通车
（市交投集团　供稿）

虹霓大桥　新建虹霓大桥是浙北集装箱通道项目新建桥梁之一，位于虹霓老桥北侧，上跨乍嘉苏线乍浦塘三级航道。路线全长1483米，其中桥梁长约584米、宽15米。项目于2022年12月启动建设，2023年底完成沥青混凝土摊铺工作，项目建设转入附属设施施工阶段。

长胜路高桥改建工程　项目起点位于毓秀路，终点位于西江路，上跨杭平申线航道及南环路，全长2公里，是平湖市首座高架，总投资约5.36亿元，建安费3.29亿元，于2023年6月30日开工建设。

228国道平湖独山港至林埭段改扩建工程　该工程是国家公路网规划中一条重要的沿海通道，主线起点位于228国道浙沪交界处，经独山港镇、林埭镇，终点位于228国道与天妃路交叉口，全长约19.7公里，其中高架桥长约3.5公里。采用一级公路标准，双向六车道，设计速度80公里/小时。项目总投资约35.1亿元，建安费约25.4亿元，于2023年11月24日开工。

【产业经营】 年内，市交投集团发展绿化养护、生物质燃料、氢能源公交、充电桩、太阳能光伏、智慧停车等绿色产业，拓展钢筋、水泥等物资贸易和预制梁板生产销售。2023年，物资贸易完成营收4.93亿元。

【民生服务】 2023年，新建公交候车亭20个、移动电子站牌938个、公交充电桩16个。开通公交IC卡线上充值服务。新增公共自行车站点10个，更新公共自行车800辆，其中结合人大代表建议，新增亲子款、观光款公共自行车共200余辆。运营城市公交6路、7路和游1路三条氢能源公交示范线，全年，安全运营里程达150万公里，服务乘客约110万人次，实现减碳约500吨。

（许业海）

平湖市文旅集团

【概况】 市文旅集团以“近悦远来、美美与共”为发展宗旨，聚焦主业经营、强化开源节流、健全运营机制，自2023年10月实体化运作起，实现经营收入322.91万元，占全年拓展性经营业务收入的37.2%。

【机构成立】 2月12日，《平湖市国资监管和市属国企整合提升方案》正式发布，明确平湖市文化旅游投资集团有限公司向实体化转型发展。根据《平湖市人民政府办公室关于印发平湖市文化旅游投资集团有限公司等市属国企主要职责内设机构和员工总额规定的通知》，确定文旅集团负责组织实施全市经济社会发展总体规划和文化旅游业发展规划相关工作，负责旅游景区、文旅项目及相关配套设施的投资和建设，负责全市文旅国有资产的经营和管理，负责所属旅游景区营销推广、品牌建设和旅游商品开发，延伸旅游文化产业链，负责组织开展旅游项目招商合作和投融资运作等6项具体职责。内设3个职能部室，包括“一办二部”（办公室、项目开发部、旅游经营部）；员工总额10名，其中领导职数3名、中层职数3名。

【投资板块】 年内，与浙江鹰美娱乐有限公司合作，投资梁咏琪四大都市演唱会。与北京旱獭文化发展有限公司、上海戏剧学院合作，投资国潮木偶剧《大羿射日》并启动全国巡演，12月在河北怀来县成功商演5场。

【业务经营】 依托“平湖文旅集团”微信公众号平台，建成“文旅商城”，分为平湖乡味、文趣好物、福利团购、文旅甄选四大板块，与28家商家达成合作，将本土产品、文创产品、时令产品等上线售卖，上线2个月实现营收58.96万元。在“山海几千重”不夜城项目开设中国福利彩票店和喜雨坊文创店（自行开发文创产品20款），自开业起实现营收53.8万元。

【旅游资源】 串联整合全市景区景点、酒店民宿、餐饮饭店、非遗美食、平湖礼物等五方面内容，创新推出“金平湖旅游一票通”，并设计推出“趣享时光亲子互动”“最忆平湖城市休闲”“奇遇山海欢乐亲子”“游闲漫步生态自然”4条到平湖一日游、二日游线路，与浙江、上海30家头部旅行社形成有效互动，市场化销售“金平湖旅游一票通”4033册。

11月3日，“金平湖旅游一票通”发布仪式举行

（市文旅集团　供稿）

【文旅推广】 立足旅游板块，重场景强经营，谋划东湖景区由景区管理型向场景创造型转变，根据典籍记载，设置雅集、戏会、灯会、民俗等新场景，推出“风来鹁湖”抖音直播项目，重点推介东湖风光、南河头历史文化街区，直播销售游船船票。明湖景区由景区管理型向场地经营型转变，重点推出“四季有约”篇章，并利用城市展示馆、名人馆、CBD灯光秀、明湖花海、文化馆剧场等阵地资源，开展经营性活动和商业化运作，变公园为产品。新燕旅游公司进一步挖掘水岸交融游线资源，深度研究与外地旅行社的商业合作模式，通过开展游船特色航班、游客地接服务、门票关联、包船返利等多种形式，丰富水上体验项目内涵，持续提升游线吸引力。

（陆天美）

城乡建设

国土空间规划

【概况】 2023年，全市国土空间规划工作顺应新时代国土空间治理新要求，按照全域统筹、保护耕地、绿色生态、以人为本、集约高效的原则，构筑国土空间开发保护新格局。科学开展国土空间规划编制，守牢“三区三线”。10月，《平湖市国土空间总体规划（2021—2035年）》完成第一轮省厅审查，基本构建“一主一副两极、金边银线彩环”的国土空间开发新格局。

【专项规划提质】 聚焦全市道路系统提档升级，完成《平湖市慢行系统专项规划》《平湖市中心城区完整街道品质提升专项规划》编制，布局“双芯一环九廊”的市域慢行系统总体框架。完成《平湖市低效工业用地整治提升规划》，获2023年浙江省土地利用优秀成果三等奖、嘉兴市优秀城乡规划项目三等奖。

【空间规划管控】 构建高品质的城市空间，编制完成平湖市总体城市设计、明湖科创湖区城市设计、高铁未来城城市设计。完成南市新区高铁片区城市设计概念方案征集工作，深化研究高铁站场一体化方案。完成老年大学改扩建、胜利路与西环线衔接段、乍浦塘东关桥路北地块等区域研究，提升规划前瞻性。

【详细规划细研】 完成全市域控制性详细规划实施评估，结合城镇开发边界重新划定单元，中心城区共划定28个单元，全市划定49个单元。推进控规单位编制和局调工作，印发《关于进一步明确控制性详细规划修改程序有关事项的通知》，简化控规局调流程，全年共完成局调21次，涉及20个控规单元。协同推进城镇开发边界外20个行政村的实用性村庄规划编制，完成12个村庄规划修编。修订国土空间规划委员会议事规则，完善规划管控机制，全年组织召开国土空间规划委员会专题会议21次，办公室会议90次。

（徐谌育）

城乡建设

【概况】 2023年，市建设局做好稳增长、促改革、惠民生、防风险各项工作，推动住房和城乡建设事业高质量发展。创建第十一批国家节水型城市，被列入国家级服务业标准化试点，入选省首批城市交通慢行系统建设试点、农房建设综合监管改革试点、省“浙里城市生命线及地下空间综合治理”一级建设场景试点，城区滨水绿道项目获中国人居环境范例奖，涉路涉绿审批“一件事”改革获2023年度平湖市营商环境优化提升“一号改革工程”第一批创新案例称号，平湖市物业管理服务中心获评全国住房和城乡建设系统先进集体；独山港—新仓—广陈县域风貌区创建省级样板，钟埭社区、曹桥社区、徐家埭社区获评省级引领型未来社区，龙吟社区、东方社区获评省级普惠型未来社区，大齐塘村、沈家弄村、周家圩村获评省美丽宜居示范村，其中大齐塘村获评省优秀，新增省级“一老一小”服务场景20个、共富风貌驿3座（东湖芳草驿、林埭桥下体育公园、广陈文体中心）；强社惠民、智慧园林、风貌提升等工作在全省工作会上作典型经验交流。全年，授牌县级“红色工地”77个，嘉兴市级“红色工地”40个，成立嘉兴市首个瓶装燃气行业党组织。推进84项年度重点目标任务。加强垃圾分类、办公用房和公车管理等方面综合督查整改，推进清廉工程建设。完成市委巡察整改，解决整改问题17条，运用“四种形态”处理5人，建立健全制度10项。

【人大建议和政协提案办理】2023年，市建设局继续完善人大建议政协提案办理机制，出台《平湖市住房和城乡建设局2023年建议提案办理工作方案》，以文件形式交办任务，明确办理内容和办理要求，承办人大议案、建议和政协提案42件，通过前期上门意见征求，中间办理反馈、后期召开通报会形式，提高办结率。2023年，分别被市人大和市政协评为议案建议和政协提案先进承办单位。多举措实现矛盾纠纷总量下降和信访积案清零，处置房地产领域各类矛盾和协调农民工劳资纠纷，全年化解处置各类矛盾纠纷约3000件。

【美丽宜居示范村建设】指导钟埭街道沈家弄村、独山港镇周家圩村和新埭镇大齐塘村完成项目建设，于5月通过省级验收，其中大齐塘村获优秀村庄称号。指导钟埭街道钟埭村、广陈镇三红村、新埭镇星光村加快推进建设进度，邀请专业技术人员开展技术服务支持。截至2023年底，全市有22个省级美丽宜居示范村试点村庄，其中完成项目建设的19个村均一次性通过省级考核验收，获评国家级美丽宜居村庄示范1个、国家级美丽乡村1个，省级美丽宜居示范村优秀村庄11个，通过率、优秀村庄数量均居嘉兴前列。经申报推荐，新仓镇中华村被省厅确认为2024年度彰显浙派民居特色的美丽宜居示范村试点。

【农村危旧房治理改造】常态化开展农村房屋安全网格巡查，落实基层网格化巡查机制，强化自建房安全长效管理。开展自建房排查“回头看”，提高危房排查精准度。深化农村危旧房治理改造，利用各项政策渠道，通过维修加固、拆除重建等工程措施消除安全隐患，及时发现农房安全隐患，全年排查鉴定发现农村困难家庭危房14户（其中C级危房12户、D级危房2户），均按期完成改造治理。同时,实行“两个必须”强化改造施工管理，即完成改造的房屋必须通过竣工验收，对通过维修加固方式解危的，必须进行房屋安全复核鉴定。

【农房建设管理】开展镇街道农房风貌调研，组织编制新版《农房设计通用图集》《平湖市农房风貌管控实施指引》，更新《农房风貌管控正负面清单》。执行农房建设带方案审批制度，加强现场管理。鼓励优先采用农房图集，农户自行委托设计的方案按照《农房风貌管控正负面清单》进行审核。提升农房建设文明施工和日常监管，严格落实“四到场”制度，实施“挂牌施工”制度、推行“绿色”围挡。健全农房建设综合监管队伍、多层级巡查体系，落实村级协管员（网格员）日常巡查、第三方监理单位技术巡查、镇街道综合检查，同时由市建设局牵头，会同市农业农村、自然规划、综合执法、技术专家组成专项检查组每月抽查。探索试点实施政府代建模式，引导吸纳施工企业进入农房建设领域。新埭镇星光社区三期建设创新采用政府统建模式，由施工企业承接农房建设项目，有效缩短农房建设周期，提高农房建设品质。7月，会同青田县祯埠镇联合开展“山海协作”交流，举办农村建筑工匠培训会，邀请技术专家分别就农房施工安全管理和“农房浙建事”系统应用开展深入讲解，共培训农村建筑工匠及其施工班组人员520人。

【历史文化保护】 组织开展平湖市历史文化资源普查工作，完成普查报告，为后续平湖市历史文化资源保护传承规划编制打好坚实基础。会同市文旅体局、自然资源和规划局、消防救援大队，对全市各镇街道历史建筑保护工作进行联合专项检查，进一步规范管理措施，消除安全隐患，保障历史建筑安全。完成年度市级传统村落申报工作，新埭镇鱼圻塘村和新仓镇杉青港村入选嘉兴市第二批历史文化传统村落重点村创建名单。

【农村生活污水治理改造】 先后出台制订《平湖市农村生活污水治理攻坚行动方案（2021—2025年）》《平湖市农村生活污水治理攻坚行动项目建设资金管理办法》。成立农村生活污水治理攻坚行动工作推进组，建立推进组成员单位联席会议制度，先后召开联席会议8次，协调解决重大问题20余个。共收集新一轮农村生活污水治理项目97个，涉及151个标段，总投资4.6亿余元，在全省率先推行农污驻镇工程师全过程监管，制订《平湖市农村生活污水治理管理方案》，构建“市级队伍定期督导、镇级队伍日常巡查、专业队伍驻镇监管”的三级管理体系。制定农村生活污水治理设施建设质量评估细则，确保新一轮农村生活污水治理项目保质保量完成。新建农村生活污水治理项目实现竣工即移交，形成一体化运维新格局。全市行政村覆盖率达100%（其中自然村落全覆盖），设施水质排放达标率为99.86%，完成处理设施标准化运维全覆盖，获浙江省、嘉兴市2022年度考核优秀。

（全峰正）

“三改一拆”工作

【概况】 2023年，“三改一拆”办锚定“无违建”创建总目标，保持定力、精准发力，打好拆、改、用、控组合拳，“三改一拆”工作获新进展，创建成功浙江省2022年度无违建县（市、区）。

【主要过程】 3月3日，召开全市“三改一拆”工作动员部署会议，下达计划任务。4月7日，召开全市农村杆线整治推进会，落实行动方案、部署年度重点任务。4月20日，召开平湖市工业企业存量违建分类处置第四批拟补办手续项目联审会议，推动存量违建分类处置。6月7日，省“三改一拆”办到平湖开展违法建筑数据质量现场核查工作。9月13日，召开全市“三改一拆”工作会议，推动工作走深走实。10月19日，嘉兴市“三改一拆”办到平湖专题调研。12月8日，省民生休闲电台到平湖对《三改一拆 浙十年》取景拍摄。12月15日，召开全市“三改一拆”创先争优工作部署会议，培训场景运用、学习考评办法，明确任务、压实责任。平湖创建浙江省2022年度无违建县（市、区）成功。

【做法概要】 前瞻布局，健全工作机制。年内，先后出台《2023年度平湖市“三改一拆”工作要点》《平湖市“三改一拆”行动领导小组办公室内部工作职责和分工的通知》《平湖市“三改一拆”防违控违巡查暗访工作办法》等各类文件，通过明确工作重点、开展长效监管等一系列工作机制，为防违控违工作保驾护航。锚定目标，落实拆改任务。根据年初制定的工作目标，坚持以安全为底线，持续深化“三改一拆”行动。全年，拆违面积34.48万平方米，三改面积184.48万平方米，助力2023年度嘉兴违法建筑安全治理指数获“绿码”。压实责任，推进“无违建”创建。围绕创建省“无违建”示范县（市、区）目标，持续深化“无违建”治理指数应用场景，强化省库数据质量管控。同时依托“无违建”治理指数评价体系，对8个镇街道进行治理成效评价。加强联动，抓好违建处置。紧抓安全主线不放松，根据上级工作要求，组织开展涉安违建和自建房安全隐患再排查再整治专项行动，召集市建设局、自然资源和规划局、消防救援大队等相关部门分组对8个镇街道涉及“三个安全”的违建开展再督查，确保存在重大安全隐患的违建发现一处、处置一处。同时做好存量违建分类处置，全年组织相关职能部门对3家申报企业进行联审，其中2家企业通过集中联审并落实补办工作。攻坚克难，持续推进农村杆线整治。8个镇街道通过试点先行、示范扩面，有序推进整治工作，24个行政村，454个自然村落同步开展杆线整治工作，涉及农户18379户，整治面积123.6平方公里。截至年底，累计拔除废杆11821根。

（吴杰）

建筑业

【概况】2023年，践行“创新、协调、绿色、开放、共享”发展理念，转变建筑业发展方式，深化建筑领域“放管服”改革，规范建筑市场秩序，加强质量安全管理，推动科技创新，促进建筑业转型升级，推动全市建筑业高质量发展。实现建筑业产值102.67亿元，同比增长8.9%，其中省内产值95.14亿元，同比增长10.7%。新增嘉兴市建筑产业现代化示范企业2个。着力打造精品工程，全市在建项目获授钱江杯1个，获评省优秀平安工地1个、省建筑业新技术应用示范工程1个、省标化工地7个、南湖杯5个、市标化工地15个、当湖杯57个，获评高星级绿色建筑示范工程1个。

【建筑业市场提升】建筑业市场稳步提升，房屋建筑施工面积623.1万平方米，新开工面积129.6万平方米。进入建筑业统计报表的企业63家，共签订建筑业合同总额205.63亿元，其中本年新签合同额82.43亿元；实现建筑业产值102.67亿元，同比增长8.9%，其中省内产值95.14亿元，同比增长10.7%，实现利润总额0.64亿元。

【市场管理】协助审核上报2022年度全市建筑业财政专项资金补助14项，确认下达250.74万元。在工程招投标方面，对围标串标行为零容忍，一经发现相关线索立即启动调查。组织召开建设工程招投标代理机构座谈会，加大建设工程招投标代理机构监管力度，推进工程招投标常态化、长效化管理。会同相关单位强化中标后监管，对人员变更频繁的项目和企业进行重点关注，区别化管理，加大排查频次，深挖潜在线索。通过规范招投标市场，强化合同履约管理，常态化管理关键岗位人员，净化建筑市场秩序。推行关键岗位人员人脸考勤，至2023年底全市累计办理考勤的规上项目957个，累计办理考勤人员913458人。累计形成专项通报34期，对未及时办理考勤及考勤率较低的企业全市通报并集中约谈，相关人员依法律法规处理，近三年因施工企业关键岗位人员未到岗履职做出行政处罚64起，涉及78人次，罚款总金额达21万余元。

【工程质量监管】出具质量监督报告188份，质量整改通知书315份，质量竣工验收通知书171份。组织房屋建筑工程主体结构验收，做到逢验必检，全年抽检混凝土强度632个构件，钢筋保护层厚度45组，楼板厚度215间；实行市政道路项目每月必查制度和道路工程挖验制度，每个项目每结构层验收必经实体监督检验，全年开挖16次。

【绿色建筑发展】全市新开工装配式项目24个，新开工装配式建筑占新建建筑比例为38.93%，面积144.56万平方米，其中装配式住宅面积77.49万平方米，共完成太阳能等可再生能源建筑应用46.87万平方米，公共建筑节能改造面积2.69万平方米，超低能耗建筑面积2.17万平方米，实施高星级绿色建筑示范工程1个。修订发布《平湖市建筑领域碳达峰实施方案》《平湖市绿色建筑专项规划（2022—2030）》。召集各相关部门、镇街道及在建装配式项目建设单位、施工单位负责人召开《平湖市绿色建筑专项规划（2022—2030）》暨建筑工业化宣贯会议，加强装配式建筑工程建设过程管理，着力促进建筑工业化发展。

【平安建设】开展建筑工地高处坠落、电气焊、有限空间等专项整治行动，多维度推进建设施工领域平安建设。开具安全生产整改单533份，其中责令停工项目23次，局停63次，限期整改447次，对25个安全生产管理混乱、现场较差的项目进行通报。施工现场快捷办或移送相关行政处罚73起，已结案59起，处罚金额63.72万元；对两起因涉嫌使用伪造特种作业证许可证的违法行为进行一案双罚。制订针对建筑施工领域各方的年度培训教育计划，落实下沉式教育，打造“民工安全培训夜校”“企业安全责任人专班”“起重机械安拆工人专项培训”等平湖市建筑施工领域培训品牌，建立全覆盖式安全教育模式。全年，组织开展各类培训45次，培训5800余人。

【智慧云监管平台应用】依托浙江省工程建设数字化管理系统、平湖市建筑业智慧监管云平台等管理服务平台改造升级平湖市安全监管系统，推广深基坑智慧检测应用，优化实名制模块，实现在建工程“实名制”管理智能考勤系统覆盖率100%。优化运用欠薪预警系统，稳步推进造价2000万元以上在建工程施工总承包单位配备专职劳资专管员，实现全年建筑领域劳资纠纷信访总量和群体性劳资信访同比下降，助推“无欠薪金平湖”城市品牌建设。

【建筑工地扬尘治理】开展多部门联合检查36次，将扬尘治理费用列入工程造价。推进控尘新技术应用，推行视频监控和扬尘在线监测安装管理，并将安装率纳入各乡镇五气共治考核。截至2023年底，已接入扬尘监测规上项目420个，自动形成的全市当日、每月PM2.5、PM10监测数据排名前十、后十项目，结果直接作为全市文明工地红黑榜评判依据之一，将监控监测安装情况纳入平湖标化、嘉兴标化等评优评先要求。

【“无欠薪”建筑业考核】接待处理信访件206起，涉及人数3196人，调处民工工资金额约1.13亿元。推行《平湖市建筑领域劳资纠纷专项整治行动方案》，成立涵盖镇街道、相关部门的建筑领域劳资纠纷专项整治工作专班，制订专项整治行动方案，细化属地镇街道对拖欠农民工工资矛盾的排查和调处具体工作要求。推进造价2000万元以上在建工程施工总承包单位在工程项目部配备专职劳资专管员，促使企业履行无欠薪主体责任。优化平湖市建筑业智慧监管云平台欠薪预警系统，对全市规模以上在建项目在业务申报时自动进行专户资金缺口金额及比例核查，使欠薪治理由事后查处向事前预防、事中监管转变，由末端治理向前端治理转变。实行分级管理，对全市房地产项目和发生过讨薪行为项目重点监管，排摸民工工资专户使用情况、缺口比例和支付比例，对制度落实严重不到位的项目主体进行联合约谈，保障平安建设及无欠薪示范市的考核。

房地产业

【房地产市场销售统计】完成房地产开发投资额108.99亿元，同比减少17.1%。商品房新开工面积22.67万平方米，竣工面积120.83万平方米，商品房销售面积32.49万平方米，其中住宅销售面积31.09万平方米。

【房地产行业管理】2023年，在“稳字当头、稳中求进”的总基调下，从完善政策支持、增强服务意识、提升发展环境等着手，进一步优化政策、举措的着力点和实施方式，发挥协同效应，稳定市场预期，提振市场信心。核发商品房预售许可证12张，累计纳入预售资金监管项目29个，协议监管资金约120.90亿元。网签数据显示：商品房（预）销售备案合计3413套（间），备案面积33.50万平方米，备案金额52.68亿元，其中住宅备案2962套，备案面积29.04万平方米，备案金额47.26亿元，住宅备案均价16273.96元/平方米。全年，共办理二手房交易申报4232件，建筑面积46.66万平方米，交易金额46.9亿元。

【直管公房安全性排查】定时跟踪安全排查，全年共检查维修公房147户，巡查113人次，其中大修8户，中修15户，小修124户，合计维修面积7458平方米。完成移交新埭6处公房建筑面积约450平方米，钟埭62处公房使用面积2767.53平方米，黄姑34处公房使用面积2216.98平方米。完成租赁备案登记20件。

【住房保障】发放公共租赁住房租赁补贴1547户（次）、389.81万元，覆盖至城镇中低收入住房困难家庭、新就业无房职工和稳定就业外来务工人员，配租公共租赁住房实物房源13套，住房保障受益覆盖率提升至28.4%。创建全省首个公租房清退地方标准《公共租赁住房清退服务规范》，填补公租房清退领域标准缺失的空白。通过实施保障性租赁住房建设项目审批全流程服务，实现项目早启动、早开工、早投入，其中面向社会供应房源比例超30%。全年，共筹集建设保租房房源1810套，完成率151%，累计9060套，完成“十四五”期间总目标任务的78.59%。及时下达各级补助资金，纳入全省管理服务平台管理，促进项目落地实施，提升管理水平，全年落实央补直达资金补助3316万元。推动和追踪城镇棚户区改造项目进度，累计开工建设棚改安置住房16812套，竣工15252套，竣工率达90.7%，交付15098套，交付率达89.8%，完成年度棚改工作任务。

【白蚁防治】 受理登记新建房屋白蚁预防公共服务项目111件，建筑面积410.86万平方米，共发放白蚁预防证明108份。开展新建房屋白蚁预防监测控制技术应用，完成预防施工项目77个，竣工面积260.7万平方米，安装监控装置8561套；完成监控项目检查维护134个，面积776.4万平方米，装置数量28076套。完成药物屏障项目回访复查51个，面积251.21万平方米，处置蚁害6户；处置群众蚁情蚁害咨询服务68起。

【危旧房治理】 落实城镇危旧房管控措施，对新增的22幢丙类危房完成人员腾空和封闭硬隔离措施，指导属地政府制订“一房一策”解危方案，截至12月底拆除5幢。

（全峰正）

住房公积金管理

【概况】 2023年，嘉兴市住房公积金管理服务中心平湖分中心持续扩大惠民生促发展制度优势，推动住房领域共同富裕，以不断提升公积金覆盖率和受益面为主线，发挥住房公积金支持住房保障作用。全年，新增住房公积金缴存单位319家，净增缴存职工6576人，累计缴存住房公积金单位3690家，实际缴存职工125904人，超额完成2023年度浙江省公共服务“住有宜居”工程下达的12.5万公积金实缴人数任务；全年，归集住房公积金22.11亿元，提取公积金金额17.19亿元，累计归集余额52.65亿元。审批办理职工个人住房公积金贷款2333笔，发放公积金贷款10.98亿元，同比增加7.75%，回收个人住房公积金贷款6.23亿元，同比增加17.17%，年末贷款余额49.34亿元，逾期贷款率为0，存贷比达93.71%。通过对住房公积金的合理运用，全年，实现增值收益8039.27万元。

【制度扩面】 进一步发挥行业规范建缴带动作用，举办全市人力资源型非公企业住房公积金建缴推进会暨政策宣讲会，助推全市96家人力资源型企业缴存开户公积金，同比增长52%。推进人力资源型非公企业建缴公积金工作获市长周军波批示。强化与市经信、统计等多部门联动，向全市规模以上未开户377家非公企业发送《关于告知有关企业尚未建缴住房公积金的函》，督促建缴。向8个镇、街道发送《关

6月13日，全市人力资源型非公企业住房公积金建缴推进会暨政策宣讲会举办
（市公积金中心　供稿）

于请各镇街道告知有关企业尚未建缴住房公积金的函》，依托镇街道引导、帮助企业开户。助推灵活就业人员缴存公积金，到抖音直播基地、平湖服装城等地宣传推广灵活就业人员建缴公积金政策，累计新增灵活就业人员公积金缴存974人。

【住房消费】 落实提高存贷倍数和提取住房公积金支付购房首付款政策，年内发放公积金贷款中首套房占比76.21%，涉及资金8.15亿元，提取占归集金额77.52%，住房类提取占比达80.63%，租房提取2.34亿元。进一步落实公积金支持人才安居、首贷额度上浮、首套利率下降、贷款首付比例下降、"浙有善育"等一揽子支持住房消费"政策组合拳"。为符合人才政策的630户家庭办理公积金贷款，平均每户贷款额达56.4万元。受理符合"浙有善育"二孩及以上家庭公积金贷款85笔，涉及金额5404万余元。做好楼盘备案准入及实地核查，持续做好"保交楼"工作。加大对保障性住房建设的支持力度，向全市提供城市廉租住房建设补充资金2655万余元。

【营商环境优化】 做好拟上市企业合规辅导，为20余家企业开具合规证明。举办公积金缴存先进企业评选活动，共评出5家先进缴存企业。结合"亲清夜沙龙"活动，到宜兰汽配（平湖）有限公司等36家重点企业开展走访和政策宣讲，共计520余人次，发放宣传资料3000余份，"金小二、惠民生"入选全市营商环境服务品牌清单。融入长三角一体化发展，推进业务"全市通办"率100%，实现租房提取、物业费提取等多项业务"智能秒办"。通过"网办、掌办"共办结提取业务124527笔，好评率达99.4%。通过"跨省通办"、长三角"一网通办"办理协查、提取业务共58笔；公积金异地转入转出2149笔。全年，累计完成公务员、事业单位"一件事"、法院查询"一件事"、企业开户、退休"一件事"等共计6410人次。线上受理新居民积分查询核验409笔。

【公积金依法行政】 推进公积金领域行政执法工作，与企业协调、沟通公积金欠缴事宜，走访欠缴投诉企业5家，立案调查9件，同比增加800%，结案5件，为职工追回欠缴公积金7452.27元。针对国家审计交办的"云蜂公司欠缴住房公积金"问题调查取证，制订整改方案，配合印发《平湖市人民政府办公室关于印发加强人力资源市场监管若干意见（试行）的通知》规范全市人力资源型企业建缴，完成云蜂公司欠缴问题销号整改。优化受托银行考核办法，将考核结果与资金竞争性存放相挂钩，完成年度公积金资金竞争性存放招投标4.3亿元。

（骆琰）

市政公用事业

【概况】 启动南市路（建国路隧道—前进大道）改造工程，完成城镇基础设施养护与维修1350万元，路灯养护595万元。

【市政道路养护】 实施2023年市政设施提升工程、2023年市政设施零星维修工程、2023年市区桥梁检测评估工程、2022年度市区雨水管道疏通养护工程、2023年平湖市主城区桥隧设施养护项目、2023年市政设施小中修工程等6个项目。完成三港路文秀路口渠化改造，上海塘路等1.3公里道路起伏不平病害整治，芥菜港桥、潘家桥2座桥梁桥头跳车整治，福臻路中梁壹号段积水点整治，永丰路（平善大道—如意路）、如意路西侧（永丰路—当湖路）人行道改造，梅园路（胜利路—池海路）中央隔离护栏安装，三港路北侧（东湖大道—春晖路）盲道改造等。完成市区169座桥梁结构技术状况、整体性能和安全性综合评估。完成32公里道路雨水管道疏通和修复。正式接收建国南路隧道工程养护工作。出台《平湖市城市道路两侧地块退红线区域管理办法》。

【道路改造】 南市路道路改造工程，采用评定分离的招标形式确定施工、监理单位，项目于12月18日进场，截至年底完成东方路以北段东侧路基注浆，隔离带混凝土浇筑，侧平石安装。解放路道路大修工程，完成施工图设计。东方路(稚川路交叉口)立交建设工程，方案通过城规委专家评审。

【燃气行业管理】依托市镇两级燃气安全管理工作专班，针对问题“气、瓶、阀、管、网、环境”等重点领域和关键环节，开展城镇燃气安全专项整治和城市运行领域安全生产隐患大排查大整治行动，完成2轮燃气企业全覆盖体检，落实“五张清单”联合检查，集中排查整治餐饮商户、自提用户、经营性自建房、住宅小区车库、建筑工地等用气场所2133家，隐患整改完成率100%，隐患542个，整改完成率100%。推进餐饮主要负责人落实安全生产主体责任培训，实施瓶装燃气配送到户安全化服务，落实送气人员入户安检制度，发现并整改隐患641个，停气处理8790户，整改率100%，同时不定期抽查自提购气和实名登记情况。推进天然气“三进”和“瓶改管”工作，完成新建天然气管道25公里、改建1.5公里，新配套老旧小区10个，农村新社区新配套10个，瓶改管40家，建成东升CNG加气站和兴平LNG气化站、为瓶装燃气居民用户更换金属波纹管和减压阀1.6万套、为天然气居民用户更换6027套，天然气波纹管覆盖率100%。创新开展燃气安全“双网格”联动机制和燃气隐患闭环整治管执联动模式，全年立案281起，罚没款41450元，组织应急演练37次、安全教育培训48场次，开展燃气安全生产宣传“五进”活动覆盖9.62万户次，发放安全宣传单6.60万份，推送安全用气短信28.85万条。开展瓶装燃气场站安全生产标准化建设，率先在金新储配站试点标准化建设，建立双重预防机制，形成具有平湖特色的燃气场站标准化体系，并向全域推广。

6月24日，市建设局开展城镇燃气安全专项整治和城市运行领域安全生产隐患大排查大整治行动　　（市建设局　供稿）

【路灯管养】《平湖市中心城区照明专项规划》批复实施，路灯所获浙江省市政行业协会城市照明专委先进单位。实施路灯工程改造建设，完成平湖市政府重点民生实事项目——道路明亮工程，完成26公里城市道路路灯改造，完成道路路灯抢修工程和景观亮化抢修工程，更换庭院灯60套，维修路灯和景观亮化灯233个。

物业管理

【概况】实施物业管理项目314个，服务面积2893万平方米，成立业委会192个，行业从业人员7200余人。御珑湾获省级美好家园小区称号，2个小区获嘉兴市级美好家园小区称号，景乐雅苑、华家新村、梅兰苑、御珑湾4个项目被评为省级“红色物业”项目；东升南区、锦城春天等15个项目被评为嘉兴市“红色物业”项目；归集物业专项维修资金15.93亿元，归集22个项目共1.58亿元，共审批使用维修资金58个小区合计429.95万元；收缴住宅物业保修金22个项目合计0.78亿元，审核使用保修金19个项目合计748.64万元。完成14家物业企业21个物业项目服务业发展资金申请，涉及补助金额64.16万元。完成老旧住宅紧急维修2022年度资金补助共75万元。

2023年平湖市物业服务企业情况一览表

表13　　单位：万元

序号	企业名称	法定代表人	注册资金
1	平湖市众和物业管理有限公司	陈烁宇	100
2	浙江中能物业服务股份有限公司	沈　燕	1000
3	嘉兴市鼎辉物业服务有限公司	陈烁宇	1200
4	嘉兴元盛物业服务有限公司	虞攻兵	300
5	平湖市物业管理有限公司	姚伟杰	50
6	嘉兴市银都物业管理有限公司	柴　群	50
7	平湖市豪群物业管理有限公司	倪水根	50
8	嘉兴佳源星洲物业服务有限公司	芮　萍	50
9	平湖市纪元物业管理有限公司	沈雨松	50
10	平湖市宏建物业管理有限公司	李金其	50
11	平湖市富丽雅物业管理有限责任公司	叶道根	50
12	平湖市大地物业管理有限公司	陈华峰	401
13	浙江久安物业服务有限公司	邱新锐	1000
14	平湖市美联园林建设有限公司	谢国强	1000
15	平湖市科来华物业服务有限公司	陈　望	1000
16	嘉兴中力物业服务有限公司	赵建江	50
17	平湖箱包城商业物业管理有限公司	曹　刚	1000
18	嘉兴广浩物业服务有限公司	倪　健	200
19	平湖市通用电气安装有限公司	潘白浪	8000
20	平湖市渠成物业管理有限公司	倪水根	50
21	平湖市尚家优服物业管理有限公司	周　芳	100
22	嘉兴中信物业管理有限公司	陆海云	50
23	平湖市齐家物业管理有限公司	陆保余	50
24	平湖信业物业服务有限公司	张永刚	50
25	平湖经济技术开发区物业管理有限公司	沈水良	50
26	平湖市当湖物业管理有限责任公司	张莹璐	10000
27	平湖市中瑞商业物业管理有限公司	张　丽	50
28	平湖市勤达物业服务有限公司	俞小兰	380
29	平湖世博汇物业管理有限公司	蔡嘉伟	2000
30	平湖市安洁物业管理有限公司	殷洪君	300
31	嘉兴鑫乐物业服务管理有限公司	底　宏	1000
32	平湖市梦海物业管理有限公司	王桂安	100
33	嘉兴重望物业服务有限公司	李　英	150
34	嘉兴市宏历物业有限公司	马伟燕	100
35	平湖市全胜物业管理有限公司	谢国强	50
36	平湖市龙湫物业管理有限公司	薛仲景	10
37	联美智慧城市服务（嘉兴）有限公司	谢国强	50
38	嘉兴勤博物业管理有限公司	杭　程	150
39	平湖市汇景物业服务有限公司	祁沃灿	500
40	平湖禧美物业服务有限公司	楼越明	10

续表 13

序号	企业名称	法定代表人	注册资金
41	浙江平湖新天地资产管理有限公司	支晓燕	100
42	平湖市景兰物业管理有限公司	胡行民	50
43	平湖市天桦物业服务有限公司	王慎行	50
44	中蒋（浙江）物业管理有限公司	李德成	1000
45	浙江中城城市运营服务有限公司	封佑林	1000
46	平湖市嘉荟物业管理服务有限公司	沈　洪	100
47	平湖市锦泰物业管理服务有限公司	李勤华	1000
48	平湖市温商物业管理有限公司	吴清清	100
49	嘉兴众合物业服务有限公司	陈爱中	800

2023 年平湖市物业服务项目情况一览表

表 14

序号	项目名称	建筑面积（平方米）	幢数（幢）	户数（间）	备注
1	东湖雅苑	115515.29	13	810	
2	万孚尊园	198000	30	1082	
3	玫瑰湾	159635.59	18	1131	
4	御珑湾	442089.09	43	3942	
5	春风江南里（一期）	4409	35	35	
5	春风江南里（二期）	31492.36	24	200	
6	春风江南里（三期）	51889.08	30	249	在建
6	春风时尚街	—	—	—	在建
7	东望樾府	59342.57	16	293	
8	锦宸府	65702.11	12	846	在建
9	金色港湾	395568.48	52	3079	
10	恒大名都花园	202858	13	1695	
11	桂月湾	116962.51	13	1062	
12	蔚蓝锦苑	150412.13	13	1802	
13	星悦里	74562.32	12	956	
14	万家花城家和苑	114949.83	14	1149	
15	万家花城翠湖苑、御湖苑、锦湖苑	355087.51	126	3295	
16	万家花城兴和苑	287918.64	20	2598	
17	万家花城万和苑	232878.9	14	2063	
18	万家花城庆和苑	63209.22	10	584	
19	君品美寓	183644	17	1732	
20	东望书香园	27957.19	15	87	在建
21	尚品美寓	49292.24	8	328	在建
22	锦绣庄园	133576.99	100	768	
23	金领银座	—	1	378	
24	上城幸福家园	41532	21	512	
25	景乐雅苑	78932	22	695	
26	玉湖湾	26880.99	3	224	

续表 14

序号	项目名称	建筑面积（平方米）	幢数（幢）	户数（间）	备注
27	金色华庭	185326.19	42	1540	
28	马尔贝拉度假城一、二期	112101.95	8	1905	
29	绿洲花苑	206334.26	46	1522	
30	星湖嘉园（赞城）	51088	5	590	
31	龙吟花苑、龙吟南区	180345.62	63	1910	
32	尚珑花苑	29626.31	8	291	
33	文丰花园	230000.02	39	1606	
34	建工大厦	—	2	—	
35	泛华东福城	242747.54	26	2060	
36	江南景苑	57683.94	14	498	
37	时代福臻	156465.79	23	1471	
38	北国之春	141481.45	23	1321	
39	温州商会大厦	—	3	—	
40	龙盛蓝郡	120266	20	852	
41	怡水嘉苑	269086.57	73	2713	
42	龙吟南区 13—15 幢	22941.65	3	312	
43	新仓朝阳路商业房	—	1	—	
44	南苑世贸花园	49122	8	662	
45	星河湾 7—16 幢	40759.9	10	506	
46	新叶苑 4—19 幢	41657	16	401	
47	仓盛嘉苑	17442.29	6	182	
48	星河湾新晨园	8452.88	4	143	
49	东方甸园	54903.3	8	636	
50	金鹏大都汇	21710	1	312	
51	东湖商贸城（铂晶馆）	42000	5	269	
52	开元悦都	61619.46	8	546	
53	城南新村 71—73 幢	5292.12	3	25	
54	平湖市总商会大厦	—	4	—	
55	御景花苑	306345.2	46	1856	
56	佳盛公寓	9436.6	5	81	
57	银沁苑	14100	5	96	
58	鑫龙公寓	11262	7	81	
59	卡都花苑	36000	10	202	
60	九龙花苑	46000	22	406	
61	洁芳东区	60000	31	742	
62	洁芳小区	177971.4	68	1760	
63	阳光嘉苑	171080	45	1835	
64	景乐丽都	14503	4	175	
65	三港嘉苑南区	168572.69	46	1525	
66	三港嘉苑北区	168180.78	42	1519	
67	东湖明珠花园	86511.1	15	684	
68	广玉楼一期	—	1	—	
69	九龙建材市场	—	28	456	
70	香堤绿都	126867.99	22	1078	

续表 14

序号	项目名称	建筑面积（平方米）	幢数（幢）	户数（间）	备注
71	湖景花苑	84478.36	9	800	
72	星洲东湖花苑	133215	41	1119	
73	佳业花苑	31500	12	270	
74	银都景苑	33141.94	19	216	
75	新梅园	23000	9	130	
76	明悦府	58096.71	11	718	
77	滨水广场	22674.01	6	226	
78	梅兰苑	110919.1	60	740	
79	湖滨花园	30431.26	7	180	
80	锦湖花苑	68500	23	341	
81	锦城春天	92744	14	576	
82	世纪名苑·郡湖	46273.6	22	336	
83	龙湫湾	224290	84	1454	
84	中南花苑	190000	27	1072	
85	白马堰小区	63062.01	16	436	
86	解放丽都	34165	5	254	
87	学舟锦庭	30336.22	6	253	
88	维克斯大厦	—	1	—	
89	新埭城市客厅	—	1	—	
90	世纪名苑一、二期	130000	55	1300	
91	富嘉苑	20668	8	168	
92	金龙佳苑	18470	6	230	
93	名悦华庭	28699.87	6	301	
94	新新小区	42000	13	600	
95	新叶苑 20—25 幢	22094.12	6	273	
96	碧海家园	8100	2	72	
97	新叶苑 29—31 幢	8757	3	85	
98	大胜庭院	18680	8	130	
99	金茂花苑	18550	8	160	
100	新叶苑 26—28 幢	15200	3	145	
101	百花东村 21—24 幢	8254	4	118	
102	君悦名都 3—5 幢	5068.01	3	146	
103	长胜半岛	5459.5	13	15	
104	景乐花苑	91180	25	712	
	平湖国际进口商品城一期	—	27	—	
105	平湖国际进口商品城二期（一、二标段）	—	5	—	
	同心名庭	112138.44	8	1416	
106	北城丽景	63230	13	503	
107	望湖名园	21965.82	8	153	
108	春熙苑	29069.93	4	369	
109	东湖前街	—	5	—	在建
110	长胜小区	42151	18	470	

续表 14

序号	项目名称	建筑面积（平方米）	幢数（幢）	户数（间）	备注
111	三港新村	155001.04	52	1448	
112	鑫家苑	47010	7	316	
113	吉祥小区	84800	28	698	
114	安浜小区	41260	25	450	
115	大润发东侧商业用房	—	2	—	
116	启元新村	163153	51	1198	
117	东湖半岛	21153.73	52	84	
118	香弄商城	—	5	—	
119	松风台商城	—	8	—	
120	南都景苑	42433	12	241	
121	银河苑	9430.81	4	67	
122	龙湫桂香	—	12	—	
123	百乐苑、百花苑	25901	11	197	
124	玫瑰庄园	11973.97	10	61	
125	松枫新村	42000	30	658	
126	金平小区	48115	29	652	
127	油车头小区	12298	4	99	
128	新华东村 1–3 幢	15903	3	241	
129	金鹏小区	4063	2	33	
130	园乐新村	112453	129	1119	
131	梅园南区	40420	24	635	
132	景都佳苑	12636.22	3	159	
133	世纪商业中心	—	1	—	
134	京都圣汇	13614	2	210	
135	清波公寓	84677	28	759	
136	金苑小区（北区）	18248.77	6	270	
137	汇银大厦	5902.56	1	206	
138	康乐小区	17750	8	152	
139	湖畔家园	117087.46	40	1354	
140	西林寺小区	82200	38	1086	
141	龙腾家园	41389.76	4	450	
142	海德城	326918.85	55	2403	
143	碧水云天	79858.81	21	668	
144	朝阳嘉苑	69731.17	17	578	
145	彩虹广场	54159.81	8	491	
146	百花西村 8 幢	2283.95	1	56	
147	油车头 1 幢 / 城南东路 296—418 号	2328.32	2	46	
148	百花东村 14 幢	2458.36	1	69	
149	虹桥佳苑	22790.6	4	270	
150	新桥嘉苑	41778.31	5	372	
151	星洲阳光城	109921.41	33	906	
	星洲阳光城三期	22170.44	14	155	

续表 14

序号	项目名称	建筑面积（平方米）	幢数（幢）	户数（间）	备注
152	新华西村 1、2 幢	5343.2	2	123	
153	龙晟家园	23919.52	8	336	
154	名门雅苑	54212.64	18	526	
155	名璟花苑	111230.97	19	994	
156	名瑞华府	138028.09	12	1145	
157	花漫里	88358.03	7	880	
158	红星振港苑	67757.93	21	753	
159	新富嘉园	38566	7	420	
160	邻湖嘉园 1—8 幢	43560	8	496	
161	邻湖嘉园 9—14 幢	22909.01	6	283	
162	嘉和花苑	45230	16	484	
163	港乐苑	14377	3	146	
164	月亮湾	49960	9	345	
165	尚锦花园	126304	28	1124	
166	佳美雅苑（中荟城）	52095.71	7	576	
167	鑫港花苑	9021	1	96	
168	东湖新城	—	4	275	
169	中国·服装城	—	2	3868	
170	平湖国际箱包城一期	—	9	—	
	平湖国际箱包城二期	—	20	—	
171	景洲苑	15234.96	4	117	
172	东湖绿舟	23191	15	154	
173	韩家埭商城	—	3	—	
174	中瑞国际广场	—	13	—	
175	名都佳苑	51759.51	15	524	
176	龙泰苑	11730	7	113	
177	春泉里 168 弄 1—2 幢	7888.4	2	111	
178	金苑小区（南区）	9393.07	3	68	
179	宏兴南区	25101	10	229	
180	宏兴北区	20255.4	12	209	
181	宏兴东区	32028.89	10	292	
182	昌盛公寓	13202.2	7	130	
183	红建花苑	213600	97	2220	
184	花园小区	129037	254	1243、自建房 165	
185	福臻小区	95000	97	880、自建房 372	
186	阳光庭园	11100	6	98	
187	兴平一路 183 弄（小桥人家）	17806.41	2	162	
188	凤凰新村	36512.8	24	392	
189	南阳新村	57496	29	556	
190	永丰新村	111980	40	1100	
191	如意新村	68542	45	718	
192	庆丰新村	181074	83	1732	

续表 14

序号	项目名称	建筑面积（平方米）	幢数（幢）	户数（间）	备注
193	凝翠嘉苑	148109	68	1564	
194	华家新村	96164	34	980	
195	东升南区	229421	84	2094	
196	池海小区	136950	44	1120	
197	华丰新村	101283	52	1290	
198	新华园	11208.5	8	159	
199	兴阳花苑	138693.93	71	1400	
200	香榭丽都	64344	26	656	
201	曹杨小区	15390	58	56	
202	滨湖广场新滨湖	136191.95	53	1298	
203	园丁新村	25244.64	13	384	
204	东方绿洲	226599.57	63	2288	
205	广福园	107283	269	1306	
206	新华西村	19618.69	15	251	
207	新华东村	38000	29	397	
208	百步桥新村	34000	22	410	
209	三北新村	53939	80	242	
210	金湖小区	48115	17	432	
211	祥和小区	26560	9	332	
212	朝南埭新村	14250	8	171	
213	东升东区	16356		168	
214	三港新村自建房	19170	—	—	
215	东升新村	53963	—	296	
216	广场新村 13—21 幢	20000	9	78	
217	百花东村（东区）	20810	13	341	
218	曹金小区	63020	—	—	
219	当湖小区	33442.9	13	350	
220	大桥小区	33921	—	—	
221	梅园西村	80200	82	731	
222	和合花苑（一期）	23723.4	—	—	
223	通界花苑 97—101 号	15519.42	5	120	
224	宏源花苑 1—7 号	19400	7	188	
225	兴钟商住楼	17600	4	54	
226	阳光公寓	2100	1	20	
227	和盎小区	22028	9	141	
228	广陈镇广苑新村	8623	4	56	
229	黄姑镇文化街	9547	3	61	
230	广陈振广路商住楼	2019	1	12	
231	虹霓 2 幢	3689	2	25	
232	黄姑建设路商住楼	3900	2	19	
233	新枫苑 6、7 幢	7800	2	40	
234	黄姑韩家庙商住楼	4752	2	34	

续表 14

序号	项目名称	建筑面积（平方米）	幢数（幢）	户数（间）	备注
235	林埭林金路 2 幢	6035	2	28	
236	钟埭街道富丽雅公寓	12136	6	356	
237	海滨公寓	99405.5	28	1378	
238	翡翠花苑	69857.83	10	638	
239	梅园北村 1、2、16 幢	26522	3	128	
240	紫金华庭	46954.88	7	345	
241	嘉福大厦	—	1	—	
242	育才新村 17 幢、23 幢	6419.56	1	78	
243	君悦名都 1—2 幢	19079	3	234	
244	美景华庭	26476.19	10	303	
245	福泰花苑	58800.08	23	565	
246	星河湾 1—6 幢	12876.56	6	155	
247	同泰苑	7039.62	1	69	
248	华新广场	14521.76	1	192	
249	新元住宅楼	6380.88	1	38	
250	星湾家园	21734	3	216	
251	永乐里北侧	19500	25	230	
252	永乐里南侧	—		—	
253	龙吟南区 16—18 幢	19910.43	3	262	
254	江南悦府宜园	36369.5	10	297	
255	江南悦府致园	32446.8	4	280	
256	江南悦府畅园	20458.5	2	181	
257	江南悦府臻园	37986.9	5	325	
258	海越华府	137820.7	18	1407	
259	吾悦华府	187155	15	1372	
260	新城悦府	131285.77	24	1333	
261	吾悦广场	—	4	—	
262	新城华庭	33418.33	8	444	
263	文鼎苑	75059.18	9	881	
264	春江郦湾	66504.84	5	724	
265	春江悦府	89194.27	11	807	
266	紫辰华府	146997.42	9	1450	
267	盛唐景苑	83971.32	11	828	
268	茂悦府	145360.42	15	1456	
269	卓越雅苑	169996.24	11	1126	
270	明湖熙园	38792.72	8	304	
271	明湖雅苑	137752.82	14	1252	
272	明湖璟园	136833.72	22	908	
273	南平花苑	38332.34	11	282	
274	熙景诚品苑	96666.35	14	1034	
275	熙和诚品苑	65397.14	8	870	
276	星洲城市花园	93893.77	12	799	

续表 14

序号	项目名称	建筑面积（平方米）	幢数（幢）	户数（间）	备注
277	印象里	66358.7	8	728	
278	南辰名都	48686.99	7	533	
279	湖畔景园	37104.06	12	379	
280	蓝庭景园	124021.13	9	1510	
281	四季华庭	71571.51	19	478	在建
282	漫悦湾	55032.78	16	777	
283	世博汇	—	1	—	
284	嘉悦名都	45066.57	7	587	
285	华美雅轩	31451.04	4	345	
286	鼎仁·东湖里	34728.28	10	258	在建
287	悦湖里	95158.03	18	1096	在建
288	云栖湾	159317.76	13	1777	
289	幸福里	59498.07	6	594	
290	新仓美树商业中心	—	3	—	
291	沐阳东区、西区	145794.46	86	1357	
292	香林人家	15685	14	112	
293	百合嘉苑	35898.23	8	315	
294	悦宸里	143503.38	15	1469	
295	悦宸庭	38545.96	6	428	
296	林语湖院	100739.56	11	967	
297	东湖留庄	48171.17	18	293	
298	书香悦府	47237.36	5	596	
299	宜家园	6762.32	2	84	
300	北宸里	99903.49	33	1098	在建
301	传承樾府	90509.68	31	345	在建
302	云境府	131476	14	1502	在建
303	春泉街 106 弄 1—4 幢	9401.39	4	120	
304	元景苑	15852	2	129	
305	胜利广场	—	3	1514	
306	嘉荟商业广场	27487.14	5	442	
307	明丰嘉苑	65256.72	8	568	
308	新叶佳苑	41542.58	5	426	
309	隐秀府	56037.99	16	466	在建
310	龙口小区	50807.53	4	498	
311	天樾府	141698.17	25	942	在建
312	名宸学府	41670.78	8	332	在建
313	解放东路商业中心	—	14	—	在建
314	人才公寓	4080	2	136	

【行业监管】 对 66 家物业服务企业和 266 个物业服务项目进行年度考核。举办行业业务培训 5 次，现场演练 4 次，“红色物业”业委会座谈交流会 2 次；制订实施《平湖市物业服务领域专项行动实施方案》，结合大排查大整治行动，对全市物业服务企业及项目开展安全生产检查，出动

检查760人次，检查企业家538次。完成2023年度省物业服务企业信用平台申报工作。31家审核通过信用平台，404个物业项目录入平台。浙江中能物业服务有限公司、嘉兴市鼎辉物业服务有限公司、平湖市当湖物业管理有限责任公司获AAA级信用等级，嘉兴中力物业服务有限公司获AA级信用等级。平湖市众和物业管理有限公司、嘉兴元盛物业服务有限公司、嘉兴市朗杰物业服务有限公司、平湖经济技术开发区物业管理有限公司获A级信用等级。

9月21日，嘉兴市党建引领社区、业委会、物业服务企业三方协同共治现场推进会在平湖召开　（市建设局　供稿）

【强社惠民推广】 制定出台《平湖市社区工作服务用房建设使用管理暂行办法》，全市发放社区用房产权登记证20套，总面积8668.69平方米；钟埭街道钟埭社区集镇和樱花小镇大物业管理、当湖街道东湖未来社区大物业管理和一体化运营、新仓镇芦川社区幸福仓邻里中心等7个项目列入强社惠民市级项目库；组建强社公司12家，涵盖22个社区，全市强社公司经营性收入超1105万元。

【三方协同治理】 开展物业服务企业“两个覆盖”攻坚行动，全市建立物业公司党支部13个，创新实施物业协会直属支部孵化企业支部模式，累计孵化企业支部4个，加强对业委会指导把关，提升业委会党员比例，全市新组建和换届的业委会中成员党员比例65.25%；小区建立“三方协同”议事厅217个，落实由社区党组织组织召开的协商议事机制，共同商议解决小区难点问题和群众反映集中的突出问题，累计解决各类问题18613件，三方矛盾信访投诉同比下降26%。成立物业纠纷人民调解委员会，累计调解物业纠纷2362件；升级完善平湖物业数智化建设。

【物业服务质量提升】 提升专业物业覆盖率，上报省浙里物业社区托管住宅小区52个，业主自治小区3个，涉及5个镇街道，转为专业物业管理率100%；推动市级国企城投集团、交投集团、新埭镇分别与专业物业服务企业合作成立城市运营公司3家，全市落地大物业管理项目8个，编制《平湖市业主大会和业主委员会规范化建设标准》，组织各镇街道及有物业管理项目的村社区和九龙山管委会共开展业委会专题培训3天83人次，指导镇街道对业委会开展履职能力培训全覆盖，全市8个镇街道共开展培训15场，涉及192个业委会1015人次参与。

【住宅电梯加装】 建立全市加梯信息库，符合加装电梯条件的多层住宅小区127个，合计单元4357个；推出加装电梯“菜单式”服务，强化既有住宅加装电梯矛盾纠纷协调，利用“红色物业”议事协商机制，2023年会同属地社区等参与协调、调解加装电梯问题100余起。全市新增加装电梯联审14台，建成交付使用12台，完成资金补助104万元。

城市绿化

【概况】 巩固国家园林城市创建成果，年内新增城市绿地24.08公顷，制定出台《平湖市城镇园林绿化工程全过程管理指导意见（试行）》，完成《平湖市优秀园林企业评选管理办法》修订工作，结合《浙江园林志》嘉兴内容编修工作启动《平湖园林志》编纂。获评省级绿化美化示范路1条、省级园林式居住区1个，嘉兴市园林式居住区（单位）2个，平湖市2022年度金桥工程一般一类项目二等奖1个。获嘉兴市优秀园林工程施工奖4个、养护奖2个，嘉兴市园林工程南湖杯2个，浙江省“优秀园林工程”施工类银奖1个、养护奖1个、规划设计奖1个。截至2023年底，建成区绿地率38.42%，绿化覆盖率42.35%，人均公园绿地面积18.46平方米，公园绿地服务半径覆盖率90.71%，城市绿地总面积1921.08万平方米。

【绿化管养】 全市城区公共绿地面积349.7万平方米，其中市场化养护面积341.7万平方米。3月，委托市交投集团明辉公司对城区公共绿化进行养护，建立《平湖市公共绿地养护标准》《平湖市城市公共绿化养护管理考核评分标准》，联合市建设局城乡建设科、计财科启动月考、季考、年度考核。指导明辉公司加强苗木施肥、修剪、病虫害防治等日常养护工作。开展城区行道树、绿地、绿化隔离带等施肥工作；开展柳絮专项防治，对城区2728棵柳树进行“注射治疗”。为乔木“松绑解缚”，去除无必要支撑和无纺布包裹。

【绿道建设】 新建市域绿道11.2公里，其中中心城区绿道2.25公里，包括松枫港东侧绿道（松枫港公园段）0.4公里、福臻路北侧绿道（上海塘公园段）0.4公里、福臻路北侧绿道（福臻公园段）0.3公里、长胜大厦北侧沿河绿道0.4公里、曹桥活力公园0.5公里、曹桥横河新村东区绿道0.25公里。城区滨水绿道项目成功创建中国人居环境范例奖。葛家塘绿道、水岸交融二期绿道获评嘉兴市最美生态绿道，海盐塘绿道（东段）、葛家塘绿道（南段）获评嘉兴市林荫绿道。

葛家塘绿道获评嘉兴市最美生态绿道　　（市建设局　供稿）

【智慧园林建设】 2023年，省建设厅明确平湖市建设局作为“园林数字化管理”场景建设的建设主体，6月在全省城市生命线安全工程现场会上进行交流发言。下半年，启动浙里园林（平湖试点）建设深化项目建设；11月，平湖市园林数字化应用场景建设试点工程项目完成绩效评价考核。7月，《城市碳中和率计测及增汇研究》金平湖数字创新应用实验室课题完成结题评审，并发布全国首个城市园林乔木实测碳汇量，获浙江在线报道。

【入侵物种普查】 开展外来入侵物种普查防控工作，根据《省建设厅关于组织开展城市绿地外来入侵物种普查工作的通知》要求，结合省重点外来入侵物种普查名单，采购第三方专业团队，采用实地调查的方式，对城市绿地内的外来入侵物种进行普查。共计踏查36条线路，489个踏查点，涉及曹桥街道、钟埭街道和当湖3个街道，总踏查面积5052726.02平方米，总里程1020.75千米；共发现19种，隶属于9科16属，其中植物15种，动物4种。进一步明确平湖城市绿地外来入侵物种空间分布及特征，并对外来入侵物种进行风险等级评估，提出防控管理措施。

【利刃行动部署】 开展平湖市园林绿化领域“利刃”专项行动。

制订实施方案，组织召开平湖市园林绿化领域警示教育暨“利刃”专项行动动员部署会议。启动园林绿化领域专项督查行动，汇总50余项政府投资或使用国有资金的在建园林绿化和公共绿化养护项目，重点聚焦市场秩序、养护资金、项目设计及工程建设等方面存在的问题，开展自查和抽查。开展检查15次，检查项目55个，出动人员80余人次，整改问题65个。

房屋征收

【概况】 国有土地上房屋征收新启动新仓中心小学原宿舍楼地块，该地块涉及建筑面积约0.11万平方米，土地面积约0.07公顷，被征收户18户，全部完成签约。2023年，全市城镇更新行动目标任务为启动实施更新土地面积66.67公顷，房屋征迁建筑面积50万平方米。截至12月底，全市启动实施更新土地面积123.92公顷；房屋征迁建筑面积76.46万平方米。

【城市房屋征收管理】 修改完善《国有土地上房屋征收涉及未经不动产登记建筑等问题调查、认定和处理办法》，拟定国有土地上房屋协议搬迁相关政策，指导国有土地上房屋征收地块程序依法推进，保障被征收人的合法利益。

（全峰正）

环境保护

综　述

【基本情况】 全市空气质量综合指数3.23、PM2.5平均浓度23微克/立方米、优良率91.7%，均位列嘉兴第一，其中综合指数连续4年嘉兴第一，PM2.5浓度连续六年嘉兴第一。臭氧浓度149微克/立方米，位列嘉兴第二，环境空气质量连续四年达国家二级标准。13个市控以上地表水断面Ⅲ类水比例100%，跨行政区域河流交接断面考核优秀，创下历史首次县控以上断面100%达Ⅲ类水标准的新成就。主水源地（太浦河）平均水质达Ⅱ类、备用水源地（广陈塘）平均水质为Ⅲ类，饮用水水源地水质连续四年达标。危险废物填埋处置率4.9%，完成低于5%的评价标准要求，危废利用处置率100%，建设用地安全利用率100%。省级“无废城市”创建指标全部达三星级标准。城市区域环境噪声昼间平均等效声级52.9分贝，昼间环境噪声总体水平等级为二级；城市功能区噪声昼间、夜间达标率均达100%。生态环境公众满意度得分86.29分，列全省第76位。平湖二夺省“五水共治”“大禹鼎”银鼎，被列入国家宁静小区建设、省级减污降碳协同城市试点，全市减污降碳协同指数稳居嘉兴第一，承办全省减污降碳协同创新区建设现场会。首创的稻田退水“零直排”模式被列入省“五水共治”“一市一样板”，获生态环境部部长黄润秋批示肯定。推动生态环境保护责任落实，被列入全省生态文明建设情况报告先行试点，连续6年实现镇街道生态环境状况报告制度全覆盖。

6月28日，2023年浙江省减污降碳协同创新区建设现场会在平湖召开
（市生态环境分局　供稿）

【环境宣教】 加强环保普法服务，打造“平小环”宣传品牌，组建“平小环”普法讲师团，共举办集中授课培训16次，其中推出“平小环说法”课堂专题培训8期，共覆盖1000多家次企业参与培训。通过公众号推送“平小环说法”以案说法8期，平均每期阅读量3600人次。8月，通过平湖“八五”普法中期评估。推送生态环境宣传微信435篇，组织各镇街道同步开展“6·5”环境日、全国生态日期间各类活动10余场。6月5日，参加上海金山区“6·5”环境日活动，金嘉平三地生态环境部门签署《上海市金山区　浙江省嘉兴市生态研学合作框架协议》。8月17日，联合上海金山区生态环境局开展2023年金嘉平首次生态研学活动。全年，组织300余名中小学生开展8场生态文明教育基地、环保设施开放单位参观活动。曹桥街道马厩村入选全省第十三批次的省级生态文明教育基地。深化监测站实验室开放活动，邀请公众走进实验室，相关生态研学活动获全国少工委公众号点赞，2023年度共计组织线下开放活动7次，200余人参与。加强企业环境信用修复，完成3家严重失信、150家行政处罚企业信用修复。1个案例被列为全省环境信用联合奖惩典型案例。完成各类环境守法联审87批次，联审企业3630家次，否决企业103家次。

（吴诗谣）

“五水共治”工作

【概况】 2023年，全市持续推进“五水共治”工作，坚持精准、科学、依法治污，深入打好碧水保卫战，推动水生态环境质量改善由量变转向质变，让人民群众对优美生态环境更可感、更有感。行政交接断面水质考核重获优秀，13个市控以上断面平均水质Ⅲ类水比例为100%，水源地水质达标率100%，第二次获大禹鼎银鼎。国家节水型城市创建成功。

【城镇“污水零直排区”建设提质增效】 对全市32个生活小区、200家工业企业开展“污水零直排区”建设提质增效项目化治理，整改完成率100%。钟埭街道获评浙江省首批城镇“污水零直排区”建设星级镇（街道）、独山港经济开发区被列入第二批浙江省星级工业园区“污水零直排区”培育名单。

【城乡污水处理】 东片污水处理厂完成三期扩建并投入试运行。污水主管网互联互通扩容提升工程先行段（新仓2号—3号泵站）完成建设，西片工业废水输送专线及东西片污水系统连通线二期工程开工建设。深入推进农村生活污水治理“强基增效双提标”行动，行政村覆盖率达100%。

【稻田退水“零直排”】 稻田退水“零直排”工程项目累计完成6966.67公顷，推广稻渔综合种养666.67公顷。《平湖市稻田退水“零直排”工程建设与示范推广项目》获嘉兴市农业丰收奖一等奖，稻田退水“零直排”农业面源污染综合治理的平湖实践案例，获中国农学会农业污染防治20项成就案例之一，为嘉兴市唯一。

【水生态保护修复】 开展河道“碧水三绕”建设43.52公里，完成广陈塘流域生态修复项目，放港河流域生态修复项目工程进度约35%。完成河道清淤疏浚118.44公里、综合整治28.12公里，创建美丽河湖10条、亲水节点5个、水美乡镇2个，曹桥街道赛艇小镇连片水系争创2023年省级美丽河湖，曹兑港河道综合整治工程获评全省水工程与水文化融合案例。

【河（湖）长制提档升级】 发布总河长令2个，召开总河长会议2次、河湖长制工作联席会议2次。开展“护航亚运”河湖水域岸线保护专项行动和扳罾网清理“雷霆行动”，共清理沿河违规设置渔具313处。县级河长有重点地开展巡河和找寻查挖活动，现场发现180多个问题，并全部完成整改闭环。完成一河（湖）一策（2024—2025）实施方案编制工作，重点建设31个治理项目。

（方贞）

生态建设

【生态文明建设示范区创建】完成国家生态文明建设示范区创建材料申报，完成省级生态示范区指标自查。完成当湖、曹桥、新仓3个镇街道关于嘉兴市生态文明建设示范镇（街道）自查材料上报，钟埭、独山、广陈、林埭等4个镇街道通过嘉兴市级复核，其中广陈镇复核评估结果为优秀，其余3个镇街道为合格。开展平湖市级和镇街道“两山”转化综合评估指数自评，在嘉兴首届“绿水青山就是金山银山”实践创新基地建设擂台赛中，平湖“绿水青山”指数位列嘉兴市第一，“金山银山”指数位列嘉兴市第三，获最佳“两山”转化案例1个。举办市委主体班次培训，组织全市各镇街道、相关部门生态创建条线干部参加全市“深入学习贯彻习近平生态文明思想重要论述　加快新时代绿色转型发展专题研讨班”，增强认识、提升能力、推进国家生态文明建设示范区创建。

【人大满意度测评】2月3日，平湖市第十六届人民代表大会第二次会议245名人大代表对2022年平湖市生态环境状况和环境保护目标完成情况进行满意度测评，为自2016年实施生态环境状况和环境目标情况报告制度以来的首次人大代表测评，测评项目共分8项，即生态环境保护年度主要指标完成情况、蓝天保卫战、碧水保卫战、清废攻坚战、净土保卫战、环境综合监管、生态环境质量公众满意度和综合评价，测评结果均为满意。

【生态文明建设情况报告制度试点】入选生态文明建设情况报告制度全省试点，在固化平湖市人大常委会审议、人代会评议市政府生态环境状况和环境保护目标完成情况的基础上，进一步优化实施方案，对报告内容进行延展拓面，综合报告生态环境、生态经济、生态生活、生态制度、生态文化等生态文明建设五大领域的重点工作开展情况。推动与市法院、检察院等司法监督的有机贯通，将报告主体升级为“一府两院”报告，市法院、市检察院主要负责人首次向常委会专项报告生态文明建设与环境资源审判、检察工作情况，并在人代会上就生态文明建设单独成章汇报。

【生态环境区域协同共治】加快推进长三角生态绿色一体化发展，召开金嘉平“两山”议事堂会议4次，开展联合会商活动40余次，通过12项工作机制和治理方案，明确金嘉平地区统一标准、统一监测、统一执法三方面共15项具体任务。持续推进重大活动保障联合会商和“金嘉平”跨区域环境监测质控互查机制，签订平湖—金山两地化工园区突发环境事件应急救援互助协议，深化拓展联合巡河、联合监测和联合执法等联动机制。共享平湖—金山4个国控断面及上下游小微水站水质监测数据和独山经开区站、石化街道站环境空气质量和特征污染因子监测数据。交界区域4个国控断面高锰酸盐指数、氨氮、总磷等三项主要指标均值持续下降，空气质量优良率持续提升。开展嘉兴、丽水、平湖、青田生态环境部门共同富裕示范区山海协作，完成嘉兴、丽水山海协作首笔跨地市排污权交易。与南湖区、海盐县开展横向生态补偿，兑付补偿资金600万元。

【生物多样性保护】根据全市全域生物多样性野外调查结果，共记录植物、动物、鸟类、昆虫等物种1900余种，记录国家一级保护野生植物3种（南方红豆杉、银杏和水杉），国家二级保护野生植物12种；国家一级保护野生动物2种（黄胸鹀、黄嘴白鹭），国家二级保护野生动物39种；浙江省新记录鸟类1种（林夜莺）、浙江省新记录植物1种（瘤根真藓）、嘉兴市新记录鸟类9种。未发生破坏野生生物栖息、繁衍、生存地（区域）及生物多样性受破坏、野生生物资源下降的情况。完成首次全域生物多样性野外调查，共记录物种1900余种。开展九龙山、广陈塘重点区域特定物种多样性监测及生物多样性体验地建设，七彩金虹入选嘉兴市级生物多样性体验地培育名单。推进生物多样性监测体系建设，在九龙山、广陈塘先行设立长期观测点位，并持续开展重点区域特定物种多样性监测。开展“我眼中的生物多样性”主题绘画、萤火虫生物多样性研学、绿色“童”行暑假生态探访等活动，打造充满地域特色的生物多样性文化品牌。

环境管理

【大气环境治理】 围绕亚运会、亚残运会、进博会等重大活动保障重点，建立完善环境质量保障方案，健全污染天气应对和区域协作机制，开展“零点”执法行动，通过政企协商推动36家重点企业自愿减排，主要大气污染物平均减排15%以上。加大秸秆禁烧巡查检查力度，完成32个高空瞭望点位接入，共出动20837人次，发现处置火点76个，处罚秸秆禁烧25起。开展臭氧污染防治专项攻坚，率先开展金嘉平地区石化化工挥发性有机物（VOCs）综合整治，推动标准、监测、执法“三统一”协同治理。完成VOCs源头替代18家、VOCs低效设施提升改造88家。推进独山港化工园区“清新园区”建设，完成LDAR（泄漏检测与修复）数字平台建设，出台LDAR加密检测规范，加严泄漏检测限值和修复时限要求。推进新埭洁具行业废气收集治理规范提升。培育创建B级以上污染防治提级企业17家。制订轻、中度污染天气应急管控方案，做好污染天气预警和会商研判，全年实施重点企业错峰减排47天，为企业赢得73.7%的生产日数。推进移动源治理，开展柴油车路检13次，检测车辆214辆，非道路移动机械检查检测12次，检测机械78台。累计淘汰国2以下柴油叉车378台，完成率158%。开展漠视侵害群众利益噪声污染问题专项整治，制订创建方案，开展锦绣庄园、万家花城家和苑宁静小区创建，妥善处置噪声信访投诉。

【水环境治理】 常态化开展全市水环境质量保障，排查解决重点断面、重点河道、重点区域问题，推进各镇街道重点涉水问题整改，开展入河排污口排查、监测、溯源和整治。以涉水企业为重点，推进200家企业“污水零直排区”建设“回头看”整治提升。钟埭街道获评第一批浙江省城镇“污水零直排区”建设星级镇（街道），独山港经济开发区被列入第二批浙江省星级工业园区“污水零直排区”培育名单。推进水生态修复工程，完成广陈塘重点流域生态修复工程建设，开工建设放港河流域水生态修复工程，完成生态缓冲带建设10.86千米。完成年度生态补偿考核，推进广陈塘水源地一级保护区电子围栏建设和物理围栏提档升级，完成太浦河（长白荡）取水口调整。编制实施独山干河入海河流总磷总氮管控方案，配合完成嘉兴市海洋生态保护和高质量发展情况专项审计调查，完成海洋督察问题销号。开展“美丽海湾”保护行动，开展海漂垃圾清理。市生态环境分局获评2023年度全省“五水共治”工作先进集体。

【固废污染防治】 建设“无废城市细胞”，申报无废学校、无废工厂等无废细胞80例，提前完成无废细胞建设任务，其中浙江卫星能源有限公司、平湖市航天神箭幼儿园、曹桥马厩村、新仓小学等4例入选嘉兴市“精品无废细胞”。规范新化学物质环境管理登记行为，聚焦对环境和健康可能造成较大风险的新化学物质，核实1457家企业，科学有效评估和管控新化学物质环境风险。至年底，有1414家固体废物产废企业注册使用“浙江省固体废物监管信息系统”。2023年，共计通过管理计划1219份，危险废物产生量8.5万吨，发起危险废物联单7040张，危险废物利用处置率达100%。完成1489家小微产废单位与小微收集平台签约，全年小微平台共收集危险废物1089吨，为产废企业提供服务1396次。全市189家医疗机构医疗废物集中收集处置覆盖率100%。

【土壤污染治理】 落实建设用地开发利用和土壤环境监管责任，完成市级破难项目华龙地块土壤修复，基本完成海达化工污染地块土壤修复。加强源头预防，推进土壤污染重点监管单位隐患排查，完成26家土壤重点排污单位隐患排查和有毒有害物质报告。严格建设用地环境调查评估审查，完成229个建设用地土壤环境评估审查地块，评审用途变更敏感地块土壤污染调查报告79个，评审污染地块效果评估报告1个。落实《地下水管控方案》，督促地下水详查超标企业严格落实地下水管控措施，开展1个省控地下水区域点位建设，推进2个工业园区地下水市控风险监控点建设。

【减污降碳协同增效】 编制平湖市减污降碳协同试点建设实施方案，入选全省第四批减污降碳协同试点城市，承办全省减污降碳协同创新区建设现场会，全年减污降碳协同指数位列嘉兴第一。农开区（广陈镇）入选全省第三批减污降碳协同试点园区，新仓镇、林埭镇入选全省第三批低（零）碳镇（街道），7个村入选全省第三批低（零）碳村（社区），9个项目入选省级减污降碳协同试点标杆项目。改革创新减污降碳机制，在建设项目可研中测算碳排放数据，新建项目碳评纳入环评审批，自试点开展起，共计143个建设项目将碳排放总量纳入环评报告。开展区域碳排放评价，在独山港经济开发区区域规划环评中明确碳排放总量和强度管控要求。试行将碳评价作为工业项目综合评价指标，将“亩均论英雄”综合绩效评价体系中碳排放指标升级为“减污降碳协同强度”，2023年完成778家规上工业企业数据测算。下达2022年环发资金补助478.96万元，修订平湖市高质量推进生态文明建设政策意见，新增“减污降碳试点建设”“生物多样性保护”等六大类补助，推进绿色低碳转型。

【审批服务】 实施“三线一单”动态更新，加强环评与规划环评衔接，对不符合产业政策、规划环评、“三线一单”准入清单要求的项目，在项目招商及准入阶段共否决项目23个，否决金额达2.91亿元。“三线一单”管控要求落实率始终保持100%。推进“多评合一”“评证联办”改革，推进事项整合集成优化，完成2个项目环评、辐射环评“多评合一”项目审批，完成2个环评与排污许可证联办项目审批，探索环评、能评“双评合一”改革,完成杰上杰项目“双评合一”审批。出台实施护航经济稳进提质十条意见，完成建设项目环评审批140个，办理排污许可193家/次。精准匹配闲置排污权供需，全年排污权交易金额达566万元。多渠道保障环境资源要素配置，引导环境资源要素向优质企业、优势产业、优势区域集中，保障8个全省重大项目落地实施。通过争取嘉兴市政府储备量和跨市域、跨县域交易，共获4项主要污染物指标1478吨。全年，新审批环评报告编制质量考核未发生不合格现象，在嘉兴复核和交叉检查中发现问题数据在嘉兴市各县（市、区）中最少。开展中介机构考核，每季度公示考核结果。

环境监测

【概况】 2023年，共获手工监测数据16517个，同比上升1.13%。共监测样品1608个，同比下降24.04%，其中水样853个，气样331个，声样49个，辐射372个，土样3个。出具报告262份，同比下降19.63%。依托67个水质监测站、16个空气监测站和112个污染源在线监控点，实现主要河道、镇街道自动监测全覆盖。

【“第七诊所+”平湖分诊所】 依托浙江省嘉兴生态环境监测中心“第七诊所+”品牌创建平湖分诊所，搭建行业领域专家与基层工作者之间的互动交流平台，主要建立预报预警、环境质量会商、企业排放口规范化治理等机制，为持续改善生态环境质量提供技术支持。

【环境监测质量管理】 首次编制的《平湖市生态环境质量报告书》获浙江省县级报告书第三名，同时进入全国（包括省、市、县）报告编写质量前50%。根据2023年全省生态环境监测质量管理状况通报，在全省抽测的22家县级监测站中，平湖质量管理状况指数排名全省第一，为全省两个优秀县级监测站之一。

【环境监测】 开展地表水监测工作，合计样品数据5775个。城市声环境质量监测新增夜间噪声监测任务，涉及道路交通、区域环境噪声点位，分别达56个、202个。完成广陈高新村和林埭东方红村2个村庄全年环境质量监测任务，每季度连续手工监测5天，涉及二氧化硫、二氧化氮、一氧化碳3个指标。

【污染源监测】 完成43厂次重点源执法监测，开展信访、执法监测40余家次，主要集中于企业的在线超标督办和偷排漏排。配合市综合执法局对酒吧、超市等商业场所进行噪声信访投诉监测。参照平湖市辐射重点监管工作单位名录，对26家使用Ⅱ、Ⅲ、Ⅳ、Ⅴ类放射源的重点核技术利用单位展开一轮γ辐射剂量率的监督监测工作。

【自行监测】 2023年，237家排污许可发证单位自行监测联网率100%，完成率99.7%，列嘉兴第一。开展排污单位自行监测现场评估85次，线上数据公开抽查69次。开展17次网络巡检并整改，其中14次嘉兴巡检整改、3次省巡检整改，完成1次嘉兴市自行监测交叉检查，持续做好排污单位自行监测工作。

【全域监测】 全年，累计开展水质调查监测40余次，主要集中在万盛桥水质问题、放港河漕廊公路桥、黄姑塘卫八路桥7月溶解氧问题的水质调查。开展农业面源污染监测评估工作，主要涉及土体利用和植被覆盖2项指标的地面校验内容，完成83个地物野外点位核查，完成点位GPS测量和拍摄核查照片。利用无人机等先进手段对平湖水稻种植区和森林2个典型植被类型展开野外核查。开展25家企业周边土壤环境监测。

环境执法

【概况】 2023年，共立案调查生态环境违法案件106件，作出行政处罚决定68件，罚款424万元，2023年查办严重违法案件4件，移送公安机关行政拘留案件2起，刑事犯罪案件2起，办结5件生态环境损害赔偿案件，赔偿金达24.05万元，有关创新工作机制被《中国环境报》宣传报道。对轻微违法行为作出不予行政处罚决定33件，合计免除罚款317万元。案件因行政复议被纠错率、行政诉讼败诉率连续五年均为零。

【生态环境执法】 将“双随机、一公开”工作与日常监管、专项行动、联合检查等常规监管方式有机结合，开展“绿剑2023”、第三方环保服务机构专项整治行动及“双打”“零点执法”等专项行动。聚焦金嘉平地区VOCs排放突出问题，落实“金嘉平”跨界联合执法机制。全年，出动执法人员77人次，排查企业29家次，发现并责令改正环境问题23个，立案查处7家，查办的一起跨区域非法处置危险废物案被省厅评为典型案例。采取正面清单规范完善、轻微违法行为免予处罚、学法积分抵扣行政罚款等举措。1名队员在平湖市“以案释法”微课堂比赛中获第一名，1名队员获“浙江省青年岗位能手”称号，3名业务骨干被聘为浙江省生态环境保护行政执法培训教师，市生态环境分局获评浙江省生态环境执法大练兵打击环境违法犯罪工作成绩突出集体、2022年全国生态环境保护执法大练兵县级表现突出集体。

【生态环境保护督察】 配合省委生态环境保护督察工作，共受理信访件6.5件，除嘉兴港区外，平湖市和嘉善县信访数量最少，信访件均完成销号验收。16件省督反馈问题开始整改。以党政智治系统“七张问题清单”应用为抓手，推进2023年省委生态环境保护督察及两轮中央生态环境保护督察反馈意见整改落实。第二轮中央生态环境保护督察涉及平湖的三个共性问题完成销号。通过“生态环境问题发现·督察在线”应用，探索生态环境问题发现和督察整改新模式，七张问题清单指数排名嘉兴总体第二。突出“举一反三”，以历次督察组反馈的问题、信访件及纳入省市清单库为重点，建立问题排查机制，避免问题复发，共建章立制5次，排查问题5轮次，排查点位53个，发现问题4个，均完成整改。启动重点行业污染整治提升，完成省厅下发初步企业（173家）名单核实和废塑料加工行业整治方案编制前期调研。

【环境风险防范化解】 制订环境应急救援能力提升整改方案，推进独山港化工园区、平湖经济技术开发区医药化工园区水污染事件多级防控体系建设，开展市级突发辐射安全事件应急演练、独山港化工园区水污染应急演练。指导帮扶100家单位完成应急预案备案，79家单位开展环境应急演练。实现镇街道应急物资库全覆盖。常态化开展环境风险隐患排查，包括环境风险源企业、化工园区（重要工业园区、经济开发区）、集中式饮用水水源地、环保设施等，排查发现的57个隐患全部完成整改。签订《平湖—金山两地化工园区突发环境事件应急救援互助协议》，建立海盐县、南湖区、平湖市区域流域突发环境事件协同响应工作机制。聚焦漠视侵害群众利益问题，梳理分析环境信访问题，重点点位采用色码动态管理，全年共受理环境信访359件，同比下降8.42%，实现八年连降，未发生重特大环境污染事故或因环保问题引发的群体性事件。

环境质量公报

【城市空气质量检测】 全市共有2个城市空气质量监测点位，分别设在当湖街道平湖市老年（妇女）活动中心（东湖空气自动站）和平湖经济技术开发区（钟埭街道）兴业新村（陆家桥空气自动站）。2023年，全市空气质量共有效监测363天，空气质量优良率为91.7%（优125天，占34.4%；良208天，占57.3%），同比上升3.5个百分点，达二级标准。全年，轻度污染29天，占8.0%，中度污染1天，占0.3%，未出现重度及以上污染天气，空气质量综合指数3.23，首要污染物为臭氧。

【降尘监测】 全市共有2个降尘监测点，分别设在行政服务中心楼顶和东湖空气自动站。2023年，全市年均降尘量2.14吨/（平方公里·月），同比上升12.6%。

【降水监测】 全市共有1个降水监测点，设在行政服务中心楼顶，监测项目为降雨量、pH值、电导率、部分阴离子及阳离子。2023年，全市降水pH值年均为5.93，同比下降0.02。降水中硝酸根离子所占比重最大，占离子总量的34.4%，其次是硫酸根离子，占离子总量的19.4%。硫酸根离子和硝酸根离子的平均当量浓度比为0.73∶1，酸雨类型为混合型。

【水质监测】 2023年，全市地表水总体水质为优，同比无明显变化。全市18个地表水考核断面中，Ⅲ类以上断面占比100%，功能区达标率100%；Ⅲ类以上断面占比同比上升5.6个百分点，功能区达标率同比上升5.6个百分点。13个市控以上断面中，Ⅲ类以上断面占比100%，功能区达标率100%；Ⅲ类以上断面占比情况及功能区达标率情况同比均持平。

【水系水质改善】 2023年，全市上海塘、广陈塘、黄姑塘、放港河、嘉兴塘、盐平塘、独山干河、东湖、乍浦塘等9个地表水河流水系水质均达功能区要求，其中乍浦塘由轻度污染改善至良好，其余河流水系均保持良好。

【水质单指标评价】 从18个地表水考核断面年平均浓度来看，全市地表水符合Ⅲ类水质，定类指标为高锰酸盐指数和总磷。同比，化学需氧量由Ⅲ类改善为Ⅰ类，其余指标水质类别均无变化。

【交接断面水质评价】 全市入境断面2个，分别为白马水泥厂和斜桥，出境断面2个，分别为青阳汇和小新村。2023年，全市交接断面出境水质高锰酸盐指数、氨氮、总磷三项指标均达功能区目标要求。出境水质高锰酸盐指数、氨氮、总磷同比均变好，分别下降14.6%、22.7%和9.1%，单项评价结果均为优秀。2023年，全市交接断面综合评价结果为优秀。

【饮用水水源达标】 全市生活饮用水主水源地为千岛湖饮用水水源地（位于杭州市淳安县）和太浦河嘉善、平湖水源地（位于嘉兴市嘉善境内），2023年全市生活饮用水主要从主水源地千岛湖和太浦河取水。备用水源地为广陈塘饮用水水源地，位于广陈镇。2023年，太浦河嘉善、平湖水源地水质达标率为100%，同比持平。广陈塘备用水源地水质达标率为100%，同比持平。

【近海水质监测】 全市设两个近岸海域监测断面，分别为009号断面和013号断面。009号断面（30.651°N、121.2282°E）所在海域属于独山四类功能区，执行《海水水质标准》（GB3097—1997）第四类标准；013号断面（30.5832°N、121.1524°E）所在海域属于九龙山三类功能区，执行《海水水质标准》（GB3097—1997）第三类标准。2023年，全市两个近岸海域监测断面水质均为劣Ⅳ类，均未达所在海域功能区要求。两个断面定类指标均为无机氮。009号断面无机氮平均浓度为1.31毫克/升，同比上升24.8%。013号断面无机氮平均浓度为1.88毫克/升，同比上升49.2%。

【区域声环境质量监测】 全市共设101个区域声环境质量监测点位，按照《环境噪声监测技术规范　城市声环境常规监测》（HJ 640—2012），全年开展1次昼间噪声监测、1次夜间噪声监测（夜间噪声监测每五年1次），每个点位监测时间为10分钟。评价标准依据《环境噪声监测技术规范　城市声环境常规监测》（HJ 640—2012）执行。2023年，全市区域环境噪声昼间平均等效声级为52.9分贝，同比下降0.5分贝，昼间等效声级值在43.8—67.8分贝；区域环境噪声夜间平均等效声级为45.6分贝，夜间等效声级值在36.9—56.3分贝。在影响城市声环境的各类噪声源中，社会生活噪声源占47.5%，交通噪声源占37.6%，工业噪声源占13.9%，其他占1%，生活噪声源和交通噪声源是全市主要噪声源，昼间和夜间的平均等效声级最高均为工业噪声，交通噪声次之。2023年，全市昼间环境噪声总体水平等级为二级，夜间环境噪声总体水平等级为三级。

【道路声环境质量监测】 全市共设28个道路交通声环境监测点位，分布在兴工路、独黎公路、永兴路、昌盛路、福臻路、环北二路、环城北路、城南西路、案山路、当湖西路、东湖大道、胜利路、东方路、平廊公路、南环路、平善大道、兴平一路、平兴公路、新华路、环城西路、S202等21条交通干线，监测道路总长14.463公里。按照《环境噪声监测技术规范　城市声环境常规监测》（HJ 640—2012），全年开展1次昼间噪声监测、1次夜间噪声监测（夜间噪声监测每五年1次），每个点位监测时间为20分钟。2023年，全市城市道路交通噪声昼间平均等效声级为65.6分贝，同比上升0.5分贝，昼间道路交通噪声强度等级为一级，声环境质量评价为好，且所有路段交通噪声均在70分贝控制值内。道路交通噪声夜间平均等效声级为57.9分贝，夜间道路交通噪声强度等级为一级，声环境质量评价为好。

【功能区声环境质量监测】 全市共设7个功能区声环境质量监测点位，分别为平湖市档案馆、星洲东湖花苑、平湖市钟埭街道办、东湖明珠、日本电产轴承公司、浙江一就生物医药公司、永丰新村，每季开展1次24小时连续监测。评价标准依据《声环境质量标准》（GB 3096—2008）执行。2023年，全市城市功能区噪声昼间、夜间达标率均达100%。

【工业三废】 根据对全市343家重点工业污染企业的统计，2023年全市重点工业企业废水排放量2595.15万吨，化学需氧量排放量782.78吨，氨氮排放量6.43吨。重点工业企业废气排放量738.88亿立方米，二氧化硫排放量673.36吨，氮氧化物排放量2113.98吨，颗粒物排放量454.31吨，挥发性有机物（VOCs）排放量3714.14吨，一般工业固体废物产生量77万吨，危险废物产生量7.68万吨。

（吴诗谣）

气　象

【概况】 2023年，全市年平均气温较常年（1991年至2020年30年平均值，下同）明显偏高，降水量接近常年略偏少，总日照时数明显偏多。季度特征：冬季平均气温明显偏高，雨量与常年基本持平，日照偏多；春季平均气温明显偏高，雨量偏少，日照偏多；夏季平均气温偏高，雨量明显偏多，日照明显偏多；秋季平均气温明显偏高，雨量明显偏少，日照明显偏多。年内，气象灾害主要有低温冰冻、暴雨、强对流、寒潮、大雾等天气过程。总体来说，2023年气候条件属较好年份。

【气候要素记录】

气温：年平均气温17.6℃，较常年偏高0.9℃。气温的月份分布为12月较常年偏低、8月与常年持平，其余月份均偏高。平均气温较常年偏高1.0℃及以上的月份有8个月。年极端最低气温-7.8℃，出现在1月25日。年极端最高气温37.2℃，出现在7月12日。终霜日出现在3月13日，初霜日出现在11月15日，全年无霜期247天。

连续5天日平均气温≥10℃的初日出现在3月6日（进入春季），连续5天日平均气温≥22℃的初日出现在5月26日（进入夏季），连续5天日平均气温≤22℃的初日出现在10月2日（进入秋季），连续5天日平均气温≤10℃的初日出现在12月16日（进入冬季）。

冬季（1—2月）平均气温6.4℃，较常年偏高1.1℃，同比偏高0.8℃。其中，1月平均气温5.7℃，较常年偏高1.2℃；2月平均气温7.1℃，较常年偏高0.9℃。

春季（3—5月）平均气温16.2℃，较常年偏高1.0℃，同比偏高0.1℃。其中，3月平均气温11.6℃，较常年偏高1.7℃；4月平均气温16.2℃，较常年偏高1.0℃；5月平均气温20.7℃，较常年偏高0.3℃。

夏季（6—8月）平均气温27.7℃，较常年偏高0.7℃，同比偏低1.2℃。其中，6月平均气温25.2℃，较常年偏高1.2℃；7月平均气温29.5℃，较常年偏高1.0℃；8月平均气温28.3℃，与常年持平。夏季气温≥35.0℃高温天气出现10天。

秋季（9—11月）平均气温19.8℃。较常年偏高1.2℃，同比偏高0.7℃。其中，9月平均气温25.7℃，较常年偏高1.6℃；10月平均气温19.7℃，较常年偏高1.1℃；11月平均气温14.1℃，较常年偏高1.0℃。

12月平均气温6.2℃，较常年偏低0.7℃。

降水量分月显示：年降水量1279.8毫米，接近常年（1349.1毫米）略偏少，同比偏多120.8毫米。降水量的月份分布：1月、3月、4月、8月、9月、11月、12月较常年偏少，其余各月较常年偏多。降水量最大偏多月份为6月，较常年偏多120.5毫米，最大偏少月份为9月，较常年偏少71.4毫米。年雨日130天，较常年少8.7天。

冬季降水量153.5毫米，较常年偏少1.8毫米，同比偏少6.6毫米。其中，1月降水量50.5毫米，较常年偏少29.6毫米；2月降水量103.0毫米，较常年偏多27.8毫米。季雨日19天，较常年少4.3天。

春季降水量226.9毫米，较常年偏少87.2毫米，同比少207.6毫米。其中，3月降水量58.9毫米，较常年偏少50.9毫米；4月降水量47.1毫米，较常年偏少44.7毫米；5月降水量120.9毫米，较常年偏多8.4毫米。季雨日31天，较常年少7.9天。

夏季降水量683.1毫米，较常年偏多112.1毫米，同比多497.3毫米。其中，6月降水量348.4毫米，较常年偏多120.5毫米；7月降水量199.9毫米，较常年偏多58.8毫米；8月降水量134.8毫米，较常年偏少67.2毫米。季雨日50天，较常年多10.8天。

秋季降水量185.7毫米，较常年偏少64.5毫米，同比偏少165毫米。其中，9月降水量45.8毫米，较常年偏少71.4毫米；10月降水量100.5毫米，较常年偏多34.7毫米；11月降水量39.4毫米，较常年偏少27.8毫米。季雨日23天，较常年少5.1天。

12月降水量30.6毫米，较常年偏少26.3毫米。月雨日7天，较常年少2.1天。

年内，日降水量≥25.0毫米的大雨降水出现11天，日降水量≥50.0毫米的暴雨降水出现4天，日降水量≥100.0毫米的大暴雨降水出现1天。

日照量记录：年日照时数2464.1小时，较常年偏多533.6小时，同比偏多118.8小时。日照每月较常年均偏多。全年光照条件属较好年份。

冬季日照时数316.4小时，较常年偏多86.1小时，同比多97.5小时。其中，1月日照时数196小时，较常年偏多82.4小时；2月日照时数120.4小时，较常年偏多3.8小时。

气。多次冷空气过程利于加强越冬作物抗寒锻炼，加上防寒措施及时，蔬菜瓜果花卉等未出现明显冻害。月内降水分布不均，中旬多阴雨（雪）天气，降水量占全月降水的9成，上旬晴多雨少，较常年偏少8成，有利于秋收晾晒、水果采摘等各类农业生产的开展。

【防灾减灾预报】 2023年，平湖主要灾害性天气为冬季低温雨雪冰冻、春季强对流和梅汛期暴雨。市气象局做好监测预报工作，抓牢抓实梯次化、精细化预警服务，落实重大气象灾害“叫应”制度，发布各类灾害预警信号80次，气象服务短信240余万条，暴雨准确预警时间提前量达147分钟。开展重大活动气象服务，根据两会、两考、嘉兴十运会、西瓜灯节和浙沪马拉松等活动日程安排，密切关注天气形势变化，累计向市委、市政府及相关部门发布《重要天气报告》《气象信息内参》《2023年十运会天气专题气象服务》和《2023·平湖西瓜灯文化节专题服务》等服务材料340期，接受各类媒体采访40余次。加强涉海涉渔安全气象服务，针对高影响天气，开展港口24小时电话咨询气象服务和气象灾害预警信息服务。到浙江海港嘉兴港务有限公司实地调研，聚焦海洋经济建设，探索优化灾害性天气精细化预报机制。1人和平湖市气象台分获个人嘉奖和集体嘉奖。市气象局获评2022年度浙江省气象业务服务工作先进集体、第二批省气象科普教育基地（综合类），嘉兴市局2023年度县（市）气象工作目标考核第一名，浙江乍浦经济开发区（嘉兴港区）管委会防汛防台成绩突出集体。建立常态化学习机制，科技人才支撑能力不断提高。深化“煦日和风”机关服务品牌和四支气象服务团队建设，打造有平湖辨识度的气象党建名片，“煦日和风”获评嘉兴市级机关服务品牌。在2023年嘉兴市气象行业竞赛中，获县级团体第一、个人全能三等奖和“决策气象服务”第一名的成绩。加强党建业务融合场景建设，与上海金山区气象局开展毗邻党建共促事业发展，在联建共学、灾害性天气联防、生态气象服务和人才联培共育等方面深化合作。

【生态农业气象服务】 深化“美丽平湖”建设，聚焦臭氧污染前体物治理，协同减排挥发性有机物（VOCs）。以气象、生态两部门业务骨干力量为班底，深化臭氧和颗粒物空气污染气象条件客观预报技术研究，建立上海金山、平湖两地气象和生态四家单位联合会商工作机制，形成一项业务化的生态服务产品，为企业错峰生产等防控措施提供科学决策。全年，开展臭氧气象条件联合会商179次，总体预报准确率74.3%，根据气象决策安排企业正常生产的有132天，为有关企业赢得73.7%的生产日数。建成平湖首部气溶胶激光雷达并投入使用，实时获取污染物分布和气溶胶颗粒物时空演化数据，提升平湖空气质量空间探测能力、预报预警能力和应急处置能力。同时扩大合作内容，共同落实汛期水污染防控预报预警机制，抓好汛期水污染防控试点工作气象服务保障，提升平湖市水环境质量。针对防污水满溢污染、防初期雨水影响，开展水污染防控联合会商，在当湖街道开展降雨量与雨强和水污染相关性研究。全

11月12日，市气象局在浙沪马拉松现场提供气象服务保障
（市气象局　供稿）

年，累计降雨量与雨强精细化预报15次。围绕平湖农业主导产业，以服务粮食安全为引领，建立乡镇为重点、延伸到村、服务到田的气象为农服务体系。在春耕春播、夏收夏种、秋收冬种期间，向广大农业实体发送各类气象为农服务产品累计98期,农业气象灾害风险预警1次。联合市农业农村局面向全市农业大户开展农作物病虫防治和农业气象灾害监测预警培训。深入田间地头，做好“指尖上”的气象服务，联合市农业农村局开展6次乡村振兴气象服务示范点实地调研活动。针对麦收期间天气气候特点，对接钟埭街道得稻家庭农场，开展“直通式”服务,指导农户抢抓农时，保障小麦顺利收割。

【气象防灾减灾体系建设】 开展面向基层责任人、网格员的气象灾害防御知识培训。联合嘉兴港区应急管理局开展雷电灾害防御和气象政策法规知识培训。推进基层气象防灾减灾标准化建设，指导13个村（社区）创建省级气象防灾减灾标准化村（社区）。全年，利用“3·23”世界气象日、“5·12”防灾减灾日、“全国科普日”等关键时间节点开展各类气象科普活动30余场，世界气象日当天联合市传媒中心在中国蓝新闻网平台开展世界气象日科普直播，5000余人在线观看。整合气象科普馆、国家气象

8月17日，市生态环境分局举办2023年金嘉平首次生态研学活动

（市生态环境分局　供稿）

观测站等资源形成气象科普教育矩阵，获评“浙江省气象科普教育基地”。指导崇文小学和林埭小学徐埭校区创建“浙江省校园气象科普基地”。

【气象社会管理】 深入推进“互联网+监管”，强化防雷安全码2.0系统日常线上核查，督促96家防雷安全重点单位整改转码，消除安全隐患。推广“浙里防雷安全”小程序应用，强化防雷检测活动溯源管理和全过程监督。应用“浙政钉·掌上执法”平台，开展易燃易爆场所实地检查65家，开展“双随机”检查62次，专项检查3次，“双随机”事项覆盖率达100%，持续强化问题隐患查处率及跟踪闭环整改。与市应急管理、市场监管、公安、消防等部门开展跨部门联合检查，跨部门监管率达50%。做好政务审批服务，落实施工图分类管理，办理雷电防护装置设计审核和竣工验收行政许可共61件，事项即办率100%，政务服务好评率100%。协助嘉兴电厂四期项目完成雷电灾害风险评估。联合市综合执法部门查办雷电防护装置未经竣工验收交付使用处罚案件1起，案件先后入选“平湖市十大行政执法典型案例”“嘉兴市行政执法十大典型案例”。与市综合执法部门开展专题研讨，对已查办案件进行“复盘议案”，对周边地市查办典型案例进行剖析分析，学习研讨《浙江省气象行政处罚裁量权指导标准（2023年修订）》落地应用，强化新阶段气象行政处罚划转事项办案覆盖提升，巩固拓展执法改革新成果。加强省“大综合一体化”执法监管数字应用系统及“行政行为码”应用。查处涉探测环境保护案件一起。

（陈韩）

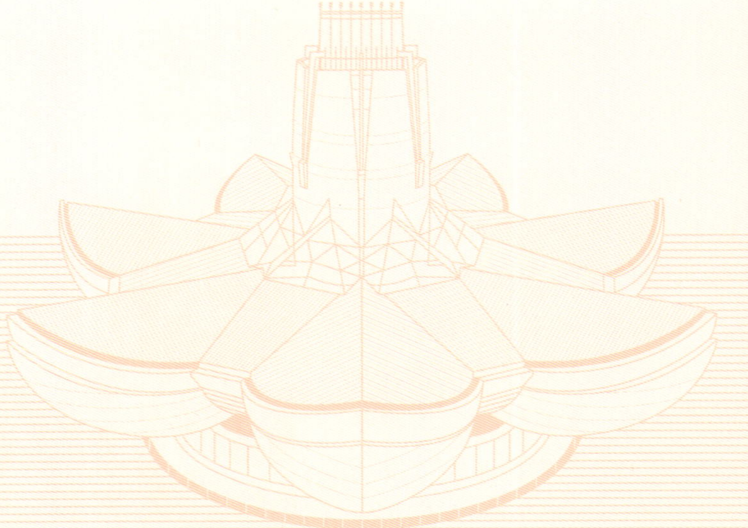

嘉兴港区（嘉兴综合保税区）

>>>

综　述

【概况】 2023年，浙江乍浦经济开发区（嘉兴港区）全年实现地区生产总值（GDP）223.4亿元，同比增长7.9%；规上工业总产值1033.94亿元，连续两年破千亿元；规上工业增加值175.7亿元，同比增长12.0%；一般公共预算收入完成13.1亿元，同比增长10.4%；城乡居民人均可支配收入分别为7.83万元、4.9万元，同比增长4.6%、6.0%。固定资产投资完成107.1亿元，同比增长10.3%，全年保持两位数增长；乍浦港区货物吞吐量完成6938万吨，同比增长6.2%；集装箱完成281万标箱，同比增长17.4%。11月，海关总署公布2022年度全国综合保税区发展绩效评估结果，嘉兴综合保税区获优异成绩，名列全国137个参评综合保税区第48位，综合评估结果为B类。

【招商引资】 引进10亿元项目2个、超亿美元项目1个。完成实际利用外资1.12亿美元，其中高新技术产业利用外资占比53.5%，位于全市前列；制造业利用外资占比74.4%，名列全市前列。

【项目推进】 化工新材料园区连续六年跻身全国十强（位列第八），排名同比进步一位，其中，单位投资强度列全国第五，单位面积产值列全国第三。有序推进总投资12亿元的合盛新材料产业示范园和3.5亿元的麦堆改性新材料项目建设，重点推进聚丙烯功能薄膜及特种胶膜新材料项目，电厂四期9号机组、嘉化能源VCM二期等一批总投资10亿元以上项目开工建设。综合利用物料运输管道项目完成建设并正式投入运行，成为国内首条顺岸式海底化工管道。

【转型提升】 氢能产业园一期、二期正式投用，“两中心一实验室”稳步推进，建成加氢站3座，率先开展氢能船研发制造，超百辆氢能车辆示范运行。国鸿氢能成功在港交所上市，成为第二家在港上市的氢能技术公司。成功召开中国氢能产业大会，签约总投资51.1亿元的8个氢能项目。蓝箭航天（一期）总装的朱雀二号遥二、遥三火箭先后在酒泉卫星发射中心成功发射，成为全球首枚入轨、首款连续发射成功的液氧甲烷运载火箭。乍浦港区进境冰鲜水产品、食用水生动物、水果指定监管场地获海关总署批复，提升港区开放枢纽区能级。打造集仓储、加工、展示于一体的跨境商品大型平台，正式打通“前店后仓”“内外联动”跨境电商业务模式。嘉兴海关、浙江乍浦经济开发区（嘉兴港区）管理委员会、浙江海港嘉兴港务有限公司进一步深化关、地、港三方合作，签订战略合作框架协议。

【民生改善】 山海港城城市新区风貌样板区通过省级验收，成功创建省级城乡风貌样板区。“美丽公厕”、“温暖嘉”驿站、保洁样板街区和“席地可坐”城市客厅等建设加快推进，乍浦镇农贸市场焕新归来，海鲜一条街启动实施，中山未来社区完成省级验收。杭师大附属乍浦实验学校小学部等项目完成竣工并投入使用，乍浦小学创建成为省现代化学校，乍浦镇中心幼儿园通过省级现代化学校现场评审。成功入选首批国家级减污降碳协同创新试点，全年空气质量指数和臭氧两项指标排名全市第一，市控断面水质稳定保持在Ⅲ类。

【嘉兴港区滨海中央公园二期正式对外开放】 1月1日，嘉兴港区滨海中央公园二期正式对外开放，港区市民再添休闲新去处。滨海中央公园位于嘉兴港区中山东路南侧，雅山路北侧，九龙山大道西侧，黄山路东侧，占地面积超13万平方米，绿化面积超11万平方米，环游步道达1.5公里，公园内拥有人工湖、亲水平台、儿童游乐场等区域。

【嘉兴港乍浦港区光伏组件“散改集”首次出运】 3月6日，嘉兴港乍浦港区D5泊位，随着最后一个满载光伏组件的集装箱平稳吊装至“江海之鑫—2305S”内贸船舶上，嘉兴港乍浦港区完成首次光伏组件“散改集”出运。该112标准箱的光伏组件来自正泰新能，将由嘉兴港经水路运输至广东佛冈。

【浙江惟能年产1亿平方米光伏胶膜项目落户】 3月28日，嘉兴港区举行浙江惟能年产1亿平方米光伏胶膜项目签约仪式，该项目总投资2.5亿元，嘉兴港区新能源产业发展又添新主力。项目总投资约2.5亿元，拟建设包括POE胶膜、透明EVA胶膜等型号光伏封装胶膜全自动化生产线及相应配套设施，并逐步组建高效电池封装行业的一流研发中心。

【嘉兴港乍浦港区首辆氢能叉车投入试运行】 4月10日，嘉兴港乍浦港区首辆氢能叉车投入试运行。嘉兴港已投用氢能集卡20辆、氢能叉车1辆、电动叉车6辆、电动堆高机2辆。本次投用的氢能叉车，搭载2台功率为4.6千瓦的氢燃料电池发动机，并配备53升氢气瓶，续航时间可达4至6小时。

【全国人大调研组到嘉兴港区开展安全生产法执法检查前期调研】 4月18—19日，全国人大常委会委员、社会委副主任委员秦生祥率调研组到嘉兴开展安全生产法执法检查前期调研，先后调研嘉兴石化有限公司、嘉兴岩谷气体有限公司，与基层执法人员、企业负责人座谈交流。

【鱼腥脑航道正式通航】 6月7日，国家海事局正式发布航行通告，在舟山海区新增航道，舟山海事也发布通告，公布鱼腥脑水域船舶通行航路，连接嘉兴港和宁波舟山港的最便捷海上通道——鱼腥脑航道正式通航。

【嘉兴港区又一批氢能集卡交付投运】 6月14日，30辆印有“东方氢港”标识的全新氢能集装箱重卡在嘉兴港乍浦港区交付使用，标志着嘉兴港氢能装备应用再次迈出一大步。

【全球首枚“嘉兴港区造”液氧甲烷运载火箭成功入轨】 7月12日，由蓝箭航天空间科技股份有限公司（以下简称蓝箭航天）自主研制的全球首枚液氧甲烷火箭“朱雀二号”遥二运载火箭在酒泉卫星发射中心发射升空，并成功入轨。嘉兴蓝箭航天中心项目2019年12月落户嘉兴港区临港现代装备·航空航天产业园，总投资100亿元，总用地规模约100公顷。一期项目用地约23.33公顷，主要建设运载火箭总装测试、半实物仿真试验室、火箭综合地面试验室、贮箱生产试验、仿真设计中心、数据管理中心，保障年产30发中型液体运载火箭的研制生产能力。

【朱雀再破苍穹】 12月9日，“朱雀二号”遥三运载火箭在酒泉卫星发射中心发射升空，将搭载的鸿鹄卫星、天仪33卫星及鸿鹄二号卫星送入预定轨道，发射任务成功。此次任务是“朱雀二号”运载火箭第3次飞行，蓝箭航天朱雀二号遥三火箭又创造历史——全球首款连续发射入轨的液氧甲烷火箭，同时承接“一箭三星”的全球首次商业发射任务。

【嘉兴综合保税区跨境电商运营中心项目通过竣工验收】 7月31日，嘉兴综合保税区跨境电商运营中心项目通过竣工验收，8月底交付并投入运营。项目位于嘉兴综合保税区内，投资概算约为4.29亿元，总用地面积6.66万平方米，总建筑面积约7.7万平方米。项目建设有2个双层跨境电商库、5层辅助用房、坡道、装卸平台及相关附属建设，是集仓储、生产、办公于一体的大型跨境电商综合平台。

【2023中国（嘉兴）氢能产业大会召开】 9月14日，2023中国（嘉兴）氢能产业大会暨2023氢能专精特新创业大赛决赛在长三角（嘉兴）氢能产业园召开。氢能领域专家学者、省市政府主管部门领导、示范应用企业负责人及相关产业代表齐聚嘉兴港区，共同探讨氢能产业的现状和未来，激发“以赛引资、以赛兴业”的氢能产业高质量发展无限活力。

【嘉兴港区海上溢油应急设备库正式启用】 10月31日，嘉兴港区海上溢油应急设备库举行揭牌仪式。是一座综合性海上溢油清除设备库，总占地面积2185平方米，投入资金2800万元。设备库配备大型收油机、围油栏、喷洒装置等专业化溢油应急设备50余种，具备岸线清除能力400吨，一次性海上溢油清除能力100吨，同时配套建设海上监测浮标、溢油监视雷达系统，具备全天候、立体化海上污染物监视监测功能。

【嘉兴港区首笔企业间跨区县排污权交易“落地”】 11月14日，位于嘉兴港区的浙江嘉化能源化工股份有限公司与位于秀洲区的嘉兴市环球工艺植绒厂签订排污权交易合同，标志着嘉兴港区完成首笔企业间跨区县排污权交易。浙江嘉化能源化工股份有限公司通过省排污权交易系统向嘉兴市环球工艺植绒厂购买0.14吨/年氨氮、1.4吨/年化学需氧量，成交总价5.16万元。

【嘉兴跨境商品展示中心启动仪式举行】 11月16日，嘉兴综合保税区跨境电商“前店后仓”联动模式暨嘉兴跨境商品展示中心启动仪式在嘉兴综保区举行。嘉兴跨境商品展示中心由嘉兴综合保税集团股份有限公司与综保区区内跨境电商企业“豪瑞贸易”携手打造。该中心依托嘉兴综保区保税跨境贸易平台，结合企业丰富的运营经验与综保区备货资源，发挥“前店后仓”与“内外联动”模式优势，搭起市民群众与综保区优质商品之间体验交流的平台。

【综合利用物料运输管道项目投入运行】 12月26日，嘉兴港区综合利用物料运输管道项目（亦称海底管道项目）主要建设的两条海底管道已正式投入运行阶段。海底管道项目总投资约1.3亿元，总长约5500米，其中穿越海底部分设计长度约4200米，年通过能力170万吨。

【长三角（嘉兴）氢能创新中心三期项目开工】 11月28日，长三角（嘉兴）氢能创新中心三期工程在嘉兴港区正式开工。创新中心三期工程项目位于清华长三角研究院氢能科技园内，由嘉兴港区滨海集团公司负责建设，占地面积约3.89公顷，总投资3.58亿元，将建设研发中心、展示厂房、员工服务中心等配套服务设施。其中，建设研发中心、展示厂房可满足现阶段及未来园区氢能产业的全链需求，员工服务中心等配套工程则能满足园区企业员工的生活日常需求。

【国鸿氢能在港交所上市】 12月5日，嘉兴港区企业国鸿氢能科技（嘉兴）股份有限公司在香港证券交易所首发上市。国鸿氢能证券代码09663，每股定价19.66港元，此次公开发行7952万股，全球发售所得款项净额估计约为14.56亿港元。

【嘉兴综合保税区发展绩效评估获佳绩】 11月，海关总署公布2022年度全国综合保税区发展绩效评估结果，嘉兴综合保税区获优异成绩，名列全国137个参评综合保税区第48位，综合评估结果为B类。“规模效益”“质量效益”“开发利用”“辐射服务”4类核心指标均高于全国平均水平。

【嘉兴港乍浦港区指定监管场地获批】 12月，嘉兴港乍浦港区进境冰鲜水产品、食用水生动物、水果指定监管场地成功获海关总署的批复，准予立项。该海关指定监管场地位于长三角大宗温控商品供应链平台（嘉兴港区）项目，项目总投资7.8亿元，该项目占地8.4万平方米，总建筑面积12万平方米，冷藏冷冻货物存储量可达12万吨，年周转冷藏冷冻食品可达120万—200万吨，周转货值超过500亿元。

（汪叶锋　梅阳）

嘉兴（乍浦）港

【概况】 2023年，嘉兴港完成货物吞吐量1.39亿吨，同比增长5.44%；完成外贸吞吐量1632.61万吨，同比增长16.74%；完成集装箱吞吐量340.44万标箱，同比增长19.29%。港口货物吞吐量、集装箱吞吐量、外贸吞吐量三项主要生产指标均居全省沿海港口第二位，外贸吞吐量增速居全省沿海港口首位。全年，完成海河联运吞吐量3906.75万吨、集装箱吞吐量97.62万标箱，同比增长3.13%、25.80%。全年，完成水运基础设施投资29.6亿元，同比增长99%。加快独山港区Ⅱ号港池、海盐港区Ⅲ号港池等2个海河联运作业区建设；推进独山港区A5A6泊位、B21B22泊位、B25B26泊位等6个万吨级泊位建设，建成嘉兴外海进港航道（鱼腥脑航道），加快嘉兴港外海进港航道疏浚一期工程前期工作，已基本具备开工条件。全年，累计检查港口企业184家次，其中危货企业126家次，共出动检查人员615人次，发现问题隐患553个，复核整改545个，整改率98.6%；危险货物港口作业4194批次，完成港口散装液体危险货物吞吐量1801万吨，危险品集装箱4071标箱。

（包叶群）

【强港建设】 10月，《嘉兴港独山港区规划调整方案》获批。“打造长三角海河联运枢纽”入选全省交通运输领域三个“一号工程”典型案例。独山港区海河枢纽工程被列为全省第一批“四港”联动示范项目。鱼腥脑航道提前建成并通航，打通嘉兴港与宁波舟山港的“海上断头路”，获省长王浩批示肯定，并列入浙江两会省政府工作报告。7月，开通乍浦至印尼航线；8月，开通全省首批64标箱内河集装箱航线，64标箱内河集装箱船舶在浙北等长三角区域实现互联互通。推进沿海万吨级泊位建设，开工建设独山港区B25B26等6个万吨级泊位，及独山港区B1314陆域部分。加快海河联运作业区建设，海盐海河联运Ⅲ区（澉浦作业区）一阶段工程基本完工，独山海河联运Ⅱ区完成总投资近一半。

【海河联运枢纽示范港建设】 开通乍浦至印尼近洋航线，新增乍浦—下沙、合肥等航线7条，全港海河联运航线增至30条，打造长三角近洋航线和内河货源集聚地。为福莱特等外贸生产企业制订个性化“海河联运”物流运输方案，海河联运直接服务企业的模式不断优化。“海河联运在线”应用入选全省交通领域首批三个“一号工程”典型案例。打造具有辨识度的特色成果，海河联运在线平台6月底上线2.0版。

【引航工作】 2023年，安全引领中外船舶3531艘次，同比增长13.03%。服务国家级重大项目杭州湾跨海铁路大桥建设，连续刷新杭州湾跨海大桥引航纪录。为保障LNG船舶鳗鱼苗捕捞季节的安全进出港，引航站专题研究，提出针对性安全保障措施，安全引领LNG船舶26艘次，累计运输液化天然气73.49万立方米，保障浙北地区液化天然气的及时供给。

（吴可珍　吴婷竹）

嘉兴海关驻乍浦办事处

【概况】 2023年，嘉兴海关驻乍浦办事处2981现场入库税收82.07亿元，同比增长（下同）8.98%；审核进出口报关单11.92万份，下降0.67%；监管进出口货运量1438.75万吨，增长18.11%；监管国际航行船舶2162艘次，增长4.34%，内支线船舶2811艘次，增长28.12%；监管进出境集装箱41.09万标箱，增长1.92%；监管出入境人员29342人次；签发各类原产地证书1.94万份，签证金额11.54亿美元。嘉兴综合保税区A区2983现场入库税收7.56亿元，增长52.26%；审核进出口报关单3.48万份，增长28.7%；一线监管货运量20.83万吨，增长73.28%。

4月30日，嘉兴海关驻乍浦办事处关员对进境原木上截获的外来有害生物进行取样　　（嘉兴海关驻乍浦办事处　供稿）

【税收征管】 加大税收征管力度，确保工作质量，入库税收89.63亿元。结合“智慧海关”建设，探索智慧关税业务模型，搭建公式定价备案平台科学管理企业点价操作；统一滞期费申报格式、方式规范后续征税管理。

【口岸监管】 在口岸货物查检监管中，把牢国门生物安全关，强化动植物产品检疫，截获有害生物201种次，其中检疫性有害生物33种次，杭州海关关区内首次截获有害生物6种；强化船舶检疫，截获病媒生物74批次17种，有害生物66批次33种；查获并退运6批禁止进口固体废物。创新管输进口油气（天然气和石油气）监管模式，助推管输油气扩大进口。第一时间落实总署优化调整健康申报模式的相关公告，提升船舶通关效率。加强与口岸兄弟单位的沟通交流，进一步强化联防联控机制，与平湖市卫生健康局签署应对口岸公共卫生事件合作机制备忘录。

【服务地方经济发展】 深化关、地、港三方合作，协助嘉兴海关与嘉兴港区、嘉兴港务签订战略合作框架协议，与嘉兴港签订《高级认证企业快速通关机制》，助力嘉兴港打造世界一流强港。推动转关模式改革，利用海河联运的集疏功能推动“多程转关一次办理”（“两转并一转”）改革向富阳、下沙辐射，上线“两转并一转”信息化系统。优化供退物料监管模式，上线国际航行船舶退供物料电子化申报核销，提升申报核销效率。发挥嘉兴港与综合保税区“区港联动”优势，首次开展国际船舶保税配件业务。完成省内首票启运港退税业务，并将相关经验在杭州关区内进行推广。完成首票杭州关区内贸货物跨境运输监管业务，50标箱玉米自吉林珲春出发，经俄罗斯斯拉夫扬卡港中转乍浦港顺利通关。做好属地纳税人服务工作，帮助企业用足用好进出口优惠原产地政策。主动开展区域性原产地优惠政策、原产地自助打印改革等宣传推广，引导企业用足用好各类优惠政策，共举办线上线下培训班5期，并主动为出口企业服务，提供专业指导，确保出口企业原产地证书应签尽签，尽享关税优惠；签发浙江省首份RCEP（区域全面经济伙伴关系）对菲律宾优惠原产地证书和嘉兴海关首份RCEP对印度尼西亚优惠原产地证书；为便利企业签证，实现产地证办理全流程电子化；3月23日，“原产地证书24小时自助打印服务启动仪式”在平湖市行政服务中心举行，海关原产地证书首次在地方行政服务中心政务一体机上实现自助打印；9月底，实现原产地证书24小时自助打印平湖市各街道全覆盖。坚持节假日预约通关制度，为企业进出口货物及时办理通关手续，提升口岸通关效率。主动做好进口燃料油消费税政策性退税及对美加征关税商品市场化采购商品排除的政策宣传和指导，全年共办理燃料油退税31票，退税额3.19亿元，同比增长

39.2%。精准施策助力企业发展，创新公式定价出口新模式帮助企业顺利出口产品抢市场稳订单。

【综合保税区业务】 2023年，嘉兴综合保税区A区围绕五大中心打造，积极推动加工制造、研发设计、物流分拨、检测维修等四个基地建设。支持跨境电商稳步发展，保障跨境电商零售进口商品快速通关，“双十一”期间监管跨境电商零售进口商品22万余单，货值逾7900万元，分别同比增长50倍、100倍。开通跨境电商零售进口退货中心仓模式，受理进口退货商品5807单，为企业减少损失164万余元。进一步扩大跨境电商业务种类与规模，探索跨境电商美妆进口业务。推进综保区综合试点改革，与电子口岸杭州分中心联合制订数字化综合服务平台建设方案。复制推广“四自一简”自贸试验区改革创新试点经验，提升通关便利化水平，31家企业参与并享受试点红利。

（戚昱）

财政·税务

财　政

【概况】 2023年，平湖市实现地区生产总值1008.66亿元，按可比价格计算，增长6.0%。按常住人口计算，人均生产总值146183元，增长5.3%。第一产业增加值16.22亿元，增长4.3%；第二产业增加值595.06亿元，增长6.5%，其中工业增加值556.18亿元，增长6.4%；第三产业增加值397.39亿元，增长5.2%。三次产业结构比为1.6∶59.0∶39.4。全市财政总收入151.38亿元，增长13.5%；一般公共预算收入88.98亿元，增长10.2%，其中税收收入78.98亿元，增长7.9%。全市一般公共预算支出114.22亿元，下降5.0%。全市财政收支平衡。全年，完成“创新破难”重点工作任务20项。建立清廉国企建设评价指标体系，指导市属国企制定形成“一企一策”具体评价标准。2023年，市财政局被市委、市政府评为“地瓜经济”提能升级“一号开放工程”和城乡秀美工程先进集体。

【财政收入】 优化收入结构。一般公共预算收入占地区生产总值的8.8%，占财政总收入的58.8%。税收收入占一般公共预算收入的88.8%。深化财税部门协作，加强重点税源监控，加强宏观经济形势分析。强化非税征管。加强票据日常管理，推进财政票据电子化改革。推广统一公共支付平台，全市共有56家单位使用公共支付平台收缴非税业务，实现电子缴款38.51万笔，收缴资金7.33亿元。全年，组织非税收入72.10亿元，下降29.1%，其中纳入一般公共预算管理的非税收入10.00亿元，增长33.2%。

【财经安排】 强化财政资金引导。全年，获上级转移支付资金28.71亿元，新增地方政府债券41.40亿元。构建新一轮集中财力办大事财政政策体系，落实省“八个高地”目标任务、“三个一号工程”“十项重大工程”和“8+4”经济政策体系等重大决策部署，全年统筹资金40.11亿元。落实惠企减负政策。全年，累计减税降费34.57亿元。落实“8+4”经济政策体系，建立财政支持清单，全年累计拨付政策资金27.85亿元。在嘉兴市率先打通惠企直通车平台系统与预算一体化系统端口衔接，加快资金兑付。推动出台支持制造业头部企业做大做强等各类扶持政策21个。全年，根据财力安排政府投资项目71个、安排资金12.97亿元。支持科技创新发展。全年，安排科技人才发展资金2.20亿元，实施创新驱动发展战略，全市科技支出增长18.2%。

推进基金运行。创新“基金+产业”融合发展模式助力招商，设立40.00亿元的产投母基金和3.50亿元的科创基金，配合承接省“415X”基金，认缴省高端装备制造基金2.00亿元、省科创基金1.00亿元。

【民生支出】全年，财政民生支出94.73亿元，占一般公共预算支出的82.9%，占比居嘉兴首位。推进重点项目建设。保障公共服务“七优享”工程，支持打造“平有善育”“颐养金平湖”“学历+技能”双提升等共富品牌，牵头制订百万家庭奔富三年行动计划（2023—2025年），推动出台幼儿园托幼一体补助等民生政策15个。完善就业创业政策体系。全年，落实就业和技能提升补助资金6469万元。健全多层次社会保障体系。稳步推进职工养老保险国家统筹，加强基本养老服务体系建设，实施困难群众分类分档精准救助。优化卫生健康支出。优化医疗卫生支持体系，落实一线医务人员临时性工作补助政策，提高基本公共卫生服务财政补助标准至每人每年102元。支持文旅事业发展。全年，文化旅游体育与传媒支出1.78亿元，完善公共文化服务体系，加强非遗保护传承。推进教育事业优先发展。全年，教育支出21.97亿元，增长6.3%，提高义务教育生均公用经费，支持教育改革发展，创新设立普惠性人力资本提升综合服务中心。

【富民建设】支持强村富民建设。落实“1+8+N”［打造以“1”个新型强村公司共富体、“8”个要素抱团共富体（“飞地抱团”、农房盘活、众筹经营、乡村劳务、产业联结、土地股份、景区村庄、文明善治）、“N”个“抱团富”应用场景］共富体实施方案、“强村富民20条”等政策，推进34个“1+8+N”共富体项目建设，争取省级“一事一议”财政奖补资金，支持打造共富乡村试点项目。开展改革试点工作。开展“大三农”政策重塑、生育养育财税支持等省级共富“小切口”改革试点。深化财政金融协同支农数字化改革，农业信贷规模累计新增1.94亿元，超额完成试点改革目标并被列为全省首批3个省农担直属分支机构试点之一。

【财政改革】推进财政数字化改革。入围省财政厅“揭榜挂帅”任务，参与财政部支出预算标准体系建设。推进“浙里报账”无纸化改革，实现全市预算单位全覆盖，业务场景扩大至11个。优化财政营商环境。通过水资源费在线征缴改革试点办理提速90%以上，加强政府采购无感监测指标管理，新增非税收入微信缴费渠道。

【财会监督】开展“财会监督年”活动。成立专班领导小组，制订活动实施方案，确定年度28项任务清单。全年，完成减税降费政策落实问题等8项专项整治、涉企政策绩效监督等15项专项检查，纠正（清理）违规资金6.74亿元，修订、出台制度9项。落实上级专项检查。深化“财审联动”机制，加强与审计等部门的协作机制，提高监管效率，全年联合完善市属国企货币资金等专项检查项目4项，纠正违规资金4776万元。强化政府投资项目监管。全年，结算审核项目64个，审定金额19.05亿元，净核减2.30亿元，核减率10.8%。

（刘欣）

税　务

【概述】2023年，市税务局健全“抓好党务、干好税务、带好队伍”机制体系，提升税费收入质量，落实退税减税降费政策，深化税收征管改革，各项税费收入218.36亿元，同比增长9.07%，财政总收入、税收收入、一般公共预算收入三项收入分别增长12.2%、13.1%、10.2%，增速均列嘉兴五个县（市）第一。市税务局获评平湖市“双建争先”示范点创建先进集体，“税小二”税费优惠政策落实工作团队获评平湖市机关党员先锋岗。

【税费收入】2023年，市税务局共组织各项税费收入218.36亿元，同比增长9.07%。其中，税收收入122.57亿元，同比增长13.1%；社保费收入49.84亿元，同比增长3.95%；非税收入43.73亿元，同比增长4.94%；

其他收入2.22亿元，同比增长0.79%。财政总收入、税收收入、一般公共预算收入三项收入分别增长12.2%、13.1%、10.2%，增速均列嘉兴五县（市）第一。

6月8日，"金平湖"共富网格微税驿站揭牌（市税务局　供稿）

【税费政策落实】运用"五措并举"策略打法、"四精协同"工作机制，实现高精度的"政策找人"，稳准好快落实税费优惠政策。2023年，累计推送税费政策379条，覆盖纳税人165.6万户次，开展线上直播7场，观看达6.04万人次；线下培训52场，参加5000余人次。2023年，减税降费20.54亿元，其中留抵退税12.85亿元，其他减税7.69亿元。办理出口退（免）税34.03亿元，出口退税时间压缩至0.4天。

【办税缴费服务】围绕营商环境"一号改革工程"，丰富完善平湖税务智税中心，提供24小时智能咨询和智能涉税业务处理。全年，综合网上办税率为99.01%，列嘉兴第一；综合掌办率同比提升11.64%；留抵退税办理时间同比压缩16.34小时。在村社区靠前建立"金平湖"微税驿站20个，组建税村联建青年志愿服务队，聚焦乡村农企农户所需所盼，实现"办税缴费不出村"，入选平湖营商环境政务环境首批案例库。联合市经信局、市人力社保局、市工商联等开展线上线下税收政策宣传累计63场，参与达6.56万余人次。征纳沟通平台月平均激活率99.99%，活跃率99.7%，累计推送消息467条，覆盖纳税人超187万人次。探索建立"税企圆桌派"互动交流机制，共计开展12期，收集意见建议61条，该项创新服务工作获国家税务总局官微、《中国税务报》刊发报道。抓好营商环境"无感检测"指标建设，纳税指标继续保持全省一段。打造"税小二"服务品牌，获评嘉兴市"四星级"示范性机关服务品牌，入选平湖2023年营商环境改革十大特色服务品牌。

3月22日，市税务局干部给浙江保绿特环保技术工程有限公司送上《浙江省拟上市公司税收服务手册》（市税务局　供稿）

【税务法治】深度创新实践新时代"枫桥经验"，结合平湖"无讼"文化特色，探索涉税风险矛盾纠纷多元预防化解机制，推进良法善治。新埭税务所、市税务局第一税务所先后创建成为全省新时代"枫桥式"税务所。强化复议应诉管理，2023年受理行政复议2起、行政诉讼7起，其中1起开庭应诉后胜诉，其余经过沟通调解均化解。注重法治人才培养，全年新增5名干部取得法律职业资格证书。

【征收管理】 推进全省“揭榜挂帅”改革试点“跨境利润水平监控”项目，被国家税务总局评定为全国可复制可推广创新举措，项目形成的《关联申报审核指引》等4项指引已由浙江省税务局正式印发推广。推进社保非税工作，完成“优化调整社会保险费申报缴纳流程”改革试点工作。做好城乡医保征缴工作，完成森林植被恢复费、草原植被恢复费非税收入征收职能划转和残保金集中征缴工作。打好发票电子化改革（金税四期）攻坚战，分批分步推进数电发票扩围，对纯单轨纳税人实现100%涉税事项通知与辅导，建立“三级运维机制”。推广数电纳税人22309户，数电票扩围率98.28%。实现单轨纳税人21857户，纯单轨率97.97%，完成阶段性目标任务。

【税收协同共治】 协助市政府发布《平湖市贯彻落实〈浙江省税费服务和征管保障办法〉实施方案》，与市公安局、人力社保局、医保局等部门签订信息共享协议，全年对外获取25批次4.47万条数据，以信息化、数据化管理促进税收征管提质增效。创新欠税管理方式，与公安部门建立居民身份信息共享机制、内部阻止出境报备信息流转核查机制，累计办理欠税阻止出境报备393人。全年，清理陈欠1.28亿元，陈欠清理率37.80%，清理新欠2.79亿元。推进税务司法协作，共收到17户企业债权申报通知书，其中11户企业申报债权1551.80万元，使破产、民事执行税务司法良性互动。规范开展外部门数据共享交换，全年累计对外提供51批次68.55万条数据。

（王立功）

2023年度平湖市税务局缴纳税金前10位纳税人一览表

表16　　　　单位：万元

序号	纳税人名称	税收收入
1	邦芒服务外包有限公司	60196.33
2	津上精密机床（浙江）有限公司	35628.71
3	平湖石化有限责任公司	26372.86
4	浙江平湖农村商业银行股份有限公司	19935.15
5	浙江浙能嘉华发电有限公司	19682.95
6	浙江卫星能源有限公司	19517.61
7	尼得科泰科诺电机（浙江）有限公司	18046.96
8	平湖市香都市场开发有限公司	16741.32
9	平湖市卓骏房地产开发有限公司	16551.19
10	平湖华城茂麓制衣有限公司	16184.66

金　融

综　述

【基本情况】 2023年，金融运行总体平稳，流动性合理充裕，存贷款规模再创新高，贷款总量历史性突破2000亿元的“新台阶”，信贷结构持续优化，实体经济融资成本稳中有降，金融支持实体经济的力度明显加大。

【信贷总量充足】 12月末，全市银行业金融机构余额存贷比124.32%，列五县（市）第一。全市金融机构本外币各项存款余额1653.94亿元，同比增长12.83%，比年初新增188.01亿元。与嘉兴五县（市）相比，平湖本外币存款余额、增量和同比增速均列第四位。全市金融机构本外币贷款余额2056.12亿元，较年初新增307.48亿元，同比增长17.58%。嘉兴五县（市）相比，平湖本外币贷款余额和增量列第四位，同比增速列第三位。制造业信贷支持有力：12月末，全市制造业贷款余额424.94亿元，比年初新增59.06亿元，新增占比19.21%。

【货币政策工具实施有力】 推动全国性金融机构积极运用多项创新型货币政策工具，通过碳减排支持工具、科技创新再贷款、交通物流再贷款、设备更新改造专项再贷款等结构性货币政策工具加大对科技创新、绿色发展等领域支持力度，累计发放相关贷款44.83亿元。牵头推进科创金融专营机构建设，指导平湖农商银行成立全省农商行系统首家科创与绿色金融事业部。聚焦重点产业产业链协调协同发展，引导金融机构加大对基础设施建设、重大投资项目及制造业中长期贷款投放力度，支持“数字行动”新增贷款5.92亿元，同比增长34.98%；支持“筑巢行动”新增贷款5.3亿元，同比增长9.9%；支持“凤凰行动”新增贷款5.66亿元，同比增长14.92%；资金投向新“招引”企业1.92亿元，投向重大项目36.84亿元；金融支持“专精特新”名单内企业余额15.85亿元。

【融资成本稳中有降】 贷款利率创“历史新低”。各项贷款加权平均利率为4.07%，较年初下降0.44个百分点，其中制造业、小微企业贷款加权平均利率分别为3.71%、4.02%，同比分别下降51个和90个基点，均处于历史最低水平。

【金融风险防控】 银行业运行总体平稳，全市不良贷款余额6.36亿元，较年初增加2.58亿元；不良贷款率0.31%，较年初下降0.09个百分点。累计处置不良贷款3.30亿元，其中累计核销1.67亿元，现金清收1.35亿元。

不良贷款余额和不良贷款率总体平稳，金融风险水平处在可控区间。

【金融生态环境优化】 金融管理和服务质效持续提高。支付利民成效显著，累计为企业减免利息8068万元，减免各类日常服务费用3714万元。推动移动支付便民工程建设，指导督促银行做好亚运会金融服务保障工作，加快推进特约商户、ATM机外卡受理改造，于5月至11月组织开展“银联优惠日”云闪付“满20减10”活动，活动交易笔数同比增长3%。拓展宣传半径普及金融知识，联合市教育局举办“唱响金融校园之声”平湖市“反诈进校园　诚信伴我行”宣讲活动启动仪式，全市21所中学段学校匹配25家银行机构结对签约，共开展进校园活动60余次；“小金伞”金融志愿服务队亮相在南河头广场开展的消费者权益日纪念活动；开展“6·14”信用记录关爱日宣传活动。举办宣传活动110次，参加宣传活动的企业167家、个体工商户566家。

2023年平湖市金融系统机构和人员一览表

表17

金融机构	一、机构（个）	行司（个）	一级支行（个）	二级支行（个）	分理处（个）	社区支行（个）	储蓄所（个）	二、在册人员（人）
人民银行	1	1						23
银保监组	1	1						3
工商银行	9	1		8				172
农业银行	13	1		12				235
中国银行	8	1		7				129
建设银行	9	1		8				185
农发银行	1	1						13
农商银行	37	1	13	5	19			598
中信银行	1	1						34
嘉兴银行	8	1		3		4		101
交通银行	1	1						25
浦发银行	1	1						13
工银村镇银行	2	1		1				45
邮政储蓄银行	3	1		2				70
兴业银行	2	1				1		26
平安银行	1	1						10
湖州银行	3	1		1		1		30
华夏银行	1	1						17
泰隆银行	4	1		3				80
绍兴银行	2	1		1				42
招商银行	1	1						21
民泰银行	2	1		1				40
台州银行	1	1						24
光大银行	1	1						15
浙商银行	1	1						20
宁波银行	1	1						35
杭州银行	1	1						25

续表 17

金融机构	一、机构（个）	行司（个）	一级支行（个）	二级支行（个）	分理处（个）	社区支行（个）	储蓄所（个）	二、在册人员（人）
稠州银行	1	1						14
民生银行	1	1						13
中国人寿	4	1		3				41
人保财险	5	1		4				77
太平洋保险	2	1		1				15
中华联合	1	1						16
中信证券	1	1						28
银河证券	1	1						14
财通证券	1	1						10
东吴证券	1	1						10
安信证券	1	1						5
浙商证券	1	1						11
康泰小额贷款	1	1						6
安信小额贷款	1	1						10
合　计	138	41	13	60	19	6		2301

中国人民银行平湖市支行

【概况】 2023年，平湖市支行围绕“一中心”“三高地”“五品牌”，不断提升金融服务的精准性有效性。开展跨境金融服务平台银企融资对接应用场景试点工作，累计完成银行受理融资授信业务35笔，授信金额2.37亿美元；累计完成出口信保保单融资应用场景试点中小企业融资1笔，金额25万美元。全年，共举办“廉政讲坛”10期。

【机构改革】 年内，依照上级指示推进机构改革进程，市支行各股室对内职能逐步上收，对外职能方面，国家外汇管理局平湖市支局于9月28日17时起停止办理外汇业务；市支行征信人工服务窗口于12月15日17时停止办理业务。

【金融风险防范】 持续开展房地产领域风险防控工作，配合好市房地产专班做好保交楼工作，关注对重点项目的监测。持续开展存款保险及重大事项报告制度执行工作，共记录到33项重大事项及重要信息报告。持续开展企业风险监测，按月开展出险企业风险监测，按季开展大型民营企业风险监测。认真梳理档案，有条不紊做好业务上收工作，保障各项业务正常开展，维护辖区金融稳定。

【反诈反洗钱】 进一步规范个人银行结算账户取现业务和企业代发工资业务，累计下发企业开户风险提示函87条。加强银警联动，形成联防联控，通过与市公安局建立的快速移送案件线索机制，及时移送可疑线索6条。加大反洗钱打击力度。举办2023年平湖市金融机构反洗钱业务培训，配合有关部门打击违纪违法犯罪行为，组织银行协助纪委开展协查12条、协助检察院开展协查6条。

【外汇管理工作】 汇率避险宣传传达风险中性：联合银行举办惠企政策宣讲会5次，惠及辖内重点外贸企业200余家，累计办理汇率避险1350笔。深入企业走访调研优化外汇服务：以涉外企业的需求作为外汇管理工作的出发点和落脚点，入企宣传150余家，答疑解惑40余个，密切部门间沟通配合，推动地方政府出台2023年中小微企业购买汇率避险产品、高新技术和“专精特新”企业跨境融资、跨国公司跨境资金集中运营奖励措施，帮助企业打通境外融资渠道，实现低成本跨境融资。本外币协调管理提升履职能力：代表嘉兴市外汇局参加浙江省银行外汇局跨境人民币优质服务竞赛外汇局个人赛“汇率避险服务类”项目，并获三等奖。以嘉兴成功创建科创金融改革试验区为契机，鼓励企业开展跨国公司跨境资金集中运营，11月8日浙江上方生物科技有限企业完成开展跨国企业跨境资金集中运营业务备案。

（胡国栋）

嘉兴银保监分局平湖监管组

【概况】 截至2023年末，平湖辖内共27家银行业金融机构、27家保险公司（其中，财险公司16家，寿险公司11家）。从银行业经营情况来看，截至2023年末，银行业各项存款余额1653.94亿元，同比增长12.83%；各项贷款余额2056.12亿元，同比增长17.58%。不良贷款余额6.36亿元，比年初增加2.58亿元；不良贷款率0.31%，比年初上升0.09个百分点。辖内银行业整体经营稳健、风险可控。从保险业经营情况来看，全年保险业累计保费收入23.77亿元，同比增长1.93%，其中，财险市场累计保费收入8.85亿元、寿险市场累计保费收入14.92亿元。全年，累计赔付支出共8.38亿元，同比增长24.2%，其中，财险市场累计赔付支出5.93亿元、寿险市场累计赔付支出2.44亿元。

【金融助力实体经济发展】 截至2023年末，辖内银行机构制造业中长期贷款余额180.37亿元，同比增长17.14%；小微企业贷款余额809.92亿元，同比增长24.9%，其中，普惠型小微企业贷款余额385.25亿元，同比增长25.17%。同时，积极贯彻落实分局《“助企发展增信心 助力共富增活力”服务实体经济高质量发展专项行动方案》，督促银行业做好小微企业贷款接续工作，2023年末无还本续贷余额178.84亿元，同比增长51.1%。

【风险防范化解】 落实“早发现、早识别”工作要求，组织银行机构按季开展大额信用风险排查，完善信用风险排查防控化解机制。年末，全市银行业不良贷款率0.31%，资产质量整体尚可。与相关部门开展协商沟通，探索建立金融业不良贷款快处快核通道，联合市法院、税务局建立“预查废”机制。2023年，全市银行业累计处置、核销不良贷款余额分别为3.3亿元和1.67亿元，增幅分别达30.95%和62.14%。

（高超）

国有政策性银行

【中国农业发展银行平湖市支行】 至年末，贷款余额46.75亿元，新获批项目9个，金额31.15亿元，全年累计发放各类贷款16.61亿元。项目审批个数、贷款投放额、余额均创支行历史新高。服务“三农”，聚焦主责主业，把支持粮棉油业务作为立行之本，确保平湖市粮食收购资金供应，全年累计发放购销储贷款1.61亿元。发挥政策性银行专业优势，坚持“政府所指，我之所向”。支持“千项万亿”“千万工程”等重点项目。全年，累计投放各类非购销储贷款14.99亿元；储备和新策划项目共计21个，金额137.31亿元；新项目评估10个，金额41.11亿元。持续优化服务，网银2.0功能升级，围绕客户高频使用的转账汇款、对账、集团资金管理等功能进行用户体验优化升级。落实减费让利政策，助力实体经济和企业高质量发展。做到服务零距离，客户零投诉。全年，首年优惠金额1.68万元，落实减费让利政策，新发放贷款加权平均利率仅4.32%，减免手续费、工本费等20个收费项目金额约13.49万元，普惠企业64家。履行社会责任，配合做好反诈、反洗钱等相关工作。

（朱芳芳）

商业银行

【中国工商银行股份有限公司平湖支行】 2023年，工行平湖支行本外币各项时点存款余额199.22亿元，较年初新增23.79亿元，同比增幅13.56%，余额四行占比提升1.41%，增量四行排名第一。到2023年末，本外币各项贷款余额278.6亿元，较年初新增贷款52.79亿元，同比增幅23.37%，余额四行占比较年初提升1.4%，各项贷款和公司贷款增量四行排名第一。支持区域重点项目建设，支行当年累计成功获批18个项目，项目贷款审批金额累计83.85亿元。支持制造业大中型企业服务，当年新增民营贷款7.09亿元，先后为平湖区域上方生物、荣晟环保等累计发放大中型贷款金额12.5亿元。大力发展普惠金融有担当，多措并举为小微企业、个体工商户、乡村农户、农业龙头企业提供精准金融服务。2023年，普惠贷款净增8.4亿元，增幅超过30%，增量位于同业第二名。坚持做平湖市金融支持外资企业的排头兵，已为日本电产、斯泰必鲁斯、三星精密等130多家外资企业提供优良的外汇产品和高效的金融服务，2023年累计办理国际结算量32.61亿美元，位于同业第二名，跨境人民币29.12亿元，居四行第一位。支行嘉兴融资担保公司合作的担保类贷款30户余额14285万元。与省融资担保公司合作的浙担快贷担保贷款23户，余额8684万元，2个担保公司合计当年新增客户18户，新增贷款7294万元。推进科创企业及专精特新客户，按月为每个网点和营销部门制定专精特新、小巨人等科创企业走访清单，落实客户经理深入企业了解实情，并每周通报走访进度及点评，做好科创金融服务。截至2023年末，支行科创贷款余额达45.13亿元，其中专精特新贷款余额达5.87亿元。加大个人消费贷款力度，优化产品，找准客户群，不断扩大个人贷款投放面，助推地方消费市场回暖。截至12月末，个人信用贷款达1.33亿元，新增1960万元。

优化客户服务，银企互利共赢。深入各大园区走访科创、专精特新企业，积极宣传支行优化开户服务政策及结算套餐、普惠金融贷款等产品优势。为服装城市场、华都九龙广场等专业市场，嘉创智谷新仓远景产业园等园区量身定制融资、本外币结算、现金管理、代发工资等一体化综合金融服务方案。坚持创新个性服务，通过场景建设和煲汤式营销服务，打造推进GBC+基础性工程，中标平湖金豆子项目、平湖物业两金、微信支付渠道清算银行、平湖法院案款专户。坚持反诈工作不放松。通过深化涉诈涉赌“资金链”治理，做好账户风险源头管理工作、抓好存量账户全生命周期管理、注重反诈靶向宣传。截至2023年末，支行个人涉案账户25户，同比下降45户，大幅下降64.29%，同业排名第四，在平湖反诈办考核中列第一档次。做好重点群体金融服务。

（陈瑛）

【中国农业银行股份有限公司平湖市支行】 2023年末，支行存贷规模在全市可比同业范围内率先突破600亿元，达606.21亿元，增量65.29亿元。本外币各项存款余额262.89亿元，比年初新增20.71亿元，四行分别占比37.04%、40.23%，本外币各项贷款余额343.33亿元，比年初新增44.58亿元，四行分别占比33.42%、30.76%，存贷款总量均居四行第一。

深化党业融合，加强银政、银企、银村等多领域交流合作。加大对基础设施、民生工程等领域的信贷支持力度，保持政府类贷款可比同业授信第一位，获批省海港集团“千项万亿”重点项目。积极履行金融对“稳外贸”的重要作用，为外贸企业走出去保驾护航的事例被新华社及《中国经营报》《证券日报》等多家央媒报道。

聚焦科技创新，护航企业行稳致远。持续迭代“科技e贷”“浙科通”等线上产品模型，鼓励科创企业以知识产权、专利权等无形资产质押，将企业数据“软资产”变成可融资的“硬资产”，解决企业融资难问题。2023年，支行成功为嘉兴港独山港区B13号、B14号多用途泊位工程发放首笔中企云链供应链融资，累计为10家专精特新企业新增信贷支持，新增科技企业合作户数25户，科技贷款余额新增5.76亿元。

精耕“三农”服务，助力乡村振兴。综合运用惠农e贷、富村贷、村级流贷等产品精准滴灌产业建设、助农增收。把最新的支农惠农政策送达农户手中，有效填补农户资金需求缺口。创新推出农户购建房贷款，加速推进农户“秒申秒贷”。至年末，全行实现农户贷款较年初新增3.81亿元，合作村净增4户，为13家村集体新增授信。

2023年，支行共开展各类金融宣传活动60余次，堵截客户被骗资金48起，避免被骗资金260余万元。

（顾雅怡）

【中国银行股份有限公司平湖支行】 截至12月末，支行实现营业收入3.78亿元，同比增长4.25%。其中，净利息收入3.16亿元；非利息收入6224万元，同比增长43.39%。拨备前利润3.25亿元，同比增长3.73%；净利润2.37亿元，同比增长21.00%。

截至年底，支行本外币存款余额85.90亿元，较年初新增2.72亿元。其中，对公本外币存款时点余额48.02亿元；个人本外币存款余额37.88亿元，较年初新增3.52亿元，增量列各县支行第三。摒弃单一产品销售的营销模式，促进单一投资理财客户向组合配置客户转变，通过全量金融资产提升带动支行存款水位线的抬升。做好理财、厅堂、零贷、普惠等客群联动营销，通过公私联动，上下联动，以“存款、收入、客户”银行经营的根本为主线，为客户综合金融服务方案，拓展客户和资产。支行贯彻存款为重的工作思路，以考核为导向，以提升市场竞争力为目标，密切关注市场变化与同业动态，对标先进，提升存款市场份额。

支行在营销存量大户存款的同时，寻求新的存款增长点，中标平湖市国有资产控股集团有限公司2024年境外债全球协调人项目。支行成功落地某投资合伙企业（有限合伙）产业基金托管，托管规模10亿元，带动支行人民币存款新增10亿元。同时，持续争揽平湖市新仓镇某项目资金的二期及三期资金3.1亿元。

持续有力抓投放，助推绿色金融、实体经济发展。截至12月末，支行本外币贷款余额158.80亿元，较年初新增15.15亿元，其中对公贷款余额114.56亿元，较年初新增19.47亿元。政府平台项目累计投放贷款余额64.16亿元，对公贷款余额占比56.25%。

截至12月末，支行两增两控普惠贷款余额19.8亿元，较年初新增6.67亿元，其中公司普惠贷款余额13.47亿元，较年初新增4.36亿元，个人普惠贷款余额较年初新增2.30亿元，贷款余额四大行市场份额14.01%、较年初提升1.56%。普惠客户数873户，较年初新增331户，客户数四大行市场份额10.93%，较年初上升2.15%。加大对当地政府平台的营销力度，发展资产业务，至年底，对政府平台项目贷款余额64.16亿元，融资主体实现平湖8个乡镇、街道全覆盖，成为对平湖当地政府平台支持力度最大的国有大行。

支行持续跟进各国资企业、乡镇平台公司重大基础设施项目，积极对接各招商部门，加大项目和普惠营销力度，抓进程，抓投放，逐户排摸走访，平湖支行通过为企业以授信方式置换内部股东借款，与某公司建立业务联系，实现8400万元授信投放。为实体企业提供授信贷款支持，截至12月末，制造业项下贷款余额39.7亿元，较年初新增8.35亿元；绿色金融信贷项下授信余额32.51亿元，较年初新增4.27亿元。积极调整支行信贷结构，加大对实体经济、绿色信贷的支持力度。

多措并举，加强外汇金融服务能力。截至12月末，完成国际结算量12.93亿美元，市占率17.69%，较年初下降0.49%。截至12月末，完成跨境人民币业务量19.72亿元，市占率18.51%，较年初下降1.99%，排名同业第二。

关注进出口结算大户的授信情况，发挥结售汇优惠申报及总行白名单等优势，将授信客户的拓展作为重要着力点，提升其结算份额。分析进出口客户结算量变动情况，对结算量下降或流失客户，找出原因，寻求解决对策。加大头部客户的营销力度，从客户真实交易和实际需求出发，找准切入点，设计合适的综合产品服务方案，争揽结算量。

8月23日，支行与中国人民银行平湖市支行、国家外汇管理局平湖市支局、平湖市商务局联合举办汇聚“金融活水” 助企“破浪远行”——跨境政策及汇率避险宣讲会。利用对跨境产品和政策的敏锐性，发挥优势，为进出口企业提供多元化金融服务，实现多家企业业务破冰。擦亮中行外汇业务金字招牌。支行为某公司办理支行首笔跨境人民币境外放款业务2亿元。支行为某股份有限公司办理跨境融资便利化政策模式下嘉兴中行系统内首笔借入外债业务，金额670万元；是平湖首笔在政府出台补贴政策后落地的业务。该笔业务也带动跨境人民币1340万元。为某两家公司办理印尼卢比购付汇业务折合2500万美元，实现业务破冰，带动等值国际结算和购汇量的同时，也带动购汇收益67万元。

（陈瑶）

【中国建设银行股份有限公司平湖支行】 2023年，中国建设银行股份有限公司平湖支行年末一般性存款余额161.63亿元，同比新增4.93亿元，各项贷款余额237.1亿元，同比新增36.8亿元。

聚焦中心工作。增强服务国家建设能力，基础设施贷款余额73.01亿元，当年新增21.11亿元，增速40.68%；制造业中长期贷款余额27.08亿，当年新增8.78亿元，增速47.99%；绿色信贷余额69.67亿元，当年新增29.7亿元，增速74.3%；战略性新兴产业贷款余额36.77亿元，当年新增9.4亿元，增速34.35%。增强参与国际竞争能力，国际收支客户189户，国际结算量15.26亿美元，积极推进业务创新，为企业开立资金池主账户，办理全省建行首笔创新型跨境供应链“全球链通”业务。增强防范金融风险能力，强化信用风险管控长效机制建设，“三道防线”协同联动；强化安全生产，在平湖市银行业第八轮安全评估中获第一名。

推进“三大战略”落地，新金融赋能高质量发展。推进住房租赁，住房租赁贷款余额20.14亿元，当年新增6.84亿元，助力百姓安居乐业。发展普惠金融，全年普惠贷款新增7.49亿元，列系统第三；普惠客户新增624户，列四行第二，四行新增占比34.46%；落地全省首个乡村振兴贷款1.6亿元。深化金融科技，建行生活累计注册用户9.32万户，智慧食堂新增3家，“找房”频道上线2个优质新楼盘，“浙里烟火气”活动覆盖对公企事业单位25户，惠及企业员工1770人。

（朱蕾）

【交通银行股份有限公司嘉兴平湖支行】 2023年，交通银行股份有限公司嘉兴平湖支行人民币各项存款24.65亿元，较年初减少2.17亿元，其中对公存款时点余额16.30亿元，较年初减少3.04亿元；储蓄存款时点余额8.36亿元，较年初增加0.87亿元。人民币贷款余额35.09亿元，较年初增加7.64亿元。人民币日均存款余额25.63亿元，较年初增加3.57亿元，其中对公日均存款余额17.66亿元，较年初增加1.97亿元，储蓄日均存款余额7.97亿元，较年初增加1.60亿元。

支行主体业务呈现整体趋稳、稳中有进的良好态势。日均负债持续提升，截至12月末，支行人民币各项存款日均余额25.63亿元，较年初增加3.57亿元；资产规模再创新高，截至12月末，支行本外币各项贷款余额35.09亿元，较年初增加7.64亿元。资产质量持续向好，截至12月末，支行不良率为0.04%，较年初下降0.01%。

支行深入转型提高服务效能，积极推广国内证福费廷业务。创新应用场景，把国内证业务充分应用在服务贸易等新业务场景中，为金融助力企业发展注入新活力。成功营销某化工企业在支行办理国内证福费廷转卖业务4亿元。发展在线秒贴业务，全年实现票据秒贴24.83亿元。积极响应外汇局力推跨境金融服务平台新增的“银企融资对接”应用场景，在外汇局跨境金融服务平台“银企融资对接”场景开放首日，成功落地交行省内首单跨境金融服务平台“银企融资对接”场景应用，协助企业在平台上提交融资授信申请6500万元，并在平台上反馈授信结果，拓宽涉外企业融资渠道，助力平湖经济平稳发展。

支持地方经济建设，加大信贷投放力度，依托当地资源禀赋，差异施策，合理设计预授信等金融服务方案，聚焦涉农行业投放

9月27日，建行平湖支行开展金融知识进校园活动

（建行平湖支行　供稿）

管理，引导规范行业投向，做大做实乡村振兴工作，确保金融服务乡村振兴实现“快速响应”。截至12月末支行涉农贷款余额17.65亿元，较年初增加3.9亿元，贷款占比50.3%。

快速发展普惠业务，以服务小微企业为宗旨，推进普惠业务发展，助力小微企业健康发展，成立普惠专营团队。推广无还本续贷产品，降低企业融资成本，全年累计为43户企业实行无还本续贷周转1.67亿元。截至年末，支行普惠两增贷款余额6.93亿元，较年初增加1.47亿元，户数达445户。

做好防诈工作。2023年，支行成功堵截一起“借记卡异常挂失补卡事件”，为客户挽回损失。

（杨霞）

【中信银行嘉兴平湖支行】 截至年末，支行全口径存款时点余额38.26亿元，其中对公存款时点19.26亿元，个人存款时点19亿元。支行全口径贷款时点余额为58.8亿元，其中对公贷款时点39.31亿元，个人贷款余额19.48亿元。存贷款规模继续保持当地股份制商业银行第一。

突破信贷空白领域。5月，为一民营上市公司获批0.5亿元综合授信贷款；8月，成功落地平湖金融行业首笔“可转债”业务，为某上市公司前六大股东放款可转债前置认购资金3.39亿元，并实现投放3.39亿元。持续打造“党建+普惠”特色发展模式。全年，新增普惠客户137户，净增普惠贷款11600万元。

深化数字化经营，产品创新服务客户。支行落地嘉兴分行辖内首笔“中信e管家——平湖服装城”项目。为平湖市教育系统开发更完善、更优化的系统，为各学校增设查询用户。

个个人理财实现管理资产稳步增长。全年，支行非货理财累计销售15亿元，实现理财规范持续提升，截至12月末，支行管理资产余额达47.21亿。

（全晓红）

【浦发银行嘉兴平湖支行】 2023年，支行一般性存款余额16.15亿元，较年初18.89亿元下降2.74亿元；各项贷款余额26.46亿元（含商票贴现），较年初19.90亿元新增6.56亿元。

突出银政合作、行业龙头、上市公司、专精特新、小巨人等特色客户群体，紧盯百日攻坚战。首笔银政贷平湖市新兴投资公司获批并投放；科创类英汇科技、冠豪等一批科技型企业完成投放。促使支行贷款总量保持平稳，维持支行贷款总量在平湖当地的市场份额。

强化业务引领，做好“首席客户经理”。在面对风险客户上，第一手掌握变化信息；在推动业务中全流程跟踪沟通直至业务落地，积极做好公、私业务联动。

（赵忠良）

【兴业银行嘉兴平湖支行】 截至年底，兴业银行嘉兴平湖支行表内贷款规模40.50亿元，较年初新增0.89亿元，一般性存款规模22.23亿元，较年初新增3.79亿元。

支行持续加大对本区域国资企业的投放力度，在债券投资、项目贷款、流动资金等各领域全面发力，全年新增本地区国资授信36.85亿元，落地本行系统内嘉兴市场首笔住房租赁项目，通过努力，在乡村振兴、国有存量资产盘活、园区开发等多领域实现30亿元的有效授信储备。民企业务聚焦实体优势行业，围绕本地产业优势，建立本行在汽车零配件、精细化工等行业的专项服务方案，行业内企业年内新增授信12.09亿元，列系统内嘉兴市场首位。科创金融壮大腰部客群，年内新增科创企业有效授信11.9亿元，落地投贷联动2户，建立本行在平湖市场“投行＋商行”联合展业的品牌形象。普惠金融开创链式拓展新模式，围绕本地链主企业，年内实现普惠新增投放1.53亿元。

打造公司、零售“1+1”组队模式，推进公私一体化拓展，至12月末，零售AUM余额33.07亿元，较年初新增0.32亿元，其中个人存款余额10.65亿元，较年初新增2.1亿元。

（金菊芳）

【平安银行股份有限公司嘉兴平湖支行】 2023年，平安银行平湖支行整体经营稳健向好，资产质量指标持续保持上升态势。2023年末，支行本外币各项存款余额7.01亿元，同比增速为58.24%，各项贷款余额7.29亿元。

2023年，支行主动转型改革，在保持原有业务有序发展的同时，紧跟杭州分行组织架构调整的节奏。在零售业务方面，支行秉持“零售做强”的战略方向，依托网点厅堂加私财团队，发挥科技赋能金融服务的优势，加大各大类产品营销力度，并配合部分私财产品的研发。进一步做精做强“AUM+LUM+平台”经营模式，支持地方实体经济的发展。

（王晓）

【中国邮政储蓄银行股份有限公司平湖市支行】 2023年，邮储银行平湖市支行资产总规模达100亿元，其中人民币存款达98.38亿元（含代理），人民币贷款达93.34亿元。

支行支持共富建设、服务乡村振兴，落实惠企帮扶“最后一公里”，全年走访中小企业2000余次，为小微企业提供2.74亿元无还本续贷资金周转，有效实现贷款到期无缝对接；12月末，支行涉农贷款年增达15.39亿元，完成“两个不低于”指标要求；支行坚持“一县一业、一行一品”打造特色产业贷，全年新增投放达1.6亿元，助力本地羽绒服特色产业发展；支行持续加大科技创新重点领域的支持力度，加快线上贷款、智能化贴现产品的推广进度，加强精准金融支持，首笔国内信用证自开自贴业务落地实现贸融业务破零，全年公贷新增投放达6.1亿元。

（张晨）

【浙江平湖农村商业银行股份有限公司】 2023年末，平湖农商银行本外币各项存款余额482.16亿元，比年初增加95.95亿元；各项贷款余额352.98亿元，比年初增加45.35亿元；国际结算量9.86亿美元；缴纳各类税收1.64亿元。

平湖农商银行聚集“415X”先进制造业集群建设要求，加强对制造业、“专精特新”类小微企业的金融服务质效。至2023年末，制造业贷款余额121.99亿元，比年初增加14.12亿元。开展“金融促投资、促消费，提升民营企业金融服务”专项行动，与市经济和信息化局、税务局联合召开平湖市“小微你好”暖企助企惠企现场直播会，加大小微E贷、小微速贷等线上贷款产品的推广，持续做深小微企业金融服务。至2023年末，小微企业（含个体工商户、小微企业主）贷款余额290.92亿元，比年初增加41.68亿元。落实“普惠小微贷款支持工具”和“支农支小再贷款”两项货币政策工具。至2023年末，办理1万亿元支小再贷款30.75亿元，支农再贷款1.05亿元。积极采取延展期、无还本续贷和增加信用贷款等措施缓解企业资金周转压力。2023年，为小微企业（含个体工商户、小微企业主）办理延展期、无还本续贷和还旧借新贷款91.57亿元。

加强科创金融顶层设计，成立浙江农商银行系统首个专司部门——科创与绿色金融事业部，构建起“科创与绿色金融委员会（董事会）—科创与绿色金融事业部（总部）—科创与绿色金融专员队伍（分支机构）”的“1+1+N”的科创金融服务体系。

3月29日，平湖农商银行科创与绿色金融事业部揭牌仪式举行
（平湖农商银行　供稿）

创新推出选择权贷款、绿色能源贷、排污权线上抵押贷款、科创保、人才贷、知识产权质押融资等业务。先后与市交通投资（集团）有限公司、嘉创智谷产业园等政府平台签订战略合作协议，构建“人才+政策+平台+机制”科创与绿色金融生态。至2023年末，科创贷款余额（嘉兴市科创企业培育库名单）67.01亿元，较年初增加12.71亿元，服务科创企业户数896户，省级及以上“专精特新”企业信贷覆盖率48.59%，服务覆盖率55.93%。

服务三个一号工程。激发数字经济活力提质“一号发展工程”，推动浙企智管产品体系落地见效。至年末，财资宝签约户数318户，对公信贷户数4023户。推广浙里基财智控应用，协助各财办开通银企直联并上挂浙里基财系统41个。打造最优营商环境提升“一号改革工程”，与市市场监管局共同评选放心消费在我“嘉”云社区示范户21户、活跃户105户。做大做强“地瓜经济”提能升级“一号开放工程”。办理全市首笔跨境金融区块链平台中小企业险保单融资，至年末，为外贸企业提供本外币融资38亿元。

下沉重心推进共同富裕。支持新型农村集体经济、新型农业经营主体发展，至年末，涉农贷款余额330.81亿元。融入平湖“邻治理”模式，深入推进“扩中提低”，创新推出“共富”系列产品，至年末，“共富·邻治贷”余额2413.93万元，信用卡发卡量达5.95万张。着力支持扩大内需，推进“专业市场融资破难、金融助力商户共富”专项行动，至年末，为4家专业主体授信4.16亿元，贷款余额3.89亿元。推进城乡融合。与市交通局合作创新推出“金平湖·畅行券”，入选“平湖市2023年政府重点民生实事项目”。

服务民生做好养老金融文章。聚焦老年群体金融服务需求，通过软硬件设备适老性升级改造、创新特色适老产品、提供暖心适老服务，提升养老服务供给能力和质效。在嘉兴农商银行系统内首家推出数智柜台金融服务，为老年客户“一站式”办理各项业务。推出丰收互联“简洁版”适老化界面。与市委老干部局战略合作，共同发布“金辉银耀共创美好”合作品牌。全市离退休干部参与志愿活动产生积

11月29日，平湖农商银行数智柜台发布会暨老干部智能服务专窗揭牌活动举办
（平湖农商银行　供稿）

分，并通过平湖农商银行“时间银行”志愿服务积分系统兑换，享受线上线下积分兑换权益。至2023年末，平湖农商银行社保卡发卡量65.82万张，开立养老金账户16万户。2023年养老金代发63.92万笔，代发金额14.74亿元。全年为行动不方便老人提供上门服务1000余次。

（山红梅）

【嘉兴银行股份有限公司平湖支行】 2023年，支行各项存款余额74.48亿元，较年初增长12.29亿元，增幅为19.76%；各项贷款余额76.47亿元，较年初增长15.06亿元,增幅为24.52%。同时，不良贷款率低于平湖全市金融机构平均不良贷款率，资产质量保持稳健。在平湖地区27家同业中，支行各项存款规模排名第七，市场份额为4.50%；各项贷款规模位居第七，市场份额为3.72%。

聚焦科创金融，联合当地政府部门举办政银企科创金融主题沙龙，40余家科创企业应邀参加。践行普惠金融，支行强化与全国最大的羽绒服专业市场的融合互动，组建“嘉羽先锋”金融服务队伍，助力小而散商户发展，为市场内200多户商户授信超1亿元。

组建科创金融专营团队，优化人员配置；推广“认股选择权”及“延期付息”特色产品，解决企业融资难题，2023年累计落地11笔认股选择权，10笔延期付息。践行双碳绿色金融发展新模式，推动“阳光嘉”等重点产品；持续推进公司业务转型，积极发展债券投资业务；做好公款竞争性存放工作；跨境人民币业务实现“零的突破”。推进两增两控客户营销储备及投放；开展嘉富贷客群分类营销工作；推动嘉富贷线上获客平台建设。寻找消费贷新思路，落地平湖有车模型；推动100余家单位开展点点钱包业务；成功落地平湖民融三方存管业务。

（刘玲）

【浙江平湖工银村镇银行】 2023年末，支行存款客户数69961户，较年初增加1039户，全年新拓信贷客户676户，同比增加156户。存款稳定性显著提高，各项存款余额21.50亿元，其中个人储蓄存款占比66.62%，较年初提高21.62个百分点。负债结构调整初见成效，资金来源稳定性大幅提高。贷款结构深入调整，各项贷款时点余额20.32亿元，各项贷款余额较年初增加0.16亿元，其中个人贷款余额较年初增加0.28亿元，个人贷款近三年起首次实现当年正增长，年末全部贷款户均余额48.46万元，涉农贷款占比84.92%，均优于监管要求；普惠贷款余额10.88亿元，较年初净增1.17亿元，普惠贷款占全部贷款53.54%，较年初提升5.38个百分点，高于全部贷款增速，普惠贷款连续四年实现监管“两增”目标。农户小额信用贷款占比66.86%；农户和小微企业贷款占比85.44%，较年初提高3.06个百分点。

实施整村授信深耕工程，成立整村授信深耕工程工作专班，开展整村授信宣传工作。风险控制持续向好，贷款不良率1.48%，较年初下降0.15个百分点，连续7年保持不良“双降”；拨备覆盖率522.33%，较年初提高40.93个百分点；资本充足率21.38%；核心负债比例82.71%、流动性缺口率68.50%、流动性比例81.54%，流动性指标均优于监管要求，操作风险损失率为零，未发生声誉风险隐患事件和案件。金融消费者权益保护工作进一步加强。制定完善消费者金融信息保护、金融知识普及和金融消费者教育方面的制度，按照人行要求规范客户投诉口径，强化消费者保护的审计检查，进一步细化消费者保护考核，以务实举措落实“金融为民”理念，全年，共开展金融宣传活动30余次，其中反诈主题19次。在反洗钱方面，加快推进反洗钱系统建设。

（崔思悦）

【湖州银行嘉兴平湖支行】 2023年，支行各项存款余额10.78亿元，比年初新增2.43亿元。各项贷款余额23.91亿元，比年初新增3.81亿元。

巩固和扩大优良客户群的贷款投入。按照湖州银行“抓两头控中间”的授信策略，选择性参与政府项目的合作，适度支持政府项目建设，保持与政府的紧密度，支行共上报平台项目4个，新增授信金额3.85亿元，发放贷款2.61亿元。积极为“两增两控”企业、个人经营性贷款提供融资支持，整合创新信贷产品，扩充和延伸信贷产品功能，着力竞争优质客户，进一步加大信贷机构调整力度，加快资产规模有效扩张，增加优良客户贷款比例。2023年，支行制造业贷款余额5亿元，同比增加0.55亿元，两增贷款余额8.22亿元，同比增加1.48亿元，个人两增贷款1.715亿元，较年初新增147万元。

优化落实供应链融资业务。2023年，支行成功建链3条，为核心企业产业链下游企业提供供应链融资支持。2023年，共为11户企业提供贷款金额3030万元。

加快城乡有机更新和绿色产业发展，绿色金融持续增长。支持绿色金融发展，绿色贷款余额12.16亿元，同比新增2.45亿元。

抓业务创新，激发业务活力和市场竞争力，以新思路、新产品拓展新市场，2023年，信用贷款余额5156.96万元，成功发放绿能贷企业5户，余额2320万元。

（张静）

【绍兴银行嘉兴平湖支行】 2023年，各项存款余额16.14亿元，各项贷款余额平湖27.99亿元，上级行直贷4.74亿元，存贷款规模达44.13亿元。（以下数据均含上级行直贷余额）

2023年，支行围绕重点项目、重点企业、乡村振兴、普惠金融，致力于服务地方经济和中小微企业。截至12月末，政府平台贷款余额12.18亿元；普惠全口径贷款余额7.39亿元，较年初新增0.63亿元，个人贷款客户数近1161户；制造业贷款余额12.16亿元，较年初新增1.35亿元；科技金融重点服务企业贷款余额8779.6万元，较年初下降3273.6万元；为减轻企业成本，推动减费让利政策落地，2023年，全年累计无还本续贷4.95亿元，帮扶企业138家。

落实“平安金融”创建工作，重视安保、反诈、反洗钱等工作，建立月度分析制度，查找薄弱环节，明确和落实案防工作重点及要求，全年无事故。落实账户反诈防控工作，守护群众财产安全，成功拦截4户对公企业账户的电信诈骗涉案资金6万余元。推进消保工作，完善“枫桥式”消保站建设和进一步固化“美好厅堂”建设成果。开展“我为企业解难题”活动10次，解决问题8个。

（姚君娜）

【泰隆银行平湖支行】 2023年，支行本外币各项存款余额18.78亿元，较年初增加3.08亿元，增幅19.62%。本外币各项贷款余额21.21亿元，较年初增加1.93亿元，增幅10.03%，其中小微企业贷款余额16.56亿元，增幅11.87%。2023年，支行累计利润总额8289.93万元，增幅9.40%。

针对各类涉农经营主体、乡村产业，支行提出做好“融资”+“融智”服务，与“三农”客户共成长。“融资”方面，优先倾斜资源、优化农村作业流程，助力经营主体融资畅通。“融智”方面，开展行长助农推荐4场，通过泰隆生活小程序开展农产品助销，拍摄《遇见·嘉乡》乡村振兴共同富裕宣传片。以“建设差异化、特色化的小微绿色金融发展模式”为核心目标，加大重点领域投放力度，发展绿色权益抵质押融资业务。截至12月末，绿色信贷余额1.55亿元，较年初增长3916万元，增长率33.9%。创新产品，助力科技金融稳步发展。针对贷款期限和产品类型进行创新，通过“接力贷”产品和“预审批”功能提前介入办理，实现无缝续贷，减轻企业的经营成本。将持有知识产权的转型升级企业作为首要拓展目标，积极对接市场监管局，在全行推动知识产权质押业务发展，截至12月末，知识产权质押余额1816万元。持续深化“连续贷＋灵活贷”机制，推广无还本续贷、年审制、随借随还等产品落地，并持续完善风控配套机制，有效控制信贷风险。2023年，支行办理无还本续贷业务4.81亿元。加快“双保”助力融资增量扩面，开展融资担保支农惠企行动，持续推动“总对总”批量担保合作模式。强化风险管理，优化风控体系建设。支行通过优化信贷流程、常态评估检辅，开展信贷业务全流程管理。推动反诈工作的切实落地，2023年支行成功堵截电信诈骗案3起，挽回损失20余万元。履行消保义务，支行推进践行新时代“枫桥经验”，引入投诉化解机制，建立小额快速赔付机制，完善消保考评及投诉全流程管理机制。

（屠方园）

【华夏银行嘉兴平湖支行】 2023年，支行共投放贷款10亿元。联合中国银行等给予浙江华泓新材料有限公司企业银团贷款10亿元，其中支行放款2亿元；制造业贷款出现大幅增长，围绕港区三江、鸿基等化工企业，给予较大的授信支持；针对三大行动，支行加大名单内客户的营销力度，采用逐户走访的方式，有效户完成率109%。

继续以美丽乡村贷支持地方乡村振兴，截至12月，普惠条线贷款余额3.55亿元，比年初新增7241万元，两增贷款新增4516万元；新增小微企业法人首贷户5户。全年支行普惠贷款新增在分行中连续三季排名第一。

支行做大金总，零售团队为客户做好资产配置，在分行的财富业务销售竞赛活动中支行销售财私产品1.17亿元，在分行排名第一；拓客方面，以服装城为主阵地，2023年支行与收钱吧成功合作，以582户7000多万元收单存款实现支行个人存款结构的优化；落实杭州分行社区招募令，以社区营销见成效，“华夏送暖幸福列车”活动中支行参与客户在杭州分行中名列前茅。

（肖宗元）

【台州银行股份有限公司嘉兴平湖支行】 2023年末，支行各项存款4.06亿元，同比增长29.23%；各项贷款余额3.1亿元，同比增长6.23%。截至2023年末，支行普惠口径贷款余额2.56亿元，较年初增长5724.05万元。本年度完成首贷企业放款17户，余额824万元。

（金阳）

【招商银行股份有限公司嘉兴平湖支行】 2016年12月5日，收到《中国银监会嘉兴监管分局关于招商银行股份有限公司嘉兴平湖支行开业的批复》，正式以招商银行股份有限公司嘉兴平湖支行的身份对外营业。

2023年末，支行存款余额116407.57万元，贷款余额250137.64万元，其中对私贷款余额97130.11万元，对公贷款余额153007.53万元。无不良贷款。

（冯铁虎）

【浙江民泰商业银行股份有限公司嘉兴平湖支行】 2023年1月19日，收到《中国银保监会嘉兴监管分局关于浙江民泰商业银行股份有限公司嘉兴平湖新埭小微综合支行开业的批复》，2023年2月21日，民泰银行平湖地区第二家机构浙江民泰商业银行股份有限公司嘉兴平湖新埭小微综合支行正式对外营业。

2023年末，支行存款余额66203.64万元，贷款余额63075.12万元，其中对私贷款余额33966.52万元；对公贷款余额29108.60万元。不良贷款86.54万元。

（吴凯健）

【中国光大银行股份有限公司嘉兴平湖支行】 2018年10月25日，收到《中国银监会嘉兴监管分局关于中国光大银行股份有限公司嘉兴平湖支行开业的批复》，正式以中国光大银行股份有限公司嘉兴平湖支行的身份对外营业。

2023年末，支行存款余额33407万元，贷款余额275255万元，其中对私贷款余额23425万元，对公贷款251830万元。无不良贷款。

（朱豪杰）

【浙商银行股份有限公司嘉兴平湖小微专营支行】 2020年10月9日，收到《中国银保监会嘉兴监管分局关于浙商银行股份有限公司嘉兴平湖小微专营支行开业的批复》，正式以浙商银行股份有限公司嘉兴平湖小微专营支行的身份对外营业。

2023年末，支行存款余额105117.72万元，贷款余额113208.26万元，其中对私贷款余额46453.04万元，对公贷款余额66755.22万元,不良贷款2.72万元。

（蔡彦宏）

【宁波银行股份有限公司嘉兴平湖支行】 2020年12月6日，收到《中国银保监会嘉兴监管分局关于宁波银行股份有限公司嘉兴平湖小微综合支行开业的批复》，正式以宁波银行股份有限公司嘉兴平湖小微综合支行的身份对外营业；2021年6月15日，收到《中国银保监会嘉兴监管分局关于宁波银行股份有限公司嘉兴平湖支行开业的批复》，正式以宁波银行股份有限公司嘉兴平湖支行的身份对外营业。

2023 年末，支行存款余额 23.76 亿元，贷款余额 52.35 亿元，不良贷款 1187.43 万元。

（杨晓平）

【杭州银行股份有限公司嘉兴平湖支行】 根据《中国银保监会嘉兴监管分局关于杭州银行股份有限公司嘉兴平湖科技支行开业的批复》，杭州银行股份有限公司嘉兴平湖科技支行于 2021 年 11 月 18 日开业，于 2023 年 2 月 22 日更名为杭州银行股份有限公司嘉兴平湖支行。

年末，支行存款 13.76 亿元，比年初新增 0.13 亿元，增速 0.95%；支行各项贷款余额 54.56 亿元，比年初新增 0.58 亿元，增速为 1.07%；制造业贷余额 3.19 亿元，比年初新增 1.78 亿元，增速为 126.24%；小微企业贷款余额 51.54 亿元，比年初新增 0.18 亿元，增速为 0.35%；政府融资性担保贷款余额 680 万元。不良贷款率为 0。12 月末支行员工人数 25 人。营销团队共 3 个，包括公司金融综合团队 4 人、小微综合团队 5 人、零售理财团队 5 人。支行各条线业务均衡发展。

强供给，为重点项目建设聚合力。12 月末，支行国有企业贷款余额 49.88 亿元，包括平湖市某景区二期项目授信 6 亿元；某安置房工程项目投放 9.5 亿元；城市有机更新项目投放 9 亿元等。重生态，为绿色金融发展添动力，重点围绕生态环境整治、水利建设、清洁能源等重点领域，加大对绿色经济、低碳经济、循环经济的信贷支持。支行给予某能源公司海上风力发电项目贷款授信新增投放金额 4470 万元，支行为氢能产业“独角兽”企业某氢能公司提供 6000 万元授信额度。助力专精特新企业发展，采用应收账质押融资和“专精特新贷”等优势产品，满足科创型企业对不同担保方式的需求。对于初创型人才创业企业，支行则提供“科保贷”“科易贷”（以人定贷，通过企业核心团队人才背景系统跑批授信额度，额度最高 500 万元，信用担保）和“成长贷”（以销定贷，根据企业销售情况及在手订单情况判断授信额度，额度最高 1000 万元，信用担保）票据贴现等产品。关注不同制造业企业在各个发展阶段的融资需求，为其针对性匹配中长期“分期贷”“诚易贷”“云抵贷”等产品。精服务，做实做细债券承销业务，2023 年度累计承销金额 43.6 亿元，并通过总分支三级联动，发行全国首单纯 5 年期债务融资工具。截至 12 月末，支行为平湖国控承销超短期融资券 11 亿元；在平湖经开公司债发行中投资 1.8 亿元。

（孙燕红）

【浙江稠州商业银行股份有限公司嘉兴平湖小微综合支行】 2021 年 9 月 14 日，收到《中国银保监会嘉兴监管分局关于浙江稠州商业银行股份有限公司嘉兴平湖小微综合支行开业的批复》，正式以浙江稠州商业银行股份有限公司嘉兴平湖小微综合支行的身份对外营业。

2023 年末，支行存款余额 17854.28 万元，贷款余额 14003.52 万元，其中对私贷款余额 11384.02 万元；对公贷款余额 2619.50 万元。不良贷款余额 42 万元。

（王敏）

【中国民生银行股份有限公司嘉兴平湖支行】 8 月 1 日，收到《国家金融监督管理总局嘉兴监管分局关于中国民生银行股份有限公司嘉兴平湖支行开业的批复》，正式以中国民生银行股份有限公司嘉兴平湖支行的身份对外营业。

2023 年末，支行存款余额 648 万元，贷款余额 74764 万元，其中对私贷款余额 61 万元，对公贷款余额 74703 万元。无不良贷款。

（华晓磊）

保险公司

【中国人民财产保险股份有限公司平湖支公司】 2023 年，人保财险平湖支公司实现保费收入 3.58 亿元。同时加大保险产品和服务的创新力度，服务国家战略落地、经济社会发展和民生福祉改善。

公司围绕服务现代化产业体系建设、乡村振兴、科技自立自强、增进民生福祉、绿色发展、安全发展、区域发展、“一带一路”等八个方面实施“八项战略服务”，满足区域经济社会发展和人民群众日益增长的金融需求。服务现代化产业体系，参与重大项目建设，为企业稳健经营保驾护航，助力实体经济发展；在农民增收、农业发展、农村稳定上主动创新服务，围绕服务乡村振兴深挖地方特色险种；聚焦人民群众基本民生需求，为全市残疾人、老年人、青少年、城镇居民提供全方位的风险保障；围绕地区绿色发展、安全发展、区域发展要求结合企业实际需要开发推广企惠保、安责险、出口信用险等各类创新产品服务经济社会发展大局；先后同多个乡镇及政府部门签订战略合作协议，政企携手服务社会管理。

服务方面支公司坚持提升理赔服务能力和抗灾减灾能力，做好风险减量服务，打造在线查勘、科技定损、快速理赔、“心服务站”等高效服务模式，凭借强大的服务网络和运营体系，为客户提供“安全、便捷、高效、温暖”的保险服务。在大灾理赔中落实各类事前防灾减损手段，做好灾后查勘理赔，做到应赔快赔、能赔尽赔、合理预赔，降低灾害损失。

（过明磊）

【中国人寿保险股份有限公司平湖市支公司】 2023年，支公司围绕“稳增长、重价值、优结构、强队伍、推改革、防风险”经营策略，坚持稳中求进工作总基调，全年实现总保费7.75亿元，同比增长6.86%，其中首年新单保费2.34亿元，同比增长14.58%，全年赔付3468.24万元，满期给付4043.12万元，年金给付7607.36万元。公司现有销售队伍578人。

经营管理方面，参与养老金融改革，推进中长期养老型产品拓展，全年实现保费8985万元。推广防返贫保险，提高保险服务乡村振兴质效，推出村民险、火灾险等投保门槛低、核保简单、价格实惠的保障方案，年度实现普惠保险保费1154.1万元。公司治理及架构获强化，网点服务与布局获优化，11月，支公司独山港镇营销服务部完成装修改造。

支公司积极承担社会责任，强化消费者权益保护工作，及时处理客户理赔，加快基础服务功能线上化进程，全年处理赔案15352件，赔付金额3468.24万元，案均索赔支付时效1.6天。提升老年客户服务体验。加强日常依法合规教育，宣传防范保险诈骗、非法集资和洗钱等行为。

（陈中跃）

【中国太平洋财产保险股份有限公司平湖支公司】 2023年末，支公司实现保险业务收入1.15亿元。

支公司把渠道建设放在重要位置，2023年，组建公司业务部、新直客团队、专职农险队伍，力求每个渠道平稳发展。在服务上加强过程指标管理，抓优质服务，快速理赔，以“五心服务”打造品牌核心竞争力。定期开展承保企业和防灾重点客户的梳理及走访，共计97家，检查企业防灾物资准备情况，指导企业防汛抗台，降低企业风险隐患。全年，处理车险案件2600余件，非车非农案件90余件。

农业保险品种实现广覆盖，承保水稻、杂交水稻制种、小麦、大麦、油菜、玉米等17个品种。全年，理赔案件1000多件，做到应赔尽赔，保障农户利益。做好低收入农户医疗补充政策性保险的承保、理赔工作，承保公共安全应急管理政府救助责任险，高标准农田质量潜在缺陷保险。围绕乡村振兴、“三农”服务，承保农机具保险等。

（方雅萍）

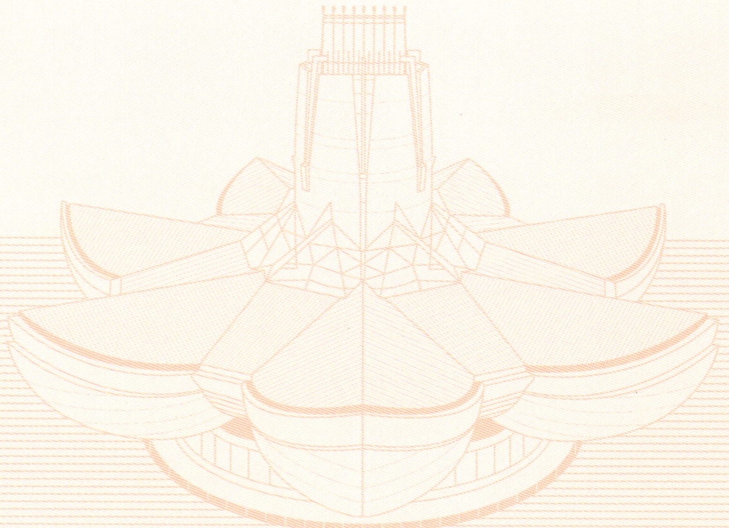

综合管理

发展计划管理

【综合计划管理】2023年，制订国民经济和社会发展计划，编制《关于平湖市2022年国民经济和社会发展计划执行情况及2023年国民经济和社会发展计划草案的报告》《关于平湖市2023年上半年国民经济和社会发展计划执行情况及下半年工作的报告》，并通过市人代会、人大常委会审议。完成“十四五”规划中期评估工作，印发《平湖市“十四五”规划实施中期评估工作方案》，紧扣重点评估内容和时间节点要求，编制形成“十四五”规划纲要实施情况中期评估报告。纲要及4个重点专项规划的中期评估报告全部经市人大常委会审议通过，31个专项规划中期评估报告全部完成编制。加强五年规划、三年行动计划和年度计划的目标任务衔接，强化经济运行监测分析，聚焦主要指标、重点任务、关键节点预测和重点领域研究，形成季度经济形势、指标运行情况、重点行业监测等分析材料数十篇。

【经济创新工程管理】2023年，制订出台《经济创新工程实施方案》，聚焦7类21项主要指标、8个方面100项重点工作任务，统筹协调各牵头部门按时序进度推进，按季梳理汇总主要指标和重点任务进展情况。按季印发《镇街道“十项指标”红旗赛评选办法》，组织实施三个季度镇街道“十项指标”红旗赛排名评比。

【项目管理】2023年，加强项目谋划储备，聚焦十大重点投资领域，全年谋划重大项目883个、年度投资380亿元，新开工项目201个、总投资250.8亿元，其中“西瓜灯文化节”集中开工项目52个、总投资202亿元。加快推进重点重大项目建设，实行“一对一”服务指导，共入选省重大产业项目3个、省重点建设项目7个。省、嘉兴市重大新建项目开工率均提前达100%，均列五县四区第一位。持续优化项目管理，提升项目审批服务，全年受理政府投资项目135个、总投资约97亿元，备案企业项目728个、总投资约626亿元，核准项目10个、总投资约2.9亿元。审批新增用能项目90个，新增能耗约13.57万吨标煤。

（倪芳芳）

自然资源管理

【概况】2023年，全局聚焦任务目标，立足主责主业，扎实推进空间规划、要素保障、土地整治、生态保护等重点工作，被授予全国自然资源系统先进集体称号。

【要素保障】 坚持“项目为王”，精准匹配用地指标。获得计划指标230.87公顷、跨省增减挂钩指标17.4公顷、国家统筹补充耕地49.6公顷，嘉兴市统筹补充耕地6.67公顷，异地调剂林地资源33.33公顷。完善重大项目服务和保障工作机制，供应建设用地388.8公顷，工业用地111.73公顷，保障项目用海254.67公顷，卫星能源、瑞士西卡等重大项目实现“应保尽保”，228国道、沪平铁路等项目用地报批顺利推进。推动“存量”撬动“增量”，盘活存量供应194.93公顷，消化批而未供130.4公顷，低效用地再开发83.93公顷，均超额完成年度目标。项目开工率97%、竣工率87%。

【土地整治】 印发《平湖市土地综合整治实施方案（2023—2027年）》，全市建设用地复垦新立项135.33公顷，完成嘉兴市级验收90.67公顷。实施8个“千亩方”项目，连片耕地面积647.33公顷。推进7个土地综合整治在建项目，完成新埭2个项目整体验收，新立项独山港—新仓、广陈、曹桥等3个项目。全市土地综合整治工作，在省级年度绩效评价中获嘉兴第二、省级第九，在省“十项重大工程”考评中连续两个季度获省级“五星”，钟埭街道沈家弄等4个村项目获选嘉兴市级优质工程。率先打造独山港—新仓土地综合整治标志性重点项目，承办嘉兴市耕地保护暨土地综合整治工作现场会，获嘉兴市市长李军肯定，相关工作经验获省厅书记陈龙、嘉兴市副市长林万乐批示肯定。

【系统保护】 加强耕地、林地、海洋等全要素整体保护和综合治理。压实耕地保护责任，落实市镇村三级田长制，累计巡查12139人次，落实违法用地整改，完成永久基本农田核实处置。加大激励性补偿，发放耕保奖补资金5220万元，获评2021—2022年浙江省耕地保护工作先进集体。全年，完成绿化造林68.87公顷，成功创建赵家桥村省级生态文化基地和钟埭村、秦沙村2个省级“一村万树”示范村，林业有害生物防控工作获评2023年度先进国家级中心测报点并进行典型经验交流，平湖林场入选嘉兴唯一、全省第二批林业碳汇先行基地创建名单。开展野生动物保护检查巡护活动291次，救助野生动物137只，办理行政处罚案件4起，下发嘉兴首笔非法猎捕野生鸟类违法行为举报奖励金，全年下发举报奖励3笔。连续三年开展海洋增殖放流，投放海蜇苗3.5亿单位，完成“互花米草”防治任务28.33公顷。迭代升级“晓海讯”海灾智治，构建全省首个海岸带三维全景影像，完成杭州湾海上综合观测平台主体建设。

【民生权益】 严格落实阳光征地，启动阳光征收线上管理，实现征收工作的全流程数字化运行、全智能高效规范。全年启动地块125宗261.13公顷，完成地块报批52宗99.33公顷。持续推进农民回迁安置专项治理，共交付安置龙口小区一期、佳源印象里等多层商品房1586套，在用地指标上，完成龙吟花苑三期、越城湾等安置房建设用地供应32.8公顷。依法维护群众资产权益，全年受理不动产登记4.4万件，积极推进不动产登记群众线上服务标准化建设嘉兴试点，抓好农房不动产、集体土地所有权、土地承包经营权等全类型确权发证。全省率先创新“多测合一”改革，实现工程建设项目提速降费增效，获评嘉兴市优化营商环境优秀案例。与新埭镇中心小学联手打造平湖市测绘地理信息法治宣传教育基地，获省级“自然资源普法阵地”、市级“双普教育基地”称号。

（徐谌育）

市场监督管理

【概况】 2023年，市场监管局以“三个一号工程”为牵引，以“四张责任清单”为抓手，推进市场监管各项工作。截至年末，全市实有市场主体74246户。2023年，实现省市场监管系统考核“五连优”，在嘉兴市场监管系统重点工作晾晒总排名中列第一。

【清廉市监建设】 依托省“清廉市场监管在线”平台“一库集成”，围绕抓责任、管权力、控风险、优服务、强队伍，推进清廉市场监管建设。获评全省清廉建设成绩突出单位，下属经开分局获评首批全省清廉市场监管建设成绩突出单位。承办嘉兴市市场监管系统清廉建设推进会，相关工作获省局领导批示肯定。

【营商环境优化】 落实优化营商环境“一号改革工程”，市场环境提升成效明显。全年，新增市场主体10554户，首次突破1万户，同比增长7.60%，各类市场主体7.43万户，同比增长8.26%。参加嘉兴、平湖创新案例评审路演，营商环境月度考核全市排名第一，在全市会议上作经验交流。落实“证照分离”和准入准营“一件事”改革，全年办理“最多跑一次”事项34944件，企业开办全流程网办率94.05%，企业开办一日办结率100%，全省最优。企业简易注销占比达78.0%。告知承诺应用率49.44%。电子营业执照下载率90.55%。为2239户企业减免开办费用123余万元。

【个体工商户分型分类】 搭建平湖分型分类标准，将全市个体工商户分为三型四类，“发展型”“成长型”“生存型”占比分别为1.02%、20.48%、75.56%。择优评选“名特优新”个体工商户136户。落实落细个体工商户各项税收优惠政策，加强就业创业指导，引导商业银行加大对个体工商户的金融支持力度，提升个体工商户持续经营能力。全市5.26万户（占市场经营主体70.79%），实现营收总额206.26亿元，缴纳税费6302.62万元，市个体工商户先后获评省市级最美个体劳动者、全省先进个体户等。相关工作经验在全省现场会及国家总局推进会上分享交流，并获副省长王文序批示肯定。

【质量提升】 推进标准化创新发展试点、省“三同”工作综合试点、首批绿色认证先行示范区等试点建设，新增“品字标”企业16家、市长质量奖企业5家、“浙江制造”标准8项、绿色产品认证企业13家。建成电动童车、汽车零部件、机床三大产业质量基础设施“一站式”服务平台，累计为3000余家企业提供“一站式”服务。长三角化工新材料产业质量提升项目作为嘉兴重点项目集中签约；承办2023年嘉兴市质量强企千百行动推进会暨“质量月”启动仪式。开展漠视侵害群众利益加油机计量准确专项整治，在全省率先建立市民计量监督员培训考核上岗制度，率先出台加油机计量违法举报奖励办法，研制《诚信计量示范加油站建设规范》省级团体标准。

【“放心消费”建设】 开展2023年平湖市放心消费月活动，开展无忧退换、“嘉”云社区建设、放心消费风采展示等系列专项活动。培育“放心消费”单位3779家，无理由退货承诺单位1539家，放心工厂342户。全年，受理投诉举报6833件，挽回经济损失491.52万元。前移维权关口，缩减流转环节，强化ODR企业消费纠纷处理机制，完善消费纠纷源头快速化解模式，全年ODR活跃度16.17%，居嘉兴第一。在全省系统平安建设工作会议上作信访工作经验交流。

【食品安全监管】 打造“浙里食安”“食安在嘉”县域样板，获评浙江省食品安全示范市。全年，完成食品定量抽检（含质量监测）3767批次，查办各类食品行政案件215起，罚没款210万余元。建成“阳光工厂”46家、“阳光化”小作坊11家，网络订餐单位“阳光厨房”覆盖率达92%以上，77家中小学、幼儿园及10家养老机构食堂全部建成“智能阳光厨房”。60家食品生产企业、3200余家食品经营单位激活使用“浙食链”系统，749个地产食品完整上链并赋码。做好三家供亚食品生产企业保障，成立浙沪“田园五镇”食品安全共治平台，承办嘉兴市暨平湖食品安全事故应急实战演练。推进省“浙里配餐”试点建设，相关工作模块在亚运会集体用餐配送管理系统中予以运用，承办省级现场会。

【药品安全监管】 开展亚运会与亚残运会药品安全保障、药品安全巩固提升暨打假治劣“药剑”行动、个体诊所平安建设、美容美发“靓妆”等专项检查，共计检查药械化生产经营使用单位1800余家次。开展药械化各类质量监督抽样173批次，基本药物抽检合格率为100%。上报药品化妆品不良反应和医疗器械不良事件1516例。民生药事服务站提质扩面，新增三星3家，完成社区药事服务站建设5家，累计服务群众18.8万人次。入选全省执业药师执业管理成效评价标准建设试点。

【产品质量安全监管】 年内，开展生产及流通领域产品质量监督抽查282批次，涉及羽绒服装、电动童车、电动自行车等34类产品，其中48个批次检测结果为不合格，占比17.02%，所有不合格产品均闭环处置。开展工业产品生产许可告知承诺工作，取证生产企业全覆盖检查。开展“学生用品安全智控”场景应用试点，4家学校和供应商开展“学生用品安全智控”场景应用试点。组织开展县域块状重点产品（羽绒服装）风险排查整治、燃气器具风险隐患排查整治、电动自行车综合治理等专项整治提升。

【特种设备安全监管】 严守特种设备安全底线。开展大排查大整治，累计出动3890人次，检查1945家次，发出安全监察指令书161份、立案36件，未发生特种设备事故。推进电梯改革试点，3347台安装物联感知、接入浙江特种设备在线平台，电梯扫码维保率100%。加强基层安全监察人员培训考核和持证人员能力提升。全年，新增基层特种设备安全监察人员1名，全系统已有持证安全监察员69名（其中A证3人）。

【价格监督检查与服务】 围绕供电、供水、供气、行政审批中介服务、行业协会商会等涉企重点领域，组织开展收费检查，强化转供电主体价格行为监管，检查23家，规范行业协会商会收费，检查5家。加强重要民生商品、行业价格监管，组织开展医疗药品及用品、粮油、肉禽蛋奶、食盐等民生商品和殡葬服务、旅游市场、教育、医疗等民生行业价格监督检查，发布价格行为告诫书4次，提醒函1000余份，检查商超316家次，检查农贸市场114家次，严厉打击未明码标价、价格欺诈等价格违法行为。

【市场秩序监管】 牵头全市“双随机、一公开”监管，开通掌上执法人员2248人，开展掌上执法13663次，其中“双随机”抽查8814次，“双随机”抽查事项覆盖率100%，跨部门联合“双随机”监管率48.4%。完成企业年报19454户、申报率98.43%；个体户年报40591户、申报率88.1%；农专社年报430户、申报率100%。开展市场主体出清，完成企业吊销89家，吊销未注销企业强制注销208家。

【市场秩序维护】 在嘉兴率先建立行纪衔接机制，已接收移送案件线索4起，作出行纪衔接嘉兴首罚。开展“铁拳”“亮剑”等专项执法行动，查办各类案件814件、罚没款1093.9万元，其中大要案173起，向公安机关移送涉刑案件20件。

（徐琳琳　朱敏敏）

知识产权

【概况】 2023年，全市核准注册商标1035件，专利授权3231件，其中发明授权444件，每万人发明专利拥有量达到52.8件，每万人高价值发明专利拥有量19.85件，同比增长36.4%。创新推出浙江省首项地理标志证明商标“平湖西瓜”地方标准。

【企业培育】 建立知识产权“2521”分级分类培育库，即培育200家成长型企业，50家优势型企业，20家引领型企业和10家运营服务平台，其中4家企业获评首届浙江省知识产权奖，3家企业获评国家知识产权优势企业，4家企业获评浙江省知识产权示范企业，企业数量均居嘉兴前列。

【创新知产培训】 创新知识产权“1+1+8+N”（构建以“强基赋能”为品牌，以知识产权保护中心为主体，8个乡镇品牌指导站为支撑，特色产业品牌指导站、知识产权纠纷人民调解委员会等多个阵地为延伸）培训体系，开展到门、到户问需服务，邀请省市知产专家、骨干精英等15人，实地问需走访企业40家，定制“体检报告”10份。全年，开展各类培训12场，菁英班定制培训1期，培训企业500余家次、线上线下共计8000余人次，实现翻番。

【知识产权转化运用】 产业发展转化，重点围绕新材料等特色产业，开展产业规划类、企业运营类专利导航项目，启动全省首个C3及其关联产业专利导航基地建设。与上海东华大学、浙江理工大学、浙工大研究院等高校院所开展知识产权合作，建立汽车、新材料产业知识产权联盟，推动12件专利实际落地实施，实现高校成果转化。金融赋能转化方面，设立科创贷款风险补偿金，引入第三方机构综合评估，提高企业贷款授信。全年，完成质押融资54.07亿元，增长186%，惠及企业135家。完成知识产权保险保单105件，发挥专利保险经济补偿与风险防范的双重功能。完成数据知识产权登记37件，促进数据要素创新开发利用。

【知识产权维权保护】 整合人民调解委员会、版权工作站和共享法庭三大载体，建立嘉兴首个知识产权多元保护工作站。筹建中国平湖（服装及家居产业）知识产权快速维权中心，做好各项前期准备工作。强化导向监管，开展亚运知识产权、广告专项监测，共检查企业208家，排查广告369条次。

【地标富农新实践】 加强地理标志的挖潜培育、集成提升和品牌保护，注册“金平湖”系列农产品集体商标，成立“金平湖”农产品区域品牌指导站，注册平湖市首个地理标志证明商标“平湖西瓜”，创新推出浙江省首项地理标志证明商标地方标准，以标准化生产模式带动平湖西瓜产业高质量发展。

（胡郸平）

农贸市场

【概况】 2023年，平湖市在册且经营的农贸市场19家，其中城区农贸市场6家，乡村农贸市场13家。全市所有农贸市场已实现星级全覆盖，其中四星级市场7家，三星级市场9家，二星级市场1家，一星级市场2家，省放心市场16家，“五化”市场9家。

【长效机制建设】 2023年，持续深化六大机制推进农贸市场长效管理。规范管理机制：推进城乡农贸市场综合整治，对全市农贸市场开展月度考核，开展农贸市场“生鲜灯”专项整治、“净重”专项整治行动等。推进农贸市场限塑工作，建立塑料购物袋集中购销制度，推广使用可降解塑料袋。政策激励机制：根据《关于进一步完善全市农贸市场长效管理机制的实施意见》，明确对星级文明规范市场、放心农贸市场、“五化”市场、年度“十佳农贸市场”分别给予相应的补助或奖励。部门联动机制：发挥平湖市商品交易市场提升发展工作领导小组办公室作用，协调市市场监管、公安、建设、商务、卫生健康、应急管理、消防等部门开展全市农贸市场安全生产专项检查，共出动执法人员114人次，检查农贸市场49家次，发放宣传资料38份，整改销号安全问题29个。考核督查机制：制定《2023年度镇街道农贸市场工作计分细则》《平湖市农贸市场长效管理月度测评标准》，通过第三方测评机构，每月对全市所有农贸市场及便民交易点开展考核，考核成绩作为年终评先评优、“十佳农贸市场”评选的依据。平湖市东升农贸市场、平湖市三号桥菜场、平湖市新埭集贸市场、平湖市南市菜场、平湖市全塘综合市场、平湖市广陈镇前港农贸市场、平湖市广陈镇农贸市场、平湖市钟埭农贸市场、平湖市新仓农贸市场、平湖市曹桥农贸市场获评2023年十佳农贸市场。典型引领机制：发挥示范引领作用，2023年，平湖市新埭集贸市场获评“嘉兴市最美农贸市场”；平湖市三号桥菜场、平湖市南市菜场、平湖市新埭集贸市场、平湖市全塘综合市场、平湖市广陈镇前港农贸市场、平湖市林埭农贸市场获评平湖市“农贸市场垃圾分类先进单位”；平湖市东升农贸市场、平湖市三号桥菜场、平湖市新埭集贸市场、平湖市全塘综合市场、平湖市广陈镇农贸市场获评“平安建设示范农贸市场”。素质提升机制：2023年，组织42名市场从业人员参加红十字救护员培训班，15名市场管理人员参加全省农贸市场管理人员素质提升班，19名快检员参加全市农贸市场食品安全快检员培训。

【市场创建】推进放心农贸市场创建，覆盖率达84.2%。平湖市经济开发区宏建农贸市场被浙江省市场监管工作联席会议认定为2023年度浙江省放心农贸市场。至此，全市共有南市菜场、南门菜场、北门农贸市场、三号桥菜场、新仓农贸市场、新埭集贸市场、钟埭农贸市场、全塘综合市场、林埭农贸市场、新庙农贸市场、广陈镇农贸市场、东升农贸市场、广陈镇前港农贸市场、徐埭综合农贸市场、通界农贸市场、宏建农贸市场等16家市场先后被认定为省放心农贸市场。推进星级市场创建，平湖市经济开发区宏建农贸市场、平湖市南门菜场创建为浙江省三星级文明规范市场（2024—2026年）。至此，全市共有四星级文明规范市场7家（北门农贸市场、南市菜场、钟埭农贸市场、新埭集贸市场、新仓农贸市场、广陈镇农贸市场、徐埭综合农贸市场）、三星级文明规范市场9家（南门菜场、三号桥菜场、东升农贸市场、新庙农贸市场、全塘综合市场、前港农贸市场、林埭农贸市场、通界农贸市场、宏建农贸市场）、二星级文明规范市场1家（曹桥农贸市场）、一星级文明规范市场2家（东湖农贸市场、黄姑综合市场）。

【民生实事】2023年，全市共有11家农贸市场被列入省、市、县三级民生实事农贸市场改造提升项目。平湖锚定打造“‘幸福里’品牌、精品市场、群众满意市场”的目标定位，出台改造实施方案，建立“一场一策”，抓好“三色管理”，应用政府建设政府运营、政府建设市场化运营、市场化建设市场化运营三种模式，聚焦规划、管理、建设三项提升，立足人民群众、市场商户、代表委员三方满意，完成省、市、县三级民生实事农贸市场改造提升。

（马慧兰）

物价管理

【概况】2023年，市价格行政主管部门贯彻落实全省价格工作相关要求，聚焦省委、省政府关于推进价格机制改革确定的目标任务，推进重点领域价格改革，开展清费减负工作，维护市场价格基本稳定，努力为全市经济持续健康发展和社会和谐稳定营造良好的价格环境，保障群众的价格权益。全年，民生重要商品价格信息共公布12期，实施猪肉、禽蛋、水产品等价格监测和预警，共发布信息12期。

【天然气价格改革】按照“放开两头，管住中间”天然气价格市场化改革要求，根据《浙江省城镇燃气价格管理办法》《关于修订完善天然气上下游价格联动机制有关问题指引的通知》和《关于完善嘉兴市区及港区非居民天然气上下游价格联动机制的通知（试行）》等文件精神，修订完善平湖市非居民用户天然气价格联动机制，印发《关于完善平湖市非居民天然气上下游价格联动机制的通知（试行）》，并据此调整非居民天然气最高销售价格，自4月1日起实行。平湖市天然气公司非居民天然气最高销售价格从4.619元/立方米（含税）调整为4.28元/立方米（含税），下调0.34元，降幅7.34%；平湖独山燃气有限公司非居民天然气最高销售价格从4.39元/立方米（含税）调整为4.00元/立方米（含税），下调0.39元，降幅8.88%。

【水资源价格改革】做好城镇供水价格成本监审工作。按照《城镇供水价格管理办法》《城镇供水定价成本监审办法》，完成平湖市2020—2022年度城镇供水价格成本监审工作。完善城镇非居民用水超定额累进加价制度。根据《国家发展改革委　住房城乡建设部关于加快建立健全城镇非居民用水超定额累进加价制度的指导意见》文件精神，就完善修订《关于建立平湖市非居民用水超定额累进加价制度的通知（试行）》和《平湖市人民政府办公室印发关于工业企业用水实行差别化水价和超计划加价实施意见（试行）的通知》两个通知多次召开专题协商会，形成初步意见并起草完成相关制度初稿。健全污水处理收费机制。东片污水处理厂再生水利用（二期清排提标）工程及三期项目进入商业运行，处理成本大幅上涨。主要处理独山新材料产业园石化企业为主的工业废水和供给园区内石化企业使用的再生水产生的部分浓水。根据《财政部　国家发展和改革委员会　住房和城乡建设部关于制定和调整污水处理收费标准等有关问题的通知》“鼓励工业园区（开发区）内污水处理单位与污水排放企业协商确定污水处理收费”和《关于完善长江经济带污水处理收费机制有关政策的指导意见》精神，对独山港化工园区企业采取按COD浓度为基准价+多因子浓度分档复核计费方式协议收取污水处理费，并于9月底实现签约。持续抓好农业水价综合改革，不断完善管理机制，建立健全灌区现代化建设和管理体系。7月13日，市水利局、发展和改革局、财政局、农业农村局联合制定印发《关于印发〈2023年平湖市农业水价综合改革工作计划〉的通知》；同年8月，市水利局编制的《平湖市深化农业水价综合改革推进现代化灌区试点实施方案》获平湖市政府批复通过。同时，市发改局根据《浙江省水利厅　浙江省发展和改革委员会　浙江省财政厅　浙江省农业农村厅转发国家发展改革委等部门关于抓好农业水价综合改革任务落实有关事项的通知》中“农业水价应实行每方价格”要求，启动调整原2018年核定的农业水价每亩价格为每方价格的成本监审工作。

【教育收费价格调整】 根据《省发展改革委　省财政厅　省教育厅　省市场监管局关于推进落实公办幼儿园成本分担机制的通知》有关建立动态调整机制的要求，调整全市公办幼儿园保教费收费标准。根据《浙江省公办幼儿园保育教育定价成本监审办法》，开展定期成本监审，将监审结果在政府网站上进行公示，并就拟调整收费标准方案公开征求意见，8月28日下发《关于调整公办幼儿园保教费收费标准的通知》，按照浙江省幼儿园等级评定标准，把2018年核定的准办320元、省三级450元、省二级580元、省一级650元/生·月保教费标准分别提高到350元、490元、630元和700元/生·月。同期，按照定价程序下发《义务教育阶段学校课后服务收费标准的通知》，把放学后托管服务350元/生·学期调整为450元/生·学期。

【房地产价格调控与价格备案】 与市规划建设局等部门建立新建商品住宅预售价格管理工作联席会议，审核新建楼盘预售申报均价。加强房地产市场价格调控作用，规范市场价格销售行为。同时对全市幼儿园、技校、职业中专等10余所学校进行暑假培训班保教费、伙食费及代收费的价格审核备案。

【价格监测工作】 完成日常价格监测信息采集和上报工作。通过重要商品价格监测和上报，为政府科学决策及时提供市场一线数据和相关信息，当年6月，国际进口商品城观光马车项目列入省重要服务价格监测点。平时加大对粮油、禽蛋、肉类、蔬菜、瓶装液化气等大宗商品价格监测力度，每月定期上报并对外发布价格监测相关数据和情况。通过对价格监测数据和资料分析对比，预测市场价格波动和走势，及时进行市场价格分析和预警。开展民生商品价格公布制度工作。

【涉价检查考核】 加强景区落实门票减免优惠政策监管，对政府定价的景区进行抽查；组织开展中秋天价月饼价格管理工作，会同市商务局、市场监管局等部门对大型商超开展检查，推动市场主体合理定价，减少过度豪华包装；配合进行教育“双减”工作，课外学科类培训收费已经纳入政府定价范围，积极推动省、嘉兴出台的相关政策落实落地；会同市教育局、市场监管局开展春季教育收费专项检查，涵盖各类型主体；做好审定考核工作，配合市交通运输局做好交通客运考核补贴工作，与市建设局节水办推进再生水利用定价工作；配合市商务局做好粮食收储考核相关工作，并参与现场督查，配合制订稻谷及小麦收购方案。

【价格补贴发放】 会同市民政局、退役军人事务局、人力社保局等部门做好价格补贴工作。关注每月CPI相关数据的变化，确保按月及时足额将价格临时补贴发放到困难群众手中。根据浙江省低收入居民基本生活费用价格总水平变动情况，启动1次价格补贴（1月），共计发放补贴59.54万元。其中，困难群众基本生活价格补贴4369人次，发放金额113.5万元；失业人员补发物价补贴2828人次，发放金额15.84万元；优抚对象基本生活价格补贴2355人次，发放金额15.31万元。

【涉企违规收费专项整治】 深化营商环境优化提升“一号改革工程”，牵头组织开展涉企违规收费专项整治行动。以企业缴费负担监测点为重点对象开展专项线索排摸，每月按规定咨询了解企业监测点缴费情况，对行业协会商会收费、水电气价格、政府部门及其下属单位收费等各类价格、收费情况开展甄别，除两家协会在自查自纠阶段发现有会费分档不合规及时整改外，未发现收费问题。根据省发展改革委工作部署，开展发改系统行政审批中介服务违规收费自查自纠，未发现违规问题。

【农产品成本调查】 按照省发改委成本局对农产品成本调查工作要求，开展对稻谷等作物的农本调查及向上汇报工作，如期做好粳稻成本直报调查、常规调查及农民种植意向、存售粮、农资购买等专项调查工作。为贯彻落实国家发展改革委关于农产品成本调查与农业保险战略合作的工作部署，11月，省发改委成本局印发《省发展改革委成本调查监审局关于试点开展农产品成本联合调查工作的通知》，与人保财险浙江省分公司在全省试点开展农产品成本联合调查，平湖市被列为首批试点地区，调查品种为小麦、粳稻。

【涉案物品价格鉴定】 价格认证中心依法办案，确保公平公正高效。自7月1日起，全省开展价格认定网上单轨制协同办理，市公安案件价格认定业务已全部实现网上办理。全年，共办理各类价格认证案件275起，涉及价格认定物品1153件，认定总值6140.56万元，其中，办理涉嫌刑事案件财物价格认定243起，行政案件涉案财物价格认定21起，纪检违纪案件11起，办结率100%。

（彭凯军）

统 计

【概况】 2023年，全市统计工作认真贯彻全国、全省和嘉兴市统计工作会议精神，围绕市委、市政府工作中心，聚焦聚力三个“一号工程”和“十项重大工程”，推动全市统计工作取得新成绩。2023年，市统计局在嘉兴市统计系统综合考核评比中获特等奖，连续21年位列前三名，获评嘉兴国调队考核先进单位。

【统计分析服务工作】 发挥统计“数库”优势，体现“智库”作用。加强经济形势研判，加强经济社会运行重点指标的跟踪分析和监测预警。全年，形成17篇专报，12篇获市主要领导批示。聚力开展统计分析研究，坚持“一月一快报、一季一分析”工作要求，及时撰写编印各类统计分析报告及信息快报。首次成立局信息编辑小组，定期召开选题会议。全年，编印统计分析报告21篇，信息快报45篇，获市领导批示5篇次。优化统计数据产品，向社会公众、企业单位、党政部门、统计系统内部等推送统计资讯，编发月度经济动态、统计年鉴、统计公报、简要本等资料，在政务服务网、统计内网等平台发布。同时根据市委、市政府和相关部门工作需要，改版经济动态、首次推出主要经济指标折页、编印《规（限）上调查单位入库业务指导手册》等。发挥“数说平湖”微信公众号载体作用。

【统计基层基础建设】 全年，全市统计系统抓好专业核心本业，抓好统计重点工作，在专业统计制度改革创新上探索实践。坚持以队伍建设“强基”，完善统计队伍建设管理，修订完善对镇街道统计工作考核办法，提升镇街道整体工作水平。2023年，新一轮镇街道统计星级评价工作，申报的1个五星级、2个四星级通过上级验收。坚持以作风建设“聚力”，强化机关作风建设，围绕“高质量党建引领统计事业高质量发展”，以党建红引领统计蓝，推动党建工作与统计业务双促进双提升。组织开展“大走访大调研大服务大解题”活动，深入各统计网格、企业走访调研。全年，共走访8个镇街道150余家企业。坚持以能力建设“赋能”，持续深化统计能力提升年活动，紧扣“大学习、大培训、大练兵、大提升”的主题要求，深化“精品统计课堂”大巡讲活动，点面结合开展统计业务大培训、大轮训等多层次培训。全年，开展各类培训74期4000余人次参加，开展联审辅导30期，200余家企业参加。推进农业农村统计现代化改革，建立村级农业“一键上报”机制，深化农业统计遥感应用，探索农业“双轨制”产值核算方法。6月，国家统计局农村司司长王贵荣调研组一行到平湖专题调研，肯定平湖市试点工作所取得的阶段性成效。

【统计法治工作】 2023年，市统计局加强统计法治建设。建立健全相关制度，以统计专报形式及时向市领导做好汇报，市委书记仲旭东等领导就做好统计造假专项治理工作作出批示。制订出台《平湖市统计局统计造假专项治理行动方案》，成立统计造假专项治理工作领导小组，建立逢“5”汇报进度及月尾总结推进会机制。保持统计执法高压态势，2023年全市全年执法检查90家，数据质量核查840余家，实现镇街道、一级预警企业全覆盖，超额完成嘉兴市局下达执法核查任务。对独山港镇、市商务局开展统计工作巡查，邀请派驻纪检组参与，认真梳理研究及时反馈整改意见，着力构建良好统计生态。以“八五”普法开端为契机多种形式开展统计普法宣传，建立业务培训必讲统计法律法规机制，营造统计法治浓厚氛围，打造具有鲜明特色的统计普法品牌。

【第五次全国经济普查工作前期准备启动】 7月，市经普办启动第五次经济普查各项前期工作，统筹协调党委政府、各行业主管部门，组织各经济主体做好普查机构组建、宣传预热动员、两员选聘培训、划区绘图、单位清查等前期工作，全市共完成413个普查小区的划分、4.55万个建筑物标绘，选优配齐“两员”510人，为后续普查登记奠定基础。

（吴舒婷）

审　计

【概况】 2023年，平湖市审计局完成审计项目16个。查出管理不规范金额101655万元、违规问题金额6282万元，发现问题238项，提出审计建议59条，上报审计专报及建议23篇、获领导各类批示26篇次，嘉兴市局以上录用信息39篇次，移送纪检监察机关处理事项1件，移送处理人员2人，1个审计项目获嘉兴市审计局优秀表彰。被评为平湖市“首批清廉单元建设示范单位”、“双建争先”示范点创建先进集体、党建强基突出贡献集体。

【党对审计工作的领导】 召开十五届平湖市委审计委员会第二次会议，制定出台《中共平湖市委审计委员会成员单位工作协调制度（试行）》等4项制度。累计向市委审计委员会主任专题汇报审计工作4次，向审计委员会及其领导报送重要文稿53篇。首次将审计委员会主要领导批示落实情况，纳入审计整改联合督促范围，对4份批示件落实情况开展督察督办。经市委编办批复同意，审计局单设审计委员会办公室秘书科，并增加股级职数1名。

【财政审计】 以增强预算执行和财政收支的真实性、合法性和效益性，推进预算规范管理为目标，加强对预算执行、重点专项资金和重大公共工程投资等的审计，实施财政同级审及制造业高质量发展专题审计，开展市文旅体局、司法局和公安局部门预算执行审计，新仓镇、独山港镇财政决算审计。在实施的财政同级审和经济责任审计项目中嵌入信息化项目建设及购买应用情况专题审计；在延伸企业审计过程中，关注营商环境优化，提升助企惠企服务能力。

【民生审计】 提高保障和改善民生水平，确保兜牢基本民生底线，推动民生领域相关改革任务落实落地，维护最广大人民根本利益，加强对民生资金、项目和相关政策落实情况的审计。实施社保基金筹集保障情况等专项审计调查，保障特殊人群应保尽保、应享尽享社保权益。

【重大政策跟踪落实审计】 关注重大政策措施贯彻落实情况，促进政令畅通，加大对经济社会运行中各类风险隐患揭示力度，及时发出预警，实施开展全域旅游推进情况、城区绿化建设管理情况等专项审计调查和金山至平湖市域铁路建设项目跟踪审计。对审计发现问题追机制根本、溯制度之源，及时对现有机制短板和制度漏洞提出审计建议，建章立制防范化解管理风险，累计促使被审计单位规范各类制度40余项。

【经济责任审计】 强化干部管理监督，促进干部履职尽责、担当作为，加强对党政主要领导干部和国有企事业单位主要领导人员经济责任审计。开展8家单位10位领导干部经济责任审计。制定《平湖市经济责任审计全过程监督操作规程》，深化审计监督与组织部门干部监督和“三类监督”的贯通融合，形成监督各环节有效衔接和闭环管理，被《中国审计报》报道。召开经济责任审计工作联席会议，对8个经责项目100%开展会商研判，深化经济责任审计结果运用，联合市委组织部、纪委对2家单位开展经济责任审计整改督查。

【审计数字化】 坚持数据先行，定期采集数据，完成本地数据分析室建设任务，参与“审计大脑”试点任务和市局“一法一条例”通道建设任务，推动“金审工程”三期应用系统在本单位深化应用和高效运行，开展网络安全攻防演练，代表嘉兴接受省厅网络安全检查。全年，开展6个大数据审计项目，占当年审计项目计划数的37.5%，大数据审计分析关联问题个数占比为41.98%。累计报送计算机案例3篇，大数据审计方法1例。

【审计质量控制】 召开项目质量交流会，剖析项目质量控制中存在的问题，参与市局审计质量控制标准制定、优秀项目评选工作和审计执法质量检查工作。制定《平湖市审计局审计项目后评估实施办法（试行）》，开展2个项目后评估工作，报送容错免责案例2例。参评的林埭镇经责审计和自然资源资产审计项目获评市级优秀，审计发现的2个问题被省厅审计工作报告采用，公安局预算执行审计发现的2个问题被省厅专报采用。

【审计整改】 运用审计整改一体化系统对整改信息实行动态管理，通过“边审边改”“督促整改”“重点督查”、整改结果“回头看”等形式对审计发现问题整改实行分类管理。加强对上级审计发现问题整改的督促，协助市委、市政府完成“云蜂”问题整改销号。推动重大审计问题清单建设，梳理10个问题主动上报纳入嘉兴市级清单，对“重大审计问题清单”事项整改情况进行现场核查5次，案例《党政共研，聚焦困难群体“精准帮扶”，助力共同富裕》被嘉兴市委评为示范案例，被推荐参加省厅2023年度重大审计问题清单整改典型案例展演。

【内部审计】 深化国家审计与内部审计的协同联动，通过联系指导、专题培训、片组交流、以审代训等方式加强内审工作监督指导，局主要领导3次带队调研指导乡镇内审工作，开展其他内审指导监督5次，组织开展内审业务培训和理论研究5次。对依法属于审计监督对象的单位委托社会审计机构出具审计报告的质量开展核查，促使相关主管部门依据核查结果对2家社会中介开展通报批评，督促2家社会中介机构重新审核报告，追回4家企业多补助专项资金169.94万元。推动出台《国有企业总审计师制度》，市城投集团设立总审计师1名。

【审计科研】 加强审计成果集成性转化提炼和总结，对审计发现的重点问题、难点问题、热点问题组织开展重点研究，累计上报审计建议书4篇，审计专报19篇，信息录用39篇次，获市领导批示肯定26篇次。2项科研课题获省审计厅结题，完成机关党建课题和领导干部科研课题2项，研究成果促使经济责任审计全过程监督操作规程等3项制度出台。

【贯通协同】加强与纪检监察，巡察监督贯通协同，落实好常态化联系协作、计划对接工作、业务协作配合、问题线索移送、重大问题整改联动督促、监督力量整合等工作。抽调4人参加嘉兴市委、平湖市委巡察工作，开展民政局、应急管理局巡审联动项目。印发《平湖市人大常委关于建立人大监督与审计监督贯通协调机制的实施意见（试行）》，联合市人大对3家单位开展审计整改情况督查，探索人大监督、审计监督进基层单元新仓、独山人大代表联络站开展联合监督。深化审计监督与财会监督协作配合，联合开展4次专题检查。

（沈健）

安全生产与应急管理

【概况】2023年，全市发生生产安全事故12起，死亡5人，受伤7人。事故起数同比下降20%、死亡人数下降16.67%。其中，工贸领域事故1起，死亡1人；建设施工领域事故2起，死亡2人；道路运输事故9起，死亡2人，受伤7人。

【细化分工抓落实】贯彻落实国务院15条硬措施和省25条实施意见的60项重点任务清单，规范全市责任体系运行，编制《2023年度平湖市政府分管领导安全生产重点工作清单》《平湖市安全生产与应急管理委员会成员单位安全生产工作任务分工》，完善各领域安全生产责任清单、风险清单，编制工贸、危化品、消防、道路交通、建设施工、城市运行、文旅等七大领域32类企业安全排查表，逐步梳理压实当前监管职责不明确领域监管职责。

【隐患排查整治】由11个重点领域部门业务骨干组成工作专班，持续开展岁末年初安全生产“四大行动”及重点攻坚“安全生产和防汛防台大排查大整治”行动，以“企业自查、村级排查、镇级检查、市级督查”四级联动形式堵漏洞、强弱项、补短板、增实效。全年，累计检查企业（场所）80243家，排查发现问题隐患153096个，整改率99.75%，责令停产停业2346家，立案查处5629家，行政拘留54人。

【重大安全风险防范】危险化学品领域，推进化工园区提档升级，开展危化品企业装置设备带“病”运行安全专项整治，完善风险辨识和隐患管控措施“两张清单”，以重大危险源企业双重预防机制建设为重点，推进落实重大危险源包保责任制落实落地，全市9家重大危险源均完成体系建设。组织专家组对27家企业进行全覆盖督导核查并完成分类细化整治。工矿商贸领域，推进“厂中厂”安全生产管理，对全市3家以上的“厂中厂”出租企业开展风险评估，发现问题隐患4597个，整改率92.59%，整治提升396家，关停淘汰46家，立案查处17家。攻坚推进电气焊安全监管服务“一件事”改革，1673台电焊机完成“加芯赋码”。15家有限空间重点企业189个问题全部整改到位。

【严格执法】围绕雷霆执法、大排查大整治、两全两铁等专项行动，对三场所三企业、危化等重点行业领域、事故多发及安全生产绩效评价C、D类企业实施精准执法，强化事前处罚。全年，累计检查企业629家，发现隐患2557起，完成整改2400起，办理非事故行政执法案件165起，罚款314.6万元，办理行刑衔接案件2起，2名倒卖国家证件嫌疑人移送公安机关采取强制措施。

【防汛防台体系建设】通过省防汛防台体系标准化建设验收，完成16个避灾场所规范化建设，新埭镇姚浜村获评省级综合减灾示范社区（村）。对8910处风险点位开展多轮次、常态化风险隐患排查，及时组织整改。修订完善县、镇、村三级防汛防台应急预案，组织、协调、参与圩区堤防抢险应急演练、防汛防台桌面推演等各类演练11场次，成功举办2023年嘉兴市暨平湖市危险化学品生产安全事故综合应急演练。

【应急救援能力提升】提升突发事件和自然灾害应对处置能力，成立市级综合应急救援队伍，镇街道综合应急救援队伍建设覆盖率100%，村社区应急突击队建队率100%，完善和补充基层防汛物资，每个镇街道均配备移动强排泵车1辆。规范社会救援队伍建设和管理，增强抢险救援实战能力，平湖市景舟应急救援中心通过嘉兴市社会应急力量救援队伍能力建设分类分级测评。

【安全生产宣教】 6月1日，举办嘉兴市暨平湖市“安全生产月”启动仪式和安全宣传咨询日活动，同步线上直播，2万人在线观看。利用应急（安全）宣教体验馆和安全文化长廊等宣传阵地，提升全民安全素养。全市建设完成应急（安全）宣教体验馆11个，全年组织参观30场次，3700多人次参观。

（裴琳珺）

消防救援大队

【概况】 平湖市消防救援大队下辖当湖消防救援站、钟埭消防救援站和三港路消防救援站。2023年，大队被浙江消防救援总队评为先进基层大队，获平湖市“二星平安金鼎”突出贡献集体称号和记集体三等功一次等荣誉。

【精准防范】 咬住“防大火、控小火”这一目标不放松，以系统性防控守牢消防安全底线。积极探索基层消防安全治理融入“141”基层治理体系，建立会商研判、督导通报、挂牌督办、约谈问责和考核评比机制，下发各类通报和督办单78份，对2名个人进行问责。统筹结合亚运安保、平安建设，联合行业部门推进“厂中厂”、服装生产加工企业、出租房、高层建筑等重点领域消防安全隐患治理。安全隐患大排查大整治行动综合排名位列嘉兴第一。

【宣传教育】 持续推进消防宣传“五进”工作，建立消防指战员兼任“消防副校长”机制，9名骨干被聘为全市义务教育学校“消防副校长”。积极培树以本地群众为主体的消防志愿服务队10个，孵化消防志愿服务项目32个，倾力打造“老沈说消防”宣传服务品牌，开展“夜课堂百家社区行”“进千企警示宣讲”“敲门入万户家庭”等“百千万”系列宣传活动，累计深入20家社区、110个住宅小区、350家工业企业开展宣讲。

11月16日，市森防指组织开展森林火灾实战拉动演练

（市应急管理局　供稿）

【强基固本】 对标“全灾种、大应急”需要，加快从传统向新型、“一专”向“多能”转型升级。坚持发展新时代“枫桥经验”，推进“枫桥式消防救援队站”创建，积极推进“1+3+6+10+X”（1个大队+3个消防救援站+6个小型站或专职队+10个区域微型消防站+X个微型消防站及村志愿消防队）灭火和应急救援指挥体系建设，提高消防救援力量覆盖范围。围绕指挥中心“专业化、规范化、智能化”要求，完善灭火救援辅助决策信息库，与市公安、应急、交通等8个联动部门互联互通，实现信息实时共享，推进119智能接处警系统迭代升级，将企业专职队和社会应急力量纳入统一调度体系，实现“一键式”编程调派，提升救援指挥效能。

【精细施训】 积极开展新业态、新工艺、冷库、外保温材料场所排摸及熟悉演练。2023年，大队共开展熟悉演练467次，桌面推演163次，修订灭火救援预案205份，三维建模190家，理论授课257次，外出熟悉道路、水源263次，开展通信测试74次。同时，大队针对辖区化工、医药产业特点，组建“医药事故救援分队”，深化驻厂轮训机制，深化医药企业“作战辅助图”及“单一装置（罐体）战术图”制作，打造具有辨识度的专业队伍。2023年，开展驻厂轮训15家，制作辅助图15份，开展化工编队实战化拉动6次，实地调研学习研讨2次。

（钟盛茂）

招投标交易管理

【概况】 2023年，中心交易平台共完成建设工程、政府采购、要素交易等交易项目446个，成交金额223.75亿元，节约增资16.37亿元，资金节约率6.82%。其中建设工程258个，预算金额131.75亿元，中标金额115.67亿元，节约资金16.08亿元，资金节约率12.21%；政府采购项目56个，其中集中采购30个，预算金额3.17亿元，中标金额2.96亿元，节约资金2075.95万元，资金节约率6.56%，“三统一”分散采购21个，成交金额4423.14万元，另外政府定存项目5个，成交金额71.33亿元；土地交易完成36宗，挂牌价31.19亿元，成交价31.22亿元，增收300万元，增收率0.1%；产权交易完成50个批次，委托价4607.65万元，成交价5012.04万元，增收404.39万元，增幅8.78%；用能权、排污权交易、海域使用权共46宗，交易金额1.63亿元。

【浙里“数字化招标”上线运行】 2月7日，交易中心“数字化招标”系统上线。通过“数字化招标”实现开标大厅虚拟化，解除区域限制、打破交易壁垒，实现从“面对面”到“键对键”的转变，实现投标文件线上解密，提高开标效率，降低交易成本，“评标慧管控”模块利用比对招标文件实现评分点智能核验，提升评委评审质效，推进评审辅助向智慧化和数字化发展，实现评标智能化管理新模式。

【全省远程异地多点评标】 建设工程和政府采购项目均已实现远程异地评标。2023年，工程方面已实现8个主场52个副场，形成以平湖为主场、多点为副场分散评标的“1+N”多点远程异地评审模式，评审全过程主副会场专家“云上”沟通、同步评审、在线打分，最终完成整个项目的评标流程，规避投标企业对本地专家的围猎。

【评定分离】 为深化工程建设领域“放管服”改革，进一步优化营商环境，落实招标人主体责任和自主权，市公共资源交易中心严格按照省、市工作部署要求，有序推进“评定分离”模式。

【电子保函】 电子保函采用全流程线上操作，企业足不出户即可全程线上完成申请、核准、支付等环节的办理，能够最大限度地为企业缓解资金压力，使交易更具规范性和保密性。2023年，全市合计产生11379笔保险保函交易，产生保费1234.64万元，释放保证金71.23亿元，为企业节约流动资金。

【“平小招”赋能小额招投标】 平湖市聚焦小额公共资源交易增值化服务，在嘉兴全域率先打造“平小招”电子交易平台，通过交易资源整合、数字赋能服务、智慧监管提升等方式，提高基层服务效能。2023年，“平小招”完成公共资源交易项目892个，实现交易金额7.6亿元，节约资金1.55亿元。

【中心服务水平持续提升】 聚焦标前工作，落实政策宣贯。开展多形式的培训会，帮助广大招投标相关人员及时掌握最新政策，熟悉相关业务操作流程。强调标中服务，规范服务行为。持续推进项目负责人制度，发挥内控机制功效。同时积极做好开、评标现场服务工作，确保交易过程井然有序。优化标后服务，提升服务效能。深度融合“互联网+公共资源交易”，实现保证金退还等标后服务事项全程电子化操作，有效减轻投标人负担。

【清廉中心建设】 凝聚合力树正气，营造廉洁氛围。重拳出击抓整治，打造高效平台。梳理廉政风险防控点，制定风险等级、防控措施并落实防控责任人。实现平湖市公共资源交易办理事项“一网式运行”，交易办理环节“全流程监管”。

（吴加）

国有资产管理

【概况】 2023年，平湖市国资监管办继续深化国资国企改革，进一步优化完善国有资产管理。全年，国资运行情况良好，国资监管体制更加完善。

【国资国企改革】 实施市属国企整合提升改革。增设国有企业统计评价科和党建工作办公室，新农村公司完成降级划转，镇属国企择优上挂工作有序开展，改组成立平湖市建发投资集团有限公司，实业集团、文旅集团实体化运作。实施市属国企“瘦身强体”专项行动。召开全市国资国企改革发展推进会，谋划新一轮国资国企改革发展任务。提升国企党建工作水平。构建完善国企党建工作体系，实现市属国企党建归口管理。

【国资国企监管】 建立健全国企管理制度。修订出台《平湖市市级国有资本经营预算管理办法》等制度10个，进一步健全国有资产管理制度，优化国有资产监管体系。防范化解债务风险。制订出台《平湖市防范化解地方债务风险三年行动方案实施细则（2023—2025年）》；建立国企债务风险监测预警等机制，加强国企债务风险防控，存量隐债化解清零。完善市属国企考核体系。建立健全与市属企业发展实际相适应的综合考核体系，并牵头实施年度考核工作。

【国有资产管理】 规范国有资产管理。出台《平湖市行政事业性国有资产管理实施细则（暂行）》等文件，明确资产配置标准和审批流程，完善资产配置和采购管理制度。开展行政事业单位房产统一管理分类处置工作。完成清租回收房产12处，183处经营性用房的移交和不动产权证办理，住宅房移交乡镇103处，移交市城投集团25处，办公用房房屋质量安全鉴定和测绘等610处。启动镇街道和国有企业不动产权证登记的相关工作。盘活闲置低效资产。通过加大出租力度、完善处置手段、优化分类划转，盘活收入944万元；通过资产划转国有企业，盘活房产价值约4.00亿元。加强线上“公物仓”监管。入仓资产611件、价值1623万元，全年办理调剂资产529件、价值1617万元。成功入围全省“浙里公益仓”试点地区。做好养老托育服务业机构承租国有房屋租金减免。为2家符合减免条件的养老托育服务业机构减免租金108125元。

【投融资改革】 制定出台《平湖市国有企业债券发行管理办法》，明确国有企业债券发行原则，规范申报发行流程。推进评级提升工作。完成中诚信2023主体评级工作，完成惠誉跟踪评级工作，维持原等级。落实项目建设资金。2023年，市属国企新建、续建投资项目97个，总投资292.10亿元，完成投资42.73亿元。加强投融资业务内训，开展融资对接和涉税业务培训，邀请农业银行及容诚会计师事务所进行专业讲解，开展财政部《企业会计准则第22号——金融工具确认和计量》集中学习。

（刘欣）

综合行政执法

【概况】 2023年，市综合执法局推进“大综合一体化”行政执法改革，提升执法业务水平，提高城市管理水平，综合执法各项事业迈上新台阶。“城管干匠”机关服务品牌获嘉兴市三星级示范性机关服务品牌。完成9个基层中队“一队一品”创建申报工作，市文明规范公正基层队所和枫桥式中队创建台账被嘉兴市级列为典型模板进行推广，钟埭中队、新仓中队先后获评浙江省“枫桥式”综合行政执法中队。

【“大综合一体化”行政执法改革】 统筹平湖市32个执法单位执法监管事项，厘清监管一件事清单，掌上执法率、计划任务和抽查结果公示率、后续处置率、到期任务完成率、信用规则应用率均达100%，跨部门联合双随机监管率91.11%。开展镇街赋权实施情况评估，强化执法事项动态调整，形成功能化差异赋权目录清单共计121条。整合“综合查一次”执法模式和“双随机、一公开”抽查反馈机制、预先告知等制度，实现执法监管全流程闭环，同比缩减上门检查人员超过71.4%，执法效率提高63%以上。打造“企优信”市场主体信用修复品牌，完成信用修复200余家次。对首批293家涉外企业开展执法信用分类分级管理，实现精准执法监管。加大对中小微企业知识产权信息利用帮扶力度，开展培训300余家。推进“一镇一品”实践，各镇街道分别从区位优势、产业特色出发制订护企安商实施计划。构建毗邻联动体系，搭建共治平台、联合执法队伍、构建合作机制，签订协作协议。创建“廊陈美景”品牌，设立“浙沪执法联勤工作室”，融合市公安、综合执法、市场监管等执法部门，实施一站式一体化执法服务。创新跨域执法新模式案例入选浙江省2023年第一批行政执法改革优秀案例，《打造跨省域共同执法体　探索毗邻区域执法新模式》获长三角城市管理综合行政执法优秀案例一等奖。探索毗邻执法人员考核机制获副省长胡伟批示肯定。

【市容市貌管理】建立镇街道精细化城市管理工作月度排名通报机制，共发现整改问题1744个。做好主城区静态交通秩序管控，新增设17条违停严管路段，会同市交警开展“城警”联动停车秩序提升整治专项行动，共处罚机动车人行道违停64622起、劝离124749辆次、首次违停不予处罚13995次，拖移非机动车5551辆、劝导教育车主千余人次。市容秩序整治日常化，整治流动摊8221起，规范越门经营3382起，乱占道2668起，乱晾晒2049起，清理建筑垃圾1692起，乱挂横幅1578起，乱张贴1400起，暂扣物品302起。完成城区一级道路一路一策建档建册工作，城乡一体化保洁模式“机械换人”试点范围继续扩大。明湖街区获评浙江省“高品质示范街区”，胜利路（金平湖大道—南市路）、三港路（案山路—东湖大道）获评浙江省“街容示范街”，“环东湖”景区获评浙江省“户外广告和招牌设施设置样板区”。渣土非法倾倒一体化执法协作平台、智慧城管平台、车辆违停抓拍等应用平台有效运行，共采集事部件问题23万余起，其中80%以上实现自动流转结案。

3月2日，平湖市率先试点“单部门查多部门事”的全新“综合查一次”（市综合行政执法局　供稿）

【垃圾治理】加强固废垃圾治理。创新开发固体废物非法倾倒防输入模型，对异地流入高危嫌疑车辆实时预警、推送查控。推行渣土运输车辆“严控进场，严查路线，严管出场”三严管理规范，重点打击渣土违规清运等违法行为，将常态整治与集中攻坚相结合，排查平湖市736家工程项目、48家陆路运输企业、6家资源化利用企业。核准城市建筑垃圾处置项目88个，审批建筑垃圾运输693件（跨区域联办2件）。推进建筑垃圾综合利用，2023年建筑垃圾产生量231.81万吨，资源化利用210.11万吨，资源化利用率90.63%；同步做好建筑垃圾宣传“进社区、进工地、进企业”活动，进社区宣传69次，进工地宣传528次，对渣土运输企业宣传教育318家，现场宣传教育1205余人次，发放宣传资料800余份次。加强生活垃圾治理。垃圾分类监管系统融入平湖市8个镇街道、44个社区、309个小区和645个投放站，接入投放站、转运站、末端处理等监控及摄像头1700余路。主城区环卫作业清运垃圾250余万桶，转运垃圾5.1万余吨，发现及整改问题18553件。装修垃圾处理、餐厨垃圾收运处置、有害垃圾收集、暂存管理、粪便收运处置等工作均常态化专人监管。

【专项工作】 做好行政审批工作。出台《平湖市建筑垃圾水陆联运审批监管协同机制》，开展政务服务2.0平台审批，网上受理率实现100%，所有行政许可审批均在期限内完成。办理临时占道501件，审批大型户外广告1828块、宣传品15起，完成店招备案510件。做好户外广告工作。排摸534块道闸广告、1642块交通护栏类广告，确保户外广告设置规范、底数全清，在重大活动安保期间做好户外LED显示屏防插播等巡查预警工作。做好停车管理工作。开展废弃汽车治理专项整治，组织各镇街道开展停车资源普查、停车场库备案、数据归集、平台接入等工作，完成628家停车场库、54688个停车泊位的信息采集，处置僵尸车66辆，开放机关事业单位错时共享车位974个。做好文明养犬工作。加强重点区域、重点时段养犬巡查管理，举办现场活动17场、发放文明养犬宣传资料2933份，办理犬只准养登记845件、年审2248件、注销1402件，收容流浪犬2562只、捕捉流浪犬2879只。做好重点项目工作。资源综合利用工程主体基本完成建设，建筑垃圾处理设备验收完成。常态化开展生态能源项目监管、考核，飞灰产生量已下降至3%以下。

【执法办案】 强化严格执法。制定出台《平湖市综合行政执法局自然资源和规划行政处罚案件审理会制度》，优化市综合执法局《重大复杂案件集体讨论制度》，统筹开展烟花爆竹、城镇燃气、建筑工地、“百日护鸣”等领域专项执法。2023年，普通程序立案1629起（其中镇街道851起），作出决定1008起，罚款2153.8万余元；简易程序（不含违停）2481起，罚没款28.57万余元。推进首违不罚、轻微免罚、简案快办、信用修复、“双随机、一公开”“互联网+监管”等模式，办理首违免罚案件605起（其中镇街道285起），简案快办405起；行政处罚覆盖浙江省综合行政执法统一目录事项154项，覆盖率11.92%，覆盖嘉兴综合行政执法扩展目录事项50项，合计覆盖综合行政执法目录事项204项，镇街道赋权事项覆盖74项。

【规范执法】 强化法治培训学习。开展“线上+线下”结合的普法宣传工作，组织开展《中华人民共和国野生动物保护法》《浙江省固体废物污染环境防治条例》《嘉兴市城市绿化条例》《中华人民共和国反电信网络诈骗法》等新法新规专题普法宣传，印发各类宣传手册1万余份。规范行政执法行为。践行“三项制度”、“三重一大”决策制度等规定，配备法制审核人员2名、公职律师6名，各执法中队配备1名法制员并聘请1名法律顾问，17名执法队队员获国家统一法律职业资格。组织召开国土案件审理会议3次、案件审理委员会会议9次，审理重大案件20起；公开行政处罚决定1030起、行政许可决定749起；被行政复议16起，被行政诉讼11起，已作出复议决定15起、诉讼裁决7起，处罚决定得到维持，无一确认违法。

【人大政协提案回应】 承办市十六届人大二次会议代表建议21件，其中主办件9件，协办件12件。主办件内容主要涉及建筑垃圾、生活垃圾、环卫保洁、餐饮油烟、农村犬类管理等方面。承办市政协十四届二次会议提案11件，其中主办件5件，协办件6件。成立由局长任组长的局建议提案办理工作领导小组，在加快落实代表、提案人集中关注的有关工作的同时，注重用好“平湖数字人大”等数字化平台，及时接收领办建议提案，定期更新沟通联络情况和办理进度，按时上传办理结果，“一屏”展示办理过程和成效。参与市人大常委会、有关代表小组的视察调研活动，按照市人大常委会和人大代表的意见改进工作，建筑垃圾治理、垃圾分类、文明养犬等工作成效明显。

【信息公开】“中国·平湖”共建网站主动公开政府信息211条，其中公告公示130条，工作信息64条，重大行政决策公开1条，人大代表建议办理结果8条、政协提案办理结果5条，财政预决算2条，计划总结1条；重点领域信息公开行政处罚结果768条。通过门户网站发起意见征集1次。微信公众号“平湖城管”发布信息355篇。接待受理各类信访件1193件，办结率100%。未收到公民、法人或其他组织要求公开政府信息的申请，没有发生因政府信息公开申请的行政复议和行政诉讼。

（范依蔚）

能源管理

【概况】2023年，全市（不含嘉兴港区和嘉兴电厂）综合能耗254.83万吨标煤、同比增长5.3%。其中，全社会用电74.5亿千瓦时，增长8.9%，工业用电58.7亿千瓦时，增长10.1%。规上工业企业综合能耗185.1万吨标准煤，增长5.5%，其中电力消费50.6亿千瓦时，增长7.2%。单位GDP能耗下降0.1%，其中规上企业万元工业增加值能耗保持不变。

【能源“双控”】印发《平湖市统筹推进能源绿色低碳发展和保供稳价工作实施方案（2023—2025年）》，分解2023年能耗“双控”目标任务并下达给各镇街道。完成平湖市“十四五”节能工作中期评估工作，扣除可再生能源消费后超时序完成“十四五”节能降耗目标。强化用能预算化管理，对年综合能耗1000吨标准煤以下高耗能企业、1000—5000吨标煤重点企业、5000吨标煤以上重点用能企业的全年预算化用能指标予以核定，落实《平湖市重点用能企业用能预算管理办法（试行）》考核办法，完成49家重点行业企业“节能降碳e本账”预算指标分解。

【能源管理】加强全市节能降耗整体运行情况分析，监测全社会用能、规上工业用能、预算化用能、腾出用能、“五位一体”建设等工作进度并实行月度通报。严控新建项目能效水平，按照浙江省0.52吨标煤/万元的单位强度指标严格审查工业项目，全年完成1000吨以下节能备案登记项目64个、平均单位增加值能耗0.201吨标煤/万元，1000—5000吨节能审查项目21个、平均单位增加值能耗0.297吨标煤/万元，5000吨标煤以上新批项目2个、平均单位增加值能耗0.340吨标煤/万元，均低于2022年全市单位GDP能耗强度（0.35吨标煤/万元），确保未来投产项目整体对于全市单耗强度具有积极作用。

【节能监察】开展节能执法监督检查，包括固定资产项目节能审查制度执行情况专项监察、年度双随机节能监察、用能预算化专项监察等监察内容，涉及区域9家重点企业，对企业项目、用能、设备等情况进行现场检查，对2家重点用能企业存在使用落后电机或变压器的问题下达责令整改通知书。组织全市35家重点用能单位上报2022年度能源利用状况报告并依法落实能源审计。落实浙江省2023年度重点行业企业能效诊断工作，形成8份节能诊断报告并分别反馈至企业，推动企业开展节能技术改造。开展高能耗行业整治提升行动，合计腾出用能空间5.08万吨标煤。

【新能源应用】推进整县分布式光伏建设，2023年新增光伏装机容量8.82万千瓦，现有光伏装机容量57.6万千瓦，全年光伏发电5.6亿千瓦时，占全社会用电量7.6%。风电累计装机容量为63.4万千瓦，全年年风力发电量15.3亿千瓦时，同比下降2.4%。全市可再生能源占全社会用电比达28.2%。

【能源保障】落实全市电力保供，修订编制迎峰度夏电力保供组合拳方案，包括空调负荷调控、企业移峰填谷、需求响应和有序用电4个子方案，有效开展前期宣传告知，全年未发生大面积停限电事故。强化油气管道安全，做好天然气管道第三方施工工程审查，推进浙沪天然气联络线二期和杭嘉鑫LNG外输管线两个能源基础设施项目建设，确保域内油气管道安全运行。推进能源体制改革，落实电力市场化改革工作，组织全市重点用能企业参加电力市场化交易培训，实现独山燃气与国家管网直接签约购气。

（盛鸿志）

【节能项目建设】 全市共实施重点节能降碳项目58个，计划总投资81821万元、节能49382吨标煤；2023年实施完成项目54个、投资56540万元、节能量36202吨标煤。

（胡永华）

教　育

综　述

【基本情况】 2023年，平湖创建“全国义务教育优质均衡发展市”“国家学前教育普及普惠市”双双通过教育部评估认定（全国首批、全省10家、嘉兴唯一）；作为全省唯一的面向共同富裕的教育改革发展试点县市，承办省、嘉兴市现场推进会，平湖实践经验向嘉兴及全省推广；牵头省“七优享”工程之“学有优教”项目16个，数量居嘉兴第一，全省第五；印发《关于进一步优化平湖市义务教育集团化办学的实施意见》，组建、优化9个教育集团，实现义教段集团化办学全覆盖；签约合作共建华东师范大学附属平湖学校。

【教育质量提升】 2023届高考特控线上线398人，浙大线（660分以上）上线26人；全市三所职业学校“中高职一体化”招生比例达68.51%，增长33.62%；职业中专获批“服装设计与工艺”中本一体化专业，招生40人，实现全市“中职—本科一体化”人才培养零的突破。主动应对中小学新生入学高峰，创新定制公交，打通东湖小学文欣校区断头路，建设临时停车位95个，稚川学堂小学部12个班提前招生，毓秀路幼儿园等6所学校投入使用，新增学位1810个，满足学生就近就便入学需求。提早启动教师招聘，密切与华东师大、陕西师大、浙师大交流，2023学年新招聘教师177名（其中研究生53名、双一流学校毕业生30名）；建立平湖籍大学生资源库，与高校合作委托定向培养教师13名；推进2个“平湖市教育局嘉兴大学博士工作站”建设，柔性引进在职博士12名。

【教育资源供给】 年内，开工技师学院扩建一期等7个项目，投资8.32亿元；完成新华爱高改造三期等4个项目，投资3.6亿元；超额完成14所中小学222间厕所提升改造。承办1场全国研讨会、2场全国技能大赛以及在线开放课程联盟大会等省级会议，6人获全国一等奖、1人获全国五一劳动奖章。实现课后服务全覆盖，在31个校区布点台克球、击剑、赛艇等特色项目，开设武术等662项拓展性课程，参与学生3.3万人，常态化开展校外培训机构检查，累计出动1000余人次。设立1000万元规模的润泽教育基金，用于奖教、奖学，全年获评省师德楷模1名、省农村教师突出贡献奖1名、省教坛新秀4名、正高级教师5名、第四批嘉兴市教育领军人才2名、嘉兴市优秀教师12名、第十四批嘉兴市学科带头人49名，数量均居嘉兴前列。

4月18日，市教育局在全省劳动教育实验区工作交流会上作经验交流（市教育局　供稿）

【教育共富省级试点】构建“学历＋技能”双提升“1452”教育工作体系，“增财实学”平台获评全省教育领域数字化改革优秀应用，经验做法被新华网、《中国教育报》等刊发；推进劳动教育省级试点，印发《平湖市校外研学（劳动）基地管理办法》，与上海金山区合作开展研学实践基地共建共享活动，承办嘉兴市中小学“劳动丰收节”开幕式，在全省劳动教育实验区工作交流会上作介绍；推进幼小衔接省级试点，以省课题“由聚至构：幼小衔接的区域实施策略研究”为抓手，形成“入学准备”“入学适应”“入学保障”课程体系，承办3场嘉兴市幼小衔接成果展，案例被省教育厅学前教育展播平台刊发。推进作业改革省级试点，以省课题“协同赋能：区域中小学作业改革的支持路径研究”为依托，编发《平湖市单元作业目标指导建议》，举办“作业设计与目标解读”专项比赛，召开作业改革省级实验区推进会，每天对义教段书面作业总量进行监测，达标率均位居嘉兴前列。

基础教育

【概况】2023年，全市有幼儿园30所。共有589个班（含托班），在园幼儿15912人，幼儿园三年入园率100%。

全市有小学20所。在校学生38756人。全市小学入学率100%，巩固率100%。全市继续实行6周岁入学。

全市有初中14所，在校学生15844人。初中学龄人中入学率100%，巩固率100%。小学升初中比例为100%。

全市有普通高级中学7所，179个班，在校学生7495人。

初中升高中段比例为98.91%。2023年，全市共有2115人报名参加普通高考，2064人被普通高校录取，录取率98.20%。

全市有中等职业学校3所，在校学生4624人。

全市有特殊教育学校1所，特殊教育在校学生116人。义务教育阶段小学随班就读学生数52人，初中随班就读学生数26人。7—15周岁三类残疾儿童少年完成义务教育年巩固率100%。

【学前教育计划落实】落实学前教育第四轮行动计划，推进各项指标和目标的达成。全市各幼儿园围绕教育部《幼儿园保育教育质量评估指南》，开展各类专项研磨活动，推进教共体建设、幼儿园课程建设和幼小衔接实验区建设。全年，完成12所幼儿园优质提等工作，新增省一级幼儿园1家，省二级幼儿园11家，优质园覆盖率90.18%。普惠性幼儿园在园幼儿占比98.18%，位列嘉兴第一。开展“倾听儿童　相伴成长”的全国学前教育宣传月展示宣传活动，出台宣传月活动方案，引导全市各幼儿园开展研讨、宣传、展示活动。

【义务教育改革】深化义务教育学校课程改革，实施国家课程计划，提升基础性课程教育质量。贯彻落实立德树人根本任务，坚持五育并举融合，发展素质教育。2023年，不断深化“双减”政策下义务教育教学改革。召开义教段校长工作会议、中小学“双减”案例培训会、中小学课后服务工作会等，提升教育教学工作。推进中小学生综合评价改革。组织召开平湖市小学综合评价工作推进会。深入开展“五项管理”及“双减”工作。通过学生家长问卷，及“四不两直”调研，规范义务教育学校的办学行为。做好常态化“双减”优秀实践案例的培育、征集与遴选工作，促进基础教育综合改革进一步落深落实、提质升级，局《多样·特色·贯通：乡村学校课后服务质量提升策略》获评省优秀实践案例。继续提高课后服务质量，做好课后服务四个100%。即课后服务全市中小学100%覆盖、课后服务“5+2”100%到位、课后服务特需托管晚于当地机关事业单位下班时间100%到位、初中晚自修开出率100%。提升丰富的拓展性课程。倡导学校每生每周在课后服务时段参与1节拓展性课程，全市开设武术、舞蹈、机器人等662项，参与学生33146人，占参与课后服务学生总数的67%。推进初中强校工程，提升城乡初中教育共同体项目绩效，加大新优质学校培育力度。

【普通高中发展】 深化高中学校特色多样发展。出台《平湖市关于支持“县中崛起”推进普通高中教育高质量发展的十条措施》。为普高教师搭建各类业务比武和展示平台，多措并举提升能力水平，鼓励和支持教师创新教学方式。引导普通高中科学定位、特色发展，从分层办学转向分类办学，组织普高校长到省内知名县中学习考察，实践并构建富有特色的学校课程体系和育人机制。贯彻实施《普通高中新课程方案》《普通高中各学科课程标准》，做好新课程教学实施。依托研训中心等专业力量，完善学科联盟建设，指导普通高中开展新高考、新课程方案和新课程标准的研究，组织高三语数学科骨干教师到山东泰安考察学习语数全国卷备考，指导各校探索基于学科核心素养的教学策略和评价方式，提高教学质量。推进高中招生制度改革（名额分配生制度优化）和校际协同发展工程，努力构建拔尖创新人才小、初、高一体化培养。

【德育工作】 3月，启动平湖市首届中小学班主任节，举办“亲爱的班主任，我想对您说”“班主任基本功比赛”，开展“我的班主任”主题征文活动；9月，举办平湖市首届中小学班主任节闭幕式。4月，与上海金山区教育局合作组织开展参观“一大会址”研学实践教育活动，全市共有853名学生到上海一大会址参观研学。开展“我们的节日”主题教育活动。在世界读书日期间，与市传媒中心、宣传部、图书馆联合开展系列读书活动。在全市中小学开展《红船》观影征文活动。组织开展“中国画好好看”云上思政课活动，2023年学校优秀德育案例评比活动。完成与中国教育报刊社的家庭教育工作合作项目，推进家庭教育示范区建设，承办“平和润心 校家社协同育人”全国家庭教育研讨会。在开展家庭教育百场讲座活动的同时，先后邀请4位全国知名教育专家做专题讲座，帮助家长树立家校社共育理念。编印家校社共育口袋书，下发全市各幼儿园、中小学，供教师、家长阅读学习。编印《平湖市家庭教育指导用书》指导教师做好家庭教育指导工作。2023年，全市获嘉兴市家庭教育指导师证书9人，2位教师获嘉兴市家庭教育优质课一、二等奖。

11月25日，“全员育人·校家社协同共育实践与思考”全国研讨会在平湖市召开
（市教育局 供稿）

3月15日，平湖市首届中小学“班主任节”启动仪式在平湖市职业中专举行（市教育局 供稿）

职业中专被评为省家庭教育创新实践基地。

【劳动教育】2月，《打造具有平湖辨识度的劳动实验区》在《德育报》头版刊发；4月，印发《平湖市中小学生研学（劳动）实践教育基地管理办法（试行）》的通知；4月，市教育局在省劳动教育大会上做交流发言，获省厅领导好评；5月，举办市第二届中小学生劳动技能大赛（小学组）；6月，与上海金山区教育局开展“争劳动先锋 做时代新人”“美丽中国 云上践行”劳动教育主题暑期活动；9月，省教研室到平开展劳动教育实施调研工作，市教育局、东湖小学、广陈中学、城关中学做工作汇报，省专家对平湖劳动教育落实情况表示认可；10月，组织举办平湖市劳动教师技能大赛。

【科技教育成果展示】3月，5所学校参加省科技创新大赛线上答辩，平湖学生作品获一等奖1项、二等奖3项、三等奖1项，辅导员创新作品获二等奖2项、三等奖1项；5月，推荐周振华、姚雁、吴永其、王炯为平湖市第五届十佳科技工作者，经过评选姚雁为平湖市十佳奖，周振华为入围奖；6月，嘉兴市科技创新市长奖评选，职业中专吴亦成获市长奖，陆元杰获耕耘奖，职业中专获苗圃奖；6月和9月，组织两批中科院科学家到12所学校举办科普宣传讲座；10月下旬，在崇文小学举办平湖市青少年科技创新大赛，全市38所中小学有17412名师生参与此项活动，共收到各类科技创新作品20154件，选拔作品参加嘉兴市第38届青少年科技创新大赛；11月下旬，在东湖小学组织平湖市100名学生参加国际科学与和平第33届上海市青少年金钥匙科技活动决赛，2名选手获上海市一等奖，9名选手获二等奖，20名选手获三等奖；组织4名高中学生参加嘉兴市科协和教育局联合实施的中学生科技创新后备人才培养“英才计划”。

【体育教育】贯彻“五育并举”，在“双减”大背景下，落实“健康第一”的体育工作思想，开齐开足体育课。实行大课间体育活动制度，确保“每天锻炼一小时”。每校每年召开达标和秋季田径运动会，举办平湖市第十二届青少年学生阳光体育运动会，举办包含田径、篮球、排球等八大赛事。加大体育项目引入力度，投入600多万元，布点31个校区，利用课后服务时段开展教学，专业队学员1000多人，普惠学生1.4万人，多个项目在省市比赛中夺冠。7月，林埭小学“小龙人”棒球队在第41届U12男子软式棒球世界锦标赛决赛中获亚军。行知小学与行知中学皮划艇运动队2023年中国赛艇大师赛（南京站）比赛中获多个项目冠亚军。平湖市中小学重视“筑梦”引领，先后邀请中国足球前国家队教练博拉·米卢蒂诺维奇、杭州亚运会赛艇项目首金得主邱秀萍等名师名将到学校和训练队交流指导。落实学生体质健康情况公示制度，2023年中小学体质的合格率高于98%，优良率超过60%。全国足球特色学校、特色幼儿园15所，省级足球特色学校、特色幼儿园10所。满足全民健身需求，全市39个校区体育设施免费对外开放。

【艺术教育】按课程计划开齐、

开足各类艺术课程。进一步整合文教优质资源，促进学生人文素养提升。与平湖市博物馆、民进平湖市委会、四川茂县教育局联合举办平湖·茂县两地小学生优秀美术作品比赛优秀作品展。与市文化馆合作开展艺术节展演活动，与市传媒中心合作举办西瓜娃娃才艺秀比赛，与市青少年宫、团市委合作开展少儿春晚选拔活动。组织开展省中小学生艺术节平湖赛区有关项目的评选和选拔工作，721 件作品分获平湖市一、二、三等奖，所推荐的 16 件作品在嘉兴市艺术节获奖，17 件作品在省艺术节获奖。举办平湖市中小学校园文化艺术节合唱比赛，全市 39 所中小学代表队共 1800 多人进行比赛和展示。继续做好高雅艺术进校园活动，弘扬优秀传统文化，全年到 15 所学校进行公益演出。落实《中小学生艺术素质测评办法》，开展中小学生艺术素质测评工作和 2023 年度学校艺术教育自评工作。

【特殊教育延伸】 以两头延伸为重点，做好适龄残疾少年儿童入学评估和教育安置，通过普通学校随班就读，特殊教育学校及卫星班（乍浦为特教班）就读、送教上门和残疾儿童康复机构康复等安置方式，平湖市户籍在册持证残疾儿童学前三年入学率和义务教育段入学率均达 100%。推进残疾人高中教育，残疾学生高中入学率 97.37%。开展平湖市融合教育示范学校评比活动，评选一批融合教育示范学校和融合教育培育学校，林埭小学通过嘉兴市首批融合教育示范校中期评估，经济开发区幼儿园创建嘉兴市第二批融合教育示范校培育学校。加强资源教师的培养，组织参加嘉兴市资源教室基本功比赛，7 人次获综合类一、二、三等奖，4 人次获单项类一、二、三等奖，1 人代表嘉兴参加省赛获一等奖。推进卫星班研究与建设，平湖市培智学校和黄姑实验学校的卫星班建设经验在省卫星班建设现场会上作交流发言。

中等职业教育

【概况】 2023 年，全市共有中等职业学校 4 所，其中地方教育部门办 2 所，民办 1 所，在校学生 7840 人，专任教师 573 人，其中专业课教师 315 人。中职学校招生 2358 人，毕业 2528 人。

【校企合作】 根据《关于开展 2023 年度平湖市深化“工学结合 校企合作”人才培养模式改革项目申报的通知》精神，2023 年度确立“跨境电商专业（第二年）申报（专业开发补助）”等 25 个项目为 2023 年度平湖市深化“工学结合 校企合作”人才培养模式改革项目，财政资金 196.201 万元，助推职业学校与企业携手的产教融合、校企合作项目。

【新专业设立】 根据职业学校专业对接产业需求，统筹调整专业设置与招生规模，2023 年平湖市职业中专新增专业 3 个（商务韩语、动漫与游戏设计、商务英语）。

【产教融合】 全市职业教育以区域经济为基础，深入校企合作，激发办学活力，提高服务区域能力，创建高水平产教融合项目。平湖技师学院获评国家级机械行业先进制造技术高技能人才培养基地；2023 年全省中等职业教育改革典型案例 2 个（《贯通融合：县域中职学校“院校企”一体化育人模式构建》《蒲公英行动：东西协作助力教育共富的探索与实践》）；校企合作典型生产实践项目 1 个（《“职业导向，四阶递进”的长学制人才培养模式》入围省教育厅办公室关于组织职业教育校企合作典型生产实践项目）；校企合作营商环境优化提升第一批“最佳实践案例”1 个；2021—2022 年度产教融合“五个一批”项目 1 个（浙江省先达装饰设计工程有限）；省级职业教育教师创新团队立项建设 1 个；省产业工人队伍建设单位一个（平湖市教育局）；“三全育人”典型学校建设名班主任工作室 1 个、德育特色案例 1 个、精品课程 1 门。申报 4 个省级开放型区域产教融合实践中心。中缅（越）丝路学院成立。

【职业学校年度招生】 2023 学年，全市中职学校共招收新生 2358 人，普职比为 1.07∶1（中职占比 48.25%）。其中，中职学籍学生 1372 人，技工院校学籍 986 人，中本一体 40 人，中高职一体 990 人，占中职学生的 68.51%。

【职业学校高考】 职业中专 2023 年参考 883 人，上线 865 人，上线率 97.96%，本科上线 89 人，本科上线率 10.30%，录取 87 人，其中，4 人进入省前 10 名（工美第一名，化工第三名），49 人进入省各专业大类前 100 名。职中新疆班回新疆考生 35 人，3 人进入自治区前 10 名，15 人进入自治区前 500 名。嘉兴交通学校参考 282 人，上线 140 人，上线率 49.65%，录取 140 人。

【职业学校毕业生考证】 2023 年，中职毕生数 2528 人，其中获取 1+X 证书 329 人，证书获取率 17.33%。三所中职学校毕业生获中级及以上职业技能等级证书 2447 人，毕业生 2508 人，获取率 97.57%。

【学生职业技能竞赛】 国家级一等奖 5 项、二等奖 1 项、三等奖 3 项，省一等奖 6 项、二等奖 15 项、三等奖 20 项，嘉兴一等奖 22 项、二等奖 40 项、三等奖 41 项。嘉兴市中职学校第十八届技能节一等奖 19 项、二等奖 38 项、三等奖 36 项。

【教师教学技能竞赛】 国家一等奖 2 项、二等奖 1 项、省一等奖 7 项、二等奖 2 项、三等奖 6 项，市赛一等奖 1 项、二等奖 2 项、三等奖 4 项。

【嘉兴市青年工匠评选】 根据《关于开展 2022 年嘉兴青年工匠遴选工作的通知》（嘉人社〔2022〕87 号）文件，全市三所职业学校师生共获评嘉兴青年工匠 130 人。其中，第一批平湖职业中专 6 人、平湖技师学院 27 人、嘉兴交通学校 4 人；第二批职业中专 9 人，平湖技师学院 58 人，嘉兴交通学校 26 人。

成人教育和社区教育

【概况】 2023 年，浙江开放大学（简称开大）平湖学院招收各层次各类型学历教育学生 1460 名，其中开放教育本专科 1354 人、单考单招招生专科 106 人。毕业学员 1489 人，其中开放教育本专科 1146 人、网络教育本专科 338 人、其他网院 5 人。在籍学生 4364 人，其中开放教育本专科 3893 人、浙江开放大学单考单招招生专科 121 人、奥鹏网络教育学生 335 人、其他网院 15 人。开大（含社区学院）共有教职工 26 人，其中专任教师 25 名。2023 年，学院获国家、省、市、县各项集体荣誉 13 项，分别是 2023 年全国新时代“终身学习品牌项目”、2022 年度市县办学单位业务工作考核 A 等、开大 2023 年度办学评价 A 等单位、首批办学评估（试点）工作“优秀 +”、2022 年招生工作优胜集体、2023 年省“终身学习品牌项目”、2022 年度嘉兴电大招生与注册工作先进学院、2022 年度嘉兴电大教学与教务先进学院、2022 年度嘉兴电大社区教育与老年教育先进学院、2022 年度嘉兴市社区教育工作综合先进单位、2023 年嘉兴市“终身学习品牌项目”、平湖市优秀学校、2022 年度教育系统基层工会工作先进集体。

全市有镇街道成人文化技术学校 9 所，专职教师 42 人，全部达省级标准化成人文化技术学校标准，独山港成校和钟埭成校创建为省现代化学校。全市建立社区教育中心 10 个，设立社区教育工作站 133 家。

社区学院的《以民族融合结对项目促进老年教育特色发展的平湖实践》获评 2023 年全国新时代“终身学习品牌项目”、2023 年浙江省“终身学习品牌项目”。钟埭街道成人文化技术学校被评为省现代化学校（社区学校）。当湖街道老年学校、钟埭街道老年学校获评省老年教育优质学校。《创建“一站式”幸福学堂工作》《创新社区教育新模式　绘就城乡共富新画卷》《长者学堂进农村文化礼堂》被评为 2023 年全省体系助力“两个先行”典型案例（浙江开放大学办公室、浙江省社区教育指导中心办公室）。唐伟杰、胡静忠获省“扎根基层　建功立业”成校校长。《我的大学梦》（钟志鸿）获 2023 年全省老年教育主题征文活动二等奖。《万疆》获浙江老年开放大学老年教育（器乐类）学习成果展二等奖。14个项目（个人）获评2023年省老有所学相关项目。平湖社区学院的《以“民族融合结对项目”促进老年教育特色发展的平湖实践》、新仓镇成人文化技术成校的《文化养老：走进“手绘草帽”艺术课堂》、平湖市图书馆的《“金平湖 慧阅读”社会轮值馆长项目》获评嘉兴市十大“终身学习品牌项目”；独山港镇海韵舞蹈团被评为嘉兴市十大“学习型社团”；平湖市青少年抗战历史宣教馆、天妃宫炮台爱国主义教育基地被评为嘉兴市十大“市民终身学习体验基地”。陈良杰、董雪明被评为嘉兴市十大“百姓学习之星”；孙佳园家庭被评为嘉兴市十大“学习型家庭”。在嘉兴全市老年教育主题征文活动中，《我的大学梦》（钟志鸿）获一等奖，《学习心声》（盛跃德）获三等奖，《六十年前、后上大学的感叹》（方秉泉）获优秀奖。

【全民终身学习活动周开办】“让学习成为一种生活方式”是2023年平湖市全民终身学习周活动主题。11月18日，平湖市全民终身学习活动周开幕式暨平湖市“学历＋技能”双提升成果展总开幕式在林埭镇举行，主要内容包括宣传和展示全市成人继续教育发展所获成果、表彰先进及文艺表演等活动。活动周期间，社区教育成员单位、各镇（街道）社区教育中心、工作站、企事业单位围绕主题策划、组织、开展系列学习活动。

【老年教育】全市老年开放教育多层次、多类型开展教学，依托全市社区教育三级网络，通过线上线下相结合，依托构建的“1+9+3”老年开放教育服务体系，以“按需办班”为原则，实体办学，多样化、分层次开展老年教育。平湖学院本部以“专业课程＋专题讲座＋研学活动”提升老年教育教学质量，开展思想政治教育、时势政治教育、健康与安全教育等。召开开学典礼、老年教育教师座谈会、骨干学员交流会议，探讨教学质量提升途径。

【老年人智能技术日常应用普及】基于数字化普及加剧老年人的“数字鸿沟”的社会背景，结合老年人学习需求，继续以“项目·网络·课程·师资”多元途径，主要依托项目策划设计、网络组织、课程建设与推广、专业化师资等多元力量与途径，开展老年人智能技术日常应用普及工作“百千万”专项行动，帮助老年人提升智能手机应用水平与能力。

【增财实学平台应用】以数字赋能为突破，助推社区教育数字化改革，开展“学历＋技能”双提升数字化应用改革项目成果“增财实学”平台的应用推广，使其更好地服务于“学校后”终身教育全过程管理。依托“增财实学”平台开展老年教育线上报名、上课签到等招生与教学管理工作，全市社区教育三级网络，各类培训都在增财实学平台开展数字化应用。

【学分银行】2023年，在学分银行存入成果共281029条，其中，非学历教育成果267433条，职业培训成果5192条，学历提升成果8404条。在老年开放教育工作中探索设立学分银行积分兑换课程，老年学员用“学习成果”兑换再一次“学习机会”，以实现学习的良性循环，开展“学习有礼”——学分银行线下积分兑换活动。

民办教育

【教师资格认定与管理】做好民办学校许可证管理和年检。对乍浦镇中南实验幼儿园许可证到期予以换证，对新仓镇瑞杰实验幼儿园、稚川实验中学、平湖市新多幼儿园校（园）长变更予以备案，对平湖市毅进卡迪夫公学高级中学有限公司校长、法定代表人变更予以备案。开展2022年度民办学校年检工作，对22个全日制民办学校（幼儿园）和2个成人教育类培训机构开展线下检查，将年检结果予以公布。受理、审核并批复平湖市长红幼儿园、平湖市阳光·永丰幼儿园合并。做好“双随机、一公开”等行政检查。根据省“大综合一体化”考核的相关指标，结合年度工作计划和党政办双随机抽取，联合市市场监管、卫生、消防等部门开展营利性、非营利性民办学校和校外培训机构行政检查，主要针对日常办学行为、违法广告行为、价格行为、户外广告审批情况及消防安全职责情况等，总体情况良好；配合市市场监管局开展中考期间学校食品安全行政检查。暑期，配合市文旅体局处置无证无照违规开展艺术类培训案例一起。加强非学科类校外培训机构准入审核。协同市科技、文旅体两部门根据相关准入审核工作指引和设置办法，对机构申报文本资料进行审核并开展实地勘验。累计联合审批文化艺术类培训机构 19 家、体育类培训机构 18 家，科技类培训机构 9 家，对通过准入审核的机构形成 46 家“白名单”并向社会公示。持续做好行政窗口工作。累计办理教师资格定期注册事项 324 件（幼儿园 142 人，小学 155 人，初中 25 人）；教师资格认定事项 499 件（其中，初级中学教师资格认定 40 件，小学教师资格认定 263 件，幼儿园教师资格认定 193 件）；教师资格证书补发换发事项 33 件；义务教育学历证明书办理 54 件；教师任教三十年教龄 125 件。接听、接待家长投诉学校 17 起，全年接待入园、入学现场、电话咨询443 人次；接待关于学生中考、退休教师、培训机构等问题咨询 50 多人次。

【培训机构监管】 完成学科类校外培训机构办学许可证注销“扫尾”。平湖市域内 12 家学科类校外培训机构“清零”；加强与嘉兴港区工作对接，督促并根据审批职能对乍浦镇余下的 4 家学科类校外培训机构注销办学许可证。开展专项治理。市“双减”工作专班组织各镇街道、各职能部门开展寒假专项检查，累计出动 1001 人次，涉及各类培训机构 230 个，发现消防安全问题隐患 3 个，培训材料和从业人员问题 3 个，均督促整改到位。全国两会期间，4 个部门共出动检查人员 24 人，检查非学科类校外培训机构 20 家，重点对隐形变异学科类培训行为、消防安全、收费行为等进行现场检查，同时开展政策宣传，了解机构存在的问题和困难，向家长发放“告家长书”等宣传资料。“双减”工作专班及时传达上级工作要求，协调市科技、文旅体两部门开展校外培训“平安消费”专项行动，做好校外培训机构预收费资金监管风险问题整改有关工作。暑期，通过网格化巡查，排查疑似学科类培训点 6 个，疑似有偿家教 1 处，发放《禁止进行学科类培训告知书》3 份。根据省市“双减”工作专班相关工作要求，开展 2023 秋季学期校外培训治理。累计有效处置各类信访件 17 件。实施校外培训清朗行动。非学科类培训机构全国平台纳管率、机构监管账户支付渠道开通率、校外培训监管数据稽核完成率均达 100%。制订出台《平湖市教育局等九部门关于加强校外培训监管行政执法工作的实施方案》，形成执法案例一例。嘉兴市公共服务“七优享”工程“学有优教”各项指标均达标。

【最多跑一次改革完善】 做好“双公示”瞒报、漏报数据排摸，填报“无系统办件补推双公示数据表”，“全市通办”事项摸底查询，市综合行政执法局监管计划清单查询等工作。儿童入园、义务教育阶段入学 2 个事项报名功能的开放和关闭；“一地创新全省共享工单”处理；全市通办事项的沟通协调。11 月，平湖一窗平台合并到浙里办系统平台，权力事项库入口迁移至浙政钉工作台，做好浙政钉账号与权力事项库账号多对多匹配，账号绑定和关联，教师资格认定三项和教师资格定期注册取消平湖一窗移动端办理网址，个人标识修改，并做好 28 个事项的认领和信息完善；平湖一窗平台年度累计异常办结量 8 件（教师资格认定退件）。与其他局联合办学审批非学科类培训机构 24 家（艺术类 16 家，体育类 8 家）。最多跑一次事项办件量全年累计 120837 件。

（顾伟慧）

嘉兴大学平湖师范学院

【概况】 11 月 30 日，嘉兴学院成功更名为嘉兴大学。2023 年，平湖师范学院聚焦“升师申硕”主题主线，推进学院高质量发展。截至年底，学院教职工 116 人，其中博士生导师 2 人，硕士生导师 11 人，省级人才 4 人，在校学生2069人。设有8个专业，其中，学前教育、小学教育专业通过教育部师范类专业二级认证,为省级一流本科建设专业，拥有省级一流课程17门。

【师资队伍】 坚持师德师风第一标准,建立健全师德激励机制。做好学院2023年职称评聘、专业技术人员晋级评聘、“双师双能型”教师评定等工作，晋升教授2人、讲师1人。围绕学校、学院“十四五”发展目标，科学制订年度重点工作，强化岗聘激励机制。新增攻读博士学位1人，博士毕业1人。新增6个月以上海外经历、国内知名高校访学教师3人,新增省外挂职锻炼1人。引进项目制教授1人，博士学位教师4人。出台2023年新一轮教师挂职锻炼实施办法，10位教师入驻教师发展学校挂职锻炼，2位教师入选第三批“智汇平湖·嘉人驻企”项目，1位教师志愿服务亚运会组委会。

【学科科研】 教育硕士学位点申报工作稳步推进，形成教育管理、小学教育、学前教育三个领域六个研究方向架构教育硕士学位点布局，完成骨干教师及专任教师队伍建设。联合培养研究生3人。鼓励学院教师参与申报各级各类科研课题，获批各级各类课题17项,其中省部级课题6项。发表学术论文40篇，其中高水平论文24篇。获省第二十二届哲学社会科学优秀成果奖青年奖1项。

【教学工作】 围绕师范专业认证与本科教育教学审核评估工作，推进专业认证走深走实，落实“以本为本”“四个回归”，强化教育教学内涵建设和质量文化。学前教育专业通过师范专业认证中期审核，小学教育专业通过普通高等学校师范类专业二级认证，有序推进本科教育教学审核评估工作。新增校级国际化课程建设项目2门，与日本东亚大学、俄罗斯喀山联邦大学深入交流合作，新增日本东亚大学交换生7人、专升本7人，到美国、英国等春、夏、冬令营4周以上41人。与平湖市共建大中小学课程思政一体化课程实践基地，举办第三届嘉兴学院平湖市教师发展学校联盟会议暨嘉兴学院教师发展学校签约仪式，新增教师发展学校7所，立项省级大学生校外实践基地1个，构建起支撑师范生培养的校内外实践教育体系，形成“校内+校外”联动机制。

【学生管理】 成立平湖市关心下一代红色教育联盟，开展“红船向未来　奋进新征程”大中小学思政教育一体化系列主题教育活动。推进第一课堂与第二课堂、第三课堂有效融通，利用校内外优质师资和教育资源，有效延伸第一课堂,聚焦课程化第二课堂，启动叔同书院，开设17门课程，近540人次师范生选课学习。学院“校地融通至善至美——融合美育”学工品牌立项嘉兴市学生工作精品项目。整合资源，培育学科竞赛项目，学院学生获浙江省第十八届“挑战杯”大学生课外学术科技作品竞赛“一金两银”、第六届浙江省大学生乡村振兴创意大赛金奖和“外研社”杯职场英语挑战赛演讲大赛一、二等奖等A类学科竞赛省级以上奖项10余项，第五届长三角师范生教学基本功大赛语文组第一名、第九届大学生海洋知识竞赛省级一等奖等省级奖项近10项。

【校园服务】 完善综合服务保障体系，提升支撑保障能力，持续推进平安校园、绿色校园、健康校园、文化校园、智慧校园等“五个校园”建设。完善校地联防联控机制，深入开展安全隐患排查化解，加强意识形态和网络信息安全，做好亚运会、亚残运会、互联网大会等重要时期网络安全保障，确保校园安全稳定，学院获评2023年度平安校园建设和综合治理工作先进集体；改善提升校园基础设施，进行实验室建设项目2个。

【社会服务】 举办面向中小学教师培训班36期，培训学员1507名。协助市红十字会免费举办救护员培训班。组织师生志愿服务全国青教赛、杭州亚运会、2023年世界互联网大会乌镇峰会、第十八届“挑战杯”全国大学生课外学术科技作品竞赛“揭榜挂帅”专项赛、浙沪毗邻乡村半程马拉松赛等大型赛事。协助承办嘉兴市第十届运动会五项青少年比赛、2023“金平湖杯”两岸青年慢速垒球邀请赛、全国青少年棒球锦标赛U10组比赛和全国少年垒球锦标赛等活动。平师薪火志愿服务队获平湖市最佳志愿服务组织称号。6位教师参与平湖老年大学教学服务。

（苏英姿）

教师队伍建设

【概况】 2023年，教育系统教职工7242人，其中，小学1966人，初中1321人，普通高中873人，职业学校636人，幼儿园2275人，特殊教育学校28人。教师进修学校39人，教育考试管理中心7人，教育师资管理中心19人，教育保障服务中心21人，财政支付（核算）中心教育分中心（学生资助管理中心）14人，开大平湖学院23人，社区学院3人，教育局17人。全市幼儿园园长28人，专任教师1307人。专任教师中，硕士研究生毕业1人，本科毕业989人，专科毕业313人，高中毕业4人；高级教师50人，一级教师374人，二级教师645人，初级教师86人，未定职级152人。全市小学专任教师1909人。专任教师中，硕士研究生毕业45人，本科毕业1624人，专科毕业238人，高中毕业2人；高级教师212人，一级教师946人，二级教师540人，三级教师1人，未定职级210人。全市初中专任教师1180人。专任教师中，硕士研究生毕业43人，本科毕业1104人，专科毕业33人；高级教师361人，一级教师536人，二级教师194人，三级教师0人，未定职级89人。全市普通高中专任教师724人。专任教师中，硕士研究生毕业97人，本科毕业626人，专科毕业1人，高中毕业0人；高级教师269人，一级教师263人，二级教师88人，三级教师0人，未定职级104人。全市中等职业学校专任教师541人。专任教师中，硕士研究生毕业25人，本科毕业508人，专科毕业8人；高级教师154人，一级教师205人，初级教师134人，未定职级48人。全市特殊教育专任教师28人。专任教师中，硕士研究生毕业3人，本科毕业24人，专科毕业1人；高级教师4人，一级教师8人，二级教师13人，未定职级3人。全市在职教师中有全国模范教师2人，全国优秀教师1名，省特级教师10名，正高级教师13人，省“万人计划”教学名师2人，省“万人计划”青年英才1人，嘉兴市教育名家1人，嘉兴市教育拔尖人才4人，嘉兴市首批“优才计划”人才6人，嘉兴市教育领军人才5人，第七批嘉兴市名教师20人，第三批嘉兴市名校长3人，第十四批嘉兴市学科教学带头人49人，第六批嘉兴市中小学名校长培养人选4人，平湖市第十五批名师227人、名校长9人。2023年评选产生全国技术能手2人、省特殊支持计划青年英才1人、省师德楷模1人、省农村教师突出贡献奖1人、省中小学教坛新秀4人、嘉兴市中小学教书育人楷模1人、第六届嘉兴市“最美教师”1人、嘉兴市“十佳”班主任1人、嘉兴市优秀班主任12人、嘉兴市优秀辅导员5人、嘉兴市优秀教师12人、嘉兴市优秀教育工作者2人、嘉兴市中小学教坛新秀11人，平湖市最美教师10人、第三届平湖市“十佳”校长10人、平湖市“十佳”班主任10人、平湖市优秀班主任175人、平湖市优秀教师101人、平湖市优秀教育工作者18人，100人获2023年度浙江省任教三十年教师荣誉证书。

【教师引进和培训】 继续实施“平湖市卓越教师培养工程”和“学校管理干部素质提升工程”，安排600余名教师参加高级研修班培训。新一轮平湖市学科名师名校长工作室正式启动，共有469名名师名校长成员和青年骨干教师进入工作室。举办新一轮高三教师研修班，新一轮高中骨干教师研修班、中职骨干教师研修班、小学骨干教师研修班，完成第二期学校管理干部研修班培训工作，启动组建第三期学校管理干部研修班培训工作。加强骨干培训，2023年推荐“国培计划”德育骨干3人、思政课教师3人、班主任3人、心理健康教师3人，共计30名优秀学员参加国家级、省级等培训；推荐3人参加长三角骨干教师校长挂职计划（全省50名，数量居嘉兴市第一），接收2名长三角挂职干部（全省50名，嘉兴市第一）。

【名师日常管理】组织省市优秀教师推荐工作。经上级行政部门评审，技师学院沈文彬、崔晓迪被评为全国技术能手，职业中专项建峰被评为省特殊支持计划青年英才，技师学院龚跃明被评为省师德楷模，独山港中学陆小英被评为省农村教师突出贡献奖，职业中专沈张迪等4人被评为省中小学教坛新秀，平湖中学毛良忠等5位教师晋升为中小学正高级教师、中等职业学校正高级讲师，平湖中学张强被评为嘉兴市中小学教书育人楷模，存志行知小学王静娟被评为首届嘉兴市中小学思政课教师年度人物，当湖高中姚君依入围教育部“新时代中小学学科领军教师培养对象”，当湖高中王晓娜、实验小学沈恬入围全国新时代名师工作室，新埭小学俞军入围长三角名校长培养人选，高玉良等3人入围浙派名师培养工程。继续推进平湖市学科名师工作室的管理工作，变革现有的教研训方式，平湖市学科名师（名校长）工作室活动正常。

【教师发展学校建设】现有浙江省示范性教师发展学校2所，教师发展学校等级评估优秀学校15所，良好学校9所，优良率为100%。组建嘉兴学院平湖市教育局博士工作站2个，柔性引进12名博士，遴选师范生校外导师120名。市教育局承担的“校地合作推进教师发展学校建设的实践研究”被列为浙江省教师教育重点课题，获省市教育课题成果二等奖，出版师范院校精品教材《幼儿运动与健康》，相关成果在《中国教师报》刊登。

【教师工作交流】进一步加强教师队伍建设，深化教育体制机制改革，促进教育事业协调发展，在集团化过程中，加大教师流动，全年完成市外调入10人，调出14人；平湖市范围内学校间完成选调21人，教师交流轮岗133人，校级领导交流轮岗52人，跨校竞聘17人。2023年，全市符合交流轮岗条件的义务教育学校教师总数776人，年度交流轮岗教师211名，交流轮岗教师占符合交流轮岗条件教师总数的27.2%；交流轮岗的骨干教师109人，占交流轮岗教师总数的51.7%。

【师德师风建设】开展“爱岗敬业　铸造师魂”主题教育活动，继续坚持提升教师道德素养。在全市各学校深入开展平湖市“共同富裕·青年说”理论宣讲、2023年师德师风建设典型案例征集、“爱岗敬业　铸造师魂”主题书画作品征集等活动。利用教师节等重要节点精心组织主题教育，评选一批平湖市“最美教师”“十佳校长”“十佳班主任”、劳动模范等，选树正能量典型。深化运用监督执纪“四种形态”，落实班子成员“一岗双责”，加强重点领域、重点岗位、关键环节的监督防控。全年，对系统内党员干部和公职人员开展谈话60余人次，运用四种形态执纪问责17人，其中降低岗位等级2人，记过1人，党内严重警告1人，党内警告2人，警告1人。制订《平湖市教育系统师德师风问题整治工作实施方案》并成立工作专班，各学校相继出台学校工作方案。通过发布网络问卷、接听监督热线、开辟投诉渠道等方法向家长征求问题线索，接受学生、家长监督。专项整治期间，共收集家长问卷67071份，学生问卷58912份，根据反馈问题逐一核查，做好答复与整改工作。坚持把师德师风专项整治与主题教育融合推进。

教育科研与教学研究

【概况】2023年，教育科研与教学研究工作围绕“研究、指导、服务、管理”的职能，聚焦“课程改革、课堂转型、教师发展、评价考核”，服务学校教育教学、服务教师专业成长、服务学生健康发展。

【课程建设】坚持“五育并举”的理念、聚焦“育人为本”的原则、围绕“一校一（多）品”的愿景，开展中小学、幼儿园第七批精品课程评选活动，收到127项课程，评出一等奖33项，二等奖65项。在2023年嘉兴市第七批义务教育精品课程征集评选中，平湖市小学推送的4篇全部入选。在2023年嘉兴市劳动精品课程征集评选中，共有6篇入选精品课程，其中小学4篇、初中2篇。

【课堂提质增效】 开展“教坛新秀和教坛老将”评比活动，共有81名教师获评教坛新秀、55名教师获评教坛老将；开展平湖市首届“首望杯”评比活动，共有116名教师参加，其中获一等奖34人、二等奖38人、三等奖44人；开展“高效率、高质量”课堂教学评比活动，共有154名教师参加，其中获一等奖39人、二等奖41人、三等奖69人；举办平湖市第二届金平湖好课展示活动，从幼儿园、小学到初中和高中所有学科超过100名名优教师进行公开课展示，并邀请市内外近30名专家进行点评。同时各学段开展各种形式的课堂展示活动，广陈中学、稚川学堂、世外经开等学校开展聚焦主题研究的开放周活动。在嘉兴市第二届守望杯评比，全市共有11名教师获一等奖（小学6名、初中5名），一等奖获奖人数位列嘉兴第一。平湖中学陈文杰、当湖高级中学封军伟在嘉兴市优质课评比中获第一名并代表嘉兴参加省优质课评比获省二等奖。进修学校丁红明和平湖中学马秀英在浙江省物理实验操作评比中获一等奖，并代表浙江参加全国比赛。

【教学调研指导】 幼儿园组织名师团队开展8次专题研讨，构筑温暖的师幼互动过程，推进全区保教的过程性质量；小学分别到百花小学、行知小学等7所学校开展集中蹲点调研，关注学校的过程管理、教师的常态课堂和常规落实等，发现总结典型经验，服务指导学校完善管理、教研组团队建设、教师改进教学，促进教育高质量发展；初中深入杭州湾实验学校、东湖中学、稚川学堂、独山港中学开展“落实常规　减负提质”专题调研活动；高中围绕“三新”背景下教学管理和高考备考分别于3月和9月对全市六所高中进行两次集中调研。同时部分教研员结伴小分队式的下校分散调研，开展“订单式”“预约式”的小组或个别调研活动。

【教学质量监控】 修订完善《平湖市小学课程教学质量量化评价实施方案》和《平湖市幼儿园保教质量量化评价实施方案》，依据新方案对标对表，以评促教，重点关注薄弱小学和民办小学教学常规管理，提高常态课堂常态教学的质量；初中和高中组织教研员制定《平湖市新教学常规》，重点关注教师备课、上课、辅导和评价的过程性环节的落实情况。义教段组织部分学科教学质量监测工作。5月，进行体育、信息技术质量抽测；12月，举行小学道法、英语、科学、音乐、美术，初中音乐、美术等学科的质量抽测，把质量抽测的结果纳入学校教学质量评价的体系中；通过非考试科目质量抽测来督促学校强化课程的管理，提升学生综合素养。

【教师专业发展】 组织90学分项目分层分类研训，共14班，576人。实施短学分研训项目，突出重点，研训一体，实施主题式研训项目54项，2326人次。小学通过举办骨干教师高级研修班，打造学科教学核心团队；幼儿园通过男教师成长团的抱团行动和基于主题化的研究活动，促进教师专业发展；高中组织领航教师培训，通过专家讲座、同课异构、跟岗学习等多种形式的培训促进教师专业成长；2023年组织部分领航教师到江苏昆山中学、余姚中学、柯桥中学、玉环中学跟岗学习。开展班主任骨干高级研修，实施主题班会课专项培训。实施平湖市卓越教师培养工程。根据市教育局《学科名师名校长工作室活动管理办法》，组建29个学科名师工作室，开展主题式研修活动。组织校（园）长、骨干教师外出培训。2023年，东湖小学数学教研组、实验小学道德与法治教研组获浙江省先进教研组。

【教育科研】 2月21日、9月14日举行学期校（园）长、主任科研工作会议和科研主题论坛，组织科研分管领导数据素养提升培训；开展第二届中学骨干教师“教育科研能力提升”主题培训活动。组织平湖市级、嘉兴市级教育科研先进集体、科研型校长和科研标兵评选活动；组织省级科研先进集体、先进个人评选活动，树立标杆。在浙江省论文评比中获省级一等奖9篇、省级二等奖22篇、省级三等奖46篇，在嘉兴市论文评比中获嘉兴市级一等奖29篇、嘉兴市二等奖151

篇、嘉兴市三等奖 187 篇。组织平湖市教育学会 2023 年度优秀教育教学论文评选工作，共收到论文 1258 篇，有 894 篇常规论文获奖，其中一等奖 133 篇、二等奖 324 篇、三等奖 437 篇。组织“双减背景下学生自主学习路径创新”专题论文和积极教育论文评选工作，“双减背景下学生自主学习路径创新”专题论文共收到文章 341 篇，有 250 篇获奖，其中一等奖 38 篇，二等奖 87 篇，三等奖 125 篇；积极教育专题论文共收到文章 120 篇，有 85 篇获奖，其中一等奖 13 篇，二等奖 32 篇，三等奖 40 篇。浙江省规划课题立项 6 项，省教研课题立项 4 项，嘉兴市综合类课题立项 27 项，嘉兴市微型课题立项 27 项，嘉兴市专项课题立项共 30 项（数字化、创新拔尖人才、守望杯 15 项；陶研认定性课题 8 项；积极教育认定性课题 7 项）。浙江省规划课题成果评奖，获二等奖 1 项，三等奖 2 项，浙江省“十四五”家庭教育课题成果获一等奖 1 项，二等奖 2 项。教育学会金桥项目（1 项重点课题获平湖市人民政府二等奖，3 项分别获科协一、二、三等奖）。平湖市综合类课题立项 114 项，平湖市微型类课题立项 268 项。

【德育心育】 组织中小学德育干部专题培训，举办 2023 年平湖市首届班主任节，举办平湖市中小学班主任基本功大赛，开展中小学德育专项研究课题和德育论文评比，做好平湖市儿童青少年心理健康服务站值班咨询工作（电话咨询 440 多人次、面询 300 多人次），开展主题个案辅导研讨培训、心理健康教育课堂评比、心理危机筛查干预培训，开展心理教师培训（C 证 160 多人、B 证 150 多人）。世外经开潘丹凤的德育案例获 2023 年长三角德育创新案例一等奖，并于 12 月 12 日在长三角德育论坛上交流；1 人获嘉兴市家庭教育优质课一等奖、1 人获二等奖；嘉兴市家庭教育精品课程一等奖 2 项、二等奖 2 项；嘉兴市家庭教育微课大赛 9 人获优秀奖；嘉兴市中小学班主任基本功大赛一等奖 2 人、二等奖 2 人；嘉兴市中小学心理优质课比赛二等奖 2 人；嘉兴市家庭教育讲师新秀选拔赛金奖 1 人、银奖 1 人、铜奖 3 人，列嘉兴市第一；嘉兴市中小学主题班会评比一等奖 2 人、二等奖 1 人。

教育督导

【全国义务优质均衡发展县国家评估认定实地核查】 10 月 26 日至 28 日，由广东省人民政府督学顾问、省教育督导学会会长陈健组长带领的一行 4 位专家，对平湖开展全国义务教育优质均衡发展县国家评估认定实地核查。平湖市推进义务教育优质均衡发展措施有力、保障到位、成效明显，获专家的一致肯定。

【县域基础教育生态监测】 平湖市 2023 年基础教育生态监测评价报告表明，浙江省 2023 年基础教育生态监测平均得分为 81.77 分，平湖市得分为 83.01 分，高于省均分 1.24 分。

改善办学条件

【教育装备】 2023 年，全市普通中小学校教育技术装备经费（含图书）总投入 3493.5 万元，同比新增 702.23 万元，同比新增 25%；当年生均教育技术装备经费投入 602.44 元，同比新增 92.35 元，同比新增 18%。至年底，全市生均教育技术装备资产值 7311.38 元。其中，现代信息技术设备装备建设投入 1940.54 万元，占比 55.55%；各类实验室及功能教室装备建设投入 1028.58 万元，占比 29.44%，图书及设施投入 524.38 万元，占比 15.01%。全市普通中小学校累计已装备计算机 17137 台，计算机原价总值 7883.11 万元，网络及外部设备原价总值 9322.64 万元。全市中小学校使用超过 7 年的计算机总数有 5772 台，占比 33.68%。全市普通中小学校生机比 3.38∶1，有效生机比 3.78∶1（7 年以内的计算机）。

至年底，全市中小学校移动终端设备合计有 1946 台，共装配 20 所学校。全市 35 所普通中小学校全部实现无线网络覆盖主要教学场所，34 所学校建有本校的校园电视台，占比 97.14%。全市普通中小学校多媒体总数为 3376 台，其中交互式多媒体总数为 2407 台，占比 71.3%；班级多媒体普及率达到 100%；全市共建有50间录播教室，普及率达100%。

至年底，全市普通中小学校已开展信创工作，占比为100%；采购终端总数量为486台，其中28.57%学校采购信创台式计算机终端，14.29%学校采购信创便携式计算机，8.57%的学校信创终端用于行政办公，34.29%的学校用于教学后勤。

至年底，全市普通中小学校拥有各类普通实验室、创新实验室、学科教室、功能教室、智能教室共计953间，其中创新实验室61间，学科教室58间，功能教室665间。全市34所学校建有61个创新实验室，占比97.14%。100%的学校理科教学仪器达浙江省配备要求。全市普通中小学校纸质图书总藏书量270.44万册，生均藏书46.64册。2023年，新增14.47万册，生均添置纸质图书2.49册。

2023年，全市普通中小学校有实验教学管理人员285人，其中高级职称79人，占比27.72%。计算机及网络管理人员117人，其中高级职称16人，占比13.68%。图书馆管理人员48人，其中专职高级职称2人，占比4.17%。全市普通中小学校有51.43%的学校建有教育技术专门机构，其余48.57%的学校仅设专人负责学校教育技术管理工作。

【教育信息化】 2023年，全市教共体（集团化）办学共享学校占比达100%，共完成师徒结对96人，跟岗锻炼25人，帮扶教学104次，线上共享拓展课程26门，学生线下集体交流活动11次，组建名师工作室10个，教师支教45人。全市中小学数字家长学校常态化应用中，家长平均学习次数8.3次，其中达4次及以上的学校有39所，达标率91%。2023年，全市参与全省精品数字资源建设活动中，共完成建设8门网络同步课程、48个教材配套资源、21个名师金课资源、2门专题教育资源，其中有7个获评全省优秀资源。全市在建的省级网络名师工作室共有5个，在2022学年全省考核中有4个获评优秀、1个获评合格，有20位学科带头人获评优秀，有36位学科带头人获评合格。全市获评省级网络空间应用优秀学校2所，获评省级网络空间应用优秀区域。

2023年，全市组织开展中小学师生信息素养实践活动，共收到214件数字创作作品、100件计算思维作品，实体机器人参赛队伍15支，虚拟机器人参赛人数117人、创客竞赛和机器人普及赛参赛人数211人，共获嘉兴市级奖项60件、省级奖项18件。全市共有6个省级教育信息化研究课题课题立项，其中省重点课题1个；有4个课题在嘉兴市“数字化改革”专项类课题立项。在全省教育信息化研究优秀成果评选中，共有7件获奖，其中省一等奖1件、二等奖4件。

2023年，完成“杭州亚运会”等重要时期网络安全保障工作，93%学校校园网完成基于IPv6的整网改造，每月发布平湖教育专网全网态势分析预警及网络安全工作通报，全年12期。

新居民子女教育与安全教育

【新居民子女教育】 贯彻“以流入地政府为主，以公办学校为主”的原则，做好新居民子女接受义务教育工作，2023年，新居民子女公办学校就读人数为12003人，新居民子女公办学校就读比例为86.67%。同时通过购买学位的方式在义务教育段安置新居民子女1724人。做好新居民随迁子女接受义务教育后在平湖市参加初中升高中考试工作，出台《2023年平湖市新居民随迁子女接受义务教育后参加高中段学校录取资格审核办法》。继续实施新居民学校完小化管理，通过开展学科质量抽测、年度教育管理考核和委托公办学校派驻指导教师协助新居民子女学校日常管理等措施，加大对新居民子女学校的管理力度。

【平安校园创建】 以全国两会、护航杭州亚运会亚残运会等关键时间节点作为维稳安保为抓手，深入开展除险保安行动，落实《关于开展等级平安校园建设的意见》，进一步加强和巩固等级平安建设创建成果，截至2023年全市等级平安校园（港区学校除外）情况：AAAAA级45所、AAAA级11所、AAA级2所、A级1所。

落实学校安全防范建设提升。完成学校专职保安配备、封闭化管理、一键式紧急报警和视频监控系统四个100%任务目标；加快学校风险防控体系建设，综合运用数字化技术、数字化思维、数字化认知，提升师生安全素养、打造智慧型校园安全环境、建立校园安全综合治理统一平台；加强智慧安防建设，全市教育系统投入资金138万余元，完成全市64个校园重点部位监控90天存储；进一步规范校门进出管理，实施人行识别道闸安装建设，2023年完成9个中学学校43个人行通道建设；开展学校智慧消防建设和消防标准化提升建设，强化学校消防安全；实现智能阳光厨房建设全覆盖，对新建校园区，设计一步到位。全市中小学、幼儿园基本达智能阳光厨房全覆盖。

强化安全教育。组织教职工学习《浙江省平安建设条例》，开展防溺水、交通安全、反诈骗、食品安全、燃气使用安全、消防安全等一系列安全教育，进行各类应急演练与技能培训，提升师生员工安全素养，筑牢学校安全防线。推行五常法管理，学校各项机制及师生监督组织建成率达100%，大宗食品统一配送或定点采购率100%，义务教育阶段学校加热保温水、直饮水建成率100%，学校食堂食品安全责任保险参保率100%，智慧厨房建成率100%。推动新修订的《中华人民共和国食品安全法》宣传贯彻工作，学生食品安全意识不断提升，中小学生食品安全知识知晓率达93.5%。

（顾伟慧）

科学技术

综　述

【基本情况】 2023年，全市全社会R&D经费支出25.04亿元，占GDP比重3.19%，（不含港区和电厂）全年高新技术产业增加值238.1亿元，占规上工业增加值比重67.6%；规上工业企业研发费用46.87亿元，增长7.7%，占营业收入比重2.68%；规上工业企业研发机构设置率87.7%。规上工业企业中有研发活动企业占比97.7%。蝉联县级防震减灾工作考核先进单位。

【科技政策】 2023年，加快推进新一轮科技政策制定和实施。迭代升级科技新政《关于深入实施创新驱动发展战略加快打造金平湖璀璨明珠的若干政策意见》，出台《平湖市“315”科技创新体系建设工程实施方案（2023—2027年）》，制订《破难奋进年、服务优化年、队伍提升年》活动实施方案，有效构建起科技创新政策体系“四梁八柱”。全年，兑现科发资金11938.6万元，兑现率达99.97%。

【科技金融】 2023年，开展《平湖市科创企业贷款支持实施办法》政策宣传，举办培训会2场、科创金融活动1场，科创贷款支持企业名单实现动态调整。截至年底，科创贷款入库企业1366家，共有10家科创金融合作机构发放科创贷款217笔，贷款总额7.86亿元，同比增长52%。启动首笔科创贷款风险补偿金代偿，代偿金额18万元。开展科技保险政策调研，了解掌握政策实施成效。跟踪嘉兴市科技保险试点工作进展，制订平湖科技保险产品方案。

【科技创新券】 2023年，常态化开展创新券政策宣传，印刷《平湖市创新券政策与操作培训手册》500册，举办创新券业务操作培训班1期，参训人数近200人。加强创新券使用审核，引导企业规范使用网上系统平台申报创新券。全年，累计发放创新券1416.89万元，使用创新券871.13万元。推动创新券系统材料无纸化规范化，开展4批创新券审核兑付工作，累计有257家（次）企业和载体机构成功使用创新券，共计兑付奖励金额693.90万元。

【科普宣传】 2023年，持续加强与《嘉兴日报—平湖版》《今日科技》等主流媒体合作，开设科技平湖专版，深化与省级以上主流媒体合作，突出科技创新典型宣传，发挥科技创新引导作用，加强科技创新影响力。全年，在《嘉兴日报》平湖版共出刊科技专版6期，《浙江日报》《今日科技》等省级以上主流媒体杂志录用稿件42篇，《人民日报》、新华网等国家级媒体录用稿件 11 篇。全年，“科创平湖”微信公众号共发布信息 80 余条，累计阅读 3 万多人次，累计粉丝数量 5799 余人。

科技合作与招才引智

【概况】 2023 年，依托长三角一体化发展契机，加快融入 G60 科创走廊建设，拓展科技合作渠道，搭建科技合作交流平台，通过专场路演、对接会等形式加强科技交流与合作。开展嘉兴市科技成果转化“双百千万”专项行动暨平湖市新材料领域院企银企对接会、平湖市生命健康领域人才项目投融资路演活动、嘉兴南湖学院校企博士共享工程平湖专场对接活动等 27 场。组织企业参与省“火炬杯”创新创业大赛和嘉兴孵化器大赛。嘉兴聚速电子技术有限公司获大赛成长组铜奖，嘉兴速羽科技有限责任公司获成长组优胜奖，嘉兴极知智能科技有限公司、浙江驰景光电科技有限公司、嘉兴宜珈制冷科技有限公司获初创组优胜奖，获奖数量居嘉兴市前列。嘉兴市唯真生物科技有限公司获长三角 G60 科创走廊（浙江）科技孵化企业创新创业大赛三等奖。浙江圆通新材料有限公司获“创赢未来”第二届长三角 G60 科创走廊科技与产业创新大赛成长组优胜奖。

【嘉兴南湖学院校企博士共享工程平湖专场对接活动】 5 月 22 日，举办嘉兴南湖学院校企博士共享工程平湖专场对接活动暨平湖研究院揭牌仪式。活动仪式上，嘉兴南湖学院平湖研究院与 8 位博士签订人才合作协议，与 4 组企业、博士合作签订项目合作协议。浙江传化天松新材料有限公司等 5 家企业负责人和嘉兴南湖学院的 12 位博士代表依次上台进行交流发言。此外，嘉兴南湖学院博士团按照专业领域和企业生产领域，分成智能制造、数字经济、新材料 3 个组别参观考察经济技术开发区、新埭镇、独山港区的相关企业，并根据企业及博士双方的意向，举行精准的专场交流。

【嘉兴市科技成果转化“双百千万”专项行动暨平湖市新材料领域专场活动】 4 月 22 日，举办嘉兴市科技成果转化“双百千万”专项行动暨平湖市新材料领域专场活动。活动由嘉兴市科学技术局、浙江工业大学、平湖市人民政府主办，以主题论坛、院企银企对接的形式开展，旨在加强杭州湾区四校与平湖新材料产业相关企业在通用高分子高性能化领域的交流和合作，搭建专业化、品牌化科技成果转化交流服务平台，促进技术、资本、人才等要素高效融合，助推平湖新材料产业高质量发展。

【浙江平湖全球科创项目路演——智能制造专场暨 2023 年平湖“深根计划”重大项目发布与签约活动】 12 月 15 日，举办浙江平湖全球科创项目路演——智能制造专场暨 2023 年平湖“深根计划”重大项目发布与签约活动。活动发布“创新驱动、供需协同、院地联动、深根共建”的平湖“深根”特色模式，嘉兴氟万利新材料科技有限公司、仙池食品科技（嘉兴）有限责任公司、华信纳米高端反渗透膜项目签约落户平湖。

【平湖（上海）人才服务飞地——报本思园揭牌启用】 3 月 23 日，平湖（上海）人才服务飞地——报本思园在上海闵行

3月23日，平湖（上海）人才服务飞地报本思园正式启用

（市科技局　供稿）

揭牌启用。“报本思园”，取自平湖的城市精神“平和报本”和上海交通大学的校训“饮水思源”，总建筑面积820.75平方米，内部整体布局以服务功能为主，包括市情介绍区、项目路演区、会议洽谈区、文档查阅区、休闲洽谈区等功能配套，可免费预约使用。2023年，累计组织对接活动66场，开展参观接待141场，吸引入驻知名投资机构25家，为平湖推荐对接人才项目150个，已落地项目3个。

【高层次人才引进和培育】 2023年，加大各类科技人才和项目申报、培育力度，组织申报火炬计划2人，海外优青2人；国家万人计划22人，入选1人。申报省领军型创新创业团队6个，省万人计划8人，入选省团队1个；申报“星耀南湖”创新人才8人，创新团队项目2个，入选创新人才2人，创新团队1个。同时，加强人才项目管理，积极做好领军人才中期评估和嘉兴、省团队等的评估管理。

【高端人才引进】 2023年，加快外国高端人才创新集聚区建设，入选全省首批、嘉兴唯一浙江省外国高端人才创新集聚区。组织推荐4名外籍专家申报外国专家项目；做好省海外工程师引进培育工作，入选“引”“留”“用”59人，列全省前二。优化外国人来华工作服务，全年，受理外国人办理工作证业务770件，累计服务2552人次。

高新技术企业

【概况】 2023年，全市高新技术产业产值1096亿元，高新技术产业增加值238.1亿元，同比增长3.6%，占规上工业增加值比重67.6%。至年底，全市累计拥有国家高新技术企业508家（不含嘉兴港区）。2023年，新认定国家高新技术企业90家。

2023年平湖市新认定国家级高新技术企业一览表

表18

序号	企业名称	属地
1	平湖市新恒升新材料股份有限公司	当湖街道
2	中科慧居（嘉兴）科技有限公司	当湖街道
3	嘉兴市天坤营造工程设计有限公司	当湖街道
4	禾研（嘉兴）建筑智能化工程有限公司	钟埭街道
5	嘉兴博集医疗科技有限公司	钟埭街道
6	嘉兴韩秀五金机械有限公司	钟埭街道
7	嘉兴嘉优智能装备有限公司	钟埭街道
8	嘉兴市高德钣金有限公司	钟埭街道
9	嘉兴市皖渝精密机械有限公司	钟埭街道
10	嘉兴鑫竹智能科技有限公司	钟埭街道
11	勒威半导体技术（嘉兴）有限公司	钟埭街道
12	奈芯半导体（嘉兴）有限公司	钟埭街道
13	平湖丰瑞农业科技服务有限公司	钟埭街道
14	平湖海格特自动化有限公司	钟埭街道
15	平湖市宝涞金属有限公司	钟埭街道
16	平湖市东江弹簧制造有限公司	钟埭街道
17	平湖市通用电气安装有限公司	钟埭街道
18	平湖市丸荣箱包股份有限公司	钟埭街道
19	芯越微电子材料（嘉兴）有限公司	钟埭街道
20	辛帕智能科技（平湖）有限公司	钟埭街道

续表 18

序号	企业名称	属地
21	浙江衡谱医药有限公司	钟埭街道
22	浙江宏利汽配集团有限公司	钟埭街道
23	浙江今味生物技术有限公司	钟埭街道
24	浙江抟原复合材料有限公司	钟埭街道
25	浙江希尔达汽车零部件有限公司	钟埭街道
26	平湖东来液压工具有限公司	钟埭街道
27	嘉兴聚速电子技术有限公司	钟埭街道
28	嘉兴市零零科技有限公司	钟埭街道
29	云政技术有限公司	钟埭街道
30	浙江朗德电子科技有限公司	钟埭街道
31	嘉兴纳美新材料有限公司	曹桥街道
32	嘉兴市海诺科贸有限公司	曹桥街道
33	嘉兴市佳业厨卫科技有限公司	曹桥街道
34	平湖市泓博科技有限公司	曹桥街道
35	平湖市金谊机械科技有限公司	曹桥街道
36	浙江红马重工股份有限公司	曹桥街道
37	浙江洁诺环保科技股份有限公司	曹桥街道
38	浙江浙恒电气股份有限公司	曹桥街道
39	绵存（浙江）科技有限公司	曹桥街道
40	诚淘（浙江）机械有限公司	新埭镇
41	斐卓喷雾设备（平湖）有限公司	新埭镇
42	费莱（浙江）科技有限公司	新埭镇
43	嘉兴伴旅旅游用品科技股份有限公司	新埭镇
44	嘉兴瑞欣新材料有限公司	新埭镇
45	平湖森淼旅游用品有限公司	新埭镇
46	平湖市鼎天机械有限责任公司	新埭镇
47	平湖市凯鑫塑业股份有限公司	新埭镇
48	平湖市彭浩箱包股份有限公司	新埭镇
49	允哲半导体科技（浙江）有限公司	新埭镇
50	浙江奉天电子有限公司	新埭镇
51	浙江华良建筑机械有限公司	新埭镇
52	浙江九益机电有限公司	新埭镇
53	浙江尚友智能科技有限公司	新埭镇
54	浙江苔盛农业科技有限公司	新埭镇
55	浙江毅联汽车科技有限公司	新埭镇
56	耐优生物技术（嘉兴）有限公司	新埭镇
57	汇涌进光电（浙江）有限公司	新仓镇
58	嘉兴川上服装设备有限公司	新仓镇
59	嘉兴朗思光学科技有限公司	新仓镇
60	平湖市创新高分子材料股份有限公司	新仓镇

续表 18

序号	企业名称	属地
61	浙江帝豪达服饰股份有限公司	新仓镇
62	浙江冠豪新材料有限公司	新仓镇
63	浙江赫宇包装科技有限公司	新仓镇
64	浙江美壁仪器有限公司	新仓镇
65	浙江农合数字科技股份有限公司	新仓镇
66	浙江普山新材料有限公司	新仓镇
67	浙江新元创自动化设备股份有限公司	新仓镇
68	浙江秀龙包装材料有限公司	新仓镇
69	嘉兴骏博精密机械有限公司	独山港区
70	嘉兴市超联新能源技术有限公司	独山港区
71	嘉兴市麓涵精密机械有限公司	独山港区
72	嘉兴太平洋江茂电子有限公司	独山港区
73	美馨卫生用品有限公司	独山港区
74	平湖广奕五金锁具有限公司	独山港区
75	平湖华瑞仓储有限公司	独山港区
76	浙江彩皇精细化工有限公司	独山港区
77	浙江文业扬汽车电子有限公司	独山港区
78	浙江时和新材料科技有限公司	独山港区
79	浙江卓众电力科技有限公司	独山港区
80	平湖市交通工程有限公司	独山港区
81	嘉兴博华智能设备有限公司	独山港区
82	嘉兴恒杰电力设备安装有限公司	广陈镇
83	嘉兴华沣拉链有限公司	广陈镇
84	嘉兴佳莓农业科技有限公司	广陈镇
85	嘉兴日可电子有限公司	广陈镇
86	嘉兴卓玲新材料科技有限公司	广陈镇
87	沐璟生态科技（浙江）有限公司	广陈镇
88	浙江众信农业科技有限公司	广陈镇
89	平湖市水利工程有限公司	广陈镇
90	平湖市开浦机电集成有限公司	林埭镇

【平湖高新区】 2023年，平湖高新区深入实施创新驱动发展战略，以培育先进装备制造和电子信息为主攻方向，立足科学发展，完善体制机制，引导高端要素集聚，努力成为促进技术进步和增强自主创新能力的重要载体。2023年，平湖高新区成功获评“浙江省高新技术产业园区建设突出贡献集体”，园区实现规上工业总产值515.29亿元；实现规上工业企业研发经费16.3亿元，同比增长2.15%；完成固定资产投资39亿元，同比增长21.94%，其中高新技术产业投资34.91亿元，同比增长39.89%。

【科技型企业】 2023年，继续加强企业科技创新能力，培育认定一批有发展潜力的科技型企业。全市有省科技型中小企业1312家，其中新增203家。

2023年平湖市新增省科技型企业一览表

表19

序号	企业名称	属地
1	浙江次世代新能源科技有限公司	当湖街道
2	平湖云韶网络科技有限公司	当湖街道
3	浙江云韶钦天网络科技有限公司	当湖街道
4	哪吒文化传媒（嘉兴）有限公司	当湖街道
5	平湖九艺装饰设计工程有限公司	当湖街道
6	平湖金奕电子有限公司	当湖街道
7	嘉兴市祺祥建设工程有限公司	当湖街道
8	嘉兴市浙北造船有限公司	当湖街道
9	嘉兴市绿青环保技术有限公司	当湖街道
10	嘉兴义腾建设有限公司	当湖街道
11	嘉兴市吉翔合义装饰有限公司	当湖街道
12	浙江和苑农业科技有限公司	当湖街道
13	浙江凯思智能科技有限公司	当湖街道
14	嘉兴泰丰电缆有限公司	当湖街道
15	嘉兴欣昱电力服务有限公司	当湖街道
16	浙江树蝶科技有限公司	当湖街道
17	嘉兴市诚创精密机械有限公司	当湖街道
18	嘉兴鑫成环保科技有限公司	当湖街道
19	嘉兴森瑗农业科技有限公司	当湖街道
20	平湖奥克伍德宜兰汽车配件制造有限公司	钟埭街道
21	浙江小薇臻品食品科技有限公司	钟埭街道
22	嘉兴富瑞特精密机电有限公司	钟埭街道
23	启欣灭菌技术（平湖）有限公司	钟埭街道
24	平湖市宏泰精密机械设备有限公司	钟埭街道
25	奈芯半导体（嘉兴）有限公司	钟埭街道
26	优爱宝智能机器人（浙江）有限公司	钟埭街道
27	嘉兴尚工精密机械有限公司	钟埭街道
28	浙江包依宝智能科技有限公司	钟埭街道
29	浙江盖鼎能源科技股份有限公司	钟埭街道
30	浙江羲和新材料科技有限公司	钟埭街道
31	美得加电子（平湖）有限公司	钟埭街道
32	平湖市一鑫齿轮传动有限公司	钟埭街道
33	罗斯特卡希传动设备（浙江）有限公司	钟埭街道
34	义语智能科技（嘉兴）有限公司	钟埭街道
35	嘉兴市零零科技有限公司	钟埭街道
36	嘉兴福森精密模具科技有限公司	钟埭街道
37	杭州电子科技大学平湖数字技术创新研究院有限公司	钟埭街道
38	平湖市优乃特织造有限公司	钟埭街道
39	嘉兴优诺森智能装备有限公司	钟埭街道
40	盈智热管理科技（嘉兴）有限公司	钟埭街道

续表 19

序号	企业名称	属地
41	平湖市天阳印刷股份有限公司	钟埭街道
42	嘉兴华衡通微电子有限公司	钟埭街道
43	平湖汽车零部件检验检测有限公司	钟埭街道
44	嘉兴市智宇暖通工程有限公司	钟埭街道
45	平湖空间感知实验室科技有限公司	钟埭街道
46	十条印刷器材科技（平湖）有限公司	钟埭街道
47	盈智汽车电子（平湖）有限公司	钟埭街道
48	艾露恩（嘉兴）环保科技有限公司	钟埭街道
49	平湖拓普特种织物有限公司	钟埭街道
50	平湖科谱激光科技有限公司	钟埭街道
51	嘉兴倍轻松智能装备有限公司	钟埭街道
52	嘉兴嘉旭精工科技有限公司	钟埭街道
53	嘉兴津创精密机械有限公司	钟埭街道
54	平湖市羽仓网络科技有限公司	钟埭街道
55	嘉兴盛临科技股份有限公司	钟埭街道
56	嘉兴中粮制桶有限公司	钟埭街道
57	嘉兴高博医疗器械有限公司	钟埭街道
58	嘉兴远臣建材有限公司	钟埭街道
59	浙江颜窝食品科技有限公司	钟埭街道
60	平湖日辰机械科技有限公司	钟埭街道
61	浙江金兆智能装备制造有限公司	钟埭街道
62	嘉兴市科岩户外体育用品有限公司	钟埭街道
63	嘉兴贝果供应链管理有限公司	钟埭街道
64	嘉兴海亿科技服务有限公司	钟埭街道
65	赛威传动技术（嘉兴）有限公司	钟埭街道
66	伦特仪表（浙江）有限公司	钟埭街道
67	嘉兴智诚立兴智能设备有限公司	钟埭街道
68	嘉兴晶瑞智能装备有限公司	钟埭街道
69	平湖市得稻家庭农场有限公司	钟埭街道
70	平湖市像素文化创意有限公司	钟埭街道
71	嘉兴市橙倍科技有限公司	钟埭街道
72	嘉兴市芝凌水利科技有限公司	钟埭街道
73	尔峰（嘉兴）汽车零部件制造有限公司	钟埭街道
74	嘉兴市众立机械有限公司	钟埭街道
75	嘉兴智航塑磁科技有限公司	钟埭街道
76	欧拓（平湖）汽车配件有限公司	钟埭街道
77	平湖市中亨达旅游用品科技股份有限公司	钟埭街道
78	嘉兴津工科技有限公司	钟埭街道
79	平湖市海沣农业科技有限公司	曹桥街道
80	平湖市根深机械科技有限公司	曹桥街道

续表 19

序号	企业名称	属地
81	浙江天霁材料科技有限公司	曹桥街道
82	浙江立德新型环保材料有限公司	曹桥街道
83	浙江天极集成电路技术有限公司	曹桥街道
84	平湖顶优汽车零部件有限公司	曹桥街道
85	浙江克洛姿时尚服饰有限公司	曹桥街道
86	科思裕（浙江）包装有限公司	曹桥街道
87	嘉兴米亚汽车零部件股份有限公司	曹桥街道
88	福雷工业科技（嘉兴）有限公司	曹桥街道
89	平湖三川纺织染整股份有限公司	曹桥街道
90	浙江励塑复合材料股份有限公司	曹桥街道
91	平湖济展塑胶科技有限公司	曹桥街道
92	浙江嘉苑园艺景观有限公司	曹桥街道
93	平湖市万辕塑料有限公司	曹桥街道
94	嘉兴雅织信息科技有限公司	曹桥街道
95	嘉兴今涂信息科技有限公司	曹桥街道
96	嘉兴诚先信息科技有限公司	曹桥街道
97	浙江毅联汽车科技有限公司	新埭镇
98	互喜光电科技（浙江）有限公司	新埭镇
99	嘉兴腾川驱动技术有限公司	新埭镇
100	允哲半导体科技（浙江）有限公司	新埭镇
101	浙江御辰东智能科技有限公司	新埭镇
102	弗派流体控制设备（浙江）有限公司	新埭镇
103	苒芮（嘉兴）智能科技有限公司	新埭镇
104	平湖市宝涞金属有限公司	新埭镇
105	浙江亿合微机电有限公司	新埭镇
106	浙江国冶星智造技术有限公司	新埭镇
107	汇耀品尚能源科技（嘉兴）有限公司	新埭镇
108	浙江前向智能制造有限公司	新埭镇
109	汉粤净化设备（浙江）有限公司	新埭镇
110	浙江大族富创得科技有限公司	新埭镇
111	浙江创载云计算有限公司	新埭镇
112	嘉兴天隆锁业制造有限公司	新埭镇
113	嘉兴盛隆拉链制造有限公司	新埭镇
114	平湖市恒创旅游用品股份有限公司	新埭镇
115	嘉兴瑞欣新材料有限公司	新埭镇
116	嘉兴百乐智能门窗有限公司	新埭镇
117	嘉兴燚迪五金机械科技有限公司	新埭镇
118	平湖市新隽资产经营管理有限公司	新埭镇
119	杜卡萨（嘉兴）建筑科技有限公司	新埭镇
120	浙江切尔西园艺有限公司	新埭镇

续表 19

序号	企业名称	属地
121	嘉兴永得昌塑胶制品有限公司	新埭镇
122	平湖市巨利精密机械有限公司	新埭镇
123	优基平云农业科技（嘉兴市）有限公司	新埭镇
124	平湖市珠英食品科技有限公司	新埭镇
125	浙江鑫特尔运动休闲用品有限公司	新埭镇
126	浙江农丰农业发展有限公司	新埭镇
127	嘉兴市家树文化旅游有限公司	新埭镇
128	浙江元舜汽车零部件有限公司	新仓镇
129	嘉兴光正汽车零部件有限公司	新仓镇
130	浙江玉丁香科技有限公司	新仓镇
131	嘉兴匠鑫医疗科技有限公司	新仓镇
132	汇涌进光电（浙江）有限公司	新仓镇
133	平湖市嘉佳包装材料有限公司	新仓镇
134	嘉兴长沐建设工程有限公司	新仓镇
135	浙江美壁仪器有限公司	新仓镇
136	嘉兴炬辉智能科技有限公司	新仓镇
137	浙江喆贞软件开发有限公司	新仓镇
138	平湖市小明星玩具股份有限公司	新仓镇
139	嘉兴锐翔电子材料科技有限公司	新仓镇
140	嘉兴万昌精密科技有限公司	新仓镇
141	嘉兴斐旺包装科技有限公司	新仓镇
142	浙江睿晨生物科技有限公司	新仓镇
143	嘉兴众恒时装有限公司	独山港镇
144	嘉兴德仁机械科技有限公司	独山港镇
145	平湖市利仁五金配件有限公司	独山港镇
146	平湖康杰五金制品有限公司	独山港镇
147	平湖市一晨机械制造有限公司	独山港镇
148	嘉兴仕匠家具有限公司	独山港镇
149	优轫机械（浙江）有限公司	独山港镇
150	平湖市平港精密机械有限公司	独山港镇
151	嘉兴同睿土木工程有限公司	独山港镇
152	浙江备韧机械科技有限公司	独山港镇
153	浙江彩皇精细化工有限公司	独山港镇
154	平湖市紫晟机械有限公司	独山港镇
155	嘉兴市豪广精密机械制造有限公司	独山港镇
156	平湖市农缘豆制品有限公司	独山港镇
157	嘉兴市金驰金属制品股份有限公司	独山港镇
158	浙江东吴新材料股份有限公司	独山港镇
159	平湖市五星工贸有限公司	独山港镇
160	浙江卓为新材料科技有限公司	独山港镇
161	嘉兴润社机械科技有限公司	独山港镇
162	浙江省平湖市共建水泥有限公司	独山港镇

续表 19

序号	企业名称	属地
163	嘉兴汇才教育科技有限公司	独山港镇
164	嘉兴龙永制衣有限公司	独山港镇
165	嘉兴百灵服饰股份有限公司	独山港镇
166	浙江嘉兴红宇机械制造股份有限公司	独山港镇
167	嘉兴百韵服饰股份有限公司	独山港镇
168	嘉兴百翎劳务合作有限公司	独山港镇
169	嘉兴浩城建设有限公司	独山港镇
170	嘉兴市百灵印务有限公司	独山港镇
171	嘉兴永成制衣股份有限公司	独山港镇
172	平湖市永锐纺织品股份有限公司	独山港镇
173	平湖市奈丝语新材料科技有限公司	独山港镇
174	平湖市全塘轧钢有限公司	独山港镇
175	浙江佳合机械密封有限公司	独山港镇
176	嘉兴金马来机械科技有限公司	广陈镇
177	嘉兴旭盛机电科技有限公司	广陈镇
178	浙江嘉兴智叠智能科技有限公司	广陈镇
179	浙江华盾安全科技有限公司	广陈镇
180	嘉兴景迈新型材料有限公司	广陈镇
181	平湖市瑞鑫智能科技有限公司	广陈镇
182	嘉兴市志豪金属制品有限公司	广陈镇
183	嘉兴海世智能科技有限公司	广陈镇
184	嘉兴环创广告装饰有限公司	广陈镇
185	嘉兴市天翔旅游用品有限公司	广陈镇
186	平湖安江汽车部件有限公司	广陈镇
187	嘉兴新佳电储能科技有限公司	广陈镇
188	浙江九鑫智能科技有限公司	林埭镇
189	浙江朔风建筑工程有限公司	林埭镇
190	嘉兴市中毅工程质量检测有限公司	林埭镇
191	平湖市星瑞五金制品有限公司	林埭镇
192	平湖市智周深鉴智能科技有限公司	林埭镇
193	浙江高尚电气科技有限公司	林埭镇
194	平湖市新路新材料科技有限公司	林埭镇
195	嘉兴市霍克尔设备制造有限公司	林埭镇
196	嘉兴摩文智能科技有限公司	林埭镇
197	平湖市淡木工艺品有限公司	林埭镇
198	嘉兴汇通机动车检测有限公司	林埭镇
199	平湖众驰威金属制品有限公司	林埭镇
200	联旺科技发展（平湖）有限公司	林埭镇
201	嘉兴宝地科技有限公司	林埭镇
202	浙江谱瑞曼精密机械有限公司	林埭镇
203	多米乐（嘉兴）纺织品有限公司	林埭镇

科技创新平台

【科技孵化器】 2023年，继续加强科技企业孵化器建设与管理，提升孵化能力和服务水平。至年底，全市拥有嘉兴市级以上孵化器10家，其中国家级1家、省级2家。加强域外孵化器建设，修订《平湖市域外孵化器建设管理办法》，在上海、深圳建成域外孵化器7个。整合在沪域外孵化器，组建平湖（上海）国际创新中心。嘉兴市唯真生物科技有限公司获第二届长三角G60科创走廊（浙江）科技孵化企业创新创业大赛三等奖。

【众创空间】 2023年，积极营造大众创业、万众创新的良好生态环境，并取得明显成效。新增1家嘉兴市级众创空间，至年底，全市已建成嘉兴市级以上众创空间4家，其中国家级2家、市级2家，孵化面积6700平方米。

【产学研合作平台】 2023年，深化院地合作，平台建设持续推进。各创新平台通过举办各类科技活动、申报各类项目等方式，积极发挥科创载体作用。上海交大平湖智能光电研究院和浙江工业大学平湖新材料研究院成功认定为嘉兴市级新型研发机构；杭州电子科技大学平湖数字技术创新研究院立项平湖市级项目2项；平湖实验室作为参与单位完成某领域全国重点实验室申请并获批，在多源融合领域协助所本部落实省部级项目3项；上海交通大学—平湖市射频技术联合实验室签约仪式，射频异质异构集成全国重点实验室上海实验区成功落户平湖；嘉兴南湖学院平湖研究院4月完成机构实体注册，5月举行揭牌仪式，9月完成场所装修，开展“创新深化　共赢共享”嘉兴南湖学院校企博士共享工程平湖专场对接活动，引进博士1名，参与对接活动4次。

【企业研发机构】 2023年，新增省级重点企业研究院1家、省级企业研究院5家、省级企业研发中心16家；新增嘉兴市级农业重点企业研究院1家、嘉兴市级新型研发机构2家、嘉兴市级企业研发中心34家。现全市累计拥有省级企业研究院36家；各级研发中心325家，其中省级以上研发中心116家，嘉兴市级研发中心157家。

2023年平湖市各类省级研发机构认定一览表

表20

序号	机构名称	依托单位
1	浙江省绿色低碳造纸技术重点企业研究院	浙江景兴纸业股份有限公司
2	浙江省伊控新能源汽车动力系统企业研究院	浙江伊控动力系统有限公司
3	浙江省众力汽车关键部件制造技术企业研究院	平湖众力汽车部件有限公司
4	浙江省传化天松功能型粉末涂料用聚酯树脂企业研究院	浙江传化天松新材料有限公司
5	浙江省依爱夫游戏装企业研究院	浙江依爱夫游戏装文化产业有限公司
6	浙江省纳狮高性能纳米涂层与镀膜技术企业研究院	纳狮新材料有限公司
7	浙江省菲斯曼供热技术高新技术企业研究开发中心	浙江菲斯曼供热技术有限公司
8	浙江省晨诺高性能乙烯基树脂高新技术企业研究开发中心	浙江晨诺高分子材料有限公司
9	浙江省维通利华啮齿类实验动物高新技术企业研究开发中心	浙江维通利华实验动物技术有限公司
10	浙江省德耐尔节能空气压缩机高新技术企业研究开发中心	德耐尔能源装备有限公司
11	浙江省新合发新型包装材料高新技术企业研究开发中心	浙江新合发联宾包装科技有限责任公司
12	浙江省磁海智能无损检测设备高新技术企业研究开发中心	嘉兴市磁海无损检测设备制造有限公司
13	浙江省津田精密机械高新技术企业研究开发中心	嘉兴津田精密机械制造有限公司
14	浙江省万丰上达涂复高新技术企业研究开发中心	浙江万丰上达涂复科技有限公司
15	浙江省金易达汽车精密零部件高新技术企业研究开发中心	浙江金易达机械股份有限公司
16	浙江省博宏绿色节能建材高新技术企业研究开发中心	浙江博宏新材料股份有限公司

续表 20

序号	机构名称	依托单位
17	浙江省凯隆塑胶智能化制造高新技术企业研究开发中心	嘉兴凯隆智能科技股份有限公司
18	浙江省联杰高性能通信线缆高新技术企业研究开发中心	浙江联杰科技有限公司
19	浙江省佳佳智能电动童车高新技术研究开发中心	浙江佳佳童车有限公司
20	浙江省瑞阳精密机械高新技术企业研究开发中心	平湖市瑞阳精密机械有限公司
21	浙江省卡迪夫高性能电缆研究高新技术企业研究开发中心	浙江卡迪夫电缆有限公司
22	浙江省律通纤维增强热固性复合材料高新技术企业研究开发中心	浙江律通复合材料有限公司

【“深根计划”】 2023 年，全市积极推进“深根计划”，落地项目 16 个、引进高层次人才 16 人。

科技计划与科技成果

【概况】 2023 年，全市共实施各级科技计划项目 801 项，省级“尖兵”“领雁”研发攻关计划项目 3 项，省级新产品试制计划 699 项、平湖市级科技计划项目 99 项。鼓励企业加强新产品开发，加快产品结构调整，积极拓展市场，推进企业转型升级，引导企业积极申报省级新产品试制计划，提高省级新产品试制计划项目实施效果。2023 年，全市共获省级层面科技经费补助 921 万元。

2023 年平湖市获上级科技经费资助项目一览表

表 21

序号	项目名称	单位名称	计划类别
1	高性能内置电机直驱伺服动力刀塔	海辰精密机械（嘉兴）股份有限公司	省重大科技专项
2	新型沿海电动船舶关键技术研究与应用示范	平湖市华海造船有限公司	省重大科技专项
3	垃圾分类处置关键技术、装备研发及应用示范—餐厨垃圾减量化、资源化利用及智能模块化装备技术研究与应用示范	浙江华庆元生物科技有限公司	省重大科技专项
4	机理模型和大数据 AI 技术双驱动的高端聚烯烃智能优化系统开发	浙江卫星能源有限公司	省重大科技专项
5	抗乳腺癌仿制药甲磺酸艾日布林研发	浙江星月药物科技有限公司	省重大科技专项
6	万人计划科技创业领军人才	纳狮新材料有限公司	高层次人才特殊支持计划
7	万人计划科技创业领军人才	浙江卫星能源有限公司	高层次人才特殊支持计划
8	浙江省海外工程师引进计划	嘉兴市磁海无损检测设备制造有限公司	浙江省海外工程师引进计划
9	浙江省海外工程师引进计划	平湖科谱激光科技有限公司	浙江省海外工程师引进计划
10	浙江省海外工程师引进计划	浙江宏利汽配集团有限公司	浙江省海外工程师引进计划
11	浙江省外国专家工作站	尼得科艾莱希斯电子（浙江）有限公司	浙江省外国专家工作站
12	团队科技特派员项目经费	浙江省农业科学院	团队科技特派员项目

【科技成果】 2023 年，全市科技成果登记 130 项，提名申报省科学技术进步奖 8 项，浙江泛亚生特医药股份有限公司的“虫草类高效真菌繁育及活性多糖提取关键技术与应用研究”项目获省科技进步三等奖。全年，完成技术交易登记总额 103.94 亿元。

民生科技

【概况】2023年，围绕服务社会民生、服务经济发展，在地震风险普查成果应用、建设工程设施加固、农村民居建设、防震减灾科普宣传等方面不断探索深化，第十八次获评县级防震减灾工作考核先进单位。同时，积极做好科技类校外培训机构检查、科技特派员助企业、科技治水等民生科技工作。

【化工园区地震灾害风险评估】2023年，探索地震灾害风险普查成果应用工作，启动平湖独山化工园区地震灾害风险评估。该项目已完成前期调研，并做好化工园区地震灾害评估方案，并于年底正式委托浙江省震灾风险防治中心开展评估工作。

【地震科普馆建设】2023年，重点推进位于平师附小内，总投入资金900万元，建筑占地面积540平方米，总建筑面积约2339平方米，该项目已完成建设。同时，积极推进地震科普馆布展设计工作，邀请省市相关地震科普专家来平开展科普布展指导，年内，布展设计工作已经完成。

【校园防震减灾宣传】2023年，持续推进校园防震减灾科普教育，第六次将《平湖市防震减灾科普教材》纳入全市五年级社会实践课程。在“5·12”全国防灾减灾日期间，指导全市幼儿园、中小学开展地震应急演练，全市30余所中小学及幼儿园开展地震应急演练，2万余名师生参加演练。

【科技类校外培训机构】2023年，按照市“双减”工作要求和相关文件精神，对照《嘉兴市科技类校外培训机构设置标准及审核办法（试行）》文件，对科技类校外培训机构开展消防安全等政策宣传，做好已准入机构的日常监管等相关工作。2023年，市科技局联合教育局共审批准入科技类校外培训机构4家，全市科技类校外培训机构累计9家。

【农业科技】2月，平湖数字农业科技园区通过省科技厅验收，正式创建为浙江省级农业科技园区。园区围绕科技创新要素集聚、科技创业创新活力、带动产业发展有力三大建园宗旨，按照“政府引导、企业运作、社会参与、农民受益”的建园方针和“总体规划、分步实施、滚动发展”的建园思路，坚持数字农业发展定位，建设具有浙江特色的、有竞争力、后劲强的数字农业科技园区。园区具备数字农业赋能引领、科技成果创新、成果展示示范转化和种子种苗繁育产业化等省级数字农业科技园区功能，并在基础设施、科技创新载体和科技成果转化示范基地建设、科技特派员创业创新、科技孵化器建设及促进农民增收等方面开展大量工作。园区在现代数字农业机械装备、草莓蝴蝶兰等种子种苗研发、鱼菜共生和精品瓜果蔬菜水果农业示范、稻田退水“零直排”模式、瓜菜主导产业发展等方面走上高质量发展道路。

【科技特派员】2023年，继续深化科技特派员工作，助力农业高质高效发展，从涉农部门、高校、校地研究院选派个人特派员25人、特派员团队9个，共计70名科技特派员组成平湖市第十二批科技特派员队伍，到各镇街道开展科技指导工作。发挥科技特派员作用，指导将平湖市一代特种水产养殖基地列入国家特色淡水鱼产业技术体系示范基地，遴选渔业主导品种6个、主推技术7项，促进绿色健康养殖新模式新技术应用。

【科技治水】年内，市科技局组织市、镇、村三级河长和2家河长单位，专题研究部署放港河项目治理化工作，制订放港河“沿线建设3公里生态缓冲带”“稻田退水‘零直排’工程”和“河道疏浚”等项目化治理8项。根据市治水办统一部署，委托中介机构，通过调研、收集资料，编制放港河“一河一策”实施方案（2024—2025年），进一步摸清放港河存在突出问题，结合发展需求，明确治理目标和措施。每月利用河长App开展实地巡河，发现问题及时上报，每季度组织召开专题例会等。12月，放港河水质类别为Ⅲ类。

（金哲宇）

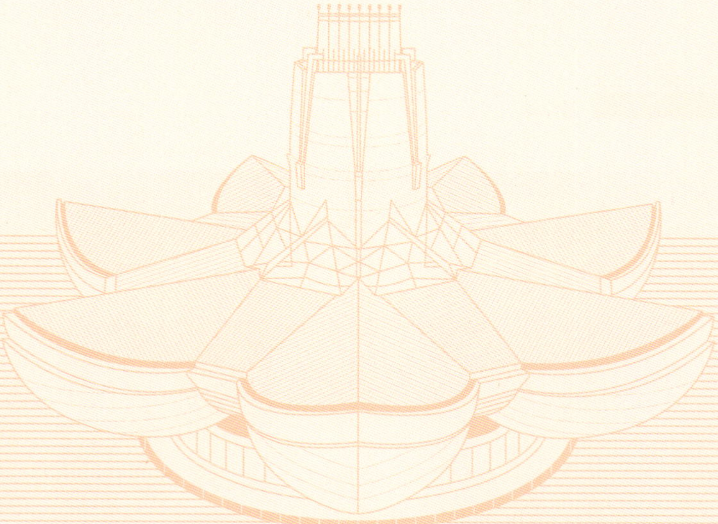

文化·体育

综 述

【基本情况】 2023年，市文旅体局实施“大抓项目建设年、文体服务提升年、创新融合发展年、强基铸魂奋进年”等“四个年”建设，不断提升全市文化、体育领域的发展和人民群众的满意度，创建为全省首批公共文化服务现代化先行县；基层公共文化服务现代化发展指数全省第六，创历史新高；创建为全国首批“世界围棋番棋之都”国际围棋文化交流中心，承办嘉兴市第十届运动会，全市人均体育场地面积达3.72平方米，列嘉兴第一。

【服务业资金申报兑现】 整理上报文旅系统服务业发展资金项目，包括旅游景区（示范区、购物点）获荣誉奖励、鼓励乡村旅游发展评定奖励、新评定旅行社奖励、旅游商品开发（设计、经营）奖励、举办旅游节庆（赛事）活动补助、参加旅游展示展销会补助等10个项目，涉及资金303.95万元。

（包怡丹）

西瓜灯文化节

【概况】 2023中国·平湖西瓜灯文化节于9月21—25日举行，共分“扬帆绘新篇”“旌旗漫山海”“秋月耀平湖”三大篇章，参与来宾、群众超35万人次。节庆活动期间，共签订重大产业投资项目60项，总投资242.8亿元。新华社、人民网、新华网、《浙江日报》等20余家主流媒体聚焦平湖、宣传平湖，累计刊发新闻稿件500余篇（条）。

【活动展开】 9月21日，举办2023中国·平湖西瓜灯文化节开幕式暨投资贸易洽谈会，同日李叔同音乐会。9月22日，举行全市重大项目开工竣工投产仪式，举办“供销一体化·合作奔共富”区域产销一体化农特展、“庆丰收　促和美”2023中国农民丰收节平湖庆祝活动暨长三角田园丰收喜乐赛、“当湖十局杯”第十届全国企业家围棋赛。9月23日，举办龙乡快船竞渡赛、陆维钊诗词篆刻作品展，举行“庆亚运·奔共富”长三角农耕趣味运动会暨独山港“云享治惠”强村惠社品牌发布仪式、2023“建投杯”平湖市东湖赛艇友谊赛暨东湖旅游（赛艇）项目启动仪式。9月24日，举办长三角西瓜灯雕刻创意大赛、“蓝海豚”赛艇逐梦计划第二届青少年赛艇邀请赛、“西瓜娃娃”我为家乡代言主题活动、首届长三角“田园五镇”农民篮球邀请赛暨新仓镇第十二届农民篮球赛、“文艺赋美　最忆平湖”全民文艺快享、“莲舞共富·稻香钟溪”浙沪莲湘展演暨中秋民俗体验活

9月21日，2023中国·平湖西瓜灯文化节开幕式暨投资贸易洽谈会举行　　（市委宣传部　供稿）

动。9月25日，举办第二届民间文艺当代表达——“民间文化与和美乡村”全国学术研讨会。9月21—25日，在南河头历史文化街区、案山公园、莫氏庄园、南村书堆等举办精品瓜灯展。

【2023中国·平湖西瓜灯文化节开幕式暨投资贸易洽谈会开幕】2023中国·平湖西瓜灯文化节开幕式暨投资贸易洽谈会于9月21日举行，洽谈会邀请海内外客商约220人，签约重大产业投资项目60个，总投资242.8亿元。签约项目中，外资超亿美元项目3个、世界500强企业投资项目2个、内资超10亿元项目9个，涉及清洁能源、智能装备制造、文化旅游等行业。

【李叔同音乐会】9月21日，“华枝春满　天心月圆”2023平湖市李叔同音乐会由上海歌剧院交响乐团与合唱团演绎，晚会以李叔同主题音乐为基础，将李叔同音乐与中国传统音乐、西洋乐曲相互融合，呈现中西文化的完美交融。

【重大项目举办集中开工竣工投产仪式】9月22日，全市重大项目集中开工竣工投产仪式举行，52个项目参与集中开工活动，总投资202.62亿元，其中开工项目31个，竣工项目12个，投产项目9个，涉及高新制造业、现代服务业、文化旅游、基础设施、民生工程等领域。

【2023中国农民丰收节举办长三角田园丰收喜乐赛】9月22日，“庆丰收　促和美”2023中国农民丰收节平湖庆祝活动暨长三角田园丰收喜乐赛在新埭镇玉泉村落拉开帷幕。活动现场，浙沪两地签订多项战略合作协议；签约仪式后，来自各镇街道和上海市金山区的12支队伍参加农事趣味项目。

【“当湖十局杯”举办第十届全国企业家围棋赛】9月22—25日，“当湖十局杯”第十届全国企业家围棋赛在平湖举行，吸引来自全国各地31支队伍122人同台竞技、切磋棋艺。

【陆维钊诗词篆刻作品展览】9月23日，陆维钊诗词篆刻作品展在玺印篆刻博物馆开展。此次参展的作品风格多样、流派纷呈。

【2023“建投杯”平湖市东湖赛艇友谊赛暨东湖旅游（赛艇）项目启动】9月23日，2023“建投杯”平湖市东湖赛艇友谊赛暨东湖旅游（赛艇）项目启动仪式在东湖畔举行。来自各镇街道、企事业单位的14支参赛队伍参与奖杯角逐。

【长三角西瓜灯雕刻创意大赛组办】9月24日，长三角西瓜灯雕刻创意大赛在金平湖广场举行，来自各镇街道、上海金山区、嘉善县及网络招募的共计360名西瓜灯雕刻爱好者汇聚一堂，组成一个“和”字，以“欢庆亚运”“宋韵文化”等题材创造精品瓜灯，描绘“平和报本，勇猛精进”的城市人文精神。

【文艺赋美忆平湖】9月24—26日，“文艺赋美　最忆平湖”全民文艺快享与明湖集市“梦幻”联动，以“文艺赋美+文旅集市+年代特色展示”为主线，以“70”“80/90”“00”三个年

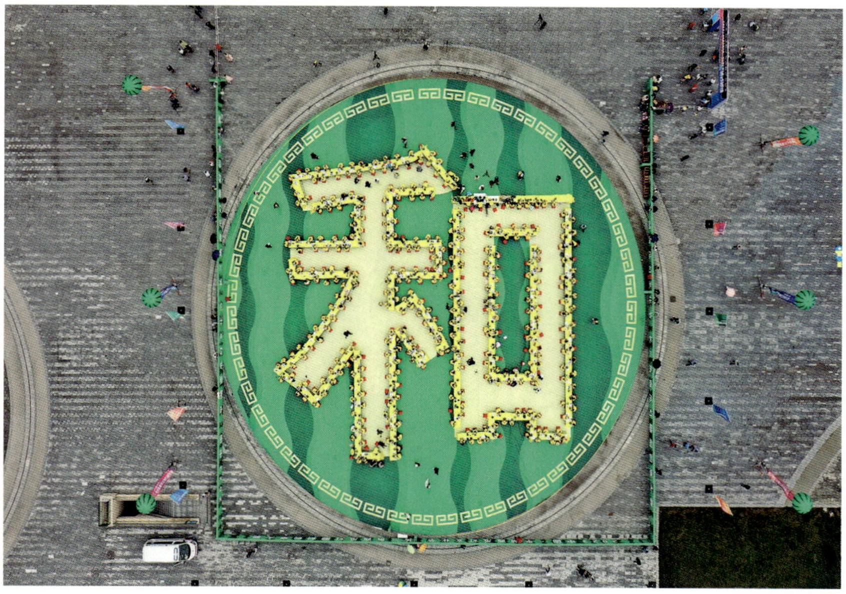

9月24日，长三角西瓜灯雕刻创意大赛举办（市委宣传部　供稿）

代为主题的沉浸式体验和文旅集市吸引众多市民参观游览。

【第二届民间文艺当代表达】 9月25日，第二届民间文化当代表达全国学术研讨会在平湖召开。研讨会主题为“民间文化与和美乡村”，聚焦民间文化在建设宜居宜业和美乡村中的作用与路径，共同关注民间文化与当代乡村社会建设之间的连接点和发力点，大会收到来自全国各大高校与基层民间文艺工作者近200篇论文，最终20篇论文入选。

（张彬倩）

群众文化

【概况】 2023年，打造“长三角公共文化服务高质量发展示范区”。举办2023基层文体工作者培训班。全市设立文艺赋美点位142个，公布全市首批“文艺赋美·最忆平湖”优秀示范点10个，全年开展各类文化艺术活动2994场次。“金平湖”惠民剧场演出37场次。承办省级活动5项。开展文化走亲活动。

【公共文化服务现代化先行县创建】 抓好省级公共文化服务现代化先行县创建重点项目，落实创建工作责任，实施“文化设施提档、文化品牌提升、文艺创作提优、人才队伍提能”四大工程，并在长三角公共文化一体化、新型公共文化空间、公共文化现代化先行镇、农民读书会四大项目上实现突破。12月，平湖上榜11个先行县创建通过公示名单。

【公共文化服务项目创新】 开展2023年度公共文化服务创新项目评选，其中平湖市图书馆“‘书香融旅’平湖模式”和独山港镇综合文化站“浙沪毗邻文化共享圈”两个项目获评2023年度嘉兴市公共文化服务创新项目。

【叔同文化标识建设】 继续实施文化基因转化利用和文化标识培育行动，弘扬“平和报本、勇猛精进”的城市精神，举办李叔同音乐会、李叔同国际诗歌奖颁奖典礼、叔同雅集等活动，叔同文化标识获评第二批浙江省文化标识建设创新项目，叔同雅集获评省文化雅集试点培育项目。

3月10日，原创现代话剧《明月山塘》在市文化馆剧场开演（市文旅体局　供稿）

【文艺精品创作】 打造话剧《明月山塘》、平湖钹子书《赛瓜灯》、少儿舞蹈《变变变》、广场舞《手马欢歌》等各类文艺精品30余件，其中原创现代话剧《明月山塘》获评嘉兴文化精品工程重点扶持项目；平湖钹子书《赛瓜灯》获2023省曲艺大赛金奖，并受邀参加全国小戏小品曲艺大展，获评优秀剧目；广场舞《手马欢歌》获2023省群众广场舞蹈大赛金奖；《风回来的车站》获嘉兴市第十五届精神文明建设“五个一工程”奖。

图　书

【概况】 2023年，市图书馆新增藏书69278册，总藏书量1410767册。公共图书馆服务体系共接待读者2209527人次，书刊文献外借1418422册次，办理各类借阅证件12976张。“你点书，我买单”服务深受读者欢迎，全年读者点书124人次，成功点书186册。市馆为全市各镇（街道）分馆补充新书16次，送书8000册。为全市馆外服务点送书67次，计63609册。图书馆总分馆30个（包括城市书房）、农家书屋84个；智慧书房21家，礼堂书屋44家，乡村书吧22家，健心客厅12个。年内，通过第七次全国县级以上公共图书馆评估定级，获评国家“一级图书馆”。

【图书馆总分馆建设】 2023年，办理各类借阅证12976张，新增文献69278册，接待读者220.95万人次，举办各类阅读活动514场次，参加读者55万人次，微信推送257期，8.5万人次点击。

【农民读书会活动交流】 出台星级评定办法，对首批62个星级读书会进行补助和表彰，评选一批农民读书会“领雁人”；重视传统文化，创新打造乡音弥漫—声音图书馆，定制“悦心”听读本送至农民读书会，创新农民阅读新模式；举办全市农民读书会现场会（曹桥、新仓）；制订全国首个《农民读书会建设与管理规范》嘉兴地方标准；项目受邀参加全国图书馆年会，并以《“农民读书会”助力乡村振兴的实践与探索》为题作经验交流；《人民日报》、新华每日电讯、《中国农民报》等媒体进行宣传。

【“金平湖　慧阅读”社会轮值馆长活动】 继续打磨“一书房一品牌”。完善《“金平湖　慧阅读”社会轮值馆长管理办法》，确定退出机制；举办季度工作例会，实行月度活动上报制度；启动书房活动走亲，分为市内走亲与嘉兴市域走亲两类。由17处书房的社会轮值馆长领衔，开展活动超400场，参与超过1.8万人次。举办社会轮值馆长“一书房一品牌”路演大赛，获评省文旅厅最美阅读推广团队、省图书馆学会第四届优秀图书馆服务品牌最佳创意奖，入选2023年度嘉兴市、平湖市十大“终身学习品牌项目”名单。“一书房一品牌”项目吸引国家社科基金团队到平湖调研。

【2023全民阅读节活动推出】 2023平湖市全民阅读节以“共富路上·书香四季”为主题，推出“乡音弥漫”平湖市农民读书会现场观摩会暨家庭诗文诵读赛、“金平湖”声音图书馆资源平台发布、跟着“馆长”去旅行——“金平湖”书香线路游、“图书馆+”阅读领航人培育等十大全民阅读节系列活动。其中跟着“馆长”去旅行两场活动现场直播，收看人数超7万人。

【古籍与地方文献整理】 整理出版《义门吴氏谱》影印本；地方文献共收集编目526册；申请央补资金，完成9部古籍家谱细颗粒度建设；开展古籍“三进”活动，结合馆藏持续开发文创，作品获评长三角文创大赛优秀奖（平湖唯一）。

【科创图书馆新馆建设】 9月，平湖市科创图书馆项目动工建设，选址位于平湖市博物馆、文化馆南侧，项目总投资6.2亿元左右，占地面积2.83公顷，总建筑面积4.6万平方米，地上实际可使用面积1.9万平方米，地下1.7万平方米，其中商业配套面积2917平方米。

【长三角一体化工作推进】 参与长三角地区公共图书馆系列活动，深化区域文化交流，推进一体化进程；2023长三角阅读马拉松大赛（平湖赛点）赛事，吸引30名读者组成6支队伍参赛；与上海市杨浦区图书馆合作承办复旦新人文共读会，打响金平湖地域文化品牌；通过与上海市金山区图书馆交流座谈、到上海市徐家汇书院、上海朵云书院等“新阅读空间”实地考察等方式，加强区域人才联合培养和专业化建设、资源共建共享和工作经验的交流沟通；申报中国图书馆学会区域联动项目，入选交流名单。

非物质文化遗产

【概述】 2023年，平湖市非遗保护工作继续以传承和发扬中华优秀传统文化为宗旨，围绕“非遗融入现代生活”保护理念，推动非遗的保护、传承和发展。

【非遗保护创建】 出台《平湖市非物质文化遗产保护传承创新发展若干政策意见》，政策主要从加大非遗文化传承保护力度、加强非遗人才队伍建设、支持非遗产业发展壮大三方面，形成具体补助条款16项，构建科学规划、健全高效、发展有力、智慧融合的非物质文化遗产保护传承和创新发展体系。

【非遗工坊创建】 推动非遗传统工艺高质量发展，健全非遗工坊创建机制，完善保护传承体系，重塑非遗发展业态。开展第二批省级非遗工坊创建申报，共推荐上报平湖老鼎丰酱油工坊、喂饭法小缸黄酒酿造工坊、平湖传统糕点非遗工坊3家单位；开展平湖第二批非遗工坊创建工作，11月认定公布阿海土布箱包、钟溪仁记半固态发酵法白酒等平湖市级非遗工坊7家（包含），实现镇街道非遗工坊全覆盖，吸纳就业1250余人。

【非遗助力共同富裕】 围绕全省“非遗助力共同富裕”试点工作，印发《平湖市“非遗助力共同富裕”试点工作实施方案》，按照“12443”（1个目标，2个核心任务，4大工作体系，4大重点突破，3大保障）工作思路，推进非遗传统工艺高质量传承发展和非遗助力乡村振兴两个核心任务，构建为科学完善的保护传承体系、人才队伍体系、发展振兴体系和传播体系，打造“长三角非遗助力共同富裕新高地”。

【非遗精品项目打造】 创作平湖钹子书《八八战略有远见》《美丽平湖欢迎你》《赛瓜灯》，打造平湖派琵琶古风MV《阳春古曲》等非遗精品，其中平湖钹子书《赛瓜灯》获2023省曲艺大赛金奖，12月亮相“中华颂”2023年第十三届全国小戏小品曲艺大展，平湖钹子书《长寿仙》参加“2023全国非遗曲艺周”展演。

【非遗品牌活动展示】 结合平湖西瓜灯文化节、文化和自然遗产日等时间节点，先后举办“龙舞九彩”长三角舞龙邀请赛、“可持续发展 非遗同行”庆祝2023全国“文化和自然遗产日”系列活动、浙江省民间文化艺术之乡展示展演周活动、2023长三角西瓜灯雕刻创意大赛等大型非遗品牌活动。

【非遗保护研究成果汇总】 2023年，编撰出版《平湖钹子书》《平湖派琵琶》教学本及《中国平湖糟蛋文化志》《中国南北派琵琶十三大套曲汇编研究》3本平湖非遗书。其中，《中国平湖糟蛋文化志》入选“中国记忆文库”，《中国南北派琵琶十三大套曲汇编研究》被列入“中华国乐经典文献库”。

【非遗抢救保护】 完成平湖派琵琶、平湖钹子书项目4位国家级和省级代表性传承人的抢救性记录工作。分别拍摄录制完成平湖钹子书书目演唱45分钟、钹子书演唱教学视频105分钟及相关口述史30分钟。平湖派琵琶国家级传承人朱大祯、普查工作者陈宰和马宏军的口述访谈100分钟。对平湖派琵琶传人朱英留下的琵琶进行扫描体检。启动平湖花鼓戏抢救性保护工作，调查和整理平湖花鼓戏的原真声韵、唱腔、音乐、剧目。

文物保护管理

【可移动文物保护和利用】 推进文博场馆建设。李叔同纪念馆完成展陈形式设计方案并通过评审。吴一峰艺术馆新馆主体结构完成建设，启动展陈招标工作。完成全省民生实事项目，全市年内建成开放3家乡村博物馆，合计建成14家，数量位居嘉兴第一。发挥文物宣传作用。全

4月5日，古遗址钻探工作　　（市文旅体局　供稿）

年，4家国有文博场馆和1家民办博物馆共举办各类展览83场次，举办各类社会教育活动、培训579场次。利用数字化改革的契机，推动文物保护和研究。市博物馆完成《可移动文物数字化保护利用项目》120件书画二维拍摄和76件器物的三维拍摄采集。10月21日，李叔同纪念馆举办“一卷家藏·泽被后世”纪念李叔同先生诞辰143周年暨弘一法师墨宝《陈复初居士传》捐赠仪式。

【不可移动文物保护和利用】 落实野外文物保护工作。完成《报本塔周边环境提升及展示设计方案》，并通过省文物局审批。完成庄桥坟省级考古遗址公园一期项目建设。推进土地储备考古前置工作，完成平湖124宗地块、嘉兴港区18个地块的考古前置申报工作。加强野外文物保护，完成全市辖区内100座古桥信息数字化采集工作，完成全市涉及良渚文化时期22处古遗址钻探工作。建立业余文保员巡查机制，加强野外不可移动文物巡查，及时发现解决安全隐患，保证文物巡查质量和数量。

（包怡丹）

陆维钊书画院

【概况】 2023年，陆维钊书画院共举办临展16场次（海外展1场次、全国展2场次、省展2场次），开展社会教育活动200余场次，新增藏品4件，获批“中国民主同盟传统教育基地”。

【海外巡展】 “翰墨雅艺　青春华夏”、当代中国大学生书法艺术海外巡展获2023年度国家艺术基金资助。本次海外巡展共有新加坡、法国两站。项目首展新加坡站从8月18—24日在新加坡中国文化中心举行。活动累计接待来访人员超万人次，中、新两国数家媒体平台集聚报道，全网累计阅读量超10万人次，其中华人头条网站推送、阅读量超2万人次。

【阵地建设】 以“盟贤陆维钊的艺术人生”为题，联合市民盟共同完成陈列楼一楼展厅的陈列改造，展区分为寻迹微昭、万山青拥、师者风范、一脉家风、陆维钊盟友圈五大板块。3月，“我‘盟’一起·传薪火——嘉兴多党合作示范精品教学线路民盟专线讲解员训练营”开营，院讲解员徐晓莉被聘为训练营导师；5月，民盟中央宣传部主持工作的

8月19日，“翰墨雅逸　青春华夏”——当代中国大学生书法艺术海外巡展（新加坡）开幕式现场　　（陆维钊书画院　供稿）

副部长温华军带队到院调研；8月，省政协副主席、民盟浙江省委会主委成岳冲到院调研；9月，场馆获批“中国民主同盟传统教育基地”。

【《陆维钊全集》】 自2019年9月与浙江大学签订科研项目合作协议书起，《陆维钊全集》资料收集、整理、拍摄、编撰等工作稳步推进。年内，召开全集编撰工作会议4次。3月，项目组与家属方一同参访南京大学，对陆维钊家属于1985年捐献给南京大学图书馆的古籍家藏进行梳理与拍摄。

【公教宣讲】 尝试“晚间公教”。年内，为“问道金庭—浙江省中国书协会员优秀作品展”配套晚间导览2次，由院研究宣传部主任、中书协会员司燕飞主持擦亮“微昭讲堂”公益品牌。年内，分别开设古琴、书法、文字学和国画四个主题班6个班次，开展培训200余课时。举办书画教学成果展，将其中的30件展品无偿捐赠给平湖市老年公寓。常态化开展校园宣讲。先后在钟埭中心小学和东湖中学开展陆维钊艺术生涯主题宣讲活动。组织技师学院30余名学生参加“陆维钊诗词篆刻作品展”开幕式及配套公教活动，将美育教育融入院校合作日常讲解服务，做到“有约必讲，随时能讲”。全年，接待讲解25场次，来客500余人次。

【项目申报】 依托院内丰富的藏品资源及研究成果，以《责任与担当——从陆维钊看中国高等书法教育发展文献展》为题，再次申报国家艺术基金，项目将在南京、上海、杭州等地院校开展为期两年的系列活动。通过2024年度国家艺术基金项目初审，11月6日完成复评答辩。

【陈列展览】 完成“盟贤陆维钊的艺术人生”基本陈列布展；举办临展16场次，其中国家级两场次，省级两场次。在市西瓜灯文化节期间，引进中国美术学院、中国美术馆、浙江省文学艺术界联合会主办的“书学之路——高校书法教育60年成果展”。“问道金庭—浙江省中国书协会员优秀作品展”共展出423件作品。与安徽省界首市博物馆开展馆院交流合作互展，引进该馆“大观——台北故宫博物院经典书画复本展”；交流“翰墨传承”当代书法名家教育成果展在界首市博物馆举行。“陆维钊诗词篆刻作品展”在平湖玺印博物馆展出。举办平湖市第十四届书法篆刻展暨嘉兴市书协八届创作委员会作品展，2022年度“微昭讲堂”书画公益培训班学员作品展，芳龄五十——许雅颖、高逸仙、孟滟湘书画印（平湖）展，陆维钊精品书画展等。

（马幸儿）

文体市场管理

【概况】 2023年，执法队共出动执法人员850人次，检查市场经营单位1420家次，查处市场违法行为59件，其中一般案件56件，简易程序案件3件，责令停业整顿1家次，吊销娱乐经营许可证1家次，向公安部门移送出版物行刑衔接案件3起，罚没款66500元。开展歌舞娱乐、网吧、旅游、体育、电子游戏等场所“双随机”抽查55次，其中，本部门开展“双随机”抽查38次，跨部门“双随机”抽查17次。联合市新闻出版局、镇街道文化站开展“扫黄打非”专项行动10余次，打击各类非法出版物扰乱市场行为，共查处9起案件。

【行政许可审批】 2023年，新审批文旅企业19家次，审批营业性演出59场次，变更经营单位18家，备案6家，注销3家，“双减”市场发放审核意见书34家次。

【重要会议播出】 2023年，完成全国两会、杭州亚运会等重要时段安全播出保障工作，全年无安全播出事故。

【非法卫星电视接收设施整治】 2023年，通过报纸、广播电视、网络等宣传政策法规720次，执法（含多部门联合执法）91次，出动执法人员414人次，立案查处11起，用户自行拆除非法卫星地面接收设施29套，收缴、强制拆除6套。

【信访案件处理】 2023年，处理举报投诉事项70余起。内容涉及消费纠纷、服务态度等内容。

案件处理回复率100%、办结率100%。

【法制工作考核】 完成网上法制考核，行政执法新增执法资格证3人，全年无行政复议和诉讼发生。

群众体育

【概况】 2023年，围绕年初制订的体育工作目标，创新全民健身机制、优化运动空间布局、提升场馆设施功能、推进体育产业多元发展，获评“世界围棋番棋之都”国际围棋文化交流中心，嘉兴市“第十届运动会突出贡献奖”，市少体校获评“国家体育后备人才基地（2021—2024）”。全市体育基础设施，人均体育场地面积达3.7平方米，列嘉兴第一。

【省级以上赛事活动】 举办全国青少年棒球锦标赛（U10组）、全国少年垒球锦标赛（U15组、U12组）、长三角青少年棒球邀请赛、“当湖十局杯”第十届全国企业家围棋赛、浙沪半程马拉松赛、省足球超级联赛、女子五人制足球锦标赛、长三角“中欣智能”杯U11/12青少年足球邀请赛、“当湖十局杯”围棋快棋赛等12项重点赛事。

【上级竞赛活动】 组织参加浙江嘉兴端午民俗文化节龙舟竞渡、踏白船表演赛，2023年度嘉兴市农村文化礼堂“全民迎亚运·我们的村运”系列活动等赛事。

【体育场地设施建设】 打造便捷特色的“15分钟健身圈”。2023年，全市体育场地数量3117个，场地面积255.7万平方米，人均体育设施面积3.7平方米，列嘉兴第一。做好提档升级。新建68公里“环浙步道”，投入2.68亿元对体育中心进行改造提升，主要包括新建一条800米空中跑道、6个篮球场、1个儿童娱乐场、1片地掷球、1片气排球场。启动使用东湖旅游（赛艇）项目，完成北东湖赛艇项目的建设并投入使用，共4条水上航道，每条航道长1000米、宽14米。投入2.1亿元启动建设城西运动飘带，总长约3.5公里，构建公园环形动线，无缝对接城市绿地系统。镇街道做到公共设施遍地开花，年内新建新埭镇文体中心、广陈镇文体中心两个镇域文体中心，8个百姓健身房、1个笼式足球场，提升改建11个社区运动家。

【体育队伍建设】 举办社区运动会、农村文化礼堂运动会、国民体质监测等全市各类群众体育赛事活动50多项次，近2万人参与。构建全市、镇（街道）、村（社区）三级科学健身指导网络，行政村（社区）社会体育指导员覆盖率100%，全市社会体育指导员激活1773人，每千人拥有2.55人，履职率31%。根据《关于全面推行基层体育委员工作机制的实施意见（试行）》文件精神，每个行政村均配备1名基层体育委员、2名以上社会体育指导员。组织“浙里健身”国民体质测试，受试2426人，国民体质合格率94.2%。组织国家锻炼标准测试赛，不同年龄、性别共160人参与测试。组织举办全民健身科学大讲堂10次，受益人群达1500人。组织开展体育项目技能培训19次，受训2000余人次。

【体育社团活动】 加强体育社会团体管理，实施季度例会制度，完善评估考核制度和社会团体重大事项报告备案制度。全市单项体育社团达25个。指导桥牌协会等6个体育社团完成换届工作。探索推进社团党建。成立中共平湖市体育总会支部委员会。开展“循足迹、悟伟力、建新功”主题教育活动，组织全市体育社团秘书长参观平湖廉文化记忆馆；单项体育社团响应号召，开展活动共7场，近2000人参与全民健身活动。年内，通过体育部门、体育社团共同开展全民健身公益培训，共开展88场公益大培训，培训1万余人次。

竞技体育

【概况】 进一步完善以市少体校为主体，“市队联办”后备人才基地（训练点）、体育特色学校和体育社会组织共同参与的训练格局。输送嘉兴市少体校13名运动员，2名运动员被省体育职业技术学院招收为长期集训队员，1名运动员输送至浙江水上运动管理中心。加强“体教融合”，市体育部门联合教育部门共同举办平湖市第十二届青少年学生阳光体育运动会。

【上级赛事】 竞技体育获突破，运动员张建辉在杭州亚运会上获和平精英亚运版本金牌，张天鑫在杭州亚残运会上获射箭男子W1双人团体公开级、男子复合弓W1个人公开级两枚金牌，并在男子W1双人团体公开级比赛中刷新男子团体W1级16箭50米世界纪录。组队参加省赛，获6金、6银、12铜的好成绩，省乒乓球锦标赛男子单打冠军、省乒乓球锦标赛男子团体冠军、省游泳锦标赛蛙泳全能冠军、省短网锦标赛男子团体冠军、省田径冠军赛100米冠军、省青少年田径锦标赛100米冠军。备战嘉兴市第十届运动会，共获165.75枚金牌，408.75枚奖牌，团体总分3866.75分，三项成绩均列嘉兴第一。

2023年平湖籍运动员获省级及以上比赛前八名一览表

表22

序号	姓名	性别	大项	比赛名称	比赛项目	名次
1	张庆雨	男	赛艇	中华人民共和国第一届学生（青年）运动会	赛艇男子双人双桨	第四名
2	吴雨蓝晴	女	赛艇	中华人民共和国第一届学生（青年）运动会	赛艇女子四人单桨	第四名
3	张庆雨	男	赛艇	全国赛艇春季冠军赛	男子双人双桨	第三名
4	张庆雨	男	赛艇	全国赛艇春季冠军赛	男子四人双桨	第四名
5	张庆雨	男	赛艇	全国赛艇锦标赛	男子双人双桨	第八名
6	张庆雨	男	赛艇	全国秋季冠军赛	男子双人双桨	第一名
7	吴雨蓝晴	女	赛艇	全国赛艇春季冠军赛	女子四人双桨	第八名
8	吴雨蓝晴	女	赛艇	全国赛艇秋季冠军赛	女子八人单桨有舵手	第二名
9	吴雨蓝晴	女	赛艇	全国赛艇秋季冠军赛	女子双人单桨	第二名
10	苏月笛	女	赛艇	全国赛艇秋季冠军赛	女子八人单桨有舵手	第三名
11	苏月笛	女	赛艇	浙江省赛艇锦标赛	乙组双人双桨2000米	第二名
12	苏月笛	女	赛艇	浙江省赛艇锦标赛	乙组双人双桨6000米	第二名
13	梁　梦	女	赛艇	浙江省赛艇锦标赛	乙组双人双桨2000米	第二名
14	梁　梦	女	赛艇	浙江省赛艇锦标赛	乙组双人双桨6000米	第二名
15	范　哲	男	赛艇	浙江省赛艇锦标赛	丙组双人双桨2000米	第三名
16	范　哲	男	赛艇	浙江省赛艇锦标赛	丙组双人双桨4000米	第三名
17	王晗宇	男	赛艇	浙江省赛艇锦标赛	乙组双人双桨2000米	第四名
18	王晗宇	男	赛艇	浙江省赛艇锦标赛	乙组双人双桨6000米	第三名
19	范　哲	男	赛艇	浙江省赛艇冠军赛	丙组单人双桨2000米	第二名
20	仓天蓝殳歆蓓	女	赛艇	浙江省青少年赛艇锦标赛	丙组双人双桨2000米	第六名
21	仓天蓝殳歆蓓	女	赛艇	浙江省青少年赛艇锦标赛	丙组双人双桨4000米	第七名
22	缪飞龙	男	皮划艇	2023年全国皮划艇静水秋季冠军赛	男子单人划艇200米	第一名
23	徐　键	男	皮划艇	2023年全国皮划艇静水秋季冠军赛	男子单人划艇200米	第三名
24	缪飞龙	男	皮划艇	2023年全国皮划艇静水锦标赛	男子500米单人划艇	第二名
25	缪飞龙	男	皮划艇	2023年全国皮划艇静水锦标赛	男子1000米双人划艇	第七名
26	徐　键	男	皮划艇	2023年全国皮划艇静水锦标赛	男子500米单人划艇	第八名

续表 22

序号	姓名	性别	大项	比赛名称	比赛项目	名次
27	徐　键	男	皮划艇	中华人民共和国第一届学生（青年）运动会	男子单人划艇 1000 米	第七名
29	缪飞龙	男	皮划艇	2023 年全国皮划艇静水春季冠军赛	男子 1000 米单人划艇	第三名
30	缪飞龙	男	皮划艇	2023 年全国皮划艇静水春季冠军赛	男子 500 米双人划艇	第七名
31	徐　键	男	皮划艇	2023 年全国皮划艇静水春季冠军赛	男子 1000 米单人划艇	第七名
32	张静蕾	女	乒乓球	第二十三届全国中学生乒乓球锦标赛	女子单打	第一名
33	张静蕾	女	乒乓球	第二十三届全国中学生乒乓球锦标赛	女子团体	第三名
34	严佳慧	女	乒乓球	第二十三届全国中学生乒乓球锦标赛	女子双打	第五名
35	严佳慧	女	乒乓球	第二十三届全国中学生乒乓球锦标赛	女子团体	第六名
36	严佳慧	女	乒乓球	第二十三届全国中学生乒乓球锦标赛	女子单打	第七名
37	冯睿彧	男	乒乓球	2023 年浙江省中小学生乒乓球锦标赛	戊组男子团体	第一名
38	金宇晨	男	乒乓球	2023 年浙江省中小学生乒乓球锦标赛	戊组男子单打	第一名
39	顾宇航	男	乒乓球	2023 年浙江省中小学生乒乓球锦标赛	甲组男子单打	第二名
40	胡昕玥	女	乒乓球	2023 年浙江省中小学生乒乓球锦标赛	乙组女子单打	第三名
41	金宇晨	男	乒乓球	2023 年浙江省中小学生乒乓球锦标赛	戊组男子团体	第四名
42	张建豪	男	乒乓球	2023 年浙江省中小学生乒乓球锦标赛	戊组男子团体	第四名
43	王乐萱	女	乒乓球	2023 年浙江省中小学生乒乓球锦标赛	己组女子团体	第四名
44	顾悠然	女	乒乓球	2023 年浙江省中小学生乒乓球锦标赛	己组女子团体	第四名
45	吴俊阳	男	乒乓球	2023 年浙江省中小学生乒乓球锦标赛	己组男子团体	第四名
46	张益佳	女	乒乓球	2023 年浙江省中小学生乒乓球锦标赛	戊组女子单打	第五名
47	潘鑫茹	女	乒乓球	2023 年浙江省中小学生乒乓球锦标赛	戊组女子团体	第六名
48	张益佳	女	乒乓球	2023 年浙江省中小学生乒乓球锦标赛	戊组女子团体	第六名
49	周悦阳	男	田径	浙江省田径锦标赛	100 米	第一名
50	周悦阳	男	田径	浙江省田径锦标赛	200 米	第二名
51	缪佳辉	男	田径	浙江省田径锦标赛	铁饼	第二名
52	缪佳辉	男	田径	浙江省田径锦标赛	铅球	第四名
53	周隽恒	男	田径	浙江省田径锦标赛	800 米	第二名
54	周隽恒	男	田径	浙江省田径锦标赛	100 米	第三名
55	施皓文	男	田径	浙江省田径锦标赛	4×100 米接力	第三名
56	余耀溪	男	田径	浙江省田径锦标赛	跳远	第三名
57	曹锐恒	男	田径	浙江省田径锦标赛	跳高	第五名
58	沈敏敏	女	田径	浙江省田径锦标赛	三级跳远	第八名
59	封靖轩 张　睿	男	网球	浙江省网球锦标赛	戊组团体	第二名
60	许晨希 范昊硕 钱佳宁	男	网球	浙江省网球锦标赛	丁组团体	第三名
61	封靖轩	男	网球	浙江省网球锦标赛	戊组单打	第三名
62	顾鈐涵 叶子欣 陆奕蕾	女	网球	浙江省网球锦标赛	丁组团体	第三名

续表 22

序号	姓名	性别	大项	比赛名称	比赛项目	名次
63	顾鈴涵	女	网球	浙江省网球锦标赛	丁组单打	第五名
64	孙卓远 陈文昊	男	短网	浙江省短式网球锦标赛	甲组团体	第一名
65	翁乐瑶 李梦媛	女	短网	浙江省短式网球锦标赛	乙组团体	第三名
66	张璟淳 钱宣凝	女	短网	浙江省短式网球锦标赛	甲组双打	第三名
67	潘璟予	男	短网	浙江省短式网球锦标赛	乙组单打	第三名
68	张璟淳 钱宣凝	女	短网	浙江省短式网球锦标赛	甲组团体	第四名
69	翁乐瑶 李梦媛	女	短网	浙江省短式网球锦标赛	乙组双打	第五名
70	陈文昊	男	短网	浙江省短式网球锦标赛	甲组单打	第五名
71	孙卓远 陈文昊	男	短网	浙江省短式网球锦标赛	甲组双打	第五名
72	潘璟予 张潇楠	男	短网	浙江省短式网球锦标赛	乙组团体	第五名
73	潘璟予 张潇楠	男	短网	浙江省短式网球锦标赛	乙组双打	第五名
74	张璟淳	女	短网	浙江省短式网球锦标赛	甲组单打	第五名
75	周　沫	女	游泳	第 43 届“迎春杯”浙江省青少年（儿童）游泳锦标赛	蛙泳全能	第一名
76	张艺涵	女	游泳	第 43 届“迎春杯”浙江省青少年（儿童）游泳锦标赛	自由泳全能	第二名
77	廖　晨	男	游泳	第 43 届“迎春杯”浙江省青少年（儿童）游泳锦标赛	4×100 米自由泳接力	第三名
78	张艺涵	女	游泳	第 43 届“迎春杯”浙江省青少年（儿童）游泳锦标赛	400 米自由泳	第四名
79	马　尧	男	游泳	第 43 届“迎春杯”浙江省青少年（儿童）游泳锦标赛	100 米仰泳	第四名
80	廖　晨	男	游泳	第 43 届“迎春杯”浙江省青少年（儿童）游泳锦标赛	4×200 米自由泳接力	第四名
81	周　沫	女	游泳	第 43 届“迎春杯”浙江省青少年（儿童）游泳锦标赛	4×50 米自由泳接力	第五名
82	张艺涵	女	游泳	第 43 届“迎春杯”浙江省青少年（儿童）游泳锦标赛	4×50 米自由泳接力	第五名
83	吴容锦	女	游泳	第 43 届“迎春杯”浙江省青少年（儿童）游泳锦标赛	4×50 米自由泳接力	第五名
84	张婧瑶	女	游泳	第 43 届“迎春杯”浙江省青少年（儿童）游泳锦标赛	自由泳全能	第六名
85	罗觅心	女	游泳	第 43 届“迎春杯”浙江省青少年（儿童）游泳锦标赛	蛙泳全能	第六名

续表 22

序号	姓名	性别	大项	比赛名称	比赛项目	名次
86	罗觅心	女	游泳	第 43 届“迎春杯”浙江省青少年（儿童）游泳锦标赛	100 米蛙泳	第六名
87	许鑫皓	男	游泳	第 43 届“迎春杯”浙江省青少年（儿童）游泳锦标赛	蛙泳全能	第六名
88	许鑫皓	男	游泳	第 43 届“迎春杯”浙江省青少年（儿童）游泳锦标赛	100 米蛙泳	第六名
89	周　沫	女	游泳	第 43 届“迎春杯”浙江省青少年（儿童）游泳锦标赛	4×50 米混合泳接力	第六名
90	张艺涵	女	游泳	第 43 届“迎春杯”浙江省青少年（儿童）游泳锦标赛	4×50 米混合泳接力	第六名
91	吴容锦	女	游泳	第 43 届“迎春杯”浙江省青少年（儿童）游泳锦标赛	4×50 米混合泳接力	第六名
92	周　沫	女	游泳	第 43 届“迎春杯”浙江省青少年（儿童）游泳锦标赛	200 米个人混合泳	第七名
93	周　沫	女	游泳	第 43 届“迎春杯”浙江省青少年（儿童）游泳锦标赛	400 米自由泳	第七名
94	吴容锦	女	游泳	第 43 届“迎春杯”浙江省青少年（儿童）游泳锦标赛	蝶泳全能	第七名
95	缪　也	女	游泳	第 43 届“迎春杯”浙江省青少年（儿童）游泳锦标赛	4×100 米自由泳接力	第七名
96	罗觅心	女	游泳	第 43 届“迎春杯”浙江省青少年（儿童）游泳锦标赛	4×200 米自由泳接力	第八名
97	钟芯蕾	女	游泳	第 43 届“迎春杯”浙江省青少年（儿童）游泳锦标赛	4×200 米自由泳接力	第八名
99	陆　寒	男	游泳	2023 浙江省青少年（儿童）游泳冠军赛	12 岁组 4×100 米自由泳接力	第七名
100	王熠辰	男	游泳	2023 浙江省青少年（儿童）游泳冠军赛	11 岁组 4×100 米自由泳接力	第七名
101	金皓轩	男	游泳	2023 浙江省青少年（儿童）游泳冠军赛	11 岁组 4×50 米自由泳接力	第四名
102	陶霖亿	男	游泳	2023 浙江省青少年（儿童）游泳冠军赛	10 岁组 4×50 米自由泳接力	第五名
103	陶霖亿	男	游泳	2023 浙江省青少年（儿童）游泳冠军赛	10 岁组 4×50 米混合泳接力	第七名
104	钱隽艺	女	游泳	2023 浙江省青少年（儿童）游泳冠军赛	9 岁组 4×50 米自由泳接力	第七名
105	钱隽艺	女	游泳	2023 浙江省青少年（儿童）游泳冠军赛	9 岁组 4×50 米混合泳接力	第五名
106	谢骜驰	女	游泳	2023 浙江省青少年（儿童）游泳冠军赛	10 岁组 4×50 米自由泳接力	第四名
107	谢骜驰	女	游泳	2023 浙江省青少年（儿童）游泳冠军赛	10 岁组 4×100 米自由泳接力	第七名
108	谢骜驰	女	游泳	第 43 届“迎春杯”浙江省青少年（儿童）游泳锦标赛	10 岁组 4×50 米自由泳接力	第四名
109	钱隽艺	女	游泳	第 43 届“迎春杯”浙江省青少年（儿童）游泳锦标赛	9 岁组 4×50 米自由泳接力	第五名
110	戈天昊	男	摔跤	2023 年浙江省青少年摔跤锦标赛	古典式摔跤男子 70+ 公斤	第一名
111	夏子豪	男	摔跤	2023 年浙江省青少年摔跤锦标赛	古典式摔跤男子 80 公斤	第一名
112	李　博	男	摔跤	2023 年浙江省青少年摔跤锦标赛	自由式摔跤男子 65 公斤	第三名
113	全建辉	男	跆拳道	2023 年浙江省青少年跆拳道锦标赛	男子乙组 52 公斤	第三名
114	顾文俊	男	跆拳道	2023 年浙江省青少年跆拳道锦标赛	男子甲组 68 公斤	第五名
115	马点强	男	跆拳道	2023 年浙江省青少年跆拳道锦标赛	男子乙组 60 公斤	第五名
116	张佳瑶	女	柔道	2023 年浙江省青少年柔道锦标赛	女子甲组 -63 公斤	第三名

续表 22

序号	姓名	性别	大项	比赛名称	比赛项目	名次
117	明一冉	女	街舞	2023 年浙江省青少年街舞锦标赛	女子丙组	第五名
118	金宏轩 文　升	男	沙滩排球	2023 年浙江省青少年沙滩排球锦标赛	男子甲组	第八名
119	闫芸溪	女	武术套路	2023 年浙江省青少年武术套路锦标赛	女子丙组初级剑术	第一名
120	王旭涵	男	武术套路	2023 年浙江省青少年武术套路锦标赛	男子丙组少年规定拳	第二名
121	周東林萱	女	武术套路	2023 年浙江省青少年武术套路锦标赛	女子乙组第一套规定南拳	第二名
122	周東林萱	女	武术套路	2023 年浙江省青少年武术套路锦标赛	女子乙组第一套规定南刀	第二名
123	闫芸溪 王旭涵 丁彧扬 李沂哲 余浩源 金　涛 马　悦 沈优游		武术套路	2023 年浙江省青少年武术套路锦标赛	丙组集体基本功	第二名
124	闫芸溪	女	武术套路	2023 年浙江省青少年武术套路锦标赛	女子丙组少年规定拳	第三名
125	周東林萱	女	武术套路	2023 年浙江省青少年武术套路锦标赛	女子乙组第一套规定南棍	第三名
126	陶奕枫	男	武术套路	2023 年浙江省青少年武术套路锦标赛	男子乙组第一套规定南拳	第四名
127	王旭涵	男	武术套路	2023 年浙江省青少年武术套路锦标赛	男子丙组初级刀术	第五名
128	丁彧扬	女	武术套路	2023 年浙江省青少年武术套路锦标赛	女子丙组初级枪术	第五名
129	王伊妍	女	武术套路	2023 年浙江省青少年武术套路锦标赛	女子乙组第一套规定刀术	第六名
130	王旭涵	男	武术套路	2023 年浙江省青少年武术套路锦标赛	男子丙组初级棍术	第七名
131	陶奕枫	男	武术套路	2023 年浙江省青少年武术套路锦标赛	男子乙组第一套规定南棍	第七名
132	李沂哲	男	武术套路	2023 年浙江省青少年武术套路锦标赛	男子丙组初级刀术	第七名
133	葛巍然	女	武术套路	2023 年浙江省青少年武术套路锦标赛	女子乙组第一套规定枪术	第七名
134	马戴儿	女	武术套路	2023 年浙江省青少年武术套路锦标赛	女子丙组初级第三路长拳	第七名
135	丁彧扬	女	武术套路	2023 年浙江省青少年武术套路锦标赛	女子丙组少年规定拳	第八名
136	葛巍然	女	武术套路	2023 年浙江省青少年武术套路锦标赛	女子乙组第一套规定剑术	第八名
137	赵忠杰	男	武术套路	2023 年浙江省青少年武术套路锦标赛	男子乙组 42 式太极剑	第八名
138	黄　皓	男	武术套路	2023 年浙江省青少年武术套路锦标赛	男子乙组第一套规定刀术	第八名
139	黄　皓	男	武术套路	2023 年浙江省青少年武术套路锦标赛	男子乙组第一套规定棍术	第八名
140	王宇轩 吴思晨 戴天立	男	足球	2023 年浙江省青少年足球（男子甲组）锦标赛	男子甲组	第三名
141	武若曦 邓懿纯 张佑怡 胡欣悦	女	足球	2023 年浙江省青少年足球（女子乙组）锦标赛	女子乙组	第三名
142	陈沈悦 胡恩佳 孙艺垚 唐昕瑶 胡歆辰 奚玲钰	女	足球	2023 年浙江省青少年足球（女子丙组）锦标赛	女子丙组	第三名

续表 22

序号	姓名	性别	大项	比赛名称	比赛项目	名次
143	罗蒙萱 翟佳旭 沈雪慧 张梦馨 居锦依 顾月茹 苏蕊蕾 沈欣怡 戴宇涵 宋语含 路佳文	女	足球	2023年浙江省青少年足球（女子甲组）锦标赛	女子甲组	第四名
144	沈嘉雯	女	排球	2023年浙江省青少年排球（女子丙组）锦标赛	女子丙组	第四名
145	李　妍 黄潇苇	女	排球	2023年浙江省青少年排球（女子乙组）锦标赛	女子乙组	第六名

文体设施和产业

【“浙文惠享”省级民生项目建设】 新建“10分钟品质文化生活圈”6个，实现全域覆盖；认定通过1家省级智慧书房和1家省级文化驿站。

【“书房·书屋·书吧”项目建设】 新建智慧书房1家、礼堂书屋8家、乡村书吧3家。

【乡村文化名师工作室建设】 继续推进乡村文化名师工作室建设，新建乡村文化名师工作室2家，分别是大力村屠斌斌莲湘文化名师工作室和谢伟罡刮绒画名师工作室。

【文化馆企业分馆建设】 持续完善文化馆总分馆服务体系，促进优质文化资源向企业延伸，新建文化馆企业分馆3家，并配备企业文化员。

【非遗馆分馆建设】 新建2家镇街道非遗馆分馆，分别为当湖街道圆作非遗分馆和独山港镇杜经布非遗分馆。

【产业项目创建】 指导南海渔村、瑞晶·新三伍、卓越铂尔曼酒店创建浙江省“百县千碗”美食体验店；扶持金平湖文旅市集、平湖经开旅游商品市集、鸣珂市集入选省重点培育文旅市集名单。

【体育产业数据库录入】 完成省体育产业名录库数据更新录入工作，截至2023年底，拥有体育名录库单位466家。

【体育彩票销售】 2023年，平湖市共完成销售36455.29万元，同比增长39.65%，其中乐透型7131.58万元，竞猜型25168.40万元，即开型4155.31万元。完成全年销量奋斗目标。

（包怡丹）

新闻传媒

新闻宣传

【概况】 2023年，市传媒中心巩固壮大宣传阵地和主流舆论，做好融媒体平台媒资系统、出报系统、中国蓝云平台、天目云平台的日常维护工作。持续推进“记者在一线”活动，推出“记者在一线·相约去村游”“记者在一线·走企业看转型”等专栏。成功创建浙江省文明单位。

【意识形态阵地建设】 年内，全媒发力，做强宣传声势，开设优秀专题栏目，推出一系列有影响力的报道，展现全市深入实施“八八战略”的生动实践和典型经验，提升主题教育宣传实效。《平湖新闻》推出《亲历》《治水往事》等特色专题，《嘉兴日报·平湖版》推出《“八八战略”幸福印记》《循迹溯源学思想“八八战略”再出发》等专栏，在“平湖发布”微信公众号、“今平湖”客户端等新媒体平台推出主题教育专栏。中心各平台盯住关键领域，策划推出多个深度系列报道，展现具有平湖辨识度的“三个一号工程”。《平湖新闻》推出《创新勇作为 奋进显担当》《强信心 开新局》等专题报道，《嘉兴日报·平湖版》推出《记者在一线·探店春风里》《经济新观察》等专栏栏目，平湖发布微信公众号持续关注各类经济新闻。围绕“四敢争先”实践活动，各平台共推出相关稿件750多条，阅读量超310万人次。《平湖新闻》推出《四敢争先在基层》专栏，《嘉兴日报·平湖版》推出《四敢争先·平湖进行

9月，记者采访长三角西瓜灯雕刻创意大赛参赛选手
（市传媒中心 供稿）

时》等专栏，平湖发布微信公众号开设《争先计》《四敢争先·创新奋进》新闻专栏，报道全市“四敢争先”实践活动。中心各平台聚焦“四大工程”和“六大专项”动态、亮点和成效，综合运用全媒体平台，开设主打栏目，贯穿全年及时做好常态化宣传。各平台推出《招商“计”》《一季度经济观察》《唤醒传统产业新活力》《民生优享深一度》《党建强基深一度》等专题报道，找准“四大工程”报道切入点，强策划，推出一批特色报道。两会期间，坚持经典品牌守正创新，做优《嘉兴日报·平湖版》栏目“两会走笔”，做亮新媒体栏目《“誉”见两会》，推出《平湖新闻》栏目新IP形象，以《两会“欣”印象》为受众带来两会现场最新资讯。2023年，传媒中心强化精品意识，以“精品”打造新闻“特色品牌”。《平湖新闻》确立主打小屏、兼顾大屏的指导思想和制作流程，在新媒体端推送高质量原创作品。《嘉兴日报·平湖版》策划推出“平视点”提升新闻的深度、厚度、广度，发挥纸媒优势。学习浙江宣传“说人话、切热点、有态度”的创作理念，打造“平湖发布”头条工程、创设“平说”“平视点”等表达媒体观点的专栏，推送《这里的羽绒服温暖了中国》《平湖童车何以车行天下》《师者李叔同的“三束光”》等一系列作品。“乐享平湖”微信公众号加大记者策划选题和原创自采能力，原创作品阅读量明显提升。

【移动传播平台】 市传媒中心在平台建设、技术引领等多方面加快改革步伐，推动媒体深度融合发展。全年，媒体融合指数在全省90个县市区中排名第11位。修订完善融媒体平台考核办法，不断优化“今平湖”客户端，持续提升App的下载量和活跃度。与本地商业综合体、影院等商业资源合作，常态化开展周末亲子观影、预约抽奖、直播、探店、话题征集等，共上线近300个活动，持续提升App内容分享、用户活跃，同时以线上话题征集方式引起市民较为广泛的参与热情和共情。推出“温暖过冬”“留平过年”等5场消费券发放活动，刺激本地消费。截至年底，“今平湖”客户端总下载量超21万，日活近万，传媒中心新媒体总粉丝量超250万人，新媒体矩阵进一步壮大。“平湖发布”“乐享平湖”微信公众号继续在区域内保持领先优势，以第一、第二的位次占据全市互联网信息发布头部位置；“乐享平湖”抖音号领跑全省，全年综合指数列全省第四；“今平湖”视频号影响力不断提升。2023年，抖音号和视频号共发布短视频2104个，其中百万人次以上播放量占比45%，单篇最高播放量达8400万人次。

【主流媒体宣传报道】 市传媒中心通过新闻创优、经营创收、技术创新融合发展，开启融媒发展新征程。对外宣传方面：2023年，在央视、中国之声等中央级媒体录用稿67篇，其中在央视《山水间的家》《走遍中国》《远方的家》等6个专栏播出平湖专题12期。《退役老兵尘封74年的功名》《爸爸的照片》等正能量故事经报道后，被央媒转载。全年，在省级媒体用稿642篇。三集电视纪录片《李叔同》摄制工作有序推进，已获浙江省文化艺术发展基金和嘉兴文化精品项目的支持。参与《浙江宣传》采写，录用稿件4篇。全年，在嘉兴台共录用电视稿件985篇，广播稿件1558件，列嘉兴第一。创优方面：共有6件作品获省级奖项，其中一等奖1件、二等奖1件、三等奖4件。产业发展方面超额完成年初确定的目标任务。全年，成功承接全国、省、嘉兴各类高规格活动、现场会十多场。用好“红帆船”品牌效应，拓展青少年培训市场。开展宣传片、H5、短视频、直播、线上答题、海报、长图等项目合作，推进新媒体业务增收。出版各类书籍画册10本，微信托管服务30家。2023年，完成各类直播154场，访问量超518万人次。技术创新方面：“今平湖”客户端入驻“天目蓝云”平台，实现数字平台迭代升级，7月，完成App的迁移工作。加大客户端的自主研发力度，开发“积分商城”和“今豆商城”两大模块，积分商城有效盘活用户积分体系；“今豆商城”正式上线，解锁机关、企事业单位职工食堂消费新方式。持续推动“智慧食堂”项目，上线2.0版本，已有17家企事业单位加入该项目，不断丰富“新闻+”内涵。获评2023年度省域媒体融合技术一体化技术创新示范单位。

【深入基层服务群众】坚持爱心传递温暖力量，连续9年开展“幸福的味道”新春送温暖活动，年初将200个爱心礼包配送到全市低收入家庭手中，年底送温暖活动再次起航。暑期，中心携手市慈善总会开展“益起来助学”。“今平湖”App发起“公益一瓶水”活动；开展“‘巷’往的咖啡”公益活动，以“今平湖”App·公益打卡形式，每卖出一杯咖啡，便会拿出一元钱存入慈善总会的爱心基金。坚持开门办报问计群众，通过“记者在一线”“今日关注”等栏目，深入基层，广泛调研，把为人民服务的宗旨落到实处。主题教育期间，结合记者节，深入商超、社区，召开记者主持人见面会。同时，用好新媒体平台，通过“社区”“爆料”等模块，让更多群众参与到新闻生产的流程中，完成与网友群体的互动，积极对接“96345”便民服务平台，已正式入驻今平湖客户端。

（华婷婷）

2023年平湖市广播作品获奖一览表

表23

序号	作品标题	类别	获奖等次	颁奖部门
1	深耕“地瓜经济”助力乡村共富	对农节目	省广播电视对农节目三等奖	浙江省广播电视局
2	让社区文明“满格”	公益广告	三类公益广告扶持项目参照省三等奖	浙江省广播电视局
3	浙江省援护防疫生活物资平湖中转站今天正式启用	新闻消息	嘉兴市广播电视节目奖一等奖	嘉兴市文化广电旅游局 嘉兴市广播电影电视学会
4	法医日记	文艺长篇连播	嘉兴市广播电视节目奖一等奖	嘉兴市文化广电旅游局 嘉兴市广播电影电视学会
		广播主持	嘉兴市广播电视节目奖二等奖	嘉兴市文化广电旅游局 嘉兴市广播电影电视学会
5	公德比赛	公益广告	嘉兴市广播电视节目奖二等奖	嘉兴市文化广电旅游局 嘉兴市广播电影电视学会
6	春来茶馆	广播主持	嘉兴市广播电视节目奖二等奖	嘉兴市文化广电旅游局 嘉兴市广播电影电视学会
7	全民参与禁毒　共创绿色人生	服务类	嘉兴市广播电视节目奖三等奖	嘉兴市文化广电旅游局 嘉兴市广播电影电视学会
8	多一份关心陪伴　防止家人踏入陷阱	公益广告	嘉兴市广播电视节目奖三等奖	嘉兴市文化广电旅游局 嘉兴市广播电影电视学会

2023年平湖市电视作品获奖一览表

表24

序号	作品标题	类别	获奖等次	颁奖部门
1	日本电产的第N次投资	连续（系列）报道（嘉兴、平湖）合作	浙江省广播电视新闻奖二等奖	浙江省广播电视局 浙江省广电学会
		电视新闻	嘉兴市广播电视节目奖一等奖	嘉兴市文化广电旅游局 嘉兴市广播电影电视学会
		连续（系列）报道	浙江省新闻奖二等奖	浙江省新闻工作者协会
2	拒绝网络暴力　共建网络文明	电视公益广告	浙江省广播电视广告作品奖一等奖 嘉兴市广播电视节目奖一等奖	浙江省广播电视局 嘉兴市文化广电旅游局 嘉兴市广播电影电视学会

续表 24

序号	作品标题	类别	获奖等次	颁奖部门
3	千年风云百年梦	电视文艺专题片	浙江省广播电视节目奖文艺类三等奖	浙江省广播电视局
			嘉兴市广播电视节目奖二等奖	嘉兴市文化广电旅游局 嘉兴市广播电影电视学会
4	中国缘——安泽探村记	对外传播“金鸽”奖	嘉兴市广播电视节目奖一等奖	嘉兴市文化广电旅游局 嘉兴市广播电影电视学会
5	跌落成第三大儿童死因 预防危险从身边做起	服务类	嘉兴市广播电视节目奖二等奖	嘉兴市文化广电旅游局 嘉兴市广播电影电视学会
6	平湖速度 60小时建成省援沪物资中转站	电视连续报道	嘉兴市广播电视节目奖二等奖	嘉兴市文化广电旅游局 嘉兴市广播电影电视学会
7	《平湖新闻》	电视播音	嘉兴市广播电视节目奖二等奖	嘉兴市文化广电旅游局 嘉兴市广播电影电视学会
8	十月会客厅	新闻访谈	嘉兴市广播电视节目奖三等奖	嘉兴市文化广电旅游局 嘉兴市广播电影电视学会
9	“农”墨重彩 五年“丰”景——平湖农开区成立5周年直播节目	新闻直播	嘉兴市广播电视节目奖三等奖	嘉兴市文化广电旅游局 嘉兴市广播电影电视学会

2023 年平湖市报纸作品获奖一览表

表 25

序号	作品标题	类别	获奖等次	颁奖部门
1	从闲置码头驶出的共富“船”	消息	嘉兴新闻三等奖	嘉兴市新闻工作者协会
2	一个西瓜背后的“振兴密码”	通讯与深度报道	嘉兴新闻奖三等奖	嘉兴市新闻工作者协会
3	一沓捐款单 见证爱与善	典型报道	嘉兴新闻奖三等奖	嘉兴市新闻工作者协会

2023 年平湖市新媒体作品获奖一览表

表 26

序号	作品标题	类别	获奖等次	颁奖部门
1	看我 72 变	短视频专题报道	浙江省新闻三等奖	浙江省新闻工作者协会
2	爷爷去世，男子悲伤过度昏厥，卡点交警温暖一抱	新闻性短视频	嘉兴广播电视新闻奖三等奖	嘉兴市文化广电旅游局 嘉兴市广播电影电视学会
3	农田“做题家”	非新闻性短视频	浙江省广播电视新媒体奖三等奖	浙江省广播电视局
			嘉兴市广播电视节目奖二等奖	嘉兴市文化广电旅游局 嘉兴市广播电影电视学会
4	“金平湖山海间的回响——重走总书记考察路”数字 VR 展馆	融合报道	嘉兴新闻奖二等奖	嘉兴市新闻工作者协会
5	“拥抱星辰”科普云社区	应用创新	嘉兴新闻奖三等奖	嘉兴市新闻工作者协会

2023 年平湖市技术类获奖一览表

表 27

序号	作品标题	类别	获奖等次	颁奖部门
1	平湖后生	金鼎奖高清图形视频—短片类	浙江省广播电视节目技术质量金鼎奖二等奖	浙江省广播电视局
2	播出视频流监控系统	基层优秀创新类（县级）	浙江省广播电视科技创新项目金潮奖三等奖	浙江省广播电视局

市委宣传报道组

【概况】 2023 年，全市对外宣传工作围绕中心、服务大局，以生动笔触和精彩镜头聚焦全市高质量发展、城乡共富的生动实践，在中央、省级和嘉兴市级主流媒体频频亮相，外宣精品力作不断涌现，生动诠释“平和报本、勇猛精进”的平湖城市精神。

【媒体刊发情况】 全年，在嘉兴市级以上主流媒体发稿 2200 余篇（条），特别是央视拍摄播出平湖专题节目 7 档共 13 集，创历年之最。市委报道组分别被浙报集团、嘉报集团评为先进报道组，市委报道组陆浩强被评为浙报集团最佳报道组工作者、嘉报集团优秀通讯员。

2023 年部分媒体刊发有关平湖市的新闻报道一览表

表 28

媒体	时间	版面 / 栏目	新闻标题
人民日报	6 月 20 日	1 版	切实保障和改善民生
人民日报	6 月 21 日	1 版	携手共进谱新篇（高质量发展调研行）——长三角地区聚力推进一体化发展
人民日报	7 月 24 日	1 版	党建引领释放产业新活力——“组织振兴引领保障乡村振兴”调研报道之三
人民日报	7 月 27 日	1 版	乡村治理现代化之路越走越宽广——“组织振兴引领保障乡村振兴”调研报道之四
人民日报	11 月 13 日	3 版	完善支持政策，探索转型路径，十五项举措——激发城市公交发展动力
人民日报	6 月 11 日	4 版	持续推进长三角公共服务共建共享——加快数字化发展　提升治理效能
人民日报	11 月 21 日	4 版	流水淙淙　传承千年（寻找最美乡村·共和村）
人民日报	2 月 10 日	18 版	浙江省嘉兴市“种粮宝”为农民种地提供便利　一键升级农事服务
新华每日电讯	11 月 14 日	1 版	从“无中生有”到“繁星满天”　浙江平湖以“三变”推动传统制造产业转型升级
新华每日电讯	4 月 30 日	3 版	浙江平湖大力开展农民读书活动，读书会成了农民家门口的“诗和远方”　农民走进读书会，田间地头溢书香
新华每日电讯	2 月 15 日	5 版	“中国市场就是我们最大的信心！”浙江外资聚集地一线走访观察
新华每日电讯	1 月 5 日	7 版	不产羽绒，产出全国一半以上的羽绒服　浙江平湖书写“无中生有”制衣传奇
新华每日电讯	3 月 20 日	8 版	沉默的英雄，无声的奉献　老战士罗锦文深藏功名的“平凡”人生
中央电视台	5 月 12 日	新闻联播	各地精心组织防灾减灾宣传活动　增强全民防灾意识
中央电视台	5 月 14 日	新闻联播	【新思想引领新征程】　“千万工程”实施二十年　描绘村美人和共富新画卷
中央电视台	7 月 6 日	新闻联播	南方早稻陆续收获　夏粮收储加紧进行

续表 28

媒体	时间	版面 / 栏目	新闻标题
中央电视台	8 月 14 日	新闻联播	【新时代新征程新伟业——实干笃行】 浙江以高水平对外开放助力高质量发展
中央电视台	12 月 25 日	新闻联播	我国外贸国际竞争力不断增强
中央电视台	1 月 6 日	焦点访谈	稳订单 拓市场 增信心
中央电视台	10 月 7 日	山水间的家	创意枸杞助产业振兴，“千万工程”绘乡村蝶变
中央电视台	1 月 2 日	朝闻天下	各地电力部门假期加大生产与民生用电保障
中央电视台	4 月 2 日	朝闻天下	浙江平湖 樱花盛开 吸引大量游客赏花游玩
中央电视台	6 月 29 日	朝闻天下	浙江嘉兴 “千万工程”调研行
中央电视台	7 月 13 日	朝闻天下	数字赋能 乡村振兴“加速跑”浙江平湖“数智化”打造乡村治理一张网
中央电视台	5 月 4 日	广交天下客	记者观察：创新助力箱包产业转型升级
中央电视台	12 月 15 日	乡村振兴中国行	乡村里的振兴带头人——浙江“千万工程”系列报道嘉兴篇
中央电视台	4 月 25 日	经济信息联播	“氢”装上阵·绿氢往何方 “氢”风已至 绿氢应用场景持续拓展
中央电视台	3 月 19 日	天下财经	箱包出口回暖 浙江嘉兴：从贴牌代工到自建品牌 箱包企业多渠道促增长
中央电视台	3 月 19 日	天下财经	箱包出口回暖 浙江：海外客商回流 箱包出口持续复苏
中央电视台	4 月 4 日	国宝发现	塔尖上的珍宝
中央电视台	4 月 13 日	国宝发现	刻符的密码
中央电视台	6 月 12 日	远方的家	第 26 集《河海交汇 水乡平湖》
中央电视台	6 月 13 日	远方的家	第 27 集《杭州湾畔 江南水乡》
中央电视台	9 月 14 日	走遍中国	新 360 行
中央电视台	11 月 20 日	走遍中国	各美其美——丰城 / 新 360 行
中央电视台	12 月 4 日	走遍中国	赏瓜灯 游瓜乡
中央电视台	4 月 20 日	探索·发现	一代大师李叔同（1）朱门公子
中央电视台	4 月 21 日	探索·发现	一代大师李叔同（2）艺海先驱
中央电视台	4 月 22 日	探索·发现	一代大师李叔同（3）杏坛名士
中央电视台	4 月 23 日	探索·发现	一代大师李叔同（4）南山孤臣
中央电视台	5 月 20 日	味道	我的家乡菜·嘉兴篇（上）
光明日报	11 月 21 日	8 版	“院校企”一体化育人 培养高素质技术技能人才
光明日报	3 月 28 日	10 版	长三角“田园五镇”联合组建跨省市强村公司
经济日报	11 月 22 日	6 版	能源监管效能持续提升
农民日报	4 月 3 日	1 版	浙江嘉兴：农业强市何以示范？
农民日报	4 月 28 日	1 版	浙江：主题教育体现“三味”
农民日报	6 月 12 日	1 版	强村“三板斧”——浙江壮大村级集体经济的基层实践
农民日报	10 月 12 日	5 版	浙江平湖市“晒星”赛文明 点亮万家灯
农民日报	11 月 24 日	6 版	丰收田里见风景——走进浙江嘉兴绿色农田
解放日报	6 月 28 日	7 版	“平妈妈”来啦——浙江省平湖市全方位打造新型营商环境改革品牌
解放日报	9 月 20 日	9 版	小城设计师尝试打造大牌奢侈品
解放日报	8 月 2 日	10 版	浙江平湖：培育四大功能积极融沪
解放日报	12 月 13 日	11 版	“平湖鹅”“三门鸟”等待东风
浙江日报	1 月 9 日	1 版	嘉兴聚焦企业所需群众所盼破难解题 政策“及时雨”要下得快，更要“下得透”
浙江日报	3 月 3 日	1 版	外资追加浙江，看中了什么

续表 28

媒体	时间	版面 / 栏目	新闻标题
浙江日报	5 月 8 日	1 版	近十年浙江实际利用外资年平均增长 8.2%，今年一季度增长 23.2%——外企投下信任票：到浙江去
浙江日报	5 月 29 日	1 版	平湖新增外资近一半来自外商增资　“我们打算在这里安家了”
浙江日报	7 月 30 日	1 版	重点招引世界 500 强、投资超亿美元等链主型项目　平湖招大引强有的放矢
浙江日报	8 月 11 日	1 版	浙江上半年实际使用外资占全国份额 12.6% 押注浙江，外企看中什么
浙江日报	10 月 31 日	1 版	前 9 月完成制造业投资 878.29 亿元，居全省第一　嘉兴制造业向高端进阶
浙江日报	11 月 14 日	1 版	嘉兴积极培育标准、品牌、质量等发展新优势　提质升级，打造智造强市
浙江日报	12 月 25 日	1 版	企业研发机构数量、设置率均居全省第一　嘉兴企业争配“最强大脑”

（陆浩强）

【卫生健康数字化改革】 围绕“浙江健康数据高铁”“浙医互认”、两慢病智慧管理系统、区域体检系统升级等建设要求，加快推进卫生健康信息化建设。加快推进全市各医疗机构HIS、EMR和电子健康档案系统与省平台数据高铁对接工作，完成全市14家公立医疗机构门诊信息、住院信息、家庭医生签约数据的实时对接工作，不断完善本地数据质量和数据上传时效性，确保各类医疗健康数据稳定对接。推进检验检查互认工作，完成全市14家公立医疗机构和1家民营医疗机构的互认系统接口功能改造，对全市各医疗单位检验项目和检查项目对码操作进行重新培训，筛查对码情况，减少对码错误，提升精准互认率。开展医学人工智能辅助诊断系统建设，为群众提供全方位全周期健康服务，年内，5家基层医疗机构医学人工智能辅助诊断系统上线试运行，4558份病历信息上传至医学人工智能辅助诊断系统平台，使用AI辅助1.8万余次，赋能基层全科医疗，提升基层医生工作效率和诊疗服务能力。

【院前急救体系建设】 全市院前急救网络形成“1+4+7”的格局，即1个市急救站、4家网络医院和7个急救点，急救半径缩小、急救反应时效提升。全市用于院前急救的24辆救护车均配备除颤监护仪、呼吸机、吸引器等急救设备并安装有定位系统和实时通信系统。2023年，共受理各类急救电话43913人次，执行院前急救任务14401车次，处置较大、重大事故76起；参与110应急联动4240次；参与各类应急医疗保障任务39次、应急演练8次，突发事件急救救援率100%。平湖城区急救平均反应时间8分07秒，非主城区急救平均反应时间9分38秒，群众满意度99.8%。1月，林埭镇卫生院姜敏燕在2022年度省卫生健康系统职工职业技能竞赛急救技能项目中获个人一等奖，获评省健康教育急救技能标兵。3月，携手上海金山区医疗急救中心，建立院前急救师资培养机制，组建院前急救培训与考核师资库，开展院前急救岗前培训暨院前急救师资培训。10月，与金山医疗急救中心合作完成浙沪乡村半程马拉松赛赛事医疗保障。

【社会心理服务体系建设】 推进社会心理服务体系建设，开展线上线下宣传教育活动，直接受益群众5000余人次。针对不同年龄段和不同群体的需求，提供个性化心理健康服务。与学校开启医教融合模式，开展精神卫生“百千万”基层服务行活动，为居民提供及时、有效的心理健康科普指导和咨询服务。组织培训心理顾问205名，促进全人群心理健康和社会和谐稳定。

【无偿献血】 围绕健康嘉兴下达的年度无偿献血目标任务，加大无偿献血宣传力度，拓宽无偿献血途径；加强与医疗机构沟通联系，强化血液安全质量管理；做好无偿献血者及其家属血费直免工作。12月，市献血管理服务中心搬迁至钟埭街道新兴5路300号（疾控血站大楼），新址面积达2000平方米。年内，献血5953人次，献血总量1956.97升；年度临床用血总量16105.3U，其中临床用全血0U、红细胞9233U、血浆5440.1U、血小板422.2U，其他成分1010U，成分输血率100%，临床用血100%来自无偿献血。职工培训合格、持证上岗率100%；血液检测率100%。

【社会资本办医】 年内，全市新注册开业医疗机构3家，其中社会办医2家。截至2023年底，全市共有民营医疗机构93家，其中医院7家、门诊部13家、诊所67家、医务室6家；开放床位895张，占全市总床位的27.24%。全市7家民营医院门急诊147875人次，同比增长21.64%；出院病人9367人次，同比增长27.58%。

【平安建设】 结合行业特点，进一步强化医疗安全、院内感染防控、生物和实验室安全、特种设备和危化品安全、燃气安全等多个专业领域及安保、消防、信访、反诈等工作，落实安全隐患清零行动。市一院、中医院、曹桥街道社区卫生服务中心被评为2023年度市“平安建设示范医院”。全年未发生安全生产事故。

【医疗援助】 5月，选派市中医

院刘婧、市第一人民医院陈白帆到新疆沙雅县第二人民医院开展医疗援助工作，对口支援时间分别为18个月、1个月。7月，选派市第一人民医院黄菲莉、罗顺仔和当湖中心医院周鑫源到四川茂县人民医院，市中医院林开泰到四川茂县中医院开展医疗援助工作，黄菲莉支援18个月，其他人员支援7个月。

人口家庭服务

【概况】2023年，全市人口家庭工作坚持夯实基础，实施目标责任管理，将人口家庭工作纳入镇街道目标责任制考核和医疗卫生单位绩效考核，推进规范化发展。

【三孩生育政策实施】开展《中共中央国务院关于优化生育政策促进人口长期均衡发展的决定》《中华人民共和国人口与计划生育法》和《浙江省人口与计划生育条例》等人口生育政策法规的宣传，稳妥实施三孩生育政策。全市共办理生育登记服务2428例。全年，上报出生2097人，其中一孩1359人，一孩率64.81%；二孩690人，二孩率32.90%；多孩（含三孩）出生48人，多孩率2.29%。

【生育友好型社会构建】开展新型婚育文化宣传，通过情景剧、文艺会演、短视频、婚育文化公益夜市等群众喜闻乐见的活动，倡导适龄婚育、优生优育等新型婚育文化。5月，承办省2023年“5·15”国际家庭日主题宣传活动暨创建全国生育友好工作先进单位启动仪式，获国家卫生健康委人口家庭司和省卫生健康委领导肯定。加强托育服务，构建立体式托育服务体系。以社区统筹、社会兴办、幼儿园办托、照护服务驿站、家庭托育点为重点的“5+X”多元化托育体系建设铺开，多渠道扩大托育服务供给。至年末，全市托育机构镇街道覆盖率达100%，备案托育机构82家，总托位数2928个，每千人托位数4.26个，其中普惠托位2650个，普惠占比率90.51%。推进母婴室规范化、标准化建设，全市公共场所母婴设施标准化配置率100%，其中五星级2家、四星级4家、三星级25家。

【计生协会活动】完成省级生育关怀—新型婚育文化建设项目和向日葵亲子小屋建设项目。4月28日，召开市计生协会七届四次理事会，会议调整、增补市计生协第七届理事会理事、常务理事，选举常务副会长、专职副会长。12月12日，召开平湖市计划生育协会第八次会员代表大会，选举产生新一届计划生育协会理事会，评选表彰协会工作先进单位和个人。5月，举办平湖市新型婚育文化情景剧大赛和“倡新时代婚育文化·助家庭健康和谐幸福”亲子活动。开展新时代婚育文化作品征集评选活动，其中4件文艺作品、1份宣传海报、1幅摄影作品获省计生协会三等奖，在嘉兴市计生协会组织的“小屋里的快乐时光”短视频比赛中获一等奖、三等奖、优秀奖各1件。新增15家市级“向日葵亲子小屋”示范点。共开展各类暖心活动150多场次，服务人群3000余人次。2023年，为256982名计生家庭成员（含港区）购买商业保险，共计保费308.19万元。7月，有1人获省级青春健康教育师资认证，4人获嘉兴市级青春健康教育师资。

基层卫生工作

【概况】完善体系，推进共同富裕优质共享，深化分级诊疗，培育形成“一院一品牌”和“一院多特色”发展态势。2022年度全省基层医疗卫生机构绩效考核省级监测评价结果显示：平湖市以总分86.54分的成绩在全省90个县（市、区）排名中位列第一。6家卫生院均跻身全省50强。其中，新仓镇中心卫生院在全省900家基层卫生院中名列第二，独山港镇中心卫生院名列第五、新埭镇中心卫生院名列第七、乍浦镇中心卫生院名列第九、广陈镇卫生院列第33位、林埭镇卫生院列第36位；曹桥街道社区卫生服务中心在全省456家社区卫生服务中心中列第61位，钟埭街道社区卫生服务中心列第68位。

推进医防融合，完善慢病一体化门诊运行机制，完成两慢病智慧管理系统建设，实现门诊内全流程业务数据信息化实时采集，为慢病患者诊疗提供“一站式服务”和“全周期健康管理”，完成诊间随访 90719 人次，诊中免费血糖检测 20891 人次，眼底筛查 1000 余人次，糖足筛查 100 余人次。年内，新建（改造提升）村卫生室（社区卫生服务站）6 家，其中广陈镇龙萌村打造“精品村卫生室”，在全省率先下沉“慢性病一体化门诊”服务。

年末，全市有街道社区卫生服务中心 3 家、镇卫生院（中心卫生院）6 家、村卫生室（社区卫生服务站）93 家，职工 1586 人，其中卫技人员 1467 人。全市基层医疗机构门急诊 283.28 万人次，出院 14339 人次，基层卫生服务能力居全省前列。

【基本公共卫生项目管理】 2023 年，各级财政下拨基本公共卫生项目经费 5468 万元，人均 80 元。开展质量提升活动，完成项目任务。加强工作领导，健全组织网络，加快信息化建设，规范项目管理，提升基本公共卫生服务水平，为民提供便捷、均等、优质健康服务，完成年度各项指标。提升基层卫生信息化建设应用水平，推进电子健康档案向居民个人开放，2023 年基于“浙里办”手机移动客户端（App）的电子健康档案开放率达 76.45%，在 2023 年度嘉兴市基本公共卫生服务项目绩效评价（千分制）中得分 989.96 分，列嘉兴各县（市、区）第二位。

【家庭医生签约服务】 做好家庭医生签约服务工作，完善“一室二员一中心一团队”工作机制，将医共体总院医生纳入家庭医生签约团队，强化团队力量，发挥基层家庭医生“守门人”和市级医院医生“把关人”作用。全市 108 个服务团队，60 名医共体专家、263 名全科医生参与家庭医生签约服务。拓展服务方式和内容，优先做好困难人群、残疾人、计生特殊家庭成员等重点人群签约服务，推广“互联网 + 签约服务”，探索签约、建档、咨询、随访等线上服务。全市常住人口签约率 42.07%，重点人群签约覆盖率 94.84%，均超过健康浙江考核要求，签约服务绩效评价和群众获得感均有所提升。在全市范围内开展“优秀家庭医生”“优秀社区护士”“家医党员先锋团队”推选活动，新仓镇中心卫生院朱顶获 2023 年度省“优秀家庭医生”称号，曹桥街道社区卫生服务中心高红燕获省“优秀社区护士”称号，新埭镇健康守护队获省“家医党员先锋团队”称号。

【优质服务基层行】 按照国家卫生健康委“优质服务基层行”活动要求和 2022 版服务能力标准，明确功能任务、合理配置资源、提升医疗服务能力、落实公共卫生服务、规范业务管理、完善综合管理，推进基层医疗卫生机构标准化建设。年内，新仓、乍浦和广陈三家卫生院通过省市“回头看”复核。至年末，全市共有 4 家单位达推荐标准，另外 4 家基本达标，位于全省前列。

【基层财政补偿机制改革】 根据实际当量和绩效考核结果结算补偿资金，坚持客观公正、科学规范考核，2023 年基卫当量和医疗当量同比有明显提升。对基层医疗机构的年度绩效考核结果显示独山港镇中心卫生院、乍浦镇中心卫生院和林埭镇卫生院分列前三。

疾病预防控制

【概况】 2023 年，坚持“预防为主、防治结合”的总方针，推动疾控人才队伍和实验室检测能力建设。11 月，平湖市疾控中心完成整体搬迁，新址位于钟埭街道新兴五路 300 号，建筑面积 6800 平方米，其中实验室用房面积 3000 多平方米。全市报告法定传染病 17 种共 27889 例，报告发病率 4043.40/10 万；乙类 691 例，乙类报告发病率为 100.18/10 万，同比下降 8.35%；丙类 22615 例，丙类报告发病率为 3278.77/10 万，同比上升 328.92%；无甲类传染病发生。乙类传染病中新型冠状病毒感染、病毒性肝炎和肺结核发病数分列前三位；丙类传染病中发病数前三位分别为流行性感冒、其他感染性腹泻病和手足口病。

【肠道传染病预防控制】全市12家医疗单位开设肠道门诊，落实各项工作措施，开展霍乱、肠出血性大肠杆菌O157：H7感染性腹泻、细菌性痢疾、伤寒副伤寒、手足口病和病毒性肝炎监测。共诊治腹泻病人5940人次，采样送检率100%，未检测到霍乱、伤寒副伤寒阳性病例。致泻性病原菌监测项目共采集180份，74份阳性，主要病原菌为沙门氏菌、副溶血性弧菌和轮状病毒。5—10月，每月对各类水体外环境和海产品进行采样监测，共监测342份，均未检出O1/O139型霍乱弧菌。监测幼教机构、饮食行业、食堂工作人员等重点人群59604人次，未检出霍乱弧菌。

【呼吸道传染病监测】全市12家医疗机构常年开设发热门诊，2家流感样病例哨点医院全年监测相关科室门诊病例342983人次，监测到流感样病例74649例。全年，共报告流行性感冒病例16647例，其中确诊病例15432例；按病原学分型，甲型流感病毒阳性14341例，乙型流感病毒阳性1061例，甲型乙型流感病毒混合感染30例。

【结核病防治】2023年，全市共登记活动性肺结核患者155例，病原学阳性率71.25%；网络报告转诊肺结核疑似患者631例，总体到位率96.23%；病原学阳性肺结核患者的密切接触者筛查率100%；病原学阳性肺结核患者耐药筛查率100%；成功治疗率90.15%；规范管理率98.42%，规则服药率94.49%。处理疑似学校肺结核传染病自动预警14人次，发现学校结核1例，市外要求本地协查1例，筛查密切接触者46人，均无异常，新生入学结核病筛查率100%，发现1例活动性肺结核；65岁及以上老年人结核病筛查率100%，发现2例活动性肺结核。开展百千万志愿者结核病防治知识传播活动，志愿者团队在中国志愿服务网登记上报服务项目9个。市一院殷伟获2023年省疾病预防控制职业技能竞赛结核病防治一等奖、省“结核病防治技能标兵”称号。

【艾滋病防治】继续开展艾滋病高危干预，年内累计干预69718人次，发放宣传资料24912份、安全套16305个。全市5家单位VCT门诊全年共接受咨询1155人次。新确诊阳性25例，累计报告病例338例；随访存活病例270例，在治病例264例。未发生艾滋病职业暴露事件。

【丙肝防治】2023年，全市各医疗机构报告丙肝病例23例，核酸检测率100%。截至年底，全市丙肝病例抗病毒治疗率82.61%，已完成抗病毒治疗疗程病例13例。

【突发疫情处置】全年，共报告13起突发公共卫生事件，其中其他感染性腹泻病聚集性疫情1起，波及97人，发病19人；流行性感冒暴发疫情6起，波及7804人，发病395人；诺如病毒胃肠炎聚集性/暴发疫情4起，波及736人，发病83人；手足口病暴发疫情1起，波及415人，发病13人；水痘暴发疫情1起，波及2422人，发病14人。经过及时、规范处置，13起疫情均获控制。

【免疫规划管理】9月，开展70岁以上老年人流感疫苗免费接种，并依托“浙里办”，开放预约平台，按照先约先得原则，完成26600针次目标人群接种工作。全年，接种各类疫苗38种237127剂次（包含狂犬疫苗42892剂次），同比增加24718剂次。其中免疫规划疫苗接种13种82069剂次，非免疫规划疫苗接种25种155058剂次。全年，报告疑似预防接种异常反应164例，无预防接种差错事故发生。8人新取得预防接种上岗证，109人通过年审。

【血吸虫病防治】对全市123个（现合并为115个）历史血吸虫病流行村中的45个村开展轮查，在69个村设置监测点。查螺投工5551.5工，查螺面积202.36万平方米，查到残存钉螺面积3350平方米。反复扩大灭螺面积25.15万平方米，灭螺投工1418工。血吸虫病查病2645人，检测到血清学阳性对象5人，病原学检测9人，未检测到阳性对象。新增“晚血”病人4人，共有在册“晚血”病人62人，内科治疗救助501人次，救助金额11.29万元。国家监测点前港村和鱼圻塘村共查到3个螺点，有螺面积为500平方米，捕获钉螺667只，经解剖观察未发现血吸虫感染性钉螺，灭螺面积148560平方米，灭螺投工432工。

【慢性病管理】 2023年，全市高血压管理71169人，规范管理50708人，血压控制人数56266人，规范管理率和血压控制率分别为71.25%和79.06%。糖尿病管理18113人，规范管理12755人，血糖控制人数11430人，规范管理率和血糖控制率分别为70.42%和63.10%。高血压高危人群管理数17438人，管理率3.11%，糖尿病高危人群管理数15371人，管理率3.25%。医疗机构内科35岁及以上人群首诊测压工作覆盖率100%，全市基层医疗机构首诊测压率99.90%，疑似高血压复测率64.98%。开展血脂异常人群管理试点工作，管理一般人群100人，血脂异常患者300人，血脂异常高危人群100人，共计开展随访干预588次。

【慢性病筛查】 继续开展第四轮重点人群结直肠癌筛查工作，全年完成结直肠癌筛查27937例，任务完成率134.64%，发现结直肠癌高危人群4876人、癌前病变303人、结直肠癌42人。开展第二轮平湖市慢性阻塞性肺疾病免费筛查工作，全年筛查5648人，完成肺功能检查1291人，任务完成率103.53%。继续开展国家心血管疾病高危人群早期筛查和综合干预项目，累计筛查12726人次，完成高危检测3348人次，短期随访2388人次，长期随访8392人次。

【学生健康体检】 开展学生健康体检、常见病监测和防治工作，共检查中小学生67708人，占全市中小学生总数94.47%。学生超重肥胖率31.93%、营养不良率6.04%、近视率54.82%、贫血率4.74%、恒牙龋患率26.04%、学生脊柱侧弯率1.47%。开展学校教学环境监测，抽测的5所学校教室人均面积合格率70%；课桌面平均照度达标率100%，黑板平均照度达标率100%；教室内噪声平均合格率100%。开展学生饮用水卫生监测，合格率100%。

【营养教育】 全市共有全国营养与健康示范学校（幼儿园）12所。围绕全民营养周和学生营养日开展系列活动，制作说唱节目《膳食宝塔赞》，并在2023年全国新时代健康科普作品征集大赛中获表演类优秀奖；举办第三届《营养与食育》教师说课“最佳奖”大赛。开展国家级项目农村义务教育营养改善计划及学生营养健康状况监测评估和浙江省项目居民营养监测。启动营养社区创建工作，完成养老机构老年人调查320人。

【实验室建设管理】 11月，中心实验室完成整体搬迁。对照国家卫办疾控发〔2004〕108号，市疾控中心实验室建筑面积3000多平方米，A类仪器设备36类107台，配备率93.6%；B类110台，配备率86.3%。能开展A类检测114项，开展率96.6%；B类检测50项，开展率82.0%。中心实验室共有15个大类354个检测项目（食品182项、非食品172项）通过资质认定。2023年，共完成样品检测15366份，获数据23127个，出具检测报告320份（其中资质认定报告87份）。2023年，投入200万元采购电感耦合等离子体—质谱仪（ICP-MS）、HIV核酸快速检测系统各1套并投入使用。

【健康危害因素监测】 完成12家公立医疗卫生机构和10家幼托机构及2家养老机构的消毒质量监测，结果显示各公立医疗卫生单位消毒与灭菌质量整体效果较好，但个别项目合格率仍较低。开展食品安全风险监测，包括蔬菜及其制品、水产动物及其制品、肉与肉制品等18个大类，共监测样品747份，完成全市常住人口数1‰份食品安全风险监测样品数的108%，上报率和报告完整率100%。报告食源性疾病774例。完成90份生活饮用水安全卫生监测，水样合格率100%。开展职业病网报和重点职业病监测工作，共报卡30399张，其中疑似职业病报告卡9张，职业病报卡10张，职业病鉴定管理卡4张，农药中毒报告卡20张，职业健康检查个案卡30145张，用人单位信息卡211张。完成40家用人单位的职业病危害因素主动监测和6家重点行业职业危害风险评估。指导各镇街道在4—11月开展蚊密度监测，全年共开展8次登革热传播风险评估，当年发生2例输入病例，启动应急监测直至布雷图指数降至5以下，双层叠帐法成蚊密度不高于2只/(人·时)，并且25天内无登革热新发病例。完成7家公共场所环境监测，并开展从业人员健康状况调查。全年，收录公共场所监测结果754个。市疾控中心钟梦婷在2023年省疾病预防控制职业技能竞赛中获监测数据分析一等奖，获评“浙江省监测数据分析技能标兵”。

卫生行政执法

【概况】 围绕卫生健康行政执法任务清单和执法效能指标要求，以有效遏制和减少损害群众健康权益的违法违规行为为主线，以“双随机、一公开”抽查和专项整治行动为重点，打击各种违法行为，履行卫生健康行政执法职责，共办结行政处罚案件204起。

【公共卫生行政许可】 落实行政审批制度改革措施，规范公共场所、省市下放的许可项目等许可审查工作，加大许可审查的现场卫生技术指导力度。2023年，共审查发放公共场所卫生许可399件，其中新发263件、延续95件、变更41件。新发放射诊疗许可证7家，变更放射诊疗许可证32家，校验15家。办理放射工作人员证53张、放射诊疗建设项目预评价14件、竣工验收19件。发放消毒产品企业卫生许可证5家，其中新发2家，延续3家。

【双随机检查】 推行“双随机、一公开”监管模式，规范事中事后监管和抽查工作全过程记录及信息公开工作。2023年，共领取国家双随机抽查任务239件，其中公共场所163件，医疗卫生20件，传染病12件，生活饮用水13件，放射卫生10件，其他21件，监督完结率100%，给予行政处罚60件，处罚率25.1%。抽取省级双随机任务369件，其中公共场所226件，医疗卫生17件，传染病15件，职业卫生86件，其他25件，监督完结率100%，给予行政处罚67件，处罚率18.2%。

【医疗卫生执法】 开展医疗机构依法执业监管，维护医疗市场秩序。对医疗机构许可范围、人员资质、诊疗行为、病历书写等进行监管，督促医疗机构提高依法执业意识，规范执业行为。对医疗机构及人员存在的违法行为立案查处8起，罚没款11.46万元。同时，利用智能监管系统开展疾病诊断、处方书写、病历书写等诊疗行为线上巡查，提高智能监管能力。

【打击非法行医】 强化部门合作，严厉打击非法行医行为，共出动各类执法力量142人次，对各类保健推拿机构、美容美发美甲场所等开展排查，并对历年查处的非法行医窝点进行回访复查，共发现非法行医15起，立案查处15起，罚没款合计64.6万元，向公安部门移送追究刑事责任1起。

【传染病防控执法】 开展医疗机构传染病防治监管。对医疗机构预检分诊、消毒隔离制度落实、一次性医疗器械使用和销毁、口腔器械消毒灭菌、医疗废物收集暂存等情况开展检查，立案处罚8起，罚款合计1.7万元。对消毒产品生产企业进行综合评价，2家单位评价结果为优秀，7家单位评价结果为合格。督促餐饮具集中消毒企业落实硬件整改和生产环境提升，每季度开展现场检查和监督抽检，通过餐饮具监管系统进行网上巡查，对存在的违法行为作出警告处罚6次。

【公共场所卫生执法】 认真执行国家、省双随机检查制度，并结合春节、国庆等节假日保障工作，开展公共场所卫生监督工作，对人员密集的车站、商场、旅馆、沐浴场所、美容美发等重点场所进行监督抽检，针对检查中发现公共场所卫生许可证过期、从业人员无证上岗、未按规定处置公共用品用具、游泳池水质不符合国家卫生标准等110家单位进行处罚，罚款合计8.42万元。

【3岁以下婴幼儿照护】 完善全市“1+9”婴幼儿照护服务指导管理体系，常态化开展3岁以下婴幼儿养育照护服务各项工作。2023年，全市共开展养育照护小组活动146次，惠及615个家庭。为全市0—3岁儿童的养育人建立“育儿微信群”30多个，4000余名家长入群接受养育照护知识指导。

医疗机构

【市第一人民医院】 2023年底，有工作人员1088名，其中卫技人员984名，设床位768张。全年，门急诊总量101.17万人次，同比增加7.48万人次，增长7.99%；出院病人38401人次，增长29.77%；完成住院手术11634人次（其中三类及以上手术3230人次），病床使用率99.08%，平均住院日6.82天，病床周转52.89次。年总收入8.57亿元（财政补助22625.08万元），其中业务收入6.22亿元；门诊均次费用238.74元，住院均次费用9094.54元（为医改口径）。

1月，ECMO正式落户市第一人民医院。2月，揭牌成立王平教授甲状腺外科团队平湖工作站。3月，召开医院党委成立暨选举大会；成功晋级三级乙等综合医院。4月，在公布的2021年度全国二级公立医院绩效考核中达国家监测指标最高等级A++，得分在全国2626家二级综合医院中排名第八；被授予国家级“创伤中心”称号；入选第二批国家泛血管疾病管理中心建设单位；被授予2018—2022年度“市先进集体”称号。5月，与上海市一院合作续签。6月，特需门诊正式开诊。7月，获县域急诊急救示范案例征集活动勇攀高峰奖；完成全市首例儿童支气管镜检查及肺泡灌洗治疗；梁柯、周一技医生在2023年度灵动中国全国案例演讲大赛中获综合场区域赛优秀奖。9月，与杜如虚院士团队签约共建研究院，成功实施全市首例微创肋骨骨折内固定手术。10月，公济山海联盟续签。11月，区域智慧胸痛中心项目建成启用，调整支部设置并完成换届选举。12月，与杭州康策网络科技有限公司签约合作，正式启动真实世界研究项目，心内科介入团队采用逆向导丝技术成功完成一例冠脉慢性完全闭塞（CTO）病变手术，眼视光中心启用，首次主办国家级继教项目《医共体模式下重症超声技术的应用》。年内，二期工程投入使用，其中行政楼于6月启用；3号楼一楼（放射科）、二楼（健康管理中心）于4月启用，三楼（内镜中心）、四楼（心内科）、五楼（VIP综合病区）于12月启用。

年内，开展完全胸腔镜下胸廓成形术治疗连枷胸的应用、自体颅骨回植修复颅骨缺损的应用研究、两孔法腹腔镜下胆囊切除术、胃十二指肠动脉栓塞术在消化道大出血患者治疗中的临床应用、侧卧位下支气管封堵技术等新技术、新项目52项。投入1732.83万元，购置3D腹腔镜系统、男科诊疗设备、康复设备、麻醉机等130多台医疗设备。信息化建设总计投入658.98万元，其中服务器等核心硬件170.28万元，软件283.42万元，系统维保95.52万元，信息安全60.92万元，云服务等租赁支出48.84万元。

【市第二人民医院】 2023年底，有工作人员396名，其中卫技人员364名，设床位300张。全年门急诊总量281288人次，健康检查24532人次，出院病人10817人次，各类手术3476例（其中三类及以上手术1936例）。业务总收入17592万元，其中药品收入占22.76%；体检收入（含核酸检测费）1880.29万元。

1月，新开设新冠病毒感染恢复期中医“阳康”门诊。2月，杨慧荣医生获2019—2021年度省无偿献血奉献奖。3月，启用数字化手术中心；引进第三方物流运维管理系统（SPD）；普外科成功实施平湖市首例ERCP（内窥镜逆行性胆管胰管造影术）联合SpyGlass（胆道子镜直视系统）镜检术。4月，完成医院二乙复评工作；完成新一轮中层干部换届。7月，完成光伏发电并网项目；聘请上海市第一人民医院知名口腔种植牙专家作为技术支持，开展种植牙技术；康复科入选嘉兴市县级临床重点专科建设项目；与上海市东方医院召开上海市东方医院嘉兴港区医院管理委员会第三次会议；2023乍浦长三角医学论坛暨第二届徐美东消化内镜工作室学术交流会在嘉兴港区滨海会展中心举办。8月，妇产科与上海市东方医院生殖中心合作的第一位试管婴儿在医院诞生；通过健康促进医院复评。9月，心内科成功实施首例经腋静脉径路行永久心脏起搏器植入术。11月，2023年度基层医院上消化道早癌培训班结业；检验科开展肺炎支原体核酸（MP-DNA）检测。

年内，投入756.2万元购置包含负压救护车、高清电子胃镜、呼吸机、PCR设备、除颤仪、转运呼吸机、监护仪、心电图机、呼吸湿化治疗仪、可视喉镜等227件医疗设备。

【市中医院】 2023年底，有工作人员803名，其中卫技人员730名，设病床600张。全年，门急诊量712536人次，同比增长10.46%；健康检查20511人；出院病人22766人次，各类手术6376例；业务总收入5.29亿元，其中医疗总收入4.14亿元，药品收入占医疗总收入31.82%。

1月，新院区发热门诊正式启用；开设“呼吸综合门诊”。2月，针灸科新开展体外冲击波疗法。3月，增设儿科夜间门诊，时间16：30至22：00。4月，完成创建嘉兴学院非直属附属医院评审验收，并举办新院区正式启用暨嘉兴学院附属平湖中医院签约揭牌仪式。5月，心血管科顺利实施一例冠状动脉造影检查，并植入支架一枚；血透中心完成首例即穿型动静脉内瘘穿刺；肺病科在无痛支气管镜下确诊全院第一例肺毛霉菌感染。6月，成立沪杭高级专家会诊服务中心；与上海交通大学附属第九人民医院泌尿外科签约揭牌。7月，举行平湖市人民政府与上海中医药大学附属龙华医院新一轮合作共建平湖市中医院签约仪式；口腔种植室正式投入使用。9月，新设高尿酸血症/痛风门诊；举行平湖市人民政府与浙江省中医院合作共建平湖市中医院签约仪式。11月，成功开展全院首例经导管支气管动脉栓塞术。12月，开设骨伤三科（手足踝外科、创伤外科）病区；中医骨伤科列为省县级中医药优势学科建设项目。年内，开展经支气管镜针吸活检术（TBNA）等新技术新项目32项；投入1446万余元，购置生化免疫流水线、电子内镜系统等万元以上设备200余台次。

【市精神卫生中心】 2023年底，有工作人员115名，其中卫技人员89名，核定床位150张。全年，门诊总量17249次，同比增长7.77%；出院1430人次，同比增长70.64%；平均住院日50.75日，同比下降33.97%。医疗总收入2917.24万元，同比增长3.12%，其中药品收入占23.96%。

4月，二期扩建工程项目完成中期结构验收。5月，举办“全民健心、幸福平湖”科普宣传月系列活动，与平湖中学、新埭中学、新埭小学签订医教结合协议；承办国家级继续教育项目《内分泌和代谢性疾病相关的精神问题研究进展》。12月，平湖市人民政府与湖州市第三人民医院新一轮合作共建平湖市精神卫生中心签约仪式在市行政中心举行。至年末，全市登记在册严重精神障碍患者3974人，报告率5.81‰，规范管理率100%，规律服药率100%，面访率100%，体检率99.22%。全年开展新技术、新项目4项，投入21.2万元用于信息化建设。

医教科研

【医学教育】 加强继续医学教育工作，规范学分管理。2023年，举办国家级继续教育1项，省级继续教育7项；继续医学教育对象（中、高级职称卫技人员）达标率99.12%以上。沪杭专家到平湖开展医院管理与专题学术讲座68次，参加学习4393人次。选派医护人员到沪杭名院进修65人次，专题学习和交流培训725次。市卫校开设护理专业专升本科成人教育班3个，学生37人。

【人才引进和培养】 加大卫技人才招引力度，全年新招引各类卫技人才223名，其中平湖籍卫技人才133名；引进硕士、副高及以上人才40名，其中硕士研究生36名、副主任医师3名、主任医师1名；卫生高级职称评审即自主培育副高以上人才76

名。提升卫技人才综合素养，推进第五轮学科带头人、学科骨干培养，至年末，共有卫生健康系统学科带头人28名，市级学科带头人8名。实施柔性引才，把沪杭优质医疗资源引进平湖建立工作室，至年末，共计柔性引进高层次人才157名。落实引进高端人才、高职称人才、高学历人才的奖励资金和购房补助。做好市卫生人才公寓管理，解决人才安居周转问题，办理人才公寓租住20多人次。至年末，系统共有在编在职卫生正高级人才258名，副高级478名，中级1045名；中、高级职称人才（1781名）占系统卫生专业技术人员（2857名）的62.3%。

【重点学科建设和科研管理】 依托市一院建设市创伤中心，4月高分通过国家标准版验收，急诊急救五大中心全部完成建设并通过验收。启动“临床服务五大中心”建设，依托市一院建设市重症监护、微创介入、肿瘤防治、麻醉疼痛及慢性病管理医疗服务中心，加快市中医院、二院麻醉疼痛及慢性病管理医疗服务中心建设，提高县域内医疗服务连续性。“五大医学共享中心”高效运行，为基层医疗机构提供有力技术支撑，年度全市影像中心服务量34.1万人次，同比增长20%；心电中心服务量6.1万人次，同比增长16%；病理中心服务量4.3万人次，同比增长10%；市医学检验中心服务量1700万人次，同比增长7%；市消毒供应中心服务量29万人次，同比增长11%。完成全市24个市级重点学科和6个基层特色专科终期验收评审。组织申报嘉兴市级医学重点学科和临床专科，有17个学科专科被列为嘉兴市级医学重点学科、重点专科和基层特色专科建设单位。

爱国卫生

【概况】 年内，组织开展“清洁家园除病媒、健康生活迎亚运”夏秋季爱国卫生专项运动，开展登革热防控暨迎亚运爱国卫生工作，倡导健康文明生活方式，围绕巩固提高病媒生物防制工作水平目标，坚持以人民为中心的发展思想，树立“大卫生，大健康”理念，结合实际，开展各项爱卫工作。

【卫生城市创建】 把国家卫生城市创建巩固工作与生态环境建设、美丽城镇建设、美丽乡村建设等有机融合，补齐短板，推动爱国卫生运动全面开展。2月，完成国家卫生镇评估线上数据填报。4月，完成国家卫生城市线上评估相关资料填报，运用微信小程序完成对国家卫生乡镇量化分级现场评价。5月，完成国家健康城市建设评价数据收集并报送。有序推进广陈镇、林埭镇国家卫生镇创建工作，广陈镇接受暗访。7月，接受省国家卫生城市暗访组暗访评估。8月，爱卫办组织召开巩固国家卫生城市暗访问题整改交办会议，就3个方面25个主要问题，145张问题照片进行详细分析，责任单位行动落实整改。全市74个行政村100%创建成为省卫生村，健康村镇建设有序推进。

【农村改水改厕】 根据《浙江省农业农村厅　浙江省乡村振兴局　浙江省卫生健康委员会关于开展农村户厕问题摸排整改“回头看”的通知》要求，贯彻落实《关于进一步深化“厕所革命”全面推进农村卫生户厕建设工作的通知》要求，2023年重点加强动态管理和督查指导，每季度开展督查暗访和全市通报，共查实沟槽式厕所1处，化粪池盖板未紧闭1处，部分农户户厕登记信息不规范，查实的问题均反馈相关镇街道落实整改。至年末，全市农村卫生户厕普及率100%。继续推进城乡自来水供水一体化，日售水14.1万吨。经对全市24个城乡饮用水水质监测点调查和采样检测，各项指标全部合格，全市农户改水受益率100%。

【病媒生物防制】 按照国家卫生城市标准和《浙江省病媒生物控制水平评估认可管理办法》要求，全市各镇街道及市爱卫会各成员单位开展“六清”（清理积水容器、清理户内外杂物、清理下水道沟渠、清理盆盆罐罐、清理地下车库、清理屋顶楼台）活动，彻底清除四害滋生地。4月，组织开展春季统一灭鼠工作。7月，召开全市病媒生物防制工作专题会议，开展平湖市病媒生物监测培训。8月，召开登革热防控暨迎亚运爱国卫生工作会议，组织登革热防控病媒生物防制督查，分6个组对全市农贸市场、星级酒店、建筑工地、居民区、一般单位、垃圾中转站的除四害工作进行督导检查。9月，召开迎亚运防病媒暨健康素养进农村文化礼堂工作推进会，运用文化礼堂阵地开展病媒生物防制工作宣传。10月，钟埭街道创建为病媒生物密度控制水平A级街道。11月，当湖街道虹霓村等全市18个行政村接受嘉兴市专家组考核，曹桥街道孔家堰村等6个村被评为嘉兴市除四害样板村，新埭镇牌楼村等12个村被评为嘉兴市除四害村。当湖街道明湖熙园等15个小区创建为灭蚊示范小区。

【健康教育与促进】 2023年，平湖市居民健康素养水平为42.7%（标化后为40.4%），其中居民基本知识和理念54.57%（标化后为53%），健康生活方式42.37%（标化后为39.8%），基本技能33.2%（标化后为32.1%）。平湖市健康教育专家讲师团开展健康知识讲座154场,受益5969人次；全市各医疗单位依托高血压日、糖尿病日等卫生节日举办宣传咨询活动117场。全年，自制健康教育科普资料10万余份，统一制作社区海报6期2376张，配送到全市所有社区卫生服务站及主城区各社区。全年，举办健康讲座668场，开展健康指导119场，提供健康服务156场，开展急救培训68场、中医药活动92场，累计受益23735人次；发放健康礼包98种，共计5179份。全市81家农村文化礼堂均开展健康素养促进试点活动。推进健康促进医院、健康促进学校创建，全市3家二级以上医院均创建为健康促进医院；全市44所学校创建为健康促进学校，其中新增健康促进学校（金牌）1所、健康促进学校（银牌）3所。

【控烟工作】 组建控烟工作专班，邀请省疾病预防控制中心健康教育所健康监测科科长徐越在市委党校开展无烟场所建设培训；组织人员到上海市金山区开展控烟工作交流学习。5月30日，由市健康办、市文明办、市爱卫办联合主办的“喜迎亚运　文明同行”平湖市第36个世界无烟日大型主题宣传活动在市职业中专举办。从5月起开展多部门联合暗访督查，每季度对无烟医疗卫生机构进行暗访。推进无烟单位创建，17家单位被命名为2022年度平湖市无烟单位（社区居委会）。开展中国成人烟草流行监测，完成有效调查问卷356户。开展示范性室外吸烟点建设，在市行政服务中心、青少年宫、就业管理服务中心、明湖公园、东湖公园、客运中心、体育中心等场所建设示范性室外吸烟点10个。

（张溢炜　赵勤仙）

社会·生活

人民生活

【城镇居民生活】据对城镇居民家庭的抽样调查，2023年，城镇居民人均可支配收入78218元，同比增长5.3%。其中，工资性收入52704元，增长4.9%；经营净收入7955元，增长6.3%；财产净收入4369元，增长3.5%；转移净收入13190元，增长6.9%。2023年，城镇居民人均消费性支出45785元，同比增长7.5%。其中食品烟酒支出13067元，增长7.6%；衣着支出2151元，增长8.3%；居住支出9823元，增长6.5%；生活用品及服务支出2774元，增长6.3%；交通通信支出8254元，增长7.3%；教育文化娱乐支出4458元，增长9.5%；医疗保健支出3906元，增长8.1%；其他用品和服务支出1352元，增长7.8%。全年恩格尔系数28.5 %。

【职工工资】2023年末，全市“四上”单位从业人员总数为27.83万人，其中女性人数为10.32万人，累计发放从业人员工资总额219.40亿元。2023年，全市“四上”单位从业人员平均工资为92675元，同比增长4.8%。分行业看，工资水平较高的行业为教育业18.68万元，电力、热力、燃气及水生产和供应业15.34万元，信息传输、软件和信息技术服务业13.38万元，分别相当于全市“四上”单位平均水平的2.0倍、1.7倍、1.4倍。工资水平最低的行业是居民服务、修理和其他服务业，为3.77万元。

【农村居民生活】据对农村住户抽样调查，2023年，农村居民人均可支配收入为50249元，同比增长7.9%。其中，工资性收入34328元，增长8.1%；经营净收入为9640元，增长7.3%；财产净收入为2196元，增长8.2%；转移性收入为4085元，增长7.8%。2023年，农村居民人均消费支出为33047元，同比增长12.6%。其中食品烟酒支出9312元，增长12.7%；衣着支出1389元，增长12.7%；居住支出6765元，增长11.8%；生活用品及服务支出2177元，增长12.4%；交通通信支出6502元，增长11.2%；教育文化娱乐支出2909元，增长15.2%；医疗保健支出2927元，增长14.6%；其他用品和服务支出为1066元，增长13.4%。全年恩格尔系数28.2%。

（陶林花）

慈善事业

【慈善资金募集】2023年，市慈善总会捐赠收入为2027.24万元。其中，企业冠名捐赠527.80万元、定向捐赠659.80万元、日常捐赠48.43万元、爱心一日捐捐赠125.28万元、赈灾捐赠28.35万元、乡村振兴捐赠182.00万元、上级转赠39.52万元，善款增值289.39万元。

【慈善资金救助支出】2023年，市慈善总会慈善资金救助支出总额为1845.79万元，主要用于助医、助困、助学、助老、助残等项目，受助人近3.4万人次。

【慈善特色】2023年，在保持日常现金捐赠的基础上，常态化开展冠名捐赠、专项基金募捐、定向捐赠等一系列全民性慈善活动，并借助“2023年助力两个先行浙江慈善专场”活动契机首次入驻“腾讯公益平台”募集善款。

【慈善亮点】平湖市慈善总会获省优秀会员单位和嘉兴市品牌社会组织、“困难老年人营养改善”项目获省慈善事业引导资金激励，广陈镇获评第十二届“浙江孝贤”慈善之乡，独山港分会获省级示范慈善分会。

【对口支援和东西部协作】市慈善总会协同市发改局加强与四川省茂县、丽水市青田县等地区的联系对接，与青田县慈善总会共同谋划实施共富同行“情系库区·助老万里行”项目和2个助学项目，全年累计向东西部结对地区和省内山区26个县捐赠各类（含镇镇结对、村村结对、村企结对及助学、助老支出）资金239万元、物资折价328.65万元。

民政工作

【概况】2023年，市民政局依法依规开展最低生活保障救助、低保边缘救助、特困人员供养救助、临时救助等工作，精准认定各类救助对象。稳步实施提低扩面举措，调整城乡最低生活保障标准为1135元/月，年保障标准达13620元，截至年底，全市共有在册低保对象2201户3076人。全年，发放低保金3410.8万元。全市在册特困人员供养对象252户254人，基本生活标准为22056元/人·年，发放特困人员供养金801.49万元。规范落实困难群众探访慰问制度，探访关爱完成率100%。做好56支农人员、精减退职职工、困难“三老”人员的补助发放等工作，配合开展“飞地抱团”低收入家庭持股增收计划。

【社会救助】2023年，平湖市社会救助工作先后在“全国社会救助工作会议”“全国社会救助与数字化治理交流会”“国低收入家庭经济状况核对业务骨干培训会”“全国社会救助工作培训会议”4次大会上作典型交流发言。相关工作经验在《人民日报》《新华每日电讯》等央媒上刊登。“加强低收入人口动态监测助力‘扩中提低’家庭共同富裕”项目，获2023年度浙江省改革突破奖提名奖。

年内，推进“救助慈善融合发展”省级试点建设，打造“同心向善”场景应用，优化升级“精平扶”应用，进一步归集全市低收入人口信息，提升家庭画像精准度，深化分层分类社会救助体系建设。推进本地低收入人口需求信息向全省慈善组织进行精准推送，协同调动全省慈善资源到本市开展救助帮扶，成功破解慈善组织难以精准发现潜在帮扶对象的传统难题，打造政府救助和慈善帮扶有效衔接助力共同富裕的平湖样板。

年内，牵头推进“弱有众扶”七优享工程，统筹社会救助工作联席会议成员单位，制订出台《推进“弱有众扶”，聚力打造“帮扶暖民”平湖样板工作方案》。深化社会救助服务联合体建设，规范市镇村三级助联体实体运行，推进项目落地实施，开展25个镇级项目140个村级项目。以市委名义出台《平湖市困难群众“共富十助”专项行动任务目标分解表》，深化困难救助“一件事”线上惠民联办，实施家庭经济状况核对提质工程，推进智慧救助体系建设。

【社工队伍建设】持续做好2023年度全国社会工作职业考试工作，新增持证社工688人，其中1人通过高级社会工作师笔试，全市持证社工达3181人。启动第二期品牌社会组织和领军人物专题培养，发布社工督导人才管理办法，启动“林樾计划”第五期社会工作督导人才培养计划，开展老年社会工作和儿童社会工作专项人才高阶培养。年内，新增“星耀南湖”拔尖人才计划社工人才1名。

【社工服务】 开展2023年社工主题宣传周活动，策划开展社工走访关爱、新成立社会工作专委会等八个一系列活动，发布平湖市社会工作督导培养计划同辈督导案例，2篇案例在《中国社会工作》杂志刊登。市镇各级开展各类活动55场，近百篇信息报道在杂志、报纸、微信等媒体平台宣传推广。参加全省乡镇（街道）社会组织服务平台风采展示活动和嘉兴市示范型镇（街道）社会工作站擂台赛，市镇村三级持续开展“邻里节”主题系列活动，表彰优秀社会组织、最美社区工作者等五社优秀典型。

【基层自治组织管理】 推进创新建设“现代社区”金名片试点工作，评选十佳城乡社区议事协商案例，编印《平湖市城乡社区议事协商案例集》，总结提炼平湖城市社区邻善议事协商模式，完成当湖街道梅兰苑社区省级城市社区议事协商创新试点结项验收工作。召开市委社工委第十三次全体（扩大）会议暨五社联动助力一老一小部署会，出台《“五社联动”助力“一老一小”服务实施方案》，相关经验做法在《中国社区报》、“学习强国”学习平台、《嘉兴日报》等媒体平台刊登。承办嘉兴市“居民会客厅”全覆盖建设现场推进会，建成113个村社“大客厅”，实现应建尽建，评选第二批5家示范型“居民会客厅”。以社区服务综合集成为目标，指导镇街道打造社区服务综合体5个，其中新获评省级五星级社区服务综合体1个。推进镇街道社会工作站示范品牌建设，做好民政部乡镇（街道）社会工作站中期评估工作，新增省级五星级乡镇（街道）社会工作站2个，实现社区社会工作室和志愿服务站点全覆盖。开展村社组织工作事务、机制牌子和证明事项规范行动，有序做好广陈镇、乍浦镇等部分村社规模调整工作。开展专职社区工作者优育严管行动，1人获评省社区工作领军人才。启动“微治理人才”培养计划，面向26位社区社会组织负责人、村社居民骨干、专职社区工作者代表开展培养。举办全市村民代表骨干培训班，市镇村三级开展村民代表全覆盖培训。

【社会组织】 联动开展党建引领基层治理综合试点工作，完善社会组织综合党委运行机制，做好社会组织综合党委日常工作和主题教育，其中社会组织党群服务阵地作用发挥经验在嘉兴市社会组织党建工作现场推进上会交流。推进“红社先锋”党建服务品牌创建工作，年内，开展“平和‘社’力量·民生公益集市”专场活动4次，培育并发布“平舞阿姨”自治品牌，实施20个“幸福来敲门”基层治理微项目。推进现代社区“红领社治”社会组织发展体系改革，年内新增AAAA级及以上社会组织9家，发放奖励资金47万元。新增省级社会组织领军人才2人。开展2022年社会组织年度检查，共发出整改通知书81份。多部门联合对9家社会组织进行实地检查。开展行业协会商会高质量发展行动，举办专题培训班。推进僵尸型社会组织清理整顿、打击非法社会组织等专项工作。

12月7日，《邻善之治——新时代农村社区治理现代化的平湖经验》发布
（市民政局　供稿）

推进清廉社会组织建设，制订《关于推进清廉社会组织建设的实施方案》，成立清廉社会组织建设工作专班，发布清廉社会组织建设倡议书。建立社会组织监督反馈建议制度，联动督促整改处置。发挥慈善组织在“五社联动”中的资源撬动作用，年内新设立3个镇街道社区发展基金会和1个企业基金会，支持引导镇街道社区发展基金会通过多种形式支持社区社会组织和服务项目。牵头做好慈善领域“共富同行”计划，帮扶青田慈善工作。组织2家社区发展基金会与专业社工机构结对开展“益路同行”计划，实施专业服务项目2个。加强慈善组织规范活动，审核监督慈善募捐备案11条。

社会福利事业

【儿童福利】 及时上调孤儿和困境儿童基本生活费标准，机构养育孤儿、社会散居孤儿和事实无人抚养儿童基本生活费分别达2485元/月、1988元/月和1988元/月，年内累计发放孤困儿童基本生活费383.7万元。开展儿童福利领域有关资金审计发现问题专项治理工作“回头看”，对全市困境儿童家庭成员、学习情况等进行排查、动态调整，及时完善一户一档信息。加强儿童福利业务培训，举办“暖心护未来”宣传周之2023年儿童督导员、儿童主任业务培训班。营造关心关爱未成年人的浓厚氛围，多部门联合开展“电竞酒店”专项整治、校园周边市场整肃、娱乐场所和宾馆酒店行业执法检查等行动。开展品牌未保站建设工作，对全市各镇街道未保站完成实地检查验收，及时下发补助经费30万元。

【残疾人福利】 严格按照助残扶残补助实施办法，强化动态管理，落实困难残疾人生活补贴和重度残疾人护理补贴的两项补贴发放，年内累计为78315人次发放两项补贴1756万元。开展残疾人两项补贴领域有关资金审计发现问题专项治理工作“回头看”，排查残疾人两项补贴政策落实、补贴资金发放、补贴信息管理等情况。及时发放残疾人集中就业企业超比例安置残疾人就业奖励，举办残疾人集中就业企业送清凉、残疾人就业招聘会等活动，开展“残疾人之家”审核验收工作和助残日活动，切实保障残疾职工合法权益。

【移民帮扶】 截至年底，全市共有移民207户631人，分布在全市47个村社区（含乍浦）。落实大中型水库移民后期扶持政策，在就业、技术培训、生活帮扶等各方面为移民协调提供优质的公共服务和关爱扶持。

社会事务管理

【婚俗改革】 推进婚俗改革省级试点，指导各镇街道结合特色优势形成“一镇一品”，丰富和深化“幸福‘婚’享会”特色品牌，谋划并实施“婚恋会”“婚博会”“婚礼会”“婚辅会”“婚调会”五大专项活动，统筹政府、社会、市场等各方力量参与，常态化开展婚俗特色活动，累计开展各类集体颁证、青年交友、婚博会、水乡婚礼等活动10余场次，惠及2万余人次。注重婚姻家庭关系辅导及调适，落实专业社会组织开展婚前辅导，利用“离婚冷静期”做好婚姻家庭矛盾调解，发布上线简约婚宴菜单，在全市村社家宴中心广泛推荐使用，入选嘉兴市文明办优秀案例。

【殡葬事务】 巩固“身后‘逝’无忧”品牌建设，优化殡葬服务，完善以基本殡葬实施免费、节地生态安葬减免补助、白事简办给予奖励为核心的全流程惠民服务，倡导白事简办理念，推广文明殡葬激励政策，对践行白事简办和生态节地的丧户给予身后“逝”无忧奖励金，完成并启用生命礼敬园，组织做好海葬、壁葬、草坪葬等活动。强化殡葬服务领域安全生产，组织召开清明节期间安全祭扫工作现场会，筑牢安全防线。指导曹桥街道、新埭镇寄存堂完成第三批浙江省公益性节地生态示范点创建工作。

【便民服务】 2023年，市“96345”社区服务中心受理市民各类求助近10万件，市民回访服务满意率99.95%。发挥志愿服务联盟作用，深化“善益行”志愿服务，为特殊群体免费服务费用10万多元。积极拓展乡镇地区便民服务模式升级，加强优质服务商和人员资源统筹，推动构建“15分钟便民服务圈”，让群众享受“专事” 有“专线”的便利服务。

养老服务工作

【服务体系完善】 牵头“七优享”工程“老有康养”项目，制订《推进“老有康养”打造“颐养乐民”平湖样板工作方案（2023—2027年）》，推进和完成各项养老民生实事项目。完善政策体系，推进养老服务设施布局专项规划编制，发布《关于加快建设基本养老服务体系的实施意见》《平湖市开展特殊困难老年人探访关爱服务的实施意见》等文件。落实高龄津贴制度，联合下发《关于规范高龄津贴发放工作的通知》。居家养老服务工作上人大常委会审议，《平湖市建设智慧健康养老示范基地 助力老年友好型城市建设》在《人民日报》刊发。

【养老服务】 优化居家设施布点，推进市级康养综合体建设，异地新建提升东湖、虹桥景苑、北河淡3家照料中心，完成虹桥景苑社区老年食堂及永兴、西林寺社区嵌入式养老服务机构等项目，完成3家乡镇级康养联合体建设。丰富养老服务内容，推进为老助餐服务，为26家村社区照料中心配置智慧餐台、健康检测仪等终端，让老年人便捷享受健康管理、短期托养和就餐服务，扩大为老助餐服务覆盖面。针对独居、空巢、孤寡等特殊困难老年人开展探访关爱，落实1名专职社区工作者或网格员负责常态化探访关爱，对不同风险对象实行红、黄、绿“三色”动态预警管理，分层分类落实定期探访。

【专业能力提升】 推进失能失智长期照护，加强政策落实保障，累计建成认知障碍照护专区12个床位196张，养老机构护理型床位占比超60%。深化智慧养老，推进“互联网+社区居家养老服务”模式，迭代“金平湖智慧健康养老服务平台”功能，畅通微信小程序及24小时服务热线渠道。印发《平湖市2023年度家庭养老床位建设的实施方案》，年内，为符合条件的老年人建成家庭养老床位250张，配置智能床垫、紧急呼叫器、护理床等设备，实行24小时动态管理和远程监护。优化养老护理队伍建设，新建养老护理人员培训基地1家，新增护理员、技师等人才近200人，每万名老年人拥有持证护理员数超25人。

地名工作

【地名文化保护】 深化“金平湖地名+”特色品牌，入选全省第二批地名文化服务与文化建设试点县（市、区）。打造地名文化公益项目，开展地名文化宣讲活动。举办平湖市地名文化探索系列活动，协助做好省级、嘉兴市、平湖市相关书籍涉及本市地名的材料校验工作。配合做好《浙江省标准地名录（第二卷）》《嘉兴地名中的红色印记》书籍出版工作。做好嘉兴市第五批地名文化遗产保护名录的申报工作。东湖、白马堰、白沙湾、陈山、南湾炮台5处地名入选保护名录。做好平湖市第三批地名文化遗产保护名录的筛选工作，完成政协提案《关于擦亮我市地名文化品牌赋能乡村振兴的建议》办理。

【地名数据工作】 以省库地名地址数据质量抽查为契机，对省库地名地址空间位置信息开展自查，完成2536条地址信息导入和8581条地址信息重新定位。做好拆迁8288个拆迁门牌信息比对。完善国家地名库地名数据，为省地名信息库中57条地名补充属性信息，并补充收集照片112张后，申请进入国家库。

【地名公共服务】 承办嘉兴市区划地名工作会议，召开地名专家组会议，更新地名专家组成员。依法依规开展地名审核、网上公示、命名批复、现场验收等工作，年内出具门牌证844本，制作门楼牌31885块。开展钟埭街道路牌更新行动，共更新设置路牌427块。做好路牌点位设置、路牌上门牌号段确定及路牌二维码的生成等基础工作。

（周磊）

关心下一代工作

【青少年思想道德建设】 围绕青少年思想政治教育、社会主义核心价值观教育及红色实践教学基地建设，市关工会发挥全市红色资源厚重优势，依托各类教育基地，联合多个部门、学校，建立关心下一代红色教育联盟，开展一系列教育实践活动。举行清明祭英烈活动。全市“五老”骨干围绕学习宣传贯彻党的二十大精神等主题，开展各类宣讲300余场次，受教育群众和青少年达2万余人次。启动“青少年党史学习月”系列活动，联合多个部门共同打造红色教育。开展第二届“老战士红色宣讲进校园”活动，老战士、最美拥军人物和老教师组成的宣讲团深入校园，开展红船精神教育。系列夏令营活动吸引200多名青少年参与，涵盖法治、军事、红色、科普等方面；开展“八八战略”主题宣讲进校园活动，组织讲师团成员深入全市30多所中小学开展主题宣讲，受教育师生达1.6万余人。会同市妇联、教育局启动全市家庭教育节，开展“‘五老’弘扬好家教好家风”主题活动，依托“长者学堂”“家长学校”，为青少年家长提供科学家庭教育指导。

【社会综合治理】 联合多部门启动第五届“关爱明天·普法先行”青少年法治宣传教育活动。市关工委组织举办3期青少年法治夏令营，对青少年进行禁毒、防范电信诈骗等多方面的宣传教育，受益青少年超百人。开展法治宣传教育，组织“五老”深入基层，聚焦共同富裕、乡村振兴等中心工作广泛调研。3月，全市各级关工委结合“学雷锋纪念日”，开展百余场志愿服务活动。

【“春泥计划”助力成长】 各基层关工委依托“春泥计划”，组织青少年参加寒暑假期间的“春泥计划”各项活动。当湖街道关工委会同各群团组织，在各社区开展家庭教育、安全教育、爱国主义教育、法治教育等实践活动。各镇街道关工委发挥有特长的“五老”优势，组织“五老”志愿者和专业老师对青少年开展硬笔书法、围棋入门、非遗传承、素描基础、唱钹子书等培训。全市百余名基层“五老”骨干依托党群服务中心、文化礼堂、“五老”工作室等基层文化空间，组织引导1万多人次青少年在暑期参与红色教育、文体活动、环保志愿、安全教育等活动。春节和“六一”期间，各级关工委走访慰问新居民家庭和学校少年儿童，开展家庭教育指导。完成“关爱有嘉，福彩助圆大学梦”资助工作。暑假期间，各级关工委与慈善组织合作，对困境家庭青少年及时开展助学。各系统关工委上门慰问结对困境家庭青少年。平湖经开区连续18年开展“金秋助学”活动，并邀请结对学子宣讲。全市关工委积极履行职责，为青少年提供关爱和支持。

【“传帮带”品牌传承】 深化老干部“传帮带”年轻干部工作，各镇街道和机关部门，结合实际，安排本单位领导干部和老干部与青年干部结成对子，发挥老同志的传帮带作用。通过开展小型多样的座谈交流、学习讨论等方式，

3月28日，平湖市关心下一代红色教育联盟成立暨“红船向未来　奋进新征程”大中小学思政教育一体化主题教育活动启动仪式举行

（市关工委　供稿）

帮助解决青年干部思想认识和工作中碰到的实际困难和问题，广大青年干部主动汇报思想、学习和工作情况，主动关爱老干部身体健康。人大常委会机关“五老”和结对年轻干部一起开展党的二十大精神学习交流。

【基层队伍建设】完善市关工委特约信息员交流机制，构建党建统领、职责明晰、多跨协同的关工委工作体系。市关工委领导深入基层，与党委领导和常务副主任对接，推进“五好”关工委创建工作，并印发三年活动实施方案。同时，宣传全国“最美五老”姚爱英的典型事迹，推动“网格＋党建＋关工”新模式，探索团、队、室、组等立体式“五老”组织模式。围绕“五好”关工委建设、“五老”作用发挥、家风家教弘扬和青少年心理健康教育等课题开展专题调研，发现典型并及时推广。通过“平湖关工委”“平湖老干部”等平台及时推送活动信息，多篇信息被上级微信公众号推送。2023年，中国航天科普馆入选全省关心下一代教育基地和全国关心下一代党史国史教育基地。市关工委获《中国火炬》宣传工作先进单位称号和“关爱明天·普法先行”全国青少年法治宣传主题教育活动优秀组织奖。“五老”姚爱英获评2023年度“最美浙江人·浙江骄傲”年度人物和2023年第四季度“中国好人”。

（朱加宝）

民族·宗教

【概况】2023年，全市常住少数民族2998人，涉及27个民族成分，其中人数排前五位的民族分别是壮族779人，土家族533人，苗族344人，满族275人，布依族195人。流动人口少数民族23396人，涉及46个民族成分，超过千人的有6个，分别为土家族6446人、苗族4455人、彝族2718人、壮族1990人、布依族1324人、回族1033人。

【宗教概况】全市有宗教团体4个，分别是平湖市佛教协会、平湖市天主教爱国会、平湖市基督教“三自”爱国运动委员会和平湖市基督教协会。全市登记开放宗教活动场所19处，其中佛教10处、道教1处、天主教2处、基督教6处，可以进行集体宗教活动场所1处（平湖市虹霓穆斯林礼拜点）。有宗教教职人员共128人，包括佛教103人（其中比丘尼4人）、道教2人、伊斯兰教1人（持有省伊协颁发的讲道证1人）、天主教3人（神甫1人、修女2人）、基督教19人（其中牧师3人、教师1人、长老5人）。

【民俗与宗教活动】全市纳入登记编号管理的民间信仰场所33处。持续推进民间信仰活动场所“民俗＋引领”“民俗＋品牌”“民俗＋融合”三大行动，精心采编《马厩景公大王传》《龙旗龙伞舞》《施公镇海》等民间民俗节目。11月20日，举办浙江省“民间民俗·多彩浙江”马厩大王庙庙会，开展“之江问道·一览非遗”民间民俗活动8场。11月28日，平湖市民间信仰管理工作经验在全省民间信仰“一场所一景观一故事”工作交流活动上作典型发言。马厩大王庙被评为2023年第一批浙江省民间信仰规范化场所。市民宗局会同公安局、当湖街道等单位，与伊斯兰教礼拜点负责人及管理小组成员常态化开展谈心谈话和宣传教育，指导穆斯林礼拜点于4月22日举行开斋节、6月29日举行古尔邦节。

【“三项计划”开展】推出现代社区民族“1356”工作机制，举办“民族同心共学共富”公益性职业技能培训班2期，开展志愿服务20余次，帮扶对象30余人，就业培训106人次。8月16日，举办“之江同心·石榴红”民族班教师队伍民族事务治理综合素能专题授课，5月，开展“浙里石榴红”民族团结进步教育送教进校系列活动11场，覆盖全市各镇街道。7月6—14日，开展平湖市石榴红夏令营等各族青少年交流活动，协同做好新疆内职班工作，推动各民族学生交流交往交融成为常态。9月19日，举办茂县—平湖“山海情·一家亲”铸牢中华民族共同体意识工作交流会，打造平湖茂县石榴红共富驿站，实施“一站式”异地服务举措。

【民族团结】 7月7日，在市社会主义学校召开铸牢中华民族共同体意识研究基地和嘉兴市民族工作重点镇（街道）、学校协调合作机制座谈会，牵线建立协调合作机制。10月26日，邀请中央党校教授王小彬作铸牢中华民族共同体意识专题授课。12月29日，成立平湖市民族团结进步促进会，并开展“之江同心·石榴红”民族团结进步故事微宣讲活动。指导中国航天科普馆、平湖市老李石榴红工作室成功创建省级民族团结进步创建重点培育单位。

【宗教中国化工作】 办好“之江同心·正信正行”平湖市宗教界学习贯彻党的二十大精神主题讲座、平湖市佛教“一寺一品”场所建设推进会，举办2023年佛教教职人员轮训班。7月25—26日，举办深入推进全国宗教中国化学术研讨会暨“之江问道·平和报本”纪念弘一法师文化论坛，中国佛教界会、浙江省佛教协会等高僧大德近300人参加。教育引导宗教界人士及信教群众为促进社会和谐做出应有贡献，全市各宗教团体、宗教场所弘扬宗教“善”文化，分别开展春节走访困难群众、重阳节慰问孤寡老人、开学季帮扶困难学生等系列社会公益慈善活动，向“12·18”甘肃地震灾区捐赠122650元善款。钟埭耶稣堂被评为省级宗教中国化活动场所。市民宗局被评为2023年度全省民族宗教工作成绩突出单位。

12月29日，平湖市民族团结进步促进会成立大会暨第一次会员会议召开
（市民宗局　供稿）

【基层治理】 重视宗教活动安全保卫工作。2023年，共办理宗教事务行政许可7件。与市公安局、消防大队、市场监管局等部门开展民宗领域联合专项检查5次。用好“浙江掌上宗教”“浙里民宗快响”等数字化平台。全市18个宗教活动场所被评为嘉兴市级平安宗教活动场所，报本禅寺被评为浙江省平安宗教活动场所和省级宗教活动场所消防安全标准化管理“百优争创”活动优秀单位。开展新一轮宗教团体和宗教活动场所财务检查工作，组织全市宗教教职人员专题学习《浙江省平安建设条例》《全国汉传佛教寺院共住规约通则》等。

（胡戴靓）

新居民事务

【概况】 2023年，市流动人口管理服务中心围绕中心服务大局，通过常态化融入、科学化管理、数字化服务，形成“党政主导、部门联动、村社参与”的流动人口治理新格局，有效提升社会治安掌控力、人民群众安全感、满意度。

至年末，全市登记在册流动人口279524人，同比增加18884人，增幅7.25%，其中未成年人25744人，同比增加375人，增幅1.48%。流动人口来自全国各个省、自治区、直辖市，流入人口数排名前五的省份依次为安徽、河南、四川、贵州和云南，共计172424人，占总数的61.68%。

【党建共治】 根据流动人口集聚特点建立健全组织，为流动人口党员“安家筑巢”，建立安徽孤堆、丽水庆元、重庆奉节、新疆等四个以流出地籍贯为单位的流动党支部。强化党建联建优势，新仓镇与安徽省淮南市孤堆回族乡在原党建共建共管的基础上，签订新的党建联建协议。淮南市孤堆回族乡驻平湖市新仓镇流动党员党支部和联盟医院签订协议，开创流动人口异地就医、费用结算新模式，每年为1000多名流动人口代收医保费、代办医疗报销。发挥好流动人口党员先锋模范作用，开办“国家通用语言”培训班，选拔精通“维汉”双语的新疆籍党员担任辅导老师，帮助在平少数民族群众打破语言交流壁垒。全省公安党建共建引领涉疆服务管理工作交流活动在平湖举行，工作经验获省委常委、政法委书记王成国，副省长、公安厅厅长杨青玖等领导批示肯定。

【流动人口管理】 强化流动人口专职协管员配比，按照嘉兴市不低于上年度末流动人口登记数1000：1的标准，全市共配备流动人口专职协管员291名。不断完善流动人口专职协管员工作硬件设备，投入81万元，更新流动管通设备，提高流动人口信息采集登记效率。结合“护航杭州亚运”等各项维稳安保工作，在全市组织开展流动人口和出租房屋“大排查、大起底”等专项行动，滚动开展流动人口基础排查整治，建立流动人口信息维护工作群，实现数据互通共享，最大限度摸清底数，消除安全隐患，实现“人来登记、人走注销”。以提高流动人口“三率”为抓手，加强线上+线下常态化督查，落细抓实督导考核，查漏补缺，以考促干。利用流动人口知乡音、知乡情、知乡俗的优势，组建乡音网格走访团，建立乡音走访团工作机制。开展网格走访、矛盾纠纷调处化解、反诈、交通安全宣传等工作，持续探索流动人口以新带新、以新管新、以新治新工作模式，为全市反诈指数位居嘉兴第一、交通事故死亡人数“五年连降”做出积极贡献。

12月6日，“同绘新蓝图 共享新家园”活动举办。图为优秀新居民颁奖仪式（市流动人口管理服务中心 供稿）

【服务管理工作】 进一步深化新居民量化积分服务管理工作，与市公安局、教育局、政务数据办等相关职能单位积极研讨，完善《平湖市新居民量化积分管理实施细则》，实现部分积分指标全省通用、跨市互认，确保积分管理科学公正、新居民享受公共服务公平有序，提高新居民量化积分服务水平。2023年，受理入学积分3389人（其中幼儿园752人、小学1528人、初中1109人），学历教育补贴积分13人，租房补贴积分156人，积分贷款4人。升级打造服务平台，新仓镇党群服务中心整体提升改建，突出服务流动人口和流动党员功能，打造成为以“共建共治共享”为核心理念的流动人口管理服务平台。5月9日，集矛盾纠纷调解驿站、党员事务办理平台、新老居民议事厅、童趣时光游戏区等多功能于一体的新嘉园党群服务中心在新仓老街揭牌亮相，组织“周末嘉”和“小芦意”公益课堂16次，服务流动人口党员群众600余人次。实现异地服务跨县通办。庆元县龙溪乡驻嘉平创业人员党支部联合嘉平异地便民服务中心，与两县社保、医保、财政、卫健等部门对接，实现庆元县参保人员首次异地免费体检、异地办理第三代社保卡等服务，享受异地免费体检700余人，办理第三代社保卡累计1300余张，实现流动人口共享基本公共服务新路径。

（张琴燕）

退役军人事务

【概况】2023年，市退役军人事务局以持续提升服务保障水平为抓手，以主题教育促进各项工作为主线，聚焦中心、服务大局，推进退役军人事务和双拥工作高质量发展。平湖退役军人事务标准化试点成为全国退役军人事务系统首个通过国家标准委评估的标准化试点项目，市局起草的浙江省地方标准《退役军人事务服务规范》正式发布成为浙江省地方标准，是全国第一个退役军人事务综合服务的省级标准。退役军人事业发展“十四五”规划中期完成情况获省退役军人事务厅调研组肯定，市退役军人事务局关工委工作在嘉兴市关心下一代工作会议上作典型交流发言。

【双拥工作】承办好市委退役军人事务工作领导小组暨市双拥领导小组会议，统筹部署推进退役军人事务和双拥工作。印发市委退役军人事务工作领导小组2023年工作要点和议事规则，细化目标任务，确保退役军人重点工作任务扎实有序推进。市双拥办以纪念延安双拥运动80周年、新一轮浙江省“双拥模范城”创建为契机，推进拥军优属拥政爱民各项具体工作。发挥军民融合、军地衔接的优势，驻平各部队与镇街道、部门单位签订军地共建结对协议书，建立军地双向支持需求“双清单”机制，开展文化、科普、卫生、法律“四进军营”活动，春节和八一期间，市领导带队走访慰问部队，端午节和中秋节，市民营企业拥军协会走访慰问部队。组织驻平部队春秋两季36名退役士兵参加“乘风破万里　奋进新征程”退伍季走进“第二故乡”活动。创新开展平湖市“双拥印象之‘履’”系列研学活动，精心设计双拥研学精品路线，将双拥红色地标变为平湖市开展崇军教育、国防教育、英烈精神教育的教学现场。年内，组织开展双拥研学活动25场，参与1200余人次。2023年，命名第二批“崇军教育基地”10个、聘请红色讲解员10人。会同当湖街道建设双拥主题绿道，打造“双拥桥”“双拥亭”。开展“守护红色根脉”系列活动，组织老战士红色宣讲团8名成员分批到大中小学校开展红色宣讲20场次，受教育学生9440人。市退役军人关心下一代、双拥教育精品线路研学二项工作均获嘉兴市退役军人事务系统2023年创新工作项目奖。

【退役安置】召开市退役军人和军队离退休干部安置领导小组专题会议，及时和各有关单位沟通协调对接安置岗位，完成接收安置转业干部、符合政府安排工作条件退役士兵的任务。

【培训创业】做好春秋两季自主就业退役士兵适应性培训和技能培训。制订市退役军人市场主体“共富大走访”活动方案，会同各镇街道和相关银行对全市2000余家退役军人市场主体开展走访；联合市就业管理服务中心、农商银行举办退役军人创业者代表“亲清夜沙龙”。春节后，举办退役军人就业创业导师经验分享暨精准对接就业岗位招聘会，市级层面举办退役军人招聘

4月28日，平湖市“双拥印象之‘履’”系列研学活动启动仪式在独山港镇红色转角湾举行　　（市退役军人事务局　供稿）

会3场，镇（街道）层面举办招聘会8场，合计参加企业90余家，提供岗位近800个，共参加退役军人（军属）230余人。

【抚恤优待】 按照全面调查摸底，优化操作流程的原则，严格审核把关申办资料，确保退役军人建档立卡和优待证制发工作常态化有序开展。动态做好省优抚服务应用管理系统享受国家定期抚恤补助对象信息维护工作。会同各有关部门出台退役军人享受公共交通、文体旅游等优待具体措施，将相关优待项目落实到位。组织3批次优抚对象共144人到省荣军医院开展短期疗休养。崇军商家联盟扩展到200余家，涵盖餐饮酒店、百货商超、体育场馆、影院等领域的优待。会同市卫健局出台退役军人等特定对象就医优待措施，为特定对象（指军人及军人家属、退役军人、烈士遗属、因公牺牲军人遗属、病故军人遗属）提供便捷就诊流程和暖心医疗服务。发放各类抚恤补助资金。自4月1日起，根据上级政策对老复员军人、伤残军人等重点优抚对象抚恤补助标准进行调整。及时按规定发放2023年自主就业退役士兵一次性经济补助金、现役义务兵家庭优待金，落实好企业军转干部有关政策。调整优化全市50多名困难退役军人结对方案，会同镇街道动员部分国企和爱心民企将帮困措施落实到户，发挥好“荣晟崇军基金”和临时救助机制作用。

【褒扬激励】 组织开展2023年平湖市“最美退役军人”“最美拥军人物”“最美老兵团队”推选宣传活动，选树表扬“最美退役军人”12名，“最美拥军人物”8名，“最美老兵团队”5个。全市退役军人发挥先锋引领作用，军创企业浙江埃能德电气有限公司董事长陆爱根、平湖市通用电气安装有限公司职工柳青被省厅评为“全省退役军人就业创业成绩突出个人”，坚持关爱退役军人、扶困助残的退役军人企业家冯荣华获评省“最美退役军人”，广陈镇山塘村“兵支书”金健东被省委评为“担当作为好支书”，曹桥街道绿野果蔬合作社负责人朱卫和林埭镇徐家埭村“兵支书”刘建群被评为2023年度嘉兴市劳动模范。3月19日，新华社全媒体头条以《沉默的英雄，无声的奉献——老战士罗锦文深藏功名的“平凡”人生》为题，推出解放战争时期光荣负伤、身体里留有子弹、深藏功名74年的平湖市97岁老复员军人罗锦文事迹。4月，市政府分管领导和市人武部领导上门慰问现役军官陆振兴父母家庭并送上“二等功臣之家”牌匾。八一前夕，命名平湖振扬中医院为平湖市首家崇军医院，为现役军人、退役军人及其他优抚对象提供医疗优待服务。烈士纪念日前夕做好走访慰问烈属工作，共走访烈属10户12人。在本市主流媒体开辟双拥宣传栏目，在市区设置部分双拥公益广告牌，运用公交车车身、大型商场的大屏幕宣传双拥精神。2023年，在《中国退役军人》等国家级新媒体共刊登21篇，被省厅网站、微信公众号录用236篇，录用量全省县（市、区）排名第一。11月20日，央视四套《走遍中国》栏目“新360行”节目用6分多钟专题播出平湖市退役军人工作。

【服务管理】 推进省级枫桥式服务站创建。实现市、镇街道退役军人服务中心（站）全部创建为省“新时代枫桥式退役军人服务站”。巩固提升市、镇街道、村社区三级122个服务站，新命名浙江省“新时代枫桥式退役军人服务站”2家（当湖街道、新仓镇中华村），累计21个村社区成功创建省“新时代枫桥式退役军人服务站”。当湖街道退役军人服务站完成迁址改造并创建成为省级“新时代枫桥式退役军人服务站”。浙江荣晟环保纸业股份有限公司退役军人服务站被命名为2023年省“新时代枫桥式退役军人服务站”（延伸建站类）。开展村社区服务站星级评定，对全市39个争创星级服务站进行评估明确服务星级。在113个（村区）退役军人服务站基础上，健全村社区以下微网格，打造“崇军之家”服务点228个，聘任“老兵班长”（轮值站长）244名，强化网格服务管理，培育47家“崇军之家”重点网格点阵地建设，经验做法被《中国退役军人》杂志探索创新栏目报道，退役军人事务部调研组予以肯定。8月，在市委党校举办全市基层退役军人工作者业务能力提升集训班,参训学员139名。在嘉兴市退役军人事务系统岗位练兵大赛中平湖队获团体第三名。实施“致敬·光荣之家”项目，用好社会组织力量，开展个案辅导和组团活动，为退役军人提供专业化、精细化的服务。市双拥办组织民营企业拥军协会、双拥文艺协会为部队官兵送上八一慰问演出，中秋、端午走访慰问驻平湖官兵。组织嘉兴市蓝天国际旅游有限公司、腾飞杨氏太极拳俱乐部、市老年大学合唱队到驻平湖某部开展“军民心连心”文艺会演。开展“我为老兵办实事”活动，市、镇街道、村社区三级为老兵办实事45件，独山港镇龙吟社区创新成立“拥军食堂”、新仓镇新庙社区赠送“老兵药箱”的做法被退役军人事务部网站和中国双拥网等平台报道。

（陈杰）

人力资源和社会保障

综　述

【基本情况】 2023年，市人力社保局聚焦三个“一号工程”、“十项重大工程”、四敢争先、共同富裕等中心工作，聚力稳就业、强保障、聚人才、促和谐，推进人社事业高质量发展。以全省第十一、嘉兴第二的成绩，获评省市两级人社系统考核优秀单位。相关工作获副省长张雁云等省市县三级领导批示肯定。

【工作实效】 持续推进“双随机、一公开”监管工作，实施行政检查7次，抽查企业41家。严格行政执法信息公示，政务服务网主动公开2宗行政处罚信息，接受社会监督。落实行政规范性文件合法性审核机制，出台5份规范性文件，清理评估规范性文件41份，宣布废止失效规范性文件7份。全年，发生行政复议和行政诉讼共8起，已决5起行政争议零败诉(纠错)。健全信息公开制度，对7件依申请公开政府信息的答复率达100%。完善人社部门依法分类处理群众诉求清单，全年接收各类信访案件931宗。

人才工作

【人才项目服务管理】 申报国家、省级人才项目，省级创业类1个项目进入实地考察环节。申报“星耀南湖”人才项目16个、直接纳入项目4个，全年，10个项目获评嘉兴领军头衔。开展平湖领军快速评审，评出项目6个。开展领军企业初中期评估工作，分别对19家初期评估企业、19家中期评估企业开展评估工作。

【专业技术人才管理】 深化职称制度改革，指导卫生、工程、中小学、农业技术等重点领域的评审改革工作。推进民营企业自主评聘工作，全年新增2家企业，累计共有8家纳入企业自主评聘试点范围。实施工程师提升工程，全市开展线上线下职称培训8场，培训800人次。开展第七批专技带头人选拔工作，选拔出第七批专技带头人57人，组织到南京大学联合举办高级研修班。组织教育、卫生、农业等专技人才到青田开展专家服务。累计培育各类专业技术人员3261人，其中初级1979人，中级987人，高级295人。组织二级建造师职业资格和社会工作者职业水平考务工作，分别涉及考生1326人、3256人。

【基础性人才招引】 加大外出招才力度，实施“企业+院校”双向融合协同引才，开展校园招聘77场，线下组织182家次企业到江西、黑龙江、湖南、安徽等11个省份高校开展校企对接和校园招聘活动，签订《校地合作协议》78份，授牌合作高校45个，新聘请举贤大使2人。鼓励企业参与名校优生社会实践活动，组织北京林业大学、西安工业大学等10所高校1324名大学生到平湖开展社会实践。新建省级博士后工作站3家，新进博士后19人。全年，引进青年博士研究室54人、青年硕士研究室463人、青年大学生9000余人。

【技能人才培养机制】 加快推进一流技师学院打造，推进技工院校招生工作，完成技工院校招生1775名，其中平湖技师学院完成全日制招生723名，嘉兴交通技工学校完成全日制招生387名，完成新型学徒制等非全日制招生665名。支持职业院校与中西部地区、山海协作对口地区联合招生、合作办学，与青田成立山海协作电子商务师实训基地，与河北邯郸连续第二年开展跨区域合作办学，完成招生100名。建成全省首家高技能人才之家，首批入驻4个技能大师工作室。

【技能人才培育载体】 深化技能人才培育“一意见一行动”，发布技能培训项目制清单和紧缺职业工种目录，开展职业技能社会培训和企业技能等级自主认定工作，新增自主评价备案企业21家，累计备案企业124家；累计开展职业技能培训2.77万人次，新增技能人才9410名，高技能人才4180名，技能人才占从业人员比重36.68%。

【职业技能竞赛】 连续第19年举办平湖市职业技能竞赛，竞赛开设养老护理员、快递员、行政办事员等6个一类项目和保育员、电子商务师等7个二类项目。累计526名企业职工参加技能比赛；共有12人获嘉兴市级竞赛前三名。首次承办国家一类职业技能竞赛——第五届全国智能制造应用技术职业技能大赛模具工项目决赛，承办省级各类技能大赛，3名选手通过技能竞赛获“全国技术能手”称号，3名选手获“浙江省技术能手”称号。

5月6日，“嘉兴工匠日”系列活动启动仪式举行

（市人力社保局　供稿）

【第六届“才聚金平湖·引领新崛起”创业创新大赛】 围绕高端装备制造、生物医药、集成电路、新材料、新能源及电子信息领域的行业赛，经济技术开发区、独山港经济开发区、新埭镇、新仓镇和广陈镇总计60个人才项目参与行业赛，涵盖海外项目和青年人才项目20余个。每场行业赛评选出6个奖项。

【人才服务保障】 承办“518嘉兴人才日”启幕仪式暨首届赛艇精英邀请赛、人才面对面活动。围绕人才安居环境，出台青年人才驿站筹建工作方案、人才公寓租住管理暂行办法，发布人才购房补助实施办法，建设青年人才驿站3家，改革覆盖实习、求职、就业等各阶段的人才安居体系。制定并发布《人才服务体系建设规范》等三个团体标准。出台《平湖市人才发展资金使用管理办法（试行）》，以先行兑付方式进行相关资金支付。发挥人才之家人才服务特色阵地作用，举办人才活动66场，接待高层次人才8896人次。持续提升“人才码”服务实效，累计拓展餐饮住宿、景区游览等251个线上线下场景，全库人才超11万人，平台服务人才超22万次，日均使用600人次。

9月11日，《人才服务体系建设规范》等三个团体标准发布
（市人力社保局　供稿）

【数字化管理】 塑造“监管+服务”双模式的人力资源监管平台，实现对人力资源市场的风险预警，动态监管和智慧服务。迭代升级“用工保障”应用，启用零工市场、招工圈等子场景，通过“招工圈”子平台562名员工被引荐成功与企业签订劳动合同，发放入职、稳岗补贴36.6万元，平台点击率位于嘉兴市已上架应用前列。推进人才公寓数改项目“才易居”升级，实现“在线选房”“租金补贴”等业务全线上办理。

就业创业

【企业用工保障】 出台《关于春节期间稳企稳岗促生产的若干意见》，首创鼓励个人推荐奖励，实施政府与企业“以老带新”双向补贴。深化省际劳务协作，组织62家重点企业到云南昭通、河南濮阳、湖南怀化等5个省7个市举办劳务协作专场招聘会18场，签订人力资源战略合作框架协议11份，培育域外优质劳务输入点6个。开展就业援助月、天天招聘会、退役军人、女性就业、残疾人等系列专场招聘活动。全年，共举办各类招聘会196场，服务重点企业2560家次，提供就业岗位6.3万个，城镇新增就业1.5万人。

【重点群体帮扶】 推动在专业市场建零工市场，在公共服务阵地建零工驿站，完成3家零工市场和30家零工驿站建设。出台《平湖市零工市场考核办法》，引入第三方服务机构参与市场建设和运营管理。全年，累计举办零工集市招聘会64场，595家用人单位提供就业岗位5400余个。推广“重点群体就业帮扶在线”平台，实施帮扶进度周通报，健全就业困难群众实名制帮扶名单，安排服务专员提供“一对一”就业指导服务。优化《就业困难人员认定办法》，加大帮扶力度。全年，帮扶就业困难人员实现再就业2198人，离校未就业高校毕业生和就业困难人员帮扶覆盖率均为100%。发放就业困难人员灵活就业社保补贴3333.44万元。

【创业创新】 重点关注毕业五年内高校毕业生、退役军人等重点群体创业情况，精准推送创业扶持政策。全年，扶持创业300

7月26日，2023年平湖市高校毕业生就业服务月启动仪式举行
（市人力社保局　供稿）

人，发放创业担保贷款2175万元。推动创业孵化示范基地扩容提质，平湖经济技术开发区科技孵化创业中心被认定为第五批省级创业孵化示范基地，平湖市国际电子商务产业园成功通过省级创业孵化示范基地复评。持续推进“1+3+N（n）”返乡入乡合作创业组织模式［“1”是指村党组织，“3”是指村经济合作社、合作主体、专业协会，N（n）是指自负盈亏的创业大户、农户，最终实现农民增收、集体经济增强、企业盈利］，林埭镇徐家埭村棒球乐园项目获浙江省第二届返乡入乡合作创业大赛嘉兴市选拔赛第二名。连续两年获评推进农民工返乡创业成绩突出单位。

【公共就业服务】 深化市镇村三级就业服务网络建设，新增25家单位获评嘉兴市级共同富裕高质量就业示范社区（村）。开展高校毕业生等青年就业创业政策宣传周活动，印发《就业创业政策文件汇编》。开展高校教师平湖行、高校毕业生职业规划讲座、联谊活动、见习基地业务培训等高校毕业生就业服务专项行动。

社会保险

【参保扩面提质】 规范城乡居保经办业务规则，明确自2023年起残疾人参保实行政府代缴，选择最低缴费档次的全额代缴。实行税务“统模式”征收，加强多部门联动，推动社保缴费“一厅联办”“一窗通办”。统筹梳理城乡居保待遇中发放高龄补贴人员，做好与民政的移交工作。城乡居保基本养老保险基础养老金标准从320元调整到340元。全年，净增参保4084人，本地户籍人员法定参保率达98.76%。全年，累计为19.8万名退休人员发放养老待遇60.1亿元，完成退休认定8186件、工伤认定2511件、劳动能力鉴定1787件。

【宣传引导服务】 携手6家合作银行全力打造“社银通”新格局，在全市设立98个社银合作网点，将网办端口嵌入32台银行网点自助机，实现8个镇街道全覆盖，64项人社业务延伸至银行合作网点。推行银行专窗人员业务培训和专业化实训，累计办理社保业务2.6万余笔。推动社保卡“一卡通”工作，新增实体社保卡持卡人数1.9万，新增电子社保卡持卡人数3.46万；启动“社保服务进万家服务”，推进参保扩面，鼓励引导灵活就业人员、新业态从业人员等积极参保。全年，累计举办社保政策宣讲会17场，发放宣传折页2.9万册，发送点对点个人信息30万条。

【社保政策】 完善社保政策、经办、信息、监督“四位一体”风险防控体系，强化人防、制防、技防、群防“四防”协同，提升基金管理水平，切实维护基金安全。开展数据核查，开展各险种违规参保、违规领待、死亡冒领、“假人”骗领、服刑人员违规领取养老金等疑点数据筛查。开展失业保险基金管理问题专项整治工作。严格制度执行，规范基金支出，延伸加强对镇街道业务管理。开展工程建设领域工伤保险专项整治活动，对近90个项目进行实地或书面检查，全年查处4起疑似工伤骗保案件。

（陈妮）

医疗保障

【概况】 2023年，市医保局树立医保服务是民生管理、是增值服务、是创新要素的大服务理念，持续以各项改革推进“三医”协同。年内，基金平稳运行，深入实施精准扩面，实行参保数据动态管理。2023年，职工医保参保共39.73万人、居民医保参保共17.10万人，本市户籍人口医保参保率99.71%。各项基金运行平稳，其中职工基本医疗保险收入21.24亿元、支出19.56亿元，累计结余25.43亿元，居民基本医疗保险收入3.27亿元、支出3.89亿元，累计结余1.28亿元，长期护理保险支出4096.69万元，累计结余15902.73万元。

【医保待遇落实】 2023年，累计资助8184名重点人员参保，资助（补贴）金额523万元，医疗救助9.58万人次，救助金额1674万元，医疗救助政策落实率100%。通过医保暖心无忧基金，将困难人员年度个人自付医疗费用化解在3万元以下、家庭自付医疗费用化解在5万元以下，共涉及4人，合计化解5.08万元。嘉兴大病无忧商业补充医疗保险参保36.14万人，参保率66.05%，赔付10.98万人次，金额2863.88万元。深入推进长期护理保险创标提效，全年待遇享受3976人，发放待遇4024.01万元，新增评定1442人。

【医保改革有序推进】 医保支付方式、医疗服务价格、药械集采三项改革综合推进，提升医保治理体系和治理能力现代化水平。施行DRGs点数付费改革，全市18家开展住院业务的定点医疗机构，DRG病组入组率100%。通过DRG付费，全年为全市医院增加拨付6561万元，助力医院高质量发展。药械集采成果进一步巩固，共涉及药械品种450余种，平均降幅达50%以上，大幅降低疾病治疗成本，减轻患者就医负担。

【医保服务便捷规范】 落实“七优享”工程，实施医保增值化服务。建成“10分钟医保服务圈”，自助服务机实现全市各镇街道全覆盖，超80%的医保服务事项实现线上办，全年办理27.73万件。全年，全市门诊报销1296.66万人次，住院报销15.86万人次，所有定点医院、药店全部开通跨省联网结算。全年，49.33万人次省外就医联网结算，减少患者垫资2.42亿元，住院费用跨省直接结算率超89.94%。

【基金监管】 开展打击欺诈骗保专项整治，创新实施医保基金小规模飞行检查，率先开展医共体医保行业自律建设，积极发挥网格化管理的作用，实现日常监管全覆盖。2023年，追回违规金额794.28万元，责令定点医药机构整改1家，暂停结算1家，行政处罚6家，奖励举报投诉1人，移送公安处理5人。

（任萍）

人事管理

【企事业公开招聘】 优化事业单位人才结构，指导监督部门单位做好社会公开、高层次紧缺人才和校园招聘等招考工作。推出事业单位人员集中招聘计划70个，录用报到68人；指导教育卫健系统共组织各类招聘21场，推出招聘计划1075个，办理录用报到手续316人；教育、卫健系统向定向高校输送47名委培生，接收办理报到10名定向委培毕业生；协助市退役军人事务局安置1名退役士兵为事业单位工作人员。指导、监督全市机关单位编外招考，审核发布编外招考公告57个，推出招聘计划583个。

【人事日常管理】 规范开展岗位设置、聘用审核，为18家部门（单位）办理岗位设置，为374家事业单位进行岗位聘用调整备案1406人，核准事业单位人员职称申报岗位信息395人，办理交流调动审批68人、交流报备250人、机构改革人员划转4人。运维事业单位人事工资管理服务平台，实现事业单位人员进出、岗位设置、岗位聘任、工资管理、考核培训、奖励处分等各项业务“一网通办、智能监管”，人员基本信息实时更新；与市财政局、公积金中心等6部门联合推进工资数据全归集、工资数据协同运用、工资数据考核抽查、工资数据监督管理等工作，实现事业单位人事工资核心指标实时统计分析，单位信息准确率、人员信息准确率、工资信息完整度均超99%；实现事业单位人员工资发放数据全口径上报，事业单位月度工资申报率100%。

【收入分配规范化】 出台公立医院薪酬制度改革实施方案，完善全市公立医院薪酬制度。指导部门落实处分人员年度考核结果等次确定、岗位调整、薪级变动、扣发奖金等工作。2023年，全市参与考核9239人，其中优秀1685人，涉及事业单位处分人员28人，其中警告处分11人，开除1人。全年，完成事业单位岗位聘用调整共1406人的工资审批。

和谐劳动关系

【政策宣传引导】 深入开展普法宣传教育，安排业务骨干到所有乡镇（街道）开展各类政策法规宣传活动16场（次），组织约1600名项目负责人、企业安全生产管理员、企业人事经理等参加普法培训，发放各类法规资料3000余份，在局微信公众号发布12期以案释法。推广电子劳动合同，全年，新增电子劳动合同16899份，合同覆盖率增长9.9%。开展劳动用工体检2076家，薪酬调查179家，组织劳动关系协调员培训480人。完成特殊工时行政许可327件，作出劳务派遣经营、变更、延续、注销行政许可175件。发动1284家企业参与和谐劳动关系创建。推进完成新业态平台企业和谐劳动关系考核评价标准制订嘉兴试点。

【重点领域专项整治】 抓实"关键节点""关键领域""关键环节"根治欠薪问题，推进"无欠薪金平湖"城市品牌建设，受理举报投诉2525件,同期下降5%，实现五年来的首次下降，其中群体性劳资纠纷228起，建筑业占比达71.5%，共为9900余名劳动者讨回欠薪1.1亿元。开展人力资源企业用工整治行动，检查人力资源企业30家，发出询问通知书8份、限期改正指令书3份，口头整改8家，规范全市人力资源市场。开展租赁企业（无证作坊）专项整治行动，重点对新埭、独山港、林埭镇的租赁企业（无证作坊）的用工行为集中开展重点整治，检查企业88家，发出整改指令书13份。持续推进建筑领域"六项制度"落实，制定完善建筑业欠薪保证金收支取流程，163个项目规范缴纳欠薪保证金，检查89个在建项目的台账资料，帮助25个在建项目完善实名制考勤制度。

【应急处置】 联动各镇街道劳动监察中队、综合治理中心，构建市、镇两级投诉"20分钟必达圈"，确保欠薪纠纷第一时间报告、第一时间到场、第一时间处置。先后化解省部违法举报投诉平台案件1054条，其中建筑业367件，调处率94.5%，110联动245起，同比下降59%，安薪指数95.53。加大欠薪打击力度，作出行政处理决定7起，行政处罚4起，以拒不支付劳动报酬罪移交公安立案11起，将12名欠薪主体列入欠薪黑名单。

【争议协商调解】 深入推进镇街道劳动人事争议多元化解机制建设，各级调解组织化解各类劳动争议1560起，74.14%案件化解在基层调解组织。加强长三角结对仲裁院的沟通联系，与江苏镇江、安徽滁州、上海金山三地联合开展长三角结对仲裁院"院长示范庭"系列活动。成立"农民工工资争议速裁庭""劳动人事争议仲裁院案前调解中心"，完成仲裁数字化庭审系统建设，并接入省厅仲裁院，累计受理劳动争议仲裁案件544起，结案率99.46%，调解成功率84.01%，网络办案率46.69%，无讼指数97。

（陈妮）

镇·街道

当湖街道

【概况】 当湖街道是中共平湖市委、市政府驻地，区域面积50.12平方公里，其中耕地面积681.16公顷。2023年末，辖8个村民委员会、19个社区居委会，72个村民小组。全街道户籍人口60421户、153660人。2023年，实现地区生产总值185.22亿元，同比增长5.3%。实现财政总收入12.3亿元，其中一般公共预算收入6.5亿元。城乡居民人均可支配收入分别达7.82万元、5.02万元，分别增长5.3%和7.9%。

第三产业 2023年，实现服务业增加值171.09亿元，同比增长5.4%；178家规（限）上服务业企业实现营业收入303.13亿元，同比增长21.9%。限上社会消费品零售额实现47.88亿元，同比增长40.9%。连续两次获全市镇（街道）“十项指标”红旗奖，在嘉兴71个镇（街道）服务业高质量发展竞赛中始终稳居前列，培育省级服务业领军型企业、金桂品质饭店、五星级品质旅行社各1家，嘉兴市服务业重点行业规上用地企业“亩产效益”领跑者3家，嘉兴市夜间经济特色街区1个、夜间经济特色名店1家。招商引资精准发力，神汽汽车、盒马奥莱等一批标志性服务业优质项目落户。楼宇经济提质增效，新增税收亿元以上、5000万元以上楼宇各1幢，温州商会大厦作为平湖唯一成功获评嘉兴市三星级楼宇。平台经济发展活力进一步激发，京东、抖音两大平台实现商品交易总额41.9亿元，增长64.3%。

工业 2023年末，全街道共有工业企业281家，从业人员

12月30日，盒马奥莱八佰伴店开业 （当湖街道 供稿）

4732人。全年，完成工业生产性投入6984万元，实现工业增加值6.94亿元。全街道15家规上工业企业实现工业增加值2.7亿元，主营业务收入12.34亿元，利税总额3523万元。全街道完成进出口总额24.51亿元，其中出口22.54亿元。完成全社会固定资产投资16.4亿元。项目建设稳步推进，蒙士特智能制造产业园（一期）、数字经济小微企业园等一批产业平台开园。

农业　全街道实现农业增加值1.01亿元，增速3.1%。第七届农洽会签约项目2个，实到资金2762万元。水稻播种保持面积和总产量稳定。油菜籽种植面积54公顷，总产量141吨。蔬菜播种面积559.28公顷，总产量16403.18吨。西瓜种植面积14.23公顷，总产量824吨。家禽年末存栏9305羽，出栏22277羽。深化“千万工程”，打造嘉兴市级未来乡村1个。探索强村共富，12村联建的沐阳大厦入驻率100%，8个行政村集体经济总收入增长12.5%，“强村分红”入选嘉兴市“农民共富十法”典型案例。

社区建设　强社公司营收突破百万元，办理全市首张社区用房产证。建成并启用滨湖—梅兰苑社区党群服务中心，实现村社区“居民会客厅”全覆盖，其中梅园社区获评省三星级社区服务综合体。街道社会工作站获评省五星级乡镇（街道）社会工作站、嘉兴市示范型社会工作站。梅兰苑社区入选省城市社区议事协商创新试点优秀单位。东方未来社区通过省级验收，东湖城市风貌样板区入选省新时代富春山居图城市样板区，启元、沐阳等4个区域入选省第七批创建名单。东湖、梅兰苑社区获评省首批现代社区。

生态环境保护与建设　深化农村人居环境暗访比拼机制，农村环境全域秀美走在前列，代表平湖迎接嘉兴抽查，获第一名。打好蓝天、碧水、清废、净土保卫战，空气质量优良率76.7%，重点断面水质均达Ⅲ类以上。获评嘉兴市生态文明建设示范街道。巩固提升全国文明城市创建成果，探索深化爱国卫生、垃圾治理等长效机制。

社会事业　加快推进既有住宅加装电梯、“金平湖驿站”、社区卫生服务站中医阁建设等一批民生实事项目落地见效。深入实施文化惠民工程，实现“10分钟品质文化生活圈”全覆盖。抓好文明实践，获评“浙江好人”2人，省最美志愿服务社区、最美银耀志愿服务项目各1个。

民生工作　“一老一小”服务供给持续加强，建设AAAAA级居家养老服务照料中心1个、养老驿站4个，新增托位298个，街道老年学校获评省老年教育优质学校。社会保险提质扩面，户籍人口养老保险参保率、医保参保率分别达99%和99.8%，“嘉兴大病无忧”工作扎实开展。推进农民住房改善，建设高品质安置房1000套。飞创严选共富工坊获评省级首批电商直播式共富工坊典型案例。总结形成党组织领导下的“居民自主、政府支持、协同推进”老旧小区改造新经验，银都景苑完成老旧小区改造。

社会治理　建立全市首个镇（街道）警网联动指挥中心，构建“1+13+201”（落实1个应急处突队、13个涉事专业条线和201个网格员，实现1分钟签收，

9月21日，嘉兴市党建引领社区、业委会、物业服务企业三方协同共治现场会走进东湖社区御龙湾小区　　（当湖街道　供稿）

2分钟联系当事人，3分钟内接收指令，10分钟内处置力量达到现场，30分钟全域处置力量全域响应到达）工作运行体系，交办事项当场处置率、事后闭环办结率分别达89.3%和100%。在嘉兴率先探索党建引领三方协同共治模式，承办嘉兴现场推进会，相关做法获省委常委、组织部部长王成调研肯定。深化“四治融合”基层治理，梅兰苑、水洞埭社区获评嘉兴市首批“四治融合”示范村（社区）。初信初访化解率、矛盾纠纷化解率均达98%以上，治安警情数、电信诈骗发案数、民转刑发案数等明显下降，工贸领域生产安全事故零发生。完成全国两会、杭州亚运会等重大活动维稳安保任务。

【居民议事会议制度】 按照新时代人大工作要求，贯彻落实《浙江省街道人大工作条例》。1月13日，当湖街道第三届居民议事会第三次会议召开，完善居民议事会议事规则，组织听取街道办事处、人大街道工委及财政预决算三个报告，开展重点民生实事项目票荐和满意度测评工作。8月18日，在三届四次会议上，建立健全年中居民议事员询问办事处工作机制，并通报6个票荐重点民生实事项目的实施情况。两次会议期间，议事员共提出建议39件，大部分获较好的答复及办理，办理满意率和解决率分别达100%和82.05%。全年，召开人大街道工委会议4次，组织开展代表小组、议事小组视察调研和监督活动25次，联络站接待选民群众29次。人大街道工委获评市先进集体。

【南市商务区楼宇联合工会委员会获评2023年浙江省新业态基层工会示范点】 10月，省总工会下发《关于认定2023年浙江省新业态基层工会示范点的通知》，南市商务区楼宇联合工会委员会榜上有名，成为全省新业态基层工会示范点。南市商务区楼宇联合工会成立于2019年7月，设建工大厦、总商会大厦、温州商会大厦三个工会小组，企业涵盖科技、文化、服务、金融等多个新兴领域。7名工会委员统分结合，定点联系一幢楼宇。工会小组均配有1名联系员，每幢楼宇设有工会联络员。

【当湖街道梅兰苑社区获评全省城市社区议事协商创新试点优秀单位】 11月，浙江省民政厅公布全省城市社区议事协商创新试点评估验收结果，确定23个社区为创新试点优秀单位，当湖街道梅兰苑社区成功入选。自推进现代社区建设起，梅兰苑社区以“友邻六步议事法”为基础，创新“1+4+X”邻善议事法，以微自治项目作为议事协商实践，进一步夯实“有事好商量，大家来商量”的议事协商机制，构建镇街、村社、街区、楼道等分级分层的邻里协商体系，逐步实现“小事不出楼门、大事不出社区、难事不出镇街”的参与型社区协商治理新模式。

【“水洞埭·同心汇”党建联建品牌获评省“小个专”及新就业群体党建示范点】 12月，浙江省市场监管局党委发文认定112个党组织为全省“小个专”及新就业群体党建示范点，“水洞埭·同心汇”党建联建品牌榜上有名。“水洞埭·同心汇”是平湖市新世纪市场发展有限公司党支部联合平湖市当湖街道水洞埭街区共同打造的党建联建品牌。以“志愿公益一同做、问题民情一同议、街区商户居民一家人”为工作理念，着力打造“同心汇”街区党建品牌，依托街区议事会，建立圆桌“益家亲”议事机制，形成以党建联建为核心，共商共治为途径，共富共享为目标的城市街区党建新格局。

【当湖街道获评全省“八五”普法中期成绩突出集体】 12月，全省“八五”普法中期成绩突出集体名单出炉，当湖街道办事处获全省“八五”普法中期成绩突出集体称号。街道强化领导，制订“八五”普法规划，召开“八五”普法动员部署会议。班子会议专题听取相关法治汇报15次、开展学法8次。推进法治政府建设，成立中共当湖街道委员会全面依法治街委员会及办公室，明确日常办事机构设在司法所，印发《当湖街道法治政府建设工作计划》。扩大宣传，组织或参与各类法治宣传活动。创“善美”调解品牌，推进“平治110”创建工作，结合网格化管理，常态化开展矛盾纠纷排查化解工作。

【全市首个社区家庭教育名师工作室成立】 10月28日，在当湖街道启元社区成立陈小玲名师家庭教育工作室，旨在为家长提供家门口的家庭教育指导服务。该工作室由平湖市妇联指导成立，由8位女性成员组成，全部持有中国教育发展战略学会颁发的家庭教育咨询师证。将每周提供“家教直通车”一对一咨询服务，每季度开展一次“幸福成长营”家长互助沙龙活动，每半年举办“赋能大讲堂”家长线下讲座。

（张秋烨）

钟埭街道

【概况】 钟埭街道地处嘉兴市东部、平湖市西北部。东至广陈镇，南至广陈塘、福臻路、嘉兴塘，西到南湖区，北至嘉善县、新埭镇。土地面积62.15平方公里，户籍人口50739人，人口密度为每平方公里780人。2023年末，钟埭街道辖9个社区居民委员会，3个村民委员会、62个村民小组，外来人口75796人。全年，全区实现地区生产总值230亿元，同比增长5.2%。财政总收入42.77亿元，同比增长25.6%；一般公共预算收入21.47亿元，同比增长23.9%。城乡居民人均可支配收入分别达78218元和50249元，分别增长5.3%和7.9%。人口自然增长率-4.13‰。当年，钟埭街道成功创建全省现代化美丽城镇示范镇、第一批浙江省城镇“污水零直排区”建设星级街道，成功夺取平安街道“十八连冠”。

农业 2023年，全街道实现农业总产值25131万元，同比增长22.1%。特色种植业总产值14900万元。蔬菜播种面积525.47公顷，总产量16032吨。油料作物播种面积57.67公顷，总产量151吨。西瓜播种面积8.87公顷，总产量256吨；甜瓜播种面积23.33公顷，总产量743吨；草莓播种面积9.07公顷，总产量178吨。羊全年饲养量500只，年末存栏数129只，全年出栏371只。家兔全年饲养量5853只，年末存栏数1528只，全年出栏4325只。家禽全年饲养量73225只，年末存栏数21161只，全年出栏52064只，禽蛋产量98吨。

工业 2023年末，全街道工业企业1453家，从业人员63576人。完成工业总产值6563731万元，同比下降3.6%，实现主营业务收入6876923万元，同比下降3.5%。完成固定资产投资719830万元，同比下降12.6%，其中工业性生产投资477579万元，同比增长20.4%。265家规上企业实现工业总产值6243385万元，实现主营业务收入6520390万元，同比下降4.7%，实现工业利税总额593613万元，同比增长17.2%，实现规上工业增加值1470439万元，同比下降0.3%。合同利用外资29243万美元，实际利用外资14823万美元。

第三产业 2023年，第三产业完成生产总值526473万元，同比增加5.7%。服务业投资额242251万元，同比下降43.2%。服务业从业人员31275人。新引进亚朵酒店、瑞纳捷半导体、岸达芯片设计等服务业项目13个。樱花公园地块、环北广场和原环球制衣地块房地产项目正式开工。全国首发“羽绒服指数”，服装城上榜中国商品市场百强。

生态环境持续改善 坚持问题导向，致力标本兼治，以高品质生态环境支撑高质量发展。深化大气治理，上报减污降碳协同试点创建方案，开展挥发性有机物排放企业错峰生产工作，全年环境空气优良率91.4%，PM2.5平均浓度25微克/立方米。深化水环境治理，突出抓好“五水共治”，成功创建全省首批全市首个城镇“污水零直排区”建设星级街道，主要河流、国控断面、市级和镇级河道稳定保持三类水，鲁家埭创建为嘉兴市级美丽河道，车桥港碧水绕村项目完成建设。深化固废污染防治，成功创建嘉兴市“无废工业园区”。加强环卫保洁、垃圾收集分类精细化管理，完成垃圾分类投放站“机器换人”及定点不定时投放全覆盖。

社会事业更加均衡 全年用于民生财政支出超7.02亿元，占一般公共预算支出比重达84%。健全完善多元化帮扶机制，全年发放各类补助救助金1100多万元，惠及群众2万多人次。有效落实稳岗就业，新增城镇就业4950人，帮扶重点群体就业1818人。继续完善“一老一小”照护服务体系，三家照料中心重新装修，2个养老服务项目完成运营招标，3家向日葵亲子小屋完成打造，2处托育机构启动招生。持续提升卫生保障水平，钟溪医疗卫生服务中心开工建设，市妇保院开业。深入推进农民住房改善行动，全年在建（新建）安置房近75万平方米，完成龙口安置房选房定位，安置农户347户。妥善处理社保政策空档期提前政策处理人员补助发放问题。山海协作钟庆共富工坊、荣晟共富车间等3家共富工坊获评嘉兴市首批示范“共富工坊”。持续推进低收入家庭持股增收，完成智创园、众汇空间、钟溪商贸城等共富项目强村及低收入家庭分红，涉及金额1.04亿元，“飞地抱团强村富民”党建联建获评第一批党建联建省级典型案例。推进全域旅游业态发展，美丽乡村风景线全年接待游客超20万人次，沿线沿片主体、农户实现增收超3500万元。深入推进强社惠民集成改革，全省首家社区抱团强社公司实现实体运作，运营首年经营性收入超500万元。深挖强村富民新增长点，新建公共码头、农事服务中心、共富生态基地等共富项目3个，三村经营性收入均突破千万元大关，村集体经济发展继续领跑全市。

社会大局更加稳定 持续深化社会治安综合治理效能，严厉打击违法犯罪活动，治安警情、电诈发案分别下降7.9%、7.6%。推进“大综合一体化”行政执法改革，承办嘉兴市“大综合一体化”行政执法改革现场会，获评平湖首个省级“枫桥式”综合行政执法中队。加快推进“枫桥式”司法所创建，打响“钟溪”区域调解品牌。持续推动“五社联动”，建强社区网格员队伍，钟埭社区获评平湖首个全省五星级社区服务综合体。火警出警数、交通死亡数同比分别下降21.4%、88.9%，全年未发生较大及以上生产安全事故，化工园区安全等级保持C类。除隐患、保平安，营造和谐稳定的社会氛围，完成“护航亚运”等维稳安保任务，获评嘉兴市2023年度安全生产标准化和双重预防机制融合运行示范街道，成功夺取平安街道“十八连冠”。

【副省长张雁云到平湖经开调研人才工作】 11月23日，副省长张雁云到平湖经开调研人才工作，参观平湖市高技能人才公共实训基地，现场听取学校“双元制”办学模式、学生就业等情况介绍，并到钟溪汇国际青年社区实地参观公寓房和配套设施，听取全市人才悦居工程和高品质人才公寓建设情况介绍。

【第三届居民议事会第四次会议召开】 8月17日，钟埭街道第三届居民议事会第四次会议召开，街道班子领导及街道各条战线的议事员、列席人员等参加会议，市人大常委会副主任钱勇彪应邀出席。与会人员就平湖市人大常委会钟埭街道（平湖经开）工委2023年半年度工作报告、平湖经开（钟埭街道）2023年上半年生态文明建设和生态环境状况的报告、平湖经开（钟埭街道）2022年企业国有资产管理情况的报告、平湖经开（钟埭街道）2023年城乡规划实施情况的报告、平湖经开（钟埭街道）2023年上半年重大项目建设情况的报告及三届三次会议建议办理情况的报告进行审查和讨论。会议通过对平湖经开（钟埭街道）2023年半年度工作报告的议事意见。

【池浜地块完成清零】 12月29日，白马堰社区池浜新村最后一户农户成功签约，实现该片区农房征收100%签约，池浜新村征收历史遗留问题得以解决。

【连心共富工坊结对仪式】 12月29日，钟埭街道举行“党建引领聚合力，社企连心奔共富”连心共富工坊结对仪式暨共富岗位发布活动。三友连心共富工坊主要依托党建联建，发挥社企联动的实质性作用，丰富党群服务中心的阵地和为民服务功能，搭建供需平台，设置连心共富岗，及时对接辖区企业与社区居民需求。

【青海地震灾区救灾援助】 12月25日，由平湖经开区内的浙江依爱夫游戏装文化产业有限公司、平湖国际箱包城、嘉兴圣伯纳户外用品有限公司等3家爱心企业捐赠的爱心物品发往青海灾区，共有价值130余万元的2600余件防寒衣物，此为第二批救灾物资，第一批是由平湖·中国服装城携手爱心商户捐赠的3000件总价值150万元的羽绒服。

【青年干部大调研成果展示活动】12月12日，以“明德守法完善自我　勇担使命建功立业”为主题的平湖经开“青智汇”青年干部大调研成果展示活动在智创园举行，10支先锋团队围绕党的建设、高质量发展、营商环境、民生保障、社会治理等课题内容作展示汇报。

【沈家弄村获评2023年度省级美丽宜居示范村】11月，省建设厅、省美丽宜居办公布2023年度省级美丽宜居示范村创建名单，沈家弄村榜上有名。沈家弄村科学编制示范村规划，努力发展抱团经济。先后参与区五村联建农贸市场项目、四村联建钟溪印象·樱花里项目以及市15村标准厂房、54村标准厂房（众汇空间）、智创园3个飞地抱团项目，成功创建省AAA级景区村庄，同时重点围绕“钟溪棹歌　隐世田园”美丽乡村精品线建设，沿线农房立面改造、河岸建设、河道岸坡绿化提升工程，实现乡村面貌升级。

【钟埭街道水稻产量创新高】11月23日，钟埭街道北庄浜水稻品种示范地块举办水稻实产验收测产会，杂交稻田块平均亩产923公斤，最高达1069.09公斤；常规稻平均亩产857公斤，最高达922公斤，位居全市榜首。2023年，钟埭街道积极探寻水稻品种示范，承担起全市水稻新品种展示示范项目工作，建设晚稻千亩示范方1个、百亩示范方5个；建设15.67公顷的嘉兴首个省级晚稻优良引种示范基地，内含35个展示种、8个示范种，水稻种植面积达1460公顷，总产量约为15万吨。

【莲湘展演】9月24日，2023中国·平湖西瓜灯文化节“莲舞共富　稻香钟溪”浙沪莲湘展演暨中秋民俗体验活动在平湖经开举行。展演中，《开门红》《传承》《中国范儿》等莲湘节目依次亮相，活动现场还展示钟埭农民画、杜经布、“三油”、杜做酒等一大批富有钟埭特色的非遗文化，团扇和玉兔灯笼制作等中秋民俗体验。

12月29日，“党建引领聚合力　社企连心奔共富”连心共富工坊结对仪式暨共富岗位发布活动举行　　（钟埭街道　供稿）

【全市首家版权服务工作站在平湖经开揭牌】9月4日，全市首家版权服务工作站——平湖市服装城版权服务工作站揭牌举行，该服务站集作品登记、版权咨询、版权交易、纠纷调解等功能于一体。

【钟埭街道沈家弄村、钟埭社区获评省“红色根脉”强基示范村（社区）】7月，省委命名一批“红色根脉”强基示范县（市、区）、“红色根脉”强基示范乡镇（街道）、“红色根脉”强基示范村（社区），钟埭街道沈家弄村、钟埭社区成功上榜。沈家弄村推进“百千万”工程，实施全国首创“飞地抱团”发展壮大集体经济模式，带领全市行政村经营性收入达120万元以上，连续多年居平湖首位。钟埭社区打造具有辨识度的省级现代社区，推进“强社惠民”集成改革，成立全省首家社区集体抱团强社公司，创新“市场经营＋政府扶持＋社会支撑＋公共服务”

的“四位一体”工作模式。

【钟埭社区获评首批浙江省现代社区】 6月，全省现代社区建设工作推进会召开会上公布首批浙江省现代社区名单，钟埭街道钟埭社区成功上榜。钟埭社区发挥“大党委”聚合作用，建立网格“红心微盟”议事会，开展“五型治理”组团服务，夯实现代化服务基础；提档升级居民会客厅、童梦乐园、养老服务中心等服务阵地，完善居民互动、养老托幼、卫生健康、休闲娱乐、议事协商等服务功能，打造“15分钟生活服务圈”，实现全域民生服务综合集成、优质共享，创成全市首个省级五星级社区服务综合体。

【樱花里旅游专线开通】 4月22日，“樱舞鸢飞”2023钟溪樱花里露营风筝会暨钟埭旅游公交车开通仪式举行。旅游专线的开通是平湖经开探索“旅游＋交通”融合的一种新模式，旅游公交专线游2路车身绘有钟埭地标建筑、卡通IP形象等特色元素，主要运行在“钟溪棹歌·隐世田园”美丽乡村精品线上，沿线有钟埭村、沈家弄村的2个省AAA级景区村庄和钟溪八景、“网红”农家乐。

【樱花节开幕】 3月24日，“钟遇繁花季　奋进正当时”2023钟溪文化节暨樱花节在平湖经开钟溪樱花里长风塔下开幕，共分为“钟溪韵”“共富情”“向未来”三大篇章，通过歌舞、小品、钹子书、莲湘等节目展示钟埭经济社会发展情况。开幕式上，平湖经开区和嘉善大云镇签署旅游合作协议。

【毛军发院士工作站正式启用】 2月18日，毛军发院士工作站启用仪式暨长三角射频技术项目对接会举行，会上中电科思仪和长三角射频中心联合实验室项目签约，航锦科技股份有限公司、长三角射频技术研发中心和泓林微电子（昆山）有限公司项目签约。工作站团队人员有中科院院士、“973”首席科学家等众多国家级高端人才，致力于公共服务、科研攻关、项目孵化、人才聚集、行业引导等方面工作。院士工作站分两期建设，同步设立战略决策咨询服务中心、科技成果转化与推广中心。一期为射频智能测试研发中心和高速高频集成封装研发中心；二期为射频元件研发中心与天线射频EDA研发中心及人工智能综合服务平台。

（吴惟娉）

曹桥街道

【概况】 曹桥街道位于平湖市西南，东与当湖街道相连，西南与海盐县西塘桥街道相接，西北与嘉兴市南湖区接壤，区域面积39.92平方公里，耕地面积1993.33公顷。2023年末，辖1个社区居委会、9个行政村，有141个村民小组，9598户，29495人。新居民登记在册人数12548人。2023年，全街道实现生产总值51.77亿元，财政总收入6.37亿元，其中一般公共预算收入3.42亿元。获浙江省农村文化礼堂建设示范乡镇（街道）、全省“五水共治”工作考核优秀乡镇（街道）、嘉兴市平安创建优秀镇（街道）、嘉兴市“平安家庭”建设优秀单位、嘉兴市农业农村工作考核优秀镇（街道）、嘉兴市“无违建创建”（违建安全治理指数）工作考核优秀镇（街道）等称号。

农业　2023年，实现农业增加值1.24亿元，农业总产值1.86亿元。蔬菜播种面积673.33公顷，全年蔬菜总产量2.4万吨。家禽年末存栏25439羽，家禽年内出栏82924羽。“平湖市曹桥街道高标准农田绿色生态建设项目”获评省级“高标准农田建设最佳实践案例”。加快高标准农田建设，健全农田水利工程建设和运行管理体系，完成2个省政府民生实事项目建设和2023年度稻田退水“零直排”工程建设项目。发展乡村特色产业，推进西瓜振兴五年行动，平湖特有西瓜品种的种植面积达16.47公顷。发展食用菌—果蔬轮作模式，浙江旭之源生态农业科技有限公司基地“冬菌夏果”生产模式亩产冬季羊肚菌250公斤，亩产值突破3万元。继续深化强村富民成果，有序推进“阳光共富”项目，并作为案例被《人民日报》刊发报道。共富体项目“九村集体公共用房工程”完成竣工验收并交付运营。谋划和美乡村新蓝图，完成马厩村省级未来乡村创建和野马村、曹桥村市级和美乡村达标村创建，完成街道全域（除马厩村外）未来乡村建设方案的编制。

工业　2023年末，全街道工业企业325家。77家规上工业企业实现规上工业增加值25.43亿元，实现工业总产值133.61亿元，营业收入124.5亿元，利税总额11.84亿元，其中利润6.76亿元。新引进2个超亿美元招大引强项目，一个世界500强项目。实现规上数字制造业产值21.74亿元，数字经济核心产业增加值累计增速23.5%，位列全市第一。完成实到外资4786万美元，市外内资5.09亿元。完成固定资产投资18.48亿元，其中项目投资14.18亿元，入选市“3+1”重点项目13个。亿元以上工业企业24家，实现“小升规”工业企业5家，“新升规”工业企业3家。国家级专精特新“小巨人”企业3家，新认定高新技术企业9家，省科技型企业18家，浙江景兴纸业股份有限公司成功入选省重点企业研究院。曹桥街道商会被评为全省“四好”商会。协办立式油压千斤顶国家标准专家审定会。曹桥智汇谷成功入选浙江省首批示范型数字楼宇。

第三产业　2023年，新增批发3家，住餐3家，社零2家。规上（限上）服务业企业营收17.22亿元，数字经济服务业营收2.16亿元，限额以上批发企业完成销售额12.88亿元。

9月28日，曹桥首家公建民营机构正式开园（曹桥街道　供稿）

生态环境保护与建设　空气质量优良率为79.1%，列全市第三。PM2.5浓度29微克/立方米。全年，生态考核及空气质量考核两项指标均列全市第一。承办全省减污降碳协同新区建设现场会。新增城乡绿化2.38公顷，马厩村获评全省生态文明教育基地。提升河道行洪通行能力，完成“平湖市平湖塘流域水系综合治理——曹桥街道集镇及工业园区河道综合整治工程一期”项目，二期工程已开工建设。全年，完成河道清淤疏浚16公里，河道综合整治6公里。加快美丽河湖建设，成功创建平湖市曹桥街道赛艇小镇连片水系为省级美丽河湖。积极开展“碧水行动”，完成5公里碧水绕镇建设任务，河道透明度总体达0.8米以上，水质稳定在Ⅲ类及以上，水生生物多样性明显提高。深化水环境综合治理和“污水零直排区”建设提质增效，成功创建“污水零直排区”标杆街道。聚焦民生诉求，建成“活力公园”，打造集滨水慢行、休闲观景、互动游乐、健身运动等功能于一体的综合性滨水公园。

社会事业　推进“健康中国”建设，“健康曹桥加油站”作为全市镇街道首家全生命周期健康科普体验服务阵地投入使用。强化与上海同济大学附属存志学校合作办学，整体提升城乡学校办学水平。实施教育质量优质工程，新建曹桥行知幼儿园（横河园区），完成省二级预评估。加强教育资源配置，发掘优质教育资源，推进“学历+技能”双提升工作。深化“放管服”“最多跑一次”改革，打造“一网通办”“一窗通办”政务服务新模式。2023年，共办结审批服务事项56830项，其中社保、医保、市场监管和民政4个使用省政务服务2.0应用平台的部门已累计办结事项19514件。统筹推进村社区便民服务站建设，规范服务流程，提升办事效率和服务水平，指导村社区办结审批服务事项26161项。

12月5日，野丁公路上榜全省“十大最美农村路”名单
（曹桥街道　供稿）

民生工作　实施食品安全放心工程，推进省“放心农贸市场”及“星级文明规范市场”创建，完成曹桥集镇农贸市场有机更新综合项目，获平湖十佳农贸市场称号。核心区面积超60公顷的曹桥未来社区成功创建省级引领型未来社区，受益居民超7000人。深化放心消费在平湖行动，全年累计培育放心消费单位219家，放心工厂23家。创新建立“1+10+3+N”（1个便民服务中心，10个便民服务站，3支志愿先锋队，N支网格、微网格力量）全生态政务服务力量，集成便民服务中心（站）标准办、就近办，志愿服务+网格、微网格帮办代办等贴心服务；实现村社区级“码上办、网上办、就近办、一次办、自助办”改革，打造“15分钟便民服务圈”。开展婚俗改革试点工作，承办全市“520水乡中式集体婚礼”现场会。推进养老服务，新增12张认知障碍照护专区床位，完成为老助餐2.2万人次，助餐覆盖率70%。完成25户家庭养老床位建设，养老护理员以及家庭照护者培训各50人次。完成省级公益性节地生态安葬示范点验收。重视社会福利，发放各类慰问、救助、福利资金346.73万元，加大残疾人补助力度，发放各类补助350.7万元。

社会管理　2023年，共排摸调处各类矛盾纠纷585起，调解成功率100%。受理行政案件104起，立刑事案件65起，连续18年获评嘉兴市平安街道。完成杭州亚运会、亚残运会安保工作任务，完成全国两会、上海进博会、乌镇峰会、2023中国·平湖西瓜灯文化节等平湖市级及街道层面重点时段、重大活动的维稳安保工作。承办全省对村（社区）巡察现场推进会。持续开展反诈人民战争，进一步推动全民反诈防骗民生实事工程。

【省委书记易炼红到曹桥街道调研】12月25日，省委书记易炼红到曹桥街道马厩村调研，了解乡村产业运营和“低碳+运动”经济发展新模式情况。

【居民议事会制度】1月17—18日，召开曹桥街道第三届居民议事会第五次会议。全体居民议事员参加会议，邀请街道班子成员、九办一中心、村社区主要负责人等参加会议。各议事小组围绕街道办事处工作报告、人大街道工委工作报告、2023年财政预算执行情况和2024年财政预算（草案）报告、2023年生态文明建设情况等报告分组展开讨论，书面提出相关意见建议34条。并对2023年重点民生实事项目完成情况开展满意度测评，投票推荐产生2024年曹桥街道办事处重点民生实事项目。

【曹桥街道举行2023年一季度项目集中签约仪式】3月29日，曹桥街道举行2023年一季度项目集中签约仪式，与浙江同芯源半导体有限公司、保利（横琴）资本管理有限公司、三之信（天津）自动化设备有限公司三家企业进行项目集中签约。浙江同芯源半导体有限公司是集产品设计、研发、测试、品牌、渠道销售于一体的综合性存储企业，产品以SSD固态硬盘为主。保利（横琴）资本管理有限公司，致力于为投资人创造长期、稳健、有吸引力的投资回报。三之信（天津）自动化设备有限公司是一家专业从事自动化设备及环保设备研发与智造的高新技术企业。

【曹桥街道承办省减污降碳协同创新区建设现场会】 6月28日，浙江省减污降碳协同创新区建设现场会在平湖召开。会议现场发布并解读《浙江省减污降碳协同创新区建设蓝皮书（2023）》，同步上线“减污降碳浙里来”应用。嘉兴市、杭州市、绍兴市上虞区、义乌市作交流发言。与会人员到曹桥街道低碳科普馆等地，实地考察减污降碳协同试点建设工作。

【曹桥街道新增3家国家级专精特新“小巨人”企业】 8月，工信部第五批专精特新“小巨人”企业名单完成公示。曹桥街道的浙江宝绿特环保技术工程有限公司、浙江亚迪纳新材料科技股份有限公司、嘉兴星越包装材料有限公司3家企业上榜第五批专精特新“小巨人”企业名单。浙江宝绿特环保技术工程有限公司是一家拥有20年PET瓶及其他塑料瓶回收处理的环保机械暨塑料再生企业。浙江亚迪纳新材料科技股份有限公司是一家集自主研发、专业生产、销售改性三聚氰胺树脂及三聚氰胺泡沫塑料于一体的综合性公司。嘉兴星越包装材料有限公司主要生产干燥剂包装材料、脱氧剂包装材料、食品复合包装材料等。

【2个重大项目签约】 9月21日，2023中国·平湖西瓜灯文化节开幕式暨投资贸易洽谈会举行，曹桥街道共签约2个重大项目，涵盖汽车智能驾驶、智能感知识别等新兴领域。汽车智能驾驶辅助系统研发与生产项目由上海宇宙电器有限公司投资，总投资1.12亿元，注册资金3000万元。公司将租用曹桥街道“两创”中心厂房，用于从事汽车智能驾驶辅助系统研发与生产。模态感知识别系统研发、设计、运用项目由北京龙贝世纪科技股份有限公司投资，总投资6000万元，注册资金2000万元，将租用曹桥街道“两创”中心厂房与办公用房，用于从事多模态感知识别系统、全资源综合保障态势监测与智能决策系统等智能系统的集成与开发。

【曹桥小微产业园项目（一期）开工奠基仪式举行】 9月22日，曹桥小微产业园项目（一期）开工奠基仪式举行。项目选址于曹桥街道九里亭，总投资1亿元，总用地0.81公顷，总建筑面积19524.40平方米，主要建设内容包括车间一、车间二、门卫和配电房。配建机动车位58辆，非机动车位64辆。该园区用于发展曹桥街道高端装备制造和数字经济产业。

【首家省重点企业研究院诞生】 11月，省科学技术厅公示2023年拟认定省重点企业研究院名单。浙江景兴纸业股份有限公司的“浙江省绿色低碳造纸技术重点企业研究院”成功入选省重点企业研究院，实现平湖市工业企业省重点企业研究院的“零的突破”。景兴纸业的绿色低碳造纸技术研究院拥有2350平方米的研发场地及总价值4294.9万元的先进科研设备。研发团队由206名专业人员组成。在研究院内，有纤维分析实验室、原料检测实验室、恒温恒湿分析室、生化分析实验室、分析测试中心等多个实验室。

（邵江宇）

乍浦镇

【概况】 乍浦镇地处杭州湾北岸，位于平湖市东南部，东面、北面分别与独山港镇、林埭镇、当湖街道交界，西面与海盐县接壤。全镇行政区域面积66.24平方公里，耕地面积1600公顷。年末，辖9个村民委员会、11个社区居民委员会、1个社区筹建组。全镇户籍人口21612户、60474人，新居民登记在册人数62220人。2023年，全镇实现生产总值223.4亿元（含嘉兴电厂，下同），一般公共预算收入13.1亿元。城镇居民人均可支配收入78332元，同比增长4.6%；农村居民人均可支配收入49004元，同比增长6.0%。年内，上榜“2023年全国千强镇”。

农业 2023年，乍浦镇实现农业总产值10894万元，同比增长2.4%。其中，蔬菜及食用菌种植面积262.13公顷，总产量6029.9吨；瓜类水果种植18.07公顷，总产量391.5吨，同比增长1.5%；油菜籽种植24.95公顷，总产量41.67吨。全年，完成农村土地复垦6.01公顷，11个村级集体经济（包括雅山村经济合作社、王家村经济合作社）经常性收入总数为1777.13万元。

工业　2023年，乍浦镇实现规上工业总产值1033.94亿元，实现工业增加值175.7亿元，同比增长12.0%。其中，化工新材料产业总产值841.3亿元；高新技术产业总产值605.2亿元；高端装备制造业总产值10.9亿元，环保制造业总产值6.8亿元，数字制造业总产值10.0亿元。全社会用电量524820万千瓦时，同比增长17.1%，其中工业用电量494615万千瓦时。

第三产业　2023年，乍浦镇实现第三产业增加值62.6亿元，增长3.7%。规模以上服务业企业共98家，营业收入460.4亿元，同比增长2.6%，利润总额4.9亿元。其中，限上批发零售业企业59家，营业收入423.6亿元，同比增长3.1%，利润总额1.4亿元。交通运输、仓储和邮政业规上企业24家，营业收入26.3亿元，利润总额3.46亿元。

环境整治　推进征迁征收，全年完成西巷、八字村、农贸市场等9个重点遗留区块和1个新增项目区块清零任务，保障浙北航道、港服物流园、虹霓大桥提升改造、沪平盐城际铁路、东部电网补强等10个省、市重点项目建设。深化"腾笼换鸟、凤凰涅槃"攻坚行动，完成11家企业整治提升，腾出低效用地33.33公顷。全年，实施"三改"面积4.55万平方米，处置违法建筑面积3.81万平方米。通过国家卫生镇复评，创建省级文明镇及省级山海港城城市新区风貌样板区，中山未来社区通过省级验收，"馨美龙湫"成功入选全省首批现代社区。雅山大桥完成提升改造并通车，外环路大桥、东西大道大桥改建工程开工建设，道观弄等背街里弄完成综合提升改造。围绕打造"最干净城市"，建成"席地可坐"城市客厅、样板路段、样板街区各1个。成立睦邻党支部8个，成功创建君悦府、中山花苑等省、市红色物业示范项目各3个。新建乡村绿道（栈道）10公里，改造农村入口6处，完成马家荡村、八字村及长安桥村农田水利设施提升。

生态建设　打好治水攻坚战，推进"污水零直排区"建设，完成马家荡村、染店桥村"污水零直排"项目，碧水绕城等重点项目顺利推进，市控断面水质保持Ⅲ类水，交接断面评价结果保持优秀，20条河长制断面Ⅲ类水体占比55%。打好蓝天保卫战，强化企业VOC监管，加大秸秆禁烧、路面扬尘巡查整治力度，空气质量优良率达92.2%，PM2.5浓度为24.1微克/立方米，保持全市前列。打好净土阵地战，坚持全域垃圾无死角专项整治，累计排查整治问题3241个。推进生活垃圾分类，成功创建省级高标准垃圾分类示范小区6个。专班推进农贸海鲜城、石材城等专业市场综合整治。

社会事业　贯彻落实省营商环境优化提升"一号改革工程"决策部署，推进政务服务增值化改革，落实"最多跑一次""一次不用跑"，涉企事项"一网通办"率达90%。新建杭师大乍浦附校小学部教学楼，新增学位540个。乍浦小学成功创建省现代化学校。乍浦镇中心卫生院与嘉兴市中医院医疗协作签约，成立张建乔名医工作室，成功举办"2023乍浦长三角医学论坛暨第二届徐美东消化内镜工作室学术交流会"。完成镇养老服务中心"阳光厨房"改造，新增家庭养老床位30张、养老护理员9名，发放80周岁户籍老人高龄津贴180.85万元。新增社区托育机构2家，临时托育服务点2个，普惠托位92个，辖区婴幼儿照护服务托位数达常住人口4.26个/千人。新建雅山社区、长丰社区2个"10分钟品质文化生活圈"，新建龙湫"运动家"智慧体育社区，修缮健身路径12条。承办浙江省首届"巨来之星"全国古典细朱文印作品展和乍浦籍海派画家朱文侯画展，承办嘉兴市17届乡村文化艺术节闭幕式，全年开展文艺会演21场，艺术展览7场，各类文化体育活动885场次。出版《乍浦山海经》，出刊《杭州湾》杂志4期，发布"乍见红日"红色教育路线，原创节目"龙舞九彩"受邀参加2023长三角精品舞龙展演和嘉兴十运会开幕式表演。

社会治理　坚持源头管控，紧盯重点行业、重点领域、重点群体，持续开展"除险保安"专项行动，严格落实平安工作日报告、周会商、月例会制度，完成重要时段、重大活动安保任务。迭代升级“141”基层智治体系，搭建“民声一键办”工作平台，全年处置非警情事件2184起，未发生“民转刑”案件和群体性事件。探索基层治理新模式，打造“我的‘馨’家在龙湫”新居民特色治理新路径，试点建立雅山社区“除险保安”网格巡防工作模式，将基层矛盾纠纷第一时间解决在基层。开展安全生产隐患“大排查大整治”专项行动和“打非治违”百日攻坚行动，推进厂中厂、居住出租房等专项整治工作，排查、整治、销号消防安全隐患问题累计4519个，全年未发生安全生产亡人事故。开工建设安澜海塘6公里，对照“八张风险清单”，完成基层防汛防台体系“5+1”（组织责任网、风险防控网、抢险救援网、灾后恢复网、运行保障网＋数字化平台）标准化建设，严格按照响应等级要求，做好防汛防台各项工作。完成14条道路32个路口标准化改造，交通亡人事故发生率实现断崖式下降。持续开展反诈人民战争，电信诈骗案件发生数同比下降6.56%。

【“民声一键办”机制运行启动仪式举行】 6月7日，“民声一键办”机制运行启动仪式举行。“民声一键办”机制旨在推动“110”“12345”“85596345”等基层智治综合应用平台高效对接联动，激活社会治理的“神经末梢”，加快形成横向到边、纵向到底、整体融合的综合指挥治理体系，推动具有港区特色的“民声一键办”机制落地生效。

【乍浦夜市正式营业】 7月9日，乍浦农贸海鲜城“乍浦夜市”开市。乍浦夜市位于乍浦农贸海鲜城内，共设置115个摊位，采取与农贸海鲜城错时营业的方式，每晚8点开市，一直经营到午夜12点。

【龙湫社区“运动家”智慧体育社区启用】 8月7日，龙湫社区“运动家”智慧体育社区正式启用。龙湫社区“运动家”建有室内百姓健身房1处，占地面积约160平方米，内部功能区设置有氧区和力量区，含跑步机、动感单车、椭圆机、腹肌椅、哑铃椅等18组器材，并设一个休憩区。室外体育阵地设有一个篮球场和两个羽毛球场，可满足辖区居民多种运动需求。

7月9日，乍浦农贸海鲜城“乍浦夜市”开市　（乍浦镇　供稿）

乍浦镇“山海驿”汤山公园工会户外劳动者服务驿站
（乍浦镇　供稿）

【嘉兴市第七届全民文化艺术节之平湖市新埭镇首届“春来”音乐节举行】 3月17—19日，嘉兴市第七届全民文化艺术节之平湖市新埭镇首届“春来”音乐节在新埭镇举行。音乐节设置ACE乐队和春田花花乐队音浪专场，举办咖啡集市、“遇见童星”快闪演出、民俗美食展会、亲子游园会等配套项目。

【大齐塘公益性骨灰寄存堂（万福园）投入使用】 4月19日，大齐塘公益性骨灰寄存堂（万福园）建成并正式投用，设寄存格位14616格，其中单穴5616格，双穴9000格。总占地面积约6600平方米，主体寄存楼一栋三层建筑，辅助楼一栋二层建筑，总建筑面积2121平方米，配建走道、祭祀设施、绿化面积3000平方米。

【大齐塘村获评浙江省五星级农村文化礼堂】 4月23日，浙江省农村文化礼堂建设工作领导小组办公室印发《关于公布2022年度五星级农村文化礼堂验收合格名单的通知》，大齐塘村文化礼堂获评五星级农村文化礼堂。大齐塘村文化礼堂于2014年建成投入使用，于2022年搬迁新建，礼堂面积3480平方米，拥有农家书屋、百姓健身房、篮球场等功能室，满足居民的精神文化需求。

【青海省都兰县香日德镇结对帮扶签约仪式举行】 5月27日，新埭镇与青海省都兰县香日德镇举行结对帮扶签约仪式，推动建立“一对一”帮扶交流合作机制，有效加强双方交流交往、考察培训、资金帮扶、项目合作等。

【平湖市伯乐颐养院开业】 8月8日，新埭镇第一家民办养老机构——平湖市伯乐颐养院正式对外运营。院内建筑面积11951.18平方米，设置老人床位440张，设公共洗衣房、娱乐室、多功能厅、阅览室、餐厅等区域，配套空调、无线网络、地暖等设施设备。老人居室分为夫妻套房、双人间、三人间等多样化的房型，满足老人不同需求。

【星光社区三期农房统建工程开工】 8月18日，星光社区三期农房统建工程开工仪式在星光村举行，系平湖市首个农房统建项目。项目位于星光村星光社区，总投资约1.18亿元，占地约6.47公顷，工期11个月，建设双联住宅152户，包括双联大户104户，双联小户48户。其中，双联大户建筑占地面积100平方米/户，双联小户建筑占地80平方米/户，建筑层数三层，总建筑面积47405.1平方米。建设绿化、公共活动场地面积约15500平方米，内设绿道约1公里，停车位159个。

【社区友邻餐厅（老年食堂）试营业】 8月21日，新埭镇社区友邻餐厅（老年食堂）开始试营业，系平湖市首家镇级老年食堂。社区友邻餐厅（老年食堂）位于虹桥景苑社区邻里中心内，占地面积约150平方米，是2023年新埭镇民生实事项目之一，致力于为老年人提供优质的就餐环境和就餐品质，制作菜品以少油、少盐、少糖为宗旨，根据老人的用餐习惯和特点每日制定菜单。

【姚浜村等5个村全域土地综合整治与生态修复工程绩效评价获满分】 8月15日，浙江省土地综合整治工作领导小组办公室发布《关于2022年度全省土地综合整治工程绩效评价情况的通报》，新埭镇姚浜等5个村全域土地综合整治与生态修复工程项目获满分。项目范围涉及姚浜村、旧埭村、泖河村、杨庄浜村和兴旺村等5个行政村全域范围，总面积3793.33公顷。以姚浜、兴旺整村整组搬迁为基础，突出打造万亩千吨农业平台，万亩良田、全域流转、全域集聚、全域提升、全域景区、全域秀美新格局，构建城乡融合、生态农业相结合的江南农耕文明典范。

【“人大代表话共富——2023平湖城乡新风貌建设金秋之行”主题活动举行】 9月14日，“人大代表话共富——2023平湖城乡新风貌建设金秋之行”主题活动在新埭镇举行，各级人大代表们对城乡风貌整治提升和共同富裕现代化基本单元建设工作进行提问，相关专家及部门负责人作出回应。

3月15日，长三角科技城“优苗共培”工程暨“青鹄赋能·逐梦新青年”干部成长训练营启动　（新埭镇　供稿）

【大齐塘村获2023年度省级美丽宜居示范村创建验收优秀村庄称号】 9月27日，浙江省住房和城乡建设厅、浙江省城乡环境整治工作领导小组美丽宜居村镇示范办公室联合发布《关于公布全省美丽宜居示范村创建、传统村落风貌保护提升、村庄设计与农房设计落地试点2023年度验收结果（第一批）的通知》，大齐塘村获2023年度省级美丽宜居示范村创建验收优秀村庄称号。大齐塘村在美丽宜居村落建设上积极作为，在实现共富蓝图上大胆探索，重点围绕生态景观建设、生态河道建设、生态环境整治、生态家园建设等4项工程开展工作。

【旧埭村入选省级农产品电商村名单】 10月10日，省农业农村厅、省商务厅、浙江广电集团联合发布《关于公布省级农产品电商村名单的通知》，旧埭村入选省级农产品电商村名单。旧埭村依托花卉产业，鼓励入驻企业和村民开展电商经营，全村共注册电子商务企业46户，各类网店微店近300家。

【吴泾花苑二期结顶】 11月9日，吴泾花苑二期项目完成结顶。项目位于吴泾路东侧、新杨路北侧，总用地面积6.8万余平方米，共建设17幢高层住宅，总建筑面积约24万平方米，设计有70平方米、90平方米、105平方米、120平方米4种户型，共计安置房1672套。

【万亩方永久基本农田集中连片整治项目通过嘉兴市级验收】 11月30日，新埭镇万亩方永久基本农田集中连片整治项目通过嘉兴市全域土地综合整治与生态修复领导小组的综合验收，成为平湖市首个通过嘉兴市级验收的万亩方项目。项目范围涉及泖河、杨庄浜、兴旺和姚浜等4个行政村，总规模782.73公顷。经实施，完成垦造耕地1.76公顷，旱地改水田1.19公顷，耕地功能恢复16.97公顷，建设用地复垦3.24公顷，其他工程指标136.46公顷。工程指标面积合计159.62公顷，占项目区总面积的20.39%，实现514.67公顷耕地面积集中连片，占项目区总面积比例为65.75%。

【新埭镇妇女儿童驿站获评浙江省三星妇女儿童驿站】 11月17日，浙江省妇女联合会发布《关于公布2023年度浙江省三星妇女儿童驿站名单的通知》，新埭镇妇女儿童驿站获评浙江省三星妇女儿童驿站。新埭镇妇女儿童

11月9日，吴泾花苑二期结顶　（新埭镇　供稿）

驿站位于新埭镇虹桥路，占地面积384平方米，设有童梦空间、家庭教育指导服务站、家事调解室、她创空间、瑜伽室等5个功能区。驿站以打造“有深度、有温度、有情怀”的妇女儿童服务场景为目标，提供五大类28项具体服务项目，为妇女儿童提供儿童服务、安全教育、家庭普法、家风宣讲、素养提升、法律咨询、纠纷调处、创业帮扶、公益关爱等服务，实现“一站式服务 一平台共享”。

【社区大物业管理运营启动】 11月28日，新埭镇以社区强社公司为平台与专业物业服务企业合资合作，成立平湖市中新城市运营服务有限公司，率先启动社区大物业管理运营，加快推进强社惠民集成改革、大物业服务管理试点获新进展，开启物业服务向城镇运营服务的转型探索之路。

（王亚莉）

新仓镇

【概况】 新仓镇位于平湖市东北部，毗邻上海市金山区，是浙江省首批中心镇、嘉兴市首批小城市培育试点镇。全镇区域面积63.86平方公里，耕地面积3268.11公顷。2023年末，辖9个村民委员会、3个居民委员会，有117个村民小组、12818户、户籍人口37180人。新居民登记在册人数21297人。2023年，全镇实现生产总值55.1亿元，按同比价格计算，同比增长6.8%，增速位列全市第一。2023年，实现公共财政总收入5.26亿元，其中一般公共预算收入2.67亿元，同比增长15.0%。

农业 2023年，围绕“农业增效、农民增收、农村稳定”的总体目标，积极实施乡村振兴战略。全镇农业实现现价产值4.12亿元，增长7.0%。粮食生产保质保量，全年播种面积3846.67公顷，增长2.5%，获评省级水稻绿色高产高效创建千亩示范片、省级稻渔综合种养示范基地。特色产业逐步壮大，全镇特色产业种养种类丰富，其中蔬菜面积183.07公顷、食用菌面积15.22万平方米、西甜瓜23.73公顷、芦笋25.47公顷、水果林68.87公顷、水产养殖面积65.78公顷、盆栽花卉44.47公顷。花卉产业实现销售额5567万元，增长163%，新仓“小落苏”获嘉兴乡村旅游商品大赛金奖。全镇农民专业合作社累计64家，家庭农场183家，带动农户数3000多户。全镇累计流转面积2455.27公顷，占家庭承包耕地总面积的88.67%。中华、芦湾、杉青港、秦沙、双红5个村实现整村流转。农业高质量发展稳步推进，第七届农业经济洽谈会签约项目5个、已开工3个，总投资6.5亿元。创新发展“新仓经验”，探索共富新实践，粮食全产业链帮农促富项目成功入选省农业“双强”行动并初见成效，省级现代化农事服务中心仓禾二期完成建设。全国供销合作社“绿色农资”升级行动试点现场推进会走进新仓。全镇村集体经营性收入增长15%以上，累计“股份+善治积分”分红总额532万元，累计受益股东27.6万个。村级集体经济收入增长10%以上，8个行政村年平均经营性收入达358万元。

工业 2023年，实现工业总产值126.55亿元，增长5.4%，其中规上工业产值113.12亿元。规上工业增加值25.76亿元，增长14.4%，列全市第一，高出全市8.9个百分点；新产品产值累计实现75.57亿元，增长14.5%，新产品产值率为67.3%，同比提升5个百分点；规上工业销售产值累计实现111.18亿元，增长8.2%，累计产销率99.1%，同比回升2.2个百分点；规上出口交货值累计实现20.51亿元，增长11.1%。30家亿元企业共实现产值88.12亿元，增长4.8%，占规上产值78.5%。数字经济核心产业共17家企业，全年实现产值41.04亿元，下降4.2%，占规上产值比重36.6%，实现增加值6.29亿元，下降5.0%；高新技术产业共44家企业，全年实现产值86.02亿元，下降0.4%，占规上产值的74.7%；战略性新兴产业共19家企业，累计实现产值43.07亿元，下降8.3%，实现增加值6.69亿元，下降1.3%，占规上产值的38.4%；文化制造业共19家企业，全年实现产值18.94亿元，增长25.8%，占规上产值的16.9%。项目招引持续发力，全年完成合同外资8000万美元，实到外资3046万美元，其中高技术产业占比83.59%，列全市第一，完成招大引强项目8个，列全市第三，其中超亿美元项目1个、10亿元以上项目1个。举办平湖市创业大赛新材料新能源专场赛，完成股权投资和基金投资各1个。全年，招引A类人才、B类人才各1名，引育青年博士4名，落户高层次科创项目4个，成立长三角新材料行业新联会，新仓人才之家投入使用。全年，完成固定资产投资24.78亿元、同比增长17.9%，其中制造业投资12.69亿元，增长82.6%，民间投资22.53亿元，增长33.1%，交通水利能源投资累计2805万元，下降64.6%；生态投资累计8.07亿元，增长9.9%。全年，超亿元产业项目新开工6个，完成率100%，新竣工7个，完成率140%。创新动能持续释放。高质量培育创新主体，新增国家级专精特新“小巨人”企业2家、省级“专精特新”企业11家、高新技术企业12家、科技型中小企业14家、省级企业研发中心2家。规上工业企业研发费用实现4.6亿元，增长9.6%。

第三产业　2023年，全镇服务业投资完成2.70亿元，下降40.6%，实到外资783万美元，实现第三产业增加值19.50亿元。服务业营收稳步增长，限上批发和零售业实现营业收入34.61亿元，下降33.1%；规上服务业营收完成1.81亿元，增长23.68%；限上住餐业全年实现销售额2382万元，下降3.7%，限上消费品零售总额1.38亿元，增长21.1%。规上服务业实现营业收入1.81亿元，增长23.7%；数字经济服务业营收6016万元，增长13.7倍，列全市第一。商品房累计销售面积为7.19万平方米，增长114.5%。全年，新增规（限）上企业6家。

城乡发展　强化城乡风貌塑造，成功创建省级“合作之源·乐享绿城”县域风貌区，入选省级现代化美丽城镇示范镇、嘉兴市风貌特色镇创建名单。完成现代化美丽城镇项目17个、风貌特色镇创建5个大项均已开工建设，完工率达60%。完成嘉兴市城乡风貌样板区项目1个，新增绿化9.7公顷。全年，完成建筑征迁2.7万平方米、涉及土地27.33公顷，完成历史遗留户签约11户。完成“三改”面积26.63万平方米、违建图斑销号308户、精准拆违点位30个，拆除违建面积4.36万平方米。基础设施持续完善，老街改造初见成效，东小街建筑基本完成土建工程，老街粮仓剧场改造项目完成工程量的40%。警务中心、应急消防综合大楼正式投入使用，安桥社区、芦川社区“未来社区”建设有序推进。乡村振兴加速升级，谋划启动“合作之源·杉水共富”和美示范片区建设，展示馆、研学馆、“三百亩”美丽宜居示范点建设有序推进，共富蔬菜岛开工建设，“郁野·杉水客”项目核心区域加速推进，中华村获评省级和美乡村特色精品村，杉青港村获评省级文明村。创新实施粮食全产业链、阳光共富等一批共富项目，打造共富工坊16个，8个村年经营性收入均达200万元，其中500万元以上1个。

生态环境保护与建设　深化“五气共治”，2023年环境空气质量优良率达85%，PM2.5浓度24.9微克/立方米，列嘉兴第四。开展水环境集中攻坚行动，敷设农村污水管网40余公里，完成稻田退水“零直排”建设800公顷，河道疏浚2.2公里，碧水河道建设4.26公里，全镇国控断面、县控以上断面平均水质均达Ⅲ类水，获评全省“五水共治”考核优秀乡镇。完成稻田退水“零直排”建设1173.33公顷，完成放港河水生态修复工程的35%，建成“碧水河道”4.63公里，红星河—朝阳河连通水系创建嘉兴市美丽河湖。创建省级高标准垃圾分类示范小区6个、省级高标准垃圾分类示范村4个。纵深推进农村全域秀美，落实秸秆和垃圾露天禁烧责任体系，强化房前屋后乱堆放、生活污水治理等领域攻坚，完成农村污水纳管500户以上，完成3个行政村农村杆线整治。获评省级低碳试点镇。

社会事业　提升教育工作水平，基础教育不断巩固，新仓幼儿园新建工程完成量超50%，新仓成校获评市首批优质老年学校。年末，全镇有幼儿园公办1所，民办2所，在校幼儿人数861人；小学1所，在校学生1918人，普通中学1所，在校学生946人。2023年小学毕业人数342人；初中毕业人数达

234人；成人学校2023年开设各类培训共259期，参训16818人。加强文化阵地建设，完成全镇户外健身器材更新，新增户外健身场所2处，新增礼堂书屋、百姓健身房、文化馆企业分馆各1个。加强文化阵地建设，推动文化惠民，承办第三届浙江省民间艺术精品展演、嘉兴市第十届运动会气排球项目等活动，获评省级民间文艺创作实践基地。

民生工作　坚持发展惠民，完善社会保障体系建设，做好民政、慈善、优抚、残疾人、老年人等特定群体的帮扶工作。全年，累计发放残疾人各类补助资金375万元、特困和低保补助450万元，安桥社区获评省级无障碍社区。组织招聘会2场，提供岗位2000余个，全年，新增城镇就业人员514人，帮助失业人员实现再就业395人。推动全民参保，城镇居民养老保险、医保、“大病无忧”参保率分别保持98%、99%、90%以上。2023年，新型城乡居民社会养老保险参保1044人次，缴费217.64万元，其中政府补贴59.18万元。农民住房加快改善，4个新社区新开工建房150户以上，完成家和佳苑安置房土建工程，启动育才花苑、新征佳苑、河畔佳苑安置房建设，全年新开工安置房400套以上。提升基础设施，建设改造农村道路10.8公里、危旧桥梁15座，完成2个行政村杆线整治。优化群众交通出行，养护修缮农村公路9公里，完成桥梁防撞栏杆更换18座，增设路口星光道钉1327处，更新升级公共自行车服务网点20个、车辆250辆以上。完善“一老一小”服务体系，加快发展老年助餐、居家照护、婴幼儿托育等普惠性服务，建成启用“桥家大食堂”，建立家庭养老床位30张。加快医疗资源提质，完成新仓医院体检室改造与设备升级。

社会管理　社会治理体系不断完善，平安新仓建设扎实推进，信访维稳、安全生产等工作继续保持良好态势。全镇各调委会共调处矛盾纠纷390起。完善“四级调解”机制，接待群众来信来访2101批次3092人次。强化企业安全生产监管，开展“厂中厂”企业专项整治、消防隐患排查等行动，累计排查企业856家次，发现隐患6420条。全年，累计立案处罚6起、处罚金额5.1万元。创立“和谐仓”调解品牌，推进“平治110”工作，成立新仓民声服务队。深化“大综合一体化”行政执法改革，累计办理各类案件87件，处罚金额5.17万元。建立嘉兴首个反诈工作站。加强社会治安管理，刑事处罚72人，治安案件96起，行政处罚157人。重视发挥民兵和预备役应急力量作用，切实抓好消防、安全生产、食品药品安全、防汛防台等工作。统计、新居民事务、民族、宗教、台侨、双拥、慈善、红十字等工作扎实推进。

【新仓镇农事服务中心入选第一批省级农事服务中心】 3月16日，浙江省供销合作社联合社公布第一批省级农事服务中心名单，新仓镇农事服务中心入选，为平湖市唯一。新仓镇农事服务中心原名新仓镇为农综合服务中心，于2015年按照三位一体的要求，以生产合作为基础、供销合作为带动、信用合作为支撑，整合全镇涉农资源，创新服务“三农”的方式方法，共同为农民提供公益性服务与生产性服务，而打造的一个新型为农服务综合“合作平台”。

【新仓镇与安徽省淮南市谢家集区孤堆回族乡党建联建签约】 5月9日，新仓镇举办浙江省平湖市新仓镇安徽省淮南市谢家集区孤堆回族乡党建联建签约仪式暨新仓镇新嘉园党群服务中心启用仪式。会上，两地签署《安徽省淮南市谢家集区孤堆回族乡　浙江省平湖市新仓镇党建联建协议》。新嘉园党群服务中心通过红领支撑、孵化培育、资源共享、督导培训、规范服务等措施发挥党群服务中心在新居民党建指导、睦邻服务、资源共享等方面的作用，整合社区资源和各地在新仓新居民骨干力量，实现“党建圈、服务圈、和谐圈”三圈融合，聚力建成以“共建共治共享”为核心理念的新居民管理服务平台。

【新仓镇举办长三角“田园五镇”合作峰会】 3月17日，新仓镇举办浙沪毗邻党建引领共同富裕发展论坛暨长三角“田园五镇”合作峰会。会上，正式发布《长三角田园五镇共同富裕先行示范区发展规划》，成立全国首个跨省域强村共富公司——浙江鑫平田园合作发展有限公司，签订“党建引领 乡村振兴”合作协议。现场，强村公司进行“年产10万吨汽车型材用高端再生铝铸棒项目”和“粮食全产业链帮农促富社会化服务项目”两个投资项目战略合作协议的签订。

【新仓老街粮仓沉浸式剧场项目签约】 4月24日，新仓老街粮仓沉浸式剧场项目签约仪式在1955城市客厅举行，打造大型实景沉浸式话剧《新仓1955》。此次签约的新仓老街粮仓沉浸式剧场项目位于新仓老街盐船河畔，项目规划面积约1.23公顷，该片区为原新仓粮管所旧址，已被列为市级文保单位。项目从红色抗战和乡村振兴两大主题入手，建设全域沉浸式戏剧空间、全域开放式文化展示艺术空间、独立艺术家创意合作社、手工艺人工作空间、影视戏剧孵化基地、时尚旅拍基地等。

【平湖广陈—新仓—独山港“合作之源·乐享绿城”县域风貌样板区入选省第一批城乡风貌样板区】 6月9日，省城乡风貌整治提升工作专班公布浙江省2023年度第一批城乡风貌样板区名单，平湖广陈—新仓—独山港“合作之源·乐享绿城”县域风貌样板区入选。新仓镇按照嘉兴市风貌特色镇示范建设统一部署，将“微整治、精提升、可持续”作为建设宗旨，依托在合作方面的核心竞争优势，以“新仓1955合作小镇”为主题，从“城”和“乡”两个维度发力，绘就城乡融合新图景，塑造富美风貌样板镇。

【新仓镇便民服务中心获嘉兴市首批“幸福医保”先锋岗】 6月18日，中共嘉兴市医疗保障局党组公布首批“幸福医保”先锋岗，新仓镇便民服务中心入选。新仓镇坚持“智慧化、便利化、人性化”的政务服务理念，对腾退的茉织华印务厂房进行改造，作为便民服务中心新大厅，总投资600多万元，新大厅于2020年11月20日正式投入使用，总建筑面积约1500平方米，中心前台、后台工作人员共18人。中心月均办件量3000件，全年办件量达4万件，为群众提供多方位贴心服务。中心工作人员先后获平湖市“工人先锋号”“女职工建功立业先进集体”“巾帼文明岗”等称号。

【全国供销合作社农资网络体系建设暨“绿色农资”升级行动试点推进会在新仓召开】 7月18日，全国供销合作社农资网络体系建设暨“绿色农资”升级行动试点推进会在新仓召开。会前，与会代表先后参观新仓现代化农事服务中心、毛泽东同志新仓经验批示展示馆。新仓现代化农事服务中心是浙江农业“双强”十大重点突破试点单位，是浙江省首批省级农事服务中心，由平湖市供销社、新仓镇供销社、社会化服务公司及新仓镇8个行政村全额出资的强村公司共同投资成立。中心围绕从一颗稻谷到一粒大米的粮食全产业链帮农促富社会化服务模式，旨在通过“一平台五中心”建设，实现农事服务“1+7”综合服务功能，打造市域乃至省级样板。

【5个项目签约】 9月21日，2023中国·平湖西瓜灯文化节开幕式暨投资贸易洽谈会举行。新仓镇成功签约鸿禧能源、海优威等5个项目，总投资超48亿元，主要涉及新材料（膜产业）、新能源、健康食品等领域。

【新仓16个重大项目集中开工竣工投产】 9月22日，2023中国·平湖西瓜灯文化节重大项目集中开工、竣工、投产活动举行。本次集中开竣工项目共16个，总投资超45亿元，其中亿元以上项目8个，10亿元以上项目2个，超亿美元项目1个，新材料新能源主导产业项目占比超过50%。其中，平湖海优威应用材料有限公司年产2亿平方米光伏封装胶膜建设项目计划总投资15亿元。

【新仓镇入选省第三批低（零）碳乡镇试点】 10月25日，浙江省生态环境厅办公室发布浙江省第三批低（零）碳乡镇（街道）和村（社区）试点名单，新仓镇成功入选。新仓镇秉持“产业减碳、农业固碳、生活低碳”三条建设主线，着力打造以数字化为核心的工业特色型美丽城镇，实现乡镇碳排放强度下降3.51%，规上企业碳强度下降8.32%。

【新仓镇现代社区“1955”品牌正式发布】 10月27日，新仓镇在1955幸福仓·邻里中心召开党建引领三方协同共治工作部署会暨现代社区“1955”品牌发布会。新仓镇持续擦亮现代社区“1955”金名片，整合社会多方资源，不断提升社区服务能力，开展一系列群众喜闻乐见的活动，营造与邻为伴，与邻为善的社会氛围。会上，芦川社区发布“益+亲”现代社区治理品牌。

【国家级专精特新“小巨人”企业高端光学膜项目落户新仓】 11月24日，国家级专精特新“小巨人”企业凯鑫森（上海）功能性薄膜产业股份有限公司高端光学膜建设项目签约仪式举行。凯鑫森（上海）功能性薄膜产业股份有限公司是国内最早专业从事光学膜研发、制造及销售的高新技术企业，大尺寸光学膜领域市场占有率国内行业前三。此次落户的年产1600万平方米高端光学膜建设项目，将成为凯鑫森扩大产能、研发新型光学膜的重要生产基地之一，该项目总投资约5亿元，计划用地3.33公顷。

【全省清廉民营企业建设现场推进会走进新仓】 12月5日，全省清廉民营企业建设现场推进会走进新仓。与会人员先后参观浙江茉织华印刷股份有限公司和浙江华盛服饰有限公司。新仓镇以清廉新仓建设为重点，以清廉制度建设为基础，以清廉阵地建设为载体，推进清廉新仓、清廉村居、清廉民企建设。

【新仓镇获评2023年度全省“五水共治”工作考核优秀乡镇】 12月29日，省美丽浙江建设领导小组“五水共治”办公室发布《关于2023年度全省“五水共治”工作考核优秀乡镇（街道）的通报》，新仓镇被评为2023年度全省“五水共治”工作考核优秀乡镇。新仓镇深入践行“两山”理念，持续深化“五水共治”碧水行动，多措并举，攻坚“污水零直排区”建设提质增效；水岸同治，推进河道综合整治和水生态修复；压实责任，强化河湖长制落实和河道长效保洁；数字赋能，建设智慧平台让“治水”变“智水”；推进水环境综合治理和水质提升，实现镇域水质持续稳中向好。

【新仓镇入选全省现代化美丽城镇示范镇】 12月30日，浙江省住房和城乡建设厅公布2023年全省现代化美丽城镇示范镇建设名单，新仓镇成功入选。新仓镇以“新仓1955”经验为基础，结合自身优势特色，开展五个现代化建设，打造彰显新仓特色的现代化美丽城镇。实施雨污水管网提升工程，提升现状雨水、污水管网和污水处理设施。进一步优化路网体系，提升道路品质。加快产业能级提升，稳步推动小微企业园、现代农业产业园、科创产业基地、“共富工坊”等建设，打造特色小镇。完善产业服务配套，提高现代物流发展水平，建设提升工业邻里中心、产业创新综合服务体、电子商务服务平

10月27日，新仓镇党建引领三方协同共治工作部署会暨现代社区“1955”品牌发布会召开　（新仓镇　供稿）

台等，完善人才公寓、便民服务等配套设施。

（边余佳）

独山港镇

【概况】独山港镇位于平湖市东南部，东接上海金山区，南濒杭州湾，西邻乍浦、林埭两镇，北接新仓、广陈两镇，是浙江省第二批中心镇，是平湖接轨上海的“桥头堡”，辖区区域面积96.90平方公里，耕地面积4549.67公顷。2023年末，下辖12个村民委员会、6个社区居委会，户籍人口73572人。2023年，全镇实现生产总值153.95亿元，同比增长5.1%，财政总收入19.22亿元，其中一般公共预算收入10.43亿元。在2023年度全国千强镇名单中，独山港镇列浙江第13、全国第81。

农业　2023年，独山港镇实现农业产值2.52亿元，增长5.3%。全年，粮食播种面积5726.67公顷，其中大小麦面积2726.67公顷、水稻面积2940公顷、其他60公顷，总产量3.673万吨，生猪年末存栏3.20万头，家禽年末存栏3.17万羽。建成全市首个“万亩方”基本农田集中连片整治项目，新建高标准农田184.67公顷，绿色农田改造提升233.33公顷，建设省级水稻病虫害绿色防控示范区1个，省级健康土壤示范区1个。全年，发放各类涉农补贴资金1302.4万元，新增土地流转面积773.33公顷，集体统一委托流转率80%。成功牵手农业科技全球化企业先正达集团（中国），合作构建MAP数字农业综合服务体系，打造农业生产全产业链及生态圈。渔业、水保监管、动物防疫等工作稳步推进。嘉兴市耕地保护暨土地综合整治工作推进会走进独山港。2023年嘉兴市水稻机收减损作业技能大比武在独山港镇万亩稻海举行。

工业　2023年，独山港镇工业经济企稳向好，实现规上工业总产值671.1亿元，同比下降1.6%，实现规上工业增加值114.9亿元，同比增长9.9%，全镇146家规上工业企业实现营业收入688.8亿元，实现利润总额21.64亿元、利税总额47.47亿元。转型升级步伐加快，新增国家高新技术企业13家、省科技型中小企业35家、省专精特新企业14家、亿元数字经济企业1家，全年实现数字经济规上工业产值42.5亿元，同比增长9.3%。招商引资深入推进，共签约项目15个，实际利用外资1.475亿美元，同比增长32.9%。项目推进持续发力，全年列入省“千项万亿”项目7个、省重点建设项目5个，新增入库项目33个，其中亿元以上项目14个，完成固定资产投资额88.2亿元，同比增长9.1%。

第三产业　2023年，独山港镇完成服务业投资42.8亿元，同比增长27.4%，奥泰项目竣工验收，京东项目完成主体建设，海港集团4个项目开工。全镇规上服务业企业13家，实现营收10.8亿元，同比增长10.2%，限上贸易业企业19家，实现营收125.8亿元，同比增长12.3%。港口物贸稳步前行，港口货物吞吐量达5512万吨，集装箱吞吐量达59.3万标箱。

环境整治　2023年，独山港镇不断深化环境整治，城乡环境得到有效改善。基础设施不断完善，滨港路二期，翁金线东段等一批疏港道路开工，独广线南段完成亮化改造，累计完成废弃杆线整治2529根。人居环境显著提升，全域秀美交叉检查交办问题全部完成整改，28家公共机构和10家企业升级垃圾分类设施。绿色园区建设持续深化，建成全市首个智慧治水数据中心“水治溯”，开展“全域垃圾无死角”行动、“清新园区”建设等园区整治行动。

社会治理　2023年，深入源头做好纠纷化解，成功调解各类矛盾纠纷2378件，各渠道2683件次信访全部办结。完成各级两会、杭州亚运会、乌镇峰会等维稳安保任务。筑牢安全生产防线，开展危化品、厂中厂、建筑施工等重点领域综合性安全检查20余次。营造良好治安环境，积极推广“民声一键办”，共处理非警务类事件1420件。

社会事业　2023年，独山港镇不断加强社会保障，提升公共服务，民生福祉持续增进。累计帮扶就业1142人次，帮扶困难群众2600余人次，发放困境儿童救助资金75.6万元。成功举办海洋文化艺术节、文旅集市等多项具有独山港标识的文化活动。成立独山港镇工业技能培训中心，虎啸村、前进村老年学堂入选嘉兴市首批优质老年学堂，航天神箭幼儿园和全塘幼儿园全公亭校区成功创建省一级、二级幼儿园，周圩社区向日葵亲子小屋获评嘉兴市婴幼儿服务特色"小屋"。18个居民会客厅全部完成建设，周圩社区居民会客厅获评嘉兴市四星级社区服务综合体。

【赵家桥村文化礼堂获评浙江省五星级农村文化礼堂】 5月9日，平湖市独山港镇赵家桥村文化礼堂获评浙江省五星级农村文化礼堂。赵家桥村文化礼堂占地面积1600平方米，建筑面积3500平方米，由原复兴电影院改造而成，投入1500余万元进行改造提升，有道德讲堂、文化长廊、云书吧、红氧吧、中国航天科普馆等场所，是集娱乐、研学、科普于一体的精品化农村文化礼堂。

【2023独山港海洋文化活动举办】 5月24日，2023平湖·独山港海洋文化活动开幕式暨"浪潮"D计划启动仪式在全塘文化广场举行。此次活动以"海浪迭起·大港不凡"为主题，从5月开始持续到11月，集文化、旅游、体育、音乐、美食等元素于一体。

【独山港镇与中国水稻研究所签约开展农业战略合作】 5月25日，独山港镇与中国水稻研究所农业战略合作签约仪式在独山港举行。双方将围绕独山港镇现代农业建设实际，发挥各自的资源优势，重点在水稻新品种新技术试验示范基地建设、水稻生产技术培训、科技成果转化、特色产业研学基地建设、所地党建共建等方面开展深入合作。

【2个农业项目集中签约】 6月28日，在第七届平湖市农业经济洽谈会上，独山港镇共签约2个项目，分别为"维聚垂直农场"合作项目和独山港未来田园项目，总投资3.3亿元。"维聚垂直农场"合作项目，总体投资概算约2.9亿元，建设标准化生产单元160个，年蔬菜产能3.45万吨，年产值2亿元，项目预计总占地面积60公顷；独山港未来田园项目，依托独山港镇千亩方基地，建设集稻鱼综合养殖、特色稻米种植、无人化农业服务、农事体验、研学于一体的特色农业项目，建成一个高度无人化、数字化、高质量粮食产业示范区，项目总面积66.67公顷，其中共生区域20公顷。

5月24日，2023平湖·独山港海洋文化节开幕式暨"浪潮"D计划启动仪式举行

（独山港镇　供稿）

【尚霞养老照护中心正式开业】 10月20日，独山港镇尚霞养老照护中心正式开业。该项目占地面积8700平方米，建筑面积4000平方米，中心整体按照三星级养老中心标准打造，设有标准公寓间套房40间，床位107张，失智专区1个，配备阅览室、理疗室、康复室等，是一个集"住、养、护理、康复、托管、休闲"于一体的综合性老年休闲养老中心。

【友邻中心通过竣工验收】 10月26日，独山港镇友邻中心通过竣工验收。项目投资约10500万元，项目总用地面积约0.96公顷，主要建设单栋二层局部三层建筑，是集农贸市场、超市、家宴中心于一体，为周边居民提

10月26日，独山港友邻中心通过竣工验收 （独山港镇 供稿）

供“一站式、全方位、多功能”服务的大型综合体。

【周圩社区服务综合体获评省四星级服务综合体】 11月7日，独山港镇周圩社区服务综合体获评省四星级服务综合体。周圩社区服务综合体位于周圩社区周圩北苑388号，总面积4200平方米，以社区党群服务中心为载体，提供老年康养、儿童照料、便民服务、文体宣传、法律援助和咨询、社会保障、志愿帮扶、幸福邻里等八大服务项目。

【龙吟未来社区入选浙江省第四批未来社区】 12月6日，省第四批未来社区名单公布，独山港镇龙吟未来社区入选。龙吟未来社区主要为龙吟花苑北区一期和二期，总用地面积约23.9公顷，以“悦享未来，且听龙吟”为创建理念，从“一统三化九场景”的系统设计出发，重点打造党建智治和“一老一小一新”公共服务为核心的场所、服务。

（吴驰）

平湖农业经济开发区（广陈镇）

【概况】 平湖农业经济开发区（广陈镇）位于平湖市东北部，南与独山港镇相邻，东与新仓镇接壤，西与钟埭街道相邻，北与新埭镇交界。平湖农业经济开发区和广陈镇区镇合一，面积55.84平方公里，耕地面积3816.51公顷，是全市新型农业产业发展主平台。年内，省级农业科技园正式挂牌，通过省级县域风貌样板区验收，并作为嘉兴唯一的镇被列入浙江首批共同富裕实践观察点。2023年末，辖11个村民居委会、2个社区居委会，共10800户、34022人。2023年，实现地区生产总值24.09亿元，同比增长5.0%。2023年，财政总收入2.45亿元，其中一般公共预算收入1.27亿元。

农业 农业产业蓬勃发展，平湖农业经济开发区科创中心正式启用，为农业科技型企业及科研机构提供创业创新载体，已入驻项目主体11家。成功举办第五届长三角“田园五镇”农业农村创业创新大赛，吸引海内外66个优质项目参赛。在“产业谋融合 双强促共富——第七届平湖农业经济洽谈会”上，与9家公司签订农业投资项目，签约金额超10亿元。2023年，区镇实现农业增加值3.04亿元，农业总产值5.00亿元。2023年，区镇共有粮食生产功能区2248.07公顷，粮食播种面积4573公顷，其中水稻面积2258.27公顷，旱粮种植面积保持稳定，其中豆类194.47公顷，玉米44.08公顷，薯类11.1公顷。新增土地流转面积19.001公顷，累计2606.8公顷，累计流转率为90.57%。按照全市强村富民共富体建设要求，制订《强村富民倍增三年行动计划实施方案》，推进共富码头、新乡邻公寓、农产品物流共富体等一批共富项目落实落地。2023年，村集体经济总收入5290.22万元，同比增长16.92%；经营性收入2137.57万元，同比增长7.26%。加大农业产业基础设施投入，新建现代温室大棚2.8万平方米。省级农业科技示范园通过验收，国家级现代农业园区、国家级农业科技示范园、国家级一二三产融合发展示范园三大平台奋力创建中。

工业 全年，实现工业总产值32.27亿元；当年新增规上企业3家。外贸出口逆势上扬，全年，实现出口8.0亿元，同比增速22.1%。转型升级步伐加快，

赛于9月6日启动，共收到来自国内外的创业组和创新组项目66个，其中来自上海交通大学、华东师范大学和宁波大学等高校的参赛项目10个。参赛项目申报人中本科及以上学历占比83.3%，硕士及以上学历占比50%。项目涵盖农业新品种新技术、农业发展新模式、生态农业、智慧农业和共富农业等许多特色创新领域。

【平湖农业经济开发区科创中心启用】 10月31日，农开区（广陈镇）举行平湖农业经济开发区科技创业中心启用仪式暨首批项目入驻仪式。平湖农业经济开发区科创中心位于农开区国际科技农业合作示范区农创大道南侧，总用地面积约0.76公顷，中心整体由三幢大楼组成，通过圆形连廊串联为一体，总建筑面积15174平方米，其中地上建筑面积11704平方米。农创中心围绕打造新型农业产业孵化平台、农业创业创新人才聚集地、乡村振兴示范窗口等三大中心定位，为广大中小农业企业及研究机构提供扶持招引专项奖励、优质项目一事一议、物业服务能级提升、租赁空间补助扶持、公共空间无偿使用等5个方面入驻政策，首批入驻项目主体10家。

【浙沪乡村半程马拉松】 11月12日，2023浙沪乡村半程马拉松赛在农开区（广陈镇）正式开赛，吸引来自4个国家19个省份69个城市的3049名选手参加。2023浙沪乡村半程马拉松赛是中国田径协会认证的A1类赛事，由农开区（广陈镇）和金山区廊下镇共同承办，以“田美农开　田园廊下”为主题，分设21.0975公里的半程马拉松和7公里欢乐跑两个项目。

（吴宇珺）

林埭镇

【概况】 林埭镇位于平湖城区东南部，地处平湖地理位置中心，南接嘉兴港区，东临独山港，西、北与平湖主城区相接，是嘉兴市首批乡村振兴示范镇。全镇区域总面积46.23平方公里，耕地面积2313.53公顷。全镇共有11个行政村，154个村民小组，1个居委会，10485户，31953人，其中非农业人口1824人。全年，全镇实现生产总值27.2亿元，同比增长5%；实现工农业总产值43.3亿元，增长3.0%；实现财政总收入2.5亿元，增长37.6%；一般公共预算收入1.3亿元，增长20.1%。2023年，林埭镇获浙江省和美乡村示范镇、浙江省园林城镇，浙江省第三批低（零）碳乡镇（街道）、嘉兴市平安创建优秀镇（街道）、嘉兴市水美乡镇、嘉兴市2023年度和美乡村示范片区优胜奖等荣誉。林埭镇获评省级对台交流基地培育创建对象、嘉兴市对台交流示范点、嘉兴市党外知识分子和新的社会阶层人士研学基地。央视一套《山水间的家》栏目报道中国棒球第一村——徐家埭村；央视财经频道《乡村里的振兴带头人》聚焦徐家埭村，讲述“千万工程”下家乡百姓致富的故事；《寻找最美乡村·共和村》在《人民日报》刊发。12月，《林埭镇志》出版。

农业　2023年，全镇实现农业增加值2.12亿元，同比增长5.1%。油菜籽种植面积162.2公顷，棉花种植面积31公顷，西瓜种植面积54.16公顷，蔬菜复种面积895.53公顷。全年，棉花总产量44吨，油菜籽总产量469吨，西瓜总产量2254.5吨，蔬菜总产量32180吨。家禽年末存栏66035羽，家禽年内出栏501315羽，禽蛋总产量264.1吨。规模大户开展统防统治的水稻面积达1332公顷，小麦面积达1186.67公顷；肥药减量增效控污技术和水稻病虫综防面积3066.67公顷次，应用面积占90%以上；全镇农机化投入120多万元，机械作业面积5200公顷次，机械收割率96%；水产养殖面积约247.11公顷（不包括稻田综合种养），渔业总产量达8957吨，总产值18882.1万元，水产品加工产值7500万元。开展高标准农田、稻田退水“零直排”等项目建设，全年完成节水示范灌区3个、农田节水改造402.2公顷、泵站更新升级10座。全镇7个农村圩区全部正常投入使用，保护面积4200公顷，全年，共发现并整改隐患14处，圩区运行7次，外排水量1389.67万立方米。

工业　2023年，紧抓优营商、稳增长，抓项目、促发展，全镇经济回升向好。41家规上工业企业实现产值30亿元。加快传统产业数字化转型升级，全年实现数字经济产值3.58亿元。固定资产投资7.1亿元，同比下降2.3%，其中，高新产业投资7483万元，同比增长59.3%。聚焦“地瓜经济”提能升级“一号开放工程”，创新招商方式，成立林埭镇首个科创基金。签约上海暖友实业等12个项目，总投资8.5亿元。聚焦营商环境优化提升“一号改革工程”，构建亲清政商关系，举办“亲清夜沙龙”119次，为10家存在融资压力的企业搭建银企对接平台，解决企业困难问题62个；落实市镇两级惠企政策，帮助76家企业享受奖励补助约450万元。持续开展无照经营联合整治行动，搬离51家、关停32家，合规办证6家。创新驱动不断强化，浙江纳特入选国家级专精特新“小巨人”企业，浙江博宏获评浙江省级企业研发中心，全年，新增认定科技型企业17家。

第三产业　2023年，服务业增加值13.06亿元，占GDP比重48%。全年，实现规上服务业营收增速66.4%，限上零售额增速33%，新增规（限）上服务业企业7家，亿元以上服务业企业开土动工1家。“双招双引”精准发力，实到外资200万美元。成功引进国家级青年人才闫淼博士创办的人工智能电力巡检项目等高层次人才项目3个，引进全职青年博士3名，高层次人才C类人才1名，新增高技能人才214名。与哈工大（深圳）等国内知名科研院校建立合作关系，共同开展人才培养、人才输送、技术支持、产学研互通等多项合作。聚焦数字服务业，成功招引浙江禾曙软件有限公司、嘉兴若愚智能科技有限公司等软件信息服务业项目。全年，规上软件与信息服务业营收实现1.02亿元，同比增长381.7%。项目建设持续加快，新诚电子、霍克尔两个项目已于年内完成厂房封顶，均被列入全市季度“红旗”项目。年底，大亚保丰综合供能站开业。

生态治理与长效管理　开展降污减排专项整治工作，共完成4家涉VOCs企业的关停和1家企业的源头替代工作。开展柴油叉车、挖掘机等非道路机械车辆整治工作，完成13台老旧柴油叉车淘汰任务。开展城镇“污水零直排区”建设回头看检查，对集镇3.2公里污水管网开展更新改造，完成11个农村生活污水既有设施运维，拆除4个终端。推进“五水共治”，完成河道综合整治9.8公里，清淤疏浚15.2公里，创建平湖市级“美丽河湖”2条，主要河流水质监测综合评价结果优秀。健全完善河道长效保洁机制。持续深入开展“全域秀美”百日攻坚行动。打造覆盖全镇11个行政村的“清溪清心·棒舞龙腾”的和美乡村示范片区，建成1个和美乡村体验环，打造2个和美乡村精品示范片，呈现形成4个和美乡村示范场景。年内，新增和美庭院260户。完成绿化造林面积1.9公顷。实现11个景区村庄全覆盖。完成居民小区定时定点投放站“机器换人”改造6个小区7项任务，生活垃圾分类处理率达86.83%，持续开展垃圾分类宣传，结合迎亚运、减塑降塑等主题活动，各村（社区）开展各类宣传活动。农村垃圾分类准确率达96%。加强集镇日常管理，持续深入推动乱停车、乱设摊、乱养犬等专项整治行动。违建销号124处，拆违面积2.77万平方米，三改面积14.6万平方米，精准拆违点30个。农村杆线整治工程整治区域惠及华丰村、徐家埭村、东方红村、新庄村，共82个自然村落，弱电无主废杆共计拔除899根。入选浙江省第三批低（零）碳乡镇（街道）试点。

民生工作　关心关爱困难群体，发放各类救助、补助资金320余万元。持续推进残疾人事业又快又好发展，徐家埭社区无障碍环境设施改造通过省级验收。开展残疾人就业技能培训，累计新增残疾人就业5人，全镇133户残疾人参与共富项目。完成新增认知障碍照护专区床位12张，新增家庭养老床位35张。各村（社区）老年助餐服务点位覆盖率达100%，累计助餐超过2.6万人次。打造林埭镇首个民建公助的普惠性社区托育机构——徐家埭花苑托育园。推动婚俗改革融合创新。营造放心消费环境，处理各类消费投诉举报

90余件，各类信访件23件。开展“放心消费在浙江”活动，已培育放心消费单位222家、放心工厂23家、无理由退货单位97家、消费维权站点5家。年内，交付佳源印象里公寓房348套，改善农民住房156户，新社区完成建房审批241户，自然村落保留点建房审批68户，合计改善农民住房465户。6月，徐家埭未来社区成功创建浙江省第三批未来社区（引领型）。8月，通过嘉兴市首批市级“温暖嘉”未来社区。林埭镇徐埭综合农贸市场获评省四星级文明规范市场。坚持完善“林距离”和谐劳动关系工作室职能，指导29家企业开展能级工资集体协商，举办法律法规政策培训会1场，开展和谐劳动关系督查12次、劳动争议调解3次，为32名职工讨回欠薪28万元。推动村级“三资”管理工作不断深化，加快村级集体经济发展，推动村集体经济不断发展壮大，获评2023年度一事一议财政奖补支持打造共富乡村试点实施类项目。全镇11个村经营性收入总额2334万元，同比增长7.20%；经常性收入总额3473万元，同比增长7.7%。

社会事业　徐家埭棒球场承办国家级、省级及长三角地区棒垒球赛事8场，接待来自全国各地的参赛队伍500余支，带动周边社零超1000万元，全镇旅游人次同比增长21%。小龙人棒球队代表国家队首次出境参加世锦赛获亚军。林埭镇徐家埭村（棒球运动乡镇）入选第六批省级运动休闲乡镇培育名单。林埭镇祥中村获评浙江省AAA级景区村庄。深挖文化内涵，“做精”节庆活动，精心梳理文旅相关节庆、民俗、展会，形成全年文旅活动日历。结合龙文化艺术节，推出首届农文旅体“LIN动计划”嘉年华，共接待游客超70万人次，实现旅游收入超1500万元，保持稳步增长趋势。引进“葳乡”数字农文旅品牌IP，发展“文旅+教育”，开设多条研学线路，涵盖红色教育、国学经典、农耕文化等研学点位，共接待游客5万余人。推进成人棒球场建设，加快建设集棒球场、体能训练馆、足球场于一体的体育文化综合体。推进俞家浜艺展中心项目（商务会务中心、时尚婚庆中心）建设，打造时尚、高雅、现代化的商业综合体。平湖糟蛋非遗文化展示馆获评浙江省第二批乡村博物馆。开展家庭教育和儿童友好主题活动，牵头成立平湖市首个镇街道儿童友好服务联盟，发布“小龙人”儿童服务品牌，成立小龙人儿童观察团。承办浙江省“亚运有我　幸福同行”走基层系列活动，“平湖九彩龙”受邀参加杭州亚运会倒计时、火炬传递嘉兴站起跑活动。

社会管理　深化“四治融合”建设，启用大综合一体化综合信息指挥室，用好“民声一键办”，受理并联动化解非警务类事项496起，事件处结率达100%。做好诉前调解，化解信访积案，收到并处理群众来访、来信来电、网络反映等共计1032件，好评率达99.8%。深化“林聚邻”品牌建设，发挥“龙乡老娘舅”等作用，镇村两级化解各类矛盾纠纷727件，疑难重大案件6件。创新反诈宣传模式，建成平湖首个村级反诈展馆与村级反诈公园，实现发案数、案损额双下降。开展安全生产大排查大整治专项行动，其间共排查企业（单位）475家次，发现隐患1347处（其中重大隐患12处），已全部整改完毕。以“护航亚运”为主线，其间共排查企业（单位）78家，对厂中厂消防演练及宣传21家，办理案件4起，共处罚金额5.9万元。徐家埭村乡村数智生活馆获评浙江省乡村数智生活馆。林埭镇双庙村、东方红村获评浙江省善治示范村。

【林埭企业首次获评国家级专精特新“小巨人”企业】 7月，浙江纳特汽车标准件有限公司上榜第五批国家级专精特新“小巨人”名单。是林埭镇辖区内首家入围国家级专精特新名单的企业。浙江纳特汽车标准件有限公司成立于1998年，是一家专注于提供金属连接整体解决方案的国家高新技术企业，拥有螺母、螺栓、套筒、铆钉、簧片等多条产品线，涵盖汽车车身、底盘、内外饰、动力电池等应用场景。

【林埭镇获评2023年度一事一议财政奖补支持打造共富乡村试点实施类项目】 1月18日，林埭镇获评2023年度一事一议财政奖补支持打造共富乡村试点实施类项目。林埭镇积极推动省级一事一议财政奖补支持共富乡村试点项目建设，用足用活产业特色和资源禀赋，以“中国棒球第一村”徐家埭村为核心，带动其余10个村抱团共建，排定保通共富码头、保丰综合供能服务站等5个共富体项目，以优质共富体撬动社会资本和社会效益两大“杠杆”，探索共富乡村实现路径。2023年，11村村集体经济总收入达5529万元，同比增长10%以上。徐家埭村村集体经济总收入达1016万元。

【林埭镇徐家埭村获评浙江省村（社区）干部基层实践教学点】 9月，林埭镇徐家埭村获评浙江省村（社区）干部基层实践教学点。徐家埭村以“一颗棒球”为突破口，围绕“产业兴旺、生态宜居、乡风文明、治理有效、生活富裕”等5个方面，促进各方资源有效集成，推出乡村振兴课程。省兴村（治社）名师、徐家埭村党委书记刘建群专题课程《小棒球击出乡村全面振兴“嘉速度”》入选中国干部网络学院线上课程矩阵。同时，打造以干部队伍传帮带为宗旨的红领学堂，结合俞家浜棒球精品路线，通过老干部传帮带、后生仔学走看的教学实践，理论学习和实际走访双轨并行，共同为村社干部提供生动的教学，近三年接待省内外村干部学习考察100多批次，2023年已承接山东、江西等地多名干部挂职锻炼。

【林埭小学“小龙人”棒球队获第41届U12男子软式棒球世界锦标赛亚军】 7月31日，在日本举办的第41届U12男子软式棒球世界锦标赛举行决赛，林埭小学“小龙人”棒球队获亚军。本次大赛为期三天，共有来自8个国家和地区的12支队伍参加比赛。是林埭小学“小龙人”棒球队首次代表中国队出国比赛。

【2023年林埭镇第三届农民棒球联赛开赛】 11月26日，2023年林埭镇第三届农民棒球联赛在徐家埭棒球场开赛。本次赛事以五人制棒球比赛为简易特点，共有11支队伍，100余名农民参赛，参赛队员皆是林埭镇辖区内农民。

【林埭镇3所老年学堂获2023年度“嘉兴市首批优质老年学堂”称号】 年内，2023年度嘉兴市优质老年学校（学堂）评审结果公布，徐家埭村老年学堂、保丰村老年学堂、林埭社区老年学堂获评2023年度嘉兴市首批优质老年学堂。徐家埭村老年学堂，成立老年棒球队、老年课堂工作专班，开设俏佳人舞蹈班、棒球班、歌咏班等一系列特色课程；保丰村老年学堂设有活动室、国学馆、图书室、多功能礼堂等适老型功能教室，开设国学研学班、银龄舞龙班和老年书法班；林埭社区老年学堂开设沪乐合唱班、欢喜腰鼓班、阳光舞蹈班、佐弘书法班等特色班。

【林埭镇徐家埭花苑托育园正式开园】 10月26日，徐家埭花苑托育园正式开园，是林埭镇首家普惠性社区托育机构。园内配备幼儿保健、活动、午休、卫生等区域，及户外活动场地。托育园面积总计253平方米，设置2个班级，38个托位，主要为辖区内0—3岁孩子提供全日托、半日托、计时托等多样化精细化托管和照护。

【林埭镇徐家埭片区城市有机更新工程——城镇化配套项目开工仪式举行】 9月22日，2023中国·平湖西瓜灯文化节重大项目集中开工、竣工、投产活动暨林埭镇徐家埭片区城市有机更新工程——城镇化配套项目开工仪式在平湖市林埭镇双庙村部北侧举行。项目选址于平湖市林埭镇双庙区域，徐双路西侧，横二路北侧，总投资7.45亿元，总用地4.72公顷，总建筑面积149456平方米，项目共建设10幢18层高层住宅，3幢17层高层住宅。

【葳乡田园正式开园】 9月16日，葳乡田园正式开园并举办“回归田园　自在生活”主题游园会。葳乡是由青马（浙江）文旅有限公司打造的农文旅品牌IP，也是国内首个提出“每天两块钱，乡下有块田”的农文旅品

9月16日，葳乡田园正式开园并举办“回归田园·自在生活”主题游园会
（林埭镇　供稿）

牌。每天两块钱，即可认领葳乡田园内一块15平方米的专属农田，实现“乡下有块田”的梦想。通过葳乡元宇宙小程序，可实现线上虚拟农场对应线下实际田块，同时线下打造集农业、文化、旅游于一体的农文旅产业园——葳乡田园。元宇宙种植园、草坪游玩区、森野露营区、烧烤区、虾趣园、咖啡馆、葳乡餐厅、共享厨房已开放运营。

【林埭镇第一家省级乡村博物馆】
8月21日，省文物局公布2023年浙江省第二批乡村博物馆名单，林埭镇平湖糟蛋非遗文化展示馆成功入选。平湖糟蛋非遗文化展示馆位于平湖市林埭镇林兴路200号。该馆以复兴“平湖糟蛋”为目标，在生产端、产品端、文化端、传播端让“平湖糟蛋”打开新的局面。

（张佳椽）

2023年平湖市镇（街道）经济社会主要指标一览表

表29

项目	当湖街道	平湖经济开发区（钟埭街道）	曹桥街道	乍浦镇（含港区）	新埭镇	新仓镇	独山港镇（含独山港区）	广陈镇	林埭镇
地区生产总值（万元）	1852210	2299987	517703	2233897	575084	551033	1539516	240920	272155
其中，第一产业	8783	13207	9627	5983	31815	23344	22676	27646	19096
第二产业	132506	1760308	353623	1601760	311831	332696	1238733	96604	122500
第三产业	1710922	526473	154452	626155	231438	194993	278108	116670	130559
全社会固定资产投资（万元）	789796	719830	184831	1071365	381672	247804	881953	89701	70849
工业生产性投资（万元）	6984	477579	55442	643508	121839	126914	447991	20847	10612
合同利用外资（万美元）	2719	29243	9062	12970	20429	13403	8939	1600	1080
进出口总额（万美元）	36087	338454	25320	556456	44465	46211	253137	11229	23355
其中，出口	33245	258547	15399	219732	42047	42425	78991	10789	20592

附 录

人物·名录

新任市级领导干部简介

王建坤，男，1967年1月生，浙江海宁人，中央党校大学学历，1983年4月参加工作，1989年10月加入中国共产党。1983年4月至1985年1月为海宁县双山乡（公社）农科站蚕桑干部；1985年1月至1993年4月任海宁市（县）双山乡司法助理员、法律服务所主任、团委书记、党委秘书。

1993年4月至1995年9月任海宁市双山乡副乡长；1995年9月至1998年8月任海宁市庆云镇副镇长（1993年8月至1996年6月在中央党校函授学院经济管理专业大专班学习）。

1998年8月至1999年10月任海宁市丰士镇党委副书记、行政负责人、镇长；1999年10月至2000年8月任海宁市郭店镇党委副书记、行政工作领导小组组长、镇长；2000年8月至2002年6月任海宁市委办公室副主任（1999年8月至2001年12月在中央党校函授学院经济管理专业本科班学习）。

2002年6月至2003年1月任海宁市许巷镇党委副书记、镇长；2003年1月至2003年11月任海宁市许巷镇党委书记；2003年11月至2006年7月任海宁市海洲街道党委书记、人大工委主任（2003年9月至2003年12月在嘉兴市委党校第十五期中青年干部培训班学习）；2006年7月至2008年7月任海宁市海洲街道党委书记；2008年7月至2010年5月任海宁市长安镇党委书记、连杭经济区党工委副书记；2010年5月至2011年11月任海宁市委办公室主任；2011年11月至2016年12月任海宁市政府党组成员、2012年2月任副市长；2016年12月至2019年7月任海宁市委常委、副市长，2017年2月明确常务副市长；2019年7月至2021年12月任海宁市委副书记、政法委书记；2021年12月至2023年6月任海宁市政协党组副书记、2022年2月任副主席、2022年12月任三级调研员；2023年6月至2023年12月任海宁市政协党组副书记、副主席、二级调研员；2023年12月任平湖市政协党组书记、主席候选人。

杨金平，男，1975年8月生，浙江平湖人，在职大专学历，1993年8月参加工作，2000年3月加入中国共产党。1990年9月至1993年7月在浙江省平湖师范学校普师专业学习。

1993年8月至1999年8月为平湖市前进乡中心小学教师。

1999年8月至2002年8月为平湖市曹桥乡中心小学教师（1993年8月至2001年12月在浙江师范大学小学教育专业自考专科学习）；2002年8月至2004年8月为平湖市实验小学教师。

2004年8月至2005年8月为平湖市叔同实验小学教师；2005年8月至2007年9月在平湖市黄姑镇政府工作；2007年9月至2011年8月任平湖市新埭镇党委委员；2011年8月至2011年12月任平湖市委新经济与新社会组织工作委员会副书记；2011年12月至2015年4月任平湖市委新经济与新社会组织工作委员会副书记，市委组织部部务会议成员、组织科科长，2013年1月兼任市党群服务中心主任；2015年4月至2017年8月任平湖市人民政府办公室副主任；2017年8月至2018年3月任平湖市人民政府办公室副主任、党组成员；2018年3月至2018年6月任平湖市曹桥街道党委副书记；2018年6月至2019年5月任平湖市曹桥街道党委副书记，市政协曹桥街道联络室主任；2019年5月至2020年12月任平湖市曹桥街道党委副书记、办事处主任；2020年12月至2021年4月任平湖市曹桥街道党委书记、办事处主任；2021年4月至10月任平湖市曹桥街道党委书记；2021年10月至2023年1月任张江长三角科技城平湖园党工委常务副书记，新埭镇党委书记，2022年1月任一级主任科员；2023年1月任平湖市人民政府党组成员、副市长。

张斌，男，1982年1月生，浙江嘉兴人，大学学历，2001年12月参加工作，2005年5月加入中国共产党。2000年9月至2006年6月在宁波大学商学院国际贸易专业学习（其间，2001年12月至2003年12月在73041部队服役）。

2006年6月至2007年4月为嘉兴市南湖区新丰镇企业服务中心工作人员；2007年4月至2008年2月为嘉兴市南湖区新丰镇党政办组织干事、团委副书记（其间，2007年7月至2008年2月借用在南湖区委组织部干部科工作）。

2008年2月至2011年10月任嘉兴市南湖区委组织部干部科科员、副科长、干部综合科科长；2011年10月至2013年4月任嘉兴经济技术开发区（国际商务区）党群工作部干部处处长；2013年4月至2014年8月任嘉兴经济技术开发区（国际商务区）党工委、管委会办公室法制督查处处长、2013年6月任副主任科员（2011年6月至2014年6月在上海海洋大学农业推广专业学习，获得农业推广硕士学位）；2014年8月至2016年4月任嘉兴经济技术开发区（国际商务区）党工委、管委会办公室主任助理（其间，2015年5月至2016年4月在嘉北街道办事处挂职任主任助理）；2016年4月至2020年1月任嘉兴经济技术开发区（国际商务区）党工委、管委会办公室副主任，2018年12月明确正科长级；2020年1月至2022年9月任嘉兴经济技术开发区（国际商务区）党工委、管委会办公室主任、2021年11月任塘汇街道党工委书记（其间，2021年5月至2021年7月在浙江省委党校第三期中青年干部集中培训班学习）；2022年9月至2023年1月任嘉兴经济技术开发区塘汇街道党工委书记；2023年1月任平湖市人民政府党组成员、副市长。

陈明朗，男，1985年5月生，福建三明人，大学学历，2008年7月参加工作，2007年5月加入中国共产党。2004年9月至2008年6月在福建农林大学园艺专业学习；2008年7

月至 2009 年 7 月为福建省沙县高砂镇党政办行政见习（选调生）（其间，2009 年 3 月至 7 月任沙县高砂镇团委副书记；2009 年 6 月至 7 月任沙县高砂镇党政办副主任）；2009 年 7 月至 2010 年 12 月任福建省沙县高砂镇党政办科员、团委副书记、办公室副主任；2010 年 12 月至 2011 年 8 月任福建省沙县县委组织部科员；2011 年 8 月至 2012 年 10 月任福建省沙县县委组织部党群科科长；2012 年 10 月至 2013 年 11 月任福建省三明市人大常委会办公室人秘科科员；2013 年 11 月至 2016 年 9 月任福建省三明市人大常委会办公室人秘科副科长、机关党办副主任；2016 年 9 月至 2016 年 11 月任福建省三明市人大常委会办公室督办科副科长；2016 年 11 月至 2020 年 3 月任福建省三明市人大常委会办公室督办科科长；2020 年 3 月至 2023 年 2 月任福建省宁化县政府党组成员、副县长［其间，2020 年 9 月至 2020 年 9 月在福建省委党校第 4 期县（市、区）党政领导班子成员政治能力提升培训班学习］；2023 年 2 月至 2023 年 3 月任福建省宁化县政府党组成员、副县长，平湖市人民政府党组成员；2023 年 3 月任平湖市人民政府党组成员、副市长（挂职），福建省宁化县政府党组成员、副县长。

王晓平，男，1970 年 1 月生，浙江平湖人，省委党校大学学历，1989 年 7 月参加工作，1996 年 11 月加入中国共产党。1989 年 7 月至 1991 年 12 月为平湖市土地管理局土地详查办公室工作人员；1991 年 12 月至 1999 年 12 月为平湖市乍浦镇土地管理所工作人员；1999 年 12 月至 2002 年 7 月为平湖市黄姑镇土地管理所工作人员；2002 年 7 月至 2003 年 4 月为平湖市乍浦镇土地管理所工作人员；2003 年 4 月至 2005 年 4 月任嘉兴港区土地储备中心副主任；2005 年 4 月至 2010 年 8 月嘉兴市国土资源局港区分局土地利用管理科科长，2009 年 2 月任副主任科员（其间，2003 年 8 月至 2006 年 6 月在浙江省委党校函授学院行政管理专业大专班学习，2006 年 8 月至 2008 年 12 月在浙江省委党校函授学院公共管理专业本科班学习）；2010 年 8 月至 2013 年 7 月任嘉兴市国土资源局港区分局副局长，2013 年 3 月兼任土地储备中心、统一征地办公室主任，2013 年 4 月兼任平湖市乍浦镇镇长助理（副科长级）；2013 年 7 月至 2015 年 1 月任平湖市乍浦镇副镇长；2015 年 1 月至 2015 年 2 月任平湖市乍浦镇党委副书记、副镇长（正科长级）；2015 年 2 月至 2018 年 11 月任平湖市乍浦镇党委副书记、镇长［其间，2015 年 9 月至 2018 年 2 月兼任嘉兴市综合行政执法局港区（综合保税区）分局局长］；2018 年 11 月至 2019 年 1 月任平湖市乍浦镇党委书记、镇长；2019 年 1 月至 2023 年 11 月任平湖市乍浦镇党委书记、2021 年 1 月任一级主任科员；2023 年 11 月至 2023 年 12 月为平湖市政协副主席候选人；2023 年 12 月任平湖市政协党组成员、副主席候选人。

先进名录

2023 年平湖市获省级以上荣誉情况表

表 30

序号	荣誉	授予单位
1	国家节水型城市	国家发展改革委、住房和城乡建设部
2	2023 年消费品工业“三品”战略示范城市	工业和信息化部
3	2021—2025 年度第二批全国科普示范县（市、区）	中国科学技术协会
4	全国供销合作社“绿色农资”升级行动试点县（市、区）	中华全国供销合作总社
5	长三角区域交通运输联合执法协作示范点	交通运输部办公厅

续表 30

序号	荣誉	授予单位
6	2023 农村直播电商优秀县域案例	中国国际电子商务中心
7	二星平安金鼎	中共浙江省委、浙江省人民政府
8	浙江制造天工鼎	中共浙江省委、浙江省人民政府
9	“五水共治”工作优秀市县“大禹鼎”银鼎	中共浙江省委、浙江省人民政府
10	神农鼎·铜鼎	中共浙江省委办公厅、浙江省人民政府办公厅
11	“红色根脉”强基（基层党建）示范县（市、区）	中共浙江省委
12	浙江省耕地保护工作先进集体	浙江省人民政府
13	首批长三角 G60 科创走廊产城融合发展示范区	推进 G60 科创走廊建设专责小组办公室、长三角 G60 科创走廊联席会议办公室
14	浙江省无信访积案县（市、区）	浙江省信访工作领导小组
15	安全生产和消防工作目标管理责任制考核优秀县（市、区）	浙江省安全生产委员会
16	浙江省食品安全示范县（市、区）	浙江省食品药品安全委员会
17	浙江省实施乡村振兴战略实绩考核优秀单位	中共浙江省委办公厅、浙江省人民政府办公厅
18	浙江省投资“赛马”激励地区	浙江省人民政府办公厅
19	促消费工作成效明显的县（市、区）	浙江省人民政府办公厅
20	直达资金下达使用、财政存量资金盘活、国库库款管理、预算公开等财政管理工作完成情况较好的县（市）	浙江省人民政府办公厅
21	浙江省第四届“河姆渡杯”粮食生产先进县（市、区）银奖	浙江省人民政府办公厅
22	党建引领基层治理省级综合试点县（市、区）	中共浙江省委组织部
23	2023 年三季度投资“赛马”激励地区	浙江省发展和改革委员会
24	救助慈善融合发展试点县（市、区）	浙江省民政厅
25	婚俗改革试点县（市、区）	浙江省民政厅
26	“浙有姻缘”婚俗改革一件事试点县（市、区）	浙江省民政厅
27	农村生活污水处理设施建造改造和运行维护绩效复核优秀县（市、区）	浙江省住房和城乡建设厅、浙江省财政厅、浙江省生态环境厅、浙江省农业农村厅
28	2023 年乡村建设评价省级样本县	浙江省住房和城乡建设厅
29	“浙路通”公路综合巡查试点应用单位	浙江省交通运输厅
30	浙江省农业水价综合改革工作绩效评价优秀县（市、区）	浙江省水利厅、浙江省发展和改革委员会、浙江省财政厅、浙江省农业农村厅
31	浙江省“节水行动十佳实践案例”稻田退水“零直排”节水集成示范县（市、区）	浙江省节约用水办公室、浙江省水利厅
32	浙江省第三批特色产业农业“机器换人”高质量发展先行县	浙江省农业农村厅
33	2023 年度浙江省县域商业体系建设示范县（市、区）	浙江省商务厅、浙江省财政厅、浙江省乡村振兴局
34	2023 年省级夜间经济样板城市	浙江省商务厅、浙江省财政厅、浙江省自然资源厅、浙江省住房和城乡建设厅、浙江省文化和旅游厅
35	浙江省 5A 级景区城	浙江省文化和旅游厅
36	第一批浙江省公共文化服务现代化先行县	浙江省文化和旅游厅
37	浙江省“非遗助力共同富裕”试点地区	浙江省文化和旅游厅
38	浙江省公立医院综合改革评价优秀县（市、区）	浙江省卫生健康委员会、浙江省财政厅
39	“同线同标同质”工作综合试点县（市、区）	浙江省市场监督管理局、浙江省商务厅、浙江省财政厅、浙江省药品监督管理局

续表 30

序号	荣誉	授予单位
40	浙江省第一批绿色认证先行示范区建设（培育）地区	浙江省市场监督管理局
41	首批农业社会化服务先行引领县	浙江省供销合作社联合社
42	高质量发展建设共同富裕示范区绩效考核评价考评优秀县（市、区）	浙江省高质量发展建设共同富裕示范区领导小组办公室
43	2023 年度浙江省深化新时代“千万工程”建设宜居宜业和美乡村（农村人居环境提升）工作优胜县	浙江省“千村示范、万村整治”工作协调小组办公室
44	浙江省“无违建县（市、区）”	浙江省“三改一拆”行动领导小组办公室
45	林长制工作考核优秀县（市、区）	浙江省林长制办公室
46	山海协作工程考核“产业项目”单项优秀县（市、区）	浙江省山海协作领导小组办公室
47	健康浙江建设考核优秀县（市、区）	省委省政府健康浙江建设领导小组办公室
48	浙江省基层医疗卫生机构绩效考核省级监测评价县(市、区）排名第一	浙江省深化医药卫生体制改革联席会议办公室
49	浙江省普查成果应用试点考评优秀单位	浙江省第一次自然灾害综合风险普查领导小组办公室
50	浙江省标准化创新发展试点县（市、区）	浙江省全面实施标准化战略领导小组（国家标准化综合改革试点领导小组）办公室
51	浙江省生活垃圾治理工作优秀县（市、区）	浙江省生活垃圾分类工作领导小组办公室
52	市县职成教发展考核优秀单位	浙江省教育厅办公室
53	第二批地名文化服务与文化建设试点县（市、区）	浙江省民政厅办公室
54	浙江省人力资源和社会保障科研基地	浙江省人力资源和社会保障厅办公室
55	浙江省治超非现场执法试点县	浙江省公路与运输管理中心

2023 年单位或个人获省级以上及嘉兴市级荣誉情况表

表 31

序号	荣誉	获奖单位 / 个人	授予单位
1	党建统领整体智治综合应用省级“七张问题清单”优秀案例	平湖市纪委市监委	中共浙江省委办公厅
2	浙江省公权力大数据监督应用场景“一本账S2”基层领域非高频小微权力事项公权力大数据监督试点	平湖市纪委市监委	中共浙江省纪委

续表 31

序号	荣誉	获奖单位 / 个人	授予单位
3	浙江省公权力大数据监督应用场景“一本账S2”公车领域公权力大数据监督试点	平湖市纪委市监委	中共浙江省纪委
4	受处分处理人员回访教育信息库省级试点	平湖市纪委市监委	中共浙江省纪委
5	纪检监察机关案件审理繁简分流省级试点	平湖市纪委市监委	中共浙江省纪委
6	省级基层公权力全程在线审批应用试点	平湖市纪委市监委	中共浙江省纪委
7	浙江省纪检监察精品课程库	平湖市纪委市监委	中共浙江省纪委办公厅
8	公权力大数据监督应用2023年第三季度“最佳模型”	平湖市纪委市监委	中共浙江省纪委办公厅
9	浙江省纪委处置子平台优秀案例	平湖市纪委市监委	中共浙江省纪委办公厅
10	浙江省“双十佳”巡察案例	平湖市委巡察办	中共浙江省委巡视办
11	中央纪委国家监委新闻传播中心2023年度优秀通讯员	郑丽华	中央纪委国家监委新闻传播中心
12	全国法院第三十五届学术讨论会优秀奖论文	马德志	最高人民法院
13	电信网络诈骗及关联犯罪典型案例	平湖市人民法院	浙江省高级人民法院
14	首届“之江天平杯”三微作品大赛微视频类优秀奖	平湖市人民法院	浙江省高级人民法院

续表 31

序号	荣誉	获奖单位 / 个人	授予单位
15	浙江省新时代“枫桥式工作法”	平湖市人民法院	中共浙江省委政法委员会
16	2023 年度浙江法院十佳司法好新闻	平湖市人民法院	浙江省高级人民法院新闻宣传处
17	司法宣传联通工作先进集体	平湖市人民法院审判管理办公室（研究室）	浙江省高级人民法院新闻宣传处、人民法院报浙江记者站
18	全国打击治理洗钱违法犯罪工作成绩突出集体	平湖市人民法院刑事审判庭	中国人民银行
19	浙江省法院第三十三届学术讨论会一等奖论文	马德志	浙江省高级人民法院
20	浙江省法院第三十三届学术讨论会三等奖论文	王蒙	浙江省高级人民法院
21	荣誉天平奖章	陈晓伟	浙江省高级人民法院
22	2023 年“法治浙江论坛”征文活动优秀奖	王蒙	浙江省法学会
23	司法宣传联通工作先进个人	陆晶晶	浙江省高级人民法院新闻宣传处、人民法院报浙江记者站
24	浙江省法院平安护航党的二十大成绩突出个人	金晓明	浙江省高级人民法院
25	第五届“审讯科学与技术”暨“侦查讯问科教实战一体化虚拟教研室建设”学术研讨会征文一等奖	方芳	中国人民公安大学审讯科学与技术研究中心
26	浙江省检察机关优秀刑事检察法律文书	平湖市人民检察院	浙江省人民检察院

续表 31

序号	荣誉	获奖单位 / 个人	授予单位
27	2019—2023年度浙江省政法系统先进集体	平湖市检察院第五检察部	中共浙江省委政法委员会
28	2019—2023年度浙江省政法系统先进个人	孙剑威	中共浙江省委政法委员会
29	浙江省探索建立生态文明建设情况报告制度试点单位	平湖市人大	浙江省人大环境与资源保护委员会
30	浙江省各级人大代表助力三个“一号工程”主题活动典型案例	平湖市人大常委会	浙江省人大常委会办公厅
31	浙江省人大工作研究会第十次理论研讨会三等奖论文	吴金华	浙江省人大常委会办公厅、浙江省人大常委会研究室
32	省级示范乡镇(街道)党群服务中心	平湖市新仓镇党群服务中心、平湖市农业经济开发区(广陈镇)党群服务中心、平湖市当湖街道党群服务中心、平湖市曹桥街道党群服务中心	浙江省现代社区建设领导小组办公室、中共浙江省委组织部、中共浙江省委新经济与新社会组织工作委员会
33	省级示范村(社区)党群服务中心	平湖市星光村党群服务中心、平湖市穗轮村党群服务中心、平湖市徐家埭村党群服务中心、平湖市东湖社区党群服务中心、平湖市松枫社区党群服务中心、平湖市钟埭社区党群服务中心、平湖市西林寺社区党群服务中心、平湖市安桥社区党群服务中心	浙江省现代社区建设领导小组办公室、中共浙江省委组织部、中共浙江省委新经济与新社会组织工作委员会
34	省级示范两新(区域性)党群服务中心	平湖市交通运输行业党群服务中心、平湖市红色物业党群服务中心	浙江省现代社区建设领导小组办公室、中共浙江省委组织部、中共浙江省委新经济与新社会组织工作委员会
35	全市重大活动维稳安保工作成绩突出集体	平湖市委宣传部、平湖市信访局、平湖市公安局情报指挥中心、平湖市应急管理局、平湖市新埭镇人民政府、平湖市新仓镇人民政府、平湖市广陈镇人民政府、平湖市林埭镇人民政府	中共嘉兴市委、嘉兴市人民政府

续表 31

序号	荣誉	获奖单位 / 个人	授予单位
36	全市重大活动维稳安保工作成绩突出个人	吴凯莉、张文伟、胡永华、韦猛、张咬勤、朱立军、陈超、张中华、王文杰、陆丹恩、程兴国、陈其峰、孟达康、蒋端彦、奚炜	中共嘉兴市委、嘉兴市人民政府
37	“不一样的花火”诗画江南·活力浙江·大美中华原创歌曲创作花火组织奖	平湖市委宣传部	中共浙江省委宣传部、浙江省文化和旅游厅、浙江广播电视集团、浙江省文学艺术界联合会、浙江音乐学院
38	印刷业数字化发展改革试点单位	平湖英厚机械有限公司	国家新闻出版署
39	第十七届毕昇印刷杰出成就奖	管政明	中国印刷技术协会
40	第一届浙江省版权和其他知识产权奖二等奖	浙江依爱夫游戏装文化产业有限公司	浙江省人民政府
41	“中华颂”第十三届全国小戏小品曲艺大展“优秀剧目”	平湖市文化馆、广陈镇综合文化站	中国文联民间文艺艺术中心
42	第四届“小荷初放 舞悦浙江”少儿舞蹈展演比赛银奖	平湖市舞蹈家协会、平湖市青少年宫、平湖市文化馆	浙江省舞蹈家协会
43	“浙艺少年”首届浙江省青少年艺术普及系列活动之舞蹈类决赛专场小学高段组金奖	余浩源、王旭涵、金涛、林晋鹏、张哲成、汤馥瑄、庄雪好、张信惠、欧阳雨涵、过亦一、汤雨萌、孙欣妍、徐瑾瑜、胡征洋、李静怡、周佩文、马梓宸、孙可伊、张梓萌、祝怡诺、高欣锘	浙江省文化和旅游厅
44	“浙艺少年”首届浙江省青少年艺术普及系列活动之语言类决赛专场初高中组金奖	沈琮越	浙江省文化和旅游厅

续表 31

序号	荣誉	获奖单位 / 个人	授予单位
45	“浙艺少年”首届浙江省青少年艺术普及系列活动之语言类决赛专场银奖	沈语恬	浙江省文化和旅游厅
46	2023 浙江省群众广场舞大赛金奖	平湖市文化馆、曹桥街道综合文化站	浙江省文化和旅游厅
47	第二批浙江省文化标识建设创新项目	叔同文化	浙江省文化和旅游厅
48	第二批省级社科之家	平湖至美清溪社科之家	浙江省社会科学界联合会
49	第十一批浙江省社会科学普及基地	中国航天科普馆	浙江省社会科学界联合会
50	浙江省优秀传统文化普及基地联盟成员单位	李叔同纪念馆、莫氏庄园、陆维钊书画院	浙江省社会科学界联合会
51	2023—2024 年度国家文化出口重点企业	浙江依爱夫游戏装文化产业有限公司	商务部、中央宣传部、文化和旅游部、广电总局
52	长三角人文乡村创意设计大赛优秀奖	平湖市图书馆	长三角国际文化产业博览会组委会
53	浙江省文明单位	平湖市传媒中心、启元社区、白马堰社区	中共浙江省委办公厅、浙江省人民政府办公厅
54	浙江省文明村	独山港镇前进村、新仓镇衫青港村、钟埭街道大力村、广陈镇山塘村	中共浙江省委办公厅、浙江省人民政府办公厅
55	浙江省文明校园	上海世外教育附属平湖经开实验中学	中共浙江省委办公厅、浙江省人民政府办公厅
56	浙江省文明家庭	吴平家庭、徐建强家庭	中共浙江省委办公厅、浙江省人民政府办公厅
57	2023 年浙江省基层理论宣讲先进集体	“平湖后生”理论宣讲团	中共浙江省委宣传部
58	2023 年度“最美浙江人·浙江骄傲”人物	姚爱英	中共浙江省委宣传部

续表 31

序号	荣誉	获奖单位 / 个人	授予单位
59	省级爱国主义教育基地	平湖市博物馆	中共浙江省委、浙江省人民政府
60	浙江省清廉民营企业建设示范单位	平湖市委统战部、浙江荣晟环保纸业股份有限公司	浙江省工商业联合会
61	2023 年度嘉兴市打造“浙里最嘉”营商环境最优市成绩突出集体	平湖市委统战部、平湖市委政研室、平湖市发改局、平湖市司法局、平湖市人力资源和社会保障局、平湖市商务局、平湖市市场监管局、平湖市政务数据办、国网平湖市供电公司	嘉兴市人民政府
62	2023 年度嘉兴市打造“浙里最嘉”营商环境最优市成绩突出个人	孙杰、倪勤跃、武剑、陆忠民、李寿林、徐佳伟、徐欣、金晓弟、王亭、宋依峰、王煜、胡郸平、张媛、朱磊、王奇峰、王一洲	嘉兴市人民政府
63	平安护航党的二十大成绩突出集体	平湖市委政法委、平湖市公安局钟埭派出所	中共浙江省委建设平安浙江领导小组
64	平安护航党的二十大成绩突出个人	周启程、李华平、陈志明、孙颖健、陆燕	中共浙江省委建设平安浙江领导小组
65	人民满意窗口工作成绩突出个人	李昕	中共浙江省委浙江省人民政府信访局
66	第六批全国关心下一代党史国史教育基地	中国航天科普馆	中国关心下一代工作委员会
67	《中国火炬》2023 年全国宣传通联工作先进单位	平湖市关工委	《中国火炬》杂志
68	2023 年全国中老年时尚风采大会优秀团队	平湖市老年大学	央视网、中国老年大学协会、北京服装学院
69	2023 年中国老科学技术工作者协会奖	徐士元	中国老科学技术工作者协会
70	第三批规范化离退休干部党支部	平湖市供销合作社联合社机关离退休党支部、平湖市传媒中心离退休党支部、平湖市综合行政执法局退休党支部、平湖市财政局退休党支部、平湖市市场监管局老干部第一党支部、平湖市市场监管局老干部第二党支部、平湖市机关事务管理中心退休党支部、平湖市当湖街道机关退休干部第一党支部、平湖市当湖街道机关退休干部第二党支部、平湖市新仓镇机关老干部党支部、平湖市发改局第三党支部、平湖市经信局离退休党支部、平湖市委党校退休党支部	中共浙江省委老干部局

续表 31

序号	荣誉	获奖单位 / 个人	授予单位
71	浙江省首批离退休干部“三强六好”示范党支部	平湖市住房和城乡建设局离退休干部党支部、平湖市检察院第四党支部、平湖市人大机关第二党支部、平湖市钟埭街道机关退休老干部党支部	中共浙江省委老干部局
72	2023 年浙江省老年教育优质学校	钟埭街道老年学校、当湖街道老年学校	中共浙江省委老干部局、浙江省教育厅
73	最美离退休干部党支部	平湖市住房和城乡建设局离退休干部党支部、平湖市水利局退休干部党支部	中共浙江省委老干部局
74	最美离退休干部党支部书记	陈菊林、彭其根	中共浙江省委老干部局
75	最美银耀志愿服务团队	平湖市老年大学银辉志愿服务队	中共浙江省委老干部局
76	最美银耀志愿者	朱赴农	中共浙江省委老干部局
77	最美银耀志愿服务项目	“金平湖银领”息事无讼先锋志愿服务项目、滨湖社区“银耀红”志愿服务项目	中共浙江省委老干部局
78	2023 年度省级“银尚达人”个人	金小弟、彭其根	中共浙江省委老干部局
79	2023 年度省级“银尚之家”	徐达家庭	中共浙江省委老干部局
80	2023 年度省级“乐活驿站”	林埭镇“敬龄”驿站	中共浙江省委老干部局
81	推动长三角一体化发展国家战略实施成绩突出集体	平湖市发改局	中共浙江省委办公厅
82	浙江省推进山海协作工程成绩突出集体	平湖市发改局对口协作交流中心	浙江省山海协作领导小组办公室
83	浙江省优秀农村工作指导员	沈彩华、王永根	中共浙江省委、浙江省人民政府
84	第一批“浙江制造”省级特色产业集群协同区创建对象	平湖市节能与新能源汽车及零部件产业集群（三电系统）	浙江省制造业高质量发展领导小组办公室

续表 31

序号	荣誉	获奖单位 / 个人	授予单位
85	第二批“浙江制造”省级特色产业集群核心区创建对象	平湖市机器人与数控机床产业集群	浙江省制造业高质量发展领导小组办公室
86	2023 年度“亩均论英雄”改革标杆案例	平湖市经济和信息化局	中国信息通信研究院
87	2023 年度第一批浙江省专精特新中小企业	浙江远大重工锻压有限公司、浙江汉脑数码科技有限公司、浙江泛亚生物医药股份有限公司、嘉兴威伏半导体有限公司、浙江恒业电子有限公司、兰舍通风系统有限公司、嘉兴富瑞邦新材料科技有限公司、平湖波汇通信科技有限公司、浙江比例聚合科技股份有限公司、博格隆（浙江）生物技术有限公司、平湖市华海造船有限公司、宜兰汽车配件制造（平湖）有限公司、力同工具有限公司、嘉兴沃特泰科环保科技股份有限公司、浙江康普瑞汽车零部件有限公司、日本电产理德机器装置（浙江）有限公司、信易电热机械有限公司、嘉兴晨人一信仪表有限公司、浙江新合发联宾包装科技有限责任公司、平湖市成功机械有限公司、浙江宏利汽车零部件股份有限公司、浙江天原医用材料有限公司、浙江抟原复合材料有限公司、浙江日拓电子股份有限公司、浙江安迅电气股份有限公司、浙江锋源氢能科技有限公司、芝研智能科技（嘉兴）有限公司、浙江方向实业股份有限公司、嘉兴嘉合电力设备有限公司、嘉兴藤飞精工科技有限公司、浙江鑫方德新材料股份有限公司、伊维氏传动系统（平湖）有限公司、平湖必益清洁设备有限公司、浙江伊控动力系统有限公司、浙江贝托传动科技有限公司、浙江海拓环宇传动科技有限公司、浙江治丞科技股份有限公司、嘉兴市华鼎保温科技有限公司、宏昌生物医疗科技（平湖）有限公司、翰诠特种纺织品（平湖）有限公司、浙江康阔光智能科技有限公司、浙江美力凯光电科技有限公司、华芯（嘉兴）智能装备有限公司、平湖神州博海科技有限公司、浙江依爱夫游戏装文化产业有限公司、上晋科技化纤（平湖）有限公司、浙江晨诺高分子材料股份有限公司、平湖英厚机械有限公司、平湖阿莱德实业有限公司、平湖普英特高层设备有限公司、浙江杰上杰新材料股份有限公司、海辰精密机械（嘉兴）股份有限公司、平湖市华晟精密机械股份有限公司、浙江晨光电缆股份有限公司、安佐化学有限公司、浙江华特数控机床有限公司、浙江万丰上达涂复科技有限公司、平湖弘智金属制品有限公司、犇流泵业科技（嘉兴）股份有限公司、浙江亚迪纳新材料科技股份有限公司、嘉兴金日升工具股份有限公司、嘉兴星越包装材料有限公司、平湖市大亚纸管有限公司、嘉兴力托机械股份有限公司、浙江宝绿特环保技术工程有限公司、浙江亿可利环保科技有限公司、平湖光明机械股份有限公司、浙江宏阳新能源科技股份有限公司、平湖市恒力机械股份有限公司、浙江埃能德电气股份有限公司、浙江柏瑞汽配股份有限公司、嘉兴凯隆智能科技股份有限公司、浙江百润轴承有限公司、浙江红马铸造有限公司、平湖市通力机械股份有限公司、浙江博亚精密机械有限公司、德耐尔能源装备有限公司、浙江天之元物流科技有限公司、浙江金平拉丝模有限公司、嘉兴市磁海无损检测设备制造有限公司、浙江蓝鲸智能设备制造股份有限公司、平湖迪工机械制造有限公司、	浙江省经济和信息化厅

续表 31

序号	荣誉	获奖单位 / 个人	授予单位
87	2023 年度第一批浙江省专精特新中小企业	费莱（浙江）科技有限公司、嘉兴华悦包装用品有限公司、浙江研和新材料股份有限公司、嘉兴高正新材料科技股份有限公司、浙江卡迪夫电缆有限公司、浙江凯阳新材料股份有限公司、浙江鸿禧能源股份有限公司、浙江冠豪新材料有限公司、茉织华印务股份有限公司、浙江佳时食品有限公司、平湖市三久塑料有限公司、浙江新发现机械制造有限公司、友邦电气（平湖）股份有限公司、浙江博宏新材料股份有限公司、浙江纳特汽车标准件有限公司、平湖爱驰威汽车零部件有限公司	浙江省经济和信息化厅
88	2023 年浙江省中小企业特色产业集群	数控机床产业集群	浙江省经济和信息化厅
89	2023 年度省级工业互联网平台创建企业	浙江景兴纸业股份有限公司	浙江省经济和信息化厅
90	第三批工业领域行业产业大脑	箱包行业产业大脑	浙江省数字化改革数字经济组
91	第八届“创客中国”中小企业创新创业大赛全国总决赛创客组一等奖	华芯（嘉兴）智能装备有限公司	工业和信息化部、财政部
92	第八届“创客中国”浙江赛区暨“浙江好项目”中小企业创新创业大赛创客组一等奖	华芯（嘉兴）智能装备有限公司	浙江省经济和信息化厅
93	浙江省 2023 年度第三批创新型中小企业	嘉兴市浙北造船有限公司、镇田机械（平湖）有限公司、嘉兴亮锐精密机械股份有限公司、华阳电子科技（平湖）有限公司、浙江羲和新材料科技有限公司、诺博汽车零部件（平湖）有限公司、浙江菲斯曼供热技术有限公司、浙江晨人精密机械科技有限公司、科廷表面科技（浙江）有限公司、嘉兴好事帮医疗器械有限公司、浙江华庆元生物科技有限公司、绵存（浙江）科技有限公司、嘉兴津田精密机械制造有限公司、浙江浙恒电气股份有限公司、平湖市福原印纸容器有限公司、平湖万家兴建筑工业有限公司、平湖市旭阳电子科技有限公司、费莱（浙江）科技有限公司、平湖市鼎天机械有限责任公司、科菲亚重型装备有限公司、浙江旭翔机械科技有限公司、浙江赫宇包装科技有限公司、浙江金瑞祥包装股份有限公司、平湖市小太阳童车股份有限公司、嘉兴市钮斯达电机有限公司、汇涌进光电（浙江）有限公司、浙江郑林机械股份有限公司、平湖市斯迈克机械制造有限公司、平湖市山特螺纹工具有限公司、浙江嘉晟新材料有限公司、浙江腾为办公设备股份有限公司、浙江英汇汽车部件有限公司、平湖市嘉丰工艺品有限公司、浙江绿迹农业科技有限公司、德默菲换热器（平湖）有限公司	浙江省经济和信息化厅

续表 31

序号	荣誉	获奖单位 / 个人	授予单位
94	第三批纺织服装创意设计示范园区（平台）	平湖服装文化创意园	工业和信息化部
95	2023年浙江省第三批制造业“云上企业”	浙江荣晟环保纸业股份有限公司、平湖石化有限责任公司、浙江恒业电子股份有限公司	浙江省经济和信息化厅
96	2023年度浙江省节水型企业	浙江景兴纸业股份有限公司、浙江景兴板纸有限公司、浙江荣晟环保纸业股份有限公司	浙江省经济和信息化厅、浙江省发展和改革委员会、浙江省住房和城乡建设厅、浙江省水利厅、浙江省节约用水办公室
97	2023年度浙江省节水标杆企业	浙江荣晟环保纸业股份有限公司	浙江省水利厅、浙江省经济和信息化厅、浙江省教育厅、浙江省住房和城乡建设厅、浙江省文化和旅游厅、浙江省机关事务管理局、浙江省节约用水办公室
98	2023年度浙江省节水标杆小区	桂月湾、滨江万家花城翠湖园小区、时代福臻、万孚尊园小区	浙江省水利厅、浙江省经济和信息化厅、浙江省教育厅、浙江省住房和城乡建设厅、浙江省文化和旅游厅、浙江省机关事务管理局、浙江省节约用水办公室
99	2023年度浙江省首台（套）装备	津上精密机床（浙江）有限公司、浙江晨光电缆股份有限公司、浙江伊控动力系统有限公司	浙江省经济和信息化厅、浙江省财政厅
100	浙江省教育工作业绩考核先进单位	平湖市教育局	浙江省教育厅
101	浙江省之江汇教育广场2023年空间应用优秀区域	平湖市教育局	浙江省教育技术中心
102	2023年浙江省教育领域数字化改革优秀应用	平湖市教育局	浙江省教育厅数字化改革领导小组办公室
103	全国国防教育示范学校	平湖市黄姑实验学校	教育部、中央军委政治工作部

续表 31

序号	荣誉	获奖单位 / 个人	授予单位
104	浙江省校园足球特色学校	平湖市黄姑实验学校	浙江省教育厅办公室
105	全国国防教育特色学校	平湖市职业中等专业学校、平湖市新华爱心高级中学、平湖高级技工学校、平湖市当湖高级中学	教育部、中央军委政治工作部
106	2023 年营养与健康示范学校（幼儿园）	平湖市航天神箭幼儿园、平湖市新埭镇中心幼儿园	中国学生营养与健康促进会
107	2023 年度全国红领巾中队	平湖市城关中学、平湖市全塘中心小学、平湖市实验小学、平湖市百花小学、平湖市乍浦天妃小学	中国少年先锋队全国工作委员会
108	中国陶行知研究会实验学校	平湖市行知幼儿园	中国陶行知研究会
109	全国急救教育试点	平湖市东湖中学	教育部办公厅
110	第 11 届全国校园发明创意大赛十佳创新名校	平湖市职业中等专业学校	发明与创造杂志社、中国发明协会中小学创造教育分会
111	第八届黄炎培职业教育优秀学校	平湖市职业中等专业学校	中华职业教育社
112	浙江省职业教育教学创新团队	平湖市职业中等专业学校	浙江省教育厅
113	浙江省家庭教育创新实践基地	平湖市职业中等专业学校	浙江省妇联、浙江省教育厅
114	浙江省一级幼儿园	平湖市独山港镇全塘幼儿园、平湖市航天神箭幼儿园	浙江省人民政府教育督导委员会办公室、浙江省教育厅
115	浙江省现代化学校	平湖市实验幼儿园、平湖市叔同小学、平湖市乍浦小学、平湖市东湖中学、平湖市钟埭成校	浙江省教育厅、浙江省人民政府教育督导委员会办公室
116	浙江省“红领巾奖章”集体四星章	浙江省平湖师范附属小学	中国少年先锋队浙江省工作委员会
117	2023 年全国新时代“终身学习品牌项目”	浙江开放大学平湖学院	全民终身学习活动周领导小组、中国成人教育协会
118	全国技术能手	程磊焱、崔凯冬	人力资源和社会保障部

续表 31

序号	荣誉	获奖单位 / 个人	授予单位
119	“2023 中小学教师信息技术创新与实践活动”推进学校数字化管理的应用方案项目示范教学成果	张勇、周爱民、冯丹、孙英伦	中国教育技术协会
120	2023 年度全国中小学实验教学能手	丁红明	中国教育装备行业协会、中国教师发展基金会
121	恩欧希教育信息化发明创新奖	周爱民、张勇	恩欧希教育信息化发明创新奖评奖委员会
122	浙江省中小学教坛新秀	沈张迪、王雅红、沈恬、蒋清锋	浙江省教育厅、浙江省人民教育基金会、浙江省特级教师协会
123	浙江省“师德楷模”	龚跃明	浙江省教育厅、浙江省人力资源和社会保障厅、浙江省财政厅
124	浙江省“农村教师突出贡献奖”	陆小英	浙江省教育厅、浙江省人力资源和社会保障厅、浙江省财政厅
125	国家高新技术企业	嘉兴纳美新材料有限公司、诚淘（浙江）机械有限公司、斐卓喷雾设备（平湖）有限公司、费莱（浙江）科技有限公司、禾研（嘉兴）建筑智能化工程有限公司、汇涌进光电（浙江）有限公司、嘉兴伴旅旅游用品科技股份有限公司、嘉兴博集医疗科技有限公司、嘉兴川上服装设备有限公司、嘉兴韩秀五金机械有限公司、嘉兴恒杰电力设备安装有限公司、嘉兴华沣拉链有限公司、嘉兴佳莓农业科技有限公司、嘉兴嘉优智能装备有限公司、嘉兴聚速电子技术有限公司、嘉兴骏博精密机械有限公司、嘉兴朗思光学科技有限公司、嘉兴日可电子有限公司、嘉兴瑞欣新材料有限公司、嘉兴市超联新能源技术有限公司、嘉兴市高德钣金有限公司、嘉兴市海诺科贸有限公司、嘉兴市佳业厨卫科技有限公司、嘉兴市零零科技有限公司、嘉兴市麓涵精密机械有限公司、嘉兴市天坤营造工程设计有限公司、嘉兴市皖渝精密机械有限公司、嘉兴太平洋江茂电子有限公司、嘉兴鑫竹智能科技有限公司、嘉兴卓玲新材料科技有限公司、勒威半导体技术（嘉兴）有限公司、美馨卫生用品有限公司、绵存（浙江）科技有限公司、奈芯半导体（嘉兴）有限公司、平湖东来液压工具有限公司、平湖丰瑞农业科技服务有限公司、平湖广奕五金锁具有限公司、平湖海格特自动化有限公司、平湖华瑞仓储有限公司、平湖森淼旅游用品有限公司、平湖市宝涞金属有限公司、平湖市创新高分子材料股份有限公司、	科学技术部火炬高技术产业开发中心

续表 31

序号	荣誉	获奖单位 / 个人	授予单位
125	国家高新技术企业	平湖市鼎天机械有限责任公司、平湖市东江弹簧制造有限公司、平湖市泓博科技有限公司、平湖市交通工程有限公司、平湖市金谊机械科技有限公司、平湖市开浦机电集成有限公司、平湖市凯鑫塑业股份有限公司、平湖市彭浩箱包股份有限公司、平湖市水利工程有限公司、平湖市通用电气安装有限公司、平湖市丸荣箱包股份有限公司、平湖市新恒升新材料股份有限公司、芯越微电子材料（嘉兴）有限公司、辛帕智能科技（平湖）有限公司、允哲半导体科技（浙江）有限公司、浙江彩皇精细化工有限公司、浙江帝豪达服饰股份有限公司、浙江奉天电子有限公司、浙江冠豪新材料有限公司、浙江赫宇包装科技有限公司、浙江衡谱医药有限公司、浙江红马重工股份有限公司、浙江宏利汽配集团有限公司、浙江华良建筑机械有限公司、浙江洁诺环保科技股份有限公司、浙江今味生物技术有限公司、浙江九益机电有限公司、浙江美壁仪器有限公司、浙江农合数字科技股份有限公司、浙江普山新材料有限公司、浙江尚友智能科技有限公司、浙江时和新材料科技有限公司、浙江苕盛农业科技有限公司、浙江抟原复合材料有限公司、浙江文业扬汽车电子有限公司、浙江希尔达汽车零部件有限公司、浙江新元创自动化设备股份有限公司、浙江秀龙包装材料有限公司、浙江毅联汽车科技有限公司、浙江浙恒电气股份有限公司、浙江众信农业科技有限公司、浙江卓众电力科技有限公司、中科慧居（嘉兴）科技有限公司	科学技术部火炬高技术产业开发中心
126	浙江省飞机复合材料技术创新中心材料分中心	浙江抟原复合材料有限公司	浙江省科学技术厅
127	浙江省重点企业研究院	浙江景兴纸业股份有限公司	浙江省科学技术厅
128	浙江省企业研究院	浙江传化天松新材料有限公司、纳狮新材料有限公司、浙江依爱夫游戏装文化产业有限公司、浙江伊控动力系统有限公司、平湖众力汽车零部件有限公司	浙江省科学技术厅
129	浙江省高新技术企业研究开发中心	浙江卡迪夫电缆有限公司、嘉兴凯隆智能科技股份有限公司、浙江晨诺高分子材料有限公司、浙江万丰上达涂复科技有限公司、浙江新合发联宾包装科技有限责任公司、嘉兴市磁海无损检测设备制造有限公司、嘉兴津田精密机械制造有限公司、浙江维通利华实验动物技术有限公司、平湖市瑞阳精密机械有限公司、浙江博宏新材料股份有限公司、浙江联杰科技有限公司、浙江菲斯曼供热技术有限公司、浙江佳佳童车有限公司、浙江金易达机械股份有限公司、德耐尔能源装备有限公司、浙江律通复合材料有限公司	浙江省科学技术厅
130	2023 年度浙江省科技小巨人企业	浙江宝绿特环保技术工程有限公司	浙江省科学技术厅

续表 31

序号	荣誉	获奖单位 / 个人	授予单位
131	2023 年度浙江省科技型中小企业	平湖市海沣农业科技有限公司、平湖市根深机械科技有限公司、浙江天霁材料科技有限公司、浙江立德新型环保材料有限公司、浙江天极集成电路技术有限公司、平湖顶优汽车零部件有限公司、浙江克洛姿时尚服饰有限公司、科思裕（浙江）包装有限公司、嘉兴米亚汽车零部件股份有限公司、福雷工业科技（嘉兴）有限公司、平湖三川纺织染整股份有限公司、浙江励塑复合材料股份有限公司、平湖济展塑胶科技有限公司、浙江嘉苑园艺景观有限公司、平湖市万辕塑料有限公司、嘉兴雅织信息科技有限公司、嘉兴今涂信息科技有限公司、嘉兴诚先信息科技有限公司、浙江次世代新能源科技有限公司、平湖云韶网络科技有限公司、浙江云韶钦天网络科技有限公司、哪吒文化传媒（嘉兴）有限公司、平湖九艺装饰设计工程有限公司、平湖金奕电子有限公司、嘉兴市祺祥建设工程有限公司、嘉兴市浙北造船有限公司、嘉兴市绿青环保技术有限公司、嘉兴义腾建设有限公司、嘉兴市吉翔合义装饰有限公司、浙江和苑农业科技有限公司、浙江凯思智能科技有限公司、嘉兴泰丰电缆有限公司、嘉兴欣昱电力服务有限公司、浙江树蝶科技有限公司、嘉兴市诚创精密机械有限公司、嘉兴鑫成环保科技有限公司、嘉兴森瑷农业科技有限公司、嘉兴众恒时装有限公司、嘉兴德仁机械科技有限公司、平湖市利仁五金配件有限公司、平湖康杰五金制品有限公司、平湖市一晨机械制造有限公司、嘉兴仕匠家具有限公司、优轫机械（浙江）有限公司、平湖市平港精密机械有限公司、嘉兴同睿土木工程有限公司、浙江备韧机械科技有限公司、浙江彩皇精细化工有限公司、平湖市紫晟机械有限公司、嘉兴市豪广精密机械制造有限公司、平湖市农缘豆制品有限公司、嘉兴市金驰金属制品股份有限公司、浙江东吴新材料股份有限公司、平湖市五星工贸有限公司、浙江卓为新材料科技有限公司、嘉兴润社机械科技有限公司、浙江省平湖市共建水泥有限公司、嘉兴汇才教育科技有限公司、嘉兴龙永制衣有限公司、嘉兴百灵服饰股份有限公司、浙江嘉兴红宇机械制造股份有限公司、嘉兴百韵服饰股份有限公司、嘉兴百翎劳务合作有限公司、嘉兴浩城建设有限公司、嘉兴市百灵印务有限公司、嘉兴永成制衣股份有限公司、平湖市永锐纺织品股份有限公司、平湖市奈丝语新材料科技有限公司、平湖市全塘轧钢有限公司、浙江佳合机械密封有限公司、嘉兴金马来机械科技有限公司、嘉兴旭盛机电科技有限公司、浙江嘉兴智叠智能科技有限公司、浙江华盾安全科技有限公司、嘉兴景迈新型材料有限公司、平湖市瑞鑫智能科技有限公司、嘉兴市志豪金属制品有限公司、嘉兴海世智能科技有限公司、嘉兴环创广告装饰有限公司、嘉兴市天翔旅游用品有限公司、平湖安江汽车部件有限公司、嘉兴新佳电储能科技有限公司、浙江九鑫智能科技有限公司、浙江朔风建筑工程有限公司、嘉兴市中毅工程质量检测有限公司、平湖市星瑞五金制品有限公司、平湖市智周深鉴智能科技有限公司、浙江高尚电气科技有限公司、平湖市新路新材料科技有限公司、嘉兴市霍克尔设备制造有限公司、嘉兴摩文智能科技有限公司、平湖市淡木工艺品有限公司、嘉兴汇通机动车检测有限公司、平湖众驰威金属制品有限公司、联旺科技发展（平湖）有限公司、嘉兴宝地科技有限公司、浙江谱瑞曼精密机械有限公司、多米乐（嘉兴）纺织品有限公司、	

续表 31

序号	荣誉	获奖单位 / 个人	授予单位
131	2023 年度浙江省科技型中小企业	浙江元舜汽车零部件有限公司、嘉兴光正汽车零部件有限公司、浙江玉丁香科技有限公司、嘉兴匠鑫医疗科技有限公司、汇涌进光电（浙江）有限公司、平湖市嘉佳包装材料有限公司、嘉兴长沐建设工程有限公司、浙江美壁仪器有限公司、嘉兴炬辉智能科技有限公司、浙江喆贞软件开发有限公司、平湖市小明星玩具股份有限公司、嘉兴锐翔电子材料科技有限公司、嘉兴万昌精密科技有限公司、嘉兴斐旺包装科技有限公司、浙江睿晨生物科技有限公司、浙江毅联汽车科技有限公司、互喜光电科技（浙江）有限公司、嘉兴腾川驱动技术有限公司、允哲半导体科技（浙江）有限公司、浙江御辰东智能科技有限公司、弗派流体控制设备（浙江）有限公司、苒芮（嘉兴）智能科技有限公司、平湖市宝涞金属有限公司、浙江亿合微机电有限公司、浙江国冶星智造技术有限公司、汇耀品尚能源科技（嘉兴）有限公司、浙江前向智能制造有限公司、汉粤净化设备（浙江）有限公司、浙江大族富创得科技有限公司、浙江创载云计算有限公司、嘉兴天隆锁业制造有限公司、嘉兴盛隆拉链制造有限公司、平湖市恒创旅游用品股份有限公司、嘉兴瑞欣新材料有限公司、嘉兴百乐智能门窗有限公司、嘉兴燚迪五金机械科技有限公司、平湖市新隽资产经营管理有限公司、杜卡萨（嘉兴）建筑科技有限公司、浙江切尔西园艺有限公司、嘉兴永得昌塑胶制品有限公司、平湖市巨利精密机械有限公司、优基平云农业科技（嘉兴市）有限公司、平湖市珠英食品科技有限公司、浙江鑫特尔运动休闲用品有限公司、浙江农丰农业发展有限公司、嘉兴市家树文化旅游有限公司、平湖奥克伍德宜兰汽车配件制造有限公司、浙江小薇臻品食品科技有限公司、嘉兴富瑞特精密机电有限公司、启欣灭菌技术（平湖）有限公司、平湖市宏泰精密机械设备有限公司、奈芯半导体（嘉兴）有限公司、优爱宝智能机器人（浙江）有限公司、嘉兴尚工精密机械有限公司、浙江包依宝智能科技有限公司、浙江盖鼎能源科技股份有限公司、浙江羲和新材料科技有限公司、美得加电子（平湖）有限公司、平湖市一鑫齿轮传动有限公司、罗斯特卡希传动设备（浙江）有限公司、义语智能科技（嘉兴）有限公司、嘉兴市零零科技有限公司、嘉兴福森精密模具科技有限公司、杭州电子科技大学平湖数字技术创新研究院有限公司、平湖市优乃特织造有限公司、嘉兴优诺森智能装备有限公司、盈智热管理科技（嘉兴）有限公司、平湖市天阳印刷股份有限公司、嘉兴华衡通微电子有限公司、平湖汽车零部件检验检测有限公司、嘉兴市智宇暖通工程有限公司、平湖空间感知实验室科技有限公司、十条印刷器材科技（平湖）有限公司、盈智汽车电子（平湖）有限公司、艾露恩（嘉兴）环保科技有限公司、平湖拓普特种织物有限公司、平湖科谱激光科技有限公司、嘉兴倍轻松智能装备有限公司、嘉兴嘉旭精工科技有限公司、嘉兴津创精密机械有限公司、平湖市羽仓网络科技有限公司、嘉兴盛临科技股份有限公司、嘉兴中粮制桶有限公司、嘉兴高博医疗器械有限公司、嘉兴远臣建材有限公司、浙江颜窝食品科技有限公司、平湖日辰机械科技有限公司、浙江金兆智能装备制造有限公司、嘉兴市科岩户外体育用品有限公司、嘉兴贝果供应链管理有限公司、嘉兴海亿科技服务有限公司、赛威传动技术（嘉兴）有限公司、伦特仪表（浙江）有限公司、	

续表 31

序号	荣誉	获奖单位 / 个人	授予单位
131	2023 年度浙江省科技型中小企业	嘉兴智诚立兴智能设备有限公司、嘉兴晶瑞智能装备有限公司、平湖市得稻家庭农场有限公司、平湖市像素文化创意有限公司、嘉兴市橙倍科技有限公司、嘉兴市芝凌水利科技有限公司、尔峰（嘉兴）汽车零部件制造有限公司、嘉兴市众立机械有限公司、嘉兴智航塑磁科技有限公司、欧拓（平湖）汽车配件有限公司、平湖市中亨达旅游用品科技股份有限公司、嘉兴津工科技有限公司	浙江省科学技术厅
132	第十二届中国创新创业大赛（浙江赛区）暨第十届浙江省“火炬杯”创新创业大赛成长组铜奖	嘉兴聚速电子技术有限公司	浙江省科学技术厅
133	第十二届中国创新创业大赛（浙江赛区）暨第十届浙江省“火炬杯”创新创业大赛成长组优胜奖	嘉兴速羽科技有限责任公司	浙江省科学技术厅
134	第十二届中国创新创业大赛（浙江赛区）暨第十届浙江省“火炬杯”创新创业大赛初创组优胜奖	嘉兴极知智能科技有限公司、浙江驰景光电科技有限公司、嘉兴宜珈制冷科技有限公司	浙江省科学技术厅
135	“创赢未来”第二届长三角 G60 科创走廊科技与产业创新大赛成长组优胜奖	浙江圆通新材料有限公司	长三角 G60 科创走廊联席会议办公室
136	2023 年度浙江省县级防震减灾工作先进单位	平湖市科学技术局	浙江省地震局

续表 31

序号	荣誉	获奖单位 / 个人	授予单位
137	首批浙江省外国高端人才创新集聚区	浙江省平湖市外国高端人才创新集聚区	浙江省科学技术厅
138	国家第八批高层次人才	袁安素	科学技术部
139	浙江省第一批清廉公安建设示范单位	平湖市公安局林埭派出所	全省清廉公安建设领导小组办公室
140	全国公安机关成绩突出个人	胡杰	公安部、中华全国总工会
141	个人二等功	王周	浙江省公安厅
142	浙江省公安机关信访突出问题攻坚化解专项工作成绩突出个人	李俊彦	浙江省公安厅
143	2023 年度“三能榜样·最美浙警”	侯建	浙江省公安厅
144	嘉兴市先进集体	国网浙江省电力有限公司平湖市供电公司、浙江鸿禧能源股份有限公司、平湖市公安局当湖派出所、平湖市公安局网络安全保卫大队	中共嘉兴市委、嘉兴市人民政府
145	嘉兴市劳动模范	方瑞明、李咸伟、金美萍、尹张飞、徐琳、甄万清、刘建群、朱卫、朱春弟、姚俊杰、王晓东、马雪平	中共嘉兴市委、嘉兴市人民政府
146	2023 年度浙江省改革突破铜奖	平湖市人力资源和社会保障局	中共浙江省委全面深化改革委员会办公室
147	2023 年度浙江省改革突破提名奖	平湖市民政局	中共浙江省委全面深化改革委员会办公室
148	浙江省社会救助工作成绩突出集体	平湖市民政局	浙江省民政厅
149	2023 年度浙江省“社区工作领军人才”	郭强	浙江省民政厅
150	2023 年浙江省社会组织领军人物	费慧、盛微	浙江省民政厅

续表 31

序号	荣誉	获奖单位 / 个人	授予单位
151	组织宣传人民调解工作先进集体	平湖市司法局	中华全国人民调解员协会
152	第二批浙江省法治宣传教育基地	金平湖·法治里	浙江省普法办公室
153	浙江省优秀人民调解员	苗凤美	浙江省人民调解协会
154	浙江省“八五”普法中期成绩突出先进集体	当湖街道办事处	中共浙江省委全面依法治省委员会守法普法协调小组
155	浙江省“八五”普法中期成绩突出个人	姚伟	中共浙江省委全面依法治省委员会守法普法协调小组
156	2023 年度财政信息工作考核一等奖	平湖市财政局	浙江省财政厅
157	2023 年度财政信息工作考核优秀信息员	刘欣	浙江省财政厅
158	《浙江财政年鉴(2023)》组稿工作先进单位	平湖市财政局	浙江省财政厅
159	2023 年度浙江省财政系统调研报告三等奖	平湖市财政局	浙江省财政厅
160	浙江省人力资源和社会保障系统先进集体	平湖市人力资源和社会保障局	浙江省人力资源和社会保障厅
161	浙江省推进农民工返乡创业成绩突出单位	平湖市人力资源和社会保障局	浙江省农民工工作领导小组
162	2023 年度浙江省人社系统窗口单位业务技能练兵比武竞赛“岗位练兵明星”	冯渊	浙江省人力资源和社会保障厅

续表 31

序号	荣誉	获奖单位 / 个人	授予单位
163	全国自然资源系统先进集体	平湖市自然资源和规划局	人力资源和社会保障部、自然资源部
164	浙江省自然资源普法阵地	平湖市自然资源和规划局	浙江省自然资源厅
165	2023 年度先进国家级林业有害生物中心测报点	平湖市林业工作站	国家林业和草原局生物灾害防控中心
166	浙江省第二批林业碳汇先行基地	平湖市林场	浙江省碳达峰碳中和工作领导小组办公室
167	浙江省自然保护地保护管理工作突出贡献集体	平湖市林场（九龙山国家森林公园管理机构）	浙江省绿化与自然保护地委员会
168	浙江省自然保护地保护管理工作突出贡献个人	张秀玲	浙江省绿化与自然保护地委员会
169	浙江省集体林权制度改革成绩突出集体	平湖市林业局	浙江省绿化与自然保护地委员会
170	浙江省集体林权制度改革成绩突出个人	吴恋	浙江省绿化与自然保护地委员会
171	浙江省第二届自然资源调查监测劳动和技能竞赛个人赛三等奖	郭子微	浙江省自然资源厅、浙江省总工会
172	全国住房和城乡建设系统先进集体	平湖市物业管理服务中心	人力资源和社会保障部、住房和城乡建设部
173	2023 年度省级示范区域性两新组织党群服务中心	平湖市红色物业党群服务中心	中共浙江省委新经济与新社会组织工作委员会
174	浙江省市政行业协会城市照明专业委员会先进集体	平湖市城镇路灯管理所	浙江省市政行业协会城市照明专业委员会

续表 31

序号	荣誉	获奖单位 / 个人	授予单位
175	浙江省市政行业协会城市照明专业委员会先进个人	王佳强	浙江省市政行业协会城市照明专业委员会
176	浙江省交通运输领域三个“一号工程”改革攻坚领域典型案例	平湖市交通运输局	浙江省交通运输厅办公室
177	2023 年度浙江省“十大最美农村公路”	平湖市九里亭村至野马村公路	浙江省交通运输厅
178	2023 年度浙江省交通运输系统青年学习品牌	平湖市交通运输局“平湖后生·交通青年学习荟”	浙江省交通运输厅
179	2023 年度浙江省春运工作成绩突出个人	夏永田	浙江省春运工作领导小组办公室
180	“法治护路 公路先锋”普法系列活动优秀法治宣讲员	沈李炜	浙江省交通运输厅
181	第九届(2022—2023 年度)农业节水科技奖(科技成果奖)二等奖	平湖市水利局、平湖市农业农村局	中国农业节水和农村供水技术协会
182	2023 年浙江省水利系统调研报告三等奖	平湖市水利局	浙江省水利厅办公室
183	浙江省第一批“红色水文哨站”	青阳汇水文站	浙江省水文管理中心
184	浙江省农村工作指导员先进单位	平湖市农业农村局	中共浙江省委、浙江省人民政府
185	浙江省推动农民农村共同富裕成绩突出集体	平湖市农业农村局	中共浙江省委农村工作领导小组办公室、浙江省农业农村厅

续表 31

序号	荣誉	获奖单位 / 个人	授予单位
186	浙江省推动农民农村共同富裕成绩突出个人	朱浩	中共浙江省委农村工作领导小组办公室、浙江省农业农村厅
187	浙江省粮食生产功能区“非粮化”整治优化先进集体	平湖市农业农村局	浙江省农业农村厅
188	浙江省粮食生产功能区“非粮化”整治优化先进个人	王斌	浙江省农业农村厅
189	首批省级农产品加工基地（园区）	平湖市经开区农产品加工园区	浙江省农业农村厅
190	2023 年浙江省国际贸易投资促进最佳实践案例	平湖市贸促会	浙江省贸促会
191	国有粮食企业勤廉创业创建示范试点	平湖市粮食收储有限公司	浙江省粮食和物资储备局
192	浙江省内外贸一体化典型案例	平湖 · 中国服装城	浙江省商务厅
193	浙江省内外贸一体化“领跑者”培育企业	康迈尔机电（嘉兴）有限公司、日本电产汽车马达（浙江）有限公司、浙江上方生物科技有限公司、平湖陈达仓储办公股份有限公司	浙江省商务厅
194	浙江省内外贸一体化改革试点培育产业基地	浙江省平湖市汽车零部件内外贸一体化改革试点产业基地、浙江省平湖市电子商务内外贸一体化改革试点产业基地	浙江省商务厅
195	2023 年省级特色商业街（区）	南河头历史文化街区	浙江省商务厅、浙江省财政厅、浙江省自然资源厅、浙江省住房和城乡建设厅、浙江省文化和旅游厅
196	2023 年度浙江省特色商业街（区）试点	南河头历史文化街区	浙江省商务厅

续表 31

序号	荣誉	获奖单位 / 个人	授予单位
197	浙江省第一批省级外资研发中心	浙江菲斯曼供热技术有限公司	浙江省商务厅、浙江省科学技术厅
198	2023 年第二届“直播电商 共富工坊”短视频大赛铜奖	平湖市金雁精品“共富工坊”	浙江省商务厅
199	2023 年“直播电商 共富工坊”六十佳坊主	张晓明	浙江省商务厅
200	2023 年第二批电商直播式“共富工坊”典型案例	平湖市电子商务公共服务中心直播“共富工坊”、红羽电商直播“共富工坊”	浙江省商务厅
201	第三批浙江跨境电商出口知名品牌	GINT（浙江嘉特保温科技股份有限公司）	浙江省商务厅
202	“之江创客”2023 全球电子商务创业创新大赛全球总决赛一等奖	浙江银座箱包有限公司	中国国际电子商务中心
203	国家级服务业标准化试点企业（商贸流通专项）	新秀集团有限公司	商务部、市场监管总局
204	浙江省精品乡村市集	平湖经开旅游商品市集	浙江省商务厅、浙江省农业农村厅
205	2023 年度内外贸一体化高质量发展项目	平湖服装城有限公司、浙江相伴宝数字科技有限公司	浙江省商务厅
206	国家体育后备人才基地（2021—2024）	平湖市少年儿童业余体校	国家体育总局
207	首届浙江全省博物馆“百大镇馆之宝”	良渚文化带木质犁底的组合式石犁、明宣德七年郑和舍圆瀞金笔楷书《妙法莲华经》卷	浙江省文物局、浙江省博物馆学会
208	第二批浙江省文化标识建设创新项目	叔同文化、马家浜文化	浙江省文化和旅游厅

续表 31

序号	荣誉	获奖单位 / 个人	授予单位
209	文化雅集试点培育项目	叔同雅集	浙江省文化和旅游厅
210	第二批浙江省文化基因转化活化创新项目	山海几千重夜经济产业转化项目	浙江省文化和旅游厅
211	2023“浙派好礼”特色旅游商品金奖	平湖市龙牌糟蛋食品有限公司	浙江省文化和旅游厅
212	2023“浙派好礼”特色旅游商品银奖	浙江嘉特保温科技股份有限公司、新秀集团有限公司	浙江省文化和旅游厅
213	浙江省首批重点培育文旅市集	金平湖文旅市集、平湖经开旅游商品市集	浙江省文化和旅游厅
214	浙江省第二批重点培育文旅市集	鸣珂市集	浙江省文化和旅游厅
215	浙江省“味美浙江·百县千碗”美食讲解大赛铜奖	平湖老厚润餐饮管理有限公司（老当湖）	浙江省文化和旅游厅
216	2023年“味美浙江·百县千碗”省级美食体验店	平湖市卓越南海渔村、卓越铂尔曼酒店、瑞晶新三伍大酒店、老平湖、春秋酒店	浙江省文化和旅游厅、浙江省商务厅
217	浙江省第十二届群众曲艺大赛金奖	平湖市文化馆、广陈镇综合文化站	浙江省文化和旅游厅
218	浙江省第十二届群众曲艺大赛优秀组织奖	平湖市文化和广电旅游体育局	浙江省文化和旅游厅
219	国家艺术基金2023年度传播交流推广项目	平湖市陆维钊书画院	国家艺术基金管理中心
220	浙江文化艺术发展基金2023年度资助项目	平湖市传媒中心	浙江文化艺术发展基金管理中心
221	2023浙江省群众广场舞大赛金奖	徐臻瑾、张依雯、王春燕等	浙江省文化和旅游厅

续表 31

序号	荣誉	获奖单位 / 个人	授予单位
222	2023 年度浙江省群众文化报刊金奖	《当湖》《金平湖》	浙江省文化馆
223	2023 年浙江省第二十五届公共文化论坛征稿一等奖	吴少星	浙江省文化馆
224	2023 年浙江省第二十五届公共文化论坛征稿二等奖	王建军	浙江省文化馆
225	2023 年浙江省诗歌大赛银奖	吴少星	浙江省文化馆
226	浙江省第十七届新故事作品征文大赛三等奖	吴少星	浙江省文化馆
227	2023 年浙江省群文摄影干部业务大赛铜奖	任之光	浙江省文化馆
228	全国生育友好工作先进单位	平湖市卫生健康局	国家卫生健康委员会
229	幽门螺杆菌规范化诊治门诊市级示范中心	平湖市第一人民医院	国家消化病临床医学研究中心、国家消化道早癌防治中心联盟、中华医学会消化病学会分幽门螺杆菌学组、幽门螺杆菌感染与胃癌防控办公室
230	中国创伤救治联盟创伤中心	平湖市第一人民医院	中国创伤救治联盟
231	县域急诊急救示范案例征集活动勇攀高峰奖	平湖市第一人民医院	中国医药教育协会
232	三级乙等综合医院	平湖市第一人民医院	浙江省卫生健康委员会

续表 31

序号	荣誉	获奖单位 / 个人	授予单位
233	2023 年新时代健康科普作品征集大赛演讲类优秀作品	平湖市疾病预防控制中心	科技部办公厅、国家卫生健康委员会办公厅、国家疾控局综合司、国家中医药局综合司、中国科协办公厅
234	2023 年浙江省基层卫生研究中心基层科研基地	平湖市乍浦镇中心卫生院	浙江省基层卫生研究中心
235	2023 年度灵动中国全国案例演讲大赛综合场区域赛优秀奖	梁柯、周一技	中华医学会心身医学分会
236	2023 年 浙江省疾病预防控制职业技能竞赛监测数据分析个人一等奖、浙江省监测数据分析技能标兵	钟梦婷	浙江省卫生健康委员会办公室
237	2023 年 浙江省疾病预防控制职业技能竞赛结核病防治个人一等奖、浙江省结核病防治技能标兵	殷伟	浙江省卫生健康委员会办公室
238	2023 年浙江省卫生监督职业技能竞赛医疗卫生专业三等奖	华春芬	浙江省卫生健康委员会办公室
239	2023 年度社会管理和公共服务综合标准化试点考核评估合格项目	平湖退役军人事务局	国家标准化管理委员会

续表 31

序号	荣誉	获奖单位 / 个人	授予单位
240	退役军人关爱青少年志愿服务项目入选队伍	平湖市老兵爱心接力团一分队	退役军人事务部思想政治和权益维护司、国家退役军人服务中心、中国退役军人关爱基金会
241	2023 年“新时代枫桥式退役军人服务站”（延伸建站类）	浙江荣晟环保纸业股份有限公司退役军人服务站	浙江省退役军人事务厅
242	2023 年度《中国退役军人》宣传工作先进个人	陈杰	退役军人事务部办公厅
243	第三届“最美浙江人·最美退役军人”	冯荣华	中共浙江省委宣传部、浙江省退役军人事务厅、浙江省军区政治工作局
244	浙江省退役军人就业成绩突出个人	柳青	浙江省退役军人事务厅
245	浙江省退役军人创业成绩突出个人	陆爱根	浙江省退役军人事务厅
246	浙江省退役军人事务领域信息宣传工作成绩突出个人	徐凯	中共浙江省委退役军人事务工作领导小组办公室
247	浙江省自然灾害综合风险普查工作成绩突出集体	平湖市应急管理局	浙江省第一次全国自然灾害综合风险普查领导小组办公室、浙江省应急管理厅
248	浙江省自然灾害综合风险普查工作成绩突出个人	马根良	浙江省第一次全国自然灾害综合风险普查领导小组办公室、浙江省应急管理厅
249	2023 年度审计通联宣传工作先进单位	平湖市审计局	中国时代经济出版社、《中国审计》编辑部

续表 31

序号	荣誉	获奖单位 / 个人	授予单位
250	浙江省清廉建设成绩突出单位	平湖市市场监督管理局	中共浙江省委办公厅
251	浙江省清廉市场监管建设成绩突出单位	平湖市市场监督管理局、平湖市市场监督管理局经济技术开发区分局	中共浙江省市场监督管理局委员会
252	浙江省市场监管系统“五新月赛、五星月晒”竞赛活动一等奖	平湖市市场监督管理局	中共浙江省市场监督管理局委员会
253	个体工商户分型分类培育试点	平湖市市场监督管理局	浙江省市场监督管理局
254	公平竞争审查集中审查试点	平湖市市场监督管理局	浙江省市场监督管理局
255	浙江省药品检查工作成绩突出集体	平湖市市场监督管理局	浙江省药品监督管理局
256	全国个私协会系统小微企业个体工商户专业市场党建工作创新试点单位	平湖服装城有限公司党总支	中国个体劳动者协会办公室
257	浙江省小微企业、个体工商户、专业市场及新就业群体党建示范点	中共平湖市新世纪市场发展有限公司支部委员会、中共平湖服装城有限公司总支部委员会、中共淮南市孤堆回族乡驻平湖市新仓镇流动党员支部委员会、中共浙江嘉特保温科技股份有限公司委员会	中共浙江省市场监督管理局委员会
258	第二届全国市场监管12315技能大比武活动挑战赛一等奖	陶佳杰	市场监管总局办公厅
259	“浙江省市场监督管理卫士”先进个人	钱浩亮	浙江省市场监督管理局、浙江省人力资源和社会保障厅

续表 31

序号	荣誉	获奖单位 / 个人	授予单位
260	药品安全创新治理成绩突出个人	丁佳杰	浙江省药品监督管理局
261	2023 年度浙江省药品检查员“尖兵 50”	胡人杰	浙江省药品检查中心
262	国家知识产权优势企业	纳狮新材料有限公司、浙江欧迪恩传动科技股份有限公司、浙江晨光电缆股份有限公司	国家知识产权局
263	国家药品说明书适老化及无障碍改革试点（第一批）	浙江莎普爱思药业股份有限公司	国家药品监督管理局
264	第一届浙江省知识产权奖艺术作品二等奖	浙江依爱夫游戏装文化产业有限公司	浙江省人民政府
265	第一届浙江省知识产权奖发明专利三等奖	浙江锋源氢能科技有限公司、博格隆（浙江）生物技术有限公司	浙江省人民政府
266	第一届浙江省知识产权奖商标三等奖	浙江晨光电缆股份有限公司	浙江省人民政府
267	2023 浙江省民营企业 100 强	浙江独山能源有限公司	浙江省市场监督管理局、浙江省工商业联合会
268	小微企业质量管理体系认证提升行动省级区域试点	平湖市箱包产业	浙江省市场监督管理局
269	第二批浙江省知识产权示范企业	纳狮新材料有限公司、浙江晨光电缆股份有限公司、浙江杰上杰新材料股份有限公司、浙江隆翔包装有限公司	浙江省市场监督管理局
270	浙江省商业秘密保护示范点	艾华（浙江）新材料有限公司	浙江省市场监督管理局
271	最美个体劳动者	李伟峰	中共浙江省委宣传部、浙江省市场监督管理局

续表 31

序号	荣誉	获奖单位 / 个人	授予单位
272	浙江省医保系统“学党的二十大精神 做新时代医保先锋”主题微党课比赛二等奖	平湖市医疗保障局	中共浙江省医疗保障局机关委员会
273	浙江省医保系统成绩突出个人	金莉芳	浙江省医疗保障局
274	2023 年 第一批浙江省“大综合一体化”行政执法改革优秀案例	平湖市综合行政执法办公室、平湖市新埭镇人民政府	浙江省“大综合一体化”行政执法改革工作专班办公室
275	长三角城市管理综合行政执法优秀案例一等奖	平湖市综合行政执法局	江苏省住房和城乡建设厅、浙江省住房和城乡建设厅、安徽省住房和城乡建设厅、上海市城市管理行政执法局
276	浙江省生活垃圾分类工作成绩突出集体	平湖市综合行政执法局	浙江省生活垃圾分类工作领导小组办公室
277	浙江省生活垃圾分类工作成绩突出个人	徐方舟	浙江省生活垃圾分类工作领导小组办公室
278	浙江省城市市容环境卫生工作成绩突出集体	平湖市环境卫生管理服务中心	浙江省住房和城乡建设厅、浙江省总工会
279	2023 年度高品质示范街区	明湖街区	浙江省住房和城乡建设厅
280	2023 年度街容示范街	胜利路（金平湖大道—南市路）、三港路（案山路—东湖大道）	浙江省住房和城乡建设厅
281	2023 年度户外广告和招牌设施设置样板区	“环东湖”户外广告和招牌设施设置样板区	浙江省住房和城乡建设厅

续表 31

序号	荣誉	获奖单位 / 个人	授予单位
282	2023 年运行管理绩效好的县级“数字（智慧）城管”平台	平湖市城市慧治平台	浙江省住房和城乡建设厅
283	浙江省综合行政执法工作先进个人	翁雁俊	浙江省综合行政执法指导办公室
284	浙江省综合行政执法系统队伍规范化建设工作成绩突出个人	黄文清	浙江省综合行政执法指导办公室
285	浙江省生态环境系统第一批清廉单元重点培育对象	嘉兴市生态环境局平湖分局、平湖生态环境保护行政执法队二分队	浙江省生态环境厅
286	浙江省“五水共治”工作先进集体	嘉兴市生态环境局平湖分局	中共浙江省委、浙江省人民政府
287	浙江省生态环境执法大练兵打击环境违法犯罪工作成绩突出集体	嘉兴市生态环境局平湖分局	浙江省生态环境厅、浙江省公安厅
288	浙江省生态环境执法大练兵打击环境违法犯罪工作成绩突出个人	章圣样、徐晨曦、姚斌	浙江省生态环境厅、浙江省公安厅
289	2023 年重点区域空气质量改善监督帮扶（6 月）表现突出人员	徐晨曦、单冉、祝志君	生态环境部生态环境执法局
290	全国工会系统先进集体	平湖市总工会	人力资源和社会保障部、中华全国总工会
291	2023 年互联网 + 工会普惠服务“最具影响力”平台	平湖市总工会	中华全国总工会

续表 31

序号	荣誉	获奖单位 / 个人	授予单位
292	2023 年全国工会网络正能量新媒体“区县十佳账号”	平湖市总工会	中华全国总工会
293	2023 年“好网民正能量微视频”一等优秀作品	平湖市总工会	中华全国总工会
294	“身边榜样”全国职工短视频大赛二等奖	平湖市总工会	中华全国总工会
295	浙江省工会“构建职工思想引领体系，推动打造精神富有型社会”县域试点	平湖市总工会	浙江省总工会
296	浙江工会助力高质量发展建设共同富裕示范区十大创新案例	平湖市总工会	浙江省总工会
297	2023 年度浙江省工会优秀审计项目一等奖	平湖市总工会	浙江省总工会经费审查委员会办公室
298	2023 年省级职工文体活动优秀兴趣小组	平湖市总工会蓝草艺术团	浙江省总工会办公室
299	浙江省打击治理电信网络新型违法犯罪工作成绩突出个人	许静	浙江省打击治理电信网络新型违法犯罪工作联席会议办公室
300	第二批“幸福共同体领头雁企业”	浙江茉织华印刷股份有限公司、浙江荣晟环保纸业股份有限公司、浙江晨光电缆股份有限公司	浙江省总工会、浙江省经济和信息化厅、浙江省人民政府国有资产监督管理委员会、浙江省工商业联合会

续表 31

序号	荣誉	获奖单位 / 个人	授予单位
301	2023 年浙江省五一劳动奖状	浙江卫星能源有限公司	浙江省总工会
302	2023 年浙江省工人先锋号	平湖市总工会职工学校教务处、日本电产三协（浙江）有限公司 CRD 生产技术部	浙江省总工会
303	2023 年浙江省新业态基层工会示范点	南市商务区楼宇联合工会委员会	浙江省总工会
304	2023 年省级职工书屋	德耐尔能源装备有限公司职工书屋	浙江省总工会办公室
305	2023 全国正能量摄影作品征集活动一等优秀作品	胡汉忠	中华全国总工会
306	2023 年浙江省五一劳动奖章	包定能、张巍、史迪锋	浙江省总工会
307	2023 年度“聚合力 促发展 保安全 迎亚运”浙江省优秀职工代表提案	林金明、陈杰	浙江省总工会办公室
308	2023 年度浙江省优秀少先队集体	乍浦小学	共青团浙江省委、浙江省教育厅、少先队浙江省工作委员会
309	2023 年度浙江省优秀少先队员	张晨曦	共青团浙江省委、浙江省教育厅、少先队浙江省工作委员会
310	2023 年度浙江省优秀少先队辅导员	顾顺	共青团浙江省委、浙江省教育厅、少先队浙江省工作委员会
311	浙江省少先队“红领巾奖章”四星章	李泽译、徐涵文、鲁嘉宸、陈冯语哲	少先队浙江省工作委员会
312	浙江省妇联系统先进集体	平湖市妇女联合会	浙江省妇女联合会

续表 31

序号	荣誉	获奖单位 / 个人	授予单位
313	2023 年度长三角优秀科技志愿服务项目	平湖市科学技术协会	长三角科技志愿服务联盟
314	“浙里科普”省级科普创新示范试点	平湖市科学技术协会	浙江省科学技术协会办公室
315	第二届民间文化当代表达全国学术研讨会发言论文奖	邓中肯	中国民间文艺家协会
316	第 29 届全国摄影艺术展览入展作品	侯彤彤	中国摄影家协会
317	第十一届全国农民摄影大展入展作品	侯彤彤	中国摄影家协会
318	全国第九届篆刻作品展览入展作品	许非同	中国书法家协会
319	2023 年度浙江省工商联服务“两个健康”工作成绩突出集体	平湖市工商业联合会	浙江省工商业联合会
320	协同推进清廉民企建设试点	平湖市工商业联合会	浙江省工商业联合会办公室
321	2023 年度浙江省工商联服务“两个健康”最佳工作实践创新成果	平湖市经济技术开发区商会	浙江省工商业联合会
322	全国无偿捐献造血干细胞奖特别奖	吴丽霞	国家卫生健康委员会、中国红十字会总会、中央军委后勤保障部卫生局
323	中国红十字会“会员之星”	张自力	中国红十字会总会

续表 31

序号	荣誉	获奖单位 / 个人	授予单位
324	浙江省首批理论宣讲研修基地	中共平湖市委党校	中共浙江省委宣传部
325	2023 年度浙江省党校（行政学院）系统优秀决策咨询成果二等奖	贺佳贝	浙江省党校系统社会科学联合会
326	浙江省党校系统“八八战略”实施 20 周年理论研讨会暨 2023 年度学术年会论文二等奖	曾现锋、白小虎	浙江省党校系统社会科学联合会
327	浙江省党史和文献系统“八八战略”实施 20 周年资料征集与研究工作成绩突出单位	平湖市史志研究室	中共浙江省委党史和文献研究室
328	浙江省供销社消费帮扶明星企业	平湖市农产品展销配送有限公司	浙江省供销合作社联合社
329	2023 年度省域媒体融合技术一体化技术创新示范单位	平湖市传媒中心	浙江日报报业集团
330	第一批“零碳”公共机构（一星）	平湖市行政中心	浙江省机关事务管理局、浙江省发展和改革委员会、浙江省财政厅、浙江省生态环境厅、浙江省住房和城乡建设厅、浙江省市场监督管理局、浙江省林业局
331	第二批公共机构绿色食堂（一星）	平湖市行政中心机关食堂	浙江省机关事务管理局、浙江省发展和改革委员会、浙江省生态环境厅、浙江省市场监督管理局

续表 31

序号	荣誉	获奖单位 / 个人	授予单位
332	2023 年浙江省机关事务系统职业技能（驾驶员）比武竞赛个人综合三等奖（浙江金蓝领）	陆伟彪	浙江省机关事务管理局、浙江省总工会
333	2023 年浙江省机关事务系统职业技能（厨师）比武竞赛个人综合优胜奖（浙江省机关事务系统技能标兵）	钟峰	浙江省机关事务管理局、浙江省总工会
334	2023 年度浙江省建筑施工安全生产标准化管理优良工地	平湖市城市发展投资（集团）有限公司	浙江省住房和城乡建设厅
335	2023 年度浙江省风景园林学会优秀园林工程奖施工类银奖	平湖市城市发展投资（集团）有限公司	浙江省风景园林学会
336	2023 年度浙江省风景园林学会优秀园林养护类工程奖	平湖市城市发展投资（集团）有限公司	浙江省风景园林学会
337	2023 年度浙江省市政公用金奖示范工程（优质工程）	平湖市污水处理有限公司	浙江省市政行业协会
338	第一批省级水路旅游客运精品航线	平湖水岸交融游线	浙江省港航管理中心
339	2023 年浙江省交通建设工程安全生产管理专项竞赛团队一等奖	平湖市交通投资（集团）有限公司	浙江省交通运输厅、浙江省总工会

续表 31

序号	荣誉	获奖单位 / 个人	授予单位
340	集体三等功	平湖市消防救援大队	国家消防救援局
341	执勤训练工作先进大队	平湖市消防救援大队	国家消防救援局
342	浙江省消防救援队伍先进基层单位	平湖市消防救援大队、当湖消防救援站、钟埭消防救援站	浙江省消防救援总队
343	浙江省消防救援队伍先进基层党委	平湖市消防救援大队党委	浙江省消防救援总队党委
344	浙江省消防救援队伍优秀基层干部	沈洲、曹佳顺	浙江省消防救援总队
345	个人三等功	郭森	浙江省消防救援总队
346	浙江税务系统 2023 年新时代“枫桥式”税务所（分局、办税服务厅）	国家税务总局平湖市税务局第一税务所	国家税务总局浙江省税务局
347	疫情防控工作三等功	陆放中	国家税务总局浙江省税务局
348	退税减税政策落实工作嘉奖	费其良	国家税务总局浙江省税务局
349	浙江省税务系统学习宣传贯彻党的二十大精神学习宣传百佳标兵	沈琴	中共国家税务总局浙江省税务局委员会办公室
350	浙江省税务系统学习宣传贯彻党的二十大精神实干创新百佳标兵	王旭宇	中共国家税务总局浙江省税务局委员会办公室
351	浙江省税务系统学习宣传贯彻党的二十大精神服务群众百佳标兵	金丹奕	中共国家税务总局浙江省税务局委员会办公室
352	浙江省税务局第一轮层级督察审计工作突出个人	陈洁	国家税务总局浙江省税务局督察内审处

续表 31

序号	荣誉	获奖单位 / 个人	授予单位
353	浙江省人民政府科技进步三等奖	国网平湖市供电公司	浙江省人民政府
354	中电联 2023 年度电力企业社会责任优秀案例	国网平湖市供电公司	中国电力企业联合会
355	2023 年全国优秀质量管理小组	国网平湖市供电公司	中国质量协会
356	中国仓储与配送协会一级（三星）绿色仓库认证	国网平湖市供电公司	中国仓储与配送协会
357	2023 年度浙江省企业管理现代化创新成果二等奖	国网平湖市供电公司	浙江省企业家协会
358	国网浙江电力科技进步一等奖	国网平湖市供电公司	国网浙江省电力有限公司
359	国网浙江电力技术发明三等奖	国网平湖市供电公司	国网浙江省电力有限公司
360	国网浙江电力年度优秀根植项目一等奖	国网平湖市供电公司	国网浙江省电力有限公司
361	浙江省电力公司管理创新成果二等奖	国网平湖市供电公司	国网浙江省电力有限公司
362	全国巾帼文明岗	国网平湖市供电公司供电营业厅	中华全国妇女联合会
363	2023 年能源互联网技术典型应用案例	国网平湖市供电公司市场营销部	中国电力企业协会
364	全国质量信得过班组	国网平湖市供电公司市场营销部	中国质量协会
365	2023 年国网浙江电力科技进步奖一等奖	国网平湖市供电公司市场营销部	国网浙江省电力有限公司

续表 31

序号	荣誉	获奖单位 / 个人	授予单位
366	2023 年浙江省电力行业协会新型电力系统建设典型经验一等奖	国网平湖市供电公司市场营销部	浙江省电力行业协会
367	浙江省质协 QC 一等奖	国网平湖市供电公司市场营销部	浙江省质量协会
368	第 21 届二星级全国青年文明号	嘉兴市恒光电力建设有限责任公司滨海分公司	共青团中央
369	第三批党员先锋岗	盛辉	中国邮政集团有限公司浙江省分公司党委
370	中国邮政“邮乐小店全国金牌导师”	盛辉	中邮电子商务有限公司
371	中国邮政全国优秀营销员	盛辉	中国邮政集团有限公司
372	杭州亚（残）运会安全保障工作先进个人	周跃峰	中国邮政集团有限公司浙江省分公司
373	浙江省气象科普教育基地（综合类）	平湖市气象局	浙江省气象学会、浙江省气象局
374	浙江省四星级文明规范市场	平湖市北门农贸市场、平湖市南市菜场、林埭镇徐埭综合农贸市场、平湖・中国服装城	浙江省市场监督管理局
375	2023 年浙江省三星级市场文明规范市场	平湖经济技术开发区宏建农贸市场、平湖市南门菜场	浙江省市场监督管理局
376	浙江省保安行业“深入学贯二十大・护航亚运保平安”主题活动评估优秀个人	姚凯琳	浙江省公安厅
377	2023 年浙江农业行业职业技能竞赛种子质量检验员优胜奖	冯春炜	浙江省农业农村厅

续表 31

序号	荣誉	获奖单位 / 个人	授予单位
378	2023 年“最美浙江人·最美治水人”	杨继抗	中共浙江省委宣传部、浙江省治水办
379	嘉兴撤地建市“40 年·40 人”先锋人物	杨继抗	中共嘉兴市委、嘉兴市政府
380	第三批嘉兴市生态文明建设示范镇（街道）	当湖街道	嘉兴市人民政府
381	2023 年全国科普日优秀活动	当湖街道科学技术协会、松枫社区居民委员会	中国科学技术协会办公厅
382	2023 年浙江省五星级乡镇（街道）食（药）安办	当湖街道食药安办、独山港镇食药安办	浙江省食品药品安全委员会办公室
383	2023 年浙江省四星级乡镇（街道）食（药）安办	新仓镇食药安办	浙江省食品药品安全委员会办公室
384	2023 年浙江省“新时代枫桥式退役军人服务站”	当湖街道退役军人服务站、新仓镇中华村退役军人服务站	中共浙江省委退役军人事务工作领导小组办公室
385	浙江省五星级乡镇（街道）社会工作站	当湖街道社会工作站、新仓镇社会工作站	浙江省民政厅办公室
386	浙江省城市社区议事协商创新试点优秀单位	当湖街道梅兰苑社区	浙江省民政厅
387	浙江省“最美执委”	马松芬、许佳凤、万佳、张小婷、王青霞、陈玉芳、徐晓萍、汤冬梅	浙江省妇女联合会
388	浙江省第九期社会工作督导培养对象	赵欢	浙江省社会工作师协会
389	浙江省乡镇（街道）示范便民服务中心	钟埭街道	中共浙江省委全面深化改革委员会办公室

续表 31

序号	荣誉	获奖单位 / 个人	授予单位
390	城市更新省级试点片区	平湖经济技术开发区永兴片区	浙江省住房和城乡建设厅
391	2023 年浙江省“一村万树”示范村	钟埭街道钟埭村、新仓镇秦沙村	浙江省林业局
392	2023 年浙江省劳模工匠志愿服务优秀案例	平湖经济技术开发区（钟埭街道）总工会“我来当就业导师”劳模工匠志愿服务项目	浙江省总工会
393	2023 年度浙江省绿化美化路	和盎路（平善大道—镇南路）	浙江省住房和城乡建设厅
394	2023 年度浙江省“社区工作领军人才”	郭强	浙江省民政厅
395	浙江省高标准农田建设最佳实践案例	曹桥街道	浙江省农业农村厅
396	浙江省农村文化礼堂建设工作示范乡镇（街道）	曹桥街道、新仓镇	浙江省农村文化礼堂建设工作领导小组
397	浙江省第三批引领型未来社区	徐家埭未来社区、钟埭未来社区	浙江省城乡风貌整治提升工作专班
398	浙江省第四批引领型未来社区	曹桥未来社区	浙江省城乡风貌整治提升工作专班
399	2023 年浙江省卫生村样板	曹桥街道马厩村	浙江省爱国卫生运动委员会办公室
400	2023 年浙江省“四好”商会	平湖市曹桥商会	浙江省工商业联合会办公室
401	2023 年浙江省第一批乡村博物馆	平湖市桥文化记忆馆	浙江省文物局
402	2023 年新时代婚育文化公益宣传 100 件优秀作品	陆莉莉	浙江省计划生育协会

续表 31

序号	荣誉	获奖单位 / 个人	授予单位
403	2022—2023中国国际进口博览会溢出效应最佳承接特色园区	张江长三角科技城平湖园	中国国际进口博览会溢出效应论坛秘书处、上海市工业经济联合会
404	省级农产品电商村	新埭镇旧埭村	浙江省农业农村厅、浙江省商务厅、浙江广播电视集团
405	浙江省美丽宜居示范村创建优秀	新埭镇大齐塘村	浙江省住房和城乡建设厅、浙江省城乡环境整治工作领导小组美丽宜居村镇示范办公室
406	2023年度浙江省和美乡村特色精品村	新埭镇鱼圻塘村	浙江省"千村示范、万村整治"工作协调小组办公室
407	第二批浙江省文化基因转化活化创新项目	山海几千重夜经济产业转化项目	浙江省文化和旅游厅
408	浙江省第三批低（零）碳乡镇（街道）试点	新仓镇、林埭镇	浙江省应对气候变化及节能减排工作联席会议办公室
409	第九届浙江民间文艺映山红奖优秀民间艺术表演作品	新仓镇文化站	浙江省民间文艺家协会
410	浙江省首届农村文化礼堂"我们的村舞"暨第二届浙江乡村文化艺术节乡村舞蹈大赛二等奖	新仓镇秦沙村文化礼堂	中共浙江省委宣传部、浙江省文化和旅游厅
411	浙江省首届农村文化礼堂"我们的村舞"暨第二届浙江乡村文化艺术节乡村舞蹈大赛三等奖	新仓镇双红村文化礼堂	中共浙江省委宣传部、浙江省文化和旅游厅

续表 31

序号	荣誉	获奖单位 / 个人	授予单位
412	第一批省级农事服务中心	新仓镇农事服务中心	浙江省供销合作社联合社
413	浙江省农业“双强”行动成绩突出个人	周梦洁	浙江省农业农村厅
414	第二批浙江省星级工业园“污水零直排区”	浙江独山港经济开发区	浙江省生态环境厅、浙江省经济和信息化厅、浙江省美丽浙江建设领导小组“五水共治”办公室
415	第四届浙江省“敬老文明号”	平湖市独山港镇中心卫生院	浙江省老龄工作委员会
416	2023 年浙江省生态文化基地	独山港镇赵家桥村	浙江省林业局、浙江省文化和旅游厅、浙江省生态文化协会
417	2023 年浙江省健康村样板	独山港镇赵家桥村	浙江省爱国卫生运动委员会办公室
418	2023 年度浙江省水利文明标化工地	平湖市海塘安澜工程（嘉兴独山煤炭中转码头海塘）	浙江省水利厅办公室
419	2023 年浙江省级绿色低碳工厂	浙江独山能源有限公司、浙江嘉特保温科技股份有限公司	浙江省经济和信息化厅、浙江省发展和改革委员会、浙江省生态环境厅
420	浙江省第六届“和天下杯”社工好故事演讲比赛三等奖	费渊	浙江省社会工作师协会
421	浙江省第三批减污降碳协同试点	平湖农业经济开发区	浙江省应对气候变化及节能减排工作联席会议办公室
422	首批国家农业产业强镇	广陈镇	农业农村部办公厅、财政部办公厅
423	第三批省级社区治理与服务创新实验区评估验收优秀等次	广陈镇	浙江省民政厅

续表 31

序号	荣誉	获奖单位 / 个人	授予单位
424	第十二届“浙江孝贤”慈孝之乡	广陈镇	浙江省民政厅、浙江日报报业集团、浙江省慈善联合总会
425	第七批浙江省“扫黄打非”进基层示范点	广陈镇	浙江省“扫黄打非”工作领导小组办公室
426	浙江省担当作为好支书	金建东	中共浙江省委
427	省级对台交流基地培育创建对象	林埭镇	浙江省人民政府台湾事务办公室
428	2023 年度浙江省和美乡村示范乡镇	林埭镇	浙江省“千村示范、万村整治”工作协调小组办公室
429	2023 第二届电商直播式“共富工坊”短视频大赛铜奖	林埭镇徐家埭村	浙江省商务厅
430	浙江省村（社区）干部基层实践教学点	徐家埭村实践教学点	中共浙江省委学习贯彻习近平新时代中国特色社会主义思想主题教育领导小组办公室、中共浙江省委组织部
431	第六批省级运动休闲培育乡镇	林埭棒球运动乡镇	浙江省体育局

中共平湖市委　平湖市人民政府
关于2023年度先进集体和先进个人的通报

各镇街道，平湖经济技术开发区、独山港经济开发区，市级机关各部门，市属各单位：

2023 年，全市认真贯彻落实党的二十大精神以及中央和省委、嘉兴市委决策部署，深入实施三个“一号工程”、“十项重大工程”和“四大工程”，推动经济社会稳定发展。一年来，全市上下涌现出了一批先进集体与先进个人，现予以通报。希望各单位以先进为榜样，砥砺奋进，创新攻坚，勇当典范，以更加优异的成绩加快推进金平湖新崛起，奋力打造共同富裕和中国式现代化示范引领的璀璨明珠。

附件：2023 年度先进集体和先进个人名单

中共平湖市委
平湖市人民政府
2024 年 2 月 19 日

附件

2023年度先进集体和先进个人名单

一、“四大工程”“六大专项”先进集体和先进个人

（一）先进集体

1. 数字经济创新提质“一号发展工程”

镇街道

新埭镇、平湖经济技术开发区（钟埭街道）

部门（单位）

经信局、农业农村局、政务数据办、发改局、商务局、市场监管局

2. 营商环境优化提升“一号改革工程”

部门（单位）

组织部、统战部、政研室、信访局、发改局、公安局、司法局、人力社保局、建设局、交通运输局、商务局、市场监管局、综合执法局、政务数据办、生态环境分局、总工会、工商联、供销社（农合联）、平湖供电公司

3.“地瓜经济”提能升级“一号开放工程”

镇街道

独山港经济开发区（独山港镇）、新埭镇、新仓镇

部门（单位）

商务局、发改局、科技局、金融发展中心、自然资源和规划局、财政局、组织部、市场监管局

4.“十项重大工程”

部门（单位）

发改局、农业农村局、经信局、市府办、文旅体局、交通运输局、科技局、自然资源和规划局、商务局、统计局、平湖供电公司

5. 经济创新工程

镇街道

新仓镇、当湖街道、独山港经济开发区（独山港镇）

6. 城乡秀美工程

镇街道

广陈镇、平湖经济技术开发区（钟埭街道）、林埭镇

部门（单位）

农业农村局、建设局、生态环境分局、综合执法局、人大常委会机关、城投集团、交通运输

局、交投集团、妇联、财政局、水利局、卫生健康局、经信局、传媒中心、电信公司

7. 民生优享工程

镇街道

当湖街道、曹桥街道、新埭镇

部门（单位）

宣传部、人力社保局、教育局、卫生健康局、总工会、公安局、建设局、文旅体局、政协机关、城投集团、交投集团、传媒中心、自然资源和规划局

8. 党建强基工程

镇街道

当湖街道、平湖经济技术开发区（钟埭街道）、广陈镇

部门（单位）

纪委监委、市委办、组织部、宣传部、统战部、政法委、巡察办、经信局、工商联、党校、供销社（农合联）

（二）先进个人

1. 数字经济创新提质“一号发展工程”：陆学远（市府办）、陈贵兵（发改局）、朱国平（经信局）、胡晓蕾（科技局）、胡侃（商务局）、蒋栋（统计局）、杨雪勤（高质量发展总专班）、陆菲菲（曹桥街道）、宋磊（新仓镇）、周跃［独山港经济开发区（独山港镇）］、吴国锋（林埭镇）

2. 营商环境优化提升“一号改革工程”：顾隽彦（宣传部）、俞霄忆（统战部）、黄燕燕（发改局）、陈家立（经信局）、徐佳伟（司法局）、顾思卓（人力社保局）、王其锋（自然资源和规划局）、胡晶磊（商务局）、冯蓓蓓（市场监管局）、金舟（政务数据办）、李小娟（工商联）、吴佳（平湖供电公司）、朱磊（营商环境优化提升“一号改革工程”专班）

3.“地瓜经济”提能升级“一号开放工程”：金时萌（市委办）、苏海强（市府办）、屠东君（经信局）、冯晓美（城投集团）、吴俊英（金控〈人才〉集团）、王一洲（营商环境优化提升“一号改革工程”专班）、盛永跃（当湖街道）、俞小琴［平湖经济技术开发区（钟埭街道）］、施君君（曹桥街道）、陆丹恩（广陈镇）

4.“十项重大工程”：张国富（市府办）、孙玲（发改局）、张亚芸（发改局）、盛鸿志（发改局）、沈雪玲（科技局）、张巍巍（自然资源和规划局）、宗杰（交通运输局）、邵慧（农业农村局）、胡立松（文旅体局）、纪海亚（统计局）、谭艳婷（政务数据办）、蒋家伟（高质量发展总专班）、张金峰（当湖街道）

5. 经济创新工程：戚佳雷（市府办）、王臻（组织部）、翁辞渊（发改局）、韩国强（经信局）、毛宝中（科技局）、周佳政（商务局）、陶林花（统计局）、金惠杰（高质量发展总专班）、倪芳芳（经济创新工程指挥部办公室）、张蓉（平湖经济技术开发区〈钟埭街道〉）、章春燕（新埭镇）、李月萍［独山港经济开发区（独山港镇）］、夏巍（九龙山管委会）

6. 城乡秀美工程：曹泽廷（市委办）、陆邵栋（人大常委会机关）、吴杰（自然资源和规划局）、杨卫君（自然资源和规划局）、赵伟宏（建设局）、顾学超（水利局）、张文杰（农业农村局）、夏敏莉（综合执法局）、徐俊（生态环境分局）、顾明达（城投集团）、倪建良（新埭镇）、沈斌（新仓镇）、赵明华（林埭镇）、马亮春（市府办）、吴铮恺（组织部）、王月红（宣传部）、王斌杰（民政局）、张峰（水利局）、袁利强（农业农村局）、孙龙（生态环境分局）、王海松（当湖街道）、邱敏杰（新仓镇）、陆益军（广陈镇）

7. 民生优享工程：王杰（人大常委会机关）、徐文燕（市府办）、费瑞瑞（政协机关）、蔡修远（组织部）、吴加跃（宣传部）、陆晓燕（民政局）、周敏丽（司法局）、史云忠（交通运输局）、罗晓燕（退役军人事务局）、何叶芳（医保局）、徐菊（公积金中心）、张超群（民生优享工程指挥部办公室）、陈云华（农房改善办）、张跃［独山港经济开发区（独山港镇）］、黄健（广陈镇）

8. 党建强基工程：沈嘉俊（纪委监委）、姚志贤（市委办）、姚乐萍（组织部）、刘湉（宣传部）、富文兵（统战部）、胡家跃（政法委）、俞爱华（巡察办）、胡永明（老干部局）、陈勇钢（发改局）、张娟凤（民政局）、沈睿（交通运输局）、马秋艳（组织部）、王宜达（政法委）、张凯凯（社会治理中心）、陆维传（当湖街道）、陈永滨［平湖经济技术开发区（钟埭街道）］、程兴

国（新埭镇）、陆燕［独山港经济开发区（独山港镇）］、胡志华（林埭镇）

二、通报表扬项目

（一）经济建设突出贡献集体

1. 项目破难

镇街道

新埭镇、独山港经济开发区（独山港镇）、新仓镇

部门（单位）

发改局、财政局、自然资源和规划局、城投集团、交投集团

2. “腾笼换鸟”

镇街道

平湖经济技术开发区（钟埭街道）、广陈镇、独山港经济开发区（独山港镇）

部门（单位）

经信局、自然资源和规划局、应急管理局、生态环境分局、财政局

（二）社会民生建设突出贡献集体

1. 乡村振兴

镇街道

林埭镇、平湖经济技术开发区（钟埭街道）、曹桥街道

部门（单位）

政研室、发改局、农业农村局、财政局、交通运输局、文旅体局、供销社（农合联）

2. 农民住房工作

镇街道

平湖经济技术开发区（钟埭街道）、新埭镇、林埭镇

部门（单位）

市府办、自然资源和规划局、农房改善办

（三）党建强基突出贡献集体

1. 平安善治

镇街道

平湖经济技术开发区（钟埭街道）、新仓镇、广陈镇

部门（单位）

法院、检察院、编办、宣传部、政法委、信访局、发改局、公安局、司法局、财政局、农业农村局、卫生健康局、应急管理局、政务数据办、生态环境分局、市场监管局、妇联、社会治理中心

2. 从严治党

镇街道

广陈镇、独山港经济开发区（独山港镇）、当湖街道

部门（单位）

市场监管局、公安局、工商联、审计局、生态环境分局、发改局、农业农村局、机关事务中心、自然资源和规划局

3. 意识形态工作

镇街道

当湖街道、独山港经济开发区（独山港镇）、曹桥街道

部门（单位）

公安局、自然资源和规划局、交通运输局、综合执法局、卫生健康局、城投集团、传媒中心

三、功勋企业、功勋企业家和明星企业、明星企业家

（一）功勋企业、功勋企业家

津上精密机床（浙江）有限公司　唐东雷

浙江独山能源有限公司　郑永伟

科世科汽车部件（平湖）有限公司　纪　成

浙江卫星能源有限公司　　高　军

浙江欧迪恩传动科技股份有限公司　李秀蓉

尼得科汽车马达（浙江）有限公司　封　静

邦芒服务外包有限公司　　余再东

嘉兴市四季水产食品有限公司　钟金才

（二）明星企业、明星企业家

斯泰必鲁斯（浙江）有限公司　王　曙

浙江伊控动力系统有限公司　赵平华

毕恩熙（浙江）食品有限公司　杨建国

浙江景兴纸业股份有限公司　朱在龙

浙江荣晟环保纸业股份有限公司　冯晟宇

浙江上方生物科技有限公司　王晋源

浙江鸿禧能源股份有限公司　李　健

尼得科冲压自动化设备（浙江）有限公司　清水治

浙江菲斯曼供热技术有限公司　Mr. Ralph Biermann（拉尔夫　比尔曼）

浙江嘉特保温科技股份有限公司　邱　宇

浙江依爱夫游戏装文化产业有限公司　汪维佳

平湖白金汉爵大酒店有限公司　范仲文

平湖大润发商业有限公司

陈　斌

平湖服装城有限公司

胡国华

浙江茉织华贸易有限公司

贾永明

浙江鑫达建设有限公司

马保龙

浙江维通利华实验动物技术有限公司　郑童童

浙江大印农业科技有限公司

印文彪

四、总部经济优秀企业

浙江景兴纸业股份有限公司

津上精密机床（浙江）有限公司

五、数字经济优秀企业

浙江汉脑数码科技有限公司

浙江银盾云科技有限公司

浙江相伴宝数字科技有限公司

嘉兴极知智能科技有限公司

浙江九鑫智能科技有限公司

平湖石化有限责任公司

浙江传化天松新材料有限公司

浙江宏阳新能源科技股份有限公司

浙江恒业电子股份有限公司

浙江御辰东智能科技有限公司

六、专精特新优秀企业

浙江亚迪纳新材料科技股份有限公司

浙江日拓电子股份有限公司

浙江卡迪夫电缆有限公司

嘉兴星越包装材料有限公司

浙江凯阳新材料股份有限公司

浙江纳特汽车标准件有限公司

华芯（嘉兴）智能装备有限公司

浙江冠豪新材料有限公司

费莱（浙江）科技有限公司

浙江鑫方德新材料股份有限公司

七、科技创新示范企业

浙江宝绿特环保技术工程有限公司

德耐尔能源装备有限公司

浙江杰上杰新材料股份有限公司

嘉兴领科材料技术有限公司

浙江抟原复合材料有限公司

纳狮新材料有限公司

海辰精密机械（嘉兴）股份有限公司

八、知识产权优势企业

纳狮新材料有限公司

浙江欧迪恩传动科技股份有限公司

浙江晨光电缆股份有限公司

浙江杰上杰新材料股份有限公司

浙江隆翔包装有限公司

九、亩均英雄企业

尼得科泰科诺电机（浙江）有限公司

德西福格汽车配件（平湖）有限公司

三星精密不锈钢（平湖）有限公司

南六企业（平湖）有限公司

嘉兴沃特泰科环保科技股份有限公司

浙江拜龙科技有限公司

尼得科传动技术（浙江）有限公司

博格隆（浙江）生物技术有限公司

马塔汽车饰件（嘉兴）有限公司

康迈尔机电（嘉兴）有限公司

十、年度纳税大户

津上精密机床（浙江）有限公司

平湖石化有限责任公司

邦芒服务外包有限公司

浙江卫星能源有限公司

浙江平湖农村商业银行股份有限公司

平湖市卓骏房地产开发有限公司

科世科汽车部件（平湖）有限公司

浙江景兴纸业股份有限公司

尼得科泰科诺电机（浙江）有限公司

平湖荣成环保科技有限公司

十一、市长质量奖

平湖市华晟精密机械股份有限公司

嘉兴德永纺织品有限公司

平湖市景兴包装材料有限公司

十二、建筑业和园林优秀企业

浙江鑫达建设有限公司

浙江鸿宁建设有限公司

平湖市南桥建筑工程有限公司

浙江远辰建设股份有限公司

浙江臻远建设有限公司

浙江勤丰建设有限公司

平湖市市政工程有限公司

平湖市新信交通工程有限公司

平湖市水利工程有限公司

嘉兴景园园林建设有限公司

浙江森科建设有限公司

平湖先行园艺工程有限公司

平湖市鑫泰环境工程有限公司

平湖市福通建设工程有限公司

主要组织机构及负责人

中国共产党平湖市委员会

书　记　仲旭东
副书记　周军波
　　　　毛　捷
常　委　仲旭东
　　　　周军波
　　　　毛　捷
　　　　王兰平
　　　　何　苗（女）
　　　　崔加晶
　　　　李文健
　　　　沈志凤（女）
　　　　戴　振
　　　　崔小生
　　　　莫放路
委　员　王兰平
　　　　毛　捷
　　　　朱勤明
　　　　仲旭东
　　　　庄志浩
　　　　许　静（女）
　　　　李文健
　　　　杨金平
　　　　杨朝辉
　　　　吴兰兰（女）
　　　　吴金华
　　　　吴跃根
　　　　何　苗（女）
　　　　何　健
　　　　何小云（女）
　　　　何春风（女）
　　　　沈　杰
　　　　沈　健
　　　　沈　锋
　　　　沈志凤（女）
　　　　宋红伟（女）
　　　　陈定良
　　　　金　一
　　　　周军波
　　　　周海林
　　　　俞雪琴（女）
　　　　莫放路
　　　　徐海飞
　　　　崔小生
　　　　崔加晶
　　　　戴　振
　　　　戴建忠
候补委员
　　　　朱　浩
　　　　何鸣宇（女）
　　　　陈慧刚
　　　　戴良英（女）
　　　　刘建群
　　　　陆秀梅（女，—2023.12.22）
　　　　潘加林
　　　　戴忠伟

平湖市人民代表大会常务委员会

主　任　吴金华（—2023.12.29）
副主任　蔡国平
　　　　钱勇彪
　　　　柯卫明
　　　　金玉珍（女）
　　　　富国权
　　　　陈　伟
委　员　马保龙
　　　　王　杰
　　　　王邱平
　　　　王国忠
　　　　王建良
　　　　王春玲（女，—2023.12.29）
　　　　毛仲华（女）
　　　　方卫东
　　　　步晓燕（女）
　　　　何小云（女）
　　　　何鸣宇（女）
　　　　邹　群
　　　　沈永良
　　　　张大好（女）
　　　　胡传英（女）
　　　　俞四龙
　　　　顾军华（女）
　　　　顾黎明
　　　　徐凤英（女）
　　　　高雪峰
　　　　高敏芬（女）
　　　　陶国华
　　　　黄碧泉（女，—2023.12.29）
　　　　曹月平
　　　　曹新萍（女）
　　　　褚珠平

市人大常委会工作部门

办公室
主　任　王国忠
副主任　曹月平
　　　　沈邵燕（女）
　　　　沈永锦（—2023.6.20）
　　　　黄碧泉（女，—2023.12.29）
　　　　张大好（女）
　　　　王　杰
　　　　何小叶（女）
　　　　殷文杰（女）
　　　　毛　杰（2023.6.20—）
　　　　张　喜（女）
　　　　陈结加
　　　　欧　洋（女，2023.11.2—）

机关党组书记
王国忠

监察和司法工作委员会
主　任　高敏芬（女，—2023.12.29）
周其明（2023.12.29—）
副主任　沈永锦（—2023.6.20）
吴仲恒（兼）

预算工作委员会
主　任　邹　群
副主任　沈邵燕（女）
李寿林（兼）
社会建设与民宗外侨工作委员会
主　任　徐凤英（女）
副主任　黄碧泉（女，—2023.12.29）
张建军（兼）
教育科技文化卫生工作委员会
主　任　俞四龙
副主任　何小叶（女）
毛仲华（女，兼）
农业与农村工作委员会
主　任　王建良
副主任　曹月平
毛　杰（2023.6.20—）
赵明华（兼）
城乡建设与环境资源保护工作委员会
主　任　方卫东
副主任　张大好（女）
沈永良（兼）
代表与选举任免工作委员会
主　任　步晓燕（女，—2023.12.29）
朱　浩（2023.12.29—）
副主任　王　杰
何小云（女，兼）

研究室
主　任　王国忠

平湖市人民政府

市　长　周军波
副市长　胡泓恬（—2023.1.18）
戴　振
莫放路
戴建忠（—2023.12.29）
宋怡玲（女）
王李涛（—2023.1.18）
周启程
朱国强（挂职）
杨金平（2023.1.18—）
张　斌（2023.1.18—）
陈明朗（挂职，2023.3.7—）

中国人民政治协商会议平湖市委员会

主　席　何　健
副主席　许　静（女）
方晓烈
沈幼锋
唐华荣
汤建萍（女）
秘书长　唐卫华（女）
副秘书长　郑忠勤
朱立军

市政协工作机关

办公室
主　任　夏竹青（2023.9.22—）
副主任　傅祎慧（女）
夏竹青（—2023.9.22）
潘跃健
机关党组书记　唐卫华（女）
提案委员会
主　任　陶熠旻
副主任　杜雪英（女）
雷　伟（兼，—2023.7.15）
鄢圣利（兼）
金惠杰（兼，2023.7.15—）
经济与人口资源环境委员会
主　任
沈海良（—2023.5.22，去世）
副主任　张健良（—2023.7.15）
周国华（2023.7.15—）
李寿林（工商联，兼）
张立帆（兼，—2023.1.18）
韩国强（兼，2023.1.18—）
教科卫体与文化文史学习委员会
主　任　屠保林
副主任　费瑞瑞（女）
邢　伟（兼）
陆忠民（兼）
孙堃琦（兼，2023.7.15—）
社会法制与民宗港澳台侨委员会
主　任　董碧颖（女）
副主任　姚云云（女）
李寿林（公安局，兼）
夏洁弘（女，兼）
孙林英（女，兼）
农业和农村委员会
主　任　高浩健（—2023.1.18）
杨少峰（2023.1.18—）
副主任　鲁跃华
王　杰（兼）
委员工作委员会
主　任　陆建良
副主任　傅祎慧（女）
郑忠勤（兼）
龚超群（兼）

研究室
主　任　夏竹青（2023.9.22—）
副主任　夏竹青（—2023.9.22）

中国共产党平湖市纪律检查委员会

书　记　崔加晶
副书记　周海林
　　　　龚超群
常　委　崔加晶
　　　　周海林
　　　　龚超群
　　　　徐新颜（女，—2023.12.22）
　　　　陶玉中（—2023.12.22）
　　　　李振华（2023.12.22—）
　　　　刘建平
　　　　朱贤桢（女）
　　　　张凯明（2023.12.22—）
平湖市监察委员会
主　任　崔加晶
副主任　周海林
　　　　龚超群
委　员　刘建平
　　　　朱贤桢（女）
　　　　张凯明
　　　　高国营
平湖市委巡察工作领导小组办公室
主　任　徐新颜（女，—2023.12.22）
　　　　李振华（2023.12.22—）
副主任　唐春燕（女）
平湖市委第一巡察组
组　长　俞卫平
副组长　谢晓东
平湖市委第二巡察组
组　长　张继军
副组长　王建军
平湖市委第三巡察组
组　长　傅林宏
副组长　倪佳佳（—2023.9.8）
　　　　俞爱华（女）
　　　　陆曹珺（女，2023.9.8—）
平湖市委第四巡察组
组　长　屠孝忠（—2023.12.22）
　　　　龚方明（2023.12.22—）
市纪委市监委派驻第一纪检监察组（驻市委办）
组　长　雷　耘（女）
副组长　金晓彤
　　　　陈　琦
市纪委市监委派驻第二纪检监察组（驻市人大机关）
组　长　金福明
市纪委市监委派驻第三纪检监察组（驻市府办）
组　长　刘中源
副组长　吴建林
　　　　刘国华（—2023.12.22）
　　　　纪卫林（2023.12.22—）
市纪委市监委派驻第四纪检监察组（驻市政协机关）
组　长　沈　群（女，2023.2.25—）
市纪委市监委派驻第五纪检监察组（驻市委组织部）
组　长　杜　芳（女）
副组长　曹海平
　　　　沈　群（女，—2023.2.25）
　　　　沈民忠（2023.6.2—）
市纪委市监委派驻第六纪检监察组（驻市委宣传部）
组　长　李振华（—2023.12.22）
　　　　陶玉中（2023.12.22—）
副组长　宋雪忠
　　　　褚吴虹（女）
市纪委市监委派驻第七纪检监察组（驻市委政法委）
组　长　钱卫中
副组长　黄利民
　　　　顾伟峰

平湖市人民法院

院　长　杨朝辉
副院长　范　俊
　　　　马伟勤
　　　　戴　斌
党组书记　杨朝辉
党组副书记　范　俊
市纪委市监委驻市人民法院纪检监察组组长
　　　　陆　民（—2023.6.2）
　　　　沈　荣（2023.6.2—）
政治部主任　应晓军
执行局局长　薛　挺

平湖市人民检察院

检察长　陈定良
副检察长
　　　　陆永立（—2023.6.20）
　　　　李云林
　　　　许政强（—2023.6.20）
　　　　刘　中
　　　　包旭娟（女，2023.6.20—）
党组书记　陈定良
市纪委市监委驻市人民检察院纪检监察组组长
　　　　钟卫红（女，—2023.6.2）
　　　　陆　民（2023.6.2—）
政治部主任　曹笑薇（女）

民主党派

中国民主同盟平湖市基层委员会
主任委员　朱立军
副主任委员
钱海英（女）
潘彩丽（女）
陆邵栋
中国民主促进会平湖市委员会
主任委员　宋怡玲（女）
副主任委员
鲁跃华
陶国华
王春玲（女）
中国农工党平湖市基层委员会
主任委员　汤建萍（女）
副主任委员
于小华
毛仲华（女）
姚震峰
平湖市工商业联合会
主　席　朱在龙
副主席　李寿林（驻会）
褚卫国（驻会，—2023.8.8）
李小娟（女，驻会，—2023.8.8）
喻　彪（驻会，2023.8.8—）
于振华（驻会，2023.8.8—）
马保龙
王泉平（—2023.8.8）
王富国
石华杰
冯荣华
朱　振
朱水良
庄中海（2023.8.8—）
孙忠明（—2023.3.29）
李　昂
李伟峰
李秀蓉（女）
李金喜
陈荣毅（2023.3.29—）
何士俊
沈　燕
张永林
张伟中
张余林
林楚华
胡　挺
胡巧玲（女）
钱董杰
徐向泉
徐俊发
黄德荣
平湖市总商会
会　长　朱在龙
副会长　李寿林（驻会）
褚卫国（驻会，—2023.8.8）
李小娟（女，驻会，—2023.8.8）
喻　彪（驻会，2023.8.8—）
于振华（驻会，2023.8.8—）
马保龙
王泉平（—2023.8.8）
王富国
殳跃飞
石华杰
冯荣华
成金豪
朱　振
朱水良
华　琳
庄中海
孙杰飞
孙忠明（—2023.3.29）
李　昂
李伟峰
李秀蓉（女）
李金喜
陈荣毅（2023.3.29—）
邱靖涛
何士明
何士俊
沈　燕
张永林
张伟中
张丽萍（女）
张余林
张建明
陆利平
陈占真
林楚华
郑永伟
赵学群
胡　挺
胡巧玲（女）
俞建英（女）
顾照根
钱董杰
徐向泉
徐俊发
黄江明
黄德荣
管政明
平湖市工商业联合会
党组书记　李寿林

市委工作部门

市委办公室
主　任　吴跃根
副主任　雷　伟（—2023.2.25）
鄢圣利（2023.6.2—）

陆建海
丁晓伟
李华平（兼）
孙颖健（兼，2023.6.2—）
姚 杰（兼）

市委台湾工作办公室
主 任 吴跃根
专职副主任 陈 伟

市政府台湾事务办公室
主 任 吴跃根
专职副主任 陈 伟

市委国家安全委员会办公室
主 任 毛 捷
专职副主任 姚 杰

市委机要局（市密码管理局）
局 长 丁晓伟（2023.6.2—）
副局长 丁晓伟（—2023.6.2）

市档案局
局 长 陆建海（2023.6.30—）

市委组织部
部 长 崔小生
常务副部长 何小云（女）
副部长 朱 磊
朱 娜（女，—2023.9.8）
潘 杰（2023.9.8—）
沈 健（兼）
林国平（兼）
王亚英（女，兼）

市委人才工作领导小组办公室
专职副主任
王 臻（2023.6.2—）

市委新经济与新社会组织工作委员会
书 记 朱 磊
副书记 潘 杰
兼职副书记
各成员单位［统战部（工商联）、经信局、民政局、商务局、市场监督管理局］分管负责人

市公务员局
局 长 何小云（女）

市委宣传部
部 长 沈志风（女）
常务副部长 何春风（女）
副部长 潘跃碧（兼）
石 苗
刘 湉（女）

市委网络安全和信息化委员会办公室专职副主任
吴加跃

市精神文明建设委员会办公室
主 任 刘 湉（女）
专职副主任 王月红（女）

市互联网信息办公室
副主任 吴加跃

市委统一战线工作部
部 长 王兰平
常务副部长 郑忠勤
副部长 李寿林
夏洁弘（女）
程 谦（—2023.6.2）
金国林（2023.6.2—）

市民族宗教事务局
局 长 程 谦（—2023.6.2）
金国林（2023.6.2—）
副局长 朱新达

市政府侨务办公室主任
夏洁弘（女）

市委政法委员会
书 记 毛 捷
常务副书记
朱勤明
副书记 周启程
朱勤明
周新根（—2023.2.25）
胡家跃（2023.2.25—）
高丽林
顾跃良（兼，—2023.2.25）
孙颖健（兼，2023.2.25—）
政治处主任 何 韵（女）

市社会治理综合指挥服务中心
主 任 顾跃良（—2023.2.25）
孙颖健（2023.2.25—）
副主任 黎星军
徐 超（—2023.2.25）
张凯凯（2023.6.2—）

市委政策研究室
主 任 李玉芳（女，2023.2.25—）
副主任 李玉芳（女，—2023.2.25）
张一鸣（2023.9.8—）

市委直属机关工作委员会
书 记 崔小生
常务副书记
吴东伟（—2023.9.8）
张 杰（2023.9.8—）
副书记 杨 燕（女）
市委直属机关纪检监察工委书记
何春浩

市委市政府信访局
局 长 李华平
副局长 陈志明（—2023.2.25）
董元元
马孝忠（2023.2.25—）
信访督查专员
张国权（2023.2.25—）
沈金明

市委老干部局
局 长 王亚英（女）
副局长 张国权（—2023.2.25）

俞祥华（—2023.9.8）
胡永明（2023.2.25—）
姚秀平（2023.9.8）
市关工委专职副主任　姚秀平
市委机构编制委员会办公室
主　任　沈　健
副主任　张跃健

市政府工作部门

市人民政府办公室
主　任　沈　锋
副主任　梁晓军（兼，—2023.12.22）
胡家跃（—2023.2.25）
苏海强
马亮春
鄢圣利（—2023.6.2）
张国富
侯四海
倪晓伦（2023.9.8—）
凌一波
金惠杰
高雪桃（女，挂职，2023.12.22—）
党组书记　沈　锋
市人民对外友好协会专职副会长
沈艳珺（女）
市口岸服务中心
主　任　张凯旋（2023.9.8—）
市机关事务管理中心
主　任　吴继承
副主任　陆栋梁
胡　健
胡永明（—2023.2.25）
潘彩丽（女，2023.2.25—）
发展和改革局
局　长　徐海飞
副局长　王学斌（—2023.2.25）
俞春峰（2023.2.25—）
吴　平
陈勇钢（兼）
杨雪勤（女）
党组书记　徐海飞
市委全面融入长三角一体化发展委员会办公室副主任
沈　希（女）
市委社会建设委员会
主　任　毛　捷
副主任　胡泓恬（—2023.1.17）
徐海飞
专职副主任　顾晓鸣
市国防动员办公室
主　任　徐海飞
专职副主任　陈勇钢
服务业发展局
局　长　王学斌（—2023.2.25）
经济和信息化局
局　长　沈　洪（—2023.12.29）
副局长　张照明
韩国强
屠东君（2023.6.2—）
总工程师
屠东君（—2023.6.2）
陈家立（2023.6.2—）
党委书记　张照明
市数字经济发展局
局　长　沈　洪（—2023.12.27）
教育局
局　长　王郁春（—2023.1.18）
徐　立（2023.3.7—）
副局长　陆忠民（2023.9.8）
张晓松（—2023.9.8）
黄碧泉（女，2023.12.22—）
柯忠明
张　伟（2023.9.8—）
党委书记
王郁春（—2023.1.17）
徐　立（2023.2.25—）
副书记　金　茜（女）
专职副总督学　王　献

根据《关于建立中共平湖市委教育工作委员会及毛捷等同志任职的通知》（平委干〔2023〕9号）文件，建立中共平湖市委教育工作委员会。

中共平湖市委教育工作委员会
书　记　毛　捷（2023.6.30—）
第一副书记
戴建忠（2023.6.30—2023.12.27）
副书记　何小云（女，2023.6.30—）
何春风（女，2023.6.30—）
徐　立（2023.6.30—）
专职副书记　金　茜（女，2023.6.30—）
科学技术局
局　长　程传保
副局长　胡晓蕾（女）
毛宝中
党组书记　程传保
公安局
局　长　周启程
督察长　周启程
政治委员　周　鹏
常务副局长
李中华（—2023.2.25）
唐叶明（2023.6.2—）
副局长　唐叶明（—2023.6.2）
李春林
顾跃其
冯　勤（2023.6.2—）

李继红
党委书记 周启程
副书记 周 鹏
李中华（—2023.2.25）
唐叶明（2023.6.2—）
政治处主任
冯 勤（—2023.6.2）
罗红进（2023.6.2—）
市纪委市监委驻市公安局纪检监察组
组 长 俞鑫岗（2023.2.25—）
副组长 周祖飞
周国华（—2023.2.25）
丁秋美（女，2023.12.22—）
市流动人口管理服务中心
主 任 唐叶明（—2023.6.2）
李寿林（2023.6.2—）
副主任 吴中林
民政局
局 长 程佳俊
副局长 华 锐
陆晓燕（女）
党组书记 程佳俊
市社会组织综合党委书记
程佳俊
市社会组织综合党委专职副书记
张娟凤（女）
司法局
局 长 徐 立（—2023.3.7）
顾跃良（2023.3.7—）
副局长 朱亦林
曹国庆（2023.9.8—）
孙剑威
沈 坚（—2023.2.25）
党委书记
徐 立（—2023.2.25）
顾跃良（2023.2.25—）
政治处主任
盛晓春（女，2023.2.25—）
市行政复议局局长
孙剑威（2023.6.2—）
财政局
局 长 吴兰兰（女）
副局长 顾利鹤（—2023.2.25）
丁根林
钱道明
沈 斌（2023.6.2—）
总会计师 宋丽梅（女）
党委书记 吴兰兰（女）
副书记 顾利鹤（—2023.2.25）
丁根林（2023.2.25—）
市政府国有资产监督管理办公室
主 任 吴兰兰（女）
副主任 丁根林
人力资源和社会保障局
局 长 林国平
副局长 刘 洪（—2023.9.8）
王伟明（—2023.9.8）
徐 欣（—2023.12.22）
沈艳珺（女，2023.9.8—）
陈广平（2023.9.8—）
党委书记 林国平
市养老保险服务中心主任
陈广平（—2023.9.8）
住房和城乡建设局
局 长 戴忠伟
副局长 柯 杰
盛 渊
党委书记 戴忠伟
副书记 金 卫
总工程师 金 卫
市房屋征收管理服务中心
主 任 史家骏
交通运输局
局 长 戚红炳
副局长 褚双龙（—2023.9.8）
沈 睿（女，2023.9.8—）
黄建峰
王晓东
党委书记 戚红炳
副书记 沈 睿（女，2023.9.8—）
总工程师
于立新（—2023.2.25）
钱 杰（2023.2.25—）
市交通运输综合行政执法队队长
徐跃忠（—2023.6.30）
市交通运输行政执法队队长
徐跃忠（2023.6.30—）
港航管理服务中心
主 任 宗 杰
公路与运输管理服务中心
主 任 史云忠
农业农村局
局 长 朱 浩（—2023.12.29）
副局长 袁利强
龚方明（—2023.12.22）
黄雪良
邹辰玮（2023.12.22—）
党委书记
朱 浩（—2023.12.22）
总农艺师
邵 慧（女）
市农业综合行政执法队队长
王 杰（—2023.6.30）
市农业行政执法队队长
王 杰（2023.6.30—）
市乡村振兴局局长
朱 浩（—2023.12.22）
水利局
局 长 朱立军

副局长　任伟良
沈　洁（女，2023.6.2—）
党委书记　任伟良
总工程师　刘叶军
商务局
局　长　赵振宁
副局长　沈建林
张　园（女，—2023.1.31）
吴忠平
杨海明（—2023.9.8）
柳　平（2023.9.8—）
姜旭娟（女，挂职，2023.12.22—）
党委书记　赵振宁
市招商服务中心主任
盛　斌（—2023.12.9）
中国国际贸易促进委员会浙江省平湖市委员会
会　长　赵振宁
副会长　林建浩
市粮食和物资储备局
局　长　赵振宁
文化和广电旅游体育局
局　长　宋红伟（女）
副局长　张　军
金　晔
朱　贞（女，2023.9.8—）
党委书记　宋红伟（女）
市文化市场综合行政执法队队长
丁乐军（—2023.6.30）
市文化市场行政执法队队长
丁乐军（2023.6.30—）
市卫生健康局
局　长　俞鑫岗（—2023.3.7）
王晓平（女，2023.3.7—）
副局长　杨　勇
马春晓（2023.6.2—）
党委书记
俞鑫岗（—2023.2.25）
王晓平（女，2023.2.25—）
副书记　王晓平（女，—2023.2.25）
邵秀俊（女，2023.2.25—）
计划生育协会专职副会长
邵秀俊（女，—2023.4.28）
何丽宏（女，2023.4.28—）
市疾病预防控制局专职局长
马春晓（2023.12.22—）
退役军人事务局
局　长　曹　亮
副局长　籍夫建
程　谦（2023.6.2—）
陈亮德（兼）
党组书记　曹　亮
应急管理局
局　长　马根良
副局长　倪　杰（—2023.9.8）
王仕良
顾建良（—2023.9.8）
马伟伟（—2023.2.25）
吴建明
屠显中
徐　超（2023.2.25—）
党委书记　马根良
副书记　王仕良
总工程师
陈玄昊（—2023.2.25）
审计局
局　长　俞雪琴（女）
副局长　刘永华（—2023.4.24）
胡国强（2023.4.24—）
党组书记　俞雪琴（女）
总审计师　赵伟民
市经济责任审计工作联席会议办公室主任　周冰富
嘉兴市生态环境局平湖分局
局　长　高浩健
副局长　马云峰
吴惠斌
总工程师　刘翠翠（女）
党组书记　高浩健
市生态环境保护综合行政执法队队长　严红冰（—2023.11.23）
市生态环境保护行政执法队队长
严红冰（2023.11.23—）
统计局
局　长　陈仕栋
副局长　薛　剑
杨在忠（—2023.6.2）
纪海亚（女，2023.6.2—）
总统计师　纪海亚（女，—2023.6.2）
成佳音（女，2023.6.2—）
党组书记　陈仕栋
市社会经济调查队队长
郭娄蕾（女）
市医疗保障局
局　长　姚震峰（—2023.12.29）
董碧颖（女，2023.12.29—）
副局长　冯　超
姜威丰
党组书记　冯　超
市医疗保险服务中心主任
何叶芳（女，2023.2.25—）

综合行政执法局
局 长 许 铉
副局长 肖仁华
王跃平
徐国清（—2023.12.22）
王春玲（女，2023.12.22—）
沈卫民
党组书记 许 铉
政治处主任
马孝忠（—2023.2.25）
姚 尧（2023.2.25—）
市综合行政执法队队长
沈 健
市综合行政执法指导办公室
主 任 许 铉
副主任 沈卫民
市城市管理局
局 长 许 铉
副局长 肖仁华
王跃平
徐国清（—2023.12.22）
王春玲（女，2023.12.22—）
沈卫民
市场监督管理局
局 长 沈 杰
副局长 蔡 杰（—2023.9.8）
沈兴华（—2023.9.8）
喻 彪（—2023.6.2）
郎晓东
佘海华
张建中
总工程师 冯蓓蓓（女，2023.6.2—）
党委书记 沈 杰
副书记 蔡 杰（—2023.9.8）
佘海华（2023.9.8—）
市市场监管综合行政执法队队长
孙在林（—2023.6.30）
市市场监管行政执法队队长
孙在林（2023.6.30—）

群众团体

平湖市总工会
主 席 许 静（女）
副主席 曹新萍（女）
张巍强
顾叶娟（女）
党组书记 曹新萍（女）
经费审查委员会主任
孙国宾
共青团平湖市委员会
书 记 孙堃琦
副书记 马旻斐（女）
李 星（女）
平湖市妇女联合会
主 席 何鸣宇（女）
副主席 卫忠勤（女）
曹 越（女，—2023.6.2）
费秋龙（女，2023.6.2—）
党组书记 何鸣宇（女）
平湖市科学技术协会
主 席 林士良
副主席 王春玲（女）
王 玥（女）
党组书记 林士良
平湖市残疾人联合会
理事长 孙林英（女）
副理事长
莫林建
朱 磊
党组书记 孙林英（女）
平湖市文学艺术界联合会
主 席 邢 伟
副主席 许 栋
高 宏
党组书记 邢 伟
平湖市归国华侨联合会
主 席 夏洁弘（女）
副主席 王群鸥（女）
陆丹恩
夏竹青
张永杰
专职副主席 汪潇云（女）
平湖市红十字会
会 长 戴建忠
常务副会长 张 越
副会长 鲍一琼（女）
孙 凤（女，2023.5.12—）
党组书记 张 越

市直属机构

党 校
校 长 崔小生
常务副校长
吴东伟（2023.9.8—）
副校长 任文云
沈民忠（—2023.6.2）
李亚洲（2023.6.2—）
行政学校
校 长 崔小生
常务副校长
吴东伟（2023.9.8—）
副校长 任文云
沈民忠（—2023.6.2）
李亚洲（2023.6.2—）
社会主义学校
校 长 王兰平
常务副校长
吴东伟（2023.9.8—）
副校长 任文云
沈民忠（—2023.6.2）

李亚洲（2023.6.2—）

档案馆

馆　长　陆保林

副馆长　金治平（—2023.6.2）

陆曹珺（女，—2023.9.8）

曹　越（女，2023.6.2—）

杨海明（2023.9.8—）

党组书记　陆保林

市史志研究室

主　任　陆保林

副主任　金治平（—2023.6.2）

陆曹珺（女，—2023.9.8）

曹　越（女，2023.6.2—）

杨海明（2023.9.8—）

市政务服务和数据资源管理办公室

主　任　邬妤琼（女）

副主任　谭艳婷（女）

顾炯杰（—2023.2.25）

沈忠良（2023.2.25—）

党委书记

何　苗（女，—2023.4.13）

戴　振（2023.4.13—）

党委副书记　邬妤琼（女）

总工程师　金　舟

市大数据中心主任

周士飞

市数据资源管理有限公司（浙江平数科技有限公司）总经理

陈颖颉（2023.6.2—）

供销合作社联合社

理事会主任　唐红芳（女）

理事会副主任

陆爱民

钱葛良（—2023.2.25）

盛　渊（—2023.2.6）

杨海忠（2023.2.6—）

党委书记　唐红芳（女）

监事会主任　倪秀丽（女）

传媒中心

主　任　周　谧（女）

副主任　蔡美兴（—2023.9.8）

施志伟

徐迪兰（女）

纪海平

汪锦秀（女，2023.9.8—）

总编辑　潘跃碧

党组书记　周　谧（女）

副书记　潘跃碧

广播电视台

台　长　周　谧（女）

副台长　施志伟

嘉兴日报社平湖分社

社　长　潘跃碧

副社长　蔡美兴（—2023.9.8）

徐迪兰（女）

汪锦秀（女，2023.9.8—）

九龙山旅游度假区管理委员会

主　任　顾栋梁

副主任　温治平（2023.2.25—）

沈赟斌

党工委书记　顾栋梁

副书记　温治平（2023.2.25—）

中共平湖经济技术开发区工作委员会

党工委书记

胡泓恬（—2023.1.17）

何　苗（女，2023.4.13—）

副书记　陈慧刚（—2023.12.22）

沈叶娟（女）

黄维舟

胡跃健

纪检监察工委书记　马国健

平湖经济技术开发区管理委员会

主　任　陈慧刚（—2023.12.22）

常务副主任　沈叶娟（女）

副主任　柳　平（—2023.9.8）

沈　斌（—2023.6.2）

夏云方（挂职）

金晓雷（2023.2.25—）

沈毅峰（2023.2.25—）

马美洪（2023.6.2—）

中共平湖市委独山港经济开发区工作委员会

党工委书记　庄志浩

副书记　戈浩强

吴　炜

陆　婷（女）

费伟峰（2023.2.25—）

顾栋梁（兼）

纪检监察工委书记　李海洋

浙江独山港经济开发区管委会

主　任　庄志浩

常务副主任　吴　炜

副主任　戈浩强

方照兴

金林弟

曹建平（—2023.12.22）

温治平（—2023.2.25）

陆　峰

顾炯杰（2023.2.25—）

王仕良（兼，2023.9.8—）

中共平湖市委张江长三角科技城平湖园工作委员会

党工委书记

常务副书记

杨金平（2023.1.17）

潘加林（2023.2.25—）

副书记　严　彬

傅志坚（—2023.6.2）
张立帆（兼）
张江长三角科技城平湖园管理委员会
主　任
常务副主任
傅志坚（—2023.6.2）
副主任　严　彬（—2023.12.22）
盛抒东
陈立忠
吴俞静（女，挂职，2023.2.25—）
平湖农业经济开发区管理委员会
主　任　李夏岚（女，—2023.12.22）
严　彬（2023.12.22—）
常务副主任　陆丹恩
副主任　许建军
阮晓峰（—2023.2.25）
沈　坚（2023.2.25—）
金　洋
胡国强（—2023.6.2）
党工委书记
李夏岚（女，—2023.12.22）
严　彬（2023.12.22—）
副书记　许建军
陆丹恩
阮晓峰（—2023.2.25）
沈　坚（2023.2.25—）
嘉兴市人民政府驻上海联络处平湖市工作部
部　长　吴　平
副部长　李良伟
市金融发展服务中心
主　任　梁晓军（—2023.12.22）
副主任　陶勤卫
高家跃（2023.2.25—）
嘉兴市住房公积金管理服务中心平湖分中心
主　任　陈　击
副主任　陈晓东
徐　菊（女）
党组书记　陈　击
长三角一体化发展中心
主　任　王学斌（—2023.2.25）
俞春峰（2023.2.25—）
副主任　孙　杰
金　伟
市城市发展投资（集团）有限公司
董事长　盛　跃（2023.9.8—）
副董事长
沈　飚（—2023.2.25）
盛　跃（—2023.9.8）
顾明达（挂职，—2023.2.25）
金　平（2023.6.2—）
王凯明（2023.2.25—）
总经理　盛　跃
副总经理
王凯明（—2023.2.25）
吴　巍
沈佳俊（2023.1.10—）
金　平（2023.6.2—）
潘俊男（2023.6.2—）
总审计师　胡　颢（2023.6.2—）
党委书记
盛　跃（2023.9.8—）
党委副书记
盛　跃（—2023.9.8）
专职党委副书记
汤平栋（2023.6.2—）
纪委书记　朱俊彦（女，—2023.6.2）
倪佳佳（2023.9.8—）
市水务投资（集团）有限公司
董事长　吴骏跃
副董事长
柯　跃（—2023.2.25）
王玉冰
总经理　柯　跃（—2023.2.25）
副总经理
富　良（—2023.2.25）
费海峰
凌　苗（女，—2023.9.8）
杨妙凤（女，2023.9.8—）
党委书记　吴骏跃
党委副书记
柯　跃（—2023.2.25）
王玉冰
专职党委副书记
朱俊彦（女，2023.6.2—）
纪委书记　徐宠娟（女）
市交通投资（集团）有限公司
董事长　姚春元
副董事长
曹建平（2023.12.22—）
总经理　曹建平（2023.12.22—）
副总经理
胡　君
金　平（—2023.6.2）
申任忠（2023.6.2—）
朱金茹
吴加杰
沈华元（2023.9.8—）
党委书记　姚春元
党委副书记
曹建平（2023.12.22—）
纪委书记
市实业资产经营集团有限公司
董事长　柯　跃（2023.2.25—）
副董事长
屠孝忠（2023.12.22—）

总经理　屠孝忠（2023.12.22—）
副总经理
富　良（2023.2.25—）
凌　苗（女，2023.9.8—）

市金控投资有限公司
董事长　傅志坚（2023.6.2—2023.12.22）
副总经理
吴俊英（女，2023.2.25—2023.12.22）

市金投人才发展有限公司
董事长　傅志坚（2023.12.22—）
副董事长
徐　欣（2023.12.22—）
总经理　徐　欣（2023.12.22—）
副总经理
吴俊英（女，2023.12.22—）
陈跃锋（2023.12.22—）

市文化旅游投资集团有限公司
副董事长
徐成校（2023.6.2—）
总经理　徐成校（2023.6.2—）
副总经理
金跃华（2023.6.2—）

市国有资产控股集团有限公司
董事长　周建根
副董事长
周　峰（—2023.2.25）
顾　杰
总经理　陈跃锋

市泖水投资发展集团有限公司
董事长　章春燕（女）
副董事长　张立帆
总经理　张立帆

浙江省、嘉兴市垂直管理部门

国家税务总局平湖市税务局
局　长　王建明
副局长　徐剑霖
姚小丹（女，—2023.8.15）
陈　民
韩伟忠
姚建海（2023.8.15—）
党委书记　王建明
纪检组组长
朱立平（—2023.5.22）
孙飞翔（2023.5.22—）

平湖市自然资源和规划局
局　长　陈漫远（女）
副局长　金志元
张国平
沈明方（—2023.3.3）
张巍巍（女，2023.4.11—）
党委书记　陈漫远（女）
总规划师　方　华（女）
执法监察局局长　褚　杰

平湖邮政管理局
局　长　周其明（—2023.12.27）
徐新颜（女，2023.12.27—）
副局长　马　坚
党组书记
周其明（—2023.12.22）
徐新颜（女，2023.12.22—）

国网浙江省电力有限公司平湖市供电公司
总经理　方景辉
副总经理
陈望达
顾海松
陈　超（—2023.4.7）
傅　进（2023.4.7—）
孙一凡
党委书记　陈望达
副书记　方景辉
朱萧轶
纪委书记
朱萧轶

中国电信股份有限公司平湖分公司
总经理　谢作炮
副总经理
陆　跃
沈　晔（女）
黄陈飞（2023.10.8—）
党委书记　谢作炮
副书记
纪委书记　陆　跃

中国邮政集团有限公司浙江省平湖市分公司
总经理　黄金华
副总经理
姚　辉
张　彧（—2023.6.15）
殳英娜（女，2023.6.15—）
党委书记　黄金华
纪委书记　姚　辉

嘉兴市烟草公司平湖分公司
局长（经理）　丁旭东
副经理　陈勇军
副局长　金　敏
党组书记　丁旭东
纪检组组长　金　敏

平湖市气象局
局　长　陈勇斌（—2023.8.25）
华克亮（2023.8.25—）
副局长　计　珩（—2023.2.20）
周秋林（女，—2023.8.25）
龚志东（2023.8.25—）

党组书记
陈勇斌（—2023.8.25）
华克亮（2023.8.25—）
浙江省盐业集团嘉兴市盐业有限公司平湖分公司（2023.3，机构撤销，并到嘉善县）
经 理 周 雄（—2023.3.31）
中国人民银行平湖市支行
行 长 陆 强
副行长 刘 庆
万里扬
党组书记 陆 强
中国银行保险监督管理委员会嘉兴监管分局平湖监管组
组 长 杨光耀
中国工商银行股份有限公司平湖支行
行 长 张旭东
副行长 马军良（—2023.4.13）
施华杰（2023.4.13—）
齐国朋
沈 钰（女）
党总支书记 张旭东
中国农业银行平湖市支行
行 长 陈清强
副行长 费丽鋆（女）
陈列佳（—2023.9.4）
谢 楠（女）
高 彦（2023.9.4—2023.11.20）
张洁伟（2023.11.20—）
党委书记 陈清强
党委副书记
费丽鋆（女，2023.2.22—）
纪委书记
马 洁（女，—2023.12.18）
陈洁芳（女，2023.12.18—）
浙江平湖农村商业银行股份有限公司
董事长 李九良
行 长 张伟中
副行长 李俊凯（—2023.9.13）
钱黎霞（女）
沈 佳
洪海英（女，2023.9.13—）
监事长 沈华君（—2023.9.13）
张 舒（2023.9.13—）
党委书记 李九良
纪委书记
沈华君（—2023.8.9）
张 舒（2023.8.9—）
中国建设银行股份有限公司平湖支行
行 长 吴 洁（女）
副行长 徐海平
陈天玮
俞 超
中国银行股份有限公司平湖支行
行 长 谈海江（—2023.12.18）
杨 勇（2023.12.18—）
副行长 张晓川（女，—2023.10.30）
杜亚峰（—2023.12.8）
王洪强（2023.10.30—）
徐 烨（女）
朱 琴（女，2023.12.8—）
中国农业发展银行平湖市支行
行 长 王文晶（女）
副行长 陈 龙
中信银行嘉兴平湖支行
行 长 陆勇伟（—2023.5.31）
李 杰（女，2023.5.31—）
副行长 孔晨阳
陈益飞
嘉兴银行股份有限公司平湖支行
行 长 沈娟慧（女，—2023.1.13）
褚春风（女，2023.1.13—）
副行长 褚春风（女，—2023.1.13）
王 强
交通银行股份有限公司嘉兴平湖支行
行 长 马 毓（女，2023.4.17—）
副行长 马 毓（女，主持工作，—2023.4.17）
陈健萍（女，—2023.5.15）
浦发银行平湖支行
行 长 黄建明（—2023.10.7）
冯 飞（2023.10.7—）
副行长 过胜杰
兴业银行股份有限公司嘉兴平湖支行
行 长 莫新苗
党支部书记
莫新苗（2023.5.12—）
中国人寿保险股份有限公司平湖市支公司
经 理 潘 亮
副经理 盛亚明
金 娟（女，—2023.1.6）
钱铝兵（2023.1.6—）
中国人民财产保险股份有限公司平湖支公司
总经理 金 一（—2023.1.19）
张忠奇（2023.1.19—）

副总经理
褚叶明（—2023.8.24）
陆　菁（女，2023.1.17—）
俞春燕（女）
党支部书记
金　一（—2023.1.19）
张忠奇（2023.1.19—）

中国太平洋财产保险公司平湖市支公司
经　理　陆志明
副经理　王　祎

中华联合财产保险股份有限公司平湖支公司
经　理
副经理　钱洁昊（主持工作）

中国移动通信集团浙江有限公司平湖分公司
总经理　高　翔
副总经理
陈培学（—2023.8.24）
朱乐君（女）

中国联合网络通信有限公司平湖市分公司
总经理　许开来
副总经理　沈　杰
吴忠明

镇、街道

当湖街道
党委书记　金　一
副书记　张　杰（—2023.9.8）
朱　娜（女，2023.9.8—）
俞春峰（—2023.2.25）
王利燕（女，2023.6.2—）
郭斐炜（—2023.12.22）
沈　健（2023.12.22—）
纪委书记　潘旦红（女）
党委委员
潘旦红（女）
王　萍（女）
钱珺瑶（女，—2023.2.25）
陶　勤（2023.6.2—）
汤平栋（—2023.6.2）
王晓洁（女，2023.6.2—）
蒋　平（—2023.9.8）
姚　尧（—2023.2.25）
缪跃忠（2023.2.25—）
孙　晓（2023.9.8—）
陆　俊（2022.5.28—）
人大工委主任　胡传英（女）
副主任　吴永强
办事处主任
张　杰（—2023.9.8）
朱　娜（女，2023.9.8—）
副主任　沈　健
王利燕（女，—2023.6.2）
方倩玉（女）
于振华（—2023.6.2）
张　燕（女，2023.6.2—）
姚　远（2023.6.2—）

钟埭街道
党工委书记
胡泓恬（—2023.1.17）
何　苗（女，2023.4.13—）
副书记　陈慧刚（—2023.12.22）
黄维舟
胡跃健
纪工委书记　马国健
党工委委员
金晓雷（2023.2.25—）
马国健
陆　杰
徐　芸（女）
徐煜薇（女）
王全明
费伟峰（—2023.2.25）
戚思钻（2023.6.2—）
胡国锋
人大工委主任　王邱平
副主任　沈水明
办事处主任
陈慧刚（—2023.12.22）
副主任　马美洪（—2023.6.2）
沈毅峰（2023.2.25—）
马晓伟（2023.6.2—）
沈佳赟（女）
马赞骏

曹桥街道
党委书记　潘加林（—2023.2.25）
蒋　伟（2023.2.25—）
副书记　蒋　伟（—2023.2.25）
徐刘华（2023.2.25—）
祝佳悦（女）
王文杰
纪委书记　刘昱晔（女）
党委委员
刘昱晔（女）
庞嘉隽
金国林（—2023.6.2）
宋　佳（2023.9.8—）
孙琳远（女）
钱秋怡（女，2023.12.22—）
白　键（挂职，2023.12.22—）
金惠峰
曹国庆（—2023.9.8）

金　峰
人大工委主任　高雪峰
副主任　毛亚良
办事处主任
蒋　伟（—2023.2.25）
徐刘华（2023.2.25—）
副主任　周　鼎
王亚勤（女）
寿钢军
严　良（2023.2.25—）

乍浦镇

党委书记
王晓平（—2023.11.27）
副书记　傅晓波（—2023.8.16）
黄国元
纪委书记　金　丽（女）
党委委员
韩跃强
项向明
金　丽（女）
陈佳秋（女）
顾江莉（女）
胡高泉
殷　勇
周红光
人大主席　顾黎明
镇　长　傅晓波（—2023.8.31）
曹　军（2023.8.31—）
副镇长　严　良（—2023.8.31）
周鑫海
严钢健
沈贤卿

新埭镇

党委书记
杨金平（—2023.1.17）
潘加林（2023.2.25—）
副书记　严　彬（—2023.12.22）
郭斐炜（2023.12.22—）
朱雅玲（女）
孙颖健（—2023.2.25）
阮晓峰（2023.2.25—）
纪委书记　沈　睿（女，—2023.9.8）
王祥富（2023.9.8—）
党委委员
沈　睿（女，—2023.9.8）
王祥富
方　晴（女，2023.9.8—）
沈淑颖（女）
毛　杰（—2023.6.2）
周凯燕
毛建明
程兴国（2023.6.2—）
叶　杰
人大主席　金琳芳（女）
人大副主席
李　东
镇　长　严　彬
副镇长　柯家叶（女）
纪卫林
曾明明
毛海江

新仓镇

党委书记
陆秀梅（女，—2023.12.22）
陈慧刚（2023.12.22—）
副书记　丁　吕
李　峰
金勤锋
纪委书记　陆海平
党委委员
陆海平
王　臻（—2023.6.2）
葛　琛（女，2023.6.2—）
陶　勤（—2023.6.2）
叶丽芳（女，2023.6.2—）
李卫勤（女）
李洪良
盛　飞（—2023.9.8）
人大主席　沈永良
副主席　徐国军
镇　长　丁　吕
副镇长　宋　磊
周峰潮
纪　灵
沈　斌

独山港镇

党委书记　庄志浩
副书记　戈浩强
陆　婷（女）
费伟峰（2023.2.25—）
纪委书记　邱子寅
党委委员
邱子寅
谢成艳（女）
张鲁彦（女）
肖斐霏（女）
孙　晓（—2023.9.8）
蒋　平（2023.9.8—）
谢英杰
人大主席　吴仲恒
副主席　徐　鹤
镇　长　戈浩强
副镇长　金林弟
郭斐炜（—2023.1.12）
陆　峰（2023.1.12—）
邹辰玮
何叶芳（女，—2023.8.18）
陈旻艳（女，2023.8.18—）

广陈镇

党委书记

李夏岚（女，—2023.12.22）

严　彬（2023.12.22—）

副书记　许建军

包逸骏（—2023.2.25）

毛夏平（2023.2.25—）

纪委书记　张叶筱（女）

党委委员

张叶筱（女）

沈叶青

盛晓春（女，—2023.2.25）

毕子涛（2023.2.25—）

顾　超（2023.2.25—）

沈华新

程振帮

沈　健

人大主席　张建军

镇　长　许建军

副镇长　倪晓伦

陈建仿

吴颉靓（—2023.1.12）

顾敏明（2023.1.12—）

施园峰

林埭镇

党委书记

倪建锋（2023.2.25—）

副书记　倪建锋（—2023.2.25）

王学斌（2023.2.25—）

徐成校（—2023.6.2）

何秋燕（女，2023.6.2—）

纪委书记　凤豪鹏

党委委员

凤豪鹏

费　超（2023.6.2—）

莫　云

范依晓（女）

沈　健（—2023.12.22）

韩　彬（2023.12.22—）

缪跃忠（—2023.2.25）

郑国权（2023.2.25—）

蒋乃斌（2023.9.8—）

人大主席　赵明华

镇　长　倪建锋（—2023.4.28）

王学斌（2023.4.28—）

副镇长　胡建忠

刘建群（2023.1.14—）

屠慧林

凌一波（—2023.1.14）

钟　鸣（—2023.4.28）

索昭昭（女，2023.4.28—）

文件选编

文件选录

中共平湖市委　平湖市人民政府关于2023年高水平全面推进乡村振兴助力打造金平湖璀璨明珠的意见

平委发〔2023〕1号

各镇街道，平湖经济技术开发区、独山港经济开发区，市级机关各部门，市属各单位：

为贯彻落实党的二十大和《中共中央国务院关于做好2023年全面推进乡村振兴重点工作的意见》和《中共浙江省委浙江省人民政府关于2023年高水平推进乡村全面振兴的实施意见》精神，全面推进乡村振兴，加快农民农村共同富裕，结合平湖市实际，制定本意见。

一、总体要求和目标

始终坚持以习近平新时代中国特色社会主义思想为指导，深入贯彻党的二十大和中央、省委农村工作会议精神以及平湖市委十五届二次会议精神，坚持和加强党对"三农"工作的全面领导，坚持农业农村优先发展，坚持城乡融合发展，围绕省委三个"一号工程"、嘉兴市委"四敢争先"和市委"创新奋进"主题主线，一体设计、一并推进农业农村现代化，大力实施产业提质、农业"双强"、和美乡村、富民增收、改革突破五大高水平行动，加快建设农业强市，争当乡村振兴先行者，为金平湖璀璨明珠增光添彩。

2023年，确保实现粮食生产面积43.1万亩以上、产量18.9万吨以上，第一产业固定资产投资2亿元以上，农业增加值增长3%，行政村经营性收入160万元村占比达到85%以上、新增"千万元村"1个以上，农村居民人均可支配收入力争突破5万元。全市粮食安全底盘持续夯实，农村人居环境持续提升，城乡居民收入比值持续缩小，农村营商环境持续优化，公共服务均等化持续推进，加快形成全面推进乡村振兴新格局。

二、实施高水平产业提质行动，增强乡村产业韧性

（一）提高稳产保供能力。严格落实粮食安全党政同责和"菜篮子"市长负责制。实施粮食"双稳双提"行动，稳定粮食播种面积和总产量，提升粮食品质和效益。强化粮食产购储加销协同保障，推进市粮食综合应急保障物流中心项目建设，政府粮食储备规模达到4.3万吨，"五优联动"提质扩面5400吨以上。严格执行粮食订单收购政策和最低收购价政策，切实增加订单种粮收益。写好"土特产"文章，推进"米香"、西瓜五年振兴行动取得阶段性成效，新建成粮食全产业链1条，蔬菜瓜果面积稳定在12万亩；加快规模猪场产能释放，稳定能繁母猪保有量；提升发展渔业特色产业，稻渔综合种养面积力争1万亩。推进全

国农产品产地冷藏保鲜整县推进试点，加快冷链物流服务网络向农村延伸。提升农产品供应链能力，推进智能仓储设施建设，畅通本地农产品产销新渠道。

（二）壮大乡村“地瓜经济”。推进“1324”现代乡村产业体系发展，大力培育农产品精深加工、农旅融合、现代种业和现代农业服务业等新型产业，农业总产值稳定在26亿元以上。鼓励企业走出去发展，培育农业总部经济。支持农业经济开发区迭代升级“广陈模式”，重点推进长三角农博汇等项目建设。扩大农业农村有效投资，优化项目储备库，以种子种苗为核心开展特色农业产业链招商。统筹现代农业园区、特色农业强镇、特色农产品优势区等平台建设，探索农业全产业链“链长”制，培育“链长”企业，打造亿元产业链3条。深化农业开放合作，支持长三角“田园五镇”建设。扩大“金平湖”品牌对外合作，通过产品流通、资本合作、技术引进等形式，提升品牌竞争力。办好第七届农业经济洽谈会，签约项目开工率60%以上。扩大新型农业经营主体规模，新增省级农业龙头企业2家。

（三）优化生产基础设施。严格落实耕地保护党政同责，坚决遏制耕地“非农化”、防止耕地“非粮化”。落实“三区三线”划定与粮食生产功能区整治优化成果。深入推行耕地保护“田长制”，贯通使用“耕地智保”“浙农田”等场景应用，健全长效管护机制。开工建设高标准农田1.5万亩，完成永久基本农田集中连片建设6000亩，逐步将永久基本农田建成高标准农田。新建稻田退水“零直排”工程4.5万亩，更新改造灌溉设施23座。统筹高标准农田建设和农业节水工程，建设乡村“大灌区”，打造一批地平整、田成方、路相通、渠相连、旱能灌、涝能排的“吨粮田”。推进国家再生水试点，推动“节水宝”应用落地见效，农田灌溉水有效利用系数达到0.67。开展第三次全国土壤普查。深化“肥药两制”改革，推广绿色生产技术。

三、实施高水平农业“双强”行动，打造农业科创高地

（一）强化科技装备支撑。推进科技强农，聚焦粮食安全、设施装备等重点领域，开展关键核心技术研发应用，打造高能级农业科创平台，正式启用农业科创中心。新增国家级涉农高新技术企业1家，农业科技进步贡献率力争达到73%。推进机械强农，加快农机装备应用“补短板”，全面完成省级农田数字化管理试点县建设。新仓现代化农事服务中心完成省级星级评定，建成农机服务中心1个、农机创新试验基地1个，农作物耕种收综合机械化率达91%以上，水稻耕种收综合机械化率达93%以上。

（二）发展乡村数字经济。推行“产业大脑+数字农业工厂（未来农场）”模式，打造稻米产业大脑，新建省级数字农业工厂1家、种养基地数字化改造8家。深化国家数字乡村试点市建设成果，持续赋能乡村振兴。深化“互联网+”农产品出村进城工程，推进快递进村社区共享驿站建设。大力培育网上农博、直播带货、社区团购等农产品电商新业态，农产品网络零售额达到6.5亿元以上。推进乡村数字化建设，推动北斗卫星导航系统、遥感、大数据、人工智能等新型数字化技术在农业农村领域应用。完善乡村数字服务体系，加快智慧医疗、智慧教育、智慧救助、智慧养老、智慧托育、智慧体育等场景在乡村覆盖贯通。

（三）拓宽人才引育渠道。深化省级乡村人才振兴先行县建设，迭代升级乡村振兴人才支持政策。以“两进两回”行动为牵引，实施高素质农民激励计划，积极推荐申报嘉兴市级乡村振兴拔尖人才，培育农村实用人才500名、高素质农民200名，新增农创客280名、农创基地3个。构建青年进村创业机制，打造青年人才驿站。培育“青牛优选”品牌，新建青创农场不少于1家。办好第五届长三角“田园五镇”农业农村创业创新大赛，依托中国农科院共建水稻科技小院。提升基层乡村人才队伍素质，继续实施定向委培招录基层农技人员、卫生人才计划。探索培育乡村职业经纪人、乡村旅游带头人。开展基层文化工作者、文化志愿者轮训。组织新一轮第一书记、科技特派员选派工作。实施

新乡贤带富工程，助力乡村振兴。

四、实施高水平和美乡村行动，提升宜居宜业水平

（一）持续推进全域美丽。完善城乡统筹规划制度，建立规划“留白”机制。有序完善村庄规划，完成龙荫村等20个村庄规划修编。深化“千万工程”，集成推进新时代美丽乡村“五美联创”“片区化”共建，新增AAA级景区村庄1个、“和美庭院”2000户。深入推进未来乡村建设，围绕“一统三化九场景”，推动未来社区、未来乡村协同发展，进一步提高共同富裕现代化基本单元品质内涵，加快构建城乡联动的共建共享共创共治大格局。深化美丽经济培育，实现外地游客接待量380万人次，培育一批星级农家乐和民宿。

（二）提质改善人居环境。加强乡村风貌管控，有序推进村庄“微改造、精提升”，建设钟埭—新埭“富美水乡·数智创想”县域风貌区。做好农村厕所管理、农村生活污水治理、农村垃圾分类处置等常态运维，提升长效管护水平。推进农房整治、管线序化、村道提升，实现农房整体有提升、管线逐步有序化、乡村道路“畅、洁、美、安”。完善农村人居环境长效管护体系，继续推进月度暗访（全域秀美检查）。推进国土绿化行动，绿化改造提升1000亩以上。推进农业农村领域碳达峰工作，打造省低碳生态农场4个。实施新一轮农民住房改善行动，调整优化“1+X+n”村庄布点规划，新改善农民住房2000户。

（三）完善农村基础设施。聚焦“千万工程”20周年，提升县城承载能力，深化“千万工程”，促进县域城乡融合发展。加强农业农村领域工程质量管理，统筹推进乡村基础设施配置、工程建设质量和长效管护机制标准化。持续推进公路和危旧桥改建，改造提升农村公路40公里，拆除重建农村危旧桥梁60座，亮化农村公路60公里。完成3个建制村通双车道，实现建制村通双车道比例94%，行政村公交站点一公里覆盖率100%；优化农村能源基础设施网络和供给结构，加强农村燃气供气规范化建设，建成新时代电气化村8个以上。推进农村地区5G整体覆盖，所有行政村具备千兆光纤接入能力。推进村社区防灾减灾建设，提升“‘救’在身边”防灾减灾水平，完成省级防灾减灾标准化村建设。

（四）健全优化治理体系。深化“县乡一体、条抓块统”改革，迭代完善“一中心四平台一网格”体系。深化“网格连心、组团服务”，推进党建统领农村网格治理试点。完善“四治融合”体系，深化“四治融合”+“协商治理”工作，丰富发展“股份分红+善治积分”模式，强化“感智汇”“善治宝”等数字化支撑。推进平安乡村、法治乡村建设，建设省级以上民主法治村（社区）6个。践行发扬“枫桥经验”，深化“息事无讼·平和调解”模式，诉前纠纷化解率列全省前列。加强村级小微权力监督，纵深推进清廉村居建设。

五、实施高水平富民增收行动，提亮乡村共富成色

（一）促进农民可持续增收。推进城乡资源优质共享，全面推广共富码头、共富加油站、“新乡邻”等增收模式。推进“共富田”建设，健全现代农业与农户利益联结机制，拓宽农民增收渠道。大力发展职业教育，加大农民技能培训及新职业新业态培训等力度，提高非农就业层次和质量，增加农民就业收入。健全城乡一体的公共就业服务体系，鼓励发展共享用工、多渠道灵活就业，建成一批零工驿站、“共富工坊”。提升基层公共就业服务能力，促进就业城乡融合，新建共同富裕高质量就业村（社区）10个。支持村集体开展乡村经营，鼓励组建镇街道强村公司和农村劳务服务公司，开展新型服务业经营，增加农民工资性收入。聚焦就业困难群体，帮扶就业困难人员再就业不少于1250人。深化低收入家庭增收，推进“精平扶”推广应用，提高全市最低生活保障标准，低收入农户人均可支配收入增长10%以上。

（二）提高公共服务均等化水平。深入推进全国义务教育优质均衡发展市、国家学前教育普及普惠市建设。加强农村教育资源供给，农村一、二级幼儿园在

园幼儿占比达82%。推动城乡初中共同体建设，探索建立区域优质特色课程共享机制。提升医共体能级，强化基层卫生机构应对突发公共卫生事件能力，持续提升乡镇卫生院医疗服务能力。强化农村疫情防控，继续开展疫苗接种。聚力完善"一老一小"服务体系，新增社区嵌入式养老服务机构2家、托育中心10个以上。推进医保扶贫，实现困难群众资助参保率、救助政策落实率和高额医疗费用化解率100%。推进医保服务高频事项"就近办"。进一步完善"市—镇街道—村社区"三级联动参保扩面机制，确保城乡居民养老保险保障水平达到11%以上。推进城乡农贸市场综合整治，三星级以上农贸市场覆盖率达到80%。

（三）倡导乡村文明新风尚。推动新时代文明实践中心（所、站）和农村党建、文化阵地线上线下融合发展，打造"15分钟文明实践服务圈"。推进文化礼堂星级管理，打造一批精品礼堂。深入开展"我在文化礼堂等你""我们的村晚""我们的村礼"等主题活动，推动文体服务城乡均等覆盖。发布农民读书会阅读指数，城乡居民综合阅读率达到92.3%。开展乡贤文化研究，擦亮乡贤文化品牌。加强历史文化传统村落、乡村物质和非物质文化遗产保护传承和活化利用，建设乡村博物馆2家。深化农村聚餐保障，建设规范化家宴中心5家。推进农村移风易俗改革，推进婚俗改革试点，引导建立积极健康婚俗新风尚。推广殡葬移风易俗激励制度，推进农村丧事简办新办。

六、实施高水平改革突破行动，激活发展内生动力

（一）开展农业标准地改革试点。推进农业标准地改革省级试点，构建"1234"农业标准地改革框架体系，兼顾"供地端""需求端""管理端"，制定"服务、准入"两大清单，建立完善地价、净地、控制性指标、为农服务等一套标准体系，打造一套数字化支撑体系，实现农业生产全生命周期管理和服务。支持新仓镇、广陈镇在标准地改革上先行先试，引导带动全市面上整体推进，年内建成1000亩以上片区2个。以农业标准地改革为切入口，创新发展"新仓经验"，深化农村"三位一体"改革，完成省级首批深化农村"三位一体"改革实施县建设。

（二）推进强村富民乡村集成改革落地。联动"扩中提低"全面深化强村富民乡村集成改革。实施新一轮强村计划，全市村集体经济总收入增长10%以上。以深入推进"1+8+N"共富体系建设为抓手，探索"集体+"新型农村集体经济发展模式。推动市级强村公司开展实体化运作，打造以粮食为主线的新型合作经济共富产业链，开展泛农业领域共富项目3个以上。项目化推动八个领域共富体建设，新启动共富体项目18个，全面建立起村富带民富利益联结机制。加快党建统领"抱团富"全面上线运营。完善"三资"管理制度，创新建立收支、分配等经济合作社风险内控机制。健全资产增值保值保障机制，通过"浙农经管"开展风险预警和评估，强化民主监督和审计。创新帮扶模式，开展社会资本助力村级集体经济发展活动，健全社会资本、公益组织开放式共同帮促机制。

（三）深化农业农村营商环境改革。深化农业农村投资"一件事+明白纸"集成改革，用好惠农直通车，持续优化农村营商环境。落实《行政许可标准化指引》，修订完善农业农村行政审批事项服务指南，提升依法行政水平。制定"全市通办"农业事项清单，推进政务服务事项就近可办、全市通办、便民高效。打响"农小二"服务品牌，建立农业产业项目绿色通道，实行全程代办、引导帮办、即报即办。加快农业农村行政审批数字化改革，推广电子印章和电子证照使用。加强农业农村政策措施文件审查，切实维护市场公平竞争秩序。深化"综合查一次"，落实"首违不罚+轻微不罚"制度，实现"执法+服务"有机结合，进一步优化法治化营商环境。

（四）推进乡村综合集成改革。纵深推进城乡融合聚变共富专项行动，推进全域土地综合整治，实施整治项目6个、面积6万亩。保障进城落户农民土地承包权、宅基地使用权、集体收益

分配权，有序推进农业转移人口市民化。深入推进农村集体产权制度改革，深化承包地“三权分置”，稳慎推进农村宅基地制度改革。加大闲置宅基地和闲置农房盘活。扩大农村集体经济组织成员身份认定试点，完善信息化管理制度。健全农村产权流转市场体系，探索建立农村“三权”依法自愿有偿退出机制。试点推进股份经济合作社退出机制。

七、坚持和加强党对“三农”工作的全面领导

（一）落实乡村振兴领导责任。健全乡村振兴责任落实、督查通报、考核评价、述职报告“四大机制”，推进乡村五大振兴。全面落实乡村振兴责任制，充分发挥市委农村工作领导小组（市乡村振兴领导小组）牵头抓总、统筹协调作用，成员单位及时向领导小组报告工作进展。切实加强市委农办力量配备，明确成员单位乡村振兴工作职责。落实五级书记抓乡村振兴工作机制，健全党委定期研究乡村振兴工作制度，落实乡村振兴联系点制度。完善乡村振兴年度报告和镇街道党（工）委书记抓乡村振兴工作述职制度。开展乡村振兴实绩专项考核，纳入年度工作目标责任制考核。

（二）加大要素保障力度。完善财政优先保障、金融重点倾斜、社会积极参与的多元投入格局，优化涉农财政资金统筹整合长效机制。坚持把农业农村作为一般公共预算优先保障领域，确保土地出让收入用于农业农村的资金占比达到6%。继续开展“善治积分贷”等农户小额普惠贷款，推进“支农惠农”金融产品创新，优化对新型农业经营主体的综合金融服务。推进“政银担”试点建设，健全省市县协同的政策性农业信贷担保服务体系，力争实现担保规模1亿元，涉农贷款增速不低于平均贷款增速。推进农业保险扩面增品提标，保费规模保持稳步增长。强化农业农村产业发展用地和农民建房用地保障力度，确保县乡级国土空间规划保障乡村产业发展用地指标不少于10%、年度土地利用计划指标用于农业农村产业发展不少于5%。

（三）夯实乡村振兴基层基础。推进“百县争创、千乡晋位、万村过硬”工程。实施新时代领雁工程，用好“红领学堂”载体，全面开展“一肩挑”后村社组织运行和村社干部队伍管理监督“回头看”。坚持“四个优先”工作导向，关心关爱“三农”干部队伍。保持“三农”队伍稳定，加大对涉农干部的培训力度，注重把优秀干部充实到“三农”战线。推动村级党群服务中心整合规范提升，健全“三项经费、两项报酬”正常增长机制。规范村级组织工作事务、机制牌子和证明事项，健全社区、网格事项准入机制。深入开展“听党话、感党恩、跟党走”宣讲活动。组织好中国农民丰收节系列活动，提升农民荣誉感、幸福感、获得感。深化农业统计现代化改革试点，健全现代乡村产业统计制度。抓好查灭螺工作，巩固血防成果，加强福寿螺、加拿大一枝黄花等外来入侵物种综合治理。守牢安全底线，压实农业生产安全、农产品质量安全、渔船安全责任，统筹抓好农村疫情防控和健康服务、除险保安各项工作。持续开展农村防范电信网络诈骗和整治网络赌博行动。

中共平湖市委
平湖市人民政府
2023年4月14日

中共平湖市委
关于全面贯彻落实党的二十大精神　打造长三角城市群重要中心城市璀璨明珠的决定

（2022年12月31日中国共产党平湖市第十五届委员会第二次全体会议通过）

平委发〔2023〕2号

中国共产党平湖市第十五届委员会第二次全体会议，深入学习贯彻党的二十大精神，紧密结合省委十五届二次全会和嘉兴市委九届二次全会决策部署，就全市上下高举中国特色社会主义伟大旗帜，全面贯彻习近平新时代中国特色社会主义思想，坚定捍卫“两个确立”、坚决做到“两个维护”，奋力打造长三角城市群重要中心城市璀璨明珠，作出如下决定。

一、以高度的政治自觉全面贯彻落实党的二十大精神，切实把思想和行动统一到党中央的决策部署上来

1. 充分认识党的二十大的重大里程碑意义。党的二十大是迈上全面建设社会主义现代化国家新征程、向第二个百年奋斗目标进军的关键时刻召开的一次十分重要的大会，是一次高举旗帜、凝聚力量、团结奋进的大会。大会明确宣示我们党在新征程上举什么旗、走什么路、以什么样的精神状态、朝着什么样的目标继续前进，深刻阐释新时代坚持和发展中国特色社会主义的一系列重大理论和实践问题，科学擘画全面建设社会主义现代化国家、全面推进中华民族伟大复兴的宏伟蓝图，审议通过了《中国共产党章程（修正案）》，选举产生了以习近平同志为核心的新一届中央领导集体，取得了一系列重大政治成果、理论成果、实践成果。全市上下要把学习宣传贯彻党的二十大精神作为当前和今后一个时期的首要政治任务，扎实推动党的二十大精神在平湖落地生根、开花结果。

2. 深刻领会和全面把握党的二十大精神内涵实质。坚持从战略和全局高度，完整、准确、全面理解把握党的二十大精神，深刻领会党的二十大的主题，深刻领会过去5年的工作和新时代10年伟大变革，深刻领会开辟马克思主义中国化时代化新境界，深刻领会新时代新征程中国共产党的使命任务，深刻领会中国式现代化的中国特色和本质要求，深刻领会社会主义经济建设、政治建设、文化建设、社会建设、生态文明建设等方面的重大部署，深刻领会教育科技人才、法治建设、国家安全等方面的重大部署，深刻领会国防和军队建设、港澳台工作、外交工作等方面的重大部署，切实用党的创新理论指导实践、推动工作、提升成效。

3. 坚决维护以习近平同志为核心的党中央权威和集中统一领导。新时代十年来取得的历史性成就、发生的历史性变革，充分印证了以习近平同志为核心的党中央的坚强领导是党和国家事业兴旺发达的根本保证，是战胜一切艰难险阻、应对一切不确定性的最大确定性、最大底气、最大保证。必须深刻认识到“两个确立”“两个维护”是历史的必然选择、是人民的必然选择、是时代的必然选择，体现的是党心所向、民心所盼、众望所归。必须坚定不移沿着习近平总书记指引的道路走下去，把学习贯彻党的二十大精神与深入贯彻习近平在浙江工作期间5次到平湖视察调研的重要精神结合起来，与一以贯之忠实践行“八八战略”结合起来，把习近平总书记的关怀

厚爱转化为奋进新征程的强大动力，以清醒坚定有为的姿态走好新的赶考路。

二、以党的二十大精神为指引，奋力打造长三角城市群重要中心城市璀璨明珠

全面推进长三角城市群重要中心城市建设，是浙江省第十五次党代会赋予嘉兴的新使命，鲜明标注了嘉兴城市未来发展的空间方位和功能定位，将嘉兴的发展提升到了一个新的战略高度。平湖作为嘉兴的重要组成部分，提出打造“长三角重要中心城市璀璨明珠”，是贯彻落实嘉兴“七型”城市的实际行动，是更好地满足全市人民日益增长的美好生活需要的目标追求，是奋力谱写中国式现代化嘉兴新篇章的平湖实践。

4. 目标要求

——总体要求：坚持以习近平新时代中国特色社会主义思想为指导，深入贯彻党的二十大精神，全面落实省委十五届二次全会和嘉兴市委九届二次全会决策部署，大力弘扬伟大建党精神和红船精神，坚定捍卫“两个确立”、坚决做到“两个维护”，忠实践行“八八战略”、坚决守好“红色根脉”，在对标“两个先行”、奋进“两个率先”中干在实处、走在前列、勇立潮头，奋力打造长三角城市群重要中心城市璀璨明珠，为谱写中国式现代化嘉兴新篇章作出新的更大贡献。

——奋斗目标：根据党的二十大作出的全面建成社会主义现代化强国总的战略安排分两步走精神，按照省委、嘉兴市委部署，结合市第十五次党代会提出的奋斗目标、市十四个五年规划纲要和平湖市发展实际，平湖市现代化建设总的目标安排：到2035年，基本实现高水平社会主义现代化，基本建成共同富裕典范城市新崛起之城，在现代产业、自主创新、开放合作、城乡融合、民生幸福等方面率先垂范；从2035年到本世纪中叶，全面实现社会主义现代化，全面建成共同富裕美好社会。

未来五年，是奋力谱写中国式现代化平湖新篇章开局起步的关键时期，要“干好‘一三五’，实现新跨越”。具体分三步走：

一年开新局，全力以赴抓好2023年工作，确保开好局、起好步。高质量开展“四大工程”“六大专项行动”，更好统筹疫情防控和经济社会发展，更好统筹发展和安全，推动经济运行整体好转，主要经济指标增速普遍高于全省平均水平，力争实现“成百上千”，即2023年力争全市生产总值突破1000亿元和800亿元（不含嘉兴港区），规上工业产值分别突破3000亿元和2000亿元（不含嘉兴港区），全年完成固定资产投资500亿元和400亿元（不含嘉兴港区）。

三年大突破，到2025年全面完成“十四五”规划和共同富裕示范区建设方案的目标任务，确保有突破、见成效。融入长三角一体化取得突破性进展、形成标志性成果，千亿级产业集群培育建成，高质量发展新动能加快集聚，城市品质、能级和核心竞争力显著提升，“金平湖”成色更加熠熠生辉、璀璨夺目。

五年新跨越，到2027年全面完成党的二十大和省委、嘉兴市委各项决策部署，确保走前列、作示范。全面建成“十大标志性”工程，即沪平盐城际铁路建成通车、南河头历史街区完成开发并全面对外开放、明湖科创岛科创要素加速集聚、九龙山旅游度假区焕发新活力、独山港海河联运枢纽体系基本建成、城西运动飘带区域美丽蝶变、青影绿廊城防工程全面发挥效益、航天八院平湖基地打造前沿科技中心、长三角农博汇建成运营、东方公园成为科教休闲城市新地标。党的全面领导体系和全面从严治党体系更加健全，新时代党建高地建设走在全省前列；高水平推进经济发展，总体达到中等发达经济体水平；城市品质明显提升，区域协调发展跃上新台阶；基本公共服务均等化高水平实现，教育、健康等主要指标达到高收入经济体平均水平；更高水平的平安建设深入推进；人民群众对共同富裕的获得感、幸福感、安全感和满意度显著增强。

5. 工作导向

——坚持胸怀大局、服务大局。坚持把平湖放在全国全省特别是长三角发展大局中考量和谋划，全面增强战略思维能力和战略定力，找准目标方位，以红船

护旗手的担当先行先试、大胆探索。

——坚持人民至上、共建共享。深入践行“人民城市人民建，人民城市为人民”理念，以人的需求为首要考量，全面提升城市功能品位和群众生活品质，推进城市共建共治共享，凝聚全社会共同奋斗、共创美好生活的强大合力。

——坚持变革重塑、创新制胜。发挥基层首创精神，持续放大数字化改革效应，推动各领域体系重构、制度重塑、能力提升，深入实施创新驱动发展战略，大力构建创新生态圈，努力形成制胜未来新优势。

——坚持扬长补短、塑造特色。科学锚定、全力破解平湖发展中的难点堵点痛点，充分放大既有优势，加快形成“人无我有、人有我优”的独有优势，全面塑造城市新特质。

——坚持团结担当、实干争先。牢固树立没有走在前列也是一种风险的意识，始终保持“干就干到最好，站就站在排头”的昂扬斗志，将各项工作置于全省乃至全国中作比较，加快形成与长三角城市群重要中心城市璀璨明珠相匹配的实力和地位。

三、对标对表党的二十大战略部署，奋力在新时代新征程上创造新业绩

6. 打造金南翼浙江第1站。党的二十大报告强调，促进区域协调发展，推进长三角一体化。全面贯彻落实嘉兴打造枢纽型城市和开放型城市，深入推进枢纽能级提升工程和开放能级提升工程，进一步用好平湖“2758”密码，持续释放“两海”优势，着力打造虹桥国际开放枢纽金南翼浙江第一站和关键节点。加快深化平湖—金山产城融合发展区同城效应，共建长三角城市群区域门户。聚焦新能源汽车、新材料、数字经济、航空航天等产业，重点加强与上海闵行区、松江区、嘉定区等地合作，打造若干个千亿级产业集群，成为长三角万亿级产业集群的重要组成部分。深化与上海重点园区平台合作，平湖经济技术开发区积极融入G60科创走廊建设，独山港开发区加快共建浙沪新材料产业园，张江长三角科技城平湖园深化与上海金山园合作，田园五镇进一步促进一二三产融合发展。加快推进金山—平湖市域铁路、沪乍杭铁路建设，共建长三角海河联运网络体系。全面对接长三角优质教育、医疗、文体领域等公共服务资源，丰富平湖公共服务多元化供给，积极推进社会保障体系区域协作。深入实施跨域执法司法，有序推动政服服务一体化。

7. 打造融沪科创新高地。党的二十大报告强调，教育、科技、人才是全面建设社会主义现代化国家的基础性、战略性支撑。全面贯彻落实嘉兴打造创新型城市，深入推进科创能级提升工程，加速创新主体和高端人才加速集聚，成为融沪科技创新中心。积极融入G60科创走廊建设，加快推进“壹号湾”建设。有效推动平湖驻沪科创孵化平台与“大零号湾”科创孵化中心的深度合作。深化平湖与上海交通大学校的合作交流，构建科创湾区合作新平台。加快推进航天科工二院23所平湖实验室、浙工大平湖新材料研究院、上海交大平湖智能光电研究院等产学研平台成果转化。坚持人才引领驱动，系统集成政策、平台、金融、服务等优质资源，吸引更多高层次人才来平创新创业。完善产业人才培养体系，建立健全与沪柔性引才和人才互认机制，为平湖市主导产业发展提供坚实人才支撑。到2027年，建成居长三角前列的科创高地，实现高新技术企业数、省科技型中小企业数、顶尖人才和科技领军人才数、PCT国际发明专利申请数、数字经济核心制造业增加值等方面“五倍增五提升”。

8. 打造高端制造集聚地。党的二十大报告强调，坚持以推动高质量发展为主题，把发展经济着力点放在实体经济上。全面贯彻落实嘉兴打造实力型城市，深入推进产业能级提升工程，持续做大做强优势产业，做优做深新兴业态，优化动力结构。深入实施制造强市战略，聚焦新能源汽车、数控机床、光电通讯、航空航天等重点“靶向产业”，依托现有日资、德资龙头企业优势，形成“链主”型引领、节点型企业聚集、小微企业配套的产业链发展新格局，加快打造千亿级产业集群。围绕行业前沿领域，瞄

准产业链高端环节所在的欧美发达国家和地区，研究形成全球产业链合作对接图、招商地图等图谱，招引一批技术先进、带动力强、附加值高的龙头项目、高端企业。加快招引项目落地，以项目建设推动产业质效升级。加快科创平台和园区能级提升，拓展高端产业集聚发展空间。全面推进“数智”赋能，大力推进传统制造业转型升级，“制造”向“智造”转化步伐进一步加快。深入实施“凤凰计划”“雄鹰计划”，开展上市“护苗扶苗”专项行动，支持中小微企业发展，分类分层推进企业梯度培育“雁阵”。

9. 打造营商环境最优市。党的二十大报告强调，深入推进改革创新，着力破解深层次体制机制障碍，不断彰显中国特色社会主义制度优势。全面贯彻落实嘉兴打造活力型城市和智慧型城市，深入推进数字能级提升工程，坚持把优化营商环境作为“一号改革工程”，让“营商环境”成为城市最优发展动能。推进数字化改革全面贯通、集成突破，加快重大应用集成贯通和特色应用共享落地持续走在前列。借助数字外力，依托数字应用技术，加快制度重塑、服务提质，促进企业全生命周期办事便利化、高效化。持续深化“放管服”改革，深化拓展“一件事”深度，打造一流的政务环境。高标准推进国家知识产权强县试点建设，打通知识产权创造、运用、保护、管理、服务全链条。依法保护民营企业产权和企业家权益，充分激发民营经济生机活力。深化国资国企改革，做强做优做大平湖国有资本和国有企业。深化要素市场化改革，提高土地、水、电等要素配置效率。大力推进诚信建设，规范失信约束和失信行为，营造重契约、讲诚信的良好社会氛围。

10. 打造江南水韵景区城。党的二十大报告强调，着力推进城乡融合，全面推进乡村振兴。全面贯彻落实嘉兴打造品质型城市，深入推进中心城区能级提升工程和生态能级提升工程，积极加强与嘉兴市中心城区的深度融合对接，全面提升平湖城市功能品位和群众生活品质。加快建成全域秀美的公园城市，全方位布局城中、城东、城南、城西、城北片区规划，围绕“人、城、境、业”4 大核心，持续开展“生活品质、城市品质、生态品质、消费品质”4 大跃升专项行动。深化推动“碧水行动”，开展碧水河道建设，持续改善水环境质量，加快实现“碧水绕城、九水汇心、明珠璀璨、水清岸绿”的美丽平湖新图景。加快推进景城交融、文旅融合，形成“全域共建、全域共融、全域共享”的 AAAAA 级景区城。完善城乡学校、医院、养老服务设施等公共配套和商场、超市等商业配套建设，将南河头历史文化街区建成“城市客厅，精神家园，东湖之脉，繁华之地”。完善城市精细化管理体系，下绣花功夫提高城市精细化管理能力，加快智慧城市建设，不断提升城市环境质量、人民生活质量和城市竞争力。

11. 打造共同富裕新家园。党的二十大报告强调，为民造福是立党为公、执政为民的本质要求。全面贯彻落实嘉兴率先探索建设共同富裕美好社会，瞄准人民群众所忧所急所盼，加快构建全民共享、触手可及、健康可持续的公共服务优质共享格局，打造城乡融合聚变共富县域样板。深化完善“1+8+N”共富体系，探索构建更多“强村富民 +”利益联结模式。深化“市场经营 + 政府扶持 + 社会支撑 + 公共服务”的“四位一体”强社惠民改革模式，夯实发展社区经济、提升公共服务基础。深化“扩中”“提低”改革，研究出台差异化收入分配激励政策。健全高质量就业创业体系。强化就业优先政策，促进高校毕业生、退役军人、农民工、就业困难人员等重点群体就业，支持和规范发展新就业形态。加强困难群体就业兜底帮扶，构建以基本生活保障为重点、多元社会力量参与的新时代社会大救助体系。推进儿童友好城市、青年发展型城市、老年友好城市创建，推动全龄友好社会建设。全力争创省双拥模范城“五连冠”。全面深入推进面向共同富裕的教育改革发展试点，高标抓好产教融合职教建设，打响“优学平湖”教育品牌。深化健康平湖建设，不断提升医疗卫生服务水平。

12. 打造文明创建典范城。党的二十大报告强调，坚持中国特色社会主义文化发展道路。全面贯彻落实嘉兴争创全国文明典范城市，着力提升公共文化服务效能。深化公共文化服务供给，实施文化惠民工程，高标准建好用好博物馆新馆等文化项目，构建以绿色、高效、品质为特征的现代化基础设施体系。积极构建特色文创产业体系，推进文旅体融合发展，加快推进九龙山旅游度假区、南市文化创意园、南河头历史文化街区三大文化产业平台建设提升。高标准建成体育现代化强市，加强城市绿道、健身步道、体育公园等场地设施建设，高质量承办嘉兴市十运会。深入挖掘平湖历史文化资源，培育“琴、棋、书、画、印、唱、灯、舞”特色的群众文化名片，持续扩大平湖文化品牌和名人文化的影响力。扎实推进新时代精神文明建设，弘扬践行“平和报本、勇猛精进”的平湖城市精神，深化“志愿服务之城”建设，选树培育先进典型，提高市民文明素养，全面提升城市社会文明程度。

13. 打造社会治理新样板。党的二十大报告强调，在社会基层坚持和发展新时代“枫桥经验”，加快推进社会治理现代化。全面贯彻落实嘉兴努力打造市域社会治理现代化先行市金名片，持续将“初心之地”和“根脉之地”的最大政治优势转化为基层社会治理的最大效能。加强重点领域安全能力建设，提高防范化解重大风险能力。深化重点领域安全生产专项整治，提高突发公共事件处置保障能力。持续优化疫情防控措施，高效统筹疫情防控和经济社会发展。加强社会治理创新，建好用好社会治理中心，迭代升级“141”治理平台。坚持和发展新时代“枫桥经验”，一体推进警源、诉源、访源“三源”共治，打响“息事无讼”品牌。建设覆盖城乡的公共法律服务体系，服务保障经济社会发展。加强全民普法宣传，促进全民守法。全面落实防范宗教渗透工作机制，提升宗教事务依法治理水平。全面落实意识形态工作责任制，实施网络生态“瞭望哨”工程，打造清朗有序的网络环境。高分值实现“平安平湖”连胜连冠，夺取“二星平安金鼎”。

14. 打造党建引领示范区。党的二十大报告强调，全面建设社会主义现代化国家、全面推进中华民族伟大复兴，关键在党。全面贯彻落实嘉兴建设党建高地行动，以空前力度推进党建高地建设不断走向深入。要高质量开展“六学六进六争先”学习实践活动，推动党的二十大精神学习常态化长效化，确保学深悟透、入脑入心。充分发挥党总揽全局协调各方的领导核心作用，完善贯彻落实习近平总书记重要指示要求和党中央重大决策部署工作机制。持续锻造堪当重任的平湖铁军，着力建设绝对忠诚、德才兼备、能征善战的干部队伍。坚持大抓基层鲜明导向，深入实施党建联建，持续深化“红色根脉强基工程”，扎实推进“百县争创、千乡晋位、万村过硬”工程，全面提高各领域党建质量，做深做实平湖党建高地品牌。全面推进从严治党，把严的主基调长期坚持下去，不断完善纪检监察、巡察、审计等各类监督体系，纵深推进党风廉政建设和反腐败工作。注重发挥民主党派、工商联、群团组织等桥梁纽带作用，激发企业家和群众创业创新精神，凝聚社会共识，汇聚发展强大合力。

新征程催人奋进，新使命召唤担当。全市各级党组织和广大党员干部，要更加坚定自觉团结在以习近平同志为核心的党中央周围，创新突破、实干争先，奋力打造长三角城市群重要中心城市璀璨明珠，为全面建设社会主义现代化国家、全面推进中华民族伟大复兴作出新的更大贡献！

平湖市人民政府关于印发平湖市促进制造业高质量发展若干政策意见的通知

（平政发〔2023〕39号）

各镇人民政府、街道办事处，平湖经济技术开发区管委会、独山港经济开发区管委会，市政府各部门，市属各单位：

《平湖市促进制造业高质量发展的若干政策意见》已经市政府同意，现印发给你们，请认真贯彻执行。

平湖市人民政府

2023年5月24日

平湖市促进制造业高质量发展若干政策意见

为贯彻落实《浙江省人民政府关于高质量发展建设全球先进制造业基地的指导意见》（浙政发〔2022〕23号）和《浙江省人民政府关于推动经济高质量发展若干政策的通知》（浙政发〔2023〕2号）文件精神，完整、准确、全面贯彻新发展理念，加快构建新发展格局，加快推动平湖市制造业高质量发展，特制定本政策意见。

一、支持数字经济“一号发展工程”

1. 支持扩大投资。数字经济核心制造业企业实施技术改造项目，经评审列入推进清单，且通过当年度项目实施情况核实确认，当年设备投资500万元（含）以上的，给予设备投资额最高8%的奖励，单个企业当年度奖励最高不超过500万元。

2. 支持重点企业快速投产。对经认定的集成电路企业开展符合一定条件的工程产品首轮流片，按照该产品掩膜版制作费用的60%或首轮流片费用的30%，给予最高250万元奖励，每家企业最高支持500万元。

3. 支持骨干企业培育。对被认定为年度省电子信息产业百家重点企业的，给予最高15万元的奖励。

4. 支持软件产业发展。对新认定的软件企业，给予最高10万元的一次性奖励。对首次列入国家鼓励的重点软件企业、国家鼓励的重点集成电路设计企业、中国软件业务收入前百强企业的，分别给予最高150万元一次性奖励。经省软件行业协会新认定的企业软件产品，每项软件产品给予最高1万元的奖励，单个企业每年奖励不超过10项。

5. 支持重点行业轻量化改造。鼓励汽车零部件、服装、箱包行业开展“N+X”轻量级数字化改造，列入第一批、第二批、第三批试点的项目，改造投入在20万元（含）以下的，通过验收后，分别给予企业数字化改造投入最高60%、50%、40%的一次性奖励；20万元以上部分或试点批次以外的项目，按《关于大力开展“两化”改造、“两厂”建设推进产业数字化、绿色化转型升级的实施意见》（平政发〔2022〕112号）执行。

二、支持产业升级

6. 支持高端制造业发展。对数字经济、高端装备制造、汽车及零部件、新材料、新能源、生命健康等符合国家、省、市重点产业导向的制造业投资项目，在备案（核准）的实施期内，当年生产设备投资完成1000万元（含）到3000万元（含）的，给予设备投资额最高4%的奖励，3000万元至5000万元（含）的，给予最高4.5%的奖励,5000万元至1亿元(含）的，给予最高5%的奖励，1亿元以上的，给予最高6%的奖励，以上分段计算，单个企业当年度最高奖励500万元，列入省级以上重大项目清单的，单个企业当年度最高奖励600万元。

7. 鼓励企业开展技术改造投资。规上工业企业实施技术改造项目，经评审列入平湖市技术改造项目推进清单，且通过当年度项目实施情况核实确认，按当年生产设备投资额给予最高8%的奖励，单个企业当年度最高奖励200万元。

8. 支持氢能产业发展。对平湖市氢燃料电池及其核心配套生产企业，按其氢能领域产品自主销售（不含平湖市政府及国有企业采购订单及其关联订单）形成的销售额，2023年按其销售额给予最高8%、2024年按其销售额给予最高5%、2025年按其销售额给予最高3%的奖励，单个企业最高奖励500万元。

9. 支持时尚产业发展。鼓励服装、箱包企业品牌创新、营销创新，自主品牌销售额首次达到2000万元以上、5000万元以上、1亿元以上并体现产值的，分别给予最高10万元、30万元、50万元的一次性奖励。在平湖市建立时尚产业公共服务平台的，经认定，给予最高50万元启动支持，三年内，每年按运营支出的30%、给予最高30万元的奖励。

10. 鼓励设计赋能。被评为国家、省和嘉兴市工业设计单位的，分别给予最高50万元、20万元、5万元的一次性奖励。获得国家级、省级服务型制造示范企业（项目）认定的，分别给予最高50万元、20万元的奖励。对获得国家级和省级各类工业设计大赛金奖的，分别给予最高20万元和10万元的奖励，银奖的给予最高10万元和5万元的奖励，铜奖的给予最高5万元和3万元的奖励。对国家级设计大赛金银铜奖获得者设立企业且年营收达50万元以上的，给予年营收金额8%、最高10万元的一次性奖励。

11. 鼓励提升公共服务支撑。为平湖市企业提供检验检测服务、工业设计（包括ODM)、研发服务、管理咨询等生产性服务的独立核算机构/企业，年营业收入达到300万元、500万元、1000万元的，分别给予最高5万元、10万元、30万元的一次性奖励。对首次通过CMA、CNAS认证的检验检测类企业，分别给予最高5万元、20万元的奖励。

三、支持企业做优做强

12. 支持企业上规模。对制造业企业，年度营业收入首次突破10亿元、20亿元、50亿元、100亿元的，分别给予企业核心团队最高20万元、50万元、100万元、200万元的一次性奖励。

13. 鼓励产业链“链主”企业发展。对已在平湖市形成稳定产品配套的数字产业、高端装备制造、新材料、生命健康、新能源产业龙头企业，其产品零部件、原材料年采购金额首次达到5000万元、1亿元、1.5亿元、2亿元及以上的，分别给予最高50万元、100万元、150万元、200万元一次性奖励，单个企业奖励合计最高不超过200万元。

14. 鼓励企业专精特新发展。入选国家“单项冠军”企业（产品）给予最高150万元奖励。获评国家级专精特新“小巨人”企业给予最高100万元奖励，获评省级专精特新中小企业给予最高20万元奖励。获评省“雄鹰企业”给予最高100万元奖励。获评省级“隐形冠军”企业给予最高50万元奖励。获评功勋企业给予最高20万元奖励，获评明星企业给予最高10万元奖励。对年内月度升规的企业给予最高5万元奖励。对以非目录企业的形式，进入规下样本库的制造业企业，当年营业收入达300万元以上且同比增长10%以上的，给予最高3万元的一次性奖励。

15. 鼓励品牌质量双提升。获得浙江省知名商号、浙江省商标品牌示范企业的，给予最高10万元奖励。获得省信用管理示范企业的，给予最高5万元奖励。获得浙江省政府质量奖的给予最高100万元奖励，获得嘉兴市、平湖市市长质量奖的企业，分别给予最高50万元、30万元的奖励。获得“品字标浙江制造”认证的企业，给予最高 30 万元奖励。

16. 鼓励举办行业性活动。企业或行业协会举办经批准的全市性、行业性的高峰论坛、产学研和设计对接、时尚发布等活动的，给予活动实际支出 30%、单个活动最高 30 万元的奖励。

17. 鼓励企业参展。对参加列入年度重点计划的参展企业，每个展会给予展位费按实、最高 3 万元的奖励；以特装形式参展的，经认定，给予单个展会特装费用 50%、最高 15 万元的奖励；以区域品牌统一参展的，经认定，给予单个展会费用按实、最高 15 万元的奖励。

18. 推动清廉民企建设。对经评定达到《民营企业清廉建设管理体系》标准 1A 级、AA 级、AAA 级、AAAA 级的企业，分别给予最高 3000 元、7000 元、30000 元的奖励。

四、夯实金融保障

19. 扶持小额贷款公司。当年度向平湖市中小微企业（含个体工商户）发放的 100 万元（含）以下的贷款，按年月均贷款余额的 2% 给予风险奖励；年月均贷款余额比上年增加的，按照年月均新增余额的 1% 再给予风险奖励。本条款结合省地方金融监管局《监督管理工作指引》要求，根据年度考核结果给予一定的奖励：“A+ 级”全额奖励、“A 级”按 90% 奖励、“B 级”按 80% 奖励、“C 级”按 60% 奖励。

20. 扶持民间融资服务中心。按当年度向平湖市中小微企业（含个体工商户）开展民间资金撮合业务月均余额给予最高 0.5% 的风险补助。本条款结合省地方金融监管局《监督管理工作指引》要求，根据年度考核结果给予一定的奖励：“优秀”全额奖励、“良好”按 80% 奖励、“合格”按 60% 奖励。

21. 扶持担保机构。参照《嘉兴市政府性融资担保机构风险补偿、保费补贴及资本金补充管理办法》（嘉融领〔2022〕2 号）执行。

五、其他

22. 推进产业数字化、绿色化转型升级。具体政策见《关于大力开展“两化”改造、“两厂”建设推进产业数字化、绿色化转型升级的实施意见》（平政发〔2022〕112 号）。

23. 鼓励企业股改上市（挂牌）。具体政策见《平湖市企业上市（挂牌）新政二十八条》（平政发〔2021〕26 号）。

24. 鼓励生物医药产业加快发展。具体政策见《平湖市加快生物医药产业高质量发展的若干政策实施细则》（平经信〔2022〕67 号）。

六、附则

1. 本意见所涉奖励政策起算时间为 2023 年 1 月 1 日。

2. 本政策所有条款实行预算总额控制、竞争性分配。

3. 本政策第 2—4、9—11、14—18 条不执行财政专项资金贡献封顶。申报主体是镇街道（包括工业园区开发公司）、协会、个人和其他具有事业 / 国有 / 行政机关下属单位等性质的单位，不执行财政专项资金贡献封顶。

4. 享受本政策的单位或个人必须严格遵守国家产业政策和法律法规、切实履行社会责任。凡列入一票否决事项名单的企业和个人，不能享受上述优惠政策。如违法行为存在情节轻微、非主观恶意等情况的，由市工发资金管理委员会讨论决定是否予以否决。

5. 同一项目符合平湖市多个政策规定的或符合本政策多项规定的，不重复奖励，就高执行；除列举外，同一项目进档升级，属定额奖励的给予两档之间的差额奖励；已享受省级及以上项目资金奖励，但上级要求配套奖励的，可适用本政策意见。

6. 市经信局承担市工业发展资金使用绩效目标评估管理的主体责任；市财政局负责组织实施对工业发展资金的重点绩效评价，评价结果作为修订和完善政策、安排工业发展资金的依据。

7. 本意见自 2023 年 6 月 30 日起施行，有效期至 2025 年 12 月 31 日。本市之前出台的相关政策与本意见不一致的，以本意见为准。

经济高质量发展若干政策承接落实方案的通知

〔2023〕23号 关于印发平湖市"强链壮群"加快构建现代产业体系的实施方案的通知

〔2023〕25号 关于印发平湖市加快建设高水平交通强市实施方案的通知

〔2023〕26号 关于印发平湖市2023年政府及国有企业投资项目计划的通知

〔2023〕27号 关于印发平湖市农民住房改善三年行动方案的通知

〔2023〕28号 关于印发平湖市合格境外有限合伙人（QFLP）试点暂行办法的通知

〔2023〕29号 关于印发平湖市高质量推进农业现代化的政策意见（2023—2025年）的通知

〔2023〕30号 关于印发平湖市规划管理暂行办法的通知

〔2023〕31号 关于印发平湖市推进农业标准地改革的实施意见（2023—2025年）的通知

〔2023〕34号 关于开展第五次全国经济普查的通知

〔2023〕37号 关于印发平湖市"315"科技创新体系建设工程实施方案（2023—2027年）的通知

〔2023〕38号 关于印发平湖市先进制造业集群培育工程实施方案（2023—2027年）的通知

〔2023〕39号 关于印发平湖市促进制造业高质量发展若干政策意见的通知

〔2023〕41号 关于印发深入实施创新驱动发展战略加快打造金平湖璀璨明珠若干政策意见的通知

〔2023〕42号 关于公布2023年度国有土地上房屋征收计划及征收范围的通知

〔2023〕43号 关于调整当湖街道等3个街道、新埭镇等5个乡镇行使的由平湖市级部门交由的部分行政处罚权的通告

〔2023〕45号 关于调整有关市政府领导分工的通知

〔2023〕46号 关于对"二星平安金鼎"作出突出贡献的集体和个人给予行政奖励的决定

〔2023〕47号 关于印发平湖市高质量推进生态文明建设政策意见的通知

〔2023〕49号 关于印发平湖市"勇为好市民"奖评审办法（试行）的通知

〔2023〕50号 关于印发平湖市工业投资项目全生命周期管理实施意见的通知

〔2023〕53号 关于授予拉尔夫·比尔曼等六人"东湖之友"奖章的决定

〔2023〕54号 关于印发平湖市深化工业企业综合绩效评价优化资源要素配置的实施意见的通知

〔2023〕55号 平湖市人民政府通告【森林禁火令】

〔2023〕56号 关于印发平湖市中介机构管理办法（试行）的通知

〔2023〕57号 关于印发平湖市实施深化"千村示范、万村整治"工程试点工作方案（2023—2025年）的通知

〔2023〕58号 关于印发平湖市小微企业园（工业标准厂房）分割登记实施办法的通知

〔2023〕59号 关于印发平湖市关于进一步规范和扶持小微企业园健康发展的指导意见的通知

〔2023〕60号 平湖市人民政府、平湖市人民检察院关于加强检察

机关决定不起诉案件行刑衔接工作的意见

〔2023〕61号 关于印发平湖市扶残助残实施办法的通知

〔2023〕62号 关于给予杨冲等见义勇为人员奖励的决定

〔2023〕63号 关于公布2023年度平湖市市长质量奖获奖单位的通知

〔2023〕64号 关于重新公布平湖市征地区片综合地价的通知

〔2023〕65号 关于印发平湖市非物质文化遗产保护传承创新发展若干政策意见的通知

〔2023〕66号 关于印发平湖市防潮二道防线方案的通知

平政办发

文件号	文件标题
〔2023〕1号	关于调整和明确市政府办公室领导干部业务分工的通知
〔2023〕2号	关于印发平湖市市级预算单位公用经费管理暂行办法的通知
〔2023〕3号	关于贯彻落实嘉兴市既有住宅加装电梯实施意见的通知
〔2023〕4号	关于公布浙江天之元物流科技有限公司、浙江久真汽车部件股份有限公司等5家单位为平湖市级重大火灾隐患整改单位的通知
〔2023〕5号	关于印发2023年镇街道企业"上市100"专项行动考核办法的通知
〔2023〕6号	关于印发平湖市小额公共资源交易管理办法（试行）的通知
〔2023〕7号	关于印发平湖市稻渔综合种养高质量发展三年行动计划（2023—2025年）的通知
〔2023〕8号	关于印发平湖市高标准农田建设提升行动方案（2023—2025年）的通知
〔2023〕9号	关于印发平湖市强化招投标全生命周期管理日常监督工作暂行办法的通知
〔2023〕10号	关于印发平湖市政府投资信息化项目建设管理办法（修订）的通知
〔2023〕11号	关于印发平湖市文化旅游投资集团有限公司等市属国企主要职责内设机构和员工总额规定的通知
〔2023〕12号	关于公布平湖市第十八届文艺"金平湖"奖获奖名单的通知
〔2023〕13号	关于公布2022年平湖市文艺人才和文艺创作获奖名单的通知
〔2023〕14号	关于印发《平湖市小微企业园高质量发展三年建设计划(2023—2025)》的通知
〔2023〕15号	关于印发平湖市2023年度国有建设用地供应计划的通知
〔2023〕16号	关于印发平湖市县域承载能力提升和深化"千村示范、万村整治"工程实施方案（2023—2027年）的通知
〔2023〕17号	关于印发平湖市（独山港区）海河联运枢纽主干港建设实施方案（2023—2027年）的通知
〔2023〕18号	关于印发平湖市土地综合整治实施方案（2023—2027年）的通知
〔2023〕19号	关于印发平湖市公共服务"七优享"工程实施方案（2023—2027年）的通知

〔2023〕20 号 关于印发平湖市文旅体深度融合工程实施方案（2023—2027 年）的通知
〔2023〕21 号 关于印发平湖市体系化推进“十项重大工程”工作总体方案的通知
〔2023〕22 号 关于印发平湖市扩大有效投资“5133”工程实施方案(2023—2027年)的通知
〔2023〕23 号 关于印发平湖市统筹推进能源绿色低碳发展和保供稳价工作实施方案（2023—2025 年）的通知
〔2023〕24 号 关于印发平湖市服务业高质量发展提级扩容工程实施方案(2023—2027 年)的通知
〔2023〕25 号 关于印发平湖市2023 年水利建设计划的通知
〔2023〕26 号 关于公布 2023 年度重大行政决策事项目录的通知
〔2023〕27 号 关于印发平湖市贯彻落实浙江省税费服务和征管保障办法实施方案的通知
〔2023〕28 号 关于印发平湖市农村杆线整治项目差异性补助考核办法的通知
〔2023〕29 号 关于印发平湖市知识产权高质量发展三年行动计划(2023—2025 年)的通知
〔2023〕30 号 关于印发《平湖市人民政府办公室档案分类方案》《平湖市人民政府办公室档案归档范围、归档时间、责任科室和保管期限表》的通知
〔2023〕31 号 关于印发《平湖市公平竞争集中审查试点工作方案》的通知
〔2023〕32 号 关于公布 2023 年市级拟上市（挂牌）后备库企业名单的通知
〔2023〕33 号 关于印发平湖市鑫翼产投母基金组建运作方案的通知
〔2023〕34 号 关于公布 2023 年第二批平湖市级重大火灾隐患整改单位 (区域) 的通知
〔2023〕36 号 关于印发平湖市2023 年深入打好蓝天保卫战实施计划的通知
〔2023〕37 号 关于进一步推进基层消防安全网格化管理加强社会面火灾隐患治理工作的实施意见
〔2023〕38 号 关于印发平湖市城区市政园林品质提升实施方案（2023—2026 年）的通知
〔2023〕39 号 关于印发平湖市政务信息工作考核办法的通知
〔2023〕40 号 关于印发支持制造业头部企业做大做强指导意见的通知
〔2023〕41 号 关于印发平湖市加快推进气象高质量发展实施意见的通知
〔2023〕42 号 关于印发平湖市2023 年生活垃圾分类工作资金补助办法的通知
〔2023〕43 号 关于印发平湖市防汛防台抗旱应急预案的通知
〔2023〕44 号 关于印发平湖市社区工作服务用房建设使用管理暂行办法的通知
〔2023〕45 号 关于印发进一步加强示范引领推动传统优势产业转型升级指导意见的通知
〔2023〕46 号 关于印发平湖市航空航天产业创新集群发展专项政策的通知
〔2023〕47 号 关于印发推动总部经济高质量发展若干政策意见的通知
〔2023〕48 号 关于进一步优化

平湖市义务教育集团化办学的实施意见（试行）
〔2023〕49号　关于印发平湖市老旧住宅小区改造管理办法（试行）的通知
〔2023〕50号　关于印发进一步加快现代服务业高质量的若干政策意见的通知
〔2023〕51号　关于印发2023年金融支持地方经济发展考核办法的通知
〔2023〕52号　关于印发2023年科创金融改革专项考核细则的通知
〔2023〕53号　关于印发加快建设基本养老服务体系实施意见的通知
〔2023〕54号　关于印发加快推进平湖市城乡电动汽车充电基础设施建设实施意见的通知
〔2023〕55号　关于公务人员医疗补助的补充通知
〔2023〕56号　关于印发平湖市2023年政务公开工作计划细则的通知
〔2023〕57号　关于公布平湖市2023年度重点文艺扶持项目的通知
〔2023〕58号　关于调整和明确市政府办公室领导干部业务分工的通知
〔2023〕59号　关于印发平湖市“携手浙商”促进开放提升试点工作方案的通知
〔2023〕60号　关于印发平湖市防范化解地方债务风险三年行动方案实施细则（2023—2025年）的通知
〔2023〕61号　关于公布2022年度农业丰收奖获奖项目的通知
〔2023〕62号　关于公布平湖市一般湿地名录的通知
〔2023〕63号　关于印发平湖市城市道路两侧地块退红线区域管理办法的通知
〔2023〕64号　关于印发《平湖市标准化创新发展试点工作方案》的通知
〔2023〕65号　关于印发平湖市打造高质量制造业外资集聚地先行区试点工作方案的通知
〔2023〕66号　关于公布平湖市级重大火灾隐患整改区域的通知
〔2023〕67号　关于撤销浙江天之元物流科技有限公司、浙江久真汽车部件股份有限公司等8个单元（区域）重大火灾隐患整改单位（区域）的通知
〔2023〕68号　关于印发平湖市加快推进高端装备产业高质量发展专项政策的通知
〔2023〕69号　关于印发平湖市孤寡老人特殊关爱补助办法（试行）的通知
〔2023〕70号　关于印发平湖市粮食生产功能区储备区划定方案的通知
〔2023〕71号　关于印发平湖市金控（人才发展）集团组建方案的通知
〔2023〕72号　关于印发平湖市新居民量化积分管理实施细则的通知
〔2023〕73号　关于印发平湖市高质量推进放心消费示范城市创建行动工作方案（2023—2025年）的通知
〔2023〕74号　关于公布市政府及市政府办公室行政规范性文件清理结果的通知
〔2023〕75号　关于印发平湖市创建全国基层中医药工作示范县工作方案的通知

国民经济统计资料

2023年平湖市国民经济统计资料选刊

人口、自然和生活环境统计表

附表 1

项 目	单 位	2023 年	2022 年
年末总人口	人	517885	516461
总人口中非农业人口	人	318880	307673
全年人口出生率	‰	5.00	5.67
全年人口自然增长率	‰	-4.47	-2.34
人口密度	人 / 平方公里	1241	927
土地面积	平方公里	557.4	557.4
年平均气温	℃	17.6	17.5
年极端最高气温	℃	37.2	39.9
年极端最低气温	℃	-7.8	-4.7
年降水总量	毫米	1279.8	1159
年雨日	天	130	141
年雪日	天	5	9
年日照时数	小时	2464.1	2345.3
年无霜期	天	247	246
园林绿地面积	万平方米	2132	2038
建成区绿化覆盖率	%	42.4	41.26
全社会用电量	亿千瓦时	126.94	113.20
其中，城乡居民生活用电	亿千瓦时	8.29	8.53
城市建成区面积	平方公里	50.0	48.0
年供水总量	万立方米	3673.56	3690.05
其中，居民家庭用水	万立方米	1496.39	1493.02
人均日生活用水量	升	146.00	144.68
供液化石油气总量	吨	2469	3219
其中，家庭用量	吨	2460	3208
用气人口	万人	7.54	10.56
供天然气总量	万立方米	7606	7118
其中，家庭用量	万立方米	1506	1500
用气人口	万人	19.87	23.82

说明：人均日生活用水量采用建制建镇数据

国民经济主要指标统计表

附表 2

项 目	单 位	2023 年	2022 年
年末从业人员	万人	41.80	41.40
生产总值	万元	10086596	9595831
第一产业	万元	162174	164332
第二产业	万元	5950561	5859333
第三产业	万元	3973861	3572166
工农业总产值（按现价计算）	亿元		
农业总产值	亿元	28.20	26.66
规上工业总产值	亿元	273.84	275.16
主要农产品产量			
粮食	吨	192625	189407
其中，谷物	吨	188857	186325
棉花	吨	106	109
油菜籽	吨	2334	1790
畜禽产品			
肉类总产量	吨	5570	4336
其中，猪肉产量	吨	3084	1654
禽肉产量	吨	2247	2458
禽蛋产量	吨	1185	1142
水产品产量	吨	22406	22282
其中，海水产品	吨	431	432
淡水产品	吨	21975	21850
交通、邮电			
全社会货运量	万吨	6601	6035
货物周转量	万吨公里	689868	561940
全社会客运量	万人	135	75
旅客周转量	万人公里	20961	11715
嘉兴港货物吞吐量	万吨	13960	13240
邮政业务总量	万元	21093	17751
全市固定资产投资合计	万元	4754460	4410745
城镇项目投资	万元		—
农村项目投资	万元		—
房地产开发投资	万元	1089884	1314942
社会消费品零售总额	万元	3022324	2712580
进出口总额	亿美元	133.47	136.82
其中，出口总额	亿美元	72.18	68.29
财政总收入	万元	1513820	1333241
其中，一般公共预算收入	万元	889787	807227
一般公共预算支出	万元	1142195	1202117
城乡居民储蓄存款余额	亿元		
居民人均储蓄存款余额	元	166114	138220

附表 2

项　目	单　位	2023 年	2022 年
学校数	所	76	87
其中，普通高中	所	7	7
初　中	所	14	14
小　学	所	20	20
在校学生数	人	82747	81286
其中，普通高中	人	7495	7060
初　中	人	15844	14910
小　学	人	38756	36773
图书馆藏书	册（件）	1410767	1355921
电视台发射机功率	千瓦 / 部	1/1	1/1
卫生机构数	个	222	222
医院床位数	张	3286	3052
卫生技术人员数	人	6466	6033

说明：学校数中不含成人文化技术学校。学生数中不包含外国籍学生

国民经济主要比例关系表

附表 3　　单位：%

项　目	2023 年	2022 年
生产总值		
第一产业	1.6	1.7
第二产业	59.0	61.1
第三产业	39.4	37.2
工业总产值中轻重工业比重		
轻工业	20.89	20.92
重工业	79.11	78.08
工业总产值在各类型企业中比重		
内资企业	64.85	60.04
港澳台商投资企业	12.40	11.60
外商投资企业	22.75	28.36
农业总产值中各业比重		
农业	64.66	65.02
林业	0.31	0.60
牧业	12.73	11.58
渔业	13.20	13.66
农林牧渔服务业	9.1	9.14

说明：工业总产值，在工农业比重中按总计数，在轻重工业和各类型企业比重中按年主营业务收入2000万元以上工业企业的合计数计算

年主营业务收入 2000 万元以上工业企业主要指标完成情况

附表 4

指标名称	单　位	2023 年	2022 年
企业数	个	873	864
其中，亏损企业	个	212	227
工业总产值	万元	27384149	27515751
资产总计	万元	32951416.9	30134864
流动资产合计	万元	16142909.4	15674072
产成品	万元	1181367.2	1098178
固定资产原价	万元	17549621	15600455
累计折旧	万元	7918059.6	6975863
本年折旧	万元	941375.7	917783
固定资产净值	万元	9631498.5	8345499
负债合计	万元	17255962	16215520
流动负债合计	万元	13538561.4	12911673
长期负债合计	万元	3717400.6	3303847
所有者权益合计	万元	15695474.5	13919344
主营业务收入	万元	30228985	29316797
主营业务成本	万元	26979875	26406779
主营业务税金及附加	万元	151717	132617
销售费用	万元	433532	404728
管理费用	万元	857162	760698
财务费用	万元	221997	241199
利息支出	万元	304102	285331
利润总额	万元	1396101	901750
本年应交增值税	万元	584348	586775
亏损企业亏损额	万元	316711	542661
利税总额	万元	2132166	1621142

年主营业务收入 2000 万元以上工业企业部分产品产量

附表 5

产品名称	计量单位	2023 年	2022 年
大米	吨	4342	5115
饲料	吨	96733	64192
其中，配合饲料	吨	96733	61492
饮料酒	千升	—	3035
白酒（折 65%Vol，商品量）	千升	—	105
纱	吨	2912	6377
棉纱	吨	1743	3147
布	万米	—	—
棉布	万米	—	—
印染布	万米	15656	17120
服装	万件	7461	10242
梭织服装	万件	6101	8618

附表 5

产品名称	计量单位	2023 年	2022 年
针织服装	万件	1360	1624
皮革服装	万件	83	75
家具	件	2729764	3172088
木制家具	件	46274	42082
金属家具	件	2540733	3052648
机制纸及纸板	吨	3244373	3097639
箱纸板	吨	1448883	1475561
纸制品	吨	423190	382447
瓦楞纸箱	吨	235593	226351
水泥	吨	1108524	1157992
商品混凝土	立方米	1452974	1344768
平板玻璃	重量箱	8897562	8892729
塑料制品	吨	121297	113821
电力电缆	千米	184774	194342
发电量	万千瓦小时	3464316	3271496

浙江省十六县（市、区）统计信息网络年度交流指标（一）

附表 6

县（市、区）	行政区划面积（平方公里）	其中，建成区面积（平方公里）	年末总人口（万人）	常住人口（万人）	生产总值（亿元）	第一产业增加值（亿元）	第二产业增加值（亿元）
柯桥区	1066	81.00	70.37	112.45	2030.29	41.76	1017.98
萧山区	931	132.60	128.86	214.00	2230.69	57.05	823.95
余杭区	942	144.90	75.92	140.50	2936.43	41.65	327.97
慈溪市	1361	51.00	107.04	187.19	2639.45	64.17	1558.93
余姚市	1501	54.22	82.71	126.46	1571.06	52.63	906.57
海宁市	863		72.16	110.68	1318.16	20.75	755.06
桐乡市	727		71.79	106.05	1252.35	25.79	605.02
上虞区	1362	48.00	71.04	80.28	1317.72	54.52	678.89
温岭市	1074	44.98	120.57	144.10	1351.32	96.02	563.52
鄞州区	814		99.48	168.99	2803.35	31.22	790.17
诸暨市	2311		107.07	122.92	1755.29	55.91	826.01
瑞安市	1342		125.13	153.46	1285.13	29.55	564.28
义乌市	1105	114.46	91.15	190.30	2055.62	26.22	628.42
乐清市	1396		131.13	147.58	1663.53	23.09	740.06
平湖市	557	50.00	51.79	69.22	1008.66	16.22	595.06
富阳市	1821	43.93	70.14	85.70	960.88	53.37	405.29
永康市	1047	40.10	62.25	97.50	755.98	9.58	400.16

浙江省十六县（市、区）统计信息网络年度交流指标（二）

附表 7

县(市、区)	其中，工业增加值（亿元）	第三产业增加值（亿元）	第三产业占GDP比重（%）	人均生产总值(户籍)（元）	规模以上工业总产值（亿元）	固定资产投资额（亿元）	社会消费品零售总额（亿元）
柯桥区	878.25	970.54	47.80	288865		656.46	448.98
萧山区	730.26	1349.68	60.51	174928		1589.25	1006.21
余杭区	281.44	2566.81	87.41	394602			826.33
慈溪市	1433.98	1016.35	38.51		4888.65		772.18
余姚市	850.36	611.86	38.95	189948			501.60
海宁市	678.23	542.36	41.15	183005	2747.87	585.60	557.71
桐乡市	525.66	621.54	49.63	174797	2366.99	474.18	484.48
上虞区	571.20	584.30	44.34	184995	1945.85		446.76
温岭市	432.66	691.78	51.19	94366			793.92
鄞州区	647.03	1981.96	70.70				1113.54
诸暨市	685.26	873.37	49.76	163501	1605.11	526.95	576.19
瑞安市	467.10	691.30	53.79	102592	1331.50		622.18
义乌市	565.11	1400.98	68.15	228105	1660.90		1108.19
乐清市	681.77	900.38	54.12	126647			648.25
平湖市	556.18	397.39	39.40	195033	2738.41	475.45	302.23
富阳市	346.96	502.21	52.27	137335	1536.91	723.30	444.44
永康市	363.70	346.24	45.80	121397	962.21	202.31	397.48

浙江省十六县（市、区）统计信息网络年度交流指标（三）

附表 8

县(市、区)	公路客运量（万人）	公路货运量（万吨）	一般公共预算收入（亿元）	一般公共预算支出（亿元）	实际利用外资（万美元）	进出口总额（亿元）	出口总额（亿元）
柯桥区	173	3910	142.23	139.15	26458	1495.23	1476.39
萧山区	161	5028	332.00	328.16	403371	1137.72	910.19
余杭区		565	416.68	351.38	81089	439.91	413.51
慈溪市	123	1635	221.71	254.35	89065	1223.26	1053.34
余姚市	49	1547	132.86	155.49	16721	963.37	750.48
海宁市	92	1709	100.13	121.36	37849	791.06	736.80
桐乡市	200	2157	107.02	142.97	35164	579.84	450.91
上虞区	146	5124	97.67	137.50	27946	449.53	409.45
温岭市			85.77	122.85	5735	402.06	383.75
鄞州区	766	9668	305.50	263.04	58495	2670.93	2006.42
诸暨市	279	4156	97.20	126.20	10411	799.32	699.81
瑞安市	643	1263	75.82	141.65	4333	410.10	374.70
义乌市	6371	8376	144.28	163.44	9792	5660.50	5005.70
乐清市	221	2174	97.05	128.62	3704	299.58	294.81
平湖市	133	5064	88.98	114.22	59242	939.82	507.84
富阳市	67	1419	100.54	137.62	18536	476.79	208.23
永康市	84	1755	71.53	92.93	2198	428.83	416.19

浙江省十六县（市、区）统计信息网络年度交流指标（四）

附表 9

县（市、区）	金额机构本外币存款余额（亿元）	其中，个人人民币存款余额（亿元）	金额机构本外币贷款余额（亿元）	城镇常住居民人均可支配收入（元）	农村常住居民人均可支配收入（元）	全社会用电量（亿千瓦时）	其中，工业用电（亿千瓦时）
柯桥区	3616.86	2024.12	3851.38	87467	55299	189.66	156.87
萧山区	7326.06	3498.04	7293.01	81655	52719	138.41	135.86
余杭区	4187.77	1481.92	2580.72	84528	55223	227.55	136.94
慈溪市	4772.01	2710.20	4300.21	76803	50180	203.72	151.26
余姚市	3304.99	1878.92	2726.98	77044	48669	133.76	102.21
海宁市	2865.56	1544.74	2861.53	78874	51411	152.93	119.70
桐乡市	2648.40	1403.13	3081.30	73941	49586	144.13	115.60
上虞区	2429.85	1328.33	2184.85	81366	47567	84.77	63.19
温岭市	3092.21	1991.38	3156.45	76539	44593	78.93	44.94
鄞州区	10990.90	3197.96	15220.76	88388	53273	118.39	51.59
诸暨市	2779.39	1715.96	2594.58	84382	52684	117.94	85.91
瑞安市	2882.40	2029.40	2493.00	82476	45644	96.30	58.30
义乌市	5212.70	2892.49	5013.90	93108	50828	154.77	86.98
乐清市	2824.74	1944.17	2564.19	81501	48480	88.95	47.55
平湖市	1653.94	860.31	2056.12	78218	50249	126.94	108.24
富阳市	2367.95	1052.25	3183.53	74899	47653	73.63	41.84
永康市	2098.96	1313.36	1746.31	72049	41362	69.74	47.92

索 引

说 明

一、本索引采用主题索引、数字索引、表格索引。

二、主题索引按主题首字汉语拼音字母顺序排列；数字索引按阿拉伯数字的大小顺序排列；表格索引按表所在页码的先后顺序排列。

三、标目后的阿拉伯数字表示内容所在页码。

四、本年鉴的“特载”“大事记”“附录”均未作索引。

主题索引

A

B

C

D

E

F

G

H

J

K

L

M

N

P

Q

R

S

T

W

X

Y

Z

数字索引

表格索引